일본의 근대화와 조선의 근대

- 서구근대사상의 수용과 근대교육의 성립을 중심으로

Japanese Modernization and Modern Times of Choson: Conversion of Thought and Education

서구근대사상의 수용과 근대교육의 성립을 중심으로

일본의 근대화와
조선의 근대

이건상 김대용 이명실 정혜경 정혜정 조진 지음

모시는사람들

이 저서는 2009년 정부(교육과학기술부)의 재원으로 한국연구재단의 지원을 받아 수행된 연구임(KRF-2009-32A-B00167)

한국 근대화의 역사는 일본에 의해 이식된 근대화 과정이 맞물려 있기에 일본 자국에서 진행된 근대화 과정을 조선과 연계시켜 이해하는 작업은 의미가 크다. 이는 조선에 이식된 근대화의 성격을 일본의 그것과의 비교적 관점에서 그 차이점과 유사점을 간파하는 작업이기도 하다. 본서는 개화기 특히 1900년에서 한일 강제 병합 이전까지의 근대국가 수립 운동과 문명 개화운동, 일제하 서구 근대철학의 수용, 소파 방정환의 소년운동, 조선 민중 교육 등을 일본의 근대화 전개의 영향 속에서 그 성격과 특징을 살펴보고자 한 것이다.

개화기 한국의 근대화는 서구 기술 문명의 수용보다는 근대 입헌 국가 체제형성을 주된 과제로 하여 진행된 경향이 크다. 그리고 그 근대국가 수립 운동을 조건 짓고 제한시켰던 것이 일본이고 침략 당사자인 일본으로부터 서구근대문명을 받아들일 수밖에 없었던 시대적 한계가 맞물려 있다.

1부에서는 일본의 근대화 전개의 사회적 배경과 초기 양학 교육의 전개, 그리고 메이로쿠샤(明六社)를 중심으로 한 문명개화론을 탐색하였다. 여기서는 일본의 근대화 정책이 1853년 페리 내항 이래 비교적 단시일 내에 성과를 거둘 수 있었던 사회적 배경을 일본의 학문적 풍토, 제도적 요소와 인재적 요소의 측면에서 탐색하고, 반쇼시라베쇼(蕃書調所)와 가이세이조(開成所) 등 관(官)과 관련된 초기의 양학 교육에 대해 살펴보았다. 또한 메이지유신기 메이로쿠샤를 중심으로 이들의 민권 의식, 민선 의원 설립 논쟁, 인민관 및 근대국가구상을 살펴보았는데, 여기서 주목할 것은 근대국가 발전을 종교와 교육에 두었다는 점이며 이들이 메이지 정부가 주도적으로 교육의 근대적 개혁 조치를 단행하여 제도화하는 것에 일조했다는 점이다.

2부에서는 개화기 한국 근대국가 건설을 위한 국민교육으로서 법률 교육의 실태를 살펴보고, 아울러 천도교 문명 개화 운동의 일환으로 발간된『만세보(萬歲報)』와 여기에 연재된 아리가 나가오(有賀長雄)의 『국가학(國家學)』을 중심으로 일본을 통한 한국의 입헌국가학 수용을 통찰해 보고자 하였다. 개화기 근대국가 수립 운동은 학회와 각종 신문, 종교단체나 사립 교육기관에서 다양하게 전개되었다고 볼 수 있다. 특히 본 저서는 헌정연구회의 근대 입헌정치론과 후쿠자와 유키치(福澤諭吉)의 국민계몽론을 비교적 관점에서 살펴보고 의제 개량과 계몽 교과서인『국민수지(國民須知)』와『초등교서(初等教書)』를 분석하였다. 입헌 국가 건설과 인민 주권 수립의 열망은 한일 강제 병합으로 좌절되었지만 그 정신은 3·1운동의 임시의정원 및 임시정부 수립으로 계승되었다 할 것이다.

또한 한편으로는 이돈화의 사례를 중심으로 서구 근대철학의 수용과 전개를 고찰하였는데, 이돈화의 「인간격주의와 칸트」, 「사람성 무궁주의와 포이엘 바하」, 「사람성 자연주의와 루소」, 「인내천 신론과 근대 범신론 및 구로이와 루이코(黑岩周六)의 「최후종교론」, 「무이위화(無爲而化)의 진화론과 다윈 진화론」 등을 통해 동학의 인내천주의를 관통하는 서구 근대철학의 수용 전개 양상을 고찰하였다.

3부에서는 일본과의 비교적 관점에서 방정환의 어린이와 소년 개념에 대한 논의를 하였고 소파 방정환의 소년운동에 나타난 일본 근대 자유 예술 교육운동의 영향을 살펴보았다. 방정환의 소년운동의 의의는 무엇보다도 인습을 타파하고 자연과 예술 속에서 방해 없이 자유롭게 커나가는 어린이의 자연스런 성장과 발달을 중시했다는 점이다. 한편 방정환의 소년운동은 한계점도 지니는데 독립보다는 문화적 · 도덕적 차원에서 민족의 생존과 발전을 도모하려고 했던 소극적 맥락을 지적할 수 있을 것이다.

4부에서는 일본에서 근대적 민중이 등장하게 된 배경과 그들을 '국민' 으로 만들려 했던 지배층의 민중 교육 정책을 고찰하고, 민중에 대한 인식과 정책 사이에 내재하는 이중성이 어떻게 공민교육이라는 모습으로 나타났는지, 그리고 이러한 일본의 공민교육의 특징이 무엇인지를 서구 근대국가와 조선의 경우를 통해 검토하였다. 메이지 초기 서구 근대화를 주장했던 계몽적 지식인 및 메이지 정부의 관료들은 식산흥업과 부국강병이라는 국가적 과제 달성을 위해 민중의 협력이 필수불가결한 요소임을 인지하고 있었으나, 이들을 의식적이고 해방적인 민중으로 만들려는 의도는 가지고 있지 않았다. 따라서 정부에 의해 주도된 민중 교육은 민중 계몽의 필요성을 인정하면서도, 그들의 능동적이고 자발적인 주체형성을 뒤로 한 채 부국강병과 식산흥업이라는 목표 달성에 봉사할 수 있는 '국민' 의 육성이라는 방향으로 전개되었다. 메이지 시기 계몽 지식인 및 정부에 의해 추진되었던 이와 같은 민중 교육 정책의 논리는 다이쇼, 쇼와 시기를 거치면서 공민교육이라는 모습으로 재편되어 갔는데, 거기서 나타나는 특징을 분명히 제시하기 위해 일본이 서구로부터 받아들인 공민교육의 개념적 접근과 수용 양상을 고찰하였고, 이를 통해 근대 일본과 조선의 공민교육의 본질을 파악해 보고자 노력하였다.

5부에서는 일제하 조선 근대 교육으로서 노동 교육의 제도화가 농촌 진흥교육을 통해 어떻게 관철되어 나갔는지를 상세한 사료 분석과 구술 조사를 통해 고찰하였다. 농촌진흥운동은 1930년대 조선총독부의 중심 정책이었으며 일제는 농촌진흥운동을 전개하면서 각종 식민지 교육정책을 함께 수립하고 실행하였다. 본 연구는 일제가 실시한 졸업생 지도 학교와 청년단 조직이 표면상 농촌진흥운동의 중견 인물 양성정책으로 표방되지만 이는 일제 군국 체제에 동조하고 순응하는 사상 통제와 군비 확충을 위한 노동 교육이었음을 분석하였다. 일제는 조선인에게 중등교육을 시행하기보다는 농업 방면의 노동자 양성이 중요하며, 진학하지 못하는 대다수의 학생들을 졸업생 지도와 청년단으로 엮어 내어 인적 · 물적 이익을 창출하고자 했다. 여기서 특히 해방 이후 국가 건설 과정에서 우익 관제 청년단 조직, 새마을 운동 등에 일조했던 역사적 맥락을 읽을 수 있다. 한편 조선에 거주하던 일본인들의 조선 농촌 진흥 교육의 실천적 사례는 전시체제기 일제 당국의 정책과 일본 우익 활동 방향의 연관성을 살펴보는 데 필요한 연구다. 본 저서는 희소하지만 소수 일본인들의 활동과 당국 정책 방향의 관련성을 주목하여 공문서, 발간물, 구술 기록, 신문 자료, 회고록 등을 분석 대상으로 삼아 사례 연구를 진행하였다. 특히 시게마쓰 마사나오(重松眞修)의 양계사업과 야나기사와 시치로(柳澤七郎)의 미즈호농생숙(瑞穗農生塾)의 사례 연구는 독보적인 연구라 할 것이다.

본서는 2009년도 한국학술진흥재단(현 한국연구재단)의 지원을 받아 진행된 연구의 성과물이다. 연구를 처음 시작할 때 연구자 모두 열정과 포부가 컸지만 부족한 부분이 없지 않을 것이다. 여러분들의 비판과 질정 그리고 격려를 바란다. 마지막으로 편집과 출판에 애를 써 주신 도서출판 〈모시는사람들〉의 박길수 대표님과 소경희 편집장님께 감사드린다.

2013년 6월
저자 일동

차례

일본의
양학 수용과
문명개화론

Japanese Modernization and Modern Times of Choson : Conversion of Thought and Education

01 근대화 전개의 사회적 배경*
- 막부 말기의 주요 사회적 상황을 중심으로

I. 서론

일본은 막부 말기인 1853년 미국의 페리 내항과 1858년 이후 서양 국가와 체결된 화친조약(和親條約)과 통상조약(通商條約)으로 인해 국가의 외교 노선이 1641년 이래 실시된 가톨릭 금지라는 이른바 선별적 쇄국정책에서 개국 정책으로 바뀌게 되었다. 이어 1868년 메이지(明治) 신정부가 들어선 이후 서양화라고도 불리는 근대화 정책을 추진하기 위해 적극적 개국 정책을 펼치며 이를 통해 대내외적 위기에서 벗어나고자 하였다.

이후 메이지 신정부는 당면 과제인 부국강병이라는 국가적 목표를 달성하기 위하여 근세 봉건시대의 구제도를 폐지하는 한편 미국과 영국, 그리고 프랑스, 독일 등의 새로운 제도와 문물을 적극적으로 도입하고 이를 선별적으로 반영하며 새로운 중앙집권 체제의 국가 건설을 지향하였다.

그러나 19세기 말 이후 일본 내에서 제도적 근대화 정책이 추진되고 또 어느 정도 목표가 달성될 수 있었던 배경에 단순히 메이지 신정부의 의지와 노력 또 웅번(雄藩) 등 새로운 정치적 세력의 힘만이 있었던 것은 아니다. 시

* 「일본의 근대화 전개 배경에 대한 일고찰」(『日語日文學』 43, 大韓日語日文學會, 2009)

대와 역사의 변화에는 반드시 거기에 맞는 역사적·정치적·사회적 배경과 그리고 그 과정이 갖는 의미가 있기 마련이며, 19세기말 일본에서 나타난 근대화의 경우도 예외가 아니었다.

여기서는 위와 같은 관점에서 서양화라 불리는 일본의 근대화 정책이 1853년 페리 내항 이래 비교적 단시일 내에 추진되고 메이지 초기에 일정 성과를 거둘 수 있었던 배경에 어떤 제반 요소가 있었는지 막부 말기 즉 19세기 초중반 기간의 사회적 배경을 중심으로 고찰하고자 한다.

19세기 말 즉 막부 말기에 초점을 둔 것은 비록 새로 부상한 정치 세력의 도전에 의해 정권을 빼앗기기는 했지만 당시의 사회적 배경에 이미 근대를 지향한 부분이 있었기 때문이다.

여기서는 주로 사상사의 측면에 맞춘 경향이 있는 마쓰모토 산노스케(松本三之介), 미나모토 료엔(源了円) 등에 의한 기존의 선행 연구 성과[1]를 일부 반영하며, 여기에 막부의 양학 교육기관을 중심으로 한 필자의 생각을 더하고 다시 이를 큰 틀에서 정리·단순화하여 새로운 견해를 덧붙였다. 이를 통해 일본의 근대화 전사(前史)의 사회적 제반 특징과 이를 바탕으로 하여 이후 나타난 일본 근대화의 의미를 살펴보도록 한다.

II. 막부 말기의 사회적 배경

1. 일본적 학문 풍토

에도(江戸)막부는 1603년 개막(開幕) 이래 지배 체제의 강화와 신분 질서의 확립을 위해 유교를 통치 이념으로 삼았으며 특히 17세기 말 군신과 부자의 명분을 중시하는 주자학(朱子學)의 발달과 더불어 이를 봉건 체제 지배의 논리로 활용키 위해 적극 장려하였다. 이로 인해 유학은 근세 일본 사회에서 권력의 보호 아래 사상적 기반을 넓힐 수 있었으며, 더불어 학문적 발전 역시 이룰 수 있었다.

또한 근세 일본의 유교는 여러 유파들의 사상과 여타 학문에 대해 대체로 포괄적이거나 습합적(習合的)인 성격이 강했다.[2] 예를 들면 일본 유교의 경우 절대자로서의 '리(理)'에 대해 불가지론적(不可知論的) 태도를 취함으로써 학문의 세계를 해방시킨 특징이 있다. 이로 인해 근세 일본에서는 주자학 이외에도 중국의 양명학(陽明學)·고학(古學), 그리고 일본의 오규 소라이(荻生徂徠)에 의한 고문사학(古文辭學), 일본 신도(神道)를 합일한 안사이학파(闇齋學派)와 미토학(水戸學) 등 여러 유학이 나타났으며 서로 공존하였다.

예를 들면 야마가 소코(山鹿素行)와 이토 진사이(伊藤仁齋)는 근세 일본사회에 부적합한 주자학을 비판하고 현실 사회에 적합한 학문인 고학을 탄생시켰으며, 다시 오규 소라이에 의해 새로운 유학은 더욱 발전하였다. 즉 18세기에 고의학(古義學)과 고문사학의 형태로 전개된 일본 고학파의 학문과 사상을 표상한 일본적 유학이라는 새로운 유학 이념이 등장하여 17세기 이래 유학계를 주도해 온 주자학을 근본부터 부정하는 사상 논쟁의 입장을 견지하였다. 동시에 원시 유교로 회귀하려는 주장과 더불어 자신들이 재구성한 고학파를 근세 일본 사회에 가장 적합한 학문과 사상이라고 하였다.

이는 이른바 일본적 유학의 형성이라 할 수 있으며, 더 나아가 근세 일본 유학의 다양성으로 바꿔 말할 수 있을 것이다. 이와 같이 근세 일본 유학계에서는 주자학 계열의 여러 학파를 비롯하여 양명학파와 고학파 등이 서로 공존하면서 각자 자신들의 학문의 정통성을 주창하는 등 다양한 유학사상이 형성되었다.[3]

그 밖에 근세 일본 사회에서는 본초학(本草學)·농학과 같은 실증 학문, 그리고 역사학·국문학과 같은 분야의 학문도 더불어 발달한 특징이 있다. 즉 이와 같은 내재적 발전이 이미 존재했으며, 이같은 학문적 토양이 근세 일본 사회에 있었던 것은 의미가 크다고 할 수 있다.

한편 서양에서 말하는 이른바 대항해시대인 16세기 중엽 일본열도 정확히는 남단의 규슈(九州)는 지리적 특성으로 포르투갈 등 서양의 가톨릭 국가와의 교류를 통해 서양의 문화를 수동적으로 수용하게 되었으며, 17세기에 들어서는 막부의 중앙집권 체제에 반할 가능성이 있는 가톨릭 세력의 확산을 막기 위해 1641년 가톨릭 금지라는 쇄국정책을 펼쳤다.[4] 한편 네덜란드는 당시 포르투갈 세력을 구축(驅逐)하고 영국과의 경쟁에서도 승리하여 동양의 일본에 접근하였는데, 개신교 국가라는 것과 맞물려 막부도 네덜란드와의 교류를 나가사키(長崎) 데지마(出島)의 네덜란드 상관(商館)으로 한정한다는 조건하에 허용하였다.

이후 일본은 쇄국정책 기간 중 서양 문화 접촉을 위한 창구를 나가사키의 데지마로 단일화하여, 선별적으로 서양의 문화를 수입하였다. 따라서 엄밀히 말해 일본의 근세는 쇄국이 아니라 이른바 선별적인 쇄국이며, 이 같은 방식으로 서양의 문화는 지속적으로 위정자 및 지식인 등 제한된 계층에 서서히 영향을 끼치게 되었다.[5]

아울러 당시 도쿠가와(德川) 막부가 네덜란드와의 교류와 이로 인해 발생한 이른바 난학(蘭學)이라는 학문을 허용한 것은 막부 봉건 체제 보강의 실학(實學)으로서 그 효용 가치를 인식했기 때문으로 볼 수 있다.[6] 즉 일본의 쇄국정책은 서양 문화·학문의 '리(理 : 종교)'적인 측면인 가톨릭 신앙의 거부에 한정된 것으로, '기(器)'적인 측면인 서양 과학 기술의 수용을 막은 것은 아니었다. 봉건제 유지에 상반되는 '리'는 철저히 봉쇄하는 한편 '기'의 실용 학문과 과학기술의 수용은 허용한 것이다.

이는 넓게 보면 근세 일본의 유교의 특징과도 통하는 것으로, 유교라는 정착 학문의 이 같은 경향으로 인해 근세 일본 사회는 '기'적인 측면의 서양

문화 수용에 거부감이 크지 않았다고 바꿔 말할 수 있다. 일본 내에서 나타난 일본적 성향이 강한 유학이라는 이른바 정착 학문의 기초와 이같은 학문적·사회적 분위기가 있었기에, 근세 일본 사회는 실용적 성격이 강한 서양 학문의 유용성을 비교적 거부감 없이 받아들인 것이다.

즉 일본 난학은 처음부터 '리'와 '기'를 구분하여 '리'에 대한 철저한 금단(禁斷) 정책 위에서 '기'의 실용면을 중심으로 한 학문 연구로 출발하여, 사회적 견제를 피하면서 네덜란드 상관이 있었던 나가사키와 정치의 중심지였던 에도를 거점으로 하여 학문적 기반을 굳혀 나갔다.[7]

난학의 중요성이 인식되자 이에 대한 관심도 높아졌다.[8] 그리고 전통적 학문 체계 안에서 난학을 정통화하려는 시도 또한 나타났다. 예를 들면 1811년 국학자(國學者) 히라타 아쓰타네(平田篤胤)는 한학은 무수히 많은 학문 사상 중 하나에 지나지 않으며, 불교는 한학보다 넓고 그리고 난학은 실용적 학문이라고 언급하는 등 새로운 절충주의를 주창하기도 하였다.

또한 막부 말기의 사상가 사쿠마 쇼잔(佐久間象山)은 주자학의 궁리(窮理)의 사고방식과 서양의 사고방식이 기본적으로 일치한다는 견해에 입각하여, 양학을 배우는 것은 성인(聖人)의 가르침의 취지에 적합하고 성인의 가르침을 보좌하는 사고방식의 학문이라고 언급하며, 그전까지 양학에 접근하지 않았던 무사들을 양학의 분야에 끌어들이는 이른바 양유겸학(洋儒兼學)의 실학(實學)을 강조하기도 하였다. 또 같은 시기의 사상가 요코이 쇼난(横井小楠) 역시 유교를 개혁하여 본래의 모습으로 되돌아가면 일본이 서구 문명을 맞은 이후 직면하게 된 문제를 해결할 수 있다는 관점에서 유교 개혁의 실학을 강조하였다.

이와 같이 근세 일본 사회가 갖고 있었던 학문적·사회적 환경으로 인해 서양 문화는 네덜란드 통사(通詞), 난학자(후에 양학자) 등 일부 계층에 한정되기는 하였지만, 통역과 번역 그리고 연구라는 과정을 거쳐, 때로는 반발도

있었지만 점차 일본 사회의 문화와 학문의 일부로서 근대 초기인 19세기 말까지 이어지게 되었다.[9]

이와 같이 근대화의 출발이라고 불리는 1868년 메이지유신이 있기 200여 년 이전부터 일본의 서양 이해 및 수용은 근세 봉건사회 내에서 이미 시작되었으며, 이 같은 사회적 배경이 근대화 정책의 추진과 정착에 적잖이 기여한 것은 부정할 수 없는 사실이다. 또 이 같은 상황이 봉건사회 내에서 나타난 것은 독특한 현상이 아닐 수 없다.

이상과 같이 정신사적 고찰의 입장에서 볼 때 일본의 유학 및 유학자는 주자학의 형이상학으로부터 자유로워 유학 내부에서는 실학이 발달하였으며, 더욱이 유학에 대항하여 국학과 난학이 일본적 문화 인식 풍토 안에서 자연스럽게 형성되었기 때문에 일본은 막부 말기부터 서양화로 불리는 근대화의 토대 구축이 가능했다고 볼 수 있다.[10]

2. 제도적 요소와 그 의미

여기서는 제도적, 기관적 요소의 의미를 명확히 하기 위해 막부 즉 관(官)과 관련된 양학 관련 교육 기관에 대해 살펴보기로 한다.

막부는 1811년 5월 반쇼와게고요(蛮書和解御用, 翻訳局이라고도 불림)를 덴몬가타(天文方) 안에 설치하였다. 덴몬가타는 막부의 천문직(天文職)으로 주로 편력(編曆)과 개력(改曆) 업무를 담당한 기관인데, 세계의 지리와 지지(地誌)의 연구 그리고 서양 사정의 연구에 관심을 가진 천문학자 다카하시 가게야스(高橋景保)의 건의로 막부는 이 안에 외교 문서의 조사 및 번역 업무를 담당하는 반쇼와게고요를 설치한 것이다. 이후 반쇼와게고요는 외교 문서의 조사 및 번역, 네덜란드 서적의 번역 업무를 담당하게 되었으며, 이어지는 번역 사업의 수행을 통해 난학(후에 양학)은 점차 공학(公學)의 단계에 접어들게 되었다. 즉 막부 내의 반쇼와게고요 설치는 난학이 문자 그대로 사학(私學)에서 공학의 위치에 오른 것을 의미하며, 처음으로 공적으로 막부에 의한 서양 서적의 번역 사업, 즉 가정백과사전(家庭百科事典)인 『후생신편(厚生新編)』의 번역 작업도 이루어졌다.[11]

서양 문헌의 번역과 서양의 연구・교육을 전문으로 다루는 기관을 만들려는 움직임이 막부 내부에서 구체적으로 나온 것은 1853년 미국 페리 제독의 내항이 직접적 계기가 되었다.

이후 서양 열강과 화친조약(和親條約)이라는 외교가 시작된 후 막부가 가장 먼저 직면하게 된 것은 급증하는 외교문서의 처리였다.[12] 종래 외교문서의 번역은 나가사키의 네덜란드 통사와 1811년 설립된 이래 네덜란드어의 번역을 담당한 반쇼와게고요의 학자들이 담당했는데, 페리 내항 이후 막부는 후자를 외교문서 번역 기관으로 확대하는 방향으로 이 문제를 처리하려고 하였다.

즉 이를 수행하기 위한 서양 서적의 번역과 서양 학문 교육, 그리고 통역관 양성을 목적으로 하는 기관이 필요하게 되었으며, 막부는 1856년 반쇼와게고요를 반쇼시라베쇼(蕃書調所)로 계승・발전시켜 이를 담당케 하였다. 즉 반쇼시라베쇼는 서양 학문의 연구와 교육, 그리고 외교문서의 번역을 담당하였으며, 그 밖에 번역서의 검열이라는 덴몬가타의 업무도 이관되어 교관들이 이를 담당하였다. 또한 반쇼시라베쇼는 설립 당시에는 서양 서적의 번역을 중시하였으나, 이후 생도들을 대상으로 하는 서양 학문 교육을 중시하는 경향으로 바뀌게 되었다.[13]

원래 반쇼시라베쇼의 교육 목적이 막신(幕臣)인 직참(直參)의 난학 교육에 있었으므로, 1857년 개교 당시에는 막신들의 자제(子弟)에 한해 입교를 허용하였으나, 1858년에 들어서는 각 번(藩)의 배신(陪臣) 및 자제들에게도 입교를 허용하였다. 이는 유능한 인재를 서둘러 양성해야 하는 필요성에 의한 조치로 볼 수 있는데, 이같이 막부 직할의 교육기관이 막신 이외의 가신에게도 입학을 허용한 것은 신분에 대한 엄한 규율을 요구한 근세라는 시대에 비쳐 볼 때 눈에 띄는 특징이라고 할 수 있다. 이는 한편으로는 난학이라는 학문의 특수성 그리고 대외적으로 시대가 급박하게 전개되자 막부가 이같은 변화된 상황에 자연스럽게 대응한 결과로도 볼 수 있다.

반쇼와게고요가 반쇼시라베쇼로 명칭이 바뀐 이후, 반쇼시라베쇼는 막부의 양학 연구 및 교육기관으로서 발전하게 되는데, 즉 서양 서적의 번역 및 양학의 교육, 서양 서적 및 번역서의 검열, 번역서의 인쇄 및 출판 등으로 그 영역을 넓혀 가며, 점차 공학으로서의 위치를 확고히 다지게 되었다.

이후 반쇼시라베쇼는 서양 학문의 연구와 교육의 메카로서 발전을 거듭하게 되는데 점차 그 범위와 중요성이 커지게 되자, 1862년 요가쿠시라베쇼(洋學調所)로 명칭을 바꾸고 독립 기구로 성장하게 된다. 또 이듬해인 1863년에는 다시 가이세이조(開成所)로 명칭을 바꾸었다.

이후 일본은 일종의 외국어대학이자 고등교육기관인 가이세이조를 중심으로 한 서양 연구와 교육을 토대로 하여, 근대화의 기반을 하나씩 갖추어나가게 된다. 특히 부국강병의 필요성과 관련하여 서양식 군사기술 도입을 중시하게 되어, 이에 필요한 기초 지식인 영어, 프랑스어, 러시아어, 독일어 같은 서양의 여러 언어를 학습하기 위해 막부의 관료들이 가이세이조에 대거 입학하는 일이 벌어지기도 하였다. 또 1867년에는 난학자 출신의 60명의 교관을 보유하게 되는데, 양적으로나 질적으로나 막부의 교육기관 중 가장 중요한 자리를 차지하게 되었다. 이는 가이세이조에 대한 지원이라는 막부의 의지라고도 바꿔 말할 수 있으며, 실제로 막부 내에서 가이세이조의 영향력은 확고해진다.[14] 또 막부 말기의 여러 개혁 정책도 가이세이조 안에 반영되어, 신분을 무시하고 능력에 따라 직급을 주는 제도도 도입되었다.

결론적으로 이 같은 변화는 막부 말기 서양 열강의 외압으로 인한 대외적 환경의 변화가 진행되고자 이를 타개하려는 절박한 의식 속에서 추진된 막부의 군제개혁(軍制改革)과 같은 대응 정책이 실제로 거의 그대로 가이세이조에 반영되어 학정개혁(學政改革)이라는 실천적 차원에서 추진된 결과로 볼 수 있다.

막부 말기에 관립 직할학교인 가이세이조에서 번역을 위한 어학, 실사 실험과 기술을 위한 자연과학, 그리고 국내외 정세에 대응하기 위한 정치 형태의 모색 차원에서 시도된 사회과학, 능력주의적 발상에 근거를 둔 교관 배치 등이 두루 시도된 것은 근세 봉건사회라는 시대적 관점에서 볼 때 그 의의가 크다고 할 수 있다.

막부의 직할학교는 막부에 필요한 인재 양성을 그 목적으로 하고 있었으며, 서양 열강에 대응하기 위한 군사적 성격이 강했다. 당시 직할학교는 동시에 행정기구이기도 했는데, 따라서 교육의 측면에서 볼 때 전통적·봉건적 성격을 띨 수밖에 없었다. 그런 의미에서 가이세이조라는 기관 내에서 추진된 능력에 따른 직급제의 도입, 서양 학문의 일강 추진, 회의 기관의 설립 등은 시대를 뛰어넘는 시도였다고 할 수 있다. 즉 잠재적 근대성을 엿볼 수 있다.

이상과 같이 막부 말기 직할학교에서 시도된 교육 내용과 성과는 메이지 이후 근대 교육의 원류로 볼 수 있으며, 그런 의미에서 제1차 교육 근대화기라는 표현도 가능할 것이다. 하지만 이후 정치적 상황이 급변하여 막부가 붕괴되는 상황이 일어났기 때문에 직접적인 교육적 성과는 얻지 못하였으며, 대부분 그대로 메이지 시대에 들어 구막신에 의해 설립된 누마즈병학교(沼津兵學校)로 이어지고,[15] 다시 메이지 신정부로 이어져 신정부에 의해 추진되었다. 이같은 의미에서 막부 말기와 메이지 초기의 양학 교육은 큰 흐름에서 볼 때 연속성을 띠고 있다고 할 수 있다.

일본은 1868년에 메이지유신을 맞이하게 되며,[16] 이때 쓰다 마미치(津田眞

道) · 니시 아마네(西周) · 가토 히로유키(加藤弘之) · 간다 고헤이(神田孝平)처럼 가이세이조와 직 · 간접적으로 관여된 인사와 후쿠자와 유키치(福澤諭吉) · 모리 오가이(森鷗外) 같이 난학(양학)의 영향을 받은 인사들이 일본의 근대화 · 서양화 작업의 전면에 나서게 되었다. 그리고 이후 이들은 메이지 초기의 문화와 교육의 발전에 크게 기여하였다.

즉 메이지 신정부는 문화와 교육 방면의 실질적 담당자로 막부가 양성한 가이세이조의 인물을 등용하였으며, 이들이 중심이 되어 이른바 문명개화가 추진된 것이다.

이같이 일본의 근대를 연출한 것은 막부 말기 교육기관의 설립과 외국어교육, 그리고 전습생의 해외 파견 등을 추진한 막부였다고 말할 수 있다. 즉 근대화의 배경에는 막부와 막부의 교육 및 연구기관이라는 제도적 요소가 갖추어져 있었기에 가능했다고 바꿔 말할 수 있다.

막부는 말기에 이르러 페리 내항 이래 외압에 대한 순응 및 이용을 통해 서양의 근대 병기 및 병제(兵制)의 도입, 그리고 교육 시스템의 변화를 꾀하였으며, 이를 통해 서양의 근대국가를 모델로 한 부국강병을 이루고자 하였다. 하지만 봉건적 사회 체제와 경제구조 안에서 부국강병 등을 실현하는 것은 근본적으로 쉽지 않았다.

하지만 막부는 정치적 · 재정적 악조건 속에서 서양의 문명을 받아들이기 위해 이상과 같은 연구 및 교육기관 설립에 힘을 기울였으며, 이후 출범하는 메이지 정부가 서양을 주 모델로 근대 일본을 건설하는 데 하나의 선각으로서 그 시험적 시도를 실시한 것이라고 볼 수 있다.[17]

이상과 같이 막부 말기 제도권 양학 연구 및 교육기관이 갖는 비중과 역할을 파악하는 것은 일본의 근대화, 그리고 근대 일본 고등교육의 전신이 갖는 의의를 이해하는 데 있어 중요하다고 할 수 있다.

이 기관들은 결국 이후 메이지 시대의 근대화와 적극적인 서구화를 이루는 데 초석이 되었다고 볼 수 있는데, 그 하나의 예로 이들 기관 출신의 학자들에 의해 관료 국가에 대한 구상이 이루어지고, 이들이 중심이 된 일본 최초의 학술단체 메이로쿠샤(明六社)가 메이지 계몽사상을 선도해 나간 점을 들 수 있다.

3. 인재적 요소와 그 역할

위에서 언급하였듯이 근세 일본 사회 내에서 서양 연구와 소개는 네덜란드 통사, 난학자(후에 양학자)들에 의해 이루어졌다.

네덜란드 상관이 나가사키의 데지마로 한정된 후 모든 사적인 것은 금지되었으며, 새롭게 통사 지역인(地役人)으로서의 제도가 확립되어 막부의 감리하에 놓인 직업적 통사 집단이 성립되었다. 나가사키 통사(또는 네덜란드 통사)라고 불리는 이들에 의해 일본 내에서 네덜란드어 학습과 통역, 그리고 번역이 시작되었다.

통사의 주된 업무는 통역이었으며, 그 밖에 유럽 각국과 인도 등의 정세를 알리는 '네덜란드풍설서(和蘭風說書)'를 일본어로 번역하는 역할도 담당하였다. 네덜란드풍설서란 나가사키에 들어오는 네덜란드 선박에 의해 전해진 해외 정보를 말하는데, 이 정보는 주로 네덜란드 상관장 그리고 나가사키 봉행(奉行)을 거쳐 에도의 막부에 전해져 해외 정보가 필요한 막부의 각국 정세에 대한 예비지식으로 활용되었다. 특히 당시 동아시아에 진출한 유럽 세력들의 동향과 변화를 파악하는 것은 막부의 체제 유지에 매우 중요한 것이어서, 실제로 이 네덜란드풍설서는 가톨릭 금지 즉 쇄국 체제가 완성된 1641년부터 막부가 서양의 신문을 직접 수입하게 되는 1858년까지 번역되었다.[18] 즉 220년 가까이 존속되며 쇄국시대 일본에게 해외 정세를 알게 해주었다.

물론 통사는 무역 활동과 관련된 통역이 주된 업무로, 실용적 회화와 간단한 번역 능력만이 요구되었다. 하지만 업무를 떠나 이국(異國)의 낯선 문화는 그들의 지적 호기심을 자극하였고, 점차 학술적으로 접근하려는 통사들이 나타나게 되었다. 이윽고 이들은 수입된 각 분야 서적의 네덜란드어를 일본어로 번역하게 되고, 그 과정과 결과는 에도의 지식인들에도 영향을 끼치게 되었다.

또한 나가사키 통사는 처음에는 통역과 번역, 무역 교섭 업무에 집중하였으나, 점차 어학 능력을 바탕으로 네덜란드 서적의 번역과 상관 내의 네덜란드 의사를 통해 서양 과학과 관련된 지식을 배우게 되었다. 그리고 점차 어학·의학의 범위를 벗어나 천문학·약학·지리학 등의 분야에 관심을 갖게 되었으며, 결국 이들의 지적 호기심은 관련 서적의 번역으로 이어졌다. 이윽고 통사 중에서 의술이 뛰어난 사람이 나타나기도 하였으며, 학문에 몰두하는 통사가 나타나기도 하였다. 후자의 경우 이후 통사직을 그만두고 학문에 전념하였으며, 이들에 의해 이른바 난학자가 형성되었다.

앞선 사회의 다수의 서적을 자국어로 고치는 과정과 그 결과를 통해 문화는 신장될 수 있으며, 일본의 경우 그 같은 과정이 에도시대 나가사키 통사에 의해 먼저 이루어졌다. 그리고 그들에 의해 에도에 난학이 소개·보급되어 19세기 초기에는 에도가 난학 및 난학자의 중심지가 되었다.

에도막부는 19세기 중반에 접어들면서 대외적으로 정치적 위기를 맞게 되었고 이에 양이(攘夷) 사상이 대두되었다. 더불어 대외적 위기는 서양식 군비의 급속한 충실화 요구로 이어졌으며, 이를 달성하기 위해 난학자의 적극적 활용과 연구 기관의 설립이 추진되었다.

앞서 언급하였듯이 1811년 막부 내에 반쇼와게고요가 설치되었는데, 이는 난학이 사학에서 공학의 위치를 차지한 것으로 볼 수 있으며,[19] 이 기관의 중심에는 나가사키 통사인 바바 사주로(馬場佐十郎)가 있었다. 번역에 참가한 난학자들은 공동 연구로 인해 서양에 대한 지식과 어학력이 강화되는 계기를 맞았다. 이때 만들어진 각종 번역어와 번역어 안에 담긴 내용은 그 후 각자의 저술을 통해 나타나게 되었으며, 결과적으로 난학의 발달과 보급에 영향을 끼쳤다.

1857년 1월에는 반쇼와게고요의 발전적 형태인 반쇼시라베쇼가 개설되었다. 반쇼시라베쇼와 다시 반쇼시라베쇼의 발전적 형태로 1863년 8월 등장하는 가이세이조는, 단적으로 말해 페리의 내항과 이로 인한 서양 열강과의 화친조약 체결 등으로 종래의 정치 방식으로는 통치가 불가능하다고 인식한 막부가 이를 극복하기 위한 하나의 방편으로 세운 기관이었다.

반쇼시라베쇼는 미쓰쿠리 겐포(箕作阮甫)·스기타 세이케이(杉田成卿)·가와모토 고민(川本幸民)과 같은 당대의 난학자들이 교수직을 갖고 있던 곳이기도 하였다. 따라서 기본적으로 정치적 영향을 받기는 하였지만 한편으로는 그들에 의해 서양에 대한 연구와 번역, 그리고 교육이 추진되었다.

먼저 번역과 관련하여 무엇보다 언어의 학습이 중요하였기에, 반쇼시라베쇼는 사전의 번역에 힘을 기울였다. 당시 일본은 17세기 중반부터의 이른바 선별적 쇄국 기간 중 네덜란드와 교류가 있었으며, 네덜란드어가 네덜란드 통사와 난학자들을 통해 이미 학습·연구되었으므로, 먼저 네덜란드어를 통한 서양의 어학 사전 번역에 힘을 기울였다. 난학의 연구와 그 성과가 영학(英學)으로 계승된 것이다.

1862년 초판이 간행된 『영화대역수진사서(英和對譯袖珍辭書)』는 네덜란드 통사 출신으로의 영학 교수인 호리 다쓰노스케(堀達之助)가 편집주임이 되고, 니시 아마네·지무라 고로(千村五郎)·다케하라 유지로(竹原勇四郎)·미쓰쿠리 데이치로(箕作禎一郎)가 힘을 합쳐 편찬되었다.

기초과학, 그중에서도 화학과 물리학 관련 서적의 번역은 주로 가와모토 고민에 의해 추진되었다. 그는 물리학의 체계서 『기카이칸란코기(氣海觀瀾廣

義)』(1851), 증기기관과 사진기의 구조에 대한 해설서 『엔세이키키주쓰(遠西奇器述)』(1854), 화약·서양조선법·전신기 등을 다룬 『헤이카스도쿠세이미신겐(兵家須讀舍密眞源)』(1856)과 같은 최신 과학기술 문헌을 번역·발간하여, 당시 막부와 학계의 주목을 받았다.

또한 호리 다쓰노스케(堀達之助)와 니시 아마네는 1861년 반쇼시라베쇼의 교수직(敎授)과 부교수직(敎授手傳)으로 각각 발탁되었으며, 동시에 대역사전 편집주임의 직책과 필기방(筆記方)의 겸무(兼務)를 맡게 되었다. 그리고 1861년 12월 이들에 의해 일본 최초의 신문이라 할 수 있는 '관판바타비아신문(官版バタビヤ新聞)'이 발행되기도 하였다. 물론 번역에 대한 성과의 경우 이미 반쇼시라베쇼에 들어오기 전부터 이 분야에서 활약한 학자들이 기존의 번역과 연구를 지속한 결과로 볼 수 있다. 즉 이 같은 번역 결과물의 과정을 이해하기 위해서는 기본적으로 학자들의 노력과 능력에 무게를 두어야 할 것이다. 하지만 이들을 인정하고 이들에게 적극적인 지원을 한 막부 역시 하나의 역할을 담당했다고 할 수 있다. 즉 학자라는 인재와 기관의 뒷받침이라는 제도가 있었기에 가능했다고 바꿔 말할 수 있다.

다음 단계의 가이세이조 교관들의 연구 활동도 이전과 구별이 된다. 가이세이조의 교수들은 당대의 대표적 양학자들로 이들의 연구 활동은 당시 양학의 흐름을 주도했다고 볼 수 있다. 특히 이 무렵에 들어서 이들이 서양의 사회과학과 인문과학에 대해 평가하고 또 이에 대한 수용의 자세를 가졌다는 점이 특징인데, 즉 종래의 양학이 의학, 천문학, 포술 등을 중심으로 발전한 데 반해, 이 시기에 들어서는 니시 아마네·쓰다 마미치·가토 히로유키와 같은 가이세이조의 교관들이 서양의 사상·법·정치·경제 등에 관심을 갖게 되어, 이 분야에 대한 연구가 이루어졌다.

니시 아마네와 쓰다 마미치는 막부의 네덜란드 파견 유학생으로 수년간 네덜란드에서 법리학·국제법·경제학·통계학을 배웠으며, 귀국하여 『만국공법(萬國公法)』과『태서국법론(泰西國法論)』을 각각 막부에 상재(上梓)하였다. 가토 히로유키 역시 위의 두 사람과 같이 연구하였으며,『린초(鄰草)』『교역문답(交易問答)』,『입헌정체략(立憲政體略)』등을 저술하였다. 그 밖에 간다 다카히라(神田孝平)는『경제소학(經濟小學)』을 번역하였으며, 스기 고지(杉亨二)는 통계학에 대한 연구를 실시하였다.[20]

또한 가이세이조에는 업무상 시사적인 사항을 비롯하여 여러 정보가 들어왔으며, 이를 다시 번역하여 정보를 공유하는 일이 많았다. 그리고 그 연장선상에서 1867년 10월 일본 최초의 정기간행 잡지『서양잡지(西洋雜誌)』가 가이세이조 교수들에 의해 간행되었으며, 그 중심인물이었던 야나가와 슌산(柳川春三)은 다시 1868년 2월『중외신문(中外新聞)』이라는 소책자 형태의 신문을 간행하여 신문 사업을 일으키기도 하였다.[21] 일본은 1868년 메이지유신을 단행하였으며, 이때 니시 아마네 · 가토 히로유키 · 간다 고헤이 등과 같이 막부의 교육기관과 직 · 간접적으로 관여된 인재와 후쿠자와 유키치(福澤諭吉) · 모리 오가이(森鷗外) 등 난학의 영향을 받은 인재들이 일본의 근대화 · 서양화 작업의 전면에 나섰다. 그리고 이후 이들은 메이지 초기의 문화와 교육의 발전에 큰 기여를 하는데,[22] 이와 같이 메이지 신정부는 문화와 교육 방면의 실질적 담당자로 막부가 양성한 기관의 인재들을 중용하였으며, 이들이 중심이 되어 이른바 문명개화가 추진된 것이다.

III. 결론

이상과 같이 사회적 배경의 측면에서 볼 때, 일본은 근세 중기 이후 선별적 쇄국 기간 중 나가사키를 통해 적극적으로 해외 서적과 문물을 수입하였고 나가사키 통사와 난학자라는 인재들에 의해 번역 작업이 추진되었다. 또 막부도 덴몬가타 안에 서양 서적의 번역국인 반쇼와게고요를 설치하여 이를 공학으로 인정하기에 이르렀으며, 다시 반쇼시라베쇼, 요가쿠시라베쇼, 가이세이조로 명칭을 바꿔가며 관학의 하나로서 그 내실을 키워 갔다. 또 메이지유신 이후에는 이 기관이 도쿄대학의 한 축으로서 계승·발전되었다. 즉 일본은 막부 말기부터 국가적 차원에서 서양 학문의 수용에 적극적이었으며, 그 방법으로 번역을 장려한 것이다.

나가사키 통사가 활약한 나가사키는 일본 열도의 남단에 위치하여 지리적으로도 유리한 측면을 갖추고 있었다. 또 당시 일본에는 막부의 관학으로서 유학이 학문의 주류를 이루고 있었으며, 지식인들은 유학의 교양을 지니고 있었다. 유학이 에도시대 학문의 중심이었던 것은 사실이지만 이와 더불어 난학이라는 새로운 문화와 학문에 대한 지적 호기심은 일본 사회에 자극을 주었으며, 이후 다원화된 문화관·학문관을 갖게 해준 것 또한 사실이다. 즉 에도시대 일본은 학문적으로 이미 활성화된 정착 학문의 기초가 있었으며, 여기에 사회적·지리적 조건까지 갖추고 있었다고 볼 수 있다. 그리고 이러한 배경이 있었기에 서양 문헌의 번역과 학문이 활성화되었다고 보는 것이 가능하다. 즉 전통적 학문 문화가 고정·정착되어 있었으며, 여기에 유입되는 외래 학문을 번역하는 것에 강한 의욕을 갖게 되었다고 바꿔 말할 수 있다.

한편 에도 후기에 접어들면서 한학, 즉 주자학 내부에서도 사회 전반의 생산과 유통 분야 발전에 맞추어 친험실시(親驗實試)의 강조와 같은 합리주의 추구 현상이 나타나기도 하였다.

여기서는 근대화 전사(前史)에 일본 내에서 나타난 사회적 배경에 초점을 맞추고, 다시 그 안에서 나타난 제반 현상 중 근대화와 밀접한 관련이 있다고 판단되는 세 가지 사회적 측면에 중점을 두고 접근·고찰하였다. 그리고 이 같은 복합적인 사회적 배경의 연장선상에서 일본의 근대화가 갖는 의미를 이해하는 것이 가능하다.

문화적·사회적 환경 안에서 길러진 일본의 학문적 경향과 이로 인한 일본적 유교의 특징이 막부 말기의 학문적·사회적 배경이라 할 수 있을 것이며, 여기에 학자라는 인재의 연속성과 막부의 관립 기관이라는 제도적 뒷받침이 있었다. 문화의 발전과 도약에는 문화의 수용과 이를 위한 준비 과정이 필요한데, 근대 일본의 경우 위와 같은 인재적 요소와 제도적 요소에 의한 번역 문화가 막부 말기에 있었으며, 이 같은 복합적인 사회적 배경이 서로 연결되고 상승 효과를 발휘해 서양 문화의 수용과 소화가 가능했다고 볼 수 있다.

19세기 말 에도막부는 서양 열강의 접근에 의해 개국을 맞았다. 이같은 대외적 환경의 변화에 있어서 기존 세력들의 반발도 있기는 했지만 막부는 주변 정세의 흐름에 비교적 순응코자 하는 자각이 있었으며, 난학과 양학을 부국강병을 위해 필요한 학문으로 규정하고 직할학교라는 제도적 양학 교육기관의 설립을 통해 구체화시켜 나갔다. 이어 막부는 기관의 운영과 교육을 위해 각 번에 난학자 또는 양학자의 차출을 요구하였고, 이로 인해 당대의 대표적 학자들을 갖출 수 있었으며, 다시 이들 중 능력이 우수한 인물을 막부의 관료로서 등용하였다.

막부 말기, 막부에 의한 막정 개혁과 군제 개혁·학제 개혁의 추진과 여기에 참여한 니시 아마네·쓰다 마미치·가토 히로유키와 같은 막부의 관학자는 직할학교에서 막부의 부국강병 정책의 담당자로서의 역할을 담당하였다.

초기 메이지 정부는 서양화라 할 수 있는 근대화 정책 추진에 있어 그 원동력이라 할 만한 문화적 축적이 많지 않아 결국 대부분을 구막부의 유산인 인재를 그대로 계승하는 방향을 취할 수밖에 없었다. 당시 중앙 정부의 각 관청에서 무엇보다 요구된 것은 서양 문물과 외국어에 능통한 능력을 갖춘 인물이었다고 할 수 있는데, 정부 내에는 그 같은 인적 자원이 부족했으며, 결국 구막부의 양학자를 징발할 수밖에 없었던 것이다.

　이상을 통해 볼 때 근세 말기 일본은 주자학적 형이상학에서 자유로웠으며, 실제로 유학 내부에서 실학이 발달한 일본적 유학이라는 정착 학문의 기초 위에서 난학과 양학이 형성되었다. 그리고 실용 학문과 기초학문에 두루 관심을 가지며 번역과 교육에 집중한 난학자와 양학자, 봉건체제임에도 불구하고 이들을 위해 기관이라는 제도적 뒷받침을 한 19세기 이후의 막부의 역할 등은 의미가 크다고 할 수 있다.

02 | 반쇼시라베쇼(蕃書調所)와 가이세이조(開成所)의 양학 교육*[23]

Ⅰ. 반쇼시라베쇼(蕃書調所)

1. 서언

에도(江戶)막부는 19세기 중반에 접어들면서 대내적으로 뿐만 아니라 1842년의 아편전쟁과 1853년 페리의 내항으로 인해 대외적으로도 정치적 위기를 맞게 되었다. 이에 양이(攘夷)사상이 대두되었으며, 더불어 대외적 위기로 비롯된 서양식 군비의 급속한 충실화 요구를 충족시키기 위해 난학자(蘭學者)의 적극적 활용과 연구기관의 설립이 추진되었다. 그 대표적 결과물이 바로 반쇼와게고요(蛮書和解御用)의 발전적 형태로 1857년 1월 수업을 개시한 반쇼시라베쇼(蕃書調所)다.

반쇼시라베쇼와 반쇼시라베쇼의 발전적 형태로 1863년 8월 등장하는 가이세이조(開成所)는 단적으로 말해 페리의 내항과 이로 인한 서양 열강과의 화친조약(和親條約) 체결 등으로 인해 종래의 정치 방식으로는 통치가 불가능

---

* 「반쇼시라베쇼(蕃書調所)의 번역과 교육」, (『日本学報』71, 韓国日本学会, 2007).
　「가이세이조(開成所)의 개혁과 제학제술」, (『日語教育』44, 韓国日本語教育学会, 2008).

하다고 인식한 막부가 이를 극복하기 위한 하나의 방편으로 세운 기관이다. 따라서 그 성격은 고등교육기관이라기보다 위와 같은 특정 목표를 지닌 이른바 정부 직할의 조사 연구 기관으로 보는 것이 타당하다. 그 결과 막부 말기 격동기의 정치 동향 및 정부의 요청은 거의 그대로 전달되곤 하였다.

하지만 반쇼시라베쇼는 미쓰쿠리 겐포(箕作阮甫), 스기타 세이케이(杉田成卿), 가와모토 고민(川本幸民)과 같은 당대의 난학자들이 교수직을 갖고 있던 곳이기도 하였다. 따라서 기본적으로 정치적 영향을 받기는 하였지만 한편으로는 그들에 의해 서양에 대한 연구와 번역, 그리고 교육이 추진되었다.

여기서는 이와 같은 반쇼시라베쇼에 있어서 번역과 교육은 어떤 목표하에 추진되었고, 실제로는 어떤 결과가 나왔으며, 그 특징은 무엇인지에 대해 살펴보도록 한다.

2. 반쇼시라베쇼(蕃書調所)의 번역과 교육[24]

막부 내부에서 서양 문헌의 번역과 서양의 연구·교육을 전문으로 다루는 기관을 만들려는 움직임이 구체적으로 나온 것은 무엇보다도 1853년 미국 페리 제독의 내항이 결정적 계기가 되었다.

특히 이후 서양 열강과의 화친조약이라는 외교가 시작된 후 막부가 가장 먼저 직면하게 된 것은 급증하는 외교문서의 처리였다.[25] 종래 외교문서의 번역은 나가사키의 네덜란드 통사와 1811년 설립된 이래 네덜란드어의 번역을 담당한 번역국(翻譯局) 반쇼와게고요(蛮書和解御用)의 학자들이 담당했는데, 페리 내항 이후 막부는 후자를 외교문서 번역 기관으로 확대하는 방향으로 이 문제를 처리하려고 하였다.

이에 구체적으로 막부의 로추(老中) 아베 마사히로(阿部正弘)가 중심이 되어 그 작업을 추진하였다. 그 과정에서 세 차례(제1차안 1855년 1월, 제2차안 1855년 6

월, 제3차안 1855년 11월)에 걸쳐 내용을 검토하고 이에 대한 수정·보완을 거쳐, 최종적으로 1855년 말 기관 설치에 대한 승인을 하기에 이른다.[26] 이때 나온 주요 설립 취지를 정리하면 다음과 같다.

먼저, 양학 기관을 창설하는 주된 취지는 적정(敵情)을 아는 것이다. 여기서 연구할 사항은 외국의 사정에 대한 조사로, 각국의 지리·정교(政敎)·풍속·동정(動靜)·병사(兵事)·선제(船制)·예술(術芸)·산물(産物) 등이 여기에 속한다. 그리고 이상의 조사를 통해 각국의 장점을 섭취함에 있다. 아울러 양학 기관의 당면 임무는 포술학(砲術學)·포대(砲台)와 성채의 건축법·군함의 제조와 운용법·항해·측량·연병(練兵)·기계 및 각국의 강약(强弱)·지리·물산에 관한 서적의 번역이다. 장래에는 천문학, 기타 학문 기예(技芸)에 관한 서적도 취급한다.

다음으로 번역관 및 통역관을 양성하기 위해 이에 대한 교육을 실시한다. 이를 위해 난학 학습 공간을 설치하여, 직참(直參)과 배신(陪臣)들 중에서 열심인 자를 입학시킨다. 그리고 습득 정도에 따라 번역관으로 활용하며, 직참 중에서 적당한 자를 선발하여 통역 훈련을 시켜 습득 정도에 따라 통역관, 또는 통역 입회인으로 활용한다.

기타 서양 문헌 일체의 개각(開刻) 및 기계 기구, 병기(兵器)의 제작에 대한 검열(檢閱)을 실시하며, 그 결과 문제가 없으면 보급을 촉진시킨다.[27]

이후 1856년 2월 신설 기관명을 「반쇼시라베쇼(蕃書調所)」로 최종 결정하고,[28] 건물 등의 준비 과정을 거쳐 이듬해인 1857년 1월 18일 개교하였다.

설립 당시 교수직(敎授職)으로 쓰야마(津山) 번 출신의 미쓰쿠리 겐포(箕作阮甫)[29]와 오바마(小浜) 번 출신의 스기타 세이케이(杉田成卿)가 임용되었으며, 부교수(敎授手伝)로 도쿠시마(德島)번 출신의 다카바타 고로(高畠五郎), 미타(三田)

번 출신의 가와모토 고민(川本幸民), 사쿠라(佐倉) 번 출신의 데즈카 리쓰조(手塚律藏), 사쓰마(薩摩) 번 출신의 데라지마 무네노리[寺島宗則, 마쓰모토 고안(松本弘庵) 이라고도 불림], 조슈(長州) 번 출신의 도조 에이안(東條英庵), 빗추(備中) 번 로닌(浪人) 출신의 하라다 게이사쿠(原田敬策), 안나카(安中) 번 출신의 다지마 준스케(田島順輔), 조슈(長州)번 출신의 오무라 마스지로(大村益次郎), 사쿠라(佐倉)번 출신의 기무라 군타로(木村軍太郎), 후쿠이(福井)번 출신의 이치카와 사이구(市川齋宮)가 임용되었다. 그리고 구독교수(句讀敎授)로 막신(幕臣)인 시다라(設樂莞爾)와 스기야마(杉山三八), 그리고 무라카미(村上誠之丞)가 채용되었다.

한편 기록에 의하면 개교 무렵 지원자가 천 명 가량으로 알려져 있는데, 개교 이후 실제로 매일 백 명 가량의 생도가 등교한 것으로 알려져 있다. 여기서 당시 막신(幕臣)들 사이에서 양학에 대한 관심이 높았다고 할 수 있으며, 양학에 대한 지식을 갖추는 것이 당시 입신출세의 지름길이었다고 볼 수 있다.

이하 반쇼시라베쇼 내에서 1857~1862년 기간 중 구체적으로 번역과 교육이 어떻게 추진되었는지 알아보고, 그 결과가 당초의 취지에 어느 정도 접근하였는지 살펴보도록 한다.

앞서 언급하였듯이 반쇼시라베쇼의 주요 임무 중 하나는 서양 문헌의 번역으로, 이에 대한 비중이 가장 컸다. 즉 반쇼시라베쇼는 막부 내에서 군사ㆍ정치ㆍ외교 관계를 중심으로 하는 서양의 지식과 정보를 받아들이는 창구로서의 기능을 담당한 것이다. 그 밖에 외교문서의 번역도 반쇼시라베쇼의 교수에 의해 이루어졌다.

번역과 관련하여 무엇보다 언어의 학습이 중요하였기때문에, 반쇼시라베쇼는 먼저 사전의 번역에 힘을 기울였다. 당시 일본은 17세기 중반부터의 이른바 선별적 쇄국 기간[30] 중 네덜란드와 교류가 있었으며, 네덜란드어가 네덜란드 통사와 난학자들을 통해 이미 학습ㆍ연구가 되었으므로, 먼저 네덜란드어를 통한 서양의 어학 사전 번역에 힘을 기울였다. 난학(蘭學)의 연구와 그 성과가 영어, 더 나아가 영학(英學)으로 계승된 것이다.

즉 1862년 반쇼시라베쇼의 교수들에 의해 『영화대역수진사서(英和對譯袖珍辭書)』라는 영일(英日) 대역사전이 간행되었는데, 이는 반쇼시라베쇼의 대표적 번역 성과물로 꼽을 수 있다.

1862년 초판이 간행된 『영화대역수진사서』는 네덜란드 통사 출신으로 영학 교수인 호리 다쓰노스케(堀達之助)가 편집주임이 되고, 니시 아마네(西周) · 지무라 고로(千村五郎) · 다케하라 유지로(竹原勇四郎) · 미쓰쿠리 데이치로(箕作禎一郎)가 힘을 합쳐 편찬하였다.[31]

이 사전은 H. Picard 편 『A New Pocket Dictionary of the English-Dutch and Dutch-English Languages』(1857) 영란부(英蘭部)의 네덜란드어 부분을 『오란다지이(和蘭字彙)』의 번역어를 활용하여 일본어로 옮겨 영일(英日) 대역의 형태로 만든 것이다. 이 대역사전은 활자본(活字本)으로 공간(公刊)된 일본 최초의 본격적인 영일 사전이며, 수록어수는 37,000어이다.[32]

이 사전의 초판은 네덜란드 정부가 막부에 보낸 활자와 인쇄기, 즉 구문활자(歐文活字)를 사용하여 표제어 및 품사 표시를 먼저 찍고, 그 위에 목판(木版)으로 번역어를 겹쳐 찍는 방법으로 인쇄하였다. 일양절충(和洋折衷)의 방식으로 찍었다고 할 수 있다. 제본은 서양서(洋本)의 형태로 되었으며, 간행 부수는 200부였다. 발매 후 바로 매진이 되어, 한때 10배 이상의 가격으로 거래가 이루어지기도 하였다.[33]

다음으로 기초과학, 그중에서도 화학과 물리학 관련 서적의 번역이 주로 가와모토 고민(川本幸民)에 의해 추진되었다. 그는 반쇼시라베쇼에 들어오기 이전 이미 물리학의 체계서 『기카이칸란코기(氣海觀瀾廣義)』(1851),[34] 증기기관과 사진기의 구조에 대한 해설서 『엔세이키키주쓰(遠西奇器述)』(1854),[35] 화약 · 서양 조선법 · 전신기 등을 다룬 『헤이카스도쿠세이미신겐(兵家須讀舍密眞源)』

(1856)과 같은 최신 과학기술 문헌을 번역·발간하여, 당시 막부와 학계의 주목을 받고 있었다.[36]

1856년 말 반쇼시라베쇼에 들어온 이후로는 위의 『기카이칸란코기』와 『엔세이키키주쓰』의 번역을 완성하였으며, 1860년에는 『화학신서(化學新書)』(補譯은 1861년)를 번역·간행하였다. 『화학신서(化學新書)』의 조본(祖本)은 당시 유럽에서 널리 읽혀졌던 독일의 농예화학서(農芸化學書) 『Schule der Chemie(화학의 학교)』인데, 이 문헌의 네덜란드어판을 일본어로 번역한 것이다. 가와모토는 이 역서 안에서 기존의 '사밀학(舍密學)' 대신 '화학(化學)'이란 단어를 처음 사용하였으며, 그 밖에 원자(原子)의 개념을 처음 일본에 소개하기도 하였다.

또 해설 기사 안에서 『화학신서』의 독일인 저자 J. W. Gunning의 네덜란드어 서적 『De Scheikunde van het Onbewerktuide en bewerktuigde rijk』(1850, 1855), 그리고 조본에 해당하는 J. A. St ckhardt의 『Die Schule der Chemie』(초판 1846)을 자신의 번역서와 비교 교합(校合)하는 등 독일인 저자의 표현과 자신의 번역에 대한 구체적 내용을 상세히 밝히기도 하였다.[37] 아울러 그는 반쇼시라베쇼 내에서 관련 분야의 소개와 교육에도 힘쓴 것으로도 알려져 있다.[38]

그 밖에 병법과 관련된 번역서 『시칸힛케이(士官必携)』(陸軍士官必携라고도 불림)가 와타베 이치로(渡部一郎)[39]에 의해 번역되었다.[40] 이 책은 실제로는 1867년 전 10권이 번역·간행되었는데, 그중 제1권이 반쇼시라베쇼에서 번역된 것이다. 이 책은 영국 세인홀스트 병학교 교관인 맥두걸(Macdougall)이 1862년 런던에서 지은 『The Theory of War(戰爭論)』의 번역서다. 이 책은 전쟁의 실례(實例)를 이론적으로 분석한 전술서로, 그 내용은 실천적인 색채가 짙으며, 무대가 된 전장(戰場)의 지도를 풍부하게 실어 구체적 진군(進軍) 과정 등이 해설된 특징이 있다. 나폴레옹과 프레드리 2세의 전술도 소개되어 있다.

마지막으로 신문의 번역을 들 수 있다. 외국 사정과 정보, 그리고 이에 대한 빠른 수집을 위해서는 외국 신문의 번역이 효율적이라고 할 수 있는데, 외국 사정에 대한 정보 수집 또한 반쇼시라베쇼의 주요 임무 중 하나였기 때문에, 이와 관련된 외국 신문의 번역이 추진되었다.

호리 다쓰노스케(堀達之助)와 니시 아마네(西周)는 1861년 교수직(教授)과 부교수직(教授手傳伝)으로 각각 발탁되었으며, 이들은 대역사전 편집주임의 직책과 필기방(筆記方)의 겸무(兼務)를 맡게 되었다. 그리고 1861년 12월 이들에 의해 일본 최초의 신문이라 할 수 있는「관판바타비아신문(官版バタビヤ新聞)」이 발행되었다.

「바타비아신문(Batavia新聞)」은 바타비아(인도네시아의 수도 자카르타가 네덜란드령일 때의 명칭)의 네덜란드 정부가 발행한 주간신문, 즉 네덜란드와 기타 국가들의 중요 뉴스가 게재된 네덜란드 정부의 기관지로서, 이를 위의 교수들이 필요하다고 판단한 부분만을 일본어로 초역(抄譯)하고, 반쇼시라베쇼의 활자로 인쇄한 후, 에도의 서양 서적 전문 서점 업자인 요로즈야 헤이시로(万屋兵四郎)[41]가「官板バタビヤ新聞」[42]이란 명칭으로 발행한 것이다.[43]

물론 외국 신문의 영향이라는 관점에서 볼 때 그 효시는「네덜란드풍설서(オランダ風説書)」다. 즉 1641년 막부는 네덜란드와 무역을 허가하고, 나가사키(長崎)에 들어오는 네덜란드 상선에 해외 정보를 보고케 하는 의무를 부여하였는데, 이때 전해진 정보를 나가사키의 네덜란드 통사가 번역・청서(清書)하여 막부에 보낸 것이 바로「네덜란드풍설서(オランダ風説書)」이다. 19세기 중엽이 되자 네덜란드는 해외 정보의 보고 대신 네덜란드의 신문을 제출하기를 원하였으며, 막부가 이를 받아들이게 되었고, 그리고 이후 이 신문의 번역 작업을 반쇼시라베쇼(蕃書調所, 이후 開成所)가 맡은 것이며, 그 결과「관판바타비아신문(官版バタビヤ新聞)」이 나온 것이다.

위의「네덜란드풍설서(オランダ風説書)」는 일반에 공개되지 않았고 막부의 고위 관료들만 접한 특징이 있다. 그런데 이 무렵 대외적으로 서양 열강과 개국 통상조약이 맺어지게 되자 내부적으로 이에 대한 국론이 개국양이(開國攘夷) · 존황토막(尊皇討幕)과 같이 전개되었다. 이와 더불어 새로운 정보, 즉 신문에 대한 욕구가 높아지게 되었으며, 이런 정세 속에서 막부는 신문 공간(公刊)을 결의하게 되었으며, 1862년 일본 최초의 신문인 「관판바타비아신문(官版バタビヤ新聞)」이 출현하게 된 것이다.

한편 반쇼시라베쇼의 교수들은 앞서 기술한 바와 같이 네덜란드어 신문을 통한 번역 신문의 편집을 담당하는 한편 당시 중국 상해와 홍콩 등에서 발행된 신문과 잡지를 각각 번각(翻刻)하여, 역시 에도의 요로즈야 헤이시로를 통해 판매하기도 하였다. 「관판중외신보(官板中外新報)」, 「관판육합총담(官板六合叢談)」, 「관판홍콩신문(官版香港新聞)」 등이 그 예가 되는데, 각각의 원판(元版) 신문은 당시 중국에 있던 개신교 선교사들이 포교를 목적으로 발행한 것들이었다.[44]

또 반쇼시라베쇼에서는 1861~1864년 무렵 한문 신문의 번역, 그리고 필사한 「가니칸친(遐邇貫珍)」을 발행하기도 하였다.[45]

이상과 같이 반쇼시라베쇼에서는 영어와 같은 어학, 물리학 · 화학 등의 기초과학, 병학, 그리고 서양에 대한 정보의 확대와 공유를 위한 일부 신문을 번역하는 등 번역 분야에서 많은 성과를 남겼다.

다음으로 반쇼시라베쇼에서 중시한 임무는 양학에 대한 교육이었다.[46]

이렇게 네덜란드 문헌을 번역, 그리고 교육하는 기관으로 설립된 반쇼시라베쇼는 1857년 1월 18일 교육을 개시하였다. 규칙에 의하면 당시 수업 시간은 오전 8시부터 오후 4시까지였으며, 생도는 매일 100여 명이 등교한 것으로 알려져 있다.

교과서로는 문법론을 다룬 『가람마치카(ガランマチカ)』와 문장론을 다룬 『세인타키스(セインタキス)』가 사용되었는데,[47] 이 두 권은 당시 난학계에서 가장 널리 사용된 학습서이기도 하였다. 또한 반쇼시라베쇼의 수석교수 미

쓰쿠리 겐포(箕作阮甫)가 참여하여 만든 문헌이기도 했기에 반쇼시라베쇼에서도 이 교재를 사용한 것으로 볼 수 있다.

위의 두 교재를 이용하여 네덜란드어 교육을 실시하였는데,[48] 소독(素讀)・윤독(輪讀)・회독(會讀)의 방식으로 실시되었다.

이는 당시 시주쿠(私塾)[49]에서 이루어진 네덜란드어의 교육 방법과 차이가 없는 것으로, 따라서 기존의 대표적 교육 방식을 그대로 수용한 것으로 볼 수 있다. 또 당시 학문소(學問所), 즉 쇼헤이자카가쿠몬조(昌平坂學問所)의 교육 방식 역시 소독・윤독・회독・강석(講釋)이었는데, 이와도 그 방식이 거의 유사했다.

반쇼시라베쇼에 입학한 자는 먼저 네덜란드 문자와 단어를 정확하게 읽는 '소독(素讀)'의 방식을 통해 학습을 시작하였다. 이때 구독(句讀)교수가 피교육자 1명을 자신의 책상에 앉게 하여 문자를 하나하나 가리켜 가며 1시간씩 지도한 것으로 알려져 있다.[50] 그리고 경우에 따라 '소독'에 사용한 교과서의 의미 내용을 이해하는 강의(講義)를 받기도 하였다.

그리고 네덜란드어에 대한 이해력과 네덜란드 문헌에 대한 이해력이 늘어나면 오늘날의 연습(演習)에 해당하는 '회독(會讀)' 즉 여러 사람이 모여 책을 읽고 그 내용에 대해 토론하는 자리에 출석하거나, '윤독(輪讀)' 즉 여러 사람이 같은 글이나 책을 돌려 가며 읽는 자리에 출석하는 방식으로 지도하였다.

이상과 같이 반쇼시라베쇼의 어학 교육에서 교재와 교육 방식 모두 기존의 방식과 차이점은 없다고 할 수 있다. 오히려 교육 분야에 있어 눈에 띄는 점은 피교육자, 즉 생도의 신분과 자격에 있다고 할 수 있다. 원래 반쇼시라베쇼의 교육 목적이 막신(幕臣)인 직참(直參)의 난학 교육에 있었으므로, 1857년 개교 당시에는 막신들의 자제에 한해 입교를 허용하였다. 하지만 1858년에 각 번(藩)의 가신(家臣)인 배신(陪臣)에게도 입교를 허용하였다.

이 조치는 유능한 인재를 서둘러 양성해야 할 필요성으로 볼 수 있는데, 이같이 막부 직할의 학교가 막신 이외의 가신에게도 입학을 허용한 것은 신분에 대한 엄한 규율을 요구하던 근세라는 시대에 비쳐볼 때 눈에 띄는 특징이라고 할 수 있다.[51] 이는 한편으로는 난학이라는 학문의 특수성, 그리고 대외적으로 시대가 급박하게 전개되어 막부가 이같은 변화된 상황에 자연스럽게 대응한 결과로도 볼 수 있다.

한편 막신과 배신의 생도 모두 입학시 수업료를 납입할 필요가 없었다. 교육은 전면적으로 막부의 지출에 의해 이루어졌다.

아울러 생도들을 위한 기숙사도 설치되었다. 단 1859년 당시 정원은 15명으로 규모는 작았으며,[52] 기숙이 허용된 생도는 막신으로 한정되었다. 따라서 전체 생도 중에서 기숙생의 비율은 낮았다고 할 수 있다.

한편 1858년 이후 서양 열강과의 통상조약 체결로 인해,[53] 서양 각국에 대한 연구와 교육의 필요성이 대두되었다. 또 막부는 군사와 경제 방면에서 국력을 증강하기 위해 서양의 선진적 과학 지식과 기술을 보다 적극적으로 받아들여야만 했다. 이에 반쇼시라베쇼는 다음과 같이 각 방면의 학과를 신설하여, 이런 요구를 수용하게 되었다.[54]

- 1860년 정련학(精練學)·영학(英學)·기계학(器械學)[55]
- 1861년 언어학(言語學)·프랑스학(仏蘭西學)·화학(畵學)·물산학(物産學)[56]
- 1862년 수학(數學)·독일학(獨逸學)

이후 반쇼시라베쇼는 1862년 요쇼시라베쇼(洋書調所)로 개칭되었으며, 1863년에는 그 소속이 학문소(學問所) 직할로 놓이게 되어 관학(官學)인 쇼헤이자카가쿠몬조(昌平坂學問所)와 더불어 중시되었고, 명칭도 가이세이조(開成所)로 개칭되었다. 그리고 분야도 더욱 확대되고 다시 세분화되어,[57] 이후 가이세이조는 점차 근대 고등교육기관으로서의 면모를 갖추어 나가게 되었다.

이상과 같이 막부의 양학 연구・교육의 중심에 있었던 반쇼시라베쇼는 막부 말기 양학의 최고학부로서의 역할을 담당했으며, 이후 메이지 시대에 들어 도쿄대학의 일부로 흡수・발전되어, 근대 일본 학문의 형성과 발전의 중심에 서게 된다. 아울러 반쇼시라베쇼 출신의 인재들 역시 근대 일본의 형성에 적잖은 공헌을 하게 된다.[58] 막부의 이같은 정책이 이후 메이지 신정부의 근대화 달성에 일익을 담당한 것이다.

3. 결어

이상으로 근세 말기 막부 직할의 서양 조사 연구 기관 〈반쇼시라베쇼〉 내에서 1857년에서 1862년 기간 중 이루어진 번역의 성과와 추진된 교육의 주요 특징에 대해 살펴보았다.

그 결과 널리 각국의 학문과 기술을 개발한다는 당초의 취지에는 미치지 못했지만, 번역의 경우 어학(영어)・기초과학(물리학, 화학)・병학 분야, 그리고 서양에 대한 정보의 확대와 공유를 위한 일부 신문의 번역 등 성과물을 남겼으며, 교육에 있어서도 막부의 기존의 모습에서는 찾아볼 수 없는 새로운 것을 받아들이려고 한 자세를 엿볼 수 있다.

물론 번역에 대한 성과의 경우 이미 반쇼시라베쇼에 들어오기 전부터 이 분야에서 활약한 학자들이 기존의 번역과 연구를 지속한 결과로 볼 수 있다. 즉 이 같은 번역 결과물의 과정을 이해하기 위해서는 기본적으로 학자들의 노력과 능력에 무게를 두어야 할 것이다. 하지만 이들을 인정하고 이들에게 적극적인 지원을 한 막부 역시 하나의 역할을 담당했다고 할 수 있다. 바꿔 말해 학자라는 인재와 기관의 뒷받침이라는 제도가 있었기에 이런 성과가 가능했다고 할 수 있다.

교육도 당시의 교육기관 입장에서 볼 때 새로운 시도는 찾을 수 없었다. 즉 유학을 다룬 가쿠몬조(學問所)나 난학을 주로 다룬 시주쿠(私塾)와 상이한 부분은 없었다. 하지만 막부의 기관에서 서양에 대한 교육을 직접 시도한 점, 각 번 출신의 번사(藩士)들에게도 문호를 개방한 점, 그리고 이를 위해 기존 교육기관의 교육 시스템을 전면적으로 수용한 점은 주목할 만하다.

아울러 이상과 같은 반쇼시라베쇼의 번역과 교육은 1863년 이후 가이세이조(開成所)를 통해 보다 확대·발전되므로 '진행형'이라는 표현이 적절할 것이다.

일본이 서양화라고 할 수 있는 근대화 정책을 추진하고, 그 목적을 달성할 수 있었던 배경에는 앞 장에서 언급하였듯이 사회적 요소, 인재적 요소와 더불어 막부 말기 양학교육·연구 기관이라는 제도적 요소도 한 축으로 작용하였다. 특히 후자에 대한 인식은 기존의 연구에서 충분하다고 할 수 없는데, 여기서 살펴보았듯이 막부 말기 제도권 기관이 갖는 비중과 역할은 일본의 근대화, 그리고 근대 일본 고등교육의 전신이 갖는 의의를 이해하는데 있어 중요하다고 할 수 있다.

이는 결국 이후 메이지시대의 근대화와 적극적인 서구화를 이루는데 초석이 되었다고 볼 수 있는데, 그 하나의 예로 이곳 출신의 학자들에 의해 관료 국가에 대한 구상이 이루어지고, 이들이 메이지 계몽사상을 선도해 나간 점을 들 수 있다.

II. 가이세이조(開成所)

1. 서언

앞 장에서 언급하였듯이 일본은 막부 말기 페리의 내항과 이후 서양 국가와 체결된 조약으로 인해 국가의 외교 노선이 선별적 쇄국에서 개국으로 바뀌게 되었으며, 이로 인해 막부는 정치적·군사적으로 중압을 받게 되어 외교와 국방의 차원에서 서양의 언어와 이를 바탕으로 한 학문에 대한 필요성을 무겁게 인식하게 되었다. 그리고 막부는 기존의 반쇼시라베쇼(蕃書調所)의 개혁과 내부 조직의 확충을 하나의 수단으로 하여 이를 타개하려 하였다.

1857년 수업을 개시한 반쇼시라베쇼는 기본적으로 외교문서의 번역과 해외 사정의 조사에 목적을 두고 설립된 기관이다. 반쇼시라베쇼에서 명칭과 목적을 일신한 가이세이조(開成所)[59]는 막부의 관립 직할학교의 성격을 띠고 있었는데, 실제로 막부는 1860년 이래 난학(蘭學)에서 양학(洋學)으로 성격을 전환하고 내용을 확대하면서 서양 문헌의 번역과 출판 그리고 검열, 서양의 기술전습 등 막부의 양학 정책에 대한 중추적 역할을 이 기관이 담당토록 하였다.

여기서는 위와 같이 가이세이조가 맡았던 제반 기능 중 1860년 이후 막부의 개혁 정책이 가이세이조에 미친 영향과 가이세이조가 이를 수용·소화하는 과정에 나타난 교육적 특징에 대해 살펴보도록 한다. 즉 1860~1868년의 기간을 대상으로 하며, 더 나아가 이 기간 중에 나타난 교육적 특징이 갖는 의미와 이것이 교육사적 측면에서 어떤 자리매김이 가능한지 알아보도록 한다.

기존의 관련 연구는 가이세이조를 막부 말기의 과도기적 성격의 기관으로 평가하거나, 교육사적 관점에서 근대적 교육의 출발 내지 시도가 메이지

유신 이후에 이루어졌다고 보는 경향이 강하다. 즉 정치사의 구분과 마찬가지로 이 분야 역시 근세와 근대로 나누어 접근하는 연구 성향이 있다.

하지만 가이세이조라는 기관 내에서 이루어진 교육적 개혁과 이에 대한 배경, 그리고 이것이 갖는 의미에 대한 검토는 기관의 성격 및 역할을 명확하게 규정짓는다는 점에서 의미가 있으며, 그 밖에 일본 근대 외국어교육의 전사(前史)를 이해하는 데에도 도움이 될 수 있다.

2. 가이세이조의 교육적 개혁과 제학 제술

1) 어학 교육의 확대와 군사 관련 과학기술의 개발

가이세이조의 연구와 교육은 1850년대 후반 보수 정권인 다이로(大老) 이이 나오스케(井伊直弼) 하에서 잠시 정체되기도 하였다. 그러나 1860년대에 들어 양학[60]에 대한 수요 증가로 인해 다시 발전을 거듭하게 되었으며, 그 과정에서 연구와 교육에 변화가 나타나게 되었다. 서양 각국의 언어에 대한 학과 신설과 과학기술 부문의 학과 신설이 그 대표적 예다.

가이세이조의 변천 중 1860년 이후 영어, 프랑스어, 독일어와 같은 서양의 어학에 대한 교육과 과학기술 부문 관련 학과의 개설, 그리고 가이세이조라는 명칭의 선택, 더 나아가 가이세이조 규칙(稽古規則)의 개정에서 알 수 있는 기관 성격의 변화가 무엇보다 두드러진 변화라고 할 수 있다.

먼저 새로운 학과의 개설은 1860년 5월 진보적 유학자 고가 긴이치로(古賀謹一郎)의 상신(上申)이 직접적 계기가 되었다. 그 이전까지 반쇼시라베쇼에서는 서양 문헌, 특히 네덜란드 문헌의 독해만을 위한 교육이 실시되었는데, 양학의 발전과 부국책(富國策)에 대한 공헌을 위해 그 밖의 학과 특히 영어, 정련학(精煉學, 化學) 등의 교육이 필요하다는 것이 그 주된 내용이다.

이후에 이 상신이 수용되었고, 결국 어학 관련으로는 영어, 프랑스어, 독일어의 연구와 교육, 그리고 과학기술 관련으로는 수학, 정련학, 기계학, 물산학(物産方), 화학(畫學) 분야의 학과가 개설되었다. 어학 관련 학과가 먼저 언급되었으며, 이어서 당시로는 언급이 가능한 모든 기술 관련 학과가 기술되어 있어 가이세이조를 관련된 기예(技芸)를 총괄하는 기관으로 확대하려는 막부의 의도를 엿볼 수 있다.[61]

이 같은 변화의 배경에는 다음과 같은 외부적 요인이 크게 작용하였다. 막부는 1858년 6월 미국과 일미통상조약(日米通商條約), 7월 네덜란드와 일란통상조약(日蘭通商條約), 7월 영국과 일영통상조약(日英通商條約), 9월 프랑스와 일불통상조약(日仏通商條約)과 같이 서양 국가와 통상조약을 맺었는데, 그 내용 안에 조약이 체결된 지 6년째 되는 해부터는 외교문서에 일본어 번역과 네덜란드어 번역을 폐지하는 것에 대한 합의가 있었다.[62] 이로 인해 막부는 네덜란드어 이외의 서양 언어에 대한 필요성을 인식하게 되었다.

이에 막부는 외교상으로 필요한 영어와 프랑스어 번역관의 양성을 위해 이들 언어에 대한 교육을 우선적으로 추진하였다. 가이세이조 내의 교관들은 먼저 이들 분야를 겸학(兼學)하여 이에 대응코자 하였으며, 이후 이 같은 다수의 수요에 대해 가이세이조 내부에서도 분과(分科)의 형태가 효율적이라 판단하게 되었다. 그리고 이 같은 네덜란드어 이외의 서양 언어에 대한 교육은 가이세이조 내에서 1860년 이래 1862년까지 순차적으로 확대되어 나갔다(네덜란드어, 영어, 프랑스어, 독일어, 러시아어의 5科).

다음으로 과학기술 부문 관련 학과의 개설은 식산흥업(殖産興業) 정책과 관련해 추진되었다. 서양 문헌(蕃書)의 강독뿐 아니라 널리 만민을 위해 유익한 과학기술을 배우고 제반 기술을 지도한다는 것은 가이세이조 교육 방침의 커다란 변화라 할 수 있다. 국방의 차원에서 서양의 기술을 받아들여야만 했고, 이에 따른 막부의 정책 시행에 대응하기 위해 과학기술 관련 학과가 개설된 것으로 볼 수 있다. 그리고 이를 위해서는 교관들의 연구가 분화되어야 하며 각각이 전문 학과를 습득할 필요가 있었다. 그러나 이 역시 단시일 내에 되는 것이 아니어서, 1860년부터 1862년까지 순차적으로 확대되어 나갔다(天文學, 地理學, 數學, 物産學, 精練學, 器械學, 畵學, 活字術의 8科).

한편 이른바 분큐(文久) 개혁을 통해 막부의 행정 기구 내에 여러 변화가 나타났다. 즉 1862년(文久2) 11월 학문소부교(學問所奉行)가 신설되었으며, 하야시(林) 집안의 다이가쿠노가미(大學頭)[63]가 그 소속으로 들어가게 되어, 가이세이조는 하야시 다이가쿠노가미의 지휘하에 들어가게 되었다.

이와 같이 학문과 교육 관련 기구의 통합이라는 일련의 과정에서 가이세이조는 1863년 학문소 부속이라는 형태를 취하며 관립 직할학교 계열에 포함되었다. 즉 서양 문헌의 번역과 외국 사정의 조사를 위해 임시로 설립된 기관이란 범주에서 벗어나 서양 학문을 취급하는 연구 · 교육기관으로서 주도적 위치를 점하게 되었다.[64] 그리고 교관들의 신분도 이전에는 모두 정식 직책이 아니었으나, 이때부터는 교수직(敎授職)과 부교수직(敎授職並) 모두 정식 관직이 되었다. 신분의 면에 있어서도 학문소와 같게 된 것이다.

또 막부는 1862년 말 배신(陪臣) 출신의 교관 13명을 막부 소속의 직참(直參)으로 그 소속을 변경시켰다. 이 같은 배신 출신 양학자들의 막부 직참화는 이들의 귀번(歸藩)을 막아, 근무를 계속케 하기 위한 수단으로 취해진 것이며, 그런 점에서 중요한 의미를 갖는다고 할 수 있다.

당시 군사상의 개혁과 식산흥업의 차원에서 양학과 관련된 지식을 필요로 하는 번(藩)이 늘어났는데, 실제로 이에 대한 지식을 갖고 있던 양학자는 많지 않아 각 번은 막부에 파견된 가신들의 귀번(歸藩)을 빈번히 요구하였다. 이에 막부는 가이세이조의 업무에 지장이 있을 것으로 판단, 특히 필요로 하는 인재에 대해서는 막부의 직참화를 통해 이들을 확보하려고 하였다.[65]

그 밖의 제반 개혁의 실시는 1863년 8월 새로운 교사(校舍)의 준공을 계기로 구체화되었다. 먼저 요쇼시라베쇼(洋書調所)라는 명칭을 가이세이조(開成

所)로 개칭하였으며, 1864년 7월 신설 학과에 대한 내용과 연간 수업 예정, 조직과 운영에 대한 규칙 등의 명시를 주된 내용으로 하는 가이세이조의 규칙(稽古規則)을 제정하였다.

이 두 가지 개정과 더불어 기관의 진로와 성격은 크게 바뀌게 되었다. 엄밀하게 말해 번서(蕃書)의 취조(取調)와 서양 문헌의 번역은 수단이지 목적은 아니라고 할 수 있다. 즉 목적은 학술의 습득과 제반 기계의 제작이라고 할 수 있으며, 이를 통해야만 실질적인 이용후생(利用厚生)을 도모할 수 있고 부국강병 또한 가능하다고 할 수 있다. 명칭의 개칭을 통해 개물성무(開物成務, 開成)를 목적으로 하며, 학술의 습득과 제반 기계의 제작을 지향하기 시작한 것이다. 이전까지는 주로 문헌상의 연구에 주안점을 두었으나, 새롭게 실지 실물(實地實物)에 의한 실험을 중시하게 된 것이다. 막부가 급박하게 돌아가는 대내외 정세 속에서 무엇보다 이들 분야의 실현이 시급하다 깨닫고, 이를 관립 직할학교를 통해 실천에 옮기려 한 것이다.

이상과 같이 가이세이조(開成所)[66]라는 명칭의 변경은 서양 문헌의 번역과 이에 근거한 문헌상의 연구만이 아니라 실사실물의 실험과 연구가 필요하며, 이 기관이 위와 같은 다방면의 분야를 총괄하는 기관이어야 한다는 내용에서 추진된 것이다. 네덜란드 문헌과 서찰의 번역에서 일신실용(日新實用) 학과의 고찰과 연구, 기계 기술과 기계 제조에 대한 학문 분야 보강, 단순한 서적상의 연구로부터 실사실험(實事實驗)으로 전환하는 것을 명확히 한 것이다.

한편 교관들의 연구 활동도 이전과 구별이 된다. 가이세이조의 교관들은 당대의 대표적 양학자들로, 이들의 연구 활동은 당시 양학의 흐름을 주도했다고 볼 수 있다. 특히 이 무렵에 들어서 이들이 서양의 사회과학과 인문과학에 대해 평가하고 또 이에 대한 수용의 자세를 가졌다는 점이 특징인데, 즉 종래의 양학이 의학, 천문학, 포술 등을 중심으로 발전한 데 비해, 이 시기에 들어서는 니시 아마네(西周)[67], 쓰다 마미치(津田眞道), 가토 히로유키(加藤弘之)와 같은 가이세이조의 교관들이 서양의 사상·법·정치·경제 등에 관심을 갖게 되어, 이 분야에 대한 연구가 이루어지게 되었다.[68]

니시 아마네와 쓰다 마미치는 막부의 유학생으로 수년간 네덜란드에 파견되어, 법리학·국제법·경제학·통계학을 배웠으며, 귀국하여『만국공법(万國公法)』과『태서국법론(泰西國法論)』을 각각 막부에 상재(上梓)하였다. 가토 히로유키 역시 위의 두 사람과 같이 연구하였으며,『린초(鄰草)』,『교역문답(交易問答)』,『입헌정체략(立憲政体略)』등을 저술하였다. 그 밖에 간다 다카히라(神田孝平)는『경제소학(經濟小學)』을 번역하였으며, 스기 고지(杉亨二)는 통계학에 대한 연구를 실시하였다.[69]

또한 가이세이조에는 업무상 시사적인 사항을 비롯하여 여러 정보가 들어왔으며, 이를 다시 번역하여 정보를 공유하는 일이 많았다. 즉 정보를 주로 수첩 등에 기록하여 내부에서 이를 공유한 것이다. 그리고 이 연장선상에서 1867년 10월 일본 최초의 정기간행잡지『서양잡지(西洋雜誌)』가 가이세이조 교수들에 의해 간행되었으며, 그 중심인물이었던 야나가와 슌산(柳川春三)은 다시 1868년 2월『중외신문(中外新聞)』이라는 소책자 형태의 신문을 간행하여 신문 사업을 일으키기도 하였다.[70]

물론 엄밀하게 당시의 양학은 전문학이라기보다 전문 기술을 배우기 위한 기초로서 어학 중심이었던 것이 사실이다. 따라서 가이세이조에서는 이 분야의 이른바 관판(官版)서적의 간행에도 힘을 기울였다.

예를 들면 1861년에 일본 최초의 영일 사전『영화대역수진사서(英和對譯袖珍辭書)』가 간행되었으며, 이듬해에 제2판, 그리고 1866년에는 전면 수정이 이루어진 증보판(增補版)이 간행되었다.

1863년에는『영국문전(英吉利文典)』이 영학(英學) 교과서의 용도로 간행되었다. 이 책은 1850년 영국 런던에서 출판된『Elementary Catechism, English

Grammar』를 복각(復刻)한 것으로, 가이세이조에서 5판까지 간행되었다.

1866년에는 일본 최초의 철자 책인 『스펠링북(スペルリングブック)』이 영어 철자 연습용으로 간행되었으며, 같은 1866년에 영어독본 『영어계제(英語階梯)』와 『영어훈몽(英語訓蒙)』이 영어 교재로 각각 간행되었다. 또 같은 해에 프랑스어 단어집 『불란서단어편(法郞西單語篇)』이 간행되었으며, 이듬해인 1867년에는 프랑스어 회화 책 『불란서회화편(仏蘭西會話篇)』이 간행되었다. 또 같은 해에 영어 단어와 프랑스어 단어의 활용을 위한 『영불단어편주해(英仏單語篇註解)』가 간행되기도 하였다.

이상과 같이 기존의 어학 중심의 연구와 출판은 보다 다양화되고 강화되었으며, 그 외에 사회과학, 그리고 잡지와 신문의 발간과 같이 연구 분야가 다양화된 특징이 있다. 이는 다시 번역을 위한 어학, 기술의 도입과 발달을 위한 자연과학, 그리고 국내외 정세에 대응하기 위한 정치형태의 모색 차원에서 시도된 사회과학으로 정리할 수 있으며, 이 같은 제학 제술이 막부 말기 관립 직할학교에서 추진된 것은 근세 봉건사회라는 시대적 관점에서 볼 때 그 의의가 크다.

물론 이 같은 가이세이조의 개혁이 추진되고 일정 성과가 나타날 수 있었던 배경에는 1857년 기관의 개설 이래 교관들의 꾸준한 연구 성과와 교육에 대한 열의와 투자가 있었으며, 그 토대 위에서 막부는 꾸준한 제도적 뒷받침을 해주었기 때문에 가능했다고 말할 수 있다.

2) 군사관료의 양성과 일강(日講) 개최

1866년(慶応2) 가을 대내외 정세의 변화 속에 현실주의적 정치가의 면모를 갖고 있던 요시노부(慶喜)가 새로이 장군직에 오르게 되었으며, 이후 막부는 막정(幕政) 개혁을 추진하였다.

이른바 게이오(慶応) 개혁이 바로 그것인데, 가이세이조도 개혁의 일환으로 외국부교(外國奉行)[71] 겸 보병부교(步兵奉行) 야마구치 나오타케(山口直毅)를 비롯하여 2~3명의 육·해군 부교나미(奉行幷)[72]가 새로이 「개성소어용향취급(開成所御用向取扱)」으로 운영에 참여하게 되었으며,[73] 그들이 중심이 되어 1866년 말부터 1867년 초에 걸쳐 여러 개혁이 추진되었다. 이 같은 규모 확장의 가장 큰 요인은 가이세이조가 영학·불학·수학의 교육을 통해 군제(軍制) 개혁 정책의 한 부분을 짊어지게 되었기 때문이다.[74]

가이세이조의 경우 이를 학정(學政) 개혁이라고 바꿔 말할 수 있는데, 그 주된 내용은 교관의 직무 체제와 관련이 있다. 구체적으로는 시간과 급여 등을 예시하며 교관의 직급 및 급여, 업무 내용의 조정 등을 실시하였다.

「가이세이조학정개혁지의신상후서부(開成所學政改革之儀申上候書付)」(『開成所事務』)에 보면 다음과 같이 학정(學政) 개혁에 대한 내용이 나온다(번역은 필자).

1. 교관 중에서 격일로 출근하던 자들을 매일 출근하도록 한다.

2. 학문의 깊이에 따라 교수의 등급을 第一·第二·第三과 같이 나눈다.

3. 교수의 등급에 따라 지도하는 생도를 정한다.

一等 능력이 앞선 생도의 윤독(輪讀)과 회독(會讀)을 지도하며, 질문을 받는다.

二等 능력이 떨어지는 생도의 윤독과 회독을 지도하며, 질문을 받는다.

三等 나이가 어리거나 초학자(初學者)들을 대상으로 구독(句讀)을 가르친다.

4. 등급에 따라 근무수당액을 정한다.

　　一等 15人扶持, 금10兩

　　二等 10人扶持, 금 5兩

　　三等 　5人扶持, 은 5枚

5. 각 학과마다 각 등급에 해당하는 교관의 정원을 정한다. 예를 들면 영학(英學)·불학(仏學)의 경우 다음과 같다.

　　一等 4인

二等 7인

三等 8인

이 개혁은 당장 필요한 영학과 불학을 중심으로 교관 수를 늘리고, 능력을 기준으로 한 직급제의 도입을 통해 합리적으로 교관을 배치하기 위함이었다. 그리고 이같이 교관의 등급과 직장(職掌), 그리고 봉급의 체계를 만든 것은 막부의 여타 직할학교에서 볼 수 없었던 점이며, 이같은 능력주의적 발상이 막부 내에서 추진된 점은 주목할 만하다.[75]

이와 같은 개혁이 필요했던 가장 큰 원인은 가이세이조에 출입하는 해군과 육군의 간부들이 학습자로서 들어오게 되었고, 그 수 또한 많았기 때문이다.[76] 특히 영학·불학·수학 분야에 출석하는 자가 많았는데, 예를 들면 영학의 경우 1866년 10월 하루에 150명이던 것이 12월에는 300명으로 늘었으며, 불학의 경우 10월에 60명이던 것이 12월에 100명으로, 그리고 수학은 1867년 2월 시점으로 150~160명이 출석하였다. 5년 전인 1862년에 전체 생도수가 100명 정도였던 것을 고려하면, 이는 대폭적인 증가라고 할 수 있다.

그 배경으로 다음과 같은 것을 생각할 수 있다. 막부는 1867년 군제 개혁 이래 서양의 군제에 따라 종래와는 다른 체계의 군사 조직을 형성하였으며, 게이오 개혁을 통해 그 정비와 확충을 추진하였다. 그리고 그 일환으로 전문적 지식과 기술을 가진 군사 관료의 대량 양성이 기획되었다. 예를 들면 프랑스 군인에 의한 육군 전습을 비롯하여, 군사에 관한 각종 전습이 강화되었다. 단 그 전제로 전습생(伝習生)은 어학, 수학 등의 학문의 습득이 요구되었으며, 그 결과 다수의 간부가 가이세이조에서 수업을 받게 되었다.[77]

이리하여 가이세이조는 새로운 군사 조직 건설의 한 축을 담당하게 되었으나, 한편으로는 이 같은 역할을 맡기에 그 체제가 충분치 않았다. 즉 교육을 담당할 교관의 수가 부족하였다. 난학을 전문으로 하는 교수들은 상당수

있었으나, 영학·불학·수학을 담당할 수 있는 교수는 그 수요에 비해서는 많이 부족하였다.[78]

또 생도 수가 급증함에 따라 학습 정도와 능력이 다른 다수의 생도를 능률적으로 교육하기 위해서는 교관의 역할 분담을 명확히 하고 각 교관을 그 능력에 맞게 배치해야만 했다. 그러나 당시 가이세이조 내부에서는 교관의 능력에 따라 지위와 직무 내용이 적절히 배분되지 못했으며, 직참과 배신의 여부, 메미에(目見)[79] 이상인지 이하인지와 같은 신분 등에 의해 승진과 근무 수당액에 차이가 있었다. 이 같은 능력과 지위, 그리고 대우에서의 불합리한 점들은 교육 체제상 커다란 장애가 되며, 이것이 결국 학정 개혁을 불러온 또 다른 원인으로 작용하였다고 볼 수 있다.

위에서 언급한 학정 개혁은 이같은 가이세이조의 문제점을 해결하는 데 있어 그 의미가 컸다. 먼저 교관 수는 격일 출근하던 교관들을 매일 출근시킴으로써 실질적으로 교관의 수가 그만큼 늘어나는 셈이 된다. 교관의 정원 역시 당시의 교관의 수보다 많이 잡았기 때문에 개혁이 실시되면 정원이 늘게 된다.

또 양학의 학력 정도에 따라 교관을 삼 등급으로 나누고, 각각에 맞게 생도 교육을 할당하고 근무 수당을 정한 것은 능력을 기준으로 하는 직급제의 도입을 의미하는 것으로, 이는 보다 합리적으로 교관을 근무시키기 위한 제도로 볼 수 있다. 이를 위해 막부 당국도 신분에 관계없이 지위와 수당을 일률적으로 정한다는 점에서 – 기존의 관행에서는 벗어나지만 – 이 개혁안을 채용하였다.[80] 그리고 학정개혁으로 인해 부분적이기는 하지만 가이세이조에서는 신분에 의한 제약에서 벗어나 능력에 따른 교관의 임용이 가능하게 되었다.[81]

두 번째 개혁은 배신 출신 생도의 취급에 대한 변경이다. 즉 직참생(直參生)과 배신생(陪臣生)을 분리하여 교육하는 것으로, 1866년 8월부터 막부의 지시에 의해 내부적으로 시행되었으며, 대외적으로 표면화된 것은 1867년 2월부터이다.

동시에 번사(藩士)들의 관련 학문 교육을 위해 번사 전문 교육소인 〈번사게이코쇼(藩士稽古所)〉를 별도로 설치하여 이를 전담케 하였다. 단 이 경우 일인당 일정액의 수업료를 번주(藩主)가 지불해야 하는 조건이 붙어 있었으며, 이를 번사계고소의 운영비로 사용하였다. 이로 인해 가이세이조는 재정적 부담이 줄어들게 되었으며, 결과적으로 각 번이 중앙에 보내는 생도가 우수한 자들로 한정되게 되었다.

한편 직참과 배신 교관의 비율을 보면 1857년 개설 당시에는 교관 12명 모두 배신이었는데 비해, 1867년의 경우 확인이 되는 어학 관련 교관 55명 중 배신은 12명이고, 나머지 33명은 모두 직참이었다. 지속적으로 직참 교관이 증가한 것이다.[82]

세 번째 개혁은 서양 지리학·궁리학(窮理學)·병학(兵學)·역사 분야의 일강(日講) 개최였다. 원래 서양학의 목적은 외국어 습득 자체가 아니라 서양의 사정과 문물을 이해하는 것이라는 차원에서 가이세이조는 외국어를 모르는 자들에 대해서도 일강이라는 형식으로 양학 교육을 실시하려고 하였다. 즉 널리 일반에게 가이세이조의 양학을 공개하고 서양 문자를 모르는 이들도 일신실용(日新實用)의 지식을 갖게 하려 한 것이다.

물론 일강은 이미 1717년부터 유학과 관련된 관립 학교 유시마(湯島) 성당에서 이루어지고 있었던 공개강석(公開講釋)을 모방한 것이다.[83] 가이세이조의 일강 역시 유시마 성당의 공개강석과 마찬가지로 내부의 생도가 아닌 외부의 사람들을 대상으로 한 일반 교양 강의의 성격을 띠었는데, 막부 역시 막부의 발전에 도움이 된다고 판단하여 이를 승인하였다.[84]

일강의 개최는 더 이상 양학이 특수한 것이 아니라는 것을 방증하는 것이며, 더 나아가 가이세이조가 일반교육의 분야에 진출한 것으로도 해석할 수 있다. 일강을 통해 양학의 내용을 일본어로 소화하여 가능한 것부터 일반 학문과 교양 안에 포함시켜 보급시키려 한 것이다. 그리고 가이세이조는 이를 실현하는 데 있어 주도적 역할을 담당했다.

그 밖에 1867년 3월 학문소(學問所)에서 학과과정이 개정되었는데, 신설된 형정과(刑政科) 과목 중에 『해국도지(海國図志)』[85] 등을 통해 외국의 정치와 문물을 조사하는 것이 포함되어 있었다.[86]

이상과 같이 가이세이조의 일강 개최와 학문소의 양학 관련 학과 개설은, 양학의 일부이기는 하지만 이들 내용이 일본어로 옮겨진 형태로 봉건사회의 일반교양으로 채용되었다는 점에서 그 의의가 크다. 이 같은 막부의 교육정책의 변화 속에서 가이세이조는 양학 관련의 조사·연구와 번역관·통역관 양성을 위해 설립된 기관이라는 당초의 목적을 넘어서 보다 폭넓게 무사들을 대상으로 하는 교육 분야로 진출하기 시작했다고 말할 수 있다.

앞서 학문소와의 관계에서 살펴보았듯이, 이 시기에는 양학 자체가 특수한 것이 아니라 막부의 교학 정책 안에서 어느 정도 자리를 차지한 것으로 볼 수 있으며, 가이세이조가 차지하는 위치도 그만큼 높아진 것으로 볼 수 있다.

이 무렵의 가이세이조는 규모와 제도의 정비 측면에서 막부 직할학교 중 가장 앞서가는 기관으로, 막부 학문 교육의 체계 안에서도 중요 위치를 차지하게 되었다고 볼 수 있다.

한편 막부 말기에 접어들면서 정권에 변화가 생기게 되었다. 막부는 1867년 10월 14일 대정봉환(大政奉還)의 의사를 제출하였으며, 조정은 이를 다음 날인 10월 15일 승인하였다. 하지만 이 단계에서 실질적 변화는 거의 없었으며, 오히려 이듬해인 1868년 1월에 들어 정국이 급박하게 돌아가게 되었다.[87] 그리고 이때 화해 또는 전투의 선택을 토의하기 위한 회의 기관의 조직을 만들기 위해 쓰다 마미치, 간다 다카히라, 가토 히로유키, 야나가와 슌산 등 가이세이조 교관들이 앞장서게 되었다. 이는 앞서 언급한 이들의 연구 성과와 이로 인해 생겨난 문제의식이 1868년 1월 막부의 위기 정세 앞에서 형태로서 나타난 것으로 볼 수 있다. 그리고 이후 로추의 인가를 받아 가이세이조에서 교관 그룹과 막신, 그리고 각 번의 유지가 모여 가이세이조회의(開成所會議)를 개최하였다. 막부의 정치 방침과 관련된 중요한 문제가 토의된 것은 이것이 처음이었다.[88]

물론 가이세이조회의는 로추의 인가를 받은 것이기는 했지만, 유지들의 집회에 지나지 않았다. 하지만 이와 같이 회의 기관을 통해 의견의 통일을 꾀하는 구상은 이후 막부 당국에 의해 정식으로 채용되어, 1월 25일 니시 아마네, 쓰다 마미치, 가토 히로유키의 교관 3명을 포함하여 총 5명으로 구성된 「공의소어용취급(公議所御用取扱)」이 막부의 명령으로 임명되었으며, 1월 27일 「공의소(公議所)」 설치가 포고되었다. 그리고 1월 29일 막부의 각 부국에서 선발된 대표자와 각 번에서 선별된 공의인(公議人)에 의해 중의(衆議)를 수렴하는 공의소 회의가 열리게 되었다. 이는 이전까지는 볼 수 없었던 일로, 언로를 개방하려는 막부의 공론주의적 발상이 엿보이며, 더 나아가 입헌주의의 맹아(萌芽)와도 같은 정치를 시도했다는 점에서 의의가 크다.

이상과 같이 가이세이조 교관들이 회의 기관의 설립에 있어 큰 역할을 담당한 것은 주목할 만한 사실이다. 첫 번째 이유로는 일찍이 일본에 없었던 이 같은 종류의 회의 제도를 만들기 위해서는 서양의 예를 참고해야만 했는데, 가이세이조의 교관이 당시 그런 지식을 갖고 있던 극소수의 존재였기 때문이다. 다음으로 가이세이조가 새로운 군사 조직과 관계가 깊었기 때문이다. 즉 가이세이조 교관 중에는 육·해군 기술의 조사 등을 통해 군사 조직과 관계가 깊은 자들이 많았으며, 또 가이세이조 교관과 막부의 일부 군사 관료 사이에 양학을 매개로 하여 공사(公私)의 교류가 빈번하였다. 이로 인해 가이세이조 교관 중에는 막부의 군사정책에 관심을 가진 자가 많았으며, 그 때문에 회의라는 형식으로 자신들의 의견을 표현하고 실현시키는 자리를 마련하려고 한 것으로 볼 수 있다.[89]

그러나 도쿠가와 막부는 붕괴하게 되었으며,[90] 메이지 신정부는 1868년 6월 13일 가이세이조와 의학소(医学所)를 넘겨줄 것을 영달(令達)하였다. 그리고 신정부는 1868년 9월 12일 가이세이조의 새로운 장(頭取)으로 야나가와 슌산(柳川春三)을 임명하였다. 이와 같이 가이세이조는 메이지유신 이후 신정부에 의해 다시 부흥되었으며, 이후 가이세이각코(開成學校), 난코(大學南校)를 거쳐 도쿄대학(東京大學) 창립의 모체로 이어지게 되었다.

막부 말기 가이세이조의 교관은 네덜란드인 하라타마(K.W.Gratama)를 빼고는 모두 일본인이었는데, 유신 이후에는 적극적으로 외국인 교관을 고용하여, 영어 · 프랑스어 · 독일어 등의 어학 교육이 외국어로 이루어지게 되었다. 특히 1869년 4월 홀벡(G.F.Verbeck)은 교관으로 초빙되었으며, 그는 이듬해인 1870년 10월 외국인임에도 불구하고 교두(敎頭)로 임명되기도 하였다.

가이세이조의 교관이었던 양학자들은 각자 다른 진로를 가게 되었는데, 양학 교육을 비롯하여 어떤 형태로든 서양 문화의 도입과 관련된 길을 걸었다. 예를 들면 니시 아마네와 쓰다 마미치 등은 시즈오카학문소(靜岡學問所, 1868년 9월 창설)와 누마즈병학교(沼津兵學校, 1868년 12월 창설)로 자리를 옮겨 활동을 계속하였다. 그 밖에 메이지 초기의 문화적 리더 중에는 가이세이조 출신의 교관이 많았다. 예를 들면 일본 최초의 학술 단체 메이로쿠샤(明六社)의 멤버로 활약한 니시 아마네, 가토 히로유키, 쓰다 마미치, 간다 다카히라, 미쓰쿠리 슈페이(箕作秋坪)가 대표적이라 할 수 있다.

이와 같이 가이세이조는 기관 자체가 메이지 정부에 넘어갔을 뿐 아니라, 이곳 출신의 인재, 이들에 의해 연구된 학문과 교육적 시도는 메이지 시대에 관련 분야의 발전에 적잖은 영향을 끼쳤다.

3. 결어

이상으로 1860년부터 1868년까지의 기간 중 막부의 직할학교 가이세이조에서 실시된 제반 교육적 개혁과 이와 관련된 제학 제술의 특징, 그리고 규모의 확대 등에 대해 고찰하였다.

먼저 1860년부터 1862년까지 순차적으로 외교상의 필요성 차원에서 어학 관련 학과가, 그리고 막부의 식산흥업책 차원에서 과학기술 관련 학과가 각각 가이세이조 내에서 분과의 형태로 개설되었다. 1864년 11월에 제정된 「가이세이조게이코규칙(開成所稽古規則)」에는 신설 학과에 대한 내용과 연간 수업 예정, 조직과 운영에 대한 규칙을 기술하여, 학술의 내용을 처음으로 구체화 하였으며, 이로 인해 비로소 서양 문헌에 대한 번역으로부터 학술의 고찰과 연구, 그리고 기계의 제조로 그 진로가 전환되었다. 즉 문헌의 강술(講述)에서 실사실험(實事實驗)으로 전환한 것으로, 요쇼시라베쇼(洋書調所)를 가이세이조(開成所)로 개칭한 의의 또한 여기에 있다고 할 수 있다.

결론적으로 이 같은 변화는 막부 말기 서양 열강의 외압으로 인한 대외적 환경의 변화와 이를 타개하려는 절박한 의식 속에서 추진된 막부의 군제개혁과 같은 대응 정책 속에서 이루어졌다. 이 정책은 실제로 거의 그대로 가이세이조에 반영되었으며, 학정 개혁이라는 실천적 차원에서 추진된 결과로 이어졌다.

번역을 위한 어학, 실사 실험과 기술을 위한 자연과학, 그리고 국내외 정세에 대응하기 위한 정치형태 모색 차원의 사회과학, 능력주의적 발상에 근거를 둔 교관 배치 등이 막부 말기 관립 직할학교 가이세이조에서 두루 시도된 것은 근세 봉건사회라는 시대적 관점에서 볼 때 그 의의가 크다.

그리고 이같은 변화가 가능했던 것은 앞 장에서 언급하였듯이 그 바탕에 반쇼시라베쇼 시절부터 활약한 교관들과 이들에 의한 제반 학문적·교육적 성과가 있었기에 가능했다고 볼 수 있다. 즉 교관과 같은 인재적 요소에 막부의 뒷받침이라는 제도적 요소가 어우러졌으며, 다시 그 바탕에 주자학적 형이상학에서 자유로웠으며, 실제로 유학 내부에서 실학이 발달한 일본적 유학이라는 이른바 정착학문이라는 기초가 사회적 요소로서 작용했기에 가능했다고 볼 수 있다.

막부의 직할학교는 막부에 필요한 인재 양성을 그 목적으로 하고 있었으며, 서양 열강에 대응하기 위해 군사적 성격이 강했다. 당시 직할학교는 교육기관인 동시에 행정 기구이기도 하였다. 따라서 교육의 측면에서 볼 때 전통적이며 봉건적 성격을 띨 수밖에 없었다고 할 수 있는데, 그런 의미에서 기관 내에서 능력에 따른 직급제의 도입, 서양 학문의 일강 추진, 회의 기관의 설립이 추진된 것 등은 시대를 뛰어넘는 시도였다고 할 수 있다. 즉 잠재적 근대성이 엿보인다고 할 수 있다.

마지막으로 이상과 같은 막부 말기 직할학교에서 시도된 교육 내용과 성과는 메이지 이후 근대 교육의 원류로 볼 수 있으며, 그런 의미에서 제1차 교육 근대화기라는 표현이 가능할 것이다. 하지만 이후 막부의 붕괴가 너무 빠른 시기에 이루어져 직접적인 교육 성과는 얻지 못하였으며, 대부분 그대로 메이지 시대로 이어져 신정부에 의해 추진되었다. 이 같은 의미에서 막부 말기와 메이지 초기의 양학 교육은 연속성을 띠고 있다고 할 수 있다. 따라서 기관의 역사를 정리할 경우 1857~1859년을 도입기, 1860~1868년을 발전기, 그리고 이후 막부의 기관은 사라졌지만 1868년 메이지유신 이후를 또 다른 의미에서 완성기로 봐야 할 것이다. 막부 말기 역시 관립학교를 통한 양학 교육과 연구는 진행형이었으며, 따라서 막부 말기와 메이지 초기의 양학 교육과 연구 분야를 연속성의 차원에서 접근, 바라보는 자세가 필요하다고 판단된다.

에도막부는 일본사의 관점에서 봉건주의 말기의 시대적 독자성을 가지고 있었으며, 동시에 근대와도 연속적 측면을 내포하고 있었다. 물론 양학의 발달을 중심으로 한 서양 이해의 진전은 봉건주의하에서 끝내 근대정신으로 전환되지는 못했지만, 봉건사회 내부에서 근대사상의 형성을 이끌어낸 유력한 요소였던 점은 분명하다. 따라서 막부 말기의 양학이 메이지 이후 근대화 및 근대사상의 직접적인 역사적 전제를 이루고 있었다고 할 수 있다.

03 | 일본 메이지유신기 메이로쿠샤(明六社) 결성과 문명개화론의 성격*

I. 서론

일본의 근대화, 특히 메이지유신(明治維新)기 서구문명화의 전개 양상을 음미해 보는 것은, 일본과 다른 상황에서 개화를 이루게 된 조선의 근대와 비견할 수 있고, 나아가 조선이 경험하지 못한 일본의 서구 제국주의화의 맥락을 이해하는 길이 될 것이다. 그리고 이는 현재 근대화의 어두움에서 벗어나지 못하고 있는 한국이 역사의 방향을 잡아 나가는 데 있어 시사점도 줄 것이다.

흔히 메이지유신기 문명개화의 성격이 '대외적 압박과 위기라는 시대적 상황에 의하여 일본의 근대는 자주독립을 달성하기 위해 강력한 국가 통합을 요구할 수밖에 없었고, 국가의 자유와 독립을 위해 민권이 구속받을 수 있다는 한계를 처음부터 내포한 것'이었다고 말한다. 그러나 그들이 자국의 독립을 넘어 정한론 등 아시아 침략 정책을 편 것은 분명 일본 국민의 민권 신장을 위한 여력이 있었음에도 불구하고 이를 방기했다는 사실로 받아들

＊「일본 메이지유신(明治維新)기 메이로쿠샤(明六社)결성과 문명개화론의 성격」(『日本學研究』33, 檀國大 日本研究所, 2011).

여진다.

메이로쿠샤(明六社)는 일본 최초의 학술 단체로서 또한 메이지 정권의 정책적 이념 제공자로서 큰 역할을 하였다. 특히 그들 멤버 가운데 가토 히로유키(加藤弘之)는 사회진화론을 새로이 수용하면서 서구의 천부인권설을 전면적으로 부인하는 사상전환을 보인 인물로 유명한데, 메이로쿠샤 회원들은 대부분이 민권을 강조하다가 천황제 제국주의에 협력해 갔다. 또한 회원 대부분이 한학의 소양을 갖춘 인물들로서 유교적 용어를 사용하고 유교적 가치관을 매개로 양학을 섭취하는 형태가 적지 않았다. 그러나 메이로쿠샤 회원 간 입장 차이는 크고 그들이 주장한 문명론의 성격은 다양하다.[91]

메이로쿠샤에 관한 선행 연구[92]는 주로 학자 직분론과 민선의원 설립안을 둘러싼 논쟁들을 분석하여 정치적 성향을 분석하거나, 특정 메이로쿠샤 회원의 계몽 활동에 대한 연구가 다수를 차지한다. 여기서는 이들 연구를 검토[93]하면서도 기존 연구에서 다루지 못한 시선을 투영하여 정치·교육·종교를 아우르는 총체적 입장에서 메이로쿠샤의 문명개화론 성격을 조망해 보고자 한다.

II. 메이로쿠샤의 결성과 문명개화론

메이로쿠샤[94]의 결성 목적은 "아국(我國)의 교육 발전을 위해 뜻이 있는 동지들이 모여서 그 방법을 상의"하는 데 있었음을 메이로쿠샤 제규(制規)는 명시하고 있다.[95] 여기서 교육이란 광의의 문화적 국민 계몽을 의미했고[96] 이를 위한 활동으로서 그들은 『메이로쿠잣시(明六雜誌)』를 창간(1873)하였는데 1876년 제43호를 마지막으로 폐간되었다. 『메이로쿠잣시』는 폐간되었으나 메이로쿠샤의 모임은 계속 이루어지다가 1879년 학사원(學士院)이 창설되자

메이로쿠샤의 다수가 회원으로 참여하면서 메이로쿠샤는 해체되었다.[97]

메이로쿠샤원들은 국가 발전은 종교와 교육 이 두 가지를 통해서 이룰 수 있다고 생각했다. 그러나 회원 대부분이 '종교는 인민의 자유'라는 시각을 견지하는 사람들이 많았기에 자신들이 보다 적극적으로 뛰어들 수 있는 것이 교육이라고 인식하였다.

이들은 교육의 방향을 문명개화로 놓고 이를 위한 방법으로서 정부가 주도적으로 근대적 개혁 조치를 행하고 또한 제도화하는 것이 시급하다는 공감대를 형성하였다. 그 대표적인 사람이 당시 문명개화의 정신적 지주였던 후쿠자와 유키치(福澤諭吉), 제국 헌법을 기초한 가토 히로유키(加藤弘之),[98] 초대 문부대신이 된 모리 아리노리(森有禮), 성문법을 초안한 미쓰쿠리 린쇼(箕作麟祥), 병무성에서 근무하면서 근대적 군제 정비를 이룩한 니시 아마네(西周) 등이다.

후쿠자와 유키치, 모리 아리노리 등 메이로쿠샤 회원 대다수는 근대 과학적 지식에 문명화의 축을 두었다. 그들은 기조(Francois Pireer Guillaume Guizot, 1787~1874)나 버클(Herry Thomas Buckle, 1821~1862)에 의거해 야만에서 개화로 나가는 세계 문명의 흐름을 이해하고 "개인의 지능과 정신의 조화적 발달이 문명사회를 가져온다."[99]고 주장하였다. 특히 일본 인민이 도달해야 할 개화의 경지란 "훌륭한 기계를 제작하고 제조업을 일으키고 광산을 뚫고 선함(船艦)을 만들며 선로(舟路)를 열고 운송수단을 보충하고 도로를 내는, 즉 사물과 자연의 법칙을 아는 풍부한 지식의 소유자"[100]가 되는 것이었다.

특히 쓰다 마미치는 문명화를 통한 국가 발전의 기초로서 운송 수단의 개발을 강조하였다. 운송 수단을 발달시켜 세계의 물산과 재화를 모으는 것이 나라의 부강과 직결되는 것이고 그 운송을 발달시키기 위해서는 국민의 자유를 보장하는 것이 불가결하다 하였다.[101]

또한 니시 아마네는 서구 학문의 과학적 · 정신적 훈련을 강조하였다. 그는 사고 능력의 훈련으로서 '실험'과, '학문의 연원을 찾는 것' 두 가지를 제기하였다.[102] 실험을 주로 하여 서투름을 벗어나고, 사물의 근원을 찾아 정미(精微)함에 이르면[103] 궁극적으로 후대에 가서는 새로운 이치가 발명될 것이라 하였다.

다음으로 후쿠자와 유키치의 문명론을 살펴보면 그는 문명의 목적을 "서양의 문명을 취하여 아국(我國)의 고유로 하고 우리 본래의 문명과 나란히 하여 아국(我國)을 독립시켜 국민의 지덕을 점차 고상으로 나아가게 하며 진보의 질서에 어긋남이 없게 하는 것"[104]에 두었다. 그는 국민 계몽을 통한 독립과 서구문명화를 의도했고 서구의 과학적 지식(智學)에 문명의 초점을 두었다. 일본의 유·불 사상과 서양의 기독교를 놓고 볼 때 성실, 겸손, 청결 등의 개인적 덕을 도모하는 것은 도덕의 원론에서 보면 양자 모두 같지만[105] 오직 과학적 지식(智學)에 있어서는 서양과 일본이 '소동대이(小同大異)'하다고 하여 일본 고유 문명의 결점이 바로 지학의 결핍에 있음을 지적했다. 그리고 일본이 그렇게 된 이유는 유·불적 전통의 폐쇄적인 도덕과 비현실적인 관념의 세계에서 일본 국민이 소요할 뿐이었기 때문이라 하였다.

> 儒·佛에 의해서 길러진 國人은 본래 물건을 만들지 못하는 것이 아니고 또한 신발명을 하지 못하는 것이 아니지만 이를 만들고 이를 발명하는 것은 소위 우연으로서 그 사물을 이루는 연유를 알지 못하고 배가 물위에 뜨면 그 뜨는 연유를 알지 못한다. … 요컨대 일본 고유의 문명은 전부 물리의 원칙을 결여한 것이라 말할 수 있다.[106]

그는 물리적 원칙을 결여한 일본 고유 문명에서 이제 일본 인민이 새롭게 취해 나아갈 바는 첫째 서양의 문명이고, 둘째 이를 일본 고유의 것으로 하는 것이며, 셋째 이를 일본 본래의 문명과 나란히 하는 것에 있음을 강조했

다.[107]

　여기서 주목되는 것은 일본에 결여되었던 서양의 과학적 · 합리적 정신인 지학(智學)을 일본 고유의 전통으로 만들어 전통의 신(新) · 구(舊)를 병행시키자는 주장이다. 이는 분명 중국의 중체서용(中體西用)이나 조선의 동도서기(東道西器)와는 다른 문명론의 접근이라 할 것이다. 물론 일본도 화혼양재(和魂洋才)를 말했지만 여기서 화혼(和魂)은 중체(中體), 혹은 동도(東道)가 갖는 위상과는 다른 것이었고 서구 문명을 일본 고유 문명으로 한다는 주객전도의 차원에서 기존의 전통을 관리 · 병행한다는 맥락이 있다. 따라서 기존 전통은 서구 문명화를 위한 매개로서 자리매김되었던 것이다.

　메이로쿠샤 창립자들은 모두가 양학자들이지만 대부분 한학적 소양을 갖춘 자들로서 유학에 대해 긍정적이든 부정적이든 이를 매개로 국민계몽 활동을 해나갔다. 나카무라 마사나오(中村正直)는 유학과 기독교를 일치시켜 가는 관점을 만들어 갔고,[108] 니시 아마네 역시 유학적 전통을 매개로 서구 사상을 파악하였다. 기존 전통이 서구문명화를 막는다는 비판적 시각도 표출하면서[109] 동시에 기존 전통을 매개로 서구문명을 일본 전통으로 고유화시켜 나가는 것이었다. 나카무라 마사나오는 다음과 같이 전통을 매개로 한 문명론을 펼치고 있다.

　　洋學이라는 것은 우리 도를 떠나 있는 것이 아니다. 옛날 樊遲는 오곡 농사 일을 배우고 채소밭 만드는 배움을 청하였을 때 공자는 말하기를 나는 노련한 농부에 미치지 못한다 하였다. 洋學이라는 것은 기예, 즉 농사를 짓고 채소 재배를 하는 것과 같은 종류이다. 이 또한 성인이 버릴 수 없는 바다. … 지금 洋夷 또한 사람일뿐 그들의 우수한 바를 거두어 쓰는 것에 무슨 불가함이 있을 것인가. 기술은 物에 비유할 수 있다. 사람이 있어 대관(大冠)을 쓰고 장검을 옆에 차면 나 또한 이를 모방하여 행한즉 나 또한 그러한 의용(儀容)

을 이루게 된다. 어찌 다른 사람의 의용이 되겠는가.[110]

위의 글에는 일본 인민이 양학에 거부감을 갖지 않고 기존 전통에 없는 것을 전통화하기 위한 나카무라 마사나오의 노력이 엿보인다. 그는 양학이 기예, 즉 농사를 짓고 채소 재배를 하는 것과 같은 종류라 말하고 이는 공자가 미치지 못했을 뿐 이를 버린 바가 아니라 하여 인민으로 하여금 양학에 힘쓰도록 하였다.

이상으로 볼 때 메이로쿠샤의 문명론은 네 가지로 요약되는데 첫째, 교육의 방향으로서 문명개화, 둘째, 문명화의 축으로서 근대과학지식, 셋째, 서구문명의 일본 고유 문명화, 넷째, 전통을 매개로 한 계몽교육론이라 할 것이다. 이 모두 일본의 서양문명화를 목적하여 논의의 본위로 삼았음을 볼 수 있다.

물론 그들의 문명개화론이 서양과의 완전 동일화는 아닐 것이다. 하지만 근대 일본에서 서양문명화라는 전략적인 의식은 대부분의 회원들에게서 패권주의 서양을 앞에 두고서 그것과 동일화하기 위한 움직임으로 나타났다. 실제로 일본이 근대국가 형성에 걸었던 길은 패권주의적 유럽에 대한 동일화의 길이었다.[111] 그들이 과학적·합리적 지식의 지학을 강조했던 것도 서구가 전쟁과 상업에 힘써 이익을 챙기는 그 부국강병에 대한 부러움에서였다 해도 과언이 아닐 것이다.

Ⅲ. 메이로쿠샤 회원의 정치적 성격과 문명개화

1. 메이로쿠샤 회원들의 민권 의식

1862년 니시 아마네(西周)와 쓰다 마미치(津田眞道)의 네덜란드 유학은 일본 최초의 서구 국가학의 수용으로 이어지는 선구자적 계기가 되었다. 당시 막부는 에도에 가이세이조(開成所)를 설치하여 서양어를 가르치고[112] 이 외에 지리, 산수, 물리학, 화학의 과목도 설치하였지만 서구 정치학에 대해서는 아직 교수할 자가 없었다. 막부는 "만국교제(萬國交際)의 통의(通義)를 설명하고 사주정치(四洲政治)의 득실을 연구 고찰하는 것"[113]이 급선무가 되어 니시 아마네와 쓰다 마미치를 네덜란드에 파견했다.

그들은 라이덴대학 법학박사 휘셀링(G. Vissering) 밑에서 정치학(治國學, 政事學)을 공부하게 되는데 구체적으로는 법성학(法性學), 만국공법학(萬國公法學), 국법학(國法學), 경제학, 정표학(政表學, 통계학)의 5과(科)였다. 휘셀링이 이들에게 강의한 학문의 순서는 먼저 모든 법률의 근원인 자연법을 논하고 다음으로 만국공법과 국가의 치리(治理)를 규명하는 국법(國法)을 논하는 것이었다. 그리고 그 다음으로 부국안민(富國安民)의 기술로서 경제학을 배우고 통계학으로 마쳤다.[114]

그들은 일본으로 돌아와 휘셀링으로부터 들었던 강의 노트를 번역하여 『법성약설(法性約說)』, 『국법론(國法論)』, 『만국공법(萬國公法)』을 모두 완성한 후 이를 막부 조정에 바쳤다. 통계학은 1873년 쓰다 마미치가 다시 번역에 착수하여 『종기학(綜紀學)』이라 이름 붙였다.

이렇게 메이지 초기 일본은 막부에서 실행해 온 자연과학적 문명화에서 한 단계 비약하여 사회과학적 서구 학문 수용에 박차를 가했다. 이를 밑거름으로 메이로쿠샤 회원들은 정치제도와 국권 및 민권에 관심을 갖기 시작했다고 할 것이다.

니시 아마네는 서구를 예로 들어 정치가가 자의적으로 국민의 권리를 침해하는 것을 경계하고 인민의 권한을 지키는 것이 인간의 본성이라 설파하였다.[115] 쓰다 마미치 역시 출판 조례(1872)가 발포되어 모든 인쇄물의 출판을 문부성 허가를 받도록 하였을 때 국민의 문명화를 위해서는 사상, 행동의 자유를 보장하는 것이 불가결하다 하여 출판의 자유를 요구하였다. 또한 그는 프랑스를 사례로 들어 출판의 자유를 억압하는 것이 도리어 정치적 불안정의 원인이 됨을 주장하였다.[116]

> 야만의 정치는 사람을 속박한다. 문명의 인민은 속박을 면한다. 문명과 야만의 구분은 단지 그 인민이 언행 자유를 얻는가 못 얻는가에서 볼 뿐이다. 인간의 정신은 본래 자유이다. 대 악마왕이라고 해도 절대 그 자유를 방해할 수 없다. 저 권위로 이를 금하는 것은 야만의 추악한 정치이다. … 영국과 미국에 있어서는 인민이 참으로 언행 자유를 얻는다. 단지 자신의 자유를 위해 도리어 타인의 자유를 방해할 수 없을 뿐이다. … 출판 자유를 각 인민에게 부여하여 아국 인민이 한층 안목을 열고 속박되지 않는 자유의 지략을 크게 하는 것이 개명으로 나가는 첩경이다.[117]

또한 쓰다 마미치는 "나라의 근본은 인민으로서, 인민이 본(本)이라면 군주는 말(末)에 불과하다"[118] 하였다. 그러나 만물이 생겨나는 순서를 볼 때 무기물–식물–동물–사람의 순으로 형성되지만 그 인간 가운데서도 최후로 이루어진 것이 군주라 하여 다소 모호한 입장을 취하고 있다.

후쿠자와 유키치는 서양문명을 목적으로 한 일본의 문명화에서 장애가 되는 것은 절대적 국체론의 존재라고 하였다. 따라서 그는 국체를 내셔널리티로 재개념화 하면서 국체 개념의 중심에 인민을 놓고자 하였다. 그에게 있어 국체의 단절이란 왕가의 단절을 의미하는 것이 아니라 그 인민이 정치의 권한을 잃어버려 다른 나라 사람의 지배를 받는 것이라 하였다. 그에게 있어서 지켜내지 않으면 안 되는 것은 일국 인민의 독립적 권리였다.[119]

나카무라 마사오의 경우를 보면 그는 "오늘날 마키아벨리는 정치를 기독교적 도덕으로부터 해방하고 정치적 위기에 대처하는 리얼한 정치적 사유를 확립했다고 할 것이지만 그러나 여기에는 군주의 전제적 권력 행사를 정당화하여 윤리학이나 정치학의 발전을 저해함이 있음"도 지적하여 군주전제를 비판했다. 그러면서 그는 국민의 지식 증대야말로 민주정치를 진전시키는 계기가 된다고 주장하였다.[120]

2. 민선의원 설립 논쟁과 메이로쿠샤의 정치적 성격

앞 절에서 살펴본 바와 같이 대부분의 회원들은 민권 의식을 표출하고 있음을 볼 수 있지만 실제로 민선의원 건립이 제기되었을 때 대다수 회원들은 다양한 논쟁 속에서 보수성을 띠었다.

1874년 1월에 소에지마 다네오미(副島種臣) 등이 제출한 「민찬의원설립건백서(民撰議院設立建白書)」[121]를 둘러싸고 학자들 간에 민선의원 논쟁이 일어났는데 메이로쿠샤 동인들은 이에 각각 자신들의 찬부 입장을 밝혔다. 모리 아리노리는 국민의 정치 참가의 의의를 인정하면서도 건백자들의 건의 의도나 정치가로서의 신의를 문제로 하여 정부가 인민을 위해 의원을 설하는 것은 결과적으로 관선 의원이 되는 것이 아니냐는 반론을 제기하였다.[122] 즉 민선의원의 설립은 국가의 독립이요 인민의 발전을 목적하는 것으로 의의가 있지만, 정부가 인민을 위해 의원을 설립한다고 한다면 이는 인민의 의원이 아니라 전부 정부의 의원이 된다는 것이다.[123] 이는 민선의원 설립의 문제가 정치 세력의 알력 문제로 보는 입장이기도 한데, 1880년대 민권운동 당시에도 그는 부정적 시각을 견지했다.

　니시 아마네는 민찬의원설립건백서가 의원제나 납세자 참정권의 보편성을 전제하여 의원을 통해 인민을 교육하고 인민의 권리를 보호하는 것이 가능하다고 설한 것에 대해 법률이나 정치제도 등은 나라나 시대에 따라 차이가 있으며 의원 정치와 사법(司法)을 교육의 기능과 혼동하고 있다고 비판하였다. 그는 인민의 개화 정도에 상응하는 의회 개설이 필요함을 주장했다.

> 의원 설립의 법은 서양 成規를 취해 이를 우리에게 실행한다는 것이다. 지금 기차, 전신의 법, 서양 발명을 취해 이를 우리가 쓰는데 만약 우리 스스로 기차, 전신 발명을 할 때까지 기다려 기차를 쓰고 전선을 가설한다면 정부는 손을 놓는 것이 된다. … 정사는 다르다. 영국의 의원, 프랑스의 의원과 똑같이 그 법을 같이할 수 없다.[124]

　또한 그는 "민찬의원설립건백서에서는 정부에 조세를 지불하는 의무가 곧 정부의 일을 더불어 알고 가부(可否)할 수 있는 권리를 가지는 것이며 이것이 천하의 통론이 된다고 말하지만 참여·가부의 권리는 그 국가 창시의 정체(政體)를 세운 때에 있고 그때 이를 정해야 할 것"이라 주장하였다. 지금의 정부를 가지고는 사회계약을 논할 수 없고 정부의 일을 더불어 알 권리는 조세로 인한 권리에 있지 않다는 것이다.[125]

　한편 미쓰쿠리 린쇼는 "국민의 자유보장이 국력의 강성을 가져온다고 보지만 자유를 단순한 신분적 관계나 상태로 파악하는 것이 아니라 정치제도로서 국민에게 주권이 부여되는 그 행사에 참여하는 것이 중요하다."고 강조하여 국민이 군명(君命)에 저항할 권리에 대해서 언급하였다.[126] 즉 군주 전제정치의 나라에서 군주가 인자한 정치를 행하고 인민을 애무하는 자라고 해도 오직 군주 한 사람의 뜻에 의한 것이라면 인민에게 정치상의 자유가 있는 것이 아니라는 것이다. 인민 모두 나라의 주권에 간섭하고 적어도 인민 가운데 그 과반은 반드시 나라의 주권에 간섭해야 한다고 주장하였다.[127]

후쿠자와 유키치 역시 쓰다 마미치 이상으로 민선의원 설립에 호응하는 입장이었다. 그러나 그의 사상 경향이 후기로 갈수록 자유민권 운동에 대해 비판적이었지만[128] 메이로쿠샤 활동기에는 다른 사원들의 시기상조론·신중론을 비판할 정도로 적극적이었던 것은 분명하다.[129]

쓰다 마미치는 메이로쿠샤 회원의 다수가 민선의원 설립의 시기상조론을 주창함에 대하여 후쿠자와 유키치나 미쓰쿠리 린쇼처럼 조기 설립론을 주장했다. 쓰다 마미치는 귀족 회의나 지방관 회의 설립의 의의를 부정하고 민선의원이야말로 국민을 대표할 수 있는 것으로 보았다. 더욱이 그는 구체적으로 납세액에 의한 제한선거나 간접선거에 의한 선출 방법, 임기, 개선 방법 외 의원 선출 권한 등을 구체적으로 논하였다.[130]

민찬 의원은 인민이 선거하는 것이기에 참으로 국민의 대의인(代議人)이 된다. 우리 제국 삼천만 인 가운데 그 민찬에 응해야 할 지식을 구비한 자가 없다고 할 수 없다. 그러나 선출할 사람 또한 상당한 지식을 갖출 것을 요한다. 그 사람이 당장 국사를 의론하는 것은 아니라고 해도 그 사람을 선출하는 것은 국사에 간여하는 것이 된다. 때문에 구미 각국은 이 의원을 선출할 권한을 칭하여 인민의 정권이라고 말한다. 서구 의원 선거 법칙을 살펴보면 부녀, 어린이, 회복 불능한 중병인 및 무학·문맹 등 지식을 결핍한 사람은 모두 이 정치적 권한이 없음을 통상의 법으로 한다. 그러므로 선출되어 의원이 되는 사람에 제한을 두지 않고 도리어 선거를 하는 사람에게 제한을 가한다. 때문에 일종의 규칙을 설할 것이 요구된다. 저들 나라에 있어서는 대개 조세를 많이 납부하는 자를 표준으로 하고 경계를 세운다.[131]

이상과 같이 민선의원 개설을 둘러싸고 의론이 행해지고 있는 가운데 사카타니 히로시(阪谷素)도 가세하여 정부 주도에 의해서가 아니라 국민 여론에 의해 사회가 변동됨을 인정하면서도 필요에 따라 정부가 상황에 따른 폐해를 제거하여 개혁을 추진하는 것도 병행되어야 함을 주장했다. 즉 "국가의 융성은 평시 인민을 함양하는 도에 있고 그 인민 함양이 곧 정부의 임무"[132]라 하여 국가 체제 확립의 필요성을 말하였다. 그는 상하동치=입헌군주제하에 있는 영국과 같은 의회 제도를 모범으로 하면서 황통일성(皇統一姓)의 국체를 강조했다. 그리고 정체를 확립하여 민선의원을 개설하기 전까지는 학교교육 등에 힘을 기울이는 것과 함께 관선 의원을 열어갈 것을 제안하였다.[133]

3. 「학자직분론(學者職分論)」을 둘러싼 지식인의 역할 논쟁과 인민관

후쿠자와 유키치의 『학문의 권장』(1872)은 당시 민간 독본과 소학교 교재로 쓰였는데 이 중 4~5편은 양학자를 대상으로 한 것이다. 그는 여기서 국가 및 국민의 독립과 문명개화의 추진이라고 하는 과제를 양학자들이 어떻게 담당하고 어떻게 수행할 것인가를 논하였다. 그 논점의 요지는 학자의 직분 수행이 '재관(在官)'보다는 '사립(私立)'[134]에 있음을 강조한 것인데 이는 당시 관직에 있었던 대다수 메이로쿠샤 동인들로부터 비판을 받았다. 이 논쟁에 참여한 자는 쓰다 마미치·가토 히로유키·모리 아리노리·니시 아마네 등이다.[135]

먼저 후쿠자와가 주장하는 학자직분이란 기본적으로 '안노(雁奴)'[136]와 같은 역할이었다. 시세와 함께 변천하는 그 와중에 홀로 앞뒤를 되돌아보고 현재 사회의 모습에 주의하고 이를 통해 후일의 득실을 논하는 자였다.[137] 후쿠자와 유키치에게 있어 일본의 안노란 일본의 독립을 걱정하는 자였고 일본의 독립은 정부와 인민이 각각 힘이 있어 내외가 상응하고 그 힘이 균등해야 가능한 것이었다.

> 우리는 국민의 본분을 다하며 정부는 정부의 본분을 다하여 서로 협력하여 전국의 독립을 유지해 나가야 한다. 모든 사물을 유지함에는 힘의 균형이 필요하다. 비유하면 인간의 몸과 같다. 신체를 건강하게 보존하려면 음식이 없으면 안 되고 공기, 빛이 없으면 안 된다. 또한 춥고 덥고 아프고 가려운 것과 같이 외부로부터 자극을 받아 신체 내부가 반응을 보임으로써 육체적인 활동에 조화가 이루어진다. 만약 외부로부터의 자극이 없이 단지 생명력에만 의지한 채 그대로 방치해 둔다면 인체의 건강은 하루도 보존될 수 없다. 나라도 이와 같다. 정부는 일국의 활동이다. 그 활동을 조화롭게 이끌어 나가 나라의 독립을 보존하려면 안으로는 정부의 힘이 있고 밖으로 인민의 힘이 있어 내외가 상응하여 그 힘을 균등히 해야 한다. 따라서 정부는 체내의 생명력과 같고 인민은 외물의 자극과 같다. 만약 국민의 자극을 없애고 오직 정부의 활동에만 나라의 독립을 맡겨 둔다면 나라의 독립은 하루도 보존될 수 없다.[138]

후쿠자와 유키치에게 있어 일본이 독립을 얻는다는 것은 인간이 건강을 얻는 것과 같았다. 신체를 건강하게 보존하려면 음식과 공기, 빛이 있어야 하고, 또한 춥고 덥고 아프고 가려운 것 등 외부로부터 자극을 받아 신체 내부가 반응을 보일 때 건강한 활동이 이루어진다. 만약 외부로부터의 자극과 무관하게 몸을 차단한다면 인체의 건강은 하루도 보존될 수 없는 것처럼 나라도 그와 같다는 것이다. 그에게 있어 정부는 체내의 생명력과 같고 인민은 외물의 자극과 같다.[139]

그러므로 먼저 양학자들이 일본의 독립을 위해 누구보다 앞장서고 전제적인 정부로부터 억압과 관습의 혹닉(惑溺)에 빠진 무기력한 인민들에게 그들이 나아갈 목표를 제시해 주어야 했다. 그러나 양학자들이 정부로 다 들어가 버려 민권을 주장하거나 민간 차원에서 일하는 자가 적다는 것[140]이 그의 비판이다. 때문에 후쿠자와 유키치는 "일본에는 단지 정부는 있지만 국민이 없는 현실"[141]을 말하면서 '재관(在官)'이 아닌 '사립(私立)'즉 인민 계몽을 위한 민간사업에 주력할 것을 학자들에게 촉구하였다.

이에 4명의 다른 메이로쿠샤 회원들은 후쿠자와 유키치에 대한 반론을 『메이로쿠잣시(明六雜誌)』제2호에 띄웠다. 먼저 가토 히로유키는 후쿠자와 유키치가'정부의 전제억압(專制抑壓)과 인민의 굴욕불신(屈辱不信)의 기풍(氣風)을 일소(一掃)하는 것을 임무로 하는 지식인은 민간에서 활동해야 한다.'고 주장한 것에 대해 이는 지나친 자유주의적 사고로서 국권(國權)의 축소를 가져온다고 비난하였다.[142] 오히려 현재 상황에서는 정부 관리에 의한 지도, 즉 내양(內養)이 외부의 자극(外刺)인 인민보다 중요한 시기이며 양학자가 관리가 되어야 하는지 아닌지는 그 사람의 재학(才學)에 따라 선택해야 할 일이라고 주장하였다.[143]

그러나 가토 히로유키와 후쿠자와 유키치의 입장이 크게 차이나 보이지는 않는다. 물론 가토 히로유키가 지적하는 것처럼 후쿠자와 유키치가 내양보다 외자를 중시하여 인민 편에 섰다고 볼 수 있지만 후쿠자와 유키치 역시 정부가 주도하는 서구 문명화를 단지 관료가 아닌 민간사업으로서 계몽교육을 추진해 나가고자 했다는 점에서, 그리고 정부를 신체로 인민을 외부 자극과 같은 환경으로 비유하여 정부를 중심에 놓고 있다는 점에서 단지 방법상의 차이로 보인다.

한편 모리 아리노리는 정부와 인민을 한 몸으로 보아 후쿠자와 유키치가 인민과 정부, 또는 재관과 사립을 대립적으로 보는 것에 반대했다. 그리고 후쿠자와 유키치가 문명을 진전시키는 책무도 정부가 아니라 사립의 민간

사업에 있다고 한 것에 대해 이는 결국 불학자(不學者)만이 정부에 남는 사태가 될 것이라 반박하였다. 모리의 요지는 관리든 귀족이든 인민이든 모두가 '민(民)'으로서 일본 국적에 속한 자이고 모두가 국민임을 면할 수 없으며 그 책임을 담당하지 않을 수 없기에 정부와 인민은 대립될 수 없다는 것이었다.[144]

> 후쿠자와 선생의 私立爲業으로써 천하의 사람에게 그 방향을 보이는 뜻은 선생의 뜻으로서 훌륭하고 … 그렇다 해도 私立爲業과 在官爲業을 비교하여 세상의 이득과 손실을 논하는 것은 놀랍게도 그 취지의 편향을 면하지 못한다. 만약 在官爲務의 공익이 사립위업의 이익에 미치지 못한다고 할 때는 학자는 모두 관직을 버리고 不學者만이 정부를 맡아 세상의 이익을 일으킨다고 하는 것에 이르게 될 것이다.[145]

한편 쓰다 마미치는 모리 아리노리가 정부와 인민을 '일체(一體)'로 한 것과 달리 정부를 정신, 인민을 육체로 간주하여 인민이 외물로서 정부에 자극을 준다고 하는 후쿠자와 유키치의 입론이 부적절함을 비판하였다. 물론 국가발전을 위해서는 국민의 정신적 자립이 불가결하다는 점에서 후쿠자와 유키치에 찬동하고, 인민이 정부의 명령에 저항할 권리도 인정했지만 재관(在官)·사립에 관계없이 각각의 입장에서 인민의 자주·자유의 기상을 육성해야 한다고 주장하였다.[146] 이는 재관과 사립이라는 논점을 오히려 국가의 유기체적 설명을 둘러싸고 전개했다는 점에서 다른 반론과 차이가 있다.

> 내 생각에 정부는 정신과 같고, 인민은 신체와 같다. 생각건대 정신과 신체가 서로 만나 사람 몸을 이루고, 정부와 인민이 서로 만나 국가를 이룬다. … 신체는 단지 정신의 명령에 따라 따르는 것으로 생각할 수 있는데 그렇지 않

다. 신체에는 天然의 법칙이 있다. 이 법칙을 넘어서 억지로 신체를 부리면 정신도 점차 피로하게 되어 人身이 쇠약해지고 결국 사망에 이르게 된다. 반면 그 천연의 규칙에 따라서 신체를 부리면 신체가 점차 건강해 진다. … 따라서 힘을 기울여 인민의 자유·자주의 설을 주장하고, 비록 정부의 명령이라도 무리한 것은 이를 거부할 권리가 있음을 알게 하고, 자유·자주의 기상을 우리 인민에게 감화하는 것은 우리들이 크게 바라는 바이다. 이는 재관(在官), 사립(私立)에 관계없이 각자 그 지위에 따라 마땅히 진력할 수 있다. 그리하여 우리 모두 官을 떠나 私의 자리에 들지 않으면 할 수 없다고 하는 것은 너무나 극단적이다.[147]

끝으로 니시 아마네는 후쿠자와 유키치의 입론에 있어 그 근거가 박약한 것이 아닌가라고 비판하면서도 정부와 인민에 대한 후쿠자와 유키치의 현상인식에는 동조했다. 그러나 인민의 개명진보를 무시한 '자극의 강제'라는 것은 사회의 혼란을 초래한다고 비판했다. 즉 인민이 과격하여 분규로 나가게 되면 적절한 자극이 되지 못하고 또 다른 병을 키우기 때문에 오히려 학자는 정부에 필요한 강장제 역할을 해야 한다고 주장하였다.

대개 이들은 세상의 세력과 관계한다. 一人一策을 제재할 수 없다. 一黨이 세워지면 二黨이 흥할 것이다. 이러한 세력이 만연하여 셋이 되고 넷이 되고 다섯이 되어 어찌 끝이 있겠는가? 즉 지리멸렬에 이르지 않을 수 없다. 또한 실패의 선례는 가까운 곳에 있다. 저 막부말기 水戸藩 존왕양이파의 天狗黨이 그렇다.[148]

이상으로 살펴본 바와 같이 메이로쿠샤 회원들의 인민관은 메이지 정부의 계몽주의적 문명 개화 정책을 지탱하고 지지하는 것이었으므로 관민조화론적 입장을 벗어난 것은 아니었다. 그러나 각 회원들이 주장한 자유주의적 사상은 일본 민족의 봉건성을 제거하려는 메이로쿠샤의 의도를 떠나 자유민권운동의 사상적 모태가 되었다 할 것이다.[149]

4. 종교의 자유와 문명화

『메이로쿠잣시』를 통해 논쟁이 벌어진 또 하나의 주제가 '종교와 개화 관계'였다. 1873년 2월에 기독교 국금(國禁)이 해제되었을 때 이를 둘러싸고 『메이로쿠잣시』상에서 그 시비가 논해졌는데 쓰다 마미치의 「개화로 나가는 방법을 논함」 등이 그것이다. 쓰다 마미치는 종교와 개화의 관계를 논하는 발단을 이루었는데 당시 국민의 지적 상태를 어떻게 파악하고 어떻게 교도할 것인가는 메이로쿠샤 동인의 최대 관심사였다.

쓰다 마미치는 국민을 계도하는 방법으로서 학문과 종교가 있고 실학이 보급된 구미와 같은 문명 상태에 이르지 못한 일본의 현상에는 종교로서 '기독교 일파를 선택·도입할 것'을 권하였다. 이에 대해 니시 아마네의 '교육론(敎門論)', 모리 아리노리 번역인 '종교' 등에서 비판이 제기되었다.

쓰다 마미치는 천문·격물·화학·의학·경제·철학 등 실학의 학문이 각 인민의 도리로 발달하는 것에 문명사회가 있음을 말하면서 이 경지에 도달시키는 것이 곧 종교라 주장했다.

> 학문을 실물에서 구하고 실상에 물어 오로지 확실한 이치를 설함은 지금의 서양의 천문, 격물, 화학, 의학, 경제, 철학과 같은 실학이다. 이 실학이 국내 일반에 유행하여 각인의 도리로 발달하는 것을 진정한 문명계라 칭해야 할 것이다. 우리 인민은 어느 날에 이러한 경지에 도달할 것인가. … 아직 이 영역에 이르지 못한 국민 일반의 化育을 도와 이룰 자 누구인가? 그것을 말하

면 종교이다. 종교의 목적은 개화하지 못한 국민을 인도하여 선한 길로 나가게 하는 데 있다. … 지금 우주 내 인민 일반의 개화를 돕는 것은 기독교와 같은 것이다. 보다 새롭고 보다 선하고 보다 자유롭고 보다 문명의 설에 가까운 것을 취하여 우리 개화 진보를 돕는 것이 우리나라 금일의 상책이다.[150]

특히 그는 우주 내 일반 인민의 개화를 돕는 것이 기독교이고 개신교는 "자유를 주로 하기에 더욱 문명의 설(說)에 가깝다"[151]고 하였다. 대다수 서양인을 고용하여 그 학술을 취한 것처럼 보다 선하고 보다 새로운 성직자·종교인을 고용하여 일본 인민을 교도하자는 것이 그의 주장이다.[152]

이에 니시 아마네는 『메이로쿠잣시』에 6회에 걸쳐 종교론을 연재해 개인의 내면 자유와 신교(信敎)의 자유를 전제로 정치와 종교의 분리를 설하고 합리적 관점에서 종교에 대한 논의를 이끌어 갔다. 그 논의 배경에는 메이지 5년 이래 진전된 신도(神道) 국교화 정책과 메이지 6년 2월의 크리스트교 해금에 수반된 종교 논쟁이 있었다. 그는 자신의 글에서 정치의 외면성과 종교의 내면성의 차이를 논하고 제정일치(祭政一致)의 폐해를 지적하였다.[153] 이는 분명 쓰다 마미치의 견해와는 상반된다 할 것이다.

또한 니시 아마네는 정교분리의 문제를 역사적으로 검토하여 제왕의 신격화를 부정하는 것과 함께 내심의 자유, 신교(信敎)의 자유를 전제로 하면서도 종교의 법적 규제의 구체적 방식을 논하였다.[154] 즉 종교가 풍속 개량에 저해되는 때에는 이를 금해야 한다는 것인데, 그가 신앙의 자유를 표방하면서도 풍속 개량이라는 기준으로 법적 규제를 가한 것은 다소 모순되어 보인다. 그가 제시하는 규제의 내용을 개략해 보면 다음과 같다.

첫째, 관청의 허가에 의하지 않는 사우, 회당 건립을 금할 것.
둘째, 관청이 허가한 사우, 회당 외의 종교 儀式을 금할 것.(金鼓를 울리고

宗法의 축문을 읽는 등의 공연은 오직 허락받은 사우, 회당 경내에서 하도 록 하고 다른 장소에서 하는 것을 엄히 금할 것)

셋째, 장례 · 제사의 의례는 각자의 종법에 따르되 그 분묘지의 문을 넘은 후 에 그 의식을 시작하고 길 가운데서 이를 행사하는 것은 엄히 금할 것.

넷째, 사람들이 거주하는 가옥 내에서는 자기가 믿는 바에 따라 제단과 탑 등 종교적 조형물을 만들고 기도 · 제사하는 것은 자유자재로 할 것.(그러나 가옥 밖에서는 작은 사우라고 해도 이를 금할 것)

다섯째, 관청이 허가한 사우, 회당 외에 평민이 자신의 가옥에서 10인 이상 의 종교 집회를 여는 것을 금할 것.

여섯째, 山林, 無人의 장소에서의 신도들의 집회를 금할 것.

이 규제안을 보면 종교의 자유를 위한 전제라기보다는 정부 정책에 위배 되지 않는 풍속개량과 문명화를 비호하는 인상을 주기에 충분하다. 그리고 이 규제안 중 무거운 것은 형법 처리하고 가벼운 것은 풍헌부 즉 풍기를 담 당하는 관청에서 법적 제재를 가하도록 하고 있어[155] 신앙의 자유를 침해할 억압적 요소도 컸다.

니시 아마네는 명분상으로 종교와 정치를 분리시키면서 신앙의 자유를 강조했지만 풍속개량에 저해되는 종교는 규제한다는 입장이었고 쓰다 마 미치가 제안한 '문명화를 위한 개신교의 적극적 도입'에는 비판을 가했다.[156] 오히려 그는 문명화에 있어 교육의 역할을 강조했고 교육이 진전될수록 종 교도 수준이 높아져 비루하고 조잡한 신앙은 제거될 것이라 하여 교육(학 문)이 종교의 수준을 결정하고 교육과 종교 수준이 상호 비례함을 강조하였 다.[157]

문명의 진전과 함께 신앙 대상도 청순 · 청결하게 되어 간다고 주장한 니 시 아마네는 정부가 국민에게 직접적으로 특정 종교 신앙을 강제하는 것이 아니라 세상 현철(賢哲)에 대한 신앙을 보장하여 종교의 질을 높이고 그 현철의 감화력에 의해 간접적으로 국민에게 영향 미칠 것을 권하였다. 즉 인민의 신앙을 강요할 수 없다는 전제를 하면서도 종교 자유를 인민에게 전적으로 맡길 수 없다는 입장을 취한 것은 "정부와 인민은 부모의 자식과 같은 관계"[158]로 보았기 때문이었다.

가토 히로유키 역시 정교분리, 종교적 관용 등 미국 헌법에서 보장된 원칙을 들어 신앙의 자유를 논하였다. 정부가 신교(信敎)의 자유나 교회의 사무 등에 간섭하는 것은 허용될 수 없다는 것이다. 그러나 그 교의나 습속이 형사적 범죄나 윤리적 부정, 불의로서 사회질서를 어지럽힐 때는 법령에 의해 제한할 수 있음을 말했다.[159] 그는 니시 아마네에 동조하면서 그의 입론이 제정일치, 정교일도(政敎一途)의 미혹한 병을 치료하기에 충분하다고 그에게 찬사를 표했다.[160]

모리 아리노리 역시 이에 가세하여 스위스 국제법학자 바텔의 『국제법(영어판)』 초역을 통해 자신의 입장을 간접적으로 개진하였다.[161] 그는 정부의 직무를 국민의 신체 및 재산 보호에서 구하는 입장에 서서 신교의 자유 역시 그 일직선상에 포함됨을 주장했다. 그러나 종교의 자유는 전제하지만 단지 그 활용이 타인의 자유를 침해할 경우에는 법에 의해 규제되어야 한다는 입장에서 국교 제정과 종교적 관용의 관련, 종교에 관한 법적 규제의 방식 등에 대해 언급하였다.[162]

IV. 결론

일본 메이지 정권의 정책적 이념 제공자로서 역할을 했던 메이로쿠샤 회원들은 서구 부국강병의 국가학과 관련한 제반 학문을 수용하여 근대적 개혁 조치와 교육, 법률, 종교, 군제적 제도 정비를 이루어 나갔다. 특히 이들이 주목한 서구문명은 과학적·합리적 지식과 그 탐구 방법, 그리고 서구 근대국가 체제였다.

메이로큐샤 회원들은 서구 과학 문명은 그대로 이식하되 정치체제는 일본 국속에 부합할 것을 전제하면서 일본의 자주독립을 위해 국민 계몽이 필수적임을 공통적으로 인식했다. 그들은 서구 사회과학의 영향을 받아 민권과 종교 자유, 과학적 지식을 문명론으로 강조해 나갔지만 일본 특유의 국체의식이 결합하고 귀족 지배 관료층이 대부분이었던 그들 자신의 계급적 성격에 따라 정치·사회적 문명개화는 위로부터의 계몽적, 관변적, 전제적 성격을 벗어날 수 없었다.

메이로쿠샤 회원들은 문명화를 교육과 종교 두 가지를 통해서 이룰 수 있다고 생각했고 종교는 인민의 자유라는 시각을 대부분이 견지했기에 자신들이 보다 적극적으로 그리고 정책적으로 뛰어들 수 있는 것이 교육이라고 인식했다. 그들은 교육의 방향을 문명개화로 놓고 이를 제도화하는 것에 주력했고 서구 학문의 과학적·정신적 훈련에 교육 계몽의 방향을 두었다.

후쿠자와뿐만 아니라 나카무라 마사나오, 니시 아마네 등 대부분의 회원들은 한학의 소양을 갖춘 양학자들로서 부정적이든 긍정적이든 전통 유학을 매개로 일본 인민이 양학에 힘쓰도록 계몽을 해 나갔음을 볼 수 있다. 특히 후쿠자와 유키치는 일본 고유 문명이 모두 물리의 원칙을 결여한 것으로 비판하면서 서구 문명을 일본 고유의 문명으로 하는 것에 주력했고 기존 전통 문명을 서구 문명화를 위한 도구적 매개 역할로 자리매김했다. 이는 중국이나 조선의 중체서용(中體西用), 동도서기(東道西器)와는 다른 문명론의 접근이라 할 수 있고 서구 문명을 일본 고유 문명으로 한다는 주객전도의 차원에서 기존의 전통을 병행시킨다는 방법적 맥락이 있었다.

한편 쓰다 마미치는 국민을 계몽하는 방법으로서 종교를 강조했고 그 문명화를 돕는 것이 개신교로서, 종교인이나 성직자를 고용하여 일본 인민을 교도하자고 하였다. 이에 니시 아마네, 가토 히로유키, 모리 아리노리 등은 제정일치의 폐해를 지적하면서 정교분리와 종교 자유를 주장하였다. 그러면서도 종교가 풍속개량에 저해되는 때에 법적 규제를 가할 구체적 방식을 논하여 통제를 가하고자 하였다.

또한 메이로쿠샤의 대부분의 회원들은 민권을 강조하는 정치적 입장을 지녔지만 민선의원 설립안이 제기되었을 때 부정론 혹은 시기상조론 등 다양한 입장을 피력했다. 그들 심중에는 "정부는 정신, 인민은 신체"라는 식의 관민조화관과 더불어 정부가 주체가 되어야 한다는 지배적 인식이 팽배했었다. 그리고 그들이 궁극적으로 지향해 나갔던 문명화의 도달점은 결과적으로 일본 자주 독립을 넘어서 '패권주의적 서구 국가와의 동일화'로 나타났다 할 것이다.

2부

일본을 통한
조선의 서구 근대 문명 수용과
국민계몽교육

Japanese Modernization and Modern Times of Choson : Conversion of Thought and Education

01 | 일본을 통한
조선의 입헌국가학 수용과 근대국민교육*
-『만세보(萬歲報)』를 중심으로

I. 서론

　서구근대교육은 근대국민국가의 성립과 자본주의 사회 발생에 토대를 둔다. 이는 곧 국민 형성 교육으로 오직 근대국민국가체제의 범주 속에서 파악될 수 있고 그것은 국민주권과 자유, 애국심, 생산인으로서의 능력 배양, 보통 의무교육 등으로 특징지어진다. 근대국가체제가 인민의 의지를 수렴한 입헌과, 국민의 생활과 자유를 보호하는 국가 기능으로서 행정과 사법이 있고 구성원 간의 단체적 결합이 이루어진 조직이라 할 때, 이러한 체제에 걸맞는 구성원을 양성하는 것이 근대국민교육일 것이다. 물론 국민교육은 대부분 국가권력의 통제 속에서 국가주의적 성격을 띠어 갔고 국민주권을 토대로 했던 입헌 국가가 국민의 종복 개념이 아니라 오히려 국민 위에 군림하고 국민을 수단으로 했던 역사도 고려해야 할 것이다. 그러나 이는 별도의 문제로 다루고자 한다.

＊「개화기 서구 입헌국가학의 수용과 국민교육: 천도교 기관지『만세보(萬歲報)』를 중심으로」(『교육철학』49, 한국교육철학학회, 2010)

본 장에서는 개항과 더불어 시작된 불평등조약과 외세침탈의 가속화가 이루어졌던 개화기에 초점을 두어 그 시대의 당면 과제였던 국민국가 건설과 국민교육을 고찰하고자 한다. 당시 지식인들은 인민의 입헌의식을 고취시키고자 사회단체를 결성했고 서구 입헌국가학을 소개하여 계몽운동을 펼쳐나갔는데, 본 장에서는『만세보』를 중심으로 동학·천도교가 주도한 문명개화운동으로써 입헌국가학이 어떻게 수용·논의되고 국민주권 교육이 어떻게 전개되었는지를 살펴보고자 한다.

『만세보』는 신문을 통한 교육기관을 자처하면서 여론을 조성하고 지식계발의 국민교육 계몽을 벌여 나갔는데 그 주된 논지는 입헌국가학의 활발한 번역과 소개, 전문법률학교의 설립과 일반 학교에서의 법학교육의 필요성 인식 확대, 국가의식 고취, 학구 자치제와 의무교육 촉구, 언로(言路)의 소통, 신소설을 통한 국민정신 교육, 식산흥업 운동 등 다양하다. 특히『만세보』에 나타난 서구 입헌국가학의 수용은 비록 일본을 통한 중역(重譯)으로 이루어졌지만 군주주권론의 가토 히로유키(加藤弘之)나 제국헌법을 기초한 호즈미 야쓰카(穗積八束)를 중심으로 한 일본 국가주의와는 차별성을 띠고 국민교육 운동 또한 국민주권의 맥락에서 이루어졌음을 볼 수 있다.

물론 일본 내에서도 자유민권운동이 일어났고 한국에서는 서구 근대국가체제가 제국주의·군국주의·금권정치의 괴물에 불과하다는 인식도 제기되었기에 한국의 입헌국가학의 수용은 다양하게 논의될 수 있다. 그러나 적어도 일본은 자유민권운동을 억압하면서 천황국체로 나갔고 한국은 입헌국가 건설을 시급한 문제로 다루어 인민의 힘을 결집하고자 했던 성격이 강하다.

『만세보』는 입헌국가체제 건설을 위한 당시 한국 지식인들의 활동이 국민교육으로 어떻게 전개되었는지를 잘 보여주는 한 사례라고 생각한다. 또한 일본의 통제 속에서 일본을 통해 서구 국가학을 수용했지만, 그 가운데는 한국적 서구화도 이루어졌음을 일정 부분 보여주는 것이기도 하다. 특히 본 연구가 여러 언론 가운데『만세보』를 택하여 고찰한 것은 근대 변혁 운동의 핵이라 할 수 있는 동학운동의 계승으로서 그 변모를 고찰하고자 하는 것이고 동시에 전국 지부를 갖춘 대중성에 가치를 두었기 때문이다.

II. 일본의 양학 수용과 조선

조선에 서구 입헌정체론이 소개된 것은 1883년 한성순보에 의해서이다. 군민동치(君民同治)의 입헌군주제와 합중공화(合衆共和)의 공화정이 소개되는데 본격적인 수용은 일본을 통해서 이루어졌고 중역(重譯)의 성격을 띤다. 만세보의『국가학』번역이나 당시 출판된 근대 법학 서적은 거의가 가토 히로유키 등 주로 독일의 영향을 받은 일본 법학자들의 저술을 번역한 것이다.[1] 일본이나 한국 모두에게 있어 국가학의 수용은 중요한 의미를 지닌다. 일본은 불평등조약을 해결하고 서구 열강과 평등한 관계를 맺기 위해서는 국민을 대표하는 주권국가로서 만국의 인정을 받아야 함을 인식했고 입헌 국가체제 수립을 위한 국가학 및 법률학 연구에 박차를 가하였다. 한국 역시 이를 일본으로부터 인식하여 서구나 일본의 부강함이 모두 입헌체제에서 오는 것으로 파악했다. 먼저 일본의 양학 수용과 국민교육을 개략적으로 살펴보아 국민국가 수립과 국민교육의 동반 관계를 살펴보고자 한다.

1. 일본의 양학 수용과 국체(國體) 관념

1858년 도쿠가와(德川)막부는 봉건 지배 내부의 내정 개혁과 무력 확충을 위해 서구문명의 수용에 박차를 가하게 되는데, 미국을 시작으로 네덜란드,

러시아, 영국, 프랑스 제국과 수호통상조약을 체결하고 이어서 1860년에는 프러시아와 같은 조약을 체결하여 구미 간 문화 접촉을 본격화하였다. 서양 학문의 수용 또한 그 양상이 크게 변화되어 난학에서 양학으로, 종래 네덜란드어로 쓰여진 문헌 이해가 영국·독일·프랑스·미국 등 구미 제국의 학문으로 확대되었다. 학문 각 분야도 의학·지리학·천문학·물리학·수학 등의 자연과학뿐만 아니라 법률·정치·경제·역사 등 인문·사회과학 분야로 본격적인 관심이 진행되었다.

쓰다 마미치(津田眞道), 니시 아마네(西周) 등이 막부 파견으로 네덜란드 라이덴대학에 유학가서 사이먼 휘셀링(Simon Vissering)에게 5과(자연법, 국제법·만국공법, 국가법·국법, 경제학, 통계학)를 배워와 법률서를 출간한 것은 그 법학을 비롯한 사회과학 수용의 시초이다. 쓰다 마미치는 1866년 『태서국법론(泰西國法論)』을 가이세이조(開成所)에서 출판했고 2년 후에는 『만국공법(萬國公法)』을 간행했다.[2] 그리고 니시 아마네는 『오과구결기략(五科口訣紀略)』를 저술했는데 이는 서양 사회과학을 체계적으로 배운 최초의 네덜란드 유학 기록이다. 일본 지식인에 의한 양학의 학습은 이러한 새로운 사회조직과 국가의식에 의해 촉진되었다고 볼 수 있다.

일본의 양학 수용은 서양과의 불평등조약의 문제점 해결과 일본의 독립 보전에 목적을 둔 것이었다. 따라서 당시 일본 지식인들이 서양 근대의 학문을 어떻게 이해하여 수용할 것인가 하는 문제는 그들 각자의 뇌리에 그린 근대일본의 국가상과 밀접하게 결부되어 있다. 그것은 국가 독립과 부강을 목표로 하는 것이었고 새로운 국가와 국민을 어떻게 형성·조직하느냐 하는 문제를 그들의 책임 과제로 하는 것이었다. 마쓰모토 산노스케(松本三之介)는 '1873년에 후쿠자와 유기치(福澤有吉)와 모리 아리노리(森有禮) 등의 대표적 학자·지식인이 모여 문명에 대한 국민 계몽으로서 메이로쿠샤(明六社)[3]를 결성한 것은 국가체제 구상에 심혈을 기울인 그 대표적인 산물'이라 지적

하고 있다.[4]

그러나 메이로쿠샤는 해산되고 회원 일부는 정부에 흡수되면서 일본은 점차 천황주의에 입각한 국체를 강조해 나갔다. 과거, 현재, 미래를 통해서 천황을 통치권의 총수로 하는 독특한 국가 성격을 가진 국체라는 말은 불가침성을 띠면서 일본 국민을 두렵게 만들었다. 일본 특유의 의미에서 국체라는 개념을 강하게 제기한 것은 미토가쿠(水戶學)였다.[5] 원래 국가의 형태나 체면을 뜻하던 국체라는 말이 일본의 독자적인 국가 성격이라는 의미로서 널리 쓰이게 된 것은 막부 말기 대외적인 위기의 도래를 계기로 한다.[6]

국가 확립기의 국체론에서 가장 주동적이었던 사람은 헌법에서는 호즈미 야쓰카(穗續八束), 교육칙어에서는 이노우에 데쓰지로(井上哲次郎)라 할 것이다. 호즈미의 헌법론은 철저한 군주주권론으로 일관되었는데 이는 개화기 한국에도 널리 소개되어 많은 영향을 주었다.

2. 일본의 서구 근대국민교육 수용과 조선

서구의 경우 근대국민교육은 권리와 의무를 자각하는 국민을 형성하는 것이고 시민권 행사에 필수적인 국민적 단결과 애국심을 이루어 내는 것에 초점이 맞춰져 있다. 오늘날의 관점에서 보면 근대국민국가가 전제로 하고 있는 국민의 관념은 결코 자연적으로 생성된 것은 아니다. 국민이라는 것 자체가 추상적인 것이고 조국애·동포애라고 하는 정서적인 감정도 상상 속에서 형성되는 것이다. 국가라는 경계가 자연인을 국민으로 살게 하고 교육과 통제를 통해 국가의 명예와 흥망을 자신의 명예와 흥망으로 받아들이게끔 국가의식을 형성시킨다. 그러나 개화기에 있어 일본이나 한국 모두 서구 국가체제와 이를 뒷받침하는 국민보통교육은 중요한 관심 대상이었다.

일본의 경우 서구 보통교육학제 수용에 있어 초기 프랑스의 교육행정 조직을 따와 학구제를 편성했다가 다시 미국의 교육체제를 받아들여 교육령을 반포했는데, 여기에는 다나카 후지마로(田中不二ロ)의 역할이 컸다.[7] 일본이 설정한 근대국민교육의 목표는 입신(立身)·치산(治産)·창업(昌業)에 있었고 지식 계발과 산업부흥을 위해 소학교 교육을 실시한다는 취지를 명시했다. 직업을 위해 학문을 교수받는 학교가 설립되었고 실생활과 긴밀히 결합된 산업교육의 개념이 유고문(諭告文)에 제시되었던 것이다. 1872년 학제에 내포된 교육정신도 결국 산업 본위의 철저한 근대학교정신에 의한 것이었다.[8]

그러나 일본의 국민교육은 서구의 국민주권, 애국심, 산업교육 가운데 식산부흥과 천황에의 충군애국에 입각한 헌신이 맞물리는 국민교육이었고 여기에서 국민주권 개념은 희박하였다 할 것이다. 그 원인을 김욱동은 두 가지로 지적한다. 첫째, 혁명 주체들이 구지배층 출신이고 민중 세력을 철저히 배제하였다는 점에서 반봉건적 근대국가로 고착시킬 수밖에 없는 한계가 있었다는 것, 둘째, 민중들 역시 반봉건 의식이 성숙되어 있지 않았고 자본주의적 부국강병의 근대국가 건설에는 성공했으나 인간해방과 근대적 국민 형성에 미흡한 결과 미완결 근대국가로 남았다는 것이다.[9]

한편 조선도 개화기 초기 서구 문물을 수용하고자 신식 학교를 설립해 나갔는데 주로 통역관 양성이나 군사기술 습득을 목적하는 것이었다. 그러나 이는 군주통치와 유교체제를 전제하면서 서양 문물을 수용하고자 했기에 엄밀한 의미의 근대국민교육과는 거리가 있다. 예를 들어 육영공원의 경우를 보면 경사(經史)를 지속적으로 공부하면서 서양어를 공부할 것을 규정하고 있고, 선발방법이나 평가 역시 유학의 교양을 고수했으며, 군주체제를 전제했다. 그러므로 근대국민교육은 갑오개혁 이후라 할 것이다. 그러나 관립학교 역시 일본의 통제와 주도하에서 일본 국익에 입각한 근대교육체제를 조선에 대한 고려 없이 형식적으로 이식하는 성격이 강했을 뿐만 아니라 교육에 대한 열정도 없었고 조선의 영토와 조선 인민을 향한 애국심의 국민교육은 더더욱 아니었기에 무국적 교육이라 할 것이다.[10]

국민보통교육의 특징이 국민적 일체감과 인민주권의 국민 양성, 그리고 식산흥업에 있다 할 때 이에 걸맞는 교육 양태는 적어도 1900년 이후 입헌 정치체제의 촉구와 맞물린 조선의 주체적 국민교육에서 그 줄기가 나타났다 할 수 있다. 특히 1905년 설립된 양정의숙, 보성전문학교, 광신상업학교 등의 법률학교 설립은 그 대표적인 사례로 볼 수 있다.[11]

III. 한국의 입헌국가의식과 근대국민교육

1. 서구문화 수용에서의 입헌국가체제와 국가의식

1876년 개항으로부터 1910년 강제 병합에 이르는 시기는 전근대사회로부터 근대사회로의 전환을 추진하게 되는 일대 변혁기였다. 노영택은 19세기 후반기의 시대적 당면 과제로 첫째, 봉건의 정치사회체제의 청산과 근대체제 수용으로서 근대국가 건설, 둘째, 봉건 체제를 지탱해 준 전근대의 정신문화와 이데올로기에 대한 청산과 근대정신의 수용을 지적한다.[12]

서구의 근대 입헌국가체제는 일찍이 한성순보에서 다른 여러 제도와 문물을 소개하는 가운데 조선에 알려졌는데, 당시 조선 지식인들은 서양의 부강이 그들의 민회(의회)제도에서 나온다고 파악하기도 하였고[13] 일본이 청과의 전쟁에서 이긴 것은 "입헌적 통치로 인민의 권리를 존중하고 인민은 애국심이 견고한 효력을 발휘했기 때문"이라 인식하기도 하였다. 이는 일본이 과대평가되는 듯하지만 당시 한국인에게 서구의 입헌정치는 문명부강의 주축이요 문명부강은 입헌국가 건립에서 오는 것으로써 입헌사상이 없으면 독립을 회복하기 어렵다는 인식이 지배적이었음을 볼 수 있다.

『한성순보』제10호, 1884년 1월 30일자 「구미입헌정체(歐米立憲政體)」라는 논설을 보면 서구의 치국(治國)의 요점은 '군민동치(君民同治)'와 '합중공화(合衆共和)'로 소개되는데 이 모두가 입헌정체라 일컫는다 하면서 입헌정치는 인민의 슬기가 있어야 하는 것이라 설명하고 있다. 그러나 조선의 서구 입헌국가론의 수용은 일본을 통하여 본격적으로 진행되었다. 1895년 관비 유학생들은 일본에서 주로 법률과 정치를 공부해와 번역·출판으로 국내에 소개하기 시작했고 『황성신문』 등은 일본이 한국의 문명개화에 "부득불 강구·모범"이 된다 하였다.

『일본유신30년사』는 명치 이후에 제반 실적이니 아국 현시대에 부득불 講究 모범이기로 全 豹를 譯述如左하여 僉君子에게 供覽하오니 애독하심을 務望함 … 총론하면 20년 가까이 국민사상의 대세를 壟斷한 것은 곧 西洋주의와 歐化주의와 模倣外物주의와 崇拜外人주의에 불과하다. 第一은 영국파의 공리주의가 되어 福澤氏로써 으뜸을 삼고 彌兒平站 등의 학설을 私淑하며 第二는 프랑스파의 자유주의가 되어 민약론을 역술하던 中江篤介로 長을 삼으니 大井과 板垣 등의 祖述한 바오 第三은 德意志파의 국가주의가 되어 加藤과 海江田 등의 首唱한 바니 근세에 斯陀因比的曼의 설을 봉행하여 圭 규거로 삼는 것이라. 그 중에서 취하여 根深체고하여 대세력이 있는 것은 영국파로되 그 주의는 사회 실리를 주목함을 위주하고 政體 등 대 문제에 관하여는 彼此相較하면 殊覺冷淡이요 프랑스파는 개조사회로 하여금 大原은 正體혁신하는데 있고 눈앞의 영리를 버림이 옳다 하여 이 대문제를 驟提鼓吹하니 즉 이것이 民選議員의 首唱이라. 이로써 福澤파가 주장하여 프랑스 자유론을 시행코자 하고 소위 德意志파의 국가론인즉 일본의 舊日 積習을 파제하고 서양의 新世 사상을 수입코자 하니 비록 英法二派로 더불어 一黨과 같이 하여 論政에 이르러는 프랑스파의 자유론으로 더불어 全異其撰하여 군주는 無上上權이 있다는 설을 주장하고 만민평등의 권리를 不認하니 今此民選議員을 반대하는 時를 당하여 보수론을 主하는 것 외에는 덕의지파가 最居多言이라.[14]

위의 글을 보면 일본은 서구문화를 수용함에 있어 영국의 공리주의를 통하여 사회 실리를 추구했고 프랑스의 자유론을 통해 정체(政體)를 혁신하고자 하며 독일의 국가주의를 통해 일본의 구습을 타파하고 또한 신사상을 수입했음을 서술하고 있다. 그러나 군주 무상권(無上權)을 주장하고 만민평등의 권리를 부인하여 민선의원을 반대하는 상황임도 부언하고 있다. 이는 일본의 서구 입헌국가의 수용 사례가 한국의 국가제도 수립에 참고가 됨을 암암리에 내포하는 것이지만 일본이 보수론으로 가고 있음을 간파하고 있는 논자의 시각이 엿보인다.

한국은 일본으로부터 서구 문물을 받아들여 근대화를 이루고자 했고 호즈미나 이노우에와 같은 일본의 보수적 국가론이 수입되었지만 한국의 상대적 독자성도 이루어졌다. 개화기 한국이 관심 가졌던 서구 국가체제는 현실 상황상 입헌군주체제를 선호했다고 하지만 동시에 민주공화정체제도도 복선으로 깔고 있어 경계 짓기가 간단하지는 않다고 본다. 당시 입헌군주국가에서 군주라는 개념은 인민주권을 전제한 것이고 군주는 원수(元首)로서 민주공화체제에서의 대통령과 같은 의미로 이해되었다.[15]

2. 법률교육을 통한 근대국민교육

개화기 한국의 지식인들은 입헌국가 형성의 의식을 확산시키기 위해 국민교육의 필요성을 강조해 나갔다. "인류천부의 자유권한과 독립사상의 국가 관념을 우선 교수훈도하여 그 상하인민의 부란(腐爛)한 두뇌를 세척(洗滌)하는 것"[16]에 주안점을 두었고 국가의식을 고취하기 위한 국민교육은 곧 국가학(법률학) 교수로 이어졌다.[17]

1907년 한국이 일제에게 사법권마저 강탈될 때도 언론에서는 "법치국가의 국민을 육성하였으면 사법권이 위임되는 일은 없었을 것"이라면서 법학교육은 판검사직을 얻게 하는 데 있는 것이 아니라 법치국가의 국민된 자격을 얻게 하는데 있고 법학교육이 없으면 국가를 재건할 수 없음을 지속적으로 주장하였다.

> 전국민이 법치국의 국민을 能成하였으면 금일의 사법권을 위임[18]하는 事가 豈有하리오 법학의 교육은 판검사의 직을 得케 함으로 목적하는 바 아니라. … 抑 此學이 無하고 국가를 재건함을 可得할가. 不然하다. 결코 此學이 無하고 此等事를 완전히 營得키 難하리로다. 금일에 在하여 법학을 보급하고 장려하고 발달하고 권유하여 국민의 대다수로 하여금 斯學의 소질을 주입함은 20세기 금시대의 완전한 법치국의 국민되는 자격을 得케 함이니 륜 금일 법학의 제일 목적이오.[19]

개화기 국가의식을 고취하기 위한 교재로서 국가학은 거의 모든 전문학교의 교과목 속에 들어 있었고 국가학은 법률 교과안에 내포되었다. 따라서 국가학 교수는 법률교육과 결합되었고 법률교육의 요구가 확산되면서 '고등보통학교' 정규 교과목에도 법제(法制) 교과가 들어가게 되었다.[20] 또한 사립학교에서 쓰는 『수신』·『윤리학』 교과서에는 국가의식과 애국심 및 국민의 의무·권리에 대한 내용을 포함시켜 국가의식을 고취시켰다. 이는 당시 대부분의 사립학교가 지향한 교육 목적이 국민 형성 교육에 있었다고 해도 과언이 아님을 말해준다. 반면 학부 출판의 관립학교용 수신 교과서에는 이러한 내용이 다루어져 있지 않다.

법률학은 당시 보통학교 야학에서도 널리 가르쳐졌는데 전북공립보통학교에 설립된 진명야학교가 그 대표적인 사례이다. 1908년 전북관찰사 김규희, 검사 윤헌구, 통역관 김봉진이 발기하여 공립보통학교 내에 야학회를 설립하고 법률, 산술, 일어, 수신을 교수했다. 이는 본군 유지들이 출자하고 진명야학교라 명칭한 것인데 법률 교사로는 검사 윤헌구, 재판소 주사 유인의가 맡았다.[21] 보통학교에서 법률교육을 실시한 것이 아니라 별도로 보통학교 야학을 설립하여 이를 교수한 것은 제도권의 한계를 나타내는 것이라 보여진다. 서울 지역에 국한하여 법률 교수가 이루어진 대표적인 학교를 들면 〈표1〉과 같다.

또한 당시 국가사상을 이해시키기 위해 이와 관련한 서적들을 서울 소재의 각 출판사에서 다량 출판했는데 대표적인 것이 나진(羅瑨)·김상연(金祥演)[25]이 공역(共譯)한 『국가학』이라 할 것이다.[26] 황성신문 1906년 6월 21일자 광고를 보면 "무릇 국민되는 자는 이 책을 읽은 연후에야 가히 그 국민의 자격 여하와 천부권리의 소유한 진미를 완득할 터"라 하여 법학교육의 확충이 입헌국가 건설의 선행조건으로 인식되었음을 확인할 수 있다.

IV. 천도교 기관지 『만세보』의 국가학 수용과 근대국민교육

1. 동학과 문명개화운동

1894년 동학농민혁명 당시 동학의 성격은 척양멸왜로서 개화사상과는 거리가 있었지만 1904년 이후 동학은 손병희에 의해 문명개화운동으로 새롭게 변신해 나갔다. 이는 동학이 표방했던 봉건적 부패 청산과 정치·사회

<표1> 서울 지역의 법률교과교수 학교[22]

학교명	법률학 관련 교과와 교수 내용
법관양성소(1895)	1904년 이후 국제법, 헌법, 행정법을 교수함[23]
한성의숙(1899)	법학, 국제법(고등과의 경우)/우등생에게 『公法會通』을 시상함
사립광성상업학교(1900)	상법, 국제법을 교수함
광흥학교(1900)	법부 공인학교로서 권재형이 설립한 법률전문학교임. 내국법률과 외국법률을 가르침 - 현행법, 재판법(민사소송법, 형사소송법), 대명률, 민법, 만국공법(국제사법, 국제공법), 형법, 상법, 행정법론, 경제학, 재정학, 독서(三經), 작문, 擬律擬判)
시무학교(1900)	법학, 행정학, 정치학이 교과에 포함됨.
한성법학교(1905)	교장은 白堂 玄采(1856-1925), 교감은 내부 서기관을 지낸 나주연, 강사는 태명식 등 당대의 법률가들로 구성됨. 법학전문 과목은 법학통론, 明律, 민법, 상법, 형법, 재판소구성법, 형사소송법, 민사소송법, 행정법, 국제공법, 국제사법, 증거법, 파산법, 국가학, 경제학, 재정학, 의률의제, 소송연습 등임.
양정의숙(1905)	엄주익이 설립한 3년 과정의 법학 및 경제학 전문학교. · 제1학년: 국가학, 법학통론, 경제원론, 민법총론, 형법총론, 만국역사, 산술, 일어 · 제2학년: 형법각론, 민법(물권, 채권), 행정법(총론, 각론), 상법(총론, 각론), 재정학, 일어 · 제3학년: 국제공법, 국제사법, 화폐론, 은행론, 近時외교사, 일어
보성전문학교(1905)[24]	상과와 법학과 전문학교로서 이용익이 설립하고 1909년 천도교에서 인수함. · 1학년: 상업도덕, 商業文, 상업산술, 상업주산, 상업부기, 상업통론, 상업경영론, 상업지리, 은행론, 법학통론, 경제원론, 민법총론, 물권, 일어, 영어, 淸語 · 2학년: 내국상업사, 은행부기, 取引所論, 철도론, 해운론, 화폐론, 채권원론, 채권각론, 商法總劃, 회사법, 통계학, 평시국제공법, 상품학, 일어, 영어, 청어 · 3학년: 외국상업사, 보험법, 海關論, 창고론, 부기원리, 공업부기, 외국무역론, 상행위, 手形法, 해상법, 재정학, 국제사법, 파산법, 일어, 영어, 청어
광신상업학교(1905)	상업전문학교로서 교장 곽태현, 교감 박인창, 교사는 외국에 유학한 김대희, 이인식, 김상연 등임. · 1학년: 만국역사, 만국상업지리, 경제학, 법학통론, 민법총론, 상법총론, 부기학, 산술, 일본어 · 2학년: 상법(회사편/手形편), 외국무역론, 은행론, 화폐론, 민법(물권), 국제공법(평시), 은행부기, 일본어 · 3학년: 상법(상행위편, 해상편), 민법(채권), 국제공법(전시), 국제사법, 행정법, 재정학, 응용경제학, 일본어
대동법률전문학교(1908)	· 제1학년: 법학통론, 민법총론, 물권법 1·2부, 채권법 1·2부, 상법총론, 형법총론, 경제학, 내외국역사, 한문, 산술, 외국어학 · 제2학년: 국가학, 채권법 1·2부, 회사법, 상행위법, 형법각론, 민사소송법, 행정학, 정치원론, 재정학, 부기학, 한문, 외국어학 · 제3학년: 헌법, 어험법, 해상법, 민사소송법, 국제공법, 국제사법, 明律, 통계학, 조세론, 한문, 외국어학, 실지연습(명치대학 법과 출신인 조소앙도 이 학교에서 교편잡음)

학교명	법률학 관련 교과와 교수 내용
융희법률학교(1908)	수업연한 3년, 교과목: 법학통론, 민법, 형법, 상법, 소송법, 헌법, 국제법, 경제학, 재정학, 행정법

개혁의 과제를 계승하면서 서구문명을 수용하여 국권회복을 도모한 성격이 짙다.

　문명개화운동[27]을 시작한 천도교의 지도자 홍병기, 양한묵, 권동진, 오세창, 이종일, 권덕병, 최강 등은 이준, 윤효정, 이인직 및 법조계 관비 일본유학생들과 함께 입헌국가체제 수립에 힘을 쏟았다. 특히 정치 방면으로 천도교의 핵심인사인 장기렴, 최강, 양한묵 등은 이준, 윤효정 등과 헌정연구회(1905)를 조직했다. 그러나 일본의 탄압으로 이 단체가 해산되자 다시 이를 확대하여 대한자강회를 결성(1906)했고, 일제에 의해 또다시 강제 해산된 후 대한협회를 만들어 입헌국가 건설을 도모하였다.[28] 특히 대한협회에는 법학자 내지 법조계 인사가 대거 참여했다.(대한협회나 만세보의 주필을 맡았던 이인직 등은 친일논쟁에서 벗어날 수 없으나 본고에서는 이에 대한 논의는 생략하기로 한다.)

　동학·천도교는[29] 개화사상가들과 결합하여 정치, 경제, 교육 분야에서 국권회복의 문명개화운동을 벌여 나갔는데 입헌국가 건설을 위한 단체 결성, 신문출판운동, 국민계몽운동 등에 주력했다. 동학사상과 개화사상의 결합은 위로부터의 개화운동과는 달리 봉건적 신분제도의 해체를 주장하고 있었고 기층민에 기초하였기에 국민교육을 민중화하는 힘과 조건을 갖추었다 할 것이다.[30] 동학이 서구 근대문명으로 눈을 돌리지 않을 수 없었던 결정적 계기는 일본이 미국 함대에게 패한 후 서구문명화에 박차를 가했듯이 일본의 신식 무기에 의한 동학혁명의 좌절 경험이라 할 수 있다. 손병희를 비롯해 천도교 지도층은 문명의 대세를 살피고 근대의 문명을 흡수해야 한다는 정세 인식을 갖고 있었다.[31]

　동학에 의해 주도된 문명개화운동의 방향은 민회 설립을 통한 민권 도모와 정부개혁에 있었다. 특히 민회를 설립했던 것은 민권 신장과 민심의 소통을 통해 국가의 힘을 길러 나라의 주권을 보호하고 독립을 공고히 하는 데에 목적이 있었다.

> **무릇 독립이란 주권이 정부에 있고 힘은 인민에 있는 것입니다.**··· 백성의 마음을 화하고 **백성의 권리를 선양**하고라야 천하를 대할 것입니다.··· 저 왜적이 꾀를 이루기 전에 **정치를 개선하고 조정에 독립의 세력을 깊이 세워 주권을 보존할 만하고 국민이 개명을 시작하였다는 만국의 인정**을 받아야 권력을 가히 보전할 것인데 아직 우리나라 백성은 학문에 숙달치 못하여 이것을 행할 수 없거니와 우리나라 8도 내에 사람은 아직 예대로 있으니 사람 가운데서 유지를 가리어 몇만 명을 모집하여 무엇으로 이름을 하든지 **민회를 설립**하고 대소사를 의논케 하여 정부가 교섭하면 외교 실력은 미달하지마는 창생보존할 정신은 골수에 젖어들 것입니다.(진한글자 필자)[32]

또한 동학이 정부개혁을 강조한 것은 부패한 지배계층을 척결하지 않고는 국권과 민권이 설 수 없다는 심각성에서였다. 탐관오리의 잔학함은 동학혁명의 원인이 되기도 했지만 동학혁명 후에도 가렴주구는 그치지 않고 진보회(동학)에 대한 탄압은 더욱 잔학하기만 하였다. 특히 동학도인들이 가장 뼈저리게 느낀 것은 회유를 가장하면서 민중을 제압하고 청을 끌어들여 일본 침탈을 가속화시킨 지배계층의 야만성이었다. 지배자들이 민심을 받아들이지 않고 외세를 끌어들여 백성을 학살했던 그 참담함은 동학으로 하여금 더욱 정치개혁으로 표적을 돌리지 않을 수 없게 만들었다. 지배계급은 무능과 부패에 절어 있으면서도 반상계급의식에 젖어 백성을 노예 보듯 하고 국가의 힘은 백성에게 있는데 백성을 다 죽이니 백성 없는 정부가 어디

있느냐는 통탄을 표출했던 것이다.

2. 『만세보』의 서구 국가학 수용과 국민교육

1) 〈만세보사〉와 천도교의 문명개화

천도교의 문명개화운동은 정치개혁과 입헌국가 수립, 국민교육의 방향으로 나아갔는데 그 일환으로 천도교는 『만세보』를 창간하게 된다. 사장은 한성순보의 주사(主事)였던 오세창, 발행 겸 편집에 신광희, 총무 겸 주필에 일본유학생 출신인 이인직이 배치되었다. 손병희, 권동진, 장효근 등이 운영에 깊이 관여하였고 주소는 지금의 서울 회현로 1가인 남서(南署) 회동(會洞) 85통 4호로 창간호는 무료배부하였으며 구독료는 20전으로 다른 신문과 비교해 비교적 싼값이었다.

인쇄는 보문관에서 직접 인쇄기를 구입하여 찍어 내었다. 보문관은 "인민의 지식을 편명(膈明)하며 국가의 문화를 보익(輔益)하기 위하여"[33] 설립된 천도교 기관 출판사로 일본 망명에서 돌아온 권동진이 사장을 맡았고 오태환이 총무가 되어 창설되었다. 보문관은 각종 천도교 서적 발행과 "국가의 신문화를 돕기 위해 설립"된 것으로 여기서 발행된 서책은 『만세보』에 연일 광고되었다. 판매된 대표적인 책으로는 『법학통론(法學通論)』, 『농정신편(農政新編)』, 『대한지지(大韓地誌)』와 사립학교 윤리학 교과서 등을 들 수 있다.

『만세보』 주필에 취임한 이인직은 주로 논설을 집필하였고 연재소설 『혈의 누』를 7월 22일부터 50회, 다시 10월 14일부터는 『귀의 성』을 135회까지 연재하여 신소설의 새 길을 터놓았다. 1900년대 당시 시대적 요구는 '국가의 독립(국권)과 국민의 권리(민권)'에 있었고 이러한 슬로건이 그대로 신소설의 주요 주장이 되었다.[34] 이인직 스스로도 자신이 『혈의 누』를 연재한 것은 "국민정신의 함발(感發)"을 위한 것이라 명시하고 있다.

『만세보』는 천도교사상을 기저로 한 「천도교전(天道敎典)」, 「현기문답(玄機問答)」, 「천도교문(天道敎門)」 같은 교리서와 「준비시대」, 「국가학」, 「정치관념과 정체(政體)발전」, 「위생개론」, 「의제개량」 등을 사설에 연재하여 동학사상과 문명개화운동을 결합시켜 나갔다. 『만세보』에 나타난 이러한 개화사상은 손병희의 1902년 삼전론에 나타나 있는 개화사상과도 연계되어 있다.

『만세보』는 발간 목적을 "아한인민(我韓人民)의 지식계발에 의한 문명진보"에 두었고 이는 '인민의 교육이 일각일초라도 급급한 정황에서 2천만 동포의 뇌수를 일조에 개벽하고 문명한 신(新)공기를 제호(醍醐)와 같이 물을 대어도 부족하다'[35]는 인식의 발로였다. 천도교 지도자들은 인민교육의 기관으로서 신문이 갖는 역할의 중요성을 실감하였고 노예의 굴레를 벗어나 희생과 참독(慘毒)을 면할 방침은 지식계발에 있으며 구체적으로 학문증진, 식산발달, 국위국광(國威國光)에 신문교육의 목표를 두었다. 이는 곧 인민주권적 입헌국가의식의 고취라 할 것이다.

> 국가의 목적은 인민의 생활을 발달시키는 것이고 인민의 여론은 天人 두 뇌에 관철하는 公들이며, 정부 대신을 비판 공격하는 것은 인민의 정도가 개진한 까닭이라.[36]

천도교는 새로운 입헌국가 수립에서 국가의 목적은 인민의 생활을 발달시키기 위함에 있고 이를 위해서는 먼저 전근대체제를 청산하고 민권과 인민의 언로(言路)를 열어야 국민국가 창출이 가능함을 인식했다. 그리고 여기에 ① 개인의 자유와 권리·의무를 자각시키고 ② 애국심을 불어넣어 단체적 결집을 도모하는 것과 ③ 산업적 의무를 다하여 부국을 이루는 국가적 차원의 의무교육제도가 결합되어야 인민을 국민으로 형성할 수 있다 하였다.[37] 즉 한국 인민이 이루어야 할 것은 국가의식을 갖춘 인민과 인민언로에 입각한 입헌정체를 이루는 것이었고 국가와 개인 자신은 불가분의 관계로서 '자국의 흥망이 곧 자신의 흥망이 된다' 는 애국정신으로 단결시킬 국민교육이 필요했다.

천도교는 이러한 국가의식 고취를 일반인뿐만 아니라 내부 천도교인들을 대상으로도 운동을 펼쳐나갔는데 대표적인 것이 순독강연과 성화회(聖化會)[38] 결성이다. 최강과 임명수는 수백 명이 모인 가운데 평양 순독강연을 행하면서 각각 천도교가 국가문운(國家文運)의 진보와 관계됨을 설교했고[39] 또한 국가진보력에 있어 법률을 밝히는 것이 중대한 것임을 우회적으로 표현하고 있다.

> 종교가 국가진보력에 관계됨이 법률을 밝힘만 같지 않다고 하는 사람이 있으나 나는 결코 그렇지 않다 하리요. 대저 법률은 人事를 防限함이요 종교는 人心을 薰陶함이니 일은 마음으로 따라 나옴이니 그 마음이 부정한즉 그 일이 어지러워지고 그 마음이 올바른즉 일이 바로되니 … 사람이 사회에 처하여 생명 재산을 보호하고자 하는 마음은 모두 있으되 보호할 수 없는 것은 국가사회의 부패로 말미암는 것이요 사회의 부패는 종교의 부진에 있으니 그런즉 재산보호와 國家文運의 進步力이 宗敎振不振如何에 在함이 어찌 명확함이 아니겠는가.[40]

김낙철·권병덕은 고창군 순독강연에서 '천도교의 진리와 사회문명' 을 설교했고 강연회에 군수가 출석하는 등 교인과 방청인 500여 명이 운집했다.[41] 또한 천도교는 순창군을 시작으로 교구성화회(敎區聖化會)를 조직하여 천도교 교지와 교규를 설교하였는데 중앙총부 서계원(中央總部書計員) 이은철은 권면실업과 학문재예, 국민의무의 완수 등 천도교의 교지와 국가문명화를 결합시켰다.

吾敎旨義는 수련성령하며 권면실업하야 국민의무를 守하며 學問才藝를 修하야 국가사회로 문명한 域에 至케 하는 活敎 大宗이니 儒의 敦行과 佛의 存性과 仙의 潔身이 吾敎 범위내에 在하오이다. 此는 천도의 本然한 이치로 박애중생하며 경인여천하는 大宗敎가 되얏스니 일반 동포는 反求其本하시기를 切望하나이다.[42]

황해도 長淵郡 천도교구장 鄭梁씨가 邑西門內에 교구를 정한 이후로 매시일마다 중앙총부 例式을 依하여 聖化會를 設行하는데 제 교인을 대하야 설명하되 교인이 성화회에 참석치 아니하면 심리상 성령수련과 인계상 사회문명을 說解키 難하다하며 且국민된 의무와 종교의 원리를 절절 설명함에 心悅誠復하야 參集하는 교인이 항상 육칠십 명에 不下한다더라[43]

천도교 성화회는 천도교인뿐만 아니라 일반 대중의 호응을 얻었던 문명 사업이기도 했다. 이는 특별한 기구가 있는 것이 아니라 성화회라는 명목으로 설교 형태로 이루어진 듯하다. 다음 기사는 한번 개최에 군수, 수비연대장, 재정보좌관, 경무보좌관, 헌병대장, 향교교수, 교인, 방청객 등 1,400명 가까이 운집한 경우도 볼 수 있다.

천도교 순독 이겸제 씨가 북청군 천도교구에 도달하야 음력 4월 9일에 해군 各舍門에서 성화회를 개설하얏는데 내빈은 해군수 홍우원 씨와 摠巡 김승연 씨와 일본 수비연대장 山本 씨와 재정보좌관 苦米地宮治 씨와 경무보좌관 飯田錦之助 씨와 헌병대장, 鄕校都敎授 제씨가 참석하얏고 교인이 600여 인이오 방청이 700~800인에 달하얏는데 진리를 설명한 후에 다과례를 행하얏다더라.[44]

또한 『만세보』 '교우자성(敎友自省)'란에는 수행과 함께 입법(立法)을 연재하여 법(法)개념을 교인들한테 계몽시킨 사례도 볼 수 있다. "법이란 중대한 것으로 사람의 행위에 있어 위험하고 평탄한 곳을 비추는 거울과 같은 것으로서 나라의 규칙이 밝지 못하면 백성이 어육(魚肉)과 같은 도륙을 면치 못할 것"[45]이라 하였다. 또한 법의 제정이 인심과 풍속을 참작하여 제작되는 것이고 다수의 밝은 사람의 인허(認許)를 얻어야 시행되는 것임도 강조하였다. 그리고 천도교중앙총부에서는 종리회(宗理會)를 조직해 매 일요일 밤마다 "종교는 문명의 어머니(文明之母)"[46]라는 주제로 토론하기도 하였다.

2) 『국가학』 번역과 국민주권교육

『만세보』는 1906년 9월 19일부터 11월 22일까지 『국가학』을 번역하여 1면에 연재하였다. 만세보사는 국민정신을 "개도환발(開導喚發)"하기 위해 "신학문 중 가장 중요한 학문"으로서 국가학을 게재한다고 그 목적을 밝히고 있다.[47]

한국인에게 가장 급한 것은 현 세계의 신지식을 구함에 있고 그 중에서도 국가학을 가장 먼저 연구하지 않으면 안 되는데 그 이유는 "문명국 사람이 아국인(我國人)을 '인민'이라 칭하고 '국민'이라 칭하지 않기 때문"이라는 것이다. 국민과 인민의 구별은 국가학을 연구하면 알 수 있다 하여 자세한 설명은 생략하고 있는데 결국 그 의도하는 바는 국가학을 통해 인민으로부터 국민국가의 국민으로 나갈 것을 촉구하는 데 있었음을 볼 수 있다.[48]

만세보의 국가학은 한국 인민을 국민으로 형성하기 위해 연재되었다. 그리고 이 국가학은 "아국 제일의 학문가"가 번역한 것으로 "아국이 영원히 전할 제일의 교과서"[49]가 된다 하였다.[50] 그리고 동시에 한국은 그동안 중국의 경전과 역사서를 열람하여 치국평천하의 도를 이해하고자 했지만 이는 유치한 시대에 적당할 뿐인데 한국인이 이를 맹종하여 지식이 비열해졌고 오히려 지금 문명의 시대에 이르러 "개인은 인권을 상실하고 국가는 국권을 부서트려"[51] 천하의 능멸과 모욕은 한국인이 다 받고 있는 현실을 토로하고 있다.

한편 국가학의 번역 연재는 국민교육을 위한 것임에도 불구하고 모두 한문체로 되어 있는데 이는 일차적으로 식자층을 겨냥한 것으로 사료된다. 그리고 국가학의 원저자나 역자를 밝히고 있지 않는데 그 이유는 알려져 있지 않다. 김효전은 원저자가 중국 양계초(梁啓超, 1873-1929)일 것이라고 추측했다가[52] 철회하였지만[53] 이는 아리가 나가오(有賀長雄)[54]가 편술한 『국가학(國家學)』(東京: 牧野書房, 1889)의 번역으로 추정된다. 그러나 원본은 4부 40장 179항목으로 구성되어 있는데 반해 『만세보』 번역본은 4부 19장 54항목으로 원전의 부분들을 번역하여 게재한 것임을 알 수 있다. 각 장의 목차를 비교하면 〈표2〉와 같다.

원저자 아리가 나가오는 본서의 취지가 제국헌법 제정을 앞두고 일본 국민들이 헌법의 본지를 이해해야 할 필요성에서 집필했음을 서문에서 밝히고 있다. 헌법의 본체는 국가의 권력이고 이 국권학은 곧 국가학이라는 인식의 발로다. 1890년 이후 일본 국민도 권리를 얻는 시대가 되었고 입법권, 행정권, 천황과의 관계를 해설하는 것이 국가학이기에 이를 반드시 알아야 권리·의무를 안다는 것이다.[55]

하지만 이 아리가의 책은 자신의 입장을 전개한 것이라기보다는 자신이 유학 가서 배운 내용을 정리한 것이다. 그는 국가학이라는 것이 워낙 방대한 것이지만 본서의 편술이 "국가의 실리에 관한 대가의 정견(定見)을 전함에 초점 둔 것으로 블룬츨리(Johann Caspar Bluntschli, 1808-1881)와 슈타인(Lorenz von Stein, 1815-1890)에게서 대부분을 취했음"을 밝히고 있다. 또한 이는 필자가 "독일유학 중에 필기한 것을 와세다대학 강의에서 강의안으로 사용했고 이를 다시 가필하여 책으로 출판한 것"임도 밝히고 있다. 아리가는 주로 슈타인의 이론을 그대로 소개하여 풀어놓고 있고 사회혁명과 정치혁명의 당연

<表2> 有賀長雄의 『國家學』와 『만세보』 번역본의 목차 비교

제1부	有賀長雄의 『國家學』(1889)	『만세보』에 연재된 『國家學』(1906)	국가·권리와 법률관계
	제1부 국가전체편 서언 제1장 국가의 외형 제2장 국가의 本義 제3장 국가의 기원 제4장 국가 및 사회 제5장 헌법 및 입헌국가의 편제 제6장 입법·元首·행정	제1부 국가전체론 1. 국가의 개념 2. 국가와 사회의 차이점 3. 국가와 사회의 관계 4. 국가의 편성	· 국가는 일정한 영토에 있는 인적 단체를 위하는 인류의 유기적 집합이다. · 일부의 이익은 왕왕히 다른 일부의 이익과 저촉된다. 그러나 一同의 이익이란 전체 생활을 우미하게 하는 이익이고, 법률을 통해 개인들 전체의 권리를 확보하는 이익이다.
제2부	제2부 입법편 제1장 입법부의 本義 제2장 근대대표제도의 방향 제3장 공민선거권 제4장 간접선거법 제5장 피선거권의 제한 제6장 중의원 및 귀족원 제7장 귀족원의 편제 제8장 입법부의 입법권 제9장 입법부의 재정권 제10장 입법부의 감독권 제11장 입법과 원수와의 관계 제12장 입법부와 행정부와의 관계	제2부 입법편 1. 입법부의 개념 및 편성 원리 2. 입법부의 제도 3. 입법부의 기능 4. 입법부와 원수·행정과의 관계	· 헌법에 준하여 원수·입법·행정의 권리를 분석하여 이 권리에 따라 그 편제 여하를 논하는 것이 국가학이다. · 국가 각부의 편성은 그 권한에 의거하여 정하는 것이기 때문에 이를 國權學이라고도 말한다.
제3부	제3부 원수편 제1장 원수의 本義 제2장 원수의 무책임 제3장 格式大權 제4장 榮典大權 제5장 兵馬대권 제6장 外交大權 제7장 宮內의 편제 및 君位 제8장 황실 고문 및 국무 고문	제3부 원수편 1. 원수의 개념 2. 원수의 기능 3. 원수의 권리 4. 원수의 책임 5. 원수의 국가 대표권 6. 원수의 권력기관	· 일부 인민의 의지만을 나타내게 하고 나머지 인민의 의지를 돌아보지 않는 것은 국가의 본의에 용납되지 못한다. 따라서 국회 위에 다시 공정하고 치우침이 없이 국가의 근본취지를 대표하는 기관이 있다. 그것이 원수이다. · 원수는 항상 국가의 본의를 실행하는 데 입법과 행정 위에서 국가의 사실을 계획하고 그것을 나타낸다. 그런데 원수도 사람이므로 이러한 大權을 남용하는 잘

			못이 생긴다. 이것을 방지하기 위해 내각과 고문을 두어서 그의 권력남용을 제한할 수 있다.
제4부	제4부 행정편 제1장 행정부의 본의 제2장 관직 제3장 직원률 제4장 행정부의 편제 제5장 省의 계통 제6장 廳의 계통 제7장 행정부의 권력 제8장 명령권 제9장 告達權 제10장 강제권 제11장 행정부의 책임 제12장 省의 책임 제13장 국무소송 제14장 廳의 책임	제4부 행정편 1. 행정부의 필요성 2. 행정의 편제 3. 관직 4. 官府 5. 행정의 권리 6. 행정의 책임	· 원수는 국가의 의지(즉, 법률)를 혼자서 시행할 수 없다. 이 의지는 원수 스스로 정한 것이 아니고 국회가 제정한 것에서 나온다. 따라서 이것을 받들어서 운용하는 것은 원수가 국회의 명령을 받들어서 시행하는 것과 같다. · 원수는 다른 사람에게 법률시행 방법을 제출하게 하고 자신은 다만 재가의 지위에만 선다. 법률시행 방법이 결과적으로 위배되면 그 방법을 제출한 사람에게 책임을 지게 한다. 이것이 바로 원수 아래에 별도로 행정기관을 반드시 설치하여야 하는 근거이다.

성을 소개하고 있다는 점에서 분명 호즈미 야쓰카(穗積八束)류의 국가학과는 차이가 있어 보인다. 여기에는 서구의 국민주권론을 보다 직접적으로 접할 수 있는 장점이 작용하지 않았을까 사료된다.

한편 『만세보』에 번역된 아리가의 국가학은 원문 그대로 부분들을 옮겨 오고 있지만 몇 군데 차이점도 발견할 수 있다. 대표적인 것이 '국가의 개념'이다. 원문에는 "국가가 있어 인민이 있고 인민이 있어 국가가 있다. 국가와 인민은 원래 같은 것이다."[56]로 서두를 시작하고 있는데 『만세보』의 번역판에서는 "토지는 국(國)이고 인민은 가(家)이다. 이를 합쳐서 국가라고 한다."[57]로 시작한다. 아리가가 '인민이 곧 국가'라고 하는 반면 『만세보』는 '토지와 인민을 합쳐서 국가'라고 하여 토지를 부각시킨 것은 당시 침탈 당하는 영토를 염두에 둔 것이 아닐까 추측되고 이는 번역자의 방점이 들어 간 독특한 표현으로 생각된다. 이는 당시 간행된 당대의 대표적인 국민권리 교과서 『국민수지(國民須知)』[58] 1장에도 등장하는 말이고 전체 내용 가운데 동일한 부분이 많음을 볼 때 국민수지의 저자와 이 국가학의 번역자는 동일 인물일 가능성도 없지 않다.

『만세보』판은 원문 가운데 1부 2-3장(국가와 사회) 부분을 가장 중점 두어 번역한 인상을 주는데 이 부분은 "사람들이 한국인을 '인민'이라 하고 '국민'이라 하지 않는 이유"를 내포하고 있고 국민이라 일컬어지기 위해서는 무엇이 필요한지를 제시하는 듯하다. 먼저 『만세보』 번역과 원문 내용 중 국가와 사회의 차이점을 비교하면 〈표3〉과 같다.

국가와 사회의 차이는 "평등한 인민권력의 보호 유무"에 있고 그 보호 유무에 따라 '국민(公民)'과 '인민'으로 지칭됨을 짐작케 한다. 국가에 있어 사리(私利)만을 일삼는 지배체제는 정부라 할 수 없고 또한 인민의 의지를 수렴할 국회와 권리·의무를 규정한 법률이 없는 한 국가라 할 수 없으며 원수의 특권만 있고 인민의 권리가 무시되면 국가도 국민도 없다는 것이다. 입헌국가에서 권력은 인민의 권력이다.[59] 이를 보여주는 대표적인 사례가 프랑스혁명으로 인식되고 있다. 국가학 연재에 소개된 프랑스혁명은 국민의 힘으로 왕실의 권력을 제거하고 완전한 만민평등주의에 기초하여 국가를 편성한 것으로 기술되고 있다.

황족·귀족에서 사농공상에 이르기까지 모두 공민(公民)이라 하고 그들의 의지를 모두 평등하게 나타낼 수 있게 하였을 때 국가의 공민사회가 조직된다.[60] 즉 봉건적 전근대체제를 일소하여 모든 개인의 의지가 평등하게 나타나고 황족·귀족에서 사농공상에 이르는 전체 인민의 발전을 도모하는 국가가 성립할 때 국민이 비로소 있는 것이다. 따라서 앞의 『만세보』 논자가 말했던 인민은 '비공민(非公民) 개념'으로 국민은 '공민적 개념'으로 지칭된 것임을 알 수 있다.

혈족제도가 한번 변하여 等族제도가 되었고 등족제도가 다시 변하여 공민

<표3> 『만세보』 번역, 『국가학』에 나타난 국가와 사회의 차이점

국가	사회
① 국가는 개인과 모든 다른 개인의 관계로 이루어짐. 사회는 개인과 한 다른 개인의 관계로 이루어짐	사회는 개인과 한 다른 개인의 관계로 이루어짐.
② 국가는 평등을 토대로 하나 사회는 불평등을 근본으로 한다.	사회는 불평등을 근본으로 한다.
③ 국가는 여러 개인을 결합하여 그것을 人的 단체(人的이란 사람과 같이 가정하는 것을 말함)로 생각하나 사회는 개인을 한 개인으로 생각하여 다른 개인의 아래에 서게 한다.	사회는 개인을 한 개인으로 생각하여 다른 개인의 아래에 서게 한다.
④ 국가는 여러 사람들의 단결된 힘에 의지하여 인류의 천성을 완전하게 하려고 하나 사회는 개인의 고립된 힘에 의지하여 인류의 천성을 완전하게 하려고 한다.	사회는 개인의 고립된 힘에 의지하여 인류의 천성을 완전하게 하려고 한다.
⑤ 국가가 강성하게 되는 기반은 오로지 한 사람 한 사람 인민들의 부의 발달에 있다. 그러므로 국가는 광대하고 치우침이 없는 방법으로 차별없이 전체 인민의 발달을 계획한다. 이것이 바로 국가와 사회의 원리가 상반되는 까닭이다.	개인 단독의 힘으로는 그들의 생활목적을 완전하게 이룰 수 없으므로 자신들의 발전을 이루기 위해서는 다른 개인의 힘을 한 곳에 모아 자신의 용도에 제공해야만 할 것이다. 이것이 사회가 발생한 까닭이다. 그리고 개인이 다른 사람을 부려 자신의 뜻을 행하게 하는 일이 많아지면 그의 부귀 · 세력 · 안락은 그것에 따라서 또한 커지기에 지위의 높고 낮음이 정해진다.
⑥ 국가는 나라 안에 있는 여러 개인이 같은 취지로 모여 성립한 인적 단체이다. 그 단체에서는 특별한 의지를 일으키고 또한 그 의지를 시행할 실력을 갖는데 이것은 마치 한 개인과 같다.	사회는 오직 많은 개인이 우연히 모였을 뿐이다. 따라서 인적 단체라고 할 만한 것은 없다. 다만 각각의 한 개인의 의지와 실력만이 있으며 달리 개인과 구별할 수 있는 사회전체의 의지와 실력은 없다.
⑦ 국가 관계에서 각각의 사람은 모두 동등하다. 그러므로 그들의 관계에서 일어나는 사무를 운영하기 위해 여러 사람의 위에는 반드시 특별기관이 있어야 한다. 그리고 이 특별기관으로 여러 사람에 대해 동일하고 공평한 정책을 시행한다. 국가기관이 바로 이것이다.	사회라는 관계에서는 일어나는 일을 처리할 기관이 별도로 필요하지 않다.
⑧ 국가는 반드시 평등에 기초하고 있다. 그러므로 법률이라는 것이 있어서 각각의 사람에게 동일한 양상으로 이것을 준수하고 받들게 한다.	사회는 불평등에 기초하고 있다. 따라서 공평한 법률은 없고 다만 상대적인 예의만이 있을 뿐이다.
⑨ 국가에 대한 자유라고 하는 것은 바로 국가에 속한 각 개인이 국가에 자신의 의지를 세울 수 있는 것을 말한다. 만약 군주정체에서 원수 한 사람이, 그리고 귀족정체에서는 다만 정권을 잡은 소사	사회의 자유는 비록 사회의 하층에 있는 사람이라고 하더라도 상층에 설 수 있는 재능과 재산이 있다면 자유로이 상층으로 오를 수 있는 것을 말한다. 대대로 전해 내려오는 문벌이 없어 하층에

국가	사회
수의 사람만이 의지를 세울 수 있을 뿐이고 그 나머지 국가의 여러 개인들은 모두 굽실거리며 소수의 사람이 결정한 의지를 나타낼 수 있게 되어야만 비로소 국가에 대한 자유가 있다. 권력은 자기의 권력이 아니고 바로 인민의 권력이다. 그런데 그것으로써 인민공동의 이익을 꾀하지 않고 오로지 자기의 사사로운 이익만을 도모한다면 피치자(인민)의 사이에는 불평이 생기고 그것이 점점 누적되어 마침내 큰 세력을 이루게 된다. 그 결과 정치를 시행하는 기관을 다시 정하게 된다. 이것이 정치상의 혁명이다. 이것의 효력은 헌법을 설정하여 원수의 국권 남용을 제한하는 데에 있다.	속했던 사람이라도 부지런히 노력하고 분발하여 재산과 재능을 가지면 귀족의 지위로 상승한다. 이것이 바로 슈타인이 말하는 사회상의 운동이라는 것이다. 대개 사회상의 운동에 장애가 없어야만 자유가 있는 사회라고 할 수 있다. 상층사회의 특권을 타파하는 것이 사회상의 혁명이다. 이 혁명의 효력은 사회에 구태의연하게 존재하는 공정하지 못한 제도를 철폐하고 국민평등의 원리에 기초하여 법률을 만들며 이것으로써 모든 사람의 권리를 보호하는 데에 있다.

제도가 되었다. …현 세기는 공민사회의 시대이다. 공민사회의 시대가 다른 두 종류의 시대와 다른 것은 국가기관의 각 부에서 개인의 목적을 참작하고 그들의 의견을 발휘할 수 있게 하는 점에 있다. 이것을 공민의 자유라고 한다. 그러므로 공민사회의 헌법이 바로 자유가 있는 헌법이라고 하였다.[61]

결국 국민이라 할 수 있으려면 국가기관이 개인의 목적을 참작하고 그들의 의견을 발휘할 수 있게 하는 언로의 소통과 공민의 자유와 권리를 성문화한 입헌정치가 전제되어야 하는 것이었다. 따라서 『만세보』가 지향하는 바는 입헌군주체제든 공화정체제든 국가권력이 인민에게 있음을 분명히 하는 것에 있고 인민의 의견이 발휘되어 언로가 소통되는 데에 국민이냐 비국민이냐의 기준을 두어 국민주권교육을 조성해 갔다 할 것이다.

V. 결론

개항기 일본은 미국이 강요한 불평등조약에 의해 우리보다 불과 20여 년 앞서 개항을 했고 불평등을 평등한 관계로 바꾸고자 문명개화에 박차를 가했다. 그리고 일본 지배자들은 서구 제국과 동등한 관계를 맺으려면 우선 서구 입헌국가체제를 수용하여 힘의 결집과 무력증강을 추진해야 한다고 판단했다. 결국 그들은 재빨리 일본 방식대로 서구 정치체제를 수용했고 천황제 군국주의체제를 건설하여 이웃 나라를 식민지로 만들어 가는 서구 제국주의 대열에 들어섰다.

조선 정부는 일본 무력에 의해 불평등조약을 맺고서도 그 심각성을 이해하지 못하고 자신들의 기득권을 지키기에만 급급했다. 특히 관료들의 부패와 탐학은 전국적으로 만연했고 백성들의 입에서는 차라리 남의 나라의 지배를 받는 것이 낫겠다는 말이 나올 정도로 극악했다. 더욱이 갑오동학농민혁명 때 정부는 겉으로는 전주화약을 맺고 뒤로는 약속을 파기하여 농민군을 학살하는 야만성을 보였고 청을 끌어들여 일본의 침략을 본격화하는 계기를 만들었다.

동학혁명 이후 천도교는 문명개화운동으로 나아가 입헌국가 수립운동으로 방향을 전환했다. 천도교 및 당시 개화사상가들은 먼저 입헌정치의 중요성을 제기했고 서구의 문명부강이 입헌정치에 있으며 입헌사상이 없으면 독립을 회복하기 어렵다는 것을 강조해 나갔다. 특히 그들은 민회 설립을 통한 언로의 소통과 민권 도모에 주축을 두었고 정부의 혁신을 촉구해 나갔다. 또한 천도교는 입헌국가의식을 고취함에 있어서 일반인뿐만 아니라 내부 교인들에게도 교육을 펼쳐나갔는데 천도교의 종지는 국가문명의 진보에 있음을 연설했다.

일본이나 한국의 서구 국가학 수용은 외세침탈을 벗어나고자 한 국권독립과 맞물려 있었고 일본은 불평등조약으로부터 벗어나는 길이 무력양성과 군국주의에 있음을 강조하여 천황국체의 입헌군주국가를 만들어 갔다 할 수 있다. 그러나 조선은 불평등조약의 외세침탈에 맞서 일본처럼 무력보다는 "인민의 정신과 힘"을 택한 측면이 강하다. 개화기 당시 천도교 지도자를 비롯한 한국 지식인들이 서구 입헌국가학을 포착하여 국민주권 국가 건설을 주장한 것은 그것이 국권회복의 수단이자 이상적 국가 건설로서 한국이 영구히 구현해야 할 미래의 과제로 다가오는 것이기도 하였다.

한국의 근대국민교육은 개인의 자유가 공민사회와 충돌하지 않고 상호의존관계를 형성할 수 있다는 적극적 국민교육으로서 인민주권의 국가 건설을 지향한 애국교육이었다. 그리고 국민권리정신과 국민의 법률적 정신은 이명동체(異名同體)로 간주되어 국가학(법학)교육으로 활발히 전개되었다. 특히 천도교 기관지 『만세보』는 아리가 나가오가 편술한 『국가학』을 번역·연재하여 한국인들로 하여금 인민이 아닌 국민으로 나갈 것을 교육하였다. 국민이라 할 수 있으려면 개인의 목적을 참작하고 그들의 의견을 발휘할 수 있게 하는 언로의 소통과 공민의 자유를 성문화한 입헌 및 헌정(憲政)이 전제되어야 하는 것이었다. 만세보의 서구 입헌국가론의 수용은 일서번역을 통하여 진행되었지만 일본의 군주주권적 입헌체제와는 달리 인민주권과 인민의 언로가 균등하게 소통되는 공민국가 건설을 지향했다. "국가기관의 각 부에서 개인의 목적을 참작하고 그들의 의견을 발휘할 수 있게 하는 것에 공민국가가 존재한다."는 것이었다. 즉 국가의 존립이유는 "국민의 권리를 보호하고 국민의 생활과 국민공동이익을 위해 있는 것"이고 이는 "아국(我國)이 영원히 전할 제일교과서(第一敎科書)"라 하였다. 국민의 의견이 발휘되어 언로가 소통되는 데에 국민국가냐 비(非)국민국가냐의 기준이 있다. 당시 국민주권에 토대한 언로소통의 중시는 100여 년이 지난 지금에도 우리에게 제일교과서로 남아 있다 할 것이다.

02 | 개화기 문명개화운동과 계몽교과서에 나타난 근대국가수립론*

I. 일본과 한국의 근대국가수립의 논의와 국민계몽

개화기 근대국가수립운동은 학회와 각종 신문, 종교단체나 사립교육기관에서 다양하게 전개되었다고 볼 수 있다. 그중 최초의 것으로 헌정연구회를 들 수 있고 전국적인 규모를 갖춘 것으로는 그 후신인 대한자강회를 들수 있다. 종교단체로서는 천도교를 사례로 들 수 있으며 사립교육기관으로는 보성전문학교와 양정의숙의 법률교육이 대표적이라 할 것이다.

본 장에서는 먼저 헌정연구회의 근대국가수립론을 살펴보고자 한다. 헌정연구회는 개화기 최초의 입헌운동단체로서, 대표적인 계몽교과서라 할『국민수지』를 펴냈다. 따라서 그 발간·유포의 직접적인 배경이 되는 헌정연구회의 입헌사상과 그들이 영향 받은 일본의 근대국가 수용을 파악해 보는 것은 의미 있다고 본다. 또한 국민계몽운동으로서 천도교의 문명개화운동도 아울러 탐색할 것이다.

*「개화기 계몽교과서에 나타난 근대국가수립론:『국민수지(國民須知)』를 중심으로」
(『한국교육사학』33-2, 한국교육사학회, 2011)

1. 후쿠자와의 『문명론의 개략』에 나타난 일본의 근대국가 수용과 국민계몽

개화기 한국은 주로 중국이나 일본으로부터 서구문명을 수용했고 점차 일본을 참고삼아 한국의 근대화를 시도했다고 할 수 있다. 헌정연구회나 대한자강회 조직구성원 가운데는 일본에 망명, 유학, 체류를 경험한 인사들이 대다수이다.

일본은 서구의 부국강병이 근대국가체제에 있음을 간파했고 한국 역시 이를 받아들여 문명론에 있어 국민국가 건설의 문제를 중점적으로 다루게 된다. 그러나 한국은 일본과 달리 국가체제 수립에 있어 도덕적 국가의 원칙론적인 것을 고수해 나간 반면 일본은 서구를 전범으로 하여 패권주의와 천황입헌제를 선택해 나갔다. 한국이 일본에 영향을 받았으면서도 일본과 차별성을 띠는 것은 한국 나름의 국권상실의 상황에 기인하는 탓도 있지만 분명 국가사상에 있어서 차이를 보인다. 이러한 차이를 이해하기 위해서 먼저 일본의 근대국가체제 형성의 핵심이 무엇이었는지를 간략히 살펴보고자 한다.

일본의 대표적인 개화론자 후쿠자와 유키치의 경우를 보면 그에게 있어 근대화란 서구처럼 풍요와 부국강병의 국가가 되는 것이고 전통적 덕목은 이와 대립되는 것이었다. 특히 그는 '도덕이 모든 일의 근본이며 일신의 덕을 쌓으면 안 되는 일이 없다.'[62]는 식의 전통적 도덕지상주의를 비판하였다. 일본이 본위로 삼아야 할 논의는 근대적 지력 증진을 통한 국가의 독립에 있는데 도덕주의적 논의들은 그것을 놓치고 있다는 것이다. 따라서 그는 '덕치주의란 야만불문시대의 통치'[63]에 불과한 것으로 일본이 추구해야 할 국가란 도덕이 아닌 규칙(법)에 의한 지배임을 강조하였다.

그리고 궁극적으로 그가 지향한 국가 이상은 서양의 선진문명국가들처럼 각각 영토를 한정해서 지배 영역과 권익을 서로 주장하는 근대주권국가에 있었다. 서구 국가의 주권 행사는 무엇보다 대외적인 전쟁이라는 방식을 통해 나타났다. 국가가 스스로 경계를 정하고 국외를 적으로 삼으며 먼 지역을 지배해서 이익을 얻고 그 이익의 권익을 둘러싸고서 서로 싸우는 것이 구미 국가들의 현실이었다. 후쿠자와에게 있어 후진국 일본이 장차 자리잡아야 하는 세계 역시 선진국가들이 주도하는 국제사회로서 상업과 전쟁에 힘쓰는 부국강병의 나라였던 것이다.

> 정부는 국민을 잘 보호하고 국민은 상업에 힘쓰며 정부가 잘 싸우고 국민이 이익을 잘 얻으면 그것을 부국강병이라 하며 그 국민이 스스로 자랑하는 것은 물론 다른 나라 사람도 그것을 부러워하여 그 부국강병을 본받고자 하는 것은 어째서인가. 종교의 본지에는 어긋난다 하더라도 세계의 형세에서 어쩔 수 없는 것이다. … 평시에는 물건을 매매해서 서로 이익을 다투며 일이 있으면 무기로 서로 죽인다. 바꾸어 말하면 지금의 세계는 상업과 전쟁의 세상이라 불러도 좋을 것이다.[64]

후쿠자와는 국가가 경계 안의 인민이익을 위해서 경계 바깥의 형제를 죽이고 경계 바깥의 땅을 빼앗고 상업의 이익을 다투는 양상을 '예수의 죄인'이라 지탄해서 말한 바 있다. 그러나 이는 어쩔 수 없는 세계 형세로서 일본도 따라 잡아야만 하는 목표라 하였다. 당시 일본 지배층이 지향했던 국가는 대내적으로 질서를 잘 유지하고 대외적으로 잘 싸우며 인민은 적극적인 경제활동에 의해 국가에 이익을 가져다주는 부국강병을 실현하는 국가였다.

또한 그는 국가가 전쟁을 위해 싸울 때 이를 떠받쳐 주어야 할 것이 국민의 보국심(報國心)과 세금, 그리고 병역의 의무임을 강조하였다.[65] 분명 서구 근대국가란 자타의 구별을 지어 자국의 이익을 먼저하고 남을 얇게 여겨 전쟁과 편파적 애국심을 부추기는 특질을 이룬다. 일본 역시 이러한 맥락에서 보국심을 호소했고 인민을 주체가 아닌 동원의 대상으로 삼았다. 일본의 편파적 애국심에 의한 독립국가 건설은 사해형제주의와는 공존할 수 없는 것이었다.[66]

일본 지배계층은 입헌정체로의 급격한 변화가 일본의 국론을 분열시키고 정치적인 혼란을 초래할 것이며 그렇게 된다면 국가의 독립을 유지하면서 구미 각국과 같은 부강한 국가를 건설하는 일은 어려울 것이라는 말로 위기감을 확산시켰다. 부강한 나라를 건설하기 위해서는 민주적 정치제도가 아니라 보국심을 갖고 있는 국민이 얼마나 있느냐가 중요하고 중앙집권적 국가형태가 필요하다는 명분이었다.

일본 정부는 관료 주도로 천황제에 입헌제를 교묘히 결합시킨 근대 일본의 국가체제 즉 제국헌법체제를 수립해 나갔다. 이는 강력한 천황대권(天皇大權)과 미약한 신민의 권리, 국회의 권리제한과 국가기구 사이의 다원적인 구조 등으로 그 성격을 특징지을 수 있다.[67]

천황제 입헌제가 이전의 전통 군주제와 다른 것은 입법과 정부행정을 설치한 점이지만 이 역시 천황대권 아래 부속시켰다는 점에서 군주독재적 입헌제라 할 것이다. 일본의 국가 형성에는 분명 서구의 패권적 부국강병과 천황제 중앙집권을 통한 국가주권의 행사가 맞물려 있다고 할 수 있다.

한편 한국은 일본으로부터 서구 국가론을 수용했고 서구의 부국강병이 입헌에 있음을 인식하여 입헌정치를 촉구했으며 애국심과 황실대권을 말했다. 그러나 근본적으로 사상적 토대는 다른 것이었다. 그것은 천하의 정법과 인도의 확립, 그리고 완미한 품성의 도야를 통한 국민공동체를 지향한 것이었고 패권주의보다는 인권에 기초한 도덕적[68]·사해동포적 국가문명에 토대를 둔 것이었다. 그리고 이는 동시에 후쿠자와에 의해 '도덕지상주의'로 비판될 성격의 것이었다.[69]

2. 헌정연구회의 근대입헌정치론

헌정연구회는 1905년 5월 양한묵, 이준, 윤효정, 장기렴, 심의성[70] 등에 의해 조직되었다. '국가의 통치란 전제(專制)에 있지 않고 입헌에 있음'을 인식하여 헌법을 준비할 목적에서 이는 창립되었다.[71] 대한제국의 패망이 인민을 잔학하게 탈취하는 지배층의 부패에 더 큰 원인이 있었고[72] 국가의 부강은 인민의 권리와 자유, 행복에 있으며 인민이 정치에 참여하고 국민의 권리가 지켜지는 입헌국가수립은 "문명부강의 주물(主物)이자 입국(立國)의 종물(從物)"로 주장되었다.

그러나 헌정연구회가 주장하는 입헌정치란 민주정체를 말하는 것이 아니라 군민동치(君民同治)를 의미하는 것이었다. 헌정연구회 강령을 보면 '흠정헌법 안에서 황실의 권위를 높이고 내각의 직원을 규정된 장정에 따라서 시행케 하며 국민의 권리는 법률의 범위 안에서 자유롭게 보장한다는 것'이었는데 그 초점은 군주단독의 전제를 부인하고 군주권을 제한하여 민권을 넓히는 것에 있었다. 당시 헌정연구회가 민주정체를 염두에 두었지만 이를 표방하지 않은 것은 고종황제와 대한제국이라는 제약이 가해진 탓으로 보인다.

> 국민이 헌정을 알지 못하면 군주가 누구와 더불어 입헌하며 국민이 모두
> 헌정을 알면 군주가 누구와 더불어 專制를 하리오.[73]

입헌국가는 인민 자신의 자유와 권리를 자각하고 국정에 참여하는 의지와 능력을 가진 국민의 형성에서 비롯한다. 헌정연구회는 국민들에게 입헌정치사상과 인권의식을 불어넣고자 『헌정요의』라는 책을 저술하여 황성신문을 통해 국민들에게 유포하고 이를 다시 『국민수지(國民須知)』라는 책으로

발간했다. 자유와 권리에 관하여는 당연히 법학통론을 비롯하여 헌법, 정치학 등의 책자에서 다루게 마련이지만 보다 적극적으로 헌정연구회가 『국민수지』를 저술하여 인민을 계몽시키고자 한 것은 그들의 시대인식에 따른 절박함에서 오는 발로였다 할 것이다.

그들의 입헌사상은 오늘날에도 중요한 교훈을 남기는데 국가란 인민의 권리와 행복을 위해 존재하는 것이고 국가의 힘은 국민의 권리와 기회균등의 보장에서 온다는 점이다. 당시 『대한매일신보』도 헌법정치연구회의 필요를 제기하면서 국가의 흥망이 국민주권에 기초한 헌법정치활동에 있음을 강조하였다.

> 헌법정치연구회의 필요라는 문제를 주창하는 것이 실로 치통에 복통약을 말하는 것과 같지 아니할까. 가로되 그렇지 아니하다. 대저 이 세계는 헌법정치를 행하는 세계라. 헌법정치를 행한 나라는 반드시 흥하고 헌법정치를 행하지 아니하는 나라는 반드시 쇠하는 것인즉 … 대저 어떤 나라이든지 그 나라를 국민의 나라로 하지 아니하고 한두 사람의 수중에 넣어 놓으면 일시 세력이 세계를 진동하던 나라라도 그 복조가 길지 못하여 오늘 망하지 아니하여도 명일에는 반드시 망하나니 … 국가를 유지하고 또 확장하고자 하는 자는 반드시 그 나라를 국민의 나라를 만드는 것이 가하니라. … 그 방법이 과연 어디 있는가 가로되 헌법을 행하는 데 있나니라. … 오호라 오늘날 한국 동포는 헌법의 사상을 분발하며 헌법의 능력을 양성하여 헌법 행함을 유의함이 가하도다.[74]

한편 다른 각도에서 보면 을사늑약 당시 입헌운동을 한다는 것은 이미 반식민지가 된 현실에서 비현실적으로 보이고 저항의식을 고취하거나 무력을 도모하는 것이 보다 적절한 독립운동이었다고 비판을 가할 수 있다. 입헌사상이 없으면 독립도 없다는 것이 당시 헌정연구회攅 비롯한 대다수 입헌운동가들의 시대인식이었고[75] 입헌국가 건설과 독립운동은 일치되는 것으로 간주된 바 있다.

가옥을 건축하려면 우선 정초를 확립한 연후라야 건구제도가 일체 완비함과 같이 국가를 공고케 하려면 헌법이 즉 정초함과 같은 지라 만국이 행하는 헌법을 參互연구하여 전국인사로 하여금 헌정의 뜻을 한사람도 알지 못하는 자 없게 함이 본회 의무라 하였고 … 전국인민이 헌법의 여하함을 모두 認得한 연후라야 國家危急之秋를 가히 興復하겠다 하였더라.[76]

그러나 헌정연구회는 일제의 탄압에 따라 합법적 운동과 전국적 지부를 갖춘 대한자강회로 개편되는데 이마저도 탄압이 심하여져 일부는 천도교와 함께 대한협회를 조직하거나 신민회로 인맥이 이어지고 이는 다시 1919년 3·1운동을 거쳐 대한민국임시정부수립으로 그 맥이 이어진다고 볼 수 있다. 3·1운동이 저항이라는 소극적인 운동으로 그치지 않고 근대국가의 창설이라는 적극적인 운동으로 전진하였기 때문에 이는 결국 근대국가 창설을 위한 민족운동이라 할 수 있다. 임시정부헌장은 "전국 300여 처에 일어난 3·1운동에 의한 국민의 신임을 임시의정원의 결의로 임시헌장을 선포한다."고 밝히고 있고 임시정부의 주권적 근원이 3·1운동에 있음을 명시하고 있다. 2천만 민중의 이름으로 고한 3·1운동의 자주와 독립의 선언은 새로운 국가를 탄생시키기 위한 헌법제정의 권력적 행사이자 "국민의 탄생"이며 민주에 기반한 근대국가질서의 승인이라 볼 수 있다.

또한 손병희·양한묵·이동휘 등 3·1운동을 주도한 국내외의 민족운동자들은 망명임시정부라도 세워서 국내외 독립운동을 이끌어 민족의 주권을 회복하고자 의도했고[77] 대한민국임시정부수립은 개화기 근대국가수립운

동의 결실로 볼 수 있다. 임시정부가 국호를 대한민국이라 한 것에서 대한
은 대한제국에서 따온 것이고[78] 민국은 민주공화제를 표방하여 이름 한 것
으로 이는 전제정치로부터 완전한 입헌 민주정체로의 이행을 의미한다.[79]
현재 대한민국헌법이 대한민국의 법통계승을 1919년 대한민국임시정부에
놓고 있다는 점에서도 헌정연구회와 대한자강회가 벌였던 근대입헌정치의
주장[80]과 계몽교육의 의의는 크다 할 것이다.

II. 개화기 한국의 문명개화운동

1. 한국의 흑의단발과 문명개화

개화기 문명개화에 대한 인식을 넓히고 이를 교육으로 계몽해 나가는 것
은 중요한 과제였다. 의제개량 등의 풍속개량 역시 근대국가 건설을 위한
한 방편이자 문명국가가 갖추어야 할 생활개혁으로서 추진되었다. 풍속개
량은 전통과의 관련 속에서 논해졌는데[81] 당시 만세보는 단발과 의제 및 모
자와 신발에 이르기까지 광범위하게 개량의 필요를 제기했다. 이 모두 근대
국가 건설을 위한 개혁의 일환이었다 할 것이다.

한국의 경우 민간차원에서 일어난 풍속개량 운동은 동학도인들에게서
시작된다. 동학혁명 후 동학도인들은 문명개화운동으로 전환하게 되는데
동학의 손병희는 1904년 갑진개화혁신운동을 전개시켜 모두 삭발을 감행
하고 흑의로 고쳐 입어 문명개화의 의지를 밝히고자 하였다. 천도교가 문명
개화로 노선을 전환하면서 흑의단발(黑衣斷髮)한 것은 세계문명에 참여하는
표증이자 일치단결을 위한 선언이었다.[82]

그대들은 본국에 돌아가 도인으로 하여금 일제히 머리를 깎게 하라. 단발
하는 목적은 첫째는 도인으로 하여금 세계문명에 참여하는 표증을 세상
사람에게 뵈이는 것이요 둘째는 일치단결하여 회원의 마음과 뜻을 일치케
하는 것이니….[83]

갑진개화운동 당시 수십만 명에 이르는 동학도인들은 솔선하여 일제히
단발하고 양복을 착용하여 대중들에게 단발의 장점이 무엇이고 위생상의
이로움이 어떤 것인가를 제기하면서 '신체발부 수지부모'의 전통 유가적
통념을 흔들었다. 흑의단발은 문명국민인 표시이며 국민의 두뇌를 문명으
로 이끄는 하나의 인도(人道)였다. 이러한 흑의단발의 취지를 제일 먼저 일
선학교에서 행한 것이 서울의 보성소학교였다. 보성소학교는 천도교가 보
성학원을 인수하기 전까지 자금을 대던 대표적인 학교로서 교장 이동휘가
학부형 간친회를 열고 학도의 일제단발과 흑의를 권청하여 모두가 이를 따
랐다 한다.

보성소학교에서는 已報함과 如히 재작일에 학도부형 懇親會를 開하고 학
도를 一齊히 단발시키고 흑색의를 입힐 일로 교장 이동휘 씨가 勸請한 즉
樂從치 아니하난 자 업난지라.[84]

또한 관공리와 정치가들의 풍습을 개량할 목적으로 서울에 동양이발학
교(東洋理髮學校)를 건립하였는데 만세보는 이를 "문명적 이발"의 시업(始業)이
라 평하였다.

泰西의 新空氣는 우리 舊慣을 一洗하고 百事萬般의 변천은 날로 현저한
가운데 인생신체 중에 가장 高部에 위치한 두발의 개량을 재촉함에 이르

러 관공리의 諸賢으로 시작하여 開國 진취의 國에 이를 창도하고 政團員 모두 結髮의 풍습을 고쳐 단발의 風姿를 장려하려 하여도 이를 준비한 기관의 설비가 없음을 遺憾하기로 이곳에 동양이발학교를 설립하고 구미의 최대 유행한 이발술을 소개하여 우리가 동양과 구미 각국의 좋은 풍속을 매개하는 자 되어 四方 諸賢의 品位保育의 임무를 全一코자하여 본교 내에 左의 二部를 특설하고 친절이 2월 1일부터 일반 來客 諸彦의 調髮에 종사함.[85]

만세보는 유인석 등이 정부의 단발령을 완고히 거부하나 단발령은 희망할 일이라 하였고[86] 현재 추진하는 단발흑의는 "쇄신정략(刷新政略)"의 한 사건이라 주장하였다. 흑의단발로부터 완미한 사상이 변화되고 평등·박애·독립의 새로운 정신이 생겨난다는 것이다. 즉 국민에게 신(新)정신을 불어넣지 않으면 제반 신정(新政)을 행하기 어려우므로 의복변제(衣服變制)와 단발은 곧 새로운 국민정신을 형성하는 것으로 인식되었다.

귀족들이 머리를 자르고 金玉을 제거하면 완미한 사상이 당장에 變幻할 것이고 흐트러진 머리가 난발하여(蓬頭亂髮) 늘어지고 먼지와 때가 껴 혼탁한 기운과 더러운 모습의 노동자는 단발하여 먼지와 때를 제거하면 淸新한 사상이 이르리니 이는 곧 평등, 박애, 독립의 정신이 이를 따라 생겨나리라.[87]

특히 흑의단발의 생활개혁은 보다 구체적인 풍속개량으로 확대되었는데 남녀 의제, 모자, 신발 등에 이르기까지 광범위한 개량운동으로 이어졌다. 먼저 만세보는 머리에 쓰는 갓(笠子)의 폐해를 세 가지로 지적했다. 첫째, 상등사회에서 쓰는 등사립(登紗笠), 저모립(猪毛笠), 음양립(陰陽笠)은 가격이 매우 비싸고 보통 쓰는 갓은 재료가 견고하지 못해 한번 부딪히면 부서지고 수선비가 비싸 경제상 폐해가 심하다는 것. 둘째, 개명상에 진보하는 인사와 군경사회에 평복으로 행할 시에 부득불 풍속을 따라 탕건(宕巾)을 쓰고 갓을 쓴즉 겹겹히 머리에 가해짐은 세계에 절무한 구습에 불과하다는 것. 셋째, 모자를 쓰는 것이 구습을 탈거하고 풍속을 개량하며 일종 진보하는 데 필요하기 때문에 갓은 부적절하다는 것이었다.[88] 이에 보성학원에서는 일반 학생이 흑의와 사각형의 모자를 일제히 써서 새로운 면모를 보였고 양정의숙에서는 학생이 직접 모자 디자인을 도화(圖畫)하고 모자를 만들어 썼다. 만세보는 이를 두고 모자를 개량하여 쓰는 것 역시 한 걸음 앞으로 전진함이요 일대 "문운(文運)을 진(進)하는" 기관이라 평하였다.[89]

〈사진1〉 서울 보성학원 학생들의 개량모자와 흑의단발

2. 의제 개량과 문명화

1) 여성 의제개량운동

만세보에 제기된 여자 복식의 개량운동은 쓰개 폐지, 염색옷 입기, 두루마기의 예복화로 구체 되었다. "저고리 길이는 길게! 치마 길이는 신이 나오도록 짧게! 치마는 긴 통치마나 짧은 통치마로! 상하의는 모두 같은 색으로 하며 짙은 색을 입을 것! 옷감과 장신구의 사치를 하지 말 것!' 등의 주장들로 시작되었다. 특히 쓰개 폐지는 내외법에 따른 남녀유별을 벗어나고자 하는 시도로서 남녀평등의개념을 부과한 것이었고[90] 문명진화의 기초가 부인의 학문지식의 개진에 있으며[91] 부인도 산업에 힘써 남자만 의뢰치 말아야 할 시대에 여자가 장옷을 쓰는 것보다 벗고 다니는 것이 옳다 하였다.[92]

만세보사측에서 염색옷 입기를 적극 권장한 것은 전통적인 백의 선호를 벗어나 경제성과 편리함을 추구한 것이었다. 이는 서양과 일본을 절충한 대안으로서 짧은 소매의 서양식과 염색옷의 일본식을 결합시켜 조선인에게 맞도록 개량해 나가고자 한 취지였다.[93]

또한 만세보는 "한국인의 의복이 요순우가 창조하고 선왕이 만든 바라 할지라도 오늘날 진화의 시대를 당하여 일신(日新)할 진선진미의 개량이 불가결함"을 말하면서 의제개혁은 일찍이 과거에도 시도된 바로서 그 관철되지 못했던 것을 다만 오늘에 실현한다는 정당성을 부여하였다. 즉 우암 송시열이 "아국 부인의복이 쉽게 더러워지므로 염색옷의 제도로 상복(上服)을 개행하자." 했던 것, 연암 박지원이 "아국 부인복이 광해조 시대에 변개(變改)하여 점점 성풍(成風)하였음에 일국(一國)에 선속(善俗)이 불행하겠다."고 개탄한 것을 예로 들어 의제개량을 역사와 관련시켜나가면서 개량을 촉구한 것이 그 예이다.[94]

또한 서구의 의제는 사람의 형체를 따라 위생상·활동상·경제상 연구를 통해 만드는 반면 한국의 의제는 사람이 본래 뿔이나 날개가 있는 것도 아닌데 뿔 모양에 방불한 곡(觳)과 날개와 흡사한 광수의(廣袖衣)를 입으니 이는 편리치 못할 뿐이 아니라 아름답지도 못하다 하여 의제개량이 문명진보의 우선 과제라 하였다.[95]

洋服의 제도가 심히 양호하나 재봉에 편의치도 못하고 가격이 太高할 것이오 染衣의 제도는 일본 부인복과 近似한즉 長袖가 拘碍함이 有할것이니 서양부인복과 염의의 제도를 모방하여 현금 부인의 덧저고리에 주름한 치마를 연합하면 반양제라고 칭하야도 近可하고 염의에 兩袖를 去하였다고 칭하야도 近可하고 아국 부인복의 저고리 치마를 합성하얏다고 칭하야도 近可하리니 黑色灰色紫色등 深色으로 染하고 그 衣質은 稱家有無하야 一齊改良하였으면 今古를 참작하고 동서를 절충한 一套善良한 衣制이라 深奧端肅한 기상이 문명방국의 體貌와 風氣를 大進하였다 謂하리니 엇지 汲汲改良할바 아니리오.[96]

만세보가 전개한 여성의제의 개량요지는 서양 부인복과 염색의(染色衣)의 제도를 모방하여 현재의 여자 덧저고리에 주름잡은 치마를 결합한 반양제로서 흑색회색자색(黑色灰色紫色) 등의 짙은색으로 염색하는 의제개량이었다. 만세보는 이를 고금을 참작하고 동서를 절충한 의제로서 "심오단숙(深奧端肅)한 기상이 문명국가의 체모(體貌)와 풍기(風氣)를 대진(大進)하는 것"이라 주장하였다. 만세보의 여자의제 개량은 전통을 먼저 살펴 과거의 조상들이 개혁하고자 했던 것을 개혁한다는 정당성을 부각시키고 아울러 폐단점의 이치를 드러내어 개량의 합리성을 도모하는 방식이었다. 만세보는 부인들이 이러한 의복개량을 실천하여 문명사회에 참여할 것을 촉구했다.[97]

2) 남성의제개량운동

남자의 의제개량론은 여성의 의제개량과는 달리 전통 의제를 비판하면서 시대변천의 형세를 따를 것을 촉구하는 방식으로 나타나고 있다. 오랫동안 유가의 무리들이 선왕의 법복제도를 감히 고치지 못하는 것이라 하여 옛사람의 교훈만 고수하고 시대변천의 형세를 살피지 못하고 있는데 이는 국가를 쇠망케 하는 것이라 규탄했다.[98] 의제란 것은 고정불변한 일정한 제도가 있는 것이 아니라 단지 시대와 풍기를 따라 개변하는 것으로 그 편리하고 적의함만을 취하는 것이 옳다 하였다.[99] 가령 농가의 농부가 밭에서 일할 때에는 등걸이(背褂)와 잠방이(犢鼻褌)를 입어야 편리하고 전쟁에 임하는 병사는 무장을 해야 편리하고 적의할 것이니 지금의 생존경쟁과 경제경쟁의 시대에 사업에 종사하고 부강에 주의하려면 먼저 두발을 깎아 일심단체를 이루고 의복을 개량하여 편리하고 적의한 방침을 이루어야 한다는 것이다.[100]

또한 만세보는 남자의 의제개량을 하기에 앞서 단발하여 일심단체를 표증하고 갓(笠子)과 망건, 탕건을 모두 폐지하고 그 대안을 논하자 하였다. 그 대안이란 서양모자를 쓰자는 것이 아니라 부딪혀도 파손되지 않고 풍우에도 손상되지 않는 재료로 하되 제조방식은 구제(舊制)로 할 것이었다. 이는 옛날 은나라 때의 것과 근사하고 오늘날 서양의 담모자와 대동한 것이라 하여 이를 "독립건(獨立巾)"이라 명칭하였다.[101]

또한 상의는 아국의 저고리를 그대로 쓰되 양 어깨를 좁게 재봉하고 하의역시 아국의 바지를 그대로 쓰되 양 다리를 좁게 재봉하여 양복과 같이 제조하자 하였다. 그리고 현재 쓰는 행전(行纏)[102]을 폐지하고 상하 속옷으로 통용하며 통상복은 아국의 두루마기(周衣)를 쓰되 합금(合襟)[103]을 사규삼(四揆衫)[104]과 같은 제도로 하여 양쪽 옷고름을 매개함이 옳다고 주장하였다. 양복과 같이 단추를 달아 통용케 하되 옷감은 토산직조에 짙은 흑색으로 하자는 것이었다. 만세보는 이를 "자유의(自由衣)"라 명칭하였다.[105]

끝으로 신발은 부득불 서양신발을 신되 장화와 같이 제조하여 행전(行纏)을 대용케 하자 하고 명칭을 "진보화(進步鞋)"라 하였다. 그리고 이 의제개량은 궁극적으로 이천만 동포로 하여금 편리와 적합, 그리고 경제적 이익을 증가시킬 목적으로 하는 것이니 정부는 이 의제개량령을 하루 빨리 반포하여 일반 국민의 편의한 행복을 주도록 할 것을 주장하였다.[106] "심오단숙(深奧端肅)한 기상이 문명국가의 체모와 풍기를 대진(大進)하였다 하리니 어찌 급급 개량할 바 아니겠느냐."는 것이었다.[107] 이렇게 독립건, 자유의, 진보화는 당시 개화장처럼 새로운 문화로 자리잡아 나갔다 할 것이다.

한편 만세보가 독립건, 자유의, 진보화의 의제개량안을 올린 지 몇 달 후 1907년 5월에 이응직이 중추원에 「혼상제례개량안(婚喪祭禮改良案)」을 건의했고 그 전문이 만세보에 게재된 일이 있었다. 그러나 만세보는 이 개량안이 아직도 번문남식(繁文濫式)에 구속되어 풍속개량이라 할 수 없는 것으로 평가하였다.[108] 대신 만세보는 관례는 삭발로 대신할 것, 혼례는 집수례(執手禮)를 행할 것, 상례는 화장을 행하고 삼년상은 단축할 것, 제례는 폐지할 것 등을 주장하였다.[109] 혼상제례의 개혁 역시 민족사회의 풍속개량에서 급선무로 인식되었고 "풍속개량의 문명개화가 신정부를 조직하고 백방을 개혁하는 데 반드시 필요함"을 강조하여 이를 통해 국가문명화를 이끌고자 하였다.[110]

III. 계몽교과서 『국민수지』와 『초등교서』 분석

1. 『국민수지』

개화기 근대 계몽교육[111]에 있어 입헌정치 의식을 넓혀가는 것은 중요한 과제였다. 일본의 경우 국민계몽교육은 후쿠자와 유키치의 『서양사정』이나 『학문의 권장』 등 각종 국민계몽서[112]가 그 매개가 되었다. 한국이나 일본의 국민계몽서들은 크게 두 가지 유형으로 나눌 수 있는데 하나는 일상생활에서의 풍속개량[113]과 관련된 내용이고 다른 하나는 근대국가체제 확립과 관련한 것이었다. 당시 근대국가체제 확립과 관련한 국민계몽서로는 『국민수지』, 『유년필독』[114], 『초등교서』[115] 등을 꼽을 수 있는데 본 장에서는 『국민수지』와 『초등교서』를 집중 분석하고자 한다.

1) 『국민수지』의 저술과 유포

1906년 당시 처음 등장한 『국민수지(國民須知)』는 대중적으로 가장 널리 읽혀졌던 대표적인 계몽서로 서구 근대입헌국가 정체(政體)의 근간을 소개하고 조선 인민들로 하여금 인권과 국가관념을 갖도록 고취하고자 발행한 국민교과서였다.[116] 이 당시 국가 건설과 관련된 책으로서 법률 교과서나 국가학 교과서가 각 학교 졸업식 상품으로 수여된 만큼[117] 국가관념의 고취는 당시 근대교육에서 빼놓을 수 없는 주된 내용이었는데[118] 국민수지 역시 학교 교과서[119]로 사용될 만큼 국민의 권리의식과 국가관념의 고취에 크게 기여한 책자였다. 책 제목처럼 이는 "국민이 반드시 알아야 할 지식"으로서 서구 국가학과 정치학을 인민들이 이해·수용하도록 의도했던 대표적인 국민계몽서였던 것이다.

『국민수지』라는 서적이 단행본으로 간행된 것은 1906년 4월경이고[120] 1907년 초에 국민교육회에서도 국민수지를 출판하였으며 1907년 7월 말에 백당 현채는 이를 자신의 저술 『유년필독석의』안에 그대로 포함시켜 출판했다. 또한 1907년 9월 박상만이 경영하는 광학서포에서 이를 다시 발행했고(휘문관에서 인쇄) 1906년 6월 『대한자강회월보』제3호에 「국가의 본의」와 「국가 및 황실의 분별」두 장이 게재되었다. 또한 1907년 7월 21일부터 8월 9일까지 16회에 걸쳐 『제국신문』[121]에도 그 일부가 연재된 바 있고 미국 교민 신문인 『신한민보』에도 실린 바 있다. 1910년 당시 『신한국보』는 일제에 의해 압수된 책 51종을 나열하면서 국민수지가 안타깝게 압수되었지만 우리 국민의 "불가불 열람"의 필독서였음을 말하고 있다.[122]

원래 국민수지는『헌정요의(憲政要義)』라는 이름으로 1905년 초에 이미 저술되었던 책이었다. 그리고 이는『황성신문』1905년 7월 15일자부터 8월 3일자까지 10회에 걸쳐『헌정요의』라는 제목 그대로 연재되었고『대한교육회보』에도 게재되었다.[123]

저자가 누구인지는 구체적으로 명시되어 있지 않는데 역사학계에서 최기영은 유길준으로 제기했다가[124] 철회한 바 있고 조규태는 양한묵으로 언급하고 있는데 구체적인 이유는 말하고 있지 않다. 본 연구는 저자로서 양한묵을 주목하고자 한다. 양한묵이 쓴 헌정요의 서문에는 헌정연구회에서 이를 저술하였다고 하였다. 그리고『대한자강회월보』와 현채의『유년필독석의(幼年必讀釋義)』에서는 조선인으로 외국에 나가 있던 인물이 저술하였다고 기록하고 있다.[125] 헌정요의 서언에서 밝힌 바대로 저자는 헌정연구회 사람이어야 하고 현채가『유년필독석의』에서 말한대로 해외 유객(遊客)경험이 있어야 하며, 내용상 1901-1904년 사이에 집필했을 가능성에 기초할 때 양한묵[126]에 무게가 가해진다. 한 책의 서문을 쓴다는 것은 그 책이 나오게 된 동기와 과정, 내용, 전말을 알고 있는 위치의 사람일 것이라는 가능성이 높고 단체명으로 저자이름을 내세울 경우 단체의 누군가가 주도적으로 집필하여 개인명이 아닌 단체명으로 내는 것이 일반적인 관례이기에 그러하다.

양한묵은 천도교 지도자이자 대표적인 이론가로서 동서학문에 능했고 당대의 정치학(國家學)에 관한 사상가·이론가로 정평이 나있던 사람이다. 그가 헌정연구회를 조직했고 그 가운데 오직 유일하게 일본 유객으로 1898-1904년까지 체류한 바 있는데 유객이란 망명이나 유학과는 구분되는 개념이다. 헌정연구회원 가운데 망명자로는 윤효정과 이준이 있을 뿐이다.[127] 또한 사재를 털어 국민수지를 출판했던 헌정연구회 사무원 김우식은 전북 군수로서 양한묵과 같은 호남출신의 헌정연구회 회원이라는 점에서 친분이 있었을 것으로 보인다. 이러한 정황을 모두 종합해 볼 때 국민수지의 저자를 양한묵으로 추측해 보는 것이 크게 무리는 아니라고 생각한다.

2) 『국민수지』 저자와 「국가학」 번역자 검토

한편 양한묵은 국민수지의 저자일 뿐만 아니라 만세보 연재의 국가학[128] 번역자로도 추정되는데 여기에는 세 가지 이유가 있다. 첫째, 국민수지의 저자가 유명인사이고 국가학의 번역자 또한 아국제일학문가(我國第一學問家)라는 점에서 양자간의 공통점을 찾는 것이고 둘째는 만세보가 국한문 혼용의 대중신문을 표방하면서도 국가학을 순한문으로 게재한 것과 관련한 것이다. 즉 만세보가 순한문으로 국가학을 번역한 것은 식자층을 겨냥한 것으로 추측되지만 국가학을 번역 연재하면서 아국제일교과서가 될 것이라 한 것은 분명 일반 대중을 의식한다는 의미이고 그렇다면 한글로 썼어야 했다. 그러나 순한문으로 번역한 것은 이미 일반 대중용으로 이를 대체할 만한 한글판이 나와 있었기에 한문판으로 내보낸 것이 아닐까 추측해 보는 것이다. 셋째는 양자의 내용이 상호 유사한 맥락에서 기술되고 있다는 점이다. 『만세보』의 논설 가운데는 『국민수지』를 인용한 듯한 기사가 있다. 예를 들어 "국가는 일인의 사유가 아니라 만민의 공유인 바 국가의 일은 곧 국민의 일이고 국가가 관직을 설치하는 것은 인민을 위하는 것이라 하였다. 따라서 국민이 모두 어질면 정부가 홀로 악을 행하기 불가능하다."[129]는 것인데 국민수지와 국가학의 내용에 들어있는 것이기도 하다.[130] 이 역시 국민수지와 국가학의 상호 관련을 연상케 한다.

국민수지와 국가학의 유사점을 들면 다음과 같다. ① 국가는 사유물이 아니라 인민의 권력이라는 것과 토지를 국(國), 인민을 가(家)라 한 것. ② 토지와 인민, 정치 삼자를 국가의 요소로 본 것. ③ 프랑스 루이 14세의 전횡은 인민에의 억압으로 왕실의 멸망을 초래했으나 이는 국가의 멸망은 아니라는 것. ④ 국가를 하나의 활물(活物)로 보고 정부 관리를 고용인 혹은 종으로 본 것. ⑤ 최고 통치자의 무한 대권을 말한 것. ⑥ 국민의 의무로서 법률 준수를 말한 것. ⑦ 개인 권리의 상호 불가침을 말한 것 등이다.

이는 서구 근대국가의 특징과 견주어 볼 때 표현은 달라도 그 근간은 수용했다고 여겨지는데 서구 근대국가체제에 있어서 ① 국가는 영토와 국민에 기초하고 ② 국가란 인민의 모든 권력을 위임받은 것으로서, ③ 국가가 인민을 보호할 능력을 보유하지 못할 때 주권이 상실된다는 것, ④ 국가행정은 관료제로 이루어지고 질서를 갖춘다는 내용이 그러하다. 또한 ⑤ 통치자의 대권에 있어서 주권자로 옹립되면 그 주권자는 무제한의 권력을 가진다는 것, ⑥ 그리고 국가란 인간에 의한 지배가 아니라 법에 의한 지배라는 점 등을 명시한 것이다.

국민수지를 통해 계몽하고자 했던 국가정신의 고취는 무엇보다도 전근대적 전제정치와의 차별성을 인식시키는 것이었고 전통적 정치는 행정적·군사적 능력뿐만 아니라 주권, 국민성, 입헌성 등을 결여하고 있음을 환기시키는 것이었다. 이제 새롭게 구성해 할 국민국가는 인민주권과 인민을 위한 법의 제정과 준수, 그리고 개인 상호간의 권리를 침해하지 않는 자유와 평등으로 이해되었고 이러한 국가정신을 먼저 계몽시켜야 하는 당위성에서 한글판 국민수지와 한문판 국가학이 보급되었다 할 것이다. 국민수지와 국가학, 그리고 서구 근대국가의 특징[131]을 비교하여 정리하면 〈표 1〉과 같다.

3) 『국민수지』 내용 분석

국민수지는 네 번의 출판과 다섯 번의 신문·잡지 연재[132]로 그 독자층이 매우 넓었고 앞에서도 언급한 바와 같이 학교 교과서로도 널리 읽혀진 교재였다. 『황성신문』 1905년 7월 15일자 잡보란에 실린 양한묵의 헌정요의 서

<표1> 『국민수지』와 『만세보』 번역판 『국가학』의 내용 비교

『국민수지』	『국가학』	서구 근대국가의 특징
·국가는 萬民萬姓의 공동체너 군주 一人의 사유물이 아니라 그 본의를 해석하건데 토지는 國이오 인민은 家니 이 양자를 합칭한 다. (「국가본의」)	·소수의 정권을 잡은 사람들 또한 다 같은 인민이다. 따라서 그들의 잡은 권력은 자기의 권력이 아니고 바로 인민의 권력이다. (「국가와 사회의 차이점」) ·토지는 國이오 인민은 家니 합쳐서 국가라고 한다.... 국가는 여러 개인이 협력하여 그들의 목적을 진전시키는 기관이다. (「국가의 개념」)	·국가는 영토에 기초하는 강제적 조직이고 국민은 영토내에 존재하는 단일 행정 대상의 집합체를 의미한다.
토지와 인민이 있어도 국가라 칭할 수 없다. 정치가 조직된 후에 가능하니 정치조직이란 정부를 설치하여 治體를 세우는 것이다. (「국가본의」)	국가는 같은 종족이 모여 있고 일정한 지역을 영유하여 일정한 정치를 갖추고 있다. 그러므로 토지가 있고 인민이 있다고 하더라도 아직 정치를 갖추지 못했다면 국가가 될 수 없다. (「국가의 개념」)	·대외적인 적과 내전상태를 피하기 위해서 인민의 모든 권력을 위임받은 것이 국가이다.
옛날 프랑스 국왕 루이 14세는 驕矜하여 '짐이 곧 국가다라 하여 生殺與奪을 임의로 행하고 압제하는 악덕이 심하더니 그 孫王에 이르러 국민이 離叛하여 부르봉 왕실이 절멸하니... (「국가 및 황실의 분별」)	루이 14세는 네 번이나 정복한 武威에 편승하여 三民을 소집하는 구제도를 폐지하고 왕권을 크게 확장하였다. 마침내 함부로 '짐은 곧 국가다라고 하면서 무도한 전횡을 다하였다. 이에 대한 반발세력이 孫王의 시대에 크게 일어났다. (「국가와 사회의 관계」)	·주권자에 대한 인민의 의무는 주권자가 인민을 보호할 능력을 보유하는 동안만 지속된다.
국가는 하나의 活物이라. 정부는 군주의 명령을 받들어 국가사무를 행하는 자요 국가사무는 국민전체의 관계가 되나니 그런즉 국가사무는 곧 국민 각자의 일이늘... 정부는 국민의 自行치 못하는 것을 대행함이라. 국민이 그 자행치 못하는 것을 정부에 위탁하여 행할지니 이러한즉 정부관리는 또한 국민의 고용이라 할지라. (「국가 및 정부의 관계」)	국가는 의지와 행위가 있는 하나의 活物이다. ... 행정부는 바로 元首 아래에 둔다. 원수에게서 행정부를 자유롭게 동작할 권력을 받으며 ... 官吏의 권리는 없고 의무만이 있다. 관리는 오직 법률의 종이라고 할 수 있을 뿐이다. (「행정의 편제/관직」)	·국가의 행정은 관료제로 이루어지고 국가는 입법에 의해서만 변경할 수 있는 행정적·법적 질서를 갖춘다.
군주는 한 나라의 最尊에 거하며 最大權을 잡으니 그 지위는 無上이오 기 권한은 無限이라. 그러나 국민이 없으면 그 지위 그 권한이 어디로부터 생겨나리오. ... 국가사무를 통치하기 위하여 지존최대한 자가 됨이니 만일 不然하면 空位와 虛權뿐이라 (「군주 및 정부의 권한」)	원수는 국가의 각부를 총괄하는 자이다.... 원수는 입법·행정의 두 권력을 통괄하기 때문에 두 권력의 독책을 받지 않는다. 이를 元首의 무책임이라고 하는데 최고의 자격이 된다. (「원수의 무책임」)	·공동체의 성원이 자신들을 지배하는 주권자를 옹립하면 그 주권자는 무제한의 권력을 가진다.
국민되는 대책임은 국가의 생활을 유지함과 국가의 권리를 보호함에 있으니 그 책임은 의무요 그 의무는 복종이라. 복종이란 국가의 정당한 법률 명령을 준봉함이니 .. (「국민의 의무」).	국가는 반드시 평등에 기초하고 있다. 그러므로 법률이라는 것이 있어서 각각의 사람에게 동일한 양상으로 이것을 준수하고 받들게 한다. (「행정의 권한」)	·국가란 인간의 지배가 아니라 법에 의한 지배를 의미한다.
각인이 각기 정당한 권리를 지켜 호상불침한 연후에 국가의 안녕과 사회의 질서가 保	각각의 사람이 자신과 타인을 공동으로 생각하여 서로 침범하지 않으며 그들 공동의 권	·권리, 보편성, 민주주의로서의 시민권이 부여되고 시

維종착하여 문란전도하는 환란이 없으리니 만일 타인의 권리를 범하면 타인도 또한 그 권리를 범하는지라. (「국민의 권리」)	리와 의무를 평등히 하여 그것으로 각자의 생활발달을 계획한다. (「국가와 사회의 차이점」)	민사회에서 행사되는 핵심적 자유는 사유재산에 대한 권리이다.

문을 보면 "국민들에게 국가성립의 요령을 인식시킴과 정치사상의 발동"을 위해 발행한 것임을 밝히고 있다. 그는 이 책 한권만 실행하여도 황실의 대권과 국민의 행복을 보호할 것이라 하여 헌정(憲政)의 국가사상을 불어 넣었다 할 것이다.

> 근일 헌정연구회에서 헌정요의라 한 一소책자를 저술하였는데 그 취지는 국민이 먼저 국가의 성립한 요령을 覺悟한 연후에 정치의 사상이 始動하고 정치의 사상이 동한 연후에 헌정의 본의를 연구코저하는 이유로 저술한 者니 모두 그 편명을 국가의 본의와 국가 및 황실의 분별과 국가 및 정부의 관계와 군주 및 정부의 권한과 국민 및 정부의 관계와 군주의 주권과 국민의 의무와 국민의 권리와 독립국의 자주민이니 只 此 일서만 실행하여도 가히 황실의 大權과 국민의 행복을 保護할진저 유지 제군의 일람함을 供하기 위하여 속속 등재하심을 爲要.

김효전은 국가, 국민, 군주, 황실, 정부, 국민의 의무와 권리 등의 개념을 구별하지 못하던 시대에 입헌정치의 개요를 널리 계몽하는 데 크게 기여한 책으로 국민수지를 평가했다.[133] 최기영 또한 국민수지가 유년필독에 포함된 것을 언급하면서 국민수지가 국가와 황실의 구분, 천부인권설 등을 주장한 것은 민권의 확대와 전제군주권의 부정을 의미하는 것으로 보았다.[134]

한편 김동택은 국민수지가 입헌군주제론을 국민에게 교육시킬 목적으로서 강한 국가를 만들기 위해 자원 추출과 동원을 위한 것이었지 국민에 입각한 정치체제의 정당성이나 주권체로서 국민을 강조했던 것은 아니라고 주장했다.[135] 그러나 본 연구는 당시의 국민국가건설이 국민주권과 결코 배리되는 것이 아니었고 서구 근대국가처럼 한국이 국가가 병권과 폭력을 독점하여 타국과 전쟁을 일으킬 수 있는 강한 국가의 구상도 없었음을 고려하고자 한다.

국민수지는 전부 아홉 개의 항으로 구성되어 있는데 ① 국가본의 ② 국가와 황실의 분별 ③ 국가와 정부의 관계 ④ 군주와 정부의 권한 ⑤ 국민과 정부의 관계 ⑥ 군주의 주권 ⑦ 국민의 의무 ⑧ 국민의 권리 ⑨ 독립국의 자주민이다.

1장 「국가본의」 서두에서는 "국가는 국민 모두의 공동체로 군주 일인(一人)의 사유물이 아님"을 선언하고 있다. 또한 "토지를 일컬어 국(國)이라 하고 인민을 일컬어 家라 일컫는다." 하여 국가구성에서 인민과 국토를 근간으로 놓고 군주보다 인민과 사직[136]이 우선됨을 강조하였다. 1장은 전제정치를 비판하고 국가의 근간이 인민에 있음을 선언한 것이 주된 내용을 이룬다.

다음 2장에서도 "사람들이 국가와 황실의 분별을 알지 못하고 국가를 군주 한 사람으로 보는 것은 전제(專制) 악풍에 침염(浸染)되어 그 잘못됨을 깨지 못하기 때문으로 군주는 국가를 통치하는 자이지 국가를 사유(私有)하는 자가 아님"을 강조하고 있다. 또한 황실의 멸망이 곧 국가의 멸망이 되는 것이 아니라 "국토가 찢겨져 남의 나라의 땅이 되고 국민이 남의 나라 신첩(臣妾)되는 것이 국가의 멸망"이라 하여 국가의 주체가 국민으로 묘사되고 있음을 볼 수 있다.

또한 "군주는 국가의 고용인으로서 국고를 관리하는 자"임을 프러시아의 프리드리히 대왕을 들어 비유하고 있고 반면 국가의 대역부도(大逆不道)의 권력 남용자로서 프랑스 국왕 루이 14세를 손꼽고 있다. 여기서 주목되는 것은 국민수지가 의도한 국가체제가 군주와 황실의 대권을 인정하면서도 공화정치체제의 최고 통치자로서의 대통령과 다를 바 없는 군주 개념을 보인다는 점이다. "군주국에는 제왕이 있고 공화국에는 통령이 있어 백반 정령(政令)을 거행하는 대소관리가 국가사무를 변리(辨理)하는 것"이라 하여 군주국의 제왕이나 공화국의 통령 모두가 입헌 정령에 따라 국가 사무를 변리한다는 공통점을 강조하고 있다. 2장의 요지는 입헌에 따라 국가 사무를 변리하는 정치체제의 강조에 있다 할 것이다.

김동택은 2장의 내용을 지적하여 국가의 문제는 황실이나 정부의 문제이지 국민과 관련된 것이 아니고 인민 또한 국가주권과 관련이 없음을 의미하는 것으로 해석하였다.[137] 그러나 군주가 상등 고용인이자 국고의 관리자로 칭해지고 권력의 남용을 용납하지 않으며 법규를 세워 통치하는 것이 공화정의 통령과도 다를 바 없다는 내용을 담고 있기에 "국민의 국가"로서 법치를 주장한 것이라 볼 수 있다. 그리고 당시 상황상 황실대권을 말했을지라도 인민을 위한 대권이어야 함을 전제로 하는 것이었고 만약 그 통치가 권력의 남용으로 이어진다면 이를 용납할 수 없다는 것이 강하게 주장되고 있다는 점에서 국민수지를 국가주의 선동 책자로 보는 것은 무리라 여겨진다.

당시 대한자강회의 권동진은 "정부의 책임된 자의 목적은 위로 황실을 존중하여 성덕을 대양(對揚)하고 아래로 인민을 보호하여 밝은 기상을 이루며 중앙으로는 고등 정법(政法)을 행하여 만사의 대진취를 간선함이 곧 당국자의 책임인데 현 정부는 국법을 무시하는 악정부"라 비판한 바 있다. "정부는 정령(政令) 반포의 기관이요 관직은 국가의 공기(公器)인데 악정부를 아국민이 어찌 신복(信服)할 이유가 있겠느냐"[138]고 항변하는 권동진의 말을 음미해 볼 때 국민수지가 주장하는 정부 역시 정령 반포의 국가기구로 봐야지 군주 한 개인의 복속기관으로 볼 수 없을 것이다.

또한 3장 「국가와 정부의 관계」를 보면 "정부는 군주의 명령을 받들어 국가사무를 행하는 것으로 국가사무는 국민전체와의 관계가 됨"을 분명히 말하고 있다. 원래 국가사무는 국민 각자의 일로서 스스로 행하고 스스로 판단하는(自行自辨) 것이지만 한 개인이 할 수 있는 것과 할 수 없는 것이 있고 그 행할 수 없는 것을 정부가 대행하는 것이기에 국가는 필수적일 수밖에 없다는 것이다.[139] 왜냐하면 국가의 내우외환(內憂外患)을 막고 공도질서(公道秩序)를 유지하는 것이란 한 개인의 능력이 될 수 없고 전체의 공동이해에 관한 일은 정부에게 맡길 수밖에 없기 때문이다.[140] 이는 당시 개화지식인들이 국가정신을 부르짖었던 이유인 동시에 국가존재의 이유가 된다. 다시 말해 국가는 개인의 권리와 행복을 위해 존재하는 것이다.

이는 4장 「군주와 정부의 권한」에서 그 의미가 더 명확해진다. "군주는 한 나라의 지존(最尊)에 거하고 최대권(最大權)을 가진다. 그러나 이는 어디까지나 국민의 고용인으로서 국민이 관계하는 국가사무를 통치하기 위하여 지존·최대의 자가 된다" 하였다. 만일 그렇지 않으면 정부는 "공위(空位)와 허권(虛權)" 일뿐이라는 것이다. 군주가 국민의 고용인이고 국민과 관계하는 국가사무를 통치하기에 지존과 대권을 갖는 것이지 그렇지 않으면 지존도 대권도 없다는 것이 4장의 요지이다.

이어 5장 「국민과 정부의 관계」에서 정부는 국민을 위해 세운 것으로 "국내 사무는 곧 그 인민의 사무요 군주는 일국 통치자가 되어 그 사무를 처리하기 위하여 정부관리를 두는 것" 이라 하였다. 정부 관리된 자 역시 그 사무에 상당한 권한을 갖고 있고 관리는 군주의 통치를 돕는 자이므로 관치자(官治者)라 하고 인민은 군주의 통치를 받는 자이기에 피치자라 하였지만 "악민상(惡民上)에 양(良)정부가 없고 양민상(良民上)에 악(惡)정부가 없음" 을 못박고 있다. 이는 "국민의 지식·기력이 고상하고 활발한 연후에야 정부에 인재가 많을 것" 이라 한 것과 맥락을 같이 하는데 국민이 권리와 입헌사상을 아는 한 전제정권은 불가능한 것임을 간접적으로 시사한 것이라 본다.

한편 김동택은 바로 이 5장의 내용 역시 전통적인 위민(爲民)개념을 넘어서지 못하고 있는 것이고 군주와 관리를 치자, 인민을 피치자로 구분한 것 역시 국민의 정치적 주권을 부정하는 것이라 보았다. 따라서 국민수지의 국민은 주권체가 아니라 국가 강화를 위해 동원되어야 할 대상으로서만 사유되었다는 것이 그의 주장이다.[141] 그리고 아울러 6장의 「군주의 주권」역시 군주와 더불어 주권을 갖는 것이 국민이 아니라 의회라는 점에서 국민주권의 개념과는 거리가 먼 것으로 주장하고 있다.[142]

그러나 6장에서 주장되는 바도 "국가와 주권은 분리될 수 없고 국가는 중민(衆民)의 합성체요 주권은 중민(衆民)의 합성력(合成力)"이라 한 것에 방점이 있다고 본다. 군주는 단지 그 합성체되는 국가를 대표하고 그 합성력 되는 주권을 가졌을 뿐 "민주국에 있어서는 그 권한이 의원에 돌아가고 군주국이라도 그 권한이 군주 및 의원에 있고 군주 1인에만 속하지 않는다"는 것이다.[143] 여기서 의원은 여론수렴기관이자 국민의 의사를 대변하는 국민의 기구라 할 것이다.

다음으로 7장 「국민의 의무」에서는 "국민 되는 대 책임이 국가생활을 유지함과 국가권리를 보호함에 있다" 하여 그 국민 되는 책임이란 곧 의무를 말하고 그 의무는 국가의 정당한 법률명령을 준봉하는 것이며 그 의무 중 최대의 것 두 가지가 납세의무와 병역의무라 하였다. 또한 8장 「국민의 권리」에서는 천부인권을 강조하여 "인간은 세상에 태어남에 그 권리가 있으니 권리란 하늘이 준 정리(正理)"라 말하고 있다. "각인이 각기 정당한 권리를 지켜 상호불가침한 연후에 국가의 안녕과 사회의 질서가 정착되고 문란전도(紊亂顚倒)할 근심이 없는 것으로 국가의 법률은 국민권리를 보호하고자 하여 설립된 것"임을 분명히 밝히고 있다.

그리고 이어서 "영국 황제가 인민의 권리를 침해하면 인민이 그 권리를 스스로 보호할 권리가 있고 영국 황제가 전제 학정을 행하여 국민권리를 침탈하고자 하면 영국인민이 불허(不許)하는 것"과 같이 "인간의 천죄만악(千罪

萬惡)이 다 권리를 침범하는데서 나오기에 국가의 흥망과 세상의 치란(治亂)이 모두 국민의 재산권과 생명권 등의 권리보호의 여부에 있다" 하였다. 8장의 이 내용은 바로 국민수지의 핵심을 드러낸 것으로 국가의 흥망이 국민의 권리보호에 있음이 거듭 천명되고 있다.

끝으로 9장「독립국의 자주민」에서는 "국가를 보호하고 지키는 도란 외인의 간섭을 배제하고 국가와 인민의 권리·이익을 보수함에 있음"을 결론적으로 주장하면서 "나의 권리를 잃지 말고 나의 국권을 회복하여 아국(我國), 아인(我人)으로 하여금 독립국의 자주인이 될 것"을 호소하고 있다. 이상으로 볼 때 국민수지는 입헌과 국민주권, 그리고 "권리의 수호를 통한 국권회복"을 목적으로 국민들에게 국가의식을 불어넣고자 한 대표적인 인권계몽교과서로서 그 성격을 규정할 수 있다.

2. 계몽교과서 『초등교서(初等敎書)』와 도덕적 국가문명론

『초등교서』는 천도교라는 종교단체의 입장에서 근대국가수립이라는 시대의식을 반영하여 집필된 문명계몽서이다. 이는 1907년 보문관에서 출판되었는데 저자는 추암 오상준이다. 오상준(吳尙俊)은 1882년 평남 평원군에서 출생했다. 1900년 법관양성소를 수료하고 서북학회에서 활동하다가 1902년에 천도교에 입교하여 1905년 이인숙, 정광조, 황석교, 이광수 등과 일본에 유학했다. 천도교 내부에서는 접주, 대정, 도사, 중앙총부전제관 서계원을 지냈고 1909년 이완용 암살사건에 연루되어 양한묵과 함께 왜경에 체포되었으며 한일합방 때에는 예비검속을 당했다. 1910년 『천도교회월보』창간에 참가하고 1923년 7월 조선노동대회에서는 김완규·이교홍과 함께 집행위원으로 선출되기도 하였으며 1927년 신간회 경성지회 설립준비위원으로 활동하기도 하였다. 또한 천도교를 대표하여 보성전문학교의 재단법인 이사로 활동하였다. 그는 양한묵 다음으로 꼽히는 천도교 이론가로서『본교역사』를 천도교월보에 연재하였다.

초등교서는 총 28과로 구성되어 있는데 천도교의 천(天)사상에 입각한 자연권과 인간, 국가, 법률, 도덕 등을 다루어 국가문명이 애국과 도덕에 있음을 밝히고 있다. 초등교서는 국한문 혼용체로 되어 있는데 그 내용을 간단히 정리하면 다음과 같다.

1과에서 6과까지는 서구의 신종교에 대응하여 천도교적 천부인권과 아국 종교의 역할, 천도교의 정신과 국가정치의 관계를 말하고 있다. 특히 종교를 "세계풍화의 근원이자 인민정신의 골자요 국가정치의 기관"으로 제기하고 있는데 이는 오늘날의 종교중립을 표방하는 관점에서 보면 생소하겠으나 원래 서구 자본주의도 개신교의 부산물인 만큼 종교와 사회체제는 밀접한 역사를 갖고 있었고 당시 일본지식인이나 천도교 모두 문명개화에 있어 종교와 교육이 필수적임을 제기한 바 있다.[144]

7과에서 12과까지는 인간의 본무(本務)와 인간의 자유를 강조하고 있다. 인간의 본무란 내적으로 도덕, 지혜, 사상을 확충하고 밖으로는 가족, 사회, 국가를 진보케 하는데 있음을 말하고 인간의 자유는 하늘이 주신 바요 나라가 보호하는 바로서의 천권(天權)임을 강조하고 있다. 인간의 자유가 인권에서 천권으로 불리는 것이 독특한 점이라 할 것이다.

13과에서 18과까지는 국민이 학문으로써 문명정도에 이르고 정신이 외족에게 '노예복종할 사상'을 단절하면 국가의 생활기상이 고도로 약등한다 하여 개인과 국가가 왜 한 유기체인지를 설명하고 있다. 또한 오국(吾國)은 오신(吾身)으로 오인의 사상 위에 자신과 자국이 진퇴하며 나라란 국민의 사상 중에서 나오는 것이기에 국민의 사상이 있으면 독립을 보호하는 것이라 강조하고 있다. 특히 천도교 정신은 보국안민의 정신으로서 아국의 정신역시 우국자(憂國者)의 혈심(血心)이라 할 때 이를 도와 도덕의 범위를 확장하는 것이 오교의 본지이며 이 오교의 본지를 발달케 하는 것이 법률이라 하였다.

오교를 발달시키는 것이 법률이라 한 것은 마음이 도덕에 의지하여 자연법을 고수하고 몸이 근신하여 인정법(人定法)을 저촉하지 않으면 개인은 물론 오교와 오국 또한 고등문명에 이르기 때문이라는 것이다. 그러므로 "사람이 법에 태어나 법에 성장하며 법에서 늙고 법에서 죽으니 공기를 5분간 흡입하지 않을지언정 법률은 1분간이라도 없을 수 없는 것"[145]이라 하였다. 법률을 자연의 공기와 같이 비유한 것은 당시 법률이 얼마나 절실했고 갈망되었던 것인지를 짐작케 한다.

19과에서 22과까지는 '오(吾)와 오교(吾教)와 오국(吾國)과의 관계'를 논하고 있다. 인간은 결코 타인에게 복종하거나 의뢰하는 노예가 결코 없어야 하나 오교를 의뢰하는 것은 오교가 하늘(天)의 정신이기 때문이고 또한 오국은 곧 오지(吾地)와 오가(吾家)로서 국가를 위함은 나를 자애하는 마음에서 기인함을 말했다. 그러므로 오교(吾教)와 오국(吾國)은 천지상교(天地相交)와 같고 오교와 오국은 분리할 수 없으며 "오국의 존(存), 부존(不存)은 다만 오교의 교(教), 부교(不教)에 있다" 하였다.

또한 현재의 인류가 생존경쟁, 지혜경쟁, 세력경쟁, 이익경쟁에 그칠 뿐 도덕경쟁으로써 대 기치를 세울 자가 희박하지만 오교인(吾教人)의 의무는 도덕경쟁에 있다 하였다. 이는 오국인(吾國人)의 의무가 오국을 세계강국으로 만들기 위함에 있는 것이 아니라 "애국 두 글자"에 불과하다는 것인데 이는 패권적 국가주의가 아니라 자유와 민권, 그리고 도덕적 국가문명을 지향한 애국이라 할 것이다. 따라서 "2천만인이 애국 두 글자를 마음으로 받고 이를 전할 방법은 오교에 있고 오교의 정신으로써 오국 동포를 결합하면 개개 인심 가운데 반드시 애국 두 글자가 들어가 애국혈(愛國血)이 생겨나리니 오국을 사랑할 자 먼저 오교를 들음이 가하다" 하였다. 이는 천도교 보국안민정신이 곧 애국으로 이어지고 또한 애국으로써 동포를 결합하여 문명국가로 나가는 것이기에 애국할 자 먼저 오교를 들으라는 주장이다.

23과에서 27과까지는 도덕문명에 대한 구체적인 설명을 가하고 있는데 인류의 최고의 문제가 도덕이라 하였고 도덕이란 박애요 정의라 하였다. 박애란 모두를 자신과 일체로 인식하여 광제주의(廣濟主義)를 창기하는 것을 말하고 정의는 도덕상의 정치면목을 의미한다. 박애를 종교의 고유한 성질로 인정하고 공의(公義)를 정치의 응용 방법으로 지정하여 자신자애할 자는 사회를 위하여 공덕심과 공익심을 다하고 이 공덕(公德), 공익(公益)으로써 사회의 기업(基業)과 복리를 증진시키라는 것이다. 그러면 사회는 명예와 지위로써 보답하니 공덕심과 공익심은 오인의 최고 명예요, 지위의 자본이 된다 하였다.

결국 프랑스 혁명의 이념이었던 자유, 평등, 박애가 천도교의 광제주의적 박애와 공의(公義), 공덕(公德), 공익(公益)의 정의로 읽혀지면서 도덕적 문명국가를 지향해 나간 것이라 할 것이다. 그리고 이러한 도덕문명을 펼치기 위해서는 풍속개량의 필요를 제기하면서 아국의 악 관습을 다섯 가지로 꼽았다. 첫째, 조혼과 지벌·재산에 따른 혼인 관습, 둘째, 중국 경전과 역사를 자국의 문헌으로 삼는 사대적 교육 관습, 셋째, 음사의 관습, 넷째, 풍수의 관습, 다섯째, 매관매직의 관습과 정치부패, 그리고 민지폐색(民智閉塞)이다. 이러한 악습관을 신사상, 신문명으로 개량한 후에 오인의 천성과 오국의 지위를 회복할 수 있고 보다 구체적인 방법으로는 정치로서 문명을 수입하여 민법을 제작하고 종교로써 교화를 선포하여 민속을 변경하자 하였다. 즉 정치가 근대국가문명을 수입하여 인민주권의 법률을 제작하고 종교가 교화로 민속을 변경시키자는 것이다.

혹자는 조선이라는 전통사회 역시 도덕을 강조하는 유교국가였다는 점에서 도덕을 기준으로 사물을 판단하는 것은 유교와 같은 것이 아니겠느냐는 물음을 제기하였다. 그러나 천도교의 도덕적 문명론은 상하수직적 윤리 규범을 표방하는 유교에 반대하고 광제주의적 박애와 공의(公義)를 주장하는 도덕이라는 점에서 다르다.

결론적으로 세계 문명은 인심(人心)의 진퇴에 있기에 인심이 문명하면 세계가 문명이요 인심이 야매하면 세계가 야매하다 하여 문명의 최 정점은 방정(方正)과 성의(誠意)에 있다 하였다. 방정의 모범은 인심의리(仁心義理)라는 것인데 인심의리는 천심(天心)의 영향으로 나온다. 인간이 하늘(天)과 합하여 인심의리로 세상을 만들면 방정이 생겨나고 방정으로 말미암아 전진하면 그 최상점이 도덕 문명이 된다 하였다. 그러므로 문명을 얻을 자 먼저 방정에 입지(立志)하라는 것인데 이는 한울과 합한 시천의 인간을 촉구함이었다. 그리고 성의(誠意) 역시 오인의 입각점이라 하여 성의로써 국가를 부담하면 성의 중 국력이 자생하고 국권이 자강하여 "세화인문(世化人文)이 육주(六州) 열강을 병가(竝駕)할지니 성의로써 오인의 목적지를 작(作)함이 필요하다" 하였다. 초등교서의 내용을 분류하면 〈표1〉과 같다.

〈표1〉『초등교서』의 각과 제목과 요지

과명	요점	과명	요점
1. 천덕(天德)	① 지혜의 근본인 성령과 그 도구인 육신을 하늘로부터 부여받음	13. 국가	① 국민이 학문으로써 문명정도에 이르고 외국에게 노예복종할 사상을 단절하면 국가생활이 약등함
2. 사은(師恩)	② 인간이 만물의 영장인 것은 지혜를 발하기 때문	14. 아국(我國)	② 개인과 국가는 한 유기체
3. 오천(吾天)	③ 성령수련하는 법, 지혜 밝히는 법, 육신보호하는 법을 하늘로부터 부여받음	15. 아국(我國)의 정신	③ 천도교 정신은 보국안민의 정신이고 아국의 정신 역시 우국자(憂國者)의 혈심(血心)이라 할 때 아국 정신은 오교의 본지에 포함됨
4. 오교(吾教)	④ 종교란 세계풍화의 근원이자 인민정신의 골자이며 국가정치의 기관	16. 법률의 개의(概義)	④ 오교의 본지를 발달케 하는 것이 법률로서 법률을 자연법과 인정법(人定法)으로 구분
		17. 인민 및 국민	⑤ 인정법은 자연법의 세력 신장으로 이로부터 인권(人權)이 세워지고 국력(國力)이 생겨남
5. 오천(吾天)의 요소		18. 개인과 단체의 관계	⑥ 마음이 도덕에 의지하여 자연법을 고수하고 인정법을 저촉하지 않으면 오인, 오교, 오국이 고등할 것. ⑦ 오국(吾國)은 곧 오신(吾身)으로서 오인의 사상

		19. 오(吾)와 오교(吾敎) 와 오국(吾國) 과의 관계	위에 자신과 자국이 진퇴하므로 국민의 사상이 있으면 독립을 보호할 수 있음
6. 오교(吾敎)의 정신		20. 오교(吾敎)와 오국(吾國)의 관계	① 오(吾)와 오교(吾敎)와 오국(吾國)과의 관계를 논함 ② 오교는 오천(吾天)을 대표하고 오천은 나의 기본이 되며 오국은 곧 오지(吾地)와 오가(吾家)로서 오지와 오가의 공고함과 완전함을 위하여 병역과 세금을 반드시 하는 것이니 이 또한 나를 자애하는 마음에서 기인 ③ 오교는 天, 오국은 地이므로 오교와 오국은 천지상교(天地相交)와 같아 분리할 수 없고 오교인(吾敎人)의 의무는 애국과 도덕경쟁에 있다 함 ④ 세계는 천계(天界)요 세인(世人)은 천인(天人)이요 세물(世物)은 천물(天物)이니 만물이 오교 도덕으로 일천(一天)이 됨
7. 인(人)의 직분 (內課/外課)	① 인간의 본무(本務)란 내적으로 도덕, 지혜, 사상을 확충하고 밖으로는 가족, 사회, 국가를 진보케 하는 데 있다. ② 인간의 자유는 하늘이 주신 바요 나라가 보호하는 바로서 천권(天權)이다	21. 오교인(吾敎人)의 의무	
		22. 오국인(吾國人)의 의무	
8. 인(人)의 자유	③ 보국안민과 아국의 4천년 기초를 위할 때 의식주는 자연히 따라 나온다.	23. 도덕	① 인류의 최고 유일한 문제는 도덕 ② 도덕이란 박애와 정의로 박애는 모두를 자신과 일치됨으로 인식하는 광제주의(廣濟主義)를 말함이요 정의는 친소원근(親疎遠近)의 차별에 따른 도덕상의 정치면목을 말함 ③ 박애는 종교의 고유한 성질이고 공의(公義)는 정치의 응용 방법
9. 인(人)의 자격	④ 몸의 위생, 가족위생, 종교위생, 국가위생은 유기적 관계이다	24. 윤리	④ 윤리란 개인윤리와 사회윤리와 국가윤리로 나누는 바 지인지의(至仁至義)는 윤리의 성질이요, 미풍선속(美風善俗)은 윤리의 면목이며 예의 정법(禮儀政法)은 윤리의 활동
10. 의식주(衣食住)의 관계	⑤ 경제를 산업경제, 상업경제, 노심(勞心)경제, 노력(노동)경제, 국가경제, 인민경제로 분류	25. 습관	
11. 위생		26. 정심(正心)	⑤ 자신자애할 자는 사회를 위하여 공덕심과 공익심을 다하고 이 공덕, 공익으로써 사회의 基業과 복리를 증진할 것
		27. 성의(誠意)	⑥ 조혼과 지벌의 혼인관습, 漢의 역사와 경전을 자국문헌으로 하는 교육관습, 음사관습, 풍수관습, 권귀에게 뇌물로 얻는 仕官관습 등의 악관습 지적 ⑦ 정치는 표상적 권능이 있고 종교는 심리적 감화를 주는 것. 정치로써 문명을 수입하여 민법을 제작하고 종교로써 교화를 선포하여 민속을 변경할 것 ⑧ 인심이 문명하면 세계가 문명이요 심리상 최정점이니 이는 곧 方正이라 함 ⑨ 성의(誠意)는 오인의 입각점이자 목적지로 성의 중 국력이 자생하고 국권이 자강한다 함
12. 경제		28. 결론	인심의 만회와 정치의 대개혁을 촉구

Ⅳ. 결론

개화기 헌정연구회의 근대국가수립론은 일제의 통제와 지배로 제도화로 이어지지 못하고 걸음마 단계에서 멈추게 되었지만 한국이 처음 구상했던 근대국가논의였다는 점에서 의미가 크다. 한국의 근대국가수립의 구상은 일본에 많은 영향을 받았음에도 불구하고 국가를 구상했던 시각은 분명 달랐다. 헌정연구회를 비롯한 그 당시 다수 지식인들은 문명화에서 국가정신의 고취를 공통과제로 인식하면서도 문명국가의 궁극을 도덕적·정신적인 것에 두었고 공동체에 입각한 인민의 공영을 지향했다. 이는 일본이 패권주의와 편파적 애국심으로 치달으면서 전통적 도덕주의를 비판하고 제국주의로 나간 것과는 사뭇 다른 양상을 보인 것이라 할 것이다.

헌정연구회가 펴낸 『국민수지』는 기존의 정부체제를 변화시켜 입헌정체를 수립하고 국민권리 보호를 통해 국가 독립을 의도한 근대 최초의 국민계몽교과서였다. 국가란 군주 1인의 사유가 아닌 국민 모두의 국가로서 인민과 국토가 국가의 근간이 됨을 국민수지는 선언하였고 "인민의 권리보호와 행복에 국가의 흥망과 독립이 있음"을 강조하여 입헌정치체제를 구상해 나간 것이었다.

국민수지에는 입헌군주제뿐만 아니라 민주공화제도 거론되고 있었으나 국민수지가 황실대권을 제기한 것은 고종황제를 의식함과 동시에 당시의 유가적 정서도 반영된 것이라 생각된다. 그러나 이는 전근대적 군주전제정치를 부정하고 군주권을 제한하여 민권을 넓히고자 한 것임은 분명하다. 국민수지의 교육사적 의의를 정리하면 다음과 같다.

첫째, 국민수지는 국민정신과 더불어 법치에 의한 통치를 강력하게 제기하고 국민을 계몽시키고자 한 최초의 계몽서라는 점이다. 법이란 천하의 정법으로서 이로부터 인간의 도리가 확립되고 공동체도 건설된다 하였는데 여기서 정법이란 실정법보다는 자연법에 가까운 것으로 보인다. 이는 만인에게 타당하고 보편적일 수 있는 법을 의미한다고 본다.

둘째, 애국교육을 강조함이다. 여기서 애국이란 개인이 매몰되는 국가주의적 맥락이 아니라 오히려 개인 자신의 독립과 존엄을 지키기 위해 애국이 강조되었다. 현재 근대국가의 폭력성과 획일성을 비판하면서 탈국가, 탈경계의 시대 담론이 확산되고 있지만 그 당시 근대국가란 개인의 권리를 위해서 새롭게 만들어야 할 대상이었고 인민 자신들을 위해 국가는 애국해야 할 대상이 되었다. 국가와 인민개인의 관계는 공생적인 관계요 국가는 곧 인민 공동체를 의미했다. 인민의 완루한 구습을 개혁하고 자유 권리 사상을 양성하기 위해서 "국민의 나라"라는 국가의식이 필요했고 애국교육을 통해 국민국가를 건설하고자 했으며 국민수지는 이를 위한 계몽교과서로서 출현했다.

셋째, 국민수지가 지향했던 국가독립과 국권회복의 방법론을 음미해 볼 때 무력보다는 정신성을 택한 점이다. 일본이 전쟁을 일삼아 자국의 권익을 챙기는 강한 국가로서 패권주의 국가로 나가고 현실 상황론을 적용해 천황제 입헌제로 간 것과는 달리 국민수지는 권리보호를 위한 입헌과 애국, 그리고 이를 통한 독립을 촉구했다. 이는 지극히 비현실성을 띠는 것이고 저항의식을 불러일으키지 못하며 일본의 침략야욕에 대한 순진함으로 비판될 수 있지만 인간다움의 조건인 권리와 도의, 행복을 지킬 국가를 건설하는 것에서 국가독립을 의도했다는 점을 의미 있게 평가할 수 있다. 국민수지는 인류사회의 모든 죄악이 인간의 권리침해에서 옴을 인식했고 인민의 권리를 보호하는 국가수립에서 인민의 공영과 국가독립의 길을 찾았다 할 것이다.

넷째, 국민수지가 국가의 요소를 인민, 토지, 입헌 정부를 제기한 것은 훗날 대한민국 임시정부 수립시 공화정체제의 국가구상과 관련성을 시사한다는 점이다. 당시 임시정부의 국가구상을 보면 국가의 원소를 인민, 토지, 통치법으로 제시하고 있고 법률이 최고 권력을 지니는 것으로 말하고 있다.

국민수지는 국민의 인권과 행복에 국가의 존재이유를 두고 국민의 권리보호와 국가독립을 위해 입헌정치의식을 고취시켰던 당대의 국민교과서였다. 그리고 그 민권정신은 3·1운동과 임시정부, 그리고 대한민국헌법으로 계승되었다는 점에서 개화기의 대표적인 근대계몽교육서이자 인권교과서로서 자리매김 될 수 있다.

또한 개화기 천도교의 문명론 역시 문명국가의 궁극을 도덕적·정신적인 것에 두었고 세계공동체에 입각한 만유의 공영을 지향했다. 천도교는 국가건설을 통한 문명화를 주도하면서 동시에 그 선행 조건으로서 악습의 폐지와 의제개량 등의 풍속개량운동을 펼쳐 나갔는데 이 역시 한국에 부는 새로운 바람이었다. 독립건, 자유의, 진보화라는 용어가 시사해 주듯이 천도교의 문명화 운동은 남녀 의제개량에서 모자, 신발에 이르기까지 광범위하게 펼쳐졌고 이는 새로운 국가 정신수립을 위한 전초로서의 문명화였다. 또한 천도교 문명계몽서로서 널리 보급되었던 『초등교서』는 본문에서 밝히고 있는바와 같이 블룬츨리(J. C. Bluntschli, 1808~1881)의 저서 한 권이 영국의 정치개혁을 이루고 영국을 부강케 한 것처럼 이 역시 조선 정부를 개혁하고 새로운 근대입헌국가 관념을 불어넣고자 발간된 것이었다. 이는 천도교 사상과 근대국가 개념을 결합하여 문명국가를 설명한 계몽서로서 국가의 법률이 제대로 역할하기 위해서는 도덕이 뒷받침되어야 하고 이 도덕을 지탱해 주는 것이 종교임을 강조하여 종교와 국가의 양면적 관계를 피력한 것이라 할 것이다.

03 | 서구 근대철학의 수용과 전개*
- 이돈화의 사례를 중심으로

I. 서론

　조선에 서학이 처음 도입된 것은 1597년 중국으로부터 서학을 들여온 이수광에서 비롯된다. 18세기에 이르러서는 이익, 이가환, 신후담, 안정복과 같은 실학자들이 『서학범(西學凡)』이나 『직방외기(職方外紀)』와 같은 책을 통해서 서학과 세계문물을 논하게 되는데 특히 신후담(1702-1761)은 『서학변(西學辨, 1724)』을 저술하여 서학을 주자학적 관점에서 비판한 바 있고 19세기 중반에 와서는 기학을 바탕으로 한 최한기에 의해 본격적으로 서학이 수용·연구되었다할 것이다.

　한편 최한기와 동시대를 살았던 수운 최제우 역시 서학에 많은 관심을 갖게 되는데 이는 동학의 입장에 서서 서학을 바라본 것이었다. 그에게 있어 서학은 '한울님을 위하고자 하는 도는 동학과 같으나 이치가 다르다(동경대전)'는 것이었고 '사람의 본성을 표준한 도가 아니어서 천주를 위하는 듯하지만 제 몸을 위한 방도만을 빌 뿐이며(동경대전)' '한울님을 자신으로부터 분리시키므로 인간 안에 기화하는 신령함이 부재한 것(동경대전)'이었다. 그리

＊「이돈화의 인내천주의와 서구 근대철학의 수용」(『동학학보』14-1, 동학학회, 2010)

고 무엇보다도 수운에게 있어 서학은 타민족을 침략하여 식민지를 개척하는 제국주의의 방편으로서 경계의 대상이었다.

그러나 20세기 초반에 들어와 동학(천도교)은 서구 근대철학을 본격적으로 연구하고 인내천주의에 바탕하여 소화하고자 하는 자세가 생겨났다 할 수 있다. 그것이 비록 일본을 통한 서구사상과의 만남이었고 서구 유학이 규제되었던 식민지 현실이었지만 독해 주체가 천도교 지식인이었다는 점은 역사적 의미를 지닌다. 그리고 이는 당시까지 어느 누구도 수행하지 못했던 동서 사상의 만남을 이룬 것이라 할 것이다.

천도교 지식인들에 의해 수행된 서구 근대철학의 수용은 조선 자신의 현실을 반성함과 더불어 조선의 결핍된 부분을 인정하고 동학의 인내천 사상에 입각하여 서구사상을 수용·비판한 것이었다. 일제하 김기전이나 이돈화, 김형준 등이 소화한 서구 근대철학이 어떠한 잣대로 걸러지고 수용되고 비판되었는가는 한국철학사에서 중요하게 다루어져야 하고 앞으로 활발하게 연구되어야 할 것이다.[146] 현재 기존연구는 이돈화의 서구 근대철학수용에 초점두어져 인내천주의의 독자성이 구체적으로 다루어지지 못했다. 본 연구에서는 이돈화의 서구 근대철학의 수용을 중심으로 살펴보되 인내천주의와 서구 근대철학이 어떻게 접점을 이루고 어떠한 독자성을 띠며 또한 인내천주의가 어떻게 근대용어로 표현되었는지 살펴보고자 한다.

II. 천도교 이론가들의 서구 근대철학의 소개

천도교이론가들이 서구 근대철학을 접한 것은 주로 일본을 통해서인데 이들이 서구철학에 대해 얼마나 깊은 이해와 넓이를 가졌는가는 속단하기 어렵다. 그러나 한 예로 김기전의 니체 해석이 니체사상을 단순히 소개하는 원론적 수준을 넘어 니체사상의 핵심쟁점을 정확히 읽고 있다는 평가[147]를 볼 때 당시의 상황으로서는 이돈화나 김형준의 철학사적 의의가 자못 커 보인다. 『개벽』이나 『신인간』을 중심으로 볼 때 김기전이 근대철학의 소개에 주력하고 있다면 이돈화와 김형준은 근대철학을 바탕으로 인내천주의를 표현하는 데 비중을 두었다고 볼 수 있다. 김기전은 서구 근대사상 가운데 주로 인간의 주체적 창조성과 가치전복으로서의 사상들을 소개하였는데 그 대표적인 철학자는 니체[148], 러셀[149], 루소[150], 제임스[151], 카펜터[152] 등이다.

한편 김형준은 서구 근대관념론을 신랄하게 비판하면서도 유물론, 상대주의를 일부분 수용·비판하였고 그 중에서도 특히 딜타이의 철학에 많은 부분 정당성을 부여하여 인간의 능동성문제를 인내천에 결합시켰다.[153] 이돈화 역시 1920년대 초반에 서구 근대철학의 수용을 통한 인내천논증을 벌여갔는데 이돈화야말로 동학에 서학을 소화시킨 대표적인 이론가라 할 것이다. 그는 인내천의 연구를 종교상에서 범신론, 철학상에서 문화주의와 실재론, 과학상으로 다윈의 진화론을 접점으로 하여 인내천주의를 전개하였는데 이는 각각 ① 일신론비판과 범신론적 인내천 신(神)론, ② 인간격주의와 생명무궁성의 실재, ③ 다윈 진화론 비판과 무위이화적 진화론의 강조로 나갔음을 볼 수 있다.

김기전은 「역만능주의의 급선봉(急先鋒)」[154]이라는 글에서 진화론자는 환경에 순응해 자기를 보존해 간다고 보았지만 니체는 권력의지를 제기하여 이것이 인간이 처한 각자의 환경을 제복하게 하는 힘으로 보았음을 강조하였다. 이는 일제 식민지 시대를 극복하는 철학적 이론도구로서 자신의 시대상을 넘어서려는 의도를 담은 것이었다고 해석되기도 한다.[155] 김기전은 분명 니체의 상대주의적 도덕관 속에 가치전도의 힘을, 즉 기존의 모든 가치를 파괴하고 새로운 가치를 정립할 수 있는 파괴와 건설의 역동성을 주목한 듯하다.

초인이라 함은 사람을 초월한다 함이다. 사람이 更히 진화하여 旣히 達한 사람 이상의 或物이 된다는 의미이다 … 진화론 원조 다윈은 인생으로써 생존경쟁이라 하며 그 목적은 生의 保全이라 하고 그 목적을 위하여 他와 경쟁하는 것이라 하였다. 그러나 니체는 生物의 본능은 自己保全이 아니요 권력의지의 발휘라 하였다 … 현인이라 함은 스스로 가치의 창조자임을 云함이다.[156]

김기전은 현재의 상태를 넘어서는 것, 현재의 인간을 넘어서는 것이 니체의 초인적 이상이라고 말함으로써 당시 식민지 시대의 민족현실에서 니체 사상을 문화개조의 자료로 삼았다 할 것이다. 그리고 대표적인 개조론자 에드워드 카펜터의 글을 인용하여 "자기의 존재와 인격을 위하여 지위를 얻고 자유를 얻고 조화적 확장을 얻고자 함은 즉 살고자하는 일이요 다못 뢰동(雷同)하며 잉종(仍從)하며 국한됨과 같음은 즉 죽음에 나아가는 일"[157]이라하였다. 한편 윌리암 제임스에 대해서는 '근세철학계의 혁명아(革命兒)이자 인본주의자' 라 칭하여 제임스가 플라톤 이래의 절대주의 및 주지주의에 비판을 가한 그의 프래크머티즘을 혁명적인 것으로 기술하고 있다.

절대주의 주지주의는 점점 존재의 의의를 失하고 此에 代한 것이 사람 본위 즉 인본주의의 사상이다. 이에 의하면 사람에게 切要한 것은 오직 우리 앞에 놓인 실생활뿐이다 … 이 경향을 가장 선명히 표현한 것이 여기 말하고자하는 프래그머티즘 즉 실용주의이다 … 실재와 진리를 위하여 사는 吾人이 아니요 吾人이 有함으로 因하여 인식된 실재이며 진리인즉 吾人의 욕구여하에 응하여는 이렇게 혹은 저렇게도 할 수가 있다고 생각하게 되었다 이 정신이 프래그머티즘을 발생케 한 동시에 仍히 그의 골자적 정신이 되었다. 이 정신이야말로 종래의 철학상의 대혁명이며 실재와 진리에

대한 신관찰법이다.[158]

서구 인본주의는 플라톤의 절대주의나 데카르트의 주지주의 비판에서 비롯되는 것으로 "현세는 실재가 아니요 오직 상주불변으로 천상계의 그림자에 불과하다" 거나 "인간의 이성은 만능인 신(神)의 지혜를 분유(分有)함에 다름 아니라"고 생각하는 종래의 사상은 이제 현실에 눈뜨기를 시작한 근대인에게는 용인될 수 없음을 김기전은 강조했다. 그리고 절대주의나 주지주의를 대신하는 것이 사람 본위, 즉 인본주의의 사상이 된다 하였다.[159] 서구 근대철학으로부터 인간의 능동성과 자유의지를 강조하는 흐름은 김기전뿐만 아니라 이돈화, 김형준 등에게서도 공통적으로 보여지는 현상이다. 이는 조선인으로 하여금 맹종으로부터 자주로 나갈 것을 촉구하는 의도에서 서구 근대철학을 소개하고 자신의 자아를 외계에 창조하여 현실을 타개하도록 하는 사상적 가치를 피력했다고 할 수 있다.

III. 야뢰 이돈화의 인내천주의와 서구 근대철학과의 접변

1. 전통의 성찰과 외래사상의 소통

이돈화는 '천도교의 정신이란 원래가 전통으로부터 유래하는 종교도덕과 현대의 사상을 기초로 하여 포용할 것은 포용하고 배제할 것은 배제하면서 후천 오만년의 대도대덕을 창건하고자 하는 운동' 임을 선언했다.[160] 이돈화가 근대철학을 수용함에 있어서 중시한 작업은 전통의 성찰과 확고한 주체의 뿌리 세우기였다. 그는 조선의 전통을 성찰하여 비판을 가하는데 사상통제[161], 안빈낙도의 퇴굴주의, 유가의 노예적 도덕[162]이 그 비판의 대상이었다.

> 吾人이 금일에 앉아 吾 現在 조선사회의 쇠퇴한 원인을 靜然히 사고할진대 그 發源이 실로 사상교통의 露를 두절함에 在한 事, 是가 誣치 못할 사실인 것은 黃口小兒도 능히 이를 알만 하도다.[163] 오인은 항상 吾조선민족의 보편적 결점을 논거하고자 할 때에 무엇보다도 먼저 일고치 아니치 못할 바는 욕망이 극기 협호함이니 조선인은 自來로 산림적 처사생활로써 처세의 고상주의라 하였음이 가장 우리의 결점이며 불연이면 放任誤世로써 남자의 快事라 하였음이 우리의 不祥之兆이었었다 ⋯ 安貧樂道는 朝鮮 士者의 유일의 미덕 됨과 동시에 조선인의 보편적 폐해라 할수 있다. ⋯ 조선은 500년 동안 자기를 없애고 타인의 정신의 지배를 받는 노예적 貞操, 노예적 도덕을 常例로 살아왔다. 여기서 노예적 정조, 노예적 도덕이라 하면 결코 외국사상의 수용을 지칭함이 아니다. 외래사상을 수용함은 어디까지나 문명적인 일이고 오히려 될 수 있는 대로 많이 흡수하고 그에 감화하여 시대로 더불어 영합함이 옳다.[164]

조선은 오백년 이래 자기의 정신으로 중국의 사상을 배우지 않고 정신 전체가 그대로 중국인이 된 까닭에 육체로서 조선인이 중국인의 정신생활을 하여 결국 조선인은 걸인이 되고 기생충이 되고 말았다는 반성을 한다. 따라서 현재의 조선은 중국의 문화도 먹고, 일본의 문화도 먹고, 서양의 문화도 먹어야 하지만 먹기는 널리 먹되 체증에 걸려서는 안 됨을 그는 강조하여[165] 주체의 뿌리세우기로부터 오는 사상의 소화력을 중시한다. 이를 위해서는 위장이 먼저 건전해야 하고 자기의 위장을 건전하게 하려면 조선이라 칭하는 민족의 정신을 특히 건전히 해야 한다고 주장했다.

조선이라는 민족정신은 곧 동학으로 귀결[166]되는데 그 민족정신을 건전히 함에 있어 이돈화는 전통의 핵심사상으로 유불선 삼교합일에 주목하였다. 삼교합일은 수운이 동학을 창시할 때부터 표방한 것으로 고교형(高橋亨)이 "유불선 삼교합일은 조선인의 철학 및 종교에 대한 최고이상이며 그 사색의 궁극"이자 "조선과 동양 종교의 일대(一大) 간판"[167]이라고 말한 것에 빗대어 삼교합일의 역사가 한국전통사상의 총체이자 굳센 뿌리임을 밝히고 있다.

> 高橋亨氏의 此論은 역사적으로 삼교합일론을 고증함에 자못 그 宜를 得하였다할지라. 과연 삼교합일의 사상은 조선인의 全體思想이라. 동시에 동양인의 全體理想이라.[168]

삼교통합의 실현은 동양인으로서의 필연의 이상이며 또한 귀결의 이치였다. 수운의 삼교통합의 실현은 일세(一世)를 풍미케 한 일이라 이돈화는 말하고[169] 이어서 수운의 기본 사상을 네 가지로 열거했는데 그것은 ① 모든 진리를 인내천주의에 귀납하여 총합·조화한 유불선합일주의, ② 범신관상(汎神觀上)에 입각한 인내천주의, ③ 인내천 관념에 입각한 영육일치주의와 ④ 천인합일주의이다.[170] 이돈화는 소화력을 위한 뿌리세움을 강조하여 그 소화 역량의 핵심을 이러한 인내천주의에 두고 이를 기초로 외래사상 흡수의 대식주의(大食主義)로 나갔다 할 것이다.

2. 이돈화의 인간격과 문화주의

1) 이돈화의 문화주의와 이상적 생활

이돈화가 당시 신사조로 주목했던 것은 문화주의로서 이는 인격적·도덕적 개조주의를 내포하는 것이었다. 문화주의란 자연과 대립되는 말로서 인위를 가하여 가치를 생성하는 것이고 보다 가치로운 정신현상을 연구하는 영역을 의미했다.

박찬승은 1920년대 초 식민지 조선의 사회개조론에서 정신적 측면이 중시된 데는 일본을 통해 들어온 버트란트 러셀과 에드워드 카펜터의 개조사상의 영향과 더불어 일본에서 유행하던 문화주의 사조의 영향이 컸다고 본다. 특히 문화주의와 이로부터 파생된 인격주의, 개인의 내적 개조론이 1920년대 초 문화운동의 주도이념이 되었다는 것이다.[171]

허수도 이돈화 논설의 발표 전후 맥락과 관련하여 당시 일본 사조를 주목한 바 있다. 당시 일본에서는 빈델반트, 리케르트의 가치철학, 문화철학의 영향하에 이른바 문화주의 사조가 풍미했고 이런 경향은 곧바로 식민지 조선에도 파급되어 인격주의와 개인의 내적 개조가 중시되었다는 것이다.[172] 특히 이노우에의 철학적 저서로부터 이돈화가 완기설(完己說)에 주목한 것은 당시 개조론에 큰 영향을 끼치고 있던 문화주의 철학, 그 중에서도 인격주의적 경향을 크게 의식한 결과로서 그것은 인내천주의를 문화주의 철학과 친화성을 가진 것으로 풀이하기 위한 의도적 선택이었다고 그는 보았다.[173]

한편 후나야마 신이치(船山信一)는 대정시기의 철학이 이전 시기와 구별되는 가장 큰 특징은 내면적 개체성의 논리에 있고 그 내면적 개체성의 원리는 당연 다수의 자아론을 양산하였다고 말했다.[174] 이는 결국 도덕을 절대화해 가는 경향을 만들어냈고 종교라는 것도 도덕 그대로 종교성에 다름 아니게 되었다.[175]

이돈화에게 있어서도 문화주의는 이상적인 정신현상을 목표로 하는 것이 되어 당연 도덕이 포함되는 것이고 문화개조는 곧 인간의 도덕개조와 자아완성으로 나가는 것을 의미했다. 따라서 인간 정신작용의 가치에 무게를 두는 이상적 인격주의로 그의 문화주의는 귀착된다.

세계의 신사조는 문화라는 新숙어이니 세계의 신사조는 문화의 목표를 이상으로 하고 점차 그에 향하여 걸음을 옮기게 되겠다. 문화란 자연과 대립되는 말로서 인공을 가하여 가치를 생성함에서 문화라 한다. 또한 정신현상에서 어떠한 정신작용이 다른 정신작용보다 우수한 의미를 가지는가를 연구함에서 스스로 자연과학의 영역을 떠나 문화과학이라는 영역을 갖게 된다.[176]

이돈화가 내린 문화의 개념규정은 "인생의 순수한 이상적 생활"[177]을 의미했다. 그는 베르그송의 용어, 「생적 도약」이라는 말과 에밀 부트루의 「법칙의 우연성」을 빌려와 이상적 생활의 의미를 나타냈다.[178]

베르그송의 "생명적 정신현상은 스스로 움직이며 스스로 작용하는 과정을 가진 변화부지(變化不止)의 본질을 강조한 바 모든 현상계의 만유는 이 생명력의 진화에 지나지 않는다."[179]는 것에 이돈화는 공감했고 베르그송의 생명철학이 수운주의의 지기일원론[180]과 부합되는 점이 있음을 그는 강조했다. 따라서 이상적 생활이란 장차 도달할만한 표적이지만 결정된 방향이 있는 것이 아니라 부단한 활동의 「생적 도약」으로서 가치의 성질을 지닌다.

또한 베르그송의 스승인 부트루는 자신의 저서 『자연법칙의 우연성』(1874)에서 자연법칙 자체가 변화하고 있음을 주장하여 "과학법칙들은 사물들로부터 유래하며 만약 사물들 자체가 변화하면 법칙들도 변화할 수 있다."고 하였는데 이돈화는 이 「법칙의 우연성」으로 '필연적 관계로 존재하지 않는 부분'을 부각시키고 현상이 복잡하여질수록 새로운 우연성이 나타나는 것에 인간의지의 자유를 설할 근거가 됨을 말하였다.

또한 이돈화는 독일의 생의 철학자 루돌프 오이켄[181]의 "우주생활은 자연생활의 낮은 단계로부터 정신생활의 높은 단계에로 옮겨감에 의하여 자기전개를 이르게 한 것"[182]이라는 그의 사상을 소개하여 우주 발전의 최종

점을 정신생활로 인정하고 그 우주적 정신생활이 인간의 의식에 의지하여 나타났음을 말하였다. 이렇게 이돈화는 베르그송, 부트루, 오이켄 등의 부단한 생명활동, 자유의지, 우주의 자기전개로서 정신생활이 궁극적으로 인내천사상을 지향하는 것으로 보고 이를 문화의 이상적 생활과 접변시켜 나갔다 할 것이다.[183]

2) 이돈화의 인간격주의와 칸트

또한 이돈화가 지향하는 신문화는 인간 의지의 자유와 인격이 밀접한 관련을 맺고 있다. 인간 자유는 도덕의 기초관념이 되는 것이고 자유한 인간만이 사람 되는 본성을 구비한 것이며 그 사람 된 본성이 곧 인격이다. 그러므로 문화란 인격있는 사람으로 하여금 여러 가지 자유로 발전케 하는 것을 의미했다.[184]

문화가 인격주의로부터 출발하는 것은 문화가 논리상 경험적 내용을 초월한 선천적 기초위에 세워지는 것이기에 먼저 선험적 자아, 즉 인격에 치중치 않을 수 없다는 것이 이돈화의 공감이다.[185] 이돈화의 문화주의는 단지 부트루, 베르그송이나 오이켄 등 생의 철학에 영향받은 것만이 아니라 칸트의 선험적 자유가 결합되면서 인격적(인내천적) 문화주의로 나갔다고 볼 수 있다.[186]

모든 사람은 인격이 있는 이상 모두가 동등한 가치를 가지는 것이고 인격이란 문화에 참여할 자격으로 정해지는 것이다. 따라서 "문화란 곧 개조"라 말할 때 먼저 인격의 존재를 전제하게 되고 이러한 인격상에는 평등관이 성립하지 않으면 안 된다.[187] 데모크라시라는 것도 이 인격을 기초로 하여 그 수평적 표준을 삼을 때 민중을 그 시대의 고도 문화로 끌어올릴 수 있는 평등주의가 된다.

한편 이돈화는 『신인철학』[188]에서 인격주의라는 것도 엄밀히 말하면 인간격중심주의로 지칭해져야 함을 주장했다. 그는 인격과 인간격을 구분하여 앞에서 말한 인격주의는 곧 인간격을 지칭하는 것으로 인격이란 개인의 격을 의미하고 인간격이란 전우주격의 표현을 이름이다. 인간격이란 우주의 모든 격 중에 가장 완전한 격(格)으로 우주격을 대표한 최고의 격이다.

원래 우주는 절대 유일의 격(格)으로 볼 수 있으나 그 유일의 격(格)은 우주 자체의 무위이화의 법칙에 의하여 천차만별의 격을 이루었다고 이돈화는 본다. 성운에는 성운의 격(格), 태양계에는 태양계의 격, 물질에는 물질의 격, 식물에는 식물의 격, 동물에는 동물의 격으로 나타났고 우주격은 진화 향상하면서 최종으로 인간격이라는 격을 이룬다는 것이다.

> 인간격이란 말은 보통 사용하는 인격을 이름이 아니다. 인격은 개인에 대한 格을 이르는 말이오 인간격은 전우주격의 표현을 이름인데 전우주격이 인간에 의하여 표현되었음으로 이를 인간격이라 하는 것이다. 우주격 즉 한울격은 인간에 의하여 비교적 완전한 상태로 나타났음으로 한울격은 인간격에서 볼 수 있다는 말이다.[189]

결국 인간격은 이상적 인격을 의미하고 이 이상적 인격이 우주중심이 되어 무궁에서 무궁으로 발전하는 것이 문화주의의 이상생활이자 인간격적 자유에 의한 창조이다. 그러므로 문화의 향상은 인간격의 향상에서 나타난다. 우주격 숲 중심이 전 우주를 통하여 그리고 인간에 의하여 우주생활을 하는 격이므로 우주격은 영원한 신비로서 전적 인간 또는 미래 인간을 통하여 무한히 향상될 격이다. 그리고 이돈화는 이런 의미의 인간격을 가르쳐 인내천이라 불렀다.[190]

또한 이돈화는 이러한 인간격에 입각한 도덕의 핵심을 1) 자주자유의 도덕, 2) 활동주의의 도덕, 3) 공동생활을 목적하는 도덕으로 정리했다. 본래 도덕은 동양 특유의 사상이지만 조선의 도덕은 유교도덕에 기초하여 자유의지를 떠나 습관구속으로부터 강요된 도덕으로 그 폐해가 너무 깊었기에 무엇보다도 먼저 자주자유의 도덕을 그는 강조했던 것이다.

> 조선의 도덕은 본래 유교 도덕이 그 근본 기초였나니 유교의 도덕은 누구나 다 아는 바와 같이 항상 과거를 표준한 도덕이라. 先王의 법이 아니면 행치 아니하며 선왕의 言과 行이 아니면 用치 못하리라 斷定한 도덕이라. 그럼으로 그 성질이 극히 소극적이며 극히 퇴굴적이었나니 累百年來 이러한 소극적 퇴굴적 도덕만 지켜온 조선민족은 어느덧 창조의 力을 잃고 말았으며 활동의 氣를 막고 말았다.[191]

첫째, 자주자유의 도덕은 자기가 주인이 되며 자기로써 자기를 다스리는 도덕이다. 이는 칸트의 도덕개념을 가져온 것으로 자기 스스로가 입헌자가 되고 사법자가 되며 행정자가 되어 자기의 일을 스스로 판단하고 행위하는 도덕의 주체가 될 것을 말한다.[192]

> 금일의 도덕은 자기 스스로 입헌적 행위에 입각하여 스스로 입법자가 되고 행정관이 되며 자기로 재판관이 되어 그 행위를 자율하는 것에 자주·자율의 도덕이 있다. 즉 활동을 본위로 한 도덕은 자기가 도덕의 주인이 되며 자기가 도덕의 사용자가 되어 결코 타의 명령시비로 좌우되지 않음에 대식주의의 도덕관이 있다.[193]

특히 이돈화는 칸트가 말한 정언명령을 인용하여 이것이 곧 수운의 강화와 맞닿아 있음을 제기하는 것도 주목할 일이다.

칸트라 하는 유명한 철인은 사람이 안으로 가지고 있는 이성의 지상명령에 좇아 복종하는 것이 곧 도덕적 행위라 하였다. 이 교훈은 세계적으로 유명한 말이 되었다. 그러나 이것은 한 학자가 수양한 경험으로 나온 말이거니와 우리교의 삼세 신성은 직접으로 한울님의 말씀에 의지하여 모든 일을 행한 것은 사적에 소연하다. 한울님의 말씀을 어떻게 들을 수 있을까하면 강화로서 들었다 하였다. 강화라는 것은 내마음 속으로 소리 있음을 마음의 귀로 들음을 이름이니 이것이 곧 한울님의 말씀이다.[194]

둘째, 활동주의 도덕은 어떤 시대든지 그 시대를 따라 생장하고 발전하는 원리를 갖는다.[195] 그러므로 활동주의의 도덕은 보수적 도덕이 아닌 진보적 활동으로서 이는 곧 도덕의 개조이자 합시대적 도덕이 된다. 이돈화가 의미하는 문화주의 자체가 이상적 생활을 지향하고 이는 곧 진보적 도덕으로 귀결되는데 여기서 도덕이란 고정적으로 규범화된 것을 가리켜 말한 것이 아니라 어디까지나 시세와 수반하며 진보와 병행하는 일상행위를 지칭한다.[196]

활동주의 도덕은 곧 도덕의 개조이자 합시대적 도덕으로서 금일의 도덕에 맞는 도덕으로서 습관에 맹종하고 선조시대의 행하던 일이라 하여 이를 頑守해서는 안된다. 국민과 군주 간에 쓰던 도덕관념이 금일에는 자손중심주의로 변하였고 부부도덕에서도 婦는 절대로 夫에 死守貞操이었던 도덕이 금일에 이르러는 부인해방주의로 인하여 부인의 권리를 남자와 평등으로 引上코저 하는 것이 그것이다. 사회도덕상에서 과거에는 노동자가 절대로 자본주에게 맹종하던 습관이 금일에 이르러는 노동본위로 인하여 勞資의 조화를 叫乎하는 것과 같음이다. 이 모두 昔日의 도덕과 금일의 도덕 間에 정반대의 변천을 생겨나게 한 것이다. 도덕의 개조는 시대와 並行

해야 한다.[197]

셋째, 공동생활을 목적하는 도덕은 세계를 통하여 사해일가(四海一家)의 대도대덕을 주체로 삼는 도덕이다. 한 개인의 몸은 단지 가정이나 국가에 국한되는 몸이 아니라 〈전 세계의 몸〉이라는 것이다. 한 개인의 도덕 행위는 가족, 또는 국가에 그치는 것이 아니라 전 세계의 도덕상 행위가 된다.[198]

3. 시대정신에 합일된 사람성 무궁주의와 자연주의

1) 시대정신과 합일한 사람성 무궁주의와 포이엘 바하

원래 동학에서 무궁이라는 말은 수운의 『용담유사』에 "무궁한 한울 무궁한 나 아닌가"라는 것에서 비롯된다. 이돈화는 이 무궁성을 사람성(性)으로 놓고 이를 진화론에 비추어 '신자체가 진화를 시작하여 음양이 되고 만유가 되고 생물이 되며 최종에 사람이라 하는 가장 영묘 불가사의의 동물까지 되어온 것'이라 해석한다.[199]

이돈화에 의하면 한울이란 개념은 "무궁한 우주총체"를 의미한다. 수운이 노래한 '무궁한 이 울'은 바로 한울을 가리켜 하는 말로 무궁은 크다는 뜻의 「한」을 의미하고 「울」이라는 뜻은 양적 의미의 범위를 표상한 우주 전체를 가리키는 말로서 한울은 곧 「큰나(大我)」라는 뜻이 된다. 한울은 무궁적 자존이며 무한적 자율로서 무위이화는 곧 한울의 자율적 창조를 이름이다.[200]

이 때 한울의 자율적 창조로서 인간 무궁성은 시대정신과 합일하는데, 이돈화가 인식한 시대정신은 신화시대, 낭만시대가 사라진 현실의 영역을 중시하는 현실시대로서 전인류가 각각 자기가 서식하는 유기적 집단을 통해 자아를 실현하는 시대를 의미했다.[201] 즉 각자가 사회체제하에서 각각의 개체 의의를 완성하는 생활이다. 이는 사회를 떠난 고독한 자아의 활약이나 개체를 몰각한 집단의 완성을 일컬음이 아니다. 현대 문화주의의 특징은 神의 전능을 바라지 않고 위인의 전권도 허락하지 않으며 억조 각자가 스스로가 신이 되며 영웅이 되는 것에 있다.

> 요컨대 전세계의 전인류는 처음 신화적인 초인간적 神의 숭배로부터 고쳐 낭만적인 영웅숭배시대를 지나 終에 現實卽神과 영웅을 다 같이 사람 自己의 中에서 구하는 시대에 이르러왔다.[202]

이에 이돈화는 이 현실시대에 나타나는 사람주의의 본령을 세 가지로 조목 짓고 있다. 즉 '시대정신의 체현', '이상과 현실의 부합', '전우주의 위력과 권능을 사람 자신의 권능으로 함' 이다.

> 第一 사람주의의 본령은 시대의 요구로써 시대의 정신을 체현하여 사람의 의의를 철저케하는 事.
> 第二 사람주의의 본령은 모든 사람의 理想은 사람自己들을 토대로하고 起한 者이니 故로 理想과 事實을 다 같이 사람自己들의 생활만족에 부합케하는 事.
> 第三 사람자기들의 理想을 실현코저하라면 전우주의 위력과 堪能을 사람自己의 中에 체인하여 사람자기의 권능으로써 모든 福能을 증진케 할 事.[203]

그리고 이돈화는 이 현실시대의 사람주의 본령에 따라 사람성(性) 무궁을 논증했다. "지금까지 세계인류는 인류의 원조를 아담이라 한 이스라엘의 신화를 믿어왔지만 근대 다윈의 진화론이 일어나 사상계에 대혁명이 일어났고 사람이 하등동물로부터 진화하였다는 것에 사람성(性)의 위력을 감지할 수 있으며 그 무궁을 증명할 수 있다"고 이돈화는 말한다.[204] 사람은 무궁한 진화를 가진 자로 사람성(性)은 본래부터 무궁이다. 사람을 무궁자로 보는 것은 독일의 「포이엘 바하」가 말한 "사람이 곧 무궁성의 신(神)" 이라는 입장과도 다르지 않음을 이돈화는 말한다. 포이엘 바하에 의하면 인간이 무궁한 신을 느끼는 것은 이미 인간 자신이 무한·무궁한 자임을 의미한다.

> 「우리는 자기 一個人으로 알아 자기를 유한한 자라고 감지하나 그러나 그는 사람이 그 종속의 무한무궁을 감정사유의 대상(대상이라함은 객관적 인식)으로 인지키 위하여 자기를 유한이라 의식하였음에 불과하다. 그러므로 사람은 그 자신에서 유한이 아니요 무한이니 즉 무궁성의 神을 자기의 中에 가지고 있음이라 … 만일 사람이 본래부터 유한적이라하면 그 유한적인 理想사유의 中에 어찌하여 무한무궁한 神의 理想이 나타날 이유가 있으랴」云. 果然하다. 사람성은 본래부터 무궁하니라.[205]

또한 이돈화는 러셀의 창조충동을 사람 무궁성에 연결시키는데 러셀은 충동의 본능을 둘로 나누어 하나는 소유 충동으로서 이를 인류 부패의 원인이라 했고 또 다른 하나는 창조 충동으로서 이는 인류 진화의 원동(元動)이라 하였다. 여기서 이돈화는 러셀의 창조충동이 곧 사람성(性)의 무궁을 확정짓는 것으로서 사람은 무궁히 창조의 본능이 있음을 밝힌 것이라 하였다.[206] 그러므로 이돈화의 사람주의(主義)는 사람성(性)의 무궁을 확신하여 「불완전으로부터 점차 완전에 나아가는 향상진보주의」이자 창조성이다.

> 우리가 항상 말하는바 빈부의 차별이라든지 귀천의 계급이라든가 하는 것은 이 곧 不完全의 현상의 하나이니 이 불완전을 각성한 현대인은 다시 비

교적 완전한 境域을 짓기 위하여 진화적 창조력을 다시 한번 힘 있게 펴는 中이었다.[207]

위에서 이돈화가 말한 불완전에서 완전으로의 진화는 이노우에의 말을 인용한 것으로 볼 수 있지만[208] 이노우에가 의미하는 바 진화는 고정된 자연법칙으로서 "스스로 일정한 질서가 있고 정해진 방침이 있다고 확정한 진화론"[209]이다. 그러나 이돈화의 사람성(性) 무궁은 이노우에와 다르고 정해진 목적이나 고정된 법칙으로서의 진화가 아니다. 단지 보다 나은 방향으로 영원 진화하는 본질을 갖으며 항상 불완전으로부터 완전에 나가기 위해 부단한 창조충동을 일으킨다. 인간의 진화 역시 무한하고 무궁한 것이기 때문이다.[210]

2) 사람성 자연주의와 루소

위에서 살펴본 바와 같이 사람성 무궁이란 결국 우주총체로서 영원진화와 창조충동으로 설명되는데 이돈화는 이 무궁성이 곧 인간 자연성임을 제시했다. 원래 수운은 말마다 무위이화를 말하고 자연을 말하였는데 '무위자연(無爲自然)' 혹은 '막비자연(莫非自然)' 이란 인간격상으로부터 순화되고 영화된 자연을 의미한다. 인간격이 자격으로 갖추어있는 진선미를 융화하여 그것이 인간사회에 조화될 때의 극치를 인간성 자연이라 해석한 것이다.[211] 이돈화가 '사람성 자연주의' 라는 말로 인내천을 표현하게 된 배경에는 루소의 영향이 있다 할 것이다.

사람은 사람그대로를 표현할 것이라 함은 사람은 무궁히 창조하고 무궁히 진행하야 「사람性自然主義」에 達하라 함이었다. 즉 사람은 사람으로의 자연에 歸하라 함이었다. 일찍이 「룻소」가 「自然에 歸하라」 절규한 것은 천

고의 교훈이 되어 오는 일이지만 나로써 「룻소」의 此語를 借하야 그에 개
정을 요한다하면 나는 「모든 人類는 다같이 사람性의 自然主義에 돌아오
라」함을 마지아니하겠다.[212]

이돈화는 「자연으로 돌아가라」는 루소의 말을 차용하여 「모든 인류는 다
같이 사람성(性)의 자연주의에 돌아오라」로 인내천주의에 맞게 개정을 가했
다. 먼저 루소가 의미 하는 바 "자연으로 돌아가라" 함은 "자연의 현상과 같
은 천연적 법칙을 모방 하라 함"[213]이었다. 유가에서 말하는 것처럼 솔개는
날고 물고기 뛰는 개체의 성이나 무위자연의 도나 모두 천연의 법칙을 따름
이었다. 그러나 인내천에서 말하는 사람성(性)의 자연주의란 자연의 법칙을
모방하는 것이 아니라 한층 더 나아가 사람성(性)의 무궁을 그대로 발휘하고
자 하는 "적극적 자연"[214]이라는 관점을 그는 분명히 했다. 사람성(性) 자연
주의란 개체적 자연 이상의 대자연에 근거를 두고 그 대자연의 원천에 도달
하기 위하여 무한 창조력으로써 무한히 개척함을 의미한다. 분명 이는 루소
의 모방적·소극적 자연과는 구별된다.

그리고 이돈화가 말하는 사람성(性) 자연주의는 구체적으로 인류의 평등
을 향상적으로 이룩하는 것이다. 여기서 평등이란 인격적 평등이다.[215] 사
람 각자는 사회상 차이가 있고 그로부터 받는 보수에도 차별이 있을 것이지
만 인격적 문제에서는 어떠한 사람일지라도 다 같이 동등한 가치를 보존한
다. 결국 인간성 자연주의에서 말하는 평등은 인격의 평등이자 문화에 참여
할 자격으로서의 평등이다.

사람性 자연주의의 평등관념에서 크게 한번 주의치 아니치 못할 것은 평
등이라 하여 그 평등의 목표를 사회상에서 사실상 다수를 점한 劣惡者의
수평선상으로 그를 인하한다 하면 이는 도저히 세계의 개조를 적극적으로

인상치 못할 것이라. 그럼으로 평등을 이미 인격으로써 그의 표준선을 삼았는지라. 이 점에서 인격의 향상은 어느 때든지 향상하면 되는 만큼 그 시대의 정신에 표준을 두게됨으로써 일반민중의 평등은 스스로 시대에 在한 고등의 문화에까지 인상할수있다는 적극적방식이 된다.[216]

또한 사람성(性)의 자연주의는 인류의 자유를 인격적으로 융합케하는 것이라고 이돈화는 말한다. 원래 사람은 한 편으로 사회적 생활을 가지고 있고 다른 한 편으로는 개인적 욕구를 추구한다. 이돈화는 전자를 톨스토이주의라 칭하고 후자를 니체주의라 칭하는데 이 양자의 사상은 극단에 떨어져 중용을 잃은 것이라 이돈화는 비판한다. 그 이유는 개인, 사회 양면에 있어서 인격의 원만성을 통관하지 못하기 때문이라는 것이다.[217] 그러므로 사람성(性) 자연주의의 자유란 사람의 내용상 인격으로부터 각 개인이 인격자유를 체득하여 궁극에 나의 자유로써 사람의 자유와 융합케하는 방침을 의미한다. 여기에 개인과 사회의 조화가 있고 동귀일체가 있다. 다시 말하면 인격상 각 개인은 "자기의 사상과 의지에 따라 연구와 토의를 자유로 독립하게 하여 어떤 종교에 구니(拘泥)되지 않고 어떤 학설에 편경(偏傾)·편향치 않으며 오직 공공정정(公公正正)의 사상으로써 각기 자유로 자기의 인격을 도야/향상케 함이 곧 그 사람의 인격상 자유"라 하는 것이다.[218] 특히 이돈화는 인격상 자유를 베이컨의 4대 우상과 관련시켜 다음과 같이 설명한다.

근세의 初에 영국의 大哲「뻬곤」은 이미 心의 자유해방을 주장하였으되 사람의 心中에 存한 四個의 우상을 파괴함이 사람으로서 心의 자유를 得하는 시초라함도 또한 사람性의 자연주의의 일부를 설파함에 不外한 것이다. … 사람이 能히 此四種의 우상을 해탈하면 과연 능히 인심의 자유향상을 얻을 것은 勿論의 事이었다. 그러나 人이 아무리 此四種의 우상을 해탈

한다할지라도 그 해탈이 아무 표준이 없이 맹목적으로 나아간다 하면 거기에는 스스로 모든 적은 우상을 파괴하고 도리어 큰 우상을 건설할 弊도 없지 아니하나니 그러므로 心의 解脫 즉 사람性의 자유에는 사람性의 자연주의를 표준하여가지고 來來 사람性의 무궁한 범위와 사람性의 무궁한 발전을 항상 염두에 없애지 말아야 할 것이다.[219]

인간이 4대 우상을 벗어나는 것은 곧 인간자유의 향상으로서 사람성 자연주의를 일부 설파한 것이 된다. 그러나 맹목적 해탈이 아닌 사람성 자연주의를 표준한 무궁한 발전이어야 한다고 이돈화는 힘주어 말한다. 즉, 종교의 신조도 사람성(性)에 근거를 삼을 것이며 도덕의 발전이나 법률, 정치, 교육, 경제 등 모든 건설을 사람성(性)을 근거로 해야 한다는 것이다.[220]

IV. 이돈화의 인내천 신론(神論)과 근대 범신론(汎神論)

1. 인내천 신론과 근대 범신론

이돈화는 다신론, 일신론, 범신론을 언급하면서 인내천은 범신관상(汎神觀上)에 입각한 유신주의(有神主義)[221]라 정의내리고 인간 이외에 인격적 신은 없다고 선언한다. 흔히 이돈화가 동학의 인격적 신을 무신론으로 격하시켰다고 말하지만 오히려 이돈화는 무신론이 우주의 정신적 대 주재인 신의 관념을 파괴하는 것이라 하여 이를 경계했다.[222] 인내천 신론은 정신적 대주재인 신의 관념을 갖고 있다. 수운은 유신론을 주장하여 일체 우주만물이 神의 정신하에서 생성한 것으로 논하였고 우주를 지배하며 통할하는 천주가 존재함을 말하였다고 이돈화는 주장한다. 그러나 여기서 천주는 개체적·인격적 상제를 말함이 아니라 범신적, 즉 정신적 의미임을 분명히 했다. 대우주의 대정신을 칭하여 천주라 하고 대우주의 정신과 사람의 정신은 근본에서 유일의 실재가 되기에 인내천주의는 신을 대우주에서 봄과 함께 개체아 즉 사람에게서 동일한 신을 본다[223] 하였다.

> 대신사는 寧히 유신론을 주창하여 일체의 우주의 만물이 神의 정신하에서 생성하였다 논하였나니 故로 동경대전 벽두에 曰 '盖自上古以來 春秋迭代 四時盛衰 不遷不易 是亦天主造化之迹 昭然于天下也' 함으로써 명확히 此 우주의 上에는 此 우주를 지배하며 통할하는 천주가 有함을 指함이 아닌가. 然이나 대신사의 소위 천주의 관념은 개체적 곧 인격적 상제를 謂함이 아니요 범신적 즉 정신적 의미함인데 정신적 神이라 함은 일체 우주현상을 지배하는 영적 진선미를 개념함이라 … 此 대우주의 대정신을 稱하여 천주라 하도다. 그리하여 此 대우주의 정신과 人의 정신은 근본에서 유일의 실재가 되나니 故로 吾人은 神을 대우주에서 見함과 共히 개체아 즉 人에서 또한 동일의 神을 見할만하도다.[224]

또한 이돈화는 인내천 신을 인격신이라고 지칭하기도 하는데 이때의 인격신은 기독교의 일신교적 인격신이 아니라 인간성 안에 있는 '무궁성의 인격신'을 의미하는 것으로 규정하였다.

> 人乃天神이라는 것은 곧 人格神을 이른말이니 人格神이라 함은 기독교에서 말하는 一神敎的 人格神을 가르친 말이 아니요 現實의 人間性中에 있는 無窮性의 人格神을 指定하는 말이다.[225]

그리고 이돈화는 포이엘 바하가 "인류의 본질이 인류의 지상실재로서 지상실재를 신"[226]이라 한 것을 인용하여 수운의 신론이 정당한 것임을 피력하고자 했다. 포이엘 바하는 "금일 이후의 세계의 역사는 신이 신으로서 인류에 대하는 것이 아니라 인류가 신으로서 인류에게 대하는 것"[227]이라 하였는데 바로 이 말이 수운이 말한 "사람이 귀신이며 사람이 조화"라 한 것과 동일한 점이 있다고 이돈화는 말한다. 사람성이 무궁자의 신을 창조하게 된 것은 사람성의 본질이 본래 무궁한 까닭이다. 인류의 본질이 신적 대상으로 나타나졌으므로 신의 관념이 곧 인류의 본질이 된다는 입장에 이돈화는 동조했다.

> 신의 무궁은 곧 생명자기의 무궁이다. 인간 자기의 무궁이다. … 인간성은 이제야말로 자기의 무궁성을 깨닫게 되었다. 무궁자의 神이란 것이 인간 자기의 본성인 것을 알게 됨에 미쳐 인내천주의는 동방의 光으로 나타나게 되었다.[228]

이렇게 이돈화는 한울의 무궁신(神)적 인간 실재를 포이엘 바하의 이론에서 끌어 오고 동시에 쿠로이와 루이코(黑岩周六)의 최후종교론을 개략·소개하여 범신적·정신적 실재로서 인내천의 의미를 규명하였다. 그리고 이 범신관적 실재적 입장이 인내천 종교가 된다고 보았다.[229] 그러나 이돈화가 의미하는 범신관적 실재적 입장과 쿠로이와의 범신론과는 차이가 있다. 이는 다음 절에서 살펴보고자 한다.

2. 인내천 신론과 쿠로이와 루이코(黑岩周六)의 최후종교론

쿠로이와 루이코가 말하는 최후종교란 '점차 진화하여 최후로 창건된 참의 종교'를 의미하는 것으로서 그 최후 종교란 곧 범신론임을 뜻한다. 쿠로이와는 "천지만물이 신의 표현" 이고[230] 범신론은 인격적 신을 숭배하는 유일신론보다 일보 진화한 설로서 최후종교가 된다 하였다. 또한 "우리가 신이라 말함을 사고할 때는 불가불 인간에서 최령한 인(人)에게 표현을 삼고 이를 생각하여 보게 되는 것"[231]이라 했다. 이는 신의 형상을 인간에서 보고 그것을 이성으로 해석하는 근대 합리주의를 연상케 한다.

쿠로이와를 엄밀히 살펴보면 그의 범신론의 의미는 "만유이교(萬有理敎)로서의 이성"[232]이다. 범신론은 원래 동양의 것이지만 서구 근대에 부각된 범신론은 만유이교적(萬有理敎的) 범신론으로 이성을 기저로 하는 이신론(理神論)적 성격을 띤 것이었다.

> 오인의 심령은 이성이 되고 우주의 自觀도 커다란 이성이 된다. 近時의 철학자가 萬有理敎를 주창하는 것은 이 때문이다. 보자. 우주의 어느 곳에 吾人의 로직이라 칭하는 추리법과 다른 것이 있는가. … 실로 우주는 조리정연한 대이성에 따라 움직인다.[233]

그리고 이돈화 역시 그의 범신론 개념 규정이 당시의 근대 이신론적(理神論的) 범신론에 가까운 것이었음을 주의할 필요가 있다. 범신관이 불교나 동양 특유의 유심사상에 이미 있었던 것을 이돈화는 말하고 있지만[234] 보다 철저하게 밝혀진 것은 근세철학사상에서였다는 것이다. 17~18세기 과학사상의 대두는 일신교에 대한 비판을 가하고 반항의 기치를 들어 중세철학의 일신(一神)에 의문을 가하게 되는데 특히 그 발단이 데카르트의 범신관에서 비롯된다고 그는 인식하고 있다.

> 歐洲중세철학이 「떼칼트」같은 대철학자의 범신관에 의하여 발단된 사상은 드디어 一神의 본질에 대한 疑慮를 가지게 되었겠다. 원래 범신관이란

것은 결코 근대의 것이 아니요 예로부터 있어 오던 것이니 例하면 불교의
自力宗과 같은 것이며 동양의 특유한 唯心思想과 같은 것이 다같이 범신
관의 일종이었으니 그러나 汎神觀이 철저한 각오와 周密한 연구를 가지고
일어나기는 근세철학사상이었다. 근세철학사상의 범신관은 실로 一神教
에 대한 大敵이었다.[235]

물론 이돈화가 인용한 쿠로이와의 글에는 이러한 이신론적 성격이 잘 나
타나 있지 않다. 그 이유는 이돈화가 인내천주의와 유사하다고 생각한 부분
만 쿠로이와로부터 따와 인내천을 설명하는 방법을 취했기 때문인 듯하다.
그러나 범신론을 근대 신관에서 온 것으로 규정한 이돈화의 시대사조 인식
과 쿠로이와의 그것은 만유이교적 범신론이었음을 알 수 있다. 그러면서도
한편 이돈화가 말하고자 하는 범신적 인내천 신론의 핵심맥락은 이성이 아
닌 영성에 있다는 점에서 쿠로이와와 근대 범신론과는 차이가 있다.

이돈화는 원래 신(神)에 대한 관념발전을 다신(多神) · 일신(一神) · 범신(汎神)
의 세 가지로 나눈다. 다신론이란 사물의 배후에 각각 그 사물을 지배하는
신(神)이 있다 하여 이를 숭배한 것이고, 일신론은 다신(多神)의 비판으로부터
일어난 종교관념으로 우주 간에 오직 일신(一神)만이 있음을 주장한 것이다.
유일신의 인격적 조물주가 만물을 창조 하였다는 것이나 인격적 조물주만
이 영원의 실재요 기타 만물은 허상이며 환영뿐이라 하는 것이 모두 일신론
이라는 것이다. 끝으로 범신이라 함은 일신교와 같이 인격적 상제를 인정하
지 않고 우주전체를 영구 실재로 관하는 동시에 실재 그대로를 神으로 보는
입장이다. 범신관에 따르면 만물은 신의 창조물이 아니요 신의 표현이다.
이 점에서 범신관은 물즉신 신즉물(物卽神 神卽物), 영즉육 육즉영(靈卽肉 肉卽靈)
의 물심/영육일치주의에 입각한 것이 된다고 이돈화는 말한다.[236]
일신론이나 범신론 모두 유신론(有神論)인 점은 같지만 일신론은 신을 인

격적으로 생각하고 범신론은 만유신격적(萬有神格的)으로 생각한다고 이돈화는 설명한다. 그리고 그는 "인내천주의는 바로 이 범신관에 입각한 만유신격의 인정"에 있음을 강조했다. 이는 범신론에서 더 나아가 만유신격을 인격적 인내천상에 귀납시키므로[237] 범신론을 넘어서게 된다. 또한 "신을 만유의 평등적 내용점으로 보지 아니하고 만유 그것의 성장으로 본다는 것"에 범신론과는 또 다른 차이점이 있게 된다.[238] 따라서 "물심을 통일하고 영육을 일치케 하는 만수일리(萬殊一理)[239]의 실재가 이돈화가 말하는 범신관의 신"[240]이라 할 것이다. 다시 말하면 이돈화의 인내천 신론은 범신론적 만유신격을 인내천의 인간으로 귀결시키고 만유신격의 다양한 성장으로서 만수일리적 범신을 의미한다는 점에서 그 독자성을 엿볼 수 있다.

물론 쿠로이와의 범신관 역시 진화적 향상을 말하지만 여기서 향상의 의미는 적자생존적 사회진화론의 향상주의가 섞여 있고[241] 자연법칙을 의미하기에 이돈화의 입장과는 차이가 있다. 쿠로이와의 범신론은 서구의 이성에 의한 진보사관에 접근해 있다 할 수 있다.

> 자연도태라 말하는 것은 천연의 選擧이고 세계는 이 커다란 선거장에 다름아니다. 만물이 이에서 경쟁하여 그 성스러운 자를 推擧하고 다시 이 이치를 추거하여 말하면 오인은 천연의 대 선거장에 일체 生類의 추거로써 향상주의의 선봉에 추거된 자가 된다. … 적자생존의 법은 강한 자를 번영시킴에 다름 아니다. … 진화는 희생의 연속이 되고 향상없는 자는 향상시키는 자의 희생이 되어 향상을 계속한다. … 국민에게 희생의 정신 없이 국가는 나가지 못한다. … 누가 진화률을 우주도덕법이라 하지 않겠는가. 누가 적자생존의 理를 권선징악에 다름아니라고 말하는가.[242]

이돈화는 쿠로이와의 최후종교론이 대체(大體)로 인내천 종교와 같다고 했지만 쿠로이와의 이신론적 개념이나 사회진화론적 개념은 인용하지 않았다. 그는 크로포트킨의 상호부조론에는 동조하면서도 적자생존·약육강식의 사회진화는 인정하지 않았던 것과 같은 맥락이다. 이돈화는 인내천 신론을 최후 종교로 놓고 해명키 위하여 쿠로이와가 말하는 범신론적 실재의 개념을 적용했지만 쿠로이와가 그 실재를 실체로만 이야기하는 것은 종교적 신이 되지 못한다고 못박고 있다.

> 黑岩氏는 如斯한 실재가 곧 神이라 함이 卽인내천의 神과 如合符節하며 그리하여 그 실재를 다만 實뿐으로만은(필자 밑줄) 종교적 神이 되지못할 것인즉 玆에 하등의미를 포용함이 好하다함에서 氏는 어디까지든지 비판적 철학가요 창조적 종교의식을 가지지 못하였나니 하고오 終에 하등의 斷言이 無함으로써라.243

쿠로이와는 실재를 고정불변의 것으로 놓았고 이 실재는 유적(有的) 실재로 귀착한다는 것이 이돈화의 주장이다. 쿠로이와의 비유를 보면 그는 불멸의 예를 아래와 같이 책과 페이지수로 들어 설명하고 있다. 쿠로이와의 실재 개념 역시 '현상 즉 본체'의 불교적 사유로부터 시작하고는 있지만 귀착되는 것은 영구불변의 물질관으로서 절대적 실재론이다.

> 필경 시간의 常流는 서책의 頁數와 같아 此頁에 書한 사실은 次頁에 無하다. 然이나 前頁을 開하면 의연히 그 사실이 씌어있을 터이었다. 時間의 流도 이와 같아 三十歲의 死한 人이 삼십세 이후에는 물론 없을 터이나 삼십세 이전으로 돌아와 보면 의연히 사실로 존재하던 것이었다. 그러므로 실재 총체상으로 보면 物은 소멸한 者 아니오 영구불변이었다. …세간의 人이 時가 經한 以上은 사실이 소멸한다 云하나니 이것이 실재의 관념과는

매우 떠나 있다. … 이와 같이 생각하면 나의 이른바 최후의 종교는 이러하다. 절대소위 실재를 神으로 認하는 종교이었다.[244]

한편 이돈화는 쿠로이와의 실재 의미에 다른 의미를 가하였는데 그것은 영성이다.[245] 즉 신의 숭배를 자아의 영성에서 시작함이 최후종교가 될 것이었다. 영성이란 전체 생명의 생멸하는 실재로서 큰 나이자 대우주 정신이다.[246]

> 잎 한 개의 생명은 자기의 생명은 아니요 나무 전체의 생명이 잎을 통과하는 것이다. 그럴 때에 잎 한 개가 자기 한 잎 뿐으로만 보면 그것이 적은 나이다. 그러나 잎 한 개의 생명은 나무전체의 생명이므로 자기 한 개라는 것을 잊어버리고 나무 전체의 생명으로뿐 생각할 때에 큰 나가 되는 것이다. 이와 마찬가지로 우리의 생명은 나뭇잎 한 개의 생명과 같되 그 생명은 나의 생명이 아니요 우주 전체의 생명이 나에게 와있는 점에서 우주 전체 생명은 곧 큰 나가 되는 것이다. 정신의 편으로 보면 이것이 전 우주를 통한 靈의 정신이므로 곧 큰 나가되는 것이다.[247]

이상으로 이돈화와 쿠로이와의 인내천 신론과 최후종교를 비교할 때 몇 가지 차이점을 살펴 볼 수 있다. 이돈화의 범신론적 인내천 신론은 만수일리의 진화적 신론으로서 만유신격을 인간격의 영성으로 귀납시킨 것이고, 동시에 '현상즉본체'의 실재로서 이는 곧 영성이자 생멸적 생명이며 무궁한 생성을 의미했다. 반면 쿠로이와의 범신론적 최후종교는 이신론적인 측면이 강하고 이성의 절대적 실체로서의 실재개념과 적자생존, 약육강식적 진화론이 섞여있다 할 것이다.

V. 이돈화의 무위이화의 진화론과 다윈 진화론

변혁사상으로서 천도교는 사회진화를 약육강식·생존투쟁에 의한 진화 논리로서가 아니라 사람 무궁성의 진화로 이해했다. 이돈화는 "대우주의 대정신"을 천주라 말하고 우주는 이 대정신의 진화발달로써 금일의 현상에 이르렀다 하여 인내천주의적 진화론을 피력했다.

> 우주는 곧 一切物인데 일체물은 곧 神이며 人은 일체물 中 한 동물인데 동 물은 일체물의 最進化한 者이며 결국 人은 동물 中 최진화한 者로 즉 神의 최진화한 者로 만물의 영장이며 천지의 주인공될만한 자격이 玆에 표현하 였도다.[248]

일찍이 구한말에 도입된 스펜서의 사회진화론은 식민지 조선에 있어 자 유주의 운동의 사상적 토대가 되었지만 1920년대에 와서 사회진화론이라 는 말 자체가 보통명사가 되었다. 즉 헉슬리나 스펜서류의 것뿐만 아니라 크로포트킨의 상호부조론, 맑스의 역사법칙 발전론도 모두 사회진화론으 로 지칭되었던 것이다.[249] 그리고 여기에 이돈화의 무위이화 진화론이 가세 되는데 그는 인내천주의에 다윈이나 크로포트킨의 진화론뿐만 아니라 근 대철학과 근대범신론을 총체적으로 결합하여 천도교 특유의 사회진화론을 제기했다 할 것이다. 즉 그에 의해 사회진화론이 한울의 자율적 창조인 무 위이화의 진화론으로 대체된 것이다. 이의 근거는 일찍이 수운의 『동경대 전』에 "대개 먼 옛적으로부터 지구가 생기고 춘추가 질대(迭代)하며 사시(四 時)가 성하고 쇠할적 쇠하는 것은 이 또한 한울 조화의 자취가 천하에 소연 (昭然)하거늘 우민(愚民)들은 다만 우로(雨露)의 덕택만 알고 무위이화는 알지 못하였다."[250]고 한 것에 있다. 한울이 자기의 자율적 창조로써 지구의 창

조에까지 진화한 것이 곧 무위이화의 진화라고 이돈화는 말한다.[251]

한울 진화로서 무위이화는 그 내용상 몇 가지 특성을 지니고 있다. 첫째, 무위이화는 한울의 본체를 필연으로 인정하는 것이고 둘째, 무위이화는 자존자율의 법칙이며 셋째, 본체와 차별상의 관계는 통화작용과 분화작용의 관계로 설명되며 넷째, 무위이화는 항구적 향상성을 가진다. 무위이화의 '화(化)'라는 것은 곧 향상을 의미하고 조화를 의미하며 선(善)을 의미한다. 무위이화는 어떤 국한된 목적을 가진 것이 아니라 그 자체가 스스로 목적이 되어 항구히 진화하는 것으로 결코 규정된 목적을 가지고 있지 않다. 즉 이미 정해진 단계에서 주저하는 것이 아니라 부단히 보다 이상의 계단을 향하고 나아가는 것이 무위이화의 목적론이 된다.[252]

1. 무위이화의 진화론과 '본체즉현상'

무위이화의 진화란 "본체즉현상"에 입각한 진화론이다. 한울 자체의 무위이화의 창조력이 현상계를 창조한 것으로 한울은 본체 및 현상의 관계에서 일즉다(一卽多), 다즉일(多卽一)로 형용할 수 있다.[253] 일즉다다즉일은 불교 화엄사상의 이사무애(理事無碍)를 의미한다. 수운은 이를 '물물천사사천(物物天事事天)(汎天論)'으로 표현했고 이는 본체의 원리가 현상계에 나타난 그대로를 가르쳐 말한 것으로 만물이 다 한울이며 일마다 다 한울이다. '본체즉한울'은 오직 인간의 자각적 인식에서 인식할 수 있는 것이기에 수운은 이를 인내천이라 하였다는 것이 이돈화의 설명이다.[254]

따라서 이돈화는 다윈의 과학적 진화설과 수운의 진화설과는 차이가 있음을 분명히 하고 있다. 동학을 진화설이라는 말로 표현한 것은 분명 다윈의 영향이지만 그 내용은 다시 동학적으로 소화해 내고 있는 것이다. 이돈화가 인내천주의에 입각하여 본 진화설은 본체로부터 작용에 이른 본체적 진화설로서 작용과 현상에 국한된 이원적 진화설과는 분명 차이가 있다.

> 과학적 진화설은 작용의 편을 말하고 본체의 편은 말하지 않음에 반하여
> 수운주의의 진화설은 본체론으로부터 작용론에 이르게 된 것이다.[255]

다시 말하면 과학적 진화설은 증명의 학으로서 외부에 나타난 작용과 이를 특징짓는 조직을 주된 연구대상으로 하지만 인내천주의는 작용 및 조직의 본원 되는 한울의 본체적 계통으로부터 진화의 형식에 이른다는 것이다. 한울의 본체란 생명적 활력으로서 모든 개체는 이로부터 생겨나고 발전하는 것이다. 적은 겨자씨 속에도 생명이 머물러 있고 물질의 원자·전자에도 거력(拒力)과 흡력(吸力)이 있는 것처럼 우주 간에는 일대(一大) 생명적 활력이 있다. 이 활력을 수운주의에서는 지기라 하고 지기의 역(力)을 한울이라 한다. 그러므로 대우주의 진화는 한울의 본체적 활력, 즉 생생무궁(生生無窮)의 생명적 활동의 진화로 만유를 전개해 온 것이다. 즉 만물은 한울의 자율적 창조성으로 말미암는 한울 스스로의 표현이요 한울은 대자연의 유기적 진화운동이다.[256]

따라서 이돈화는 인간이 대우주의 대생명에서 진화되었다 하는 말을 과학적 진화론과 혼동하여 보아서는 안된다고 다시금 강조한다. 과학적 진화설은 형식적 조직적으로 보는 것이며 인내천주의의 진화설은 생명적인 무위이화로 보는 것이다. 즉 인내천주의의 진화설은 한울의 생명적인 무위이화임에 반하여 과학적 진화설은 물질적 인과율에 해당한다는 것이라고 이돈화는 주장한다.

2. 무위이화의 진화론과 일리만수(一理萬殊)

또한 무위이화의 진화설은 부분과 전체를 명료히 한다. 이는 성리학적 전통에서 내려오는 이일분수(理一分殊)를 일리만수(一理萬殊)로 정리한 동학적 사유에 기초한 배경을 갖고 있다. 이돈화는 이를 구체적으로 통화작용(統化作用)과 분화작용(分化作用)으로 설명하는데 한울은 통화작용으로 차별상에 표현되고 차별상은 분화작용으로 각자의 법칙에 의하여 상호의 관계운동을 일으킨다. 이는 곧 "일리만수(一理萬殊)적 진화"를 의미한다.[257] 즉 통화작용은 일리(一理)에, 분화작용은 만수(萬殊)에 해당한다. 부분은 전체의 표현이요 현상은 본체가 작용으로 드러난 것으로 현상에 의지해 근원이 나타날 수 있음을 강조한 것이다. 이돈화는 전체와 부분을 다음과 같이 비유를 들어 설명한다.

> 가령 여기에 어떠한 개체가 있다하고 이 개체가 어디서 생겼느냐 물으면 우리는 서슴지 않고 개체는 全體 즉 한울의 필연성으로 생긴 것이라고 대답할 수 있다. 그러므로 수운주의로 보면 개성으로부터 사회(전체)가 생긴 것이 아니라 사회(全的)로부터 개성이 생겼다고 가정하는 것이다. 인류사회라든지 동물사회라든지 어쨌든 사회(전체)라는 것은 先存的이 되어있고 개성은 그 선존적 사회(全的)로부터 화생한 것이라 보는 것이다… 신의 창조설에도 사회를 先存的으로 잡지않으면 모든 해답이 극히 곤란하리라 한다. 가령 어느 곳에 송이가 생겼다 하면 그 송이가 생기기 전에 벌써 그 환경은 송이가 생길만한 모든 조건을 구비하고 있었을 것이다. 습기라든가 適宜한 기후라든가 토질이라든가 하는 것이 이미 송이가 나기 전에 송이가 날만한 사회적 조건이 구비하고 있었을 것이다… 수운주의는 이 선존적 사회를 칭하여 한울이라 한다.[258]

분화작용에 있어 하나의 사물이 운동한다는 것은 본체의 원동(原動)이 개체에 직접적으로 미치는 것이 아니라 한 사물(一物)은 다른 사물들과의 관계에서 생긴다. 대해(大海) 위의 파도는 대해 전체의 원동에서 생기는 것이 아니라 파도와 바람이라는 유한물의 관계에서 생겨나는 것과 같이 유한자의 변화는 모든 타 유한자의 변화적 관계에서 비롯된다.[259] 즉 한울은 만물전체의 원인 또는 인과로서 무사불섭 무사불명이 되는 것이기에 이를 일러 한울의 통화작용이라 하는 것이고 만물의 운명은 각자 품수한 무위이화의 力에 의하여 스스로 얻는 것이므로 이것을 일러 분화작용이라 한다. 그러나 통화작용과 분화작용은 결코 분리되는 것이 아니다. 우주는 외형상 천차만별의 각기 다른 특징을 갖고 있지만 내용으로 볼 때에는 전 우주 근저에 일원적 세력이 있는 것이다. 이 통화작용과 분화작용의 통전(通全)에 의한 생성발전이 곧 수운주의의 진화설이다.[260]

　　지기의 대생명이 천연히 흘러 내려 인간의 생명이 되었다 할 것이다. 즉 무궁이전부터 흘러온 무궁적 생명이었다. 우리의 내유신령이 한울님의 분신으로 나온 것을 보면 내유신령에서 나온 우리의 생명도 한울님의 대생명의 분신임이 명백하다.[261]

　　만유는 한가지로 대우주대생명의 표현이고 생물계의 현상과 의식현상은 근본에서 동일한 생명으로 돌아 나온 것이다. 만물은 실로 지기생명충동의 연속 진화의 결과이다.[262] 수운은 우주를 일대지기적 생명체로 보았고 이 생명체가 계통있는 유기적 발전을 하는 법칙을 '무위이화의 진화론'이라 명명한 것이라 이돈화는 말하는 것이다.

Ⅵ. 결론

이돈화의 서구 근대철학의 수용은 일본을 창구로 한 것이었고 그 대표적인 사조는 진화론, 근대 범신론, 문화주의, 인격주의, 자연주의, 개조주의 등으로서 다윈, 포이엘바하, 데카르트, 베이컨, 니이체, 톨스토이, 카펜터, 칸트, 루소, 부트루, 베르그송, 오이켄 등의 사상을 접한 것이었다. 이 때 이돈화가 서구 근대철학을 수용함에 있어서 먼저 중시한 것은 전통의 성찰과 확고한 주체의 뿌리 세우기였다. 그리고 그 뿌리세우기를 삼교합일의 인내천주의에 두고 이를 현대사상을 소화하는 역량으로 삼아 大食主義로 나갔다 할 것이다. 이돈화의 인내천주의와 서구 근대철학의 수용은 크게 세 가지 측면으로 요약될 수 있다.

첫째, 문화주의 수용에서는 이상적 인격주의를 목표로 베르그송과 부트루, 및 칸트의 자유의지와 자율을 인용하여 이들의 부단한 생명활동과 우주의 자기전개로서 진보적·공동적 정신생활이 인내천주의가 지향하는 문화와 맞닿는 것으로 묘사하였다. 또한 이상적 인간을 인내천의 사람성 무궁주의와 사람성 자연주의에 입각하여 한울아(我)의 '무궁적 자율의 창조'로 설명하였는데 그 무궁성의 논리를 포이엘 바하에서 끌어오고 자연성을 논함에 있어서는 루소와의 비교를 통해서 논하였다.

둘째, 근대 범신론을 수용함에 있어서는 포이엘 바하의 이론으로부터 무궁신적 인간 실재를 끌어오고 동시에 쿠로이와 루이코(黑岩周六)의 「최후종교론」을 개략·소개하여 범신적·정신적 실재로서 인내천의 의미를 규명하였다. 그리고 이 범신관적 실재적 입장이 인내천 종교가 된다고 하였다. 그러나 인내천 신이 의미하는 범신관적 실재적 입장과 쿠로이와의 범신론과는 차이가 있음을 밝혔다.

셋째, 다윈의 진화론을 수용함에서는 진화라는 사고를 따오면서도 양육강식·생존투쟁에 의한 진화논리나 작용만의 진화로서가 아니라 본체즉현상, 일리만수의 「무위이화 진화론」으로 다시금 개진시켜 나갔다. 한울 진화로서 무위이화는 그 내용상 네 가지 특성을 지니는데 첫째, 한울의 본체를 필연으로 인정하는 것, 둘째, 자존자율의 법칙, 셋째, 본체와 차별상의 관계는 일리만수로서 통화작용과 분화작용의 관계를 지니는 것, 넷째, 항구적 향상성이다.

이돈화는 인내천주의가 근대철학과 공유하는 부분이 있고 이를 통해 인내천주의 이해를 심화시키고자 했지만 근대철학과 일정부분 거리가 있음도 간과하지 않았다. 그는 인내천사상이 유심론이나 유물론, 니체적 개인주의, 톨스토이식 사회주의나 감각적 자연주의, 그리고 이성주의가 아님을 분명히 했고[263] 과학적 진화론과 차별성을 두었으며 범신론마저도 넘어서는 최후종교로서 인내천주의를 해명해 나갔다. 그리고 이는 동시에 서구 근대철학을 수용·융합하는 그의 방식이자 성과였다 할 것이다.

3부

소파 방정환과
일본의 근대

Japanese Modernization and Modern Times of Choson : Conversion of Thought and Education

01 | 방정환의 어린이와 소년 개념에 대한 논의*

- 일본과의 비교적 관점에서

I. 서론

방정환에 대한 연구는 문학, 역사학, 교육학, 아동학 등 여러 학문 분야에서 다양하게 이루어지고 있다. 이처럼 다양한 분야에서 연구가 이루어지듯이 그의 활동은 다방면에 걸치고 있었다. 그는 1920년을 전후한 시기부터 비교적 생경하였던 '어린이' 에 주목하여 동화와 동요·그림을 보급하고, 1923년 3월에는 최초의 본격적인 어린이 잡지인 『어린이』 창간을 주도함으로써 1920년대 우리 사회에 적지 않은 변화를 가져온 인물이다. 『어린이』의 성공은 같은 해 10월 창간된 『신소년』을 비롯하여 『샛별』·『어린벗』·『새벗』 등 수많은 어린이 잡지가 창간되는 계기가 되었으며, 이는 그동안 우리 사회에서 무시되거나 배제되었던 어린이의 존재를 새롭게 각인시켰다.

방정환이 어린이를 중시하였던 것은 그가 평생 헌신했던 천도교 소년 운동의 일환이었다. 국권이 상실될 위기에 놓여 있었던 19세기 말부터 우리

＊「방정환의 '어린이' 와 '소년' 개념에 대한 논의」(『한국교육사학』32-2, 한국교육사학회, 2010)

사회에는 '소년'을 계몽시킴으로써 국권 상실을 막으려는 계몽 운동이 활성화되고 있었다. 개화론자들의 주도로 국권 회복이라는 목표를 가지고 설립되었던 사립학교도 계몽 운동의 일환이었다. 방정환의 소년 운동 역시 계몽적 성격을 띠고 있었다. 즉 그는 식민지로 전락하여 끔찍한 곤경에 처한 조선 사회의 민중들이 '내일의 생활은 잘될 수가 있겠다.'는 한 가지 희망으로 견디고 있으며, 이 희망을 살리는 도리는 내일의 호주, 내일의 조선의 일꾼인 소년 소녀들을 잘 키우는 것밖에 없다고 보았다. 『어린이』는 소년 소녀를 잘 키우기 위한 목적으로 창간된 것이었다.[1]

소년 운동의 일환으로 어린이를 중시하였다고 한다면 방정환은 어린이와 소년을 같은 의미로 사용하였을 것이라고 생각할 수 있다. 그러나 그는 대체로 어린이와 소년을 구분하였다. 어린이와 소년을 혼용한 적이 없지는 않지만 그는 의식적으로 어린이와 소년을 구분하여 사용하였던 것이다. 교육학계에서 나온 방정환에 관한 연구들은 대부분 아동교육 운동과 그 사상에 초점을 맞추어 교육적 의의를 부각시킨 반면 어린이와 소년 개념의 차이에 주목한 연구는 없었다. 그러나 방정환에게 있어서 어린이와 소년 개념의 차이는 그의 소년 운동을 이해하는 중요한 관건이다.

이 연구에서는 첫째, 방정환의 어린이와 소년의 개념을 살펴보려고 한다. 소년은 1900년대 초부터 널리 사용된 용어인데 비해, 방정환은 의도적으로 어린이라는 용어를 선택하였다. 둘째, 그의 어린이 개념의 이념적 배경을 검토하려고 한다. 그가 의도적으로 어린이라는 용어를 선택했을 때는 그것을 뒷받침하는 이념이 있었기 때문에 가능한 것이었다. 이를 뒷받침하는 이념은 천도교와 일본 아동 문학에서 찾을 수 있다. 셋째, 그의 어린이 개념과 일본 아동 문학에서 나타난 어린이 개념의 차이에 대해 논의하려고 한다. 그의 어린이 개념은 일본 아동 문학으로부터 많은 영향을 받았지만 차이가 없지는 않았다. 넷째, 그의 어린이 개념의 한계에 대해 고찰하려고 한다. 방정환은 한편으로는 어린이를 계몽의 대상으로 인식하고 있었지만 다른 한편으로는 어린이는 어렸기 때문에 계몽의 대상이 되기 어려웠다.

II. 방정환의 어린이와 소년 개념의 차이

현대의 용례에서 보면 어린이와 소년은 동의어로 사용되면서도 미묘한 뉘앙스의 차이를 갖고 있다. 국립국어원의 『표준국어대사전』에 의하면 어린이는 '어린아이를 대접하거나 격식을 갖추어 이르는 말로서 대개 4, 5세부터 초등학생까지의 아이'를 이르며, 소년은 '아직 완전히 성숙하지 아니한 어린 사내아이'라는 뜻과 '젊은 나이 또는 그런 나이의 사람'이라는 뜻을 가지고 있다.[2] 어린이와 소년은 성숙되지 않았다는 점에서는 같지만 일반적으로 소년은 어린이보다 조금 나이가 많은 연령을 지칭한다.

어린이라는 말은 18세기 말엽 근대 우리말에서 '유(幼)'의 번역어로 사용되고 있었으며, '어리다'는 '우(愚)'와 '유(幼)'의 두 가지 뜻을 지니고 있었다.[3] 최남선은 『소년』 창간호(1908), 『붉은 저고리』 4호(1913)와 『청춘』 창간호(1914) 등에서 어린이를 어리며, 어리석다는 의미로 사용한 바 있다. 그는 어린이와 소년을 명확하게 구분하였다. 그가 소년과 어린이를 구분할 때 소년은 아동보다는 오히려 성인에 가까우며, 어린이는 아동에 가까운 개념이었다.[4] 1920년대 이전에 어린이라는 용어는 극히 드물게 사용되었으며, 용법도 크게 달랐다는 점에서 어린이라는 용어는 1920년대에 나타난 신생어라고 할 수 있다.[5]

어린이라는 용어가 확산되기 전에는 '소년'이라는 용어가 널리 사용되고 있었다. 소년은 민족의 사활을 걸고 계몽의 열기가 뜨겁게 달아올랐던 1900년대 중반부터 1910년을 전후하여 급부상된 용어이다.[6] 최남선은 1908

년에 우리나라 최초의 종합 교양지이자 최초의 월간지인 『소년』 창간을 통하여 소년이라는 용어를 널리 확산시켰다. 소년은 최남선이 당시 필요로 했던 새로운 주체를 표현하기 위해 이전에 있었던 용어 가운데 새롭게 발견하거나 선택한 개념이었다.[7] 그에게 있어서 소년은 외세의 침략을 막아 내고, 새로운 지식과 문물을 수용·창조함으로써 근대적 문명 국가를 건설할 수 있는 새로운 주체였다. 소년에게서 희망을 찾았던 그는 『소년』 창간호의 권두사를 통해 "대한으로 하여금 소년의 나라가 되게 하라."고 언명하였다. 한말 자강 운동 세력들은 대부분 소년에 대한 열망을 공유하고 있었다.

1900년대에는 대체로 정신, 기력, 성실한 마음, 용맹한 기운이 있는 자는 소년이며, 없는 자는 노인이라고 설정하는 이분법적 대립 구도가 통용되었다. 1900년대의 소년은 젊거나 어린 층을 통칭하는 용어였으며, 20세 이하를 지칭하는 경우가 많았다. 이 시기에 소년과 청년은 통칭될 수 있는 용어였으나 1910년대 후반부터는 소년과 청년을 구분하는 것이 일반적인 경향으로 자리 잡아 갔다. 그것은 1910년대 중·후반에는 중·고등 교육을 받기 위해 해외에 유학하는 학생들이 양적으로 증가하여 물리적 집단을 형성할 수 있었던 데에서 기인하는 것이었다. 이들 유학생들은 '부로(父老)'들과는 완전히 단절되는 새로운 세계, 문명으로 향하는 경쟁의 진화론적 주체로 자신들을 새롭게 정의하기 시작하였다.[8] 청년들이 부상하면서 청년들은 자신들을 소년과 구분하였다. 1920년을 전후하여 수많은 청년회가 설립되고, 소년회를 비롯한 많은 소년 단체들이 청년회 산하에 조직되거나 청년회의 지원을 받으면서 출현했던 것도 이러한 인식에서 비롯된 것이었다.[9]

방정환은 1920년에 번역 동시인 「어린이 노래 - 불 켜는 이」를 소개하면서 어린이라는 용어를 처음 사용하였다.[10] 1920년대 어린이라는 용어의 확산은 방정환이 적극적으로 참여하였던 천도교 주도의 소년 운동과 긴밀히 관련되어 있다. 방정환은 어린이라는 말이 애녀석, 어린애, 아해놈을 없애

버리고, 늙은이·젊은이와 대등한 관계를 위해 생겨난 말이라고 했으며,[11] 어린이는 〈개벽사〉가 발명한 말이며, 어린이 운동은 〈개벽사〉에서 시작하였다고 이광수가 말한 바와 같이 어린이는 당시 매우 낯선 용어였다.[12]

이 시기 널리 사용되던 소년이라는 말 대신 방정환과 천도교 지도자들이 굳이 어린이라는 새로운 용어를 사용했던 이유는 어디에 있을까? 어린이라는 말은 특정한 연령대를 지시하기 위한 용어라기보다는 소년을 염두에 두고, 그들을 다른 방식으로 부르기 위한 별칭으로 고안된 것이었다.[13] 김기전이 기초했다고 보여지는, 1923년 5월 1일 어린이날에 낭독된 선언문인 '소년 운동의 기초 조항'은 소년 운동이라는 제목을 붙였지만 본문에서는 의도적으로 어린이라는 용어를 사용하였다. 이 선언문의 첫째 조항에서는 어린이를 재래의 윤리적 압박으로부터 해방하여 그들에 대한 완전한 인격적 예우를 허하라고 강조하였다.[14] 이 선언문에서 어린이라는 말은 해방의 의미를 담고 있었다. 어린이는 천도교에서 어린이에게 존중받을 인격이 있음을 선언하고, 미성년들을 억압하는 기성의 문화를 비판하기 위해 전략적으로 보급시킨 말이었다.[15] 이런 점에서 어린이는 '어른'과 대조되는 개념으로 봉건적인 낡은 사고에서 벗어난 신문명의 은유로 볼 수 있다.[16]

방정환의 어린이 개념이 가장 잘 나타난다고 평가받는 「어린이 찬미」를 보면 그는 어린이를 참됨(眞)과 착함과 아름다움을 갖춘 완전한 존재로 묘사하고 있다. "더할 수 없는 참됨과 더할 수 없는 착함과 더할 수 없는 아름다움을 갖추고, 그 위에 또 위대한 창조의 힘까지 갖추어 가진 어린 한우님이 편안하게도 고요한 잠을 잔다."[17] 방정환은 어린이는 그 존재만으로도 더러운 세상을 살아가는 사람들을 구제할 수 있는 힘을 가지고 있다고 말하기도 하였다. "우리가 피곤한 몸으로 일에 절망하고 늘어질 때에 어둠에 빛나는 광명의 빛같이 우리 가슴에 한줄기 빛을 던지고 새로운 원기와 위안을 주는 것도 어린이뿐만이 가진 존귀한 힘이다."[18]

방정환은 어린이라는 말에 새로운 의미를 부여했지만 소년이라는 용어도 계속 사용하였다. 그는 소년과 아동을 병기하기도 하고,[19] 어린이 대신에 종종 '유소년'이라는 용어를 사용하기도 하였다. 「천도교와 유소년 문제」라는 글을 보면 그는 어린이의 연령 기준을 10세로 잡고 있다.[20] 그는 소년과 어린이를 혼용하기도 하였지만 대체로 10세 이상의 연령이 높은 어린이를 지칭할 때 소년이라는 용어를 사용하였다. 『어린이』 독자도 어린이보다는 소년이 많았다. 『어린이』 독자들은 13세에서 18세에 이르는 연령층이 80% 정도였으며, 19세 이상 독자들도 적지 않았다. 방정환의 『사랑의 선물』도 어른과 아이들이 모두 읽는 식민지 시대 최대의 베스트셀러 중 하나였다.[21]

그가 어린이를 발견했다고 하더라도 소년 운동이 민족 운동의 연장선 상에서 이루어지고 있었기 때문에 소년을 배제할 수는 없었다. 방정환과 천도교에 의해 어린이라는 용어의 중요성이 인식되고 또 이들에 의해 어린이라는 용어가 확산되었음에도 불구하고 천도교 소년회의 명칭을 어린이회로 바꾸지 않았던 이유도 여기에 있다. 즉 민족 운동의 일환이었던 소년 운동에서는 어린이보다 조금 연령이 높은 소년이 더 중요한 의미를 갖고 있었던 것이다.[22] 민족 운동에서 소년의 중요성은 방정환이 방학을 맞은 전문학생·중학생·소학생·여학생들에게 귀향하여 가족을 포함하여 이웃 농민들에게 한글을 가르치라고 역설하였던 것에서 잘 드러난다. 방정환은 이들이 한글을 적극적으로 가르쳐 조선 사람이 문맹을 면한다면 비로소 민중 전체가 손목을 맞잡고 같이 움직여 나아갈 수 있다는 점에서 학생들을 조선에게 싹 돋아난 새 생명인 동시에 가장 미더운 역군으로 지칭하였다.[23] 이렇듯이 그에게 소년은 한편으로는 계몽의 대상이었지만 다른 한편으로는 계몽의 주체이기도 하였다.

III. 방정환 어린이 개념의 사상적 배경

앞에서 보았듯이 당시 소년이라는 용어가 널리 사용되었지만 방정환은 어린이라는 용어에 해방이라는 새로운 의미를 부여하고, 어린이를 참됨과 착함과 아름다움을 갖춘 완전한 존재로 묘사하였다. 여기에서는 그가 새롭게 의미를 부여했던 어린이라는 용어의 이념적 배경에 대해 살펴보려고 한다. 어린이라는 용어의 이념적 배경은 크게 두 가지로 나누어 볼 수 있다. 하나는 천도교이며, 다른 하나는 당시의 일본 아동 문학이다.

1. 천도교

1921년 5월에 수립된 천도교 소년회는 '소년 대중의 수운주의적 교양과 사회생활의 훈련을 기함'을 강령으로 선언한 데에 나타나듯이 천도교 사상에 바탕을 두었다.[24] 천도교는 평등 사상을 중시하고 있다. 최제우의 '시천주', 최시형의 '사인여천', 손병희의 '인내천'에는 모두 본원적인 평등사상이 담겨 있다. 시천주는 모든 사람이 한울님을 모시고 있으며, 사인여천은 사람 대하기를 한울님과 같이 공경하라는 것이며, 인내천은 사람이 곧 한울님이라는 것이니 이 말들은 모두 평등사상에 기초를 두고 있다. 특히 최시형의 경우 "어린 아이를 때리지 말라. 이는 한울님을 치는 것이다."라고 하여 어린이 역시 한울님같이 존중해야 함을 강조한 바 있었다.[25]

방정환은 어린이를 살아 있는 한울님으로 지칭하면서 편안하고 고요하게 자고 있는 어린이의 얼굴에 성당에 들어간 것 이상의 경건한 마음으로 예배하고 있다고 말하기도 하였다.[26] 다음의 인용문은 방정환의 어린이관이 천도교를 바탕으로 한다는 것을 잘 보여주고 있다.

그리고 나는 이 새 일(동화·연구자)에 착수할 때에 더욱 우리 교(敎) 중의 많은 어린 동무를 생각한다. 어여쁜 천사, 인내천의 천사, 이윽고는 새 세상의 천도교의 새 일꾼으로 지상천국의 건설에 종사할 우리 교 중의 어린 동무로 하여금 애 적부터, 시인일 적부터 아직 물욕의 마귀가 되기 전부터 아름다운 신앙 생활을 찬미하게 하고 싶다. 영원한 천사 되게 하고 싶다. 늘 이 생각을 잊지 말고, 이 예술을 만들고 싶고, 또 그렇게 하겠다.[27]

그는 동화라는 새 작업에 착수하면서 이 작업을 통해 천도교를 신앙하는 어린이들의 아름다운 신앙생활을 찬미하고 영원한 천사가 되게 하고 싶다는 의지를 명확하게 밝혔다. 그에게 어린이는 어여쁜 천사, 인내천의 천사였다. 그러기에 방정환은 어린이의 노래를 자연의 소리이며 한울의 소리로 보고, 어린이의 모양을 자연의 자태이며 한울의 그림자로 보고, 어린이의 나라를 죄 없고 허물없는 평화롭고 자유로운 나라로 지칭할 수 있었다.[28]

방정환은 어린이가 윤리적·경제적 구속을 받고 있는 현실을 비판하면서 "짓밟히고, 학대받고, 쓸쓸하게 자라는 어린 혼을 구원하자!"고 외쳤다.[29] 이와 같이 어린이를 해방시키고자 한 것은 서구 어느 나라에서도 볼 수 없는 특이한 현상으로 민족주의적 관심뿐 아니라 한울 사상에 바탕을 두고 어린이를 비롯한 약자를 존중하는 사상에서 비롯된 것이다.[30]

그러나 방정환의 어린이 개념의 이념적 배경을 천도교에서만 찾으려는 것은 한계가 있다. 천도교는 평등을 강조해 왔으나 이 시기에 특별히 어린이를 강조하게 된 것은 어떤 계기가 있었을 것으로 보인다. 그 계기를 천도교 안에서 찾기는 쉽지 않다. 또한 천도교가 교리를 정비하는 과정에서 서구 철학을 적극적으로 수용하고 있었다는 점 등을 고려한다면 방정환의 어린이 개념의 배경을 천도교에서만 찾으려는 시도는 한계를 드러내게 된다.[31] 특히 근대적인 요소가 있는 방정환의 어린이 개념과 그가 소년 운동을 통해 강조했던 동화·동요·그림 등을 비롯한 예술 보급 활동의 배경을 천도교 안에서 찾기는 어렵다. 방정환의 어린이 개념과 예술 보급 활동은 일본 체류 시절(1920. 9-1923. ?)의 경험과도 깊은 관계가 있다.

2. 일본 아동 문학

방정환은 일본에 가기 직전인 1920년 9월에 「어린이 노래 - 불켜는 이」(『개벽』 3호)를 발표하기도 했지만 일본에 가기 전 그의 글은 주로 대부분 소설, 수필, 시, 풍자기 등에 머물러 있었다.[32] 일본 체류를 계기로 방정환은 소설가 또는 문필가로부터 아동 문학가이자, 동화 작가로 변신하였다. 그는 1922년에 그의 유일한 단행본인 『사랑의 선물』을 출간하는 것 외에 「호수의 여왕」, 「털보 장사」 등 여러 편의 번안 동화를 『개벽』에 발표하였다.[33]

방정환의 아동 문학가, 동화 작가로의 변신은 일본의 아동 문학 상황과 관련이 있는 것으로 보인다.[34] 방정환이 체류하던 시절 일본은 아동 문학의 절정기에 놓여 있었다. 대정 시기에 접어들면서 일본에서는 어린이가 '발견' 되기 시작하였으며, 어린이와 아동 문학 관념이 결정적으로 변화하고 있었다. 이 시기 대표적인 동화 작가 오가와 미메이(小川未明)는 '어린이' 를 예찬하고 '동화' 를 '어린이 마음을 잃지 않는 모든 인류를 향한 문학' 이라고 하였다. 1918년(대정 7)에 창간된 『빨간 새(赤い鳥)』(이하 『빨간 새』로 표기)는 당시 범람하던 소년 문학, 어린이용 통속 소설, 관제 창가를 부정하고 '예술로서 진정한 가치가 있는' 동화와 동요를 내걸었다. 이 잡지를 창간하는 데 큰 역할을 한 스즈키 미에키치(鈴木三重吉)에게 동화는 '어린이의 순수를 보존-개발하기 위한 예술' 이었다. 『빨간 새』는 큰 성공을 거두었으며, 이후 비슷한 동화 잡지가 잇달아 창간되었다.[35]

방정환의 어린이 개념과 소년 운동의 내용은 상당 부분 일본으로부터 수용된 것이었다. 최근 방정환이 대정 시기 일본 동화론의 영향을 많이 받았음을 실증적으로 규명한 연구가 발표되었다. 이 연구는 방정환의 「새로 개척되는 동화에 관하여」라는 글을 분석하여 이 글이 타카기 토시오(高木敏雄), 오가와 미메이, 아키타 우자크(秋田雨雀)의 글을 상당 부분 차용하고 있다는 것을 밝혔다. 방정환이 동화를 "동화의 동은 아동이란 동이요, 화는 설화이니 동화라는 것은 아동의 설화 또는 아동을 위하여의 설화이다."라고 한 정의와 "동화는 그 소년-아동의 정신 생활의 중요한 일부면이고, 최긴(最緊)한 식물(食物)"이라는 동화의 필요성, 그리고 "동화가 가질 요건은 아동에게 유열(愉悅)을 주어야 한다는 것입니다. 아동의 마음에 기쁨과 유쾌한 흥을 주는 것이 동화의 생명이라고 해도 좋을 것입니다."라는 동화의 목적에 대한 설명은 타카기의 글을 거의 그대로 옮긴 것이다. 조선 전래 동화 발굴과 수집의 필요성에 대한 방정환의 언급도 타카기의 글을 참조한 것이다. 그리고 방정환이 이 글에서 미메이의 이름을 언급하고 있는 데에서 알 수 있듯이 예술로서의 동화의 장래성, 동화 작가의 자세, 영원한 아동을 위한 동화에 관한 생각은 오가이 미메이의 동화론을 상당 부분 차용한 것이다.[36]

방정환이 체류한 시기 일본 아동 문학의 새로운 움직임은 동화·동요가 왕성하게 창작되고, 그 경향은 더욱 발전하여 동화극까지도 시험적으로 공연하게 된 데에 있다. 『빨간 새』의 주된 독자가 도시 중산층의 아이들과 지방 명사의 자제들인 것에서 알 수 있듯이 『빨간 새』를 지지한 것은 주로 도시의 중산층이었다. 거의 같은 시기에 어린이들의 자발성과 개성을 존중하는 이른바 '대정 자유 교육'이라고 하는 교육 운동이 전개되었는데, 그것은 『빨간 새』가 제창한 어린이의 글쓰기와 동요, 자유화에 대한 주장과 일치하고 있었다. 즉 어린이들의 눈으로 보고 느낀 그대로 표현하는 것이 좋다는 글쓰기와 생생한 어린이들의 마음을 노래하려는 동요와 어린이들이 자유롭게 그리는 자유화를 주장하였던 것이다. 관제 교과서에 비판적이던 교사들은 종종 『빨간 새』를 보조 교재로 사용하였다.

『빨간 새』는 대정 민주주의를 배경으로 어린이를 종속으로부터 해방하고, 성인들의 강제적인 교훈으로부터 해방하여 자유로운 감성과 활달한 아동의 세계를 예찬하는 운동을 전개하였다.[37] 『빨간 새』의 대표적인 작가였던 미메이는 어린이들이 부모와 어른들로부터 속박되고 학대받고 사랑받지 못하고 있다면서 어린이를 해방시키기 위해 "나는 아이들의 대변자가 되고, 그를 위해 항의하고, 주장하고, 또한 그들 세계의 모든 것을 말하지 않으면 안 될 예술의 필요를 느낀다. 동시에 이 시대의 소년을 위해 위무(慰撫)하는 예술이 필요하다."고 하여 어린이 해방을 위한 예술의 필요성을 강조하였다.[38] 방정환이 윤리적·경제적 구속으로부터 어린이를 해방시키려고 했던 것과 동화·동요를 비롯한 어린이를 위한 예술을 강조했던 것 등은 『빨간 새』가 추진하였던 어린이 운동과 대체로 비슷하였다.

『빨간 새』에 그려진 어린이들의 이미지는 크게 세 가지로 정리할 수 있다. 첫째로 착한 어린이 또는 선하고 착함의 이미지이다. 착한 어린이는 사회·도덕적 가치에 동조하는 어린이이지만 전통 유교 사회의 도덕이 아니라 오히려 서양의 새로운 시민 사회형 도덕을 표현한다. 둘째로 약한 어린이 혹은 연약함의 이미지에 속하는 집단이다. 혼자서 끙끙대며 고민하는 마음이 약한 어린이, 병이 든 어린이, 학대받는 어린이들이다. 셋째로 순수한 어린이 또는 순수함의 이미지이다. 『빨간 새』에서는 순수함 자체를 그리기보다는 오히려 순수함을 구현하는 존재로서 어린이를 상징적으로 취급하는 일이 많았다. 이 세 가지 기본 이미지가 서로 배타적인 것은 아니다. 『빨간 새』의 어린이는 이상을 실현하기 위하여 적극적으로 행동하는 착한 어린이라기보다는 소박함, 상냥함, 동정, 반성하는 태도와 같은 내면 속성으로 특징지을 수 있으며, 행동보다는 오히려 내면 문제를 강조하였다.

착하면서도 순수한 어린이들의 이미지를 지탱하고 있었던 것은 무구 또는 동심이라는 관념이었다. 동심이라는 말은 시대를 대표하는 키워드의 하나였다. 그러나 이들은 현실의 아이들만을 바라보았다기보다는 어린이의 마음을 잃지 않는 모든 인류, 인류가 품고 있는 영원한 아이라는 이념적·추상적 존재에 주목하였다. 이러한 어린이 개념에 의하면 학교는 순진한 어린이의 천성을 비뚤어지게 하고 교묘하게 규칙을 강요하며, 어린이와 아무런 관계도 없고 즐거움도 없으며, 어른이 어린이를 위해 만든 일종의 감옥에 지나지 않는 것이었다.

　방정환의 글에서 수없이 나타나는 착하고 선한 어린이, 약한 어린이, 순수한 어린이와 동심 예찬이나 영원한 아동성 등은 『빨간 새』에서 나타나는 어린이의 이미지와 거의 같다.[39] 방정환은 일본 체류 시절 일본에서 유행하던 동심주의에 주목하고 공감의 폭을 넓혀 갔던 것이다. 방정환의 어린이 개념의 핵심은 흔히 천사 동심주의로 요약된다. 그에게 있어서 어린이의 이미지는 크게 세 가지로 정리된다. 첫째 착하고 순수한 어린이, 둘째 불쌍하고 가련한 어린이, 셋째 용기와 의리 있는 영웅의 이미지이다. 특히 방정환의 작품 중에 가장 많이 나타난 것은 불쌍하고 가련한 어린이였다. 이러한 어린이상은 조국의 현실을 반영한 것이기도 하지만 『빨간 새』에 자주 등장한 것도 약한 어린이였다. 『어린이』에 불쌍하고 가련한 어린이가 많이 등장하였기 때문에 『어린이』 창간에 큰 역할을 하였고, 주요 필자였던 아동 문제 연구회인 색동회 회원들 간에도 슬픈 이야기와 애처로운 내용을 줄이는 것이 필요하다는 의견이 제기되기도 하였다. 즉 어린이를 좀 더 씩씩하게 기르자면 눈물만 줄 것이 아니라 용기를 많이 주어야 하며, 눈물이 70%, 명랑한 것이 30%였던 것을 명랑한 것을 70%, 눈물을 30%로 해야 한다고 결의한 바 있었다고 한다.[40]

IV. 방정환과 일본 아동 문학의 어린이 개념의 차이

앞에서 살펴본 바와 같이 방정환은 적지 않게 일본 아동 문학으로부터 영향을 받고 있었다. 그의 어린이 개념은 『빨간 새』에 나타난 어린이 개념과 비슷하였으며, 동화·동요·자유화 등 예술을 강조한 것 역시 일본 아동 문학으로부터 영향을 받은 것이다. 그러나 방정환과 대정 시기 『빨간 새』의 어린이 개념은 차이가 없지는 않았다. 그 차이는 대체로 네 가지 정도로 요약할 수 있다.

첫째, 『빨간 새』가 어른을 위한 어린이에 주목했다는 비판받고 있는 반면 방정환의 어린이는 어린이 자신을 위한 어린이에 주목한 것으로 보인다. 『빨간 새』는 세파에 지치고 순수성을 잃어버린 어른들이 추구해야 할 이상의 세계로서 동심을 파악했으며, 바로 그러한 측면에서 아동을 특별한 존재로 보았다. 반면 방정환의 어린이는 아동의 순수성을 말하고 있지만 이를 어른의 퇴행적인 도피나 사회로부터의 위안을 위한 수단으로 삼지 않았다. 방정환은 어린이 문학의 주체를 어린이 자신으로 놓고, 어린 시절의 향수를 찾거나 현실에 대한 비판을 목적으로 하는 문학이 아닌, 실제 어린이를 주요 독자로 상정한 문학을 추구하였다.[41]

둘째, 『빨간 새』의 어린이가 개인적 수준에 머물러 사회적 차원으로 확장되지 않았다면 방정환의 어린이는 식민지라는 상황에서 소년 운동으로 연결되는 사회적 또는 민족적 차원의 의미를 갖고 있었다. 방정환의 소년 운동은 짓밟히고 학대받고 쓸쓸하게 자라나는 어린 혼을 구원하기 위한 목적을 가지고 있었고, 더 나아가 민족을 구원하려는 의도를 갖고 있었다. 아울러 『빨간 새』의 어린이는 개인이며, 어떤 의미에서는 사회생활로부터 격리되었지만 방정환이 이상으로 생각했던 이상적인 어린이는 다른 사람을 배려하며 살아가는 공동체적 개체였다.

셋째, 방정환은 『빨간 새』에 비해 어린이 교육을 중시했다는 점이다. 이것은 일본 어린이들이 거의 전부 소학교에 취학하고 있었던 데에 비해 우리의 경우 1920년 4.4%, 1924년 14.7%, 1928년 17.2% 정도의 취학률을 보이고 있었던 데에 기인한다.[42] 3·1운동 이후 신교육에 대한 긍정적인 시각 변화와 조선총독부의 보통학교 확대 정책이 있었고,[43] 또 적지 않은 어린이들이 여전히 서당에 다니기는 했지만 저조한 취학률은 방정환에게 어린이 교육을 중시하게 만드는 원인으로 작용하였다. 방정환이 20회에 걸쳐 연재하였던 「어린이 독본」은 『어린이』의 학교 외 교육의 성격을 잘 보여주고 있다.[44]

넷째, 『빨간 새』의 어린이와 방정환의 어린이 개념에는 서로 다른 전통을 반영하고 있었다. 『빨간 새』가 강조하였던 동심은 서구 낭만주의의 영향을 많이 받았지만 다른 한편으로는 일본에 있는 비슷한 사고방식에 기초해 이해된 것이기도 하였다. 예컨대 불교와 노장사상 등에서 동심 또는 서양식 무구를 찾기도 했다. 즉 대정 시기의 어린이 개념에는 서양 낭만주의 문학의 관념인 무구를 받아들이면서, 동시에 일본 전통의 어린이관이나 가치관과 융합시켜 동심으로 다시 형성해가는 과정이 포함되어 있었다.[45] 『빨간 새』의 어린이 개념이 일본 전통에 연결되었던 것과 마찬가지로 방정환의 어린이는 한울님, 인내천의 천사 등으로 표현되는 것에서 알 수 있듯이 그의 사상적 뿌리였던 천도교 사상이 일정한 정도 내재해 있었다.

V. 방정환 어린이 개념의 문제

가라타니 고진(柄谷行人)은 일찍이 존재하지 않았던 것이 마치 그 이전부터 있었던 것처럼 자명화되는 과정에서 나타나는 '풍경'의 발견은 일본에서는 서구 문명의 수용과 관련이 있었으며, 풍경이 출현하기 위해서는 지각

양태가 변하지 않으면 안 되며, 그것을 위해서는 어떤 구체적인 역전이 필요하다고 말하였다.[46] 풍경은 이전에도 존재했지만 그것이 그렇게 보였던 것은 시각의 문제가 아니다. 시각의 문제가 되려면 개념(의미되는 것)으로서의 풍경이나 얼굴이 우위에 있는 '장(場)'이 전도되어야 한다.[47] 또한 내가 표현하고 싶은 것이 있을 때 표현해야 할 '내면' 또는 '자기'가 선험적으로 존재하는 것이 아니라 물질성 또는 '제도'에 의해 뒷받침되어야 가능한 것이다.[48]

서구에서는 17세기 말부터 어린이 개념에 대한 변화가 일어나고 있었지만 식민지 지배하에서 어리고, 어리석다고 인식했던 전통적인 어린이관이 변화할 수 있었던 것은 고진이 말한 바와 같이 일정한 정도 물질성 또는 제도에 의해 뒷받침되었기 때문이다.[49] 즉 어린이 발견이라는 사태는 전통적 사회의 자본주의적 재편성의 일환이라는 의미도 있었다. 1910년대는 재정·금융 기구의 정리, 조선 토지조사사업, 조선 회사령 등을 통해 조선인 대자본을 통제하는 것에서 보이듯이 각종 식민지 기구와 제도를 정비함으로써 식민지 자본주의 체제를 이식해 가는 과정이었다.[50] 이러한 결과 1920년대에는 대도시를 중심으로 식민지 자본주의 체제가 확산되어 가고 있었다. 1926년 개벽사에서 발간한 『별건곤』이 도시 부르주아적 삶의 표본을 제공하였던 것도 이러한 바탕 아래에서 가능한 것이었다.[51]

방정환이 제시한 어린이는 '근대적' 어린이였으며, 이러한 근대적 어린이관이 정착되는 데에 방정환과 천도교가 일정한 역할을 한 것은 틀림없지만 한편으로는 조선 사회가 식민지 자본주의 체제에 편입되고 있었던 것과 깊은 관련이 있다. 어린이라는 용어의 확산은 이외에도 근대적 양육법을 도입 내지 확산시킨 서양의 의료 선교 사업, 총독부 측의 아동 관련 사회사업과 가정의 의료화와 모성 강화, 서구 유아교육 이론과 서구식 자녀 교육법 도입, 유치원과 초등학교 등 여러 가지 요인이 당시 사회 조건과 맞물리면

서 가능했던 것이다.[52]

방정환이 제시했던 어린이는 근대적이었지만 이중적인 성격을 띠고 있었다. 그의 어린이는 한편으로는 순결하고 고귀한 한울님으로서 완벽한 존재였다. 그는 어린들을 구원해야 한다고 말하면서 어린이가 요구하는 것을 주고, 그들에게서 싹 돋는 것을 북돋아주고 보호하면 새 세상이 창조될 것이라고 하였다.[53] 그가 동화의 생명이 어린이의 마음에 기쁨과 유쾌한 흥을 주는 것에 있으며 교육적 가치 문제는 셋째, 넷째 문제라고 말하였던 것도 어린이를 완벽한 존재로 인식하는 데에서 나온 것이다.[54] 완벽한 존재는 계몽의 대상이 될 수 없으며, 계몽의 대상이 될 필요도 없다. 어린이들이 살고 있는 세상이 완벽하기 때문이다.

그러나 다른 한편으로 그에게 어린이는 계몽의 대상으로 조선을 식민지로부터 구원해야 하는 주체이기도 하였다. 완벽한 존재가 아니라 계몽의 대상으로서의 어린이야말로 장래 조선의 일꾼이 될 수 있는 것이었다. 앞에서 보았듯이 방정환이 어린이와 소년을 혼용할 수밖에 없었던 이유도 여기에 있다. 맑고 깨끗한 천사는 그 자체로 세상을 순화시키는 존재이지만 방정환의 의식 속에서 어린이는 당대 현실에 대응하기에 역부족인 존재였다.[55] 방정환은 시간이 갈수록 계몽을 강조하였다. 그가 창작을 통해 그린 주인공은 어린이보다는 대체로 고등보통학교에 다니는 정도의 소년이었다. 방정환이 낮은 연령의 어린이에게 주는 공상적, 시적 특성이 강한 동화보다는 높은 연령의 소년들에게 주는 현실적 특성이 강한 소년소설을 많이 창작했던 것은 소년이 민족의 미래를 책임지고 만들어가야 할 존재였기 때문이다.[56] 민족의 일꾼으로서 미래를 책임지는 실천적 담지자로서의 소년상은 방정환이 당시의 소년들에게 일방적으로 주입하고자 한 이데올로기로서의 성격을 갖고 있다.[57]

방정환은 "조선의 소년 소녀 단 한 사람이라도 빼지 말고 한결같이 '좋은 사람'이 되게 하자"는 구호를 제기하기도 하였다.[58] 그가 주장했던 좋은 사람은 원만한 인격의 '사회적 개체'였다. 좋은 사람이 지향하는 원만함에는 근대적 개체가 지향해야 할 주체적이고 비판적인 이성이 상당 부분 결여되어 있다. 좋은 사람을 만들기 위해 방정환은 날카로운 이성 훈련보다는 동정심에 민감한 정서 교육에 치중하였다. 이는 이성적 논리보다는 '인격'과 '수양'을 강조했던 당대 문화주의의 논리, 이성적 인간보다는 열정적 대위인(大衛人)을 필요로 한다는 천도교단의 논리와 관련이 있었다. 이러한 논리가 어린이 운동의 이념에도 침투해 정서적으로 어린이를 규율하게 된 것이다. 이는 결국 어린이들의 개성과 창의성을 심어주기보다는 똑같은 인물을 강요하는 결과를 낳을 수 있었다. 좋은 사람이 당대 일본 수신 교과서의 주요 주제였다는 점에서 방정환의 어린이는 반신민화의 길에서 벗어나 오히려 강화되어가는 신민화 논리에 동화될 위험도 없지 않았다. 이는 결국 어린이의 발견이 근대적 개인의 탄생, 억압적 굴레로서의 해방이라는 관점이 아니라 또 다른 억압일 수도 있었다는 것이다.[59]

이렇듯이 민족 운동의 일환으로서 계몽을 강조하였던 방정환은 미래의 주체가 될 소년들이 자신의 기대에 미치지 못할 때는 신랄하게 비판하기도 하였다. 방정환은 남학생이나 여학생이 유행에 민감하고, 강연회보다 2~4배 비싼 관람료에도 불구하고 극장이 학생으로 가득 차는 것을 비판하면서 학교 조회 시간에 본 학생들의 모습을 '호령이 떨어져도 10분이나 넘어 꿈적거리는 늘어진 몸뚱이들', '죽지 못해서 살아 있는 몸뚱이', '움직이기가 지긋지긋한 그 아편쟁이 같은 태도' 등으로 표현하였다.[60] 방정환에게 이러한 학생들의 태도는 너무나 슬픈 현실이었고, 그는 학생들에게 처지와 환경이 험난하면 할수록 그것을 극복할 수 있는 기운을 가져야 한다고 역설하였다. 그러나 학생들에 대한 그의 비판은 과장된 것이었다. 그는 도회 사람, 특히 '뇌신경 노동자'들이 극장을 찾는 것을 "심신 피곤의 가장 훌륭한 세탁"을 위한 것이며, 몇 가지 조건만 구비되어 처음부터 끝까지 편안히 쉴 수 있다면 극장의 입장료는 비싼 것이 아니라고 말한 바 있었다.[61] 극장에 가서 심신의 피곤함을 세탁할 수 있다면 학생들이 극장에 가는 것을 일방적으로 비난할 수는 없다. 방정환의 비판은 현실에 보이는 학생들의 모습이 그의 기대에 미치지 못하였기 때문이었다. 다시 말해 조선의 현실을 개조·계몽해야 한다는 강렬한 목적 의식이 강해질수록 그의 소년은 현실의 소년과는 무관한 존재가 될 가능성이 많아졌다. 그리고 그의 관념 속에 있는 소년과 현실의 소년의 거리가 멀어질수록 그가 추구했던 소년 운동도 성공하기 어려울 수밖에 없었다.

어린이 개념은 처음부터 조선과 조선 민족을 강하게 전제하는 개념이었다. 그러나 조선의 현실을 개조·계몽해야 한다는 강렬한 목적 의식이 어린이에 투사되면서 어린이는 한편으로는 이상과 순수를 표상하는 존재로서 상정되었고, 이것은 역설적으로 현실의 어린이와는 무관한 존재가 되어 버렸다. 사회주의의 영향을 받은 소년 운동가들이 어린이 대신 무산 소년, 근로 소년을 새로운 소년 운동의 주체로 내세웠던 것은 이 때문이었다. 즉 1920년대 중반 이후 일정한 나이가 되면 학교에 다니는 것이 '정상'으로 받아들여졌지만 다수의 어린이들은 여전히 학교교육의 혜택을 받지 못하는 '비정상' 상태에 놓여 있었다. 사회주의적 의식의 성장은 이런 '근로 소년', '무산 소년'에 대한 관심을 고조시켰던 것이다.[62] 이런 점에서 1920년대 중반 소년 운동이 분화되었던 것에는 방정환의 이중적 어린이관도 일정한 정도 작용했다고 할 수 있다.

VI. 결론

이 글에서는 방정환의 어린이와 소년 개념에 대해 논의하였다. 이 글은 첫째 어린이와 소년의 개념 차이에 대해 주목하였으며, 둘째 어린이관의 이념적 배경을 검토하였으며, 셋째 그의 어린이 개념과 일본 아동 문학의 어린이 개념의 차이를 살펴보았으며, 넷째 그의 어린이관이 갖고 있는 문제에 대해 논의하였다.

지금까지 논의한 바를 요약하는 것으로 결론을 대신하려고 한다. 그는 1920년대 초 비교적 생경하였던 어린이라는 용어에 주목하고 천도교 소년 운동과 『어린이』 창간을 통하여 어린이라는 존재를 새롭게 각인시켰다. 그에게 있어서 어린이는 존중받을 인격이 있는 존재이며, 인격을 존중받기 위해서는 윤리적·경제적 구속으로부터 해방되어야 했다. 그는 어린이를 참됨과 착함과 아름다움을 갖춘 완전한 존재로 묘사하였다. 이러한 어린이 개념은 한편으로는 천도교, 다른 한편으로는 일본 아동 문학에 근거를 두고 있었다.

완벽한 존재로서의 어린이 개념은 그가 평생 헌신했던 소년 운동과 모순되는 면이 없지 않았다. 민족 운동의 차원에서 전개되었던 소년 운동의 입장에서 보면 어린이는 계몽의 대상이어야 했지만 완벽한 존재로서의 어린이는 계몽의 대상이 되기에는 역부족이었다. 따라서 그는 계몽의 대상을 찾아야 하였다. 그의 어린이 개념이 이중적일 수밖에 없었으며, 어린이를 발견했으면서도 소년을 중시할 수밖에 없었던 이유가 여기에 있었다. 그에게 있어서 소년은 어린이보다는 조금 연령이 많았다. 어린이보다 조금 연령이 많은 소년들은 계몽의 대상이 될 수 있었으며, 더 나아가서는 계몽의 주체일 수도 있었다.

이런 측면에서 보면 그의 어린이는 한편으로는 현실에 기반을 두고 있었지만 다른 한편으로는 현실에서 벗어난 추상적인 존재였다. 고진의 관점에서 보면 방정환이 어린이를 중시한 것은 명확하지만 그가 제시했던 어린이 개념이 인식론적 전도 속에서 발견된 것인지는 확실하지 않다. 그의 어린이 개념에는 당시 일본에서 유행하던 어린이 개념이 보일 뿐 내적인 전도에 의해서 발견된 것이라는 흔적을 찾기 어렵기 때문이다. 다시 말해 일본이 발견했던 아동은 서구의 낭만주의 사상을 수용한 것이기는 하지만 일본의 사회적 조건에 기반을 두고, 과학을 기초로 하여 형성된 것이었다. 반면 방정환이 소년 운동의 차원에서 어린이에 주목했다면 어린이를 완벽한 존재로 규정할 수는 없었다. 민족 운동의 차원에서 보면 어린이는 계몽의 대상이 되어야 했으며, 민족의 미래를 끌고 갈 인재로 양성되어야 했다. 그러나 방정환의 어린이는 계몽의 대상이 되기에는 너무 어렸다. 이런 점에서 방정환의 어린이는 사회와 과학에 뿌리를 둔 것이었다고 하기는 어렵다.

그가 어린이를 발견했으면서도 이중적인 어린이관을 가졌던 것은 식민지로 전락한 현실에 그 근본적인 원인이 있었다. 만약 식민지라는 현실이 아니었다면 그는 현실에 바탕을 둔 어린이를 발견할 수도 있었을 것이다.

02 | 소파 방정환의 소년 운동과 일본의 근대*

Ⅰ. 서론

방정환에 관한 연구는 교육학에서도 적지 않다. 방정환에 관한 교육학 연구는 대부분 소년 운동[63]과 그 사상에 초점을 맞추어 교육적 의의를 부각시켰다. 이상금은 방정환을 중심으로 한 초기 어린이 운동이 아동 문화, 아동 문학, 아동 음악, 독립운동사적인 의의 외에 교육적인 시각에서 분석 해명되어야 한다고 하면서 이 운동이 학교 외 교육을 통해 민족 교육의 역할을 수호하고, 아동의 인격과 권리를 존중하는데 크게 기여했다고 평가하였다.[64] 그는 2005년에 발로 뛴 성실한 작업을 통해 발굴된 다양한 자료를 바탕으로 방정환과 그의 시대를 입체적으로 바라볼 수 있는 대표적인 방정환 평전 『소파 방정환의 생애: 사랑의 선물』을 출간하였다.[65] 안경식은 방정환이 동학사상에 바탕하여 새로운 아동교육관을 내세운 대표적인 사상가요 운동가라는 입장을 가지고 방정환을 연구하였다. 그는 초기 연구에서 특히 방정환의 아동교육론의 자생성을 중시하였다.[66] 그는 2006년에 발표한 연구에서는 방정환이 발견한 '아동'과 『어린이』 창간에 있어서 일본 대정기

* 「방정환의 소년운동 연구 - 천도교 신파를 중심으로」(『한국교육사학』33-2, 한국교육사학회, 2011)

문화운동가들의 영향을 인정하였다.[67] 이윤미는 방정환의 교육론을 안경식이 제기했던 외래적인가 자생적인가라는 측면보다는 그의 교육론이 당시 식민지 상황의 사회적 현실에서 가지는 의미에 주목하여 진보적이고 개혁적인 교육론과 동학의 인간 존중 의식 가치를 접목시켜 아동기의 중요성을 명료화하고 그 토대 위에서 행해진 실천성을 높이 평가하였다.[68] 정혜정은 방정환의 교육 사상을 천도교 소년 교육 운동의 일환으로 파악하고, 그의 사상과 활동이 천도교에 바탕하고 있다는 것을 밝히는 데 주력하였다.[69]

이 연구들에서 나타나는 주요한 특징 중의 하나는 방정환의 소년 운동론을 천도교와 관련해서 고찰하고 있다는 점이다. 방정환이 천도교 교주였던 손병희의 셋째 사위이며, 그의 소년 운동이 천도교 청년 운동의 일환으로 이루어졌다는 사실을 고려할 때 그의 교육론을 천도교와 관련짓는 것은 당연하다. 그러나 천도교와 관련하여 그를 고찰한 연구들은 천도교라고 지칭하였지만 실제로는 대부분 그의 사상을 동학과 연결시킴으로써 동학과 천도교의 차이점을 간과하였다. 예컨대 안경식·이윤미·정혜정 등의 연구에서는 방정환 사상의 근원을 시천주, 사인여천, 인내천 등과 연결시키고 있다. 그러나 방정환이 소년 운동에 전념했던 1920년대의 천도교는 종교적·정치적 입장에서 동학과 적지 않은 차이점을 가지고 있었다. 기존 연구들의 다른 특징은 방정환의 소년 운동을 대체로 긍정적으로만 접근하고 있다는 것이다. 방정환이 어린이를 거의 최초로 중시했으며, 그의 소년 운동이 민족 운동적인 성격을 띠고 있다는 점에서 긍정적으로 접근하는 것은 당연하지만 그의 한계에 대해서도 고민해야 한다. 그 한계를 보지 않는 것은 오히려 그를 이해하는 데 장애가 될 수 있다.

이 연구에서는 기존 연구를 보완할 수 있는 두 가지 측면, 즉 방정환이 선택했던 천도교 신파의 이념과 활동을 고찰함과 아울러 방정환 소년 운동의 한계에 주목하였다. 방정환은 1922년 5월 손병희 사후 천도교단 내에서 교권을 장악하였던 천도교 신파의 핵심 인물로서 그의 소년 운동은 신파의 전폭적인 지지와 후원을 받고 있었다. 1920년대 전반기 천도교 노선 분열이 두 차례 있었던 데에서 알 수 있듯이 천도교 안에서는 천도교 교리와 조직에 대한 입장 차이는 물론 민족 문제를 바라보는 시각도 다양하였다.[70] 따라서 방정환의 소년 운동을 보다 정확하게 이해하기 위해서는 방정환이 선택한 천도교 신파의 이념과 활동에 주목할 필요가 있다. 방정환의 사상과 운동에서 보이는 한계는 천도교 신파의 한계와 연결되어 있다.

다만 그가 천도교 신파라는 것은 그의 작품을 통해서는 확인하기 어렵다. 그의 작품에서 이를 언급한 기술은 거의 없다. 그러나 그는 1920년대 천도교 신파의 핵심 인물로 활동하였으며, 그의 소년 운동의 사상과 활동도 이돈화·김기전 등 천도교 신파의 이론가들과 맥락을 같이 하고 있었다.

II. 천도교 신파의 이념과 운동 노선

방정환은 1919년 9월에 만들어졌던 천도교 청년교리부의 임원이었으며, 1920년 6월 천도교청년교리부를 천도교 청년회로 이름을 바꾼 후 창간된 기관지 『개벽』의 창간 동인이었으며, 발간 후에는 사원으로 참여하였다.[71] 또한 그는 개벽사에서 1923년 3월 발간한 『어린이』의 주간과 같은 해 9월 발간한 『신여성』의 발행인이었다. 일본에 체류하던 시기인 1923년 3월에는 동경에서 색동회를 조직했으며, 1923년 9월 창당된 천도교 청년당의 핵심 간부로 줄곧 활동하였다.[72]

1920년대 전반 천도교는 두 번의 분화를 겪었다. 1922년에는 좌경적 색채를 띠고 있던 혁신파가 천도교를 떠났으며, 1925년에는 신구파가 분열하였다. 천도교 분열은 교권 문제로부터 비롯되었지만 민족 운동 노선상에서도 적지 않은 차이가 있었다.[73] 교단 분열의 와중에서 천도교 신파는 1922년 5월 손병희 사후 교권을 잡았다. 방정환의 약력에서 나타나듯이 방정환은 천도교 신파의 핵심 인물이었다. 따라서 방정환의 사상과 활동을 보다 정확하게 이해하기 위해서는 1920년대 천도교의 이념과 운동 노선을 살펴보아야 한다. 그의 소년 운동은 천도교 신파의 적극적인 지지와 후원 아래 이루어지고 있었다.

동학의 3대 교주였던 손병희는 1905년 12월 동학을 천도교로 개칭한 후 중앙과 지방조직을 정비하고, 교리를 체계화하는데 전력하였다.[74] 손병희는 개인적 수행 및 사회적 실천과 관련하여 근본적으로는 성신쌍전(性身雙全), 교정쌍전(敎政雙全) 입장을 가졌지만 교단의 합법화와 천도교의 현실적 입지를 위해 국면에 따라 임기응변적으로 교정 일치와 교정 분권의 논리를 선택하였다. 조선총독부는 신도·불교·기독교만 종교로 인정하고, 천도교는 유사 종교로 취급하면서 천도교가 가진 정치성을 경계하였다. 1910년대 천도교의 활동이 주로 교단 안의 문제로 집중되고, 대외적인 활동이 학교 설립과 이를 통한 교육 계몽으로 제한되었던 것은 이 때문이었다.[75]

제1차 세계대전으로 야기된 세계사의 변동과 새로이 부상된 개조 사상은 천도교에 큰 영향을 주었다. 제1차 세계대전의 참상을 통해 천도교는 인류의 모든 불행이 군국주의와 자본주의에 있으며, 인류의 행복이 자유와 평등의 신사회를 건설해야 가능하다는 것을 자각하게 되었다.[76] 천도교는 제1차 세계대전이 낳은 참상을 문명론의 위기로 진단했으며, 세계 개조의 시대 사조 속에서 종교의 사회적 역할을 강조하였다. 이에 따라 천도교는 성립 이래 교정 분리의 틀 속에서 이루어진 교단 차원의 활동에서 벗어나 변화된 정세 속에서 사회 방면에 대한 관심을 본격화하였다.[77] 이러한 변화는 천도교가 3·1운동에 적극적으로 참여하는 것으로 나타났다. 3·1운동 참여로 천도교는 일제의 탄압을 받아 존폐의 위기에 처하기도 했지만 선도적인 활약으로 정치적 위상과 사회적 영향력은 일층 제고되었다. 천도교 신진 청년 지도자들은 영어의 몸이 된 중장년급 지도자를 대신하여 활동 전면에 나섰으며, 이들은 1919년 9월 천도교 청년교리강연부를 조직하였다.[78]

천도교 청년교리강연부는 한편으로는 3·1운동 이후 전국 각지에서 각종 청년 단체가 결성되었던 사회적 분위기를 반영하는 것이었으며, 다른 한편으로는 3·1운동에 적극 참여함으로써 얻어진 천도교에 대한 우호적 분위기를 확산하기 위한 교단 차원의 노력이었다. 천도교 청년의 활용 기관, 포덕천하의 선전 기관, 교리 보급의 확장 기관으로서의 성격을 갖고 있었던 교리강연부는 1920년 4월 천도교 청년회로 확대·개편되었으며, 조선 신문화의 향상·발전이라는 새로운 목적을 추가하였다. 천도교 청년회는 이를 실현하기 위해 천도교 교리와 새로운 사회 사상의 선전·보급 활동, 경제적 실력양성을 위한 회사 설립, 소년 운동 등을 추진하였다.[79]

천도교 청년회는 1920년대 초반 문화 운동의 선도자로서 문화 운동의 이념을 생산·전파하는 역할을 적극적으로 실천하였다. 그 대표적인 것이 1920년 6월 창간된 『개벽』이었다.[80] 『개벽』은 당시 척박한 언론계의 현실에서 잡지의 모반(母盤) 혹은 잡지계의 패왕으로 불릴 만큼 절대적인 권위를 가지고 여론을 선도했다. 천도교 청년회는 『개벽』의 창간호에서 개조와 진보의 새 시대에 눈을 뜨고 귀를 열어 세계를 보고 들을 것을 촉구하며, 자신들이 사회 개벽을 위한 본격적인 문화 계몽 운동에 뛰어들었음을 선언하였다.[81] 『개벽』이라는 잡지의 제호는 당시 유행하던 개조를 천도교 경전의 표현으로 포착한 것으로서 『개벽』이라는 이름에는 천도교의 개벽 사상을 실천하겠다는 의지가 담겨 있다.[82] 『개벽』은 천도교에서 발행한 잡지였지만 천도교 관련 기사는 전체 기사 대비 불과 2%에 불과하였다. 『개벽』의 편집 기준은 민족성·사회성이었다.[83] 『개벽』은 창간 직후부터 문화 운동의 선전에 치중하면서 청년회 운동 및 청년 문제, 신구사상의 충돌, 교육 및 노동계의 사회 운동 동향, 부인 및 여성 해방, 구관습 타파 등 사회적 현안에 관한 기사를 게재하였다.[84] 『개벽』은 문화 운동의 주체로서 문화적 신인간상을 제시하고, 서구의 현대 문명을 흡수하여 무엇보다 우선 개조 사업에 착수해야 한다는 것을 강조하였다. 문화적 신인간은 실제적 지식을 갖추고 세계적 지식과 통하면서도 신념이 견고한 자주 자립하는 인물이다.[85]

문화 운동지 『개벽』의 중심 이념은 천도교의 대표적 이론가인 이돈화가 제창한 '사람성 주의'였다. 사람성주의는 인내천이라는 천도교의 보편주의적 논리 위에 제1차 세계대전 후 풍미한 개조 사상의 정신주의·도덕주의가 결합해 만들어진 사회 사상으로 여기에는 일본의 현상즉실재론(現象卽實在論), 문화주의 그리고 버트런트 러셀(B. Russel)의 사회 개조론 등 다양한 사상이 포함되어 있었다. 사람성 주의에서 가장 강조된 것은 시대의 요구로써 시대의 정신을 체현하여 사람의 의의를 철저하게 하는 것이었다. 사람의 의의를 철저하게 하기 위해서는 끊임없는 향상·진보의 과정이 필요하며, 이는 사회 현실이라는 공간에서 실현되어야 한다.[86] 사람성 주의는 향상·진보적 성향을 가진 인간 활동의 궁극적인 지향점을 초월적인 장소가 아니라 인간 자신에게 내재된 본성에 두고 있다는 특징이 있다.[87]

천도교에서 추진한 문화 운동의 골자는 실력 양성이었지만 정치적·경제적 실권이 없는 탓에 구체적 대안을 제시하지 못하면서 그 영향력은 빠르게 약화되었다. 1920년대 초 정의·인도와 문화주의 원칙 위에서 이루어지리라 기대했던 세계 개조가 불가능하다는 것이 드러났기 때문이었다. 문화 운동에 대한 반발로 사회혁명주의에 입각한 계급 운동이 크게 활성화되기도 하였다. 천도교 청년회 활동이 크게 위축되고, 국내에 이념적 분파가 일어났던 1923년을 전후한 시기에 『개벽』은 민족적 의사를 결정하고 표시하기 위한 민족적 중심 세력의 결성을 촉구하는 논설들을 실었다. 여기에는 실질적으로 대단체를 이루어 민족적 중심 세력이 될 수 있는 세력에게 조선 민

족을 대표할 수 있는 자격을 주자는 주장이 담겨 있었다.[88]

『개벽』의 적극적인 정치 세력화 요구는 천도교의 정치 세력화를 대변한 것으로, 이는 당시 민족적 중심 세력이 될 수 있는 자격을 갖춘 것은 천도교 밖에 없다는 자신감의 발현이었다. 천도교는 정치 세력화를 위해 1923년 9월 천도교 청년회를 해체하고 천도교 청년당을 결성하였다. 청년당은 인내천의 원리 아래 지상천국을 건설하고자 하는 천도교의 주의·목적을 달성하기 위한 천도교의 전위 조직이었다. 천도교 지도자들은 동일한 신념과 조직하에 "절대의 약속을 가지고 새로이 내회(來會)하는 주의적 단결(主義的 團結)만이 조선의 민중을 정치·경제적인 낙후에서 구할 수 있는 유일한 힘"이라고 주장하였다. 이는 이당개벽(以黨開闢)의 단일 정신으로써 정신개벽·민족개벽·사회개벽을 통한 지상천국의 건설이라는 것으로 구체화되었다. 청년당을 통해서 현실 사회를 개혁한다는 것은 모든 운동에 있어서 청년당 이외에는 어떤 존재도 인정하지 않는다는 것으로서 자신들만이 새로운 사회를 건설할 수 있고 또한 그래야만 한다는 것이었다.[89]

천도교 청년당의 정치 사상은 사람성주의에 바탕을 둔 '범(汎)인간적 민족주의'였다. 범인간적 민족주의 사상의 핵심 주장은 세 가지였다. 첫째 세계를 국가 단위에서 민족 단위로 나아가게 하는 것이며, 둘째 각 민족이 서로 도덕적 원조하에 각자 성장을 이룩하는 것이며, 셋째 현대의 가장 최선(最善)한 문화를 표준점으로 하고 세계 각 민족의 정도를 그 표준점의 수평선상으로 높이는 것이었다.[90] 범인간적 민족주의에 의하면 민족주의는 자기 민족만 인정하고 다른 민족을 멸시·배척하여 타민족을 침해·약탈하며, 민족과 민족을 대립케 하여 상호 배타적 관념을 강하게 하기 때문에 영구히 전쟁을 일으키는 원인이 된다고 보았다. 예컨대 피지배 민족의 저항적 민족주의는 민족 이기주의에 불과한 것으로 민족주의를 넘어선 국제주의·인류주의적 관점으로 극복되어야만 평화가 이루어질 수 있다는 것이었다. 따라서 기존의 민족주의는 합시대적으로 개조되어 인류 주의와 영합할 포용성을 길러야 하고, 또 인류주의는 당분간 세계 각 민족을 단위로 하여 민족과 민족 간의 권리·행복을 평균케 하는 것이 필요하다고 보았다.[91] 저항적 민족주의를 민족 이기주의에 불과한 것으로 보는 범인간적 민족주의에서는 대외적으로 정치적 독립의 달성보다는 문화적·도덕적 차원에서 민족의 생존과 발전을 도모하는 데 일차적인 관심을 두게 되었다.

이러한 사상은 국가 권력의 직접적·급진적 회복보다는 민족 구성원이 당면한 현실적 이익을 추구하는 자치 운동과 연결되었다.[92] 이러한 정치 사상에 따라 천도교 청년당이 추구하는 정치 운동은 합법적 정치 운동이었으며, 이것은 조선 민족의 권익·문화 등을 향상시켜 세계 일가주의에 동참하기 위한, 즉 현실적으로 일본 제국주의의 지배를 받는 가운데 민족 발전, 세계 일가 건설을 준비하기 위한 조선 민족 자치를 추진하는 것으로 나타났다.[93] 조선은 조선식의 자치를 하고, 일본은 일본식의 자치를 함으로써 조선과 일본의 병존을 추구하는 자치 운동은 범인간적 민족주의가 추구하는 민족주의가 타민족을 배제하는 민족주의가 아니기 때문에 정당화될 수 있었다.

청년당의 최고 지도자였던 최린은 1923년 말부터 문화 운동의 또 다른 축이었던 동아일보 계열과 함께 자치 운동을 위한 모임에 참가하였다. 사실 천도교의 자치 운동은 이미 1918년 말에 추진된 바 있었다. 월슨의 민족자결주의에 자극되었던 손병희를 비롯한 천도교 지도부는 독립보다는 자치가 더 현실적 가능성이 높다고 판단하고 자치 운동에 열중하였던 것이다.[94] 1920년대에 자치 운동은 1923~1924년, 1925~1927년, 1929~1932년 등 세 차례 있었으며, 이러한 자치 운동에 천도교 신파는 적극적으로 참여하고 있었다. 비타협적 민족주의자와 사회주의자들은 1925~1927년에 있었던 자치 운동에 강력히 반대하였으며, 이것이 결국 신간회 결성의 배경으로 작용하였다는 것은 널리 알려진 사실이다. 자치 운동론은 크게 두 가지 논리로 구성되어 있었다. 하나는 현재로서는 독립이 불가능하므로 독립을 대비할 준비가 필요하다는 것이었으며, 다른 하나는 독립에 도달하는 과정의 한 단계로서 자치권을 획득하는 것이 필요하다는 단계적 운동론이었다.[95] 천도교 신파의 현실 타협적인 성향은 중일전쟁이 일어난 후 조직적으로 군국주의를 지지하고 친일운동을 전개하는 것으로 귀결되었다.[96]

일제하 민족주의 세력 중에서 자치 운동을 암묵적으로 표방한 것은 천도교 신파가 유일하였다. 천도교의 자치는 일본의 제국주의 질서는 물론 민족국가 단위의 민족주의나 세계 질서도 거부했다는 점에서 친일 자치운동자들이 주장하는 자치와는 거리가 있었다.[97] 그러나 천도교 신파가 추진했던 정치 운동은 식민지 지배 체제를 극복하기 위한 저항 운동은 아니었다. 천도교는 관념적으로는 자본주의에 대해 비판적이었지만 현실적으로는 일본 제국주의에 도전하지 않았다.[98] 천도교의 양면성은 한편으로는 자본주의 근대 문명화와 그것을 지향하는 문화 운동을 비판하였지만 다른 한편으로는 식민지 자본주의 체제를 수용하고 그 내부에서 민족 자치를 지향하는 것으로 나타났다.

III. 천도교 청년회와 방정환 소년 운동

천도교 청년회의 중요한 활동 가운데 하나는 소년 운동이었다.[99] 1921년 4월 청년회는 포덕부 부서로 유소년부를 두었다가 같은 해 5월 천도교 소년회로 이름을 바꾸었다. 천도교에서 소년회를 조직하기 이전 3·1운동을 전후하여 여러 지역에서 소년회가 결성되고 있었다.[100] 천도교 소년회는 지덕체를 겸비한 쾌활한 소년을 만드는 데에 그 목적을 두었으며, 회원의 자격을 7~16세의 남녀로 규정하였다.[101] 천도교 소년회에는 신자 여부에 관계없이 가입할 수 있었다. 1921년 6월 5일 구성된 소년회의 임원 명단을 보면 방정환은 없다.[102] 그는 소년회가 조직될 당시 일본에 체류하고 있었다. 그러나 그는 귀국할 때마다 소년회에서 개최한 등산 모임, 추석 달맞이 행사 등에 참여하였고, 강연과 동화 구연 등을 통해 소년회 회원들과 많은 시간을 갖고 있었다.[103]

천도교 청년회에서는 1923년 3월 본격적인 어린이 잡지의 효시인 『어린이』를 창간하였으며, 『개벽』이 천도교 청년회의 기관지였던 것과 같이 『어린이』는 소년회의 기관지 성격을 띠고 있었다.[104] 성공 여부가 확실하지 않은 상황에서 『어린이』를 창간할 수 있었던 것은 근본적으로 천도교에서 교육에 대한 기대가 매우 컸기 때문이었다. 천도교 신파의 대표적 이론가인 이돈화는 조선의 개조 사업이 먼저 인간 개조에 있다면 아동을 잘 교육하는 것으로부터 시작하여야 하며, 소년을 잘 지도하며 잘 보호하는 것이 조선의 신조선될 근본적 해결책이며 기초적 준비술이라고 인식하고 있었다. 그가 「신조선의 건설과 아동 문제」라는 논설의 첫 장 제목을 '항상 10년 이후의 조선을 잊지 말라' 고 붙인 것에서 나타나듯이 그는 소년 교육을 통해 조선의 미래를 바라보았다.[105] 김기전 역시 유교 전통하에서 어린이는 윤리적·경제적으로 압박되어 왔다고 하면서 어린이 해방을 주장하였다. 그는 어린이를 풀로 비유하면 싹이요, 나무로 비유하면 순으로, 풀과 나무는 싹과 순을 떠받치고 있다고 하면서 사회의 가장 밑바닥에 있는 어린이의 지위를 사회의 가장 높은 자리에 두어야 한다고 주장하였다.[106]

그의 주장의 요지는 어린이의 윤리적·경제적 해방이다. 1923년 5월 1일 천도교 소년회의 주도로 결성된 소년회 연합 기구인 소년운동협회에서 주최한 어린이날 기념식에서 선포된 「소년 운동의 기초 조항」은 그의 사상에 기반을 둔 것이었다. 이 선언문의 첫째 조항에서 그는 어린이를 재래의 윤리적 압박으로부터 해방하여 그들에 대한 완전한 인격적 예우를 허하라고 강조하고 있다.[107] 선언문에서 나타나는 바와 같이 어린이라는 말은 해방의 메시지를 담은 의미를 담고 있었다.

10년 후를 생각하라는 이돈화와 어린이 해방을 주창한 김기전의 사상은 방정환에게 그대로 계승되었다. 그것은 방정환 역시 소년 운동을 하면서 10년 후를 항상 의식한 것과 어린이라는 말이 애녀석, 어린애, 아해놈을 없애 버리고, 늙은이, 젊은이와 대등한 관계를 위해 생겨난 말이라고 한 것 등에서 확인된다.[108] 방정환은 천도교 청년회의 적극적인 지원에 힘입어 『어린이』를 창간하고, 동화와 동요, 그림 등 예술교육 운동을 전개하고, 각종 강연회에 참여하는 등 평생을 소년 운동에 헌신하였다. 방정환의 헌신적인 희생에 힘입어 『어린이』는 2~3만 부 이상을 발매할 정도로 큰 성공을 거둘 수 있었다.[109] 『어린이』의 성공은 같은 해 10월 창간된 『신소년』을 비롯하여 『샛별』, 『어린벗』, 『새벗』 등 수많은 어린이 잡지가 창간되는 계기가 되었다. 1920년대 초의 소년 운동과 『어린이』의 성공은 그동안 무시되거나 배제되었던 어린이의 존재를 새롭게 각인시켰다.

그에게 소년 운동은 궁극적으로는 민족 부흥을 위한 목적을 가지고 있었다. 그는 『어린이』 창간호 선전문을 통해 다음과 같이 말했다. "부흥 민족의 모든 새 건설 노력 중에 있는 우리 조선에 있어서, 아무것보다도 간절한 일로, 우리는 이 말씀을 간절히 고합니다. … 다만 한 가지 희망을 살리는 도리는 내일 호주, 내일의 조선의 일꾼 소년 소녀들을 잘 키우는 것밖에 없습니다. 당신의 한 가정을 살리는 데도 그렇고 조선 전체를 살리는 데도 그렇고, 이것만이 확실한 우리의 활로입니다."[110] 이 말에는 미래의 조선 일꾼인 소년 소녀들을 잘 키우는 소년 운동이 조선 전체를 살릴 수 있는 활로라는 그의 인식이 잘 나타나 있다. 또한 그의 소년 운동은 소년을 해방하려는 목적을 갖고 있었다. "짓밟히고 학대받고 쓸쓸하게 자라는 어린 혼을 구원하자! 이렇게 외치면서 우리들이 약한 힘으로 일으킨 것이 소년 운동이요, 각지에 선전하고 충동하여 소년회를 일으키고 또 소년문제연구회를 조직하고 한편으로 『어린이』 잡지를 시작한 것이 그 운동을 위하는 몇 가지의 일입니다."[111] 이 말에 나타나듯이 그는 조선의 소년이 짓밟히고 학대받고 쓸쓸하게 자라나고 있다고 보았으며, 이러한 소년을 구원하는 것을 사명으로 인식하고 있었다.

그가 글을 쓰는 것도 비참한 현실 속에서 살아가는 민중들에게 속박에서 해방될 수 있는 날개를 주고, 민중들이 그 날개를 활용해 새로운 삶과 새로운 세상을 창조하게 하려는 목적을 갖고 있었다. 방정환은 작가로서의 이러한 의지를 1922년 1월 『동아일보』에 기고한 「작가로서의 포부 - 필연의 요구와 절대의 진실로(소설에 관하여)」라는 글에서 밝히고 있다. "비참히 학대받는 민중의 속에서 소수 사람에게나마 피어 일어나는 절실한 필요의 요구의 발로, 그것에 의해 창조되는 새 생은, 이윽고 오랜 지상의 속박에서 해방될 날개를 민중에게 주고, 민중은 그 날개를 펴서 참된 생활을 향하여 날개를 날게 되는 것이니, 거기에 비로소 인간 생활의 신국면이 열리는 것입니다. 이리하여 항상 쉬지 않고 새로 창조되는 신생(新生)은 민중과 함께 걸어갈 것입니다."[112] 창작해야 한다는 필연의 요구와 절대 진실로 된 창작에 의해 항상 새로운 세상이 나타나며, 참된 새 생명이 창조된다는 것이었다.

IV. 방정환 소년 운동의 내용과 일본의 근대 예술교육

방정환은 소년 운동을 두 방향으로 추진하였다. 하나는 강연, 동화 구연회, 동극 등을 통해 소년은 물론 일반인을 직접 만나는 것이었다. 방정환의 소년 운동은 소년들만을 대상으로 하지는 않았다. 그는 어른들에게 소년보다 먼저 『어린이』를 읽을 것을 권하고, 수시로 소년 운동을 지도할 소년 운동 지도자나 부모, 교사 등을 위한 강연회, 동화 구연회 등을 개최하여 소년 문제에 대한 이해를 증진시키고, 소년 운동의 현황과 문제를 검토하고, 그 개선을 위한 운동을 전개하였다.[113] 소년 운동이 성공하기 위해서는 성인들의 적극적인 지지를 얻어야 했던 것이다. 다른 하나는 천도교 청년회가 『개벽』을 비롯한 각종 잡지를 간행하고 문화 계몽 운동을 전개했던 것과 같이 서적과 각종 언론을 통한 계몽 운동이었다. 그는 세계 각국의 동화를 번안해 발표한 『사랑의 선물』(1922. 7) 외에 『녹성』(1918.12), 『신청년』(1919.1), 『조선독립신문』(1919.3), 『신여자』(1920.6), 『개벽』(1920.6), 『어린이』(1923.3), 『신여성』(1923.9), 『별건곤』(1926.11), 『학생』(1929.3), 『혜성』(1931.3) 등의 신문ㆍ잡지 간행에 동인 또는 편집인으로 참여하였다. 이들 잡지들은 대부분 개벽사에서 간행되었다.

그가 소년 운동을 통해 강조한 것은 예술 교육이었다. 그는 어린이 나라에는 세 가지 예술이 있다고 보았다. "어린이 나라에 세 가지 예술이 있다. 어린이들은 아무리 엄격한 현실이라도 그것을 이야기로 본다. 그래서 평범한 일도 어린이의 세상에서는 예술화하여, 찬란한 미와 흥미를 더하여 가지고, 어린이 머리 속에 다시 전개된다. … 어린이는 모두 시인이다. 본 것, 느낀 것을 그대로 노래하는 시인이다. 고운 마음을 가지고, 어여쁜 눈을 가지고 아름답게 보고 느낀 그것이, 아름다운 말로 굴러 나올 때 나오는 모두가 시가 되고 노래가 된다. … 어린이는 그림을 좋아한다. 그리고 또 그리기를 좋아한다. 조금도 기교가 없는 순진한 예술을 낳는다. 어른의 상투를 재미있게 보았을 때, 어린이는 몸뚱이보다 큰 상투를 그려 놓는다. 순사의 칼을 이상하게 보았을 때, 어린이는 순사보다 더 큰 칼을 그려 놓는다. 얼마나 솔직한 표현이냐! 얼마나 순진한 예술이냐!"[114] 방정환이 추구했던 소년 운동의 핵심적인 내용은 어린이 나라에서의 동화, 동요, 그림이라는 세 가지 예술이었다.

방정환은 아동이 동화를 구하는 것은 결코 지식을 구하기 위한 것이 아니라 거의 본능적인 자연의 요구로서 동화는 아동의 정신 생활의 일부 면이고, 최긴(最緊)한 식물이라고 보고 있었다. 그는 동화가 아동에게 주는 이익으로 첫째 정의(情意)의 계발을 속히 하고, 둘째 의지의 판단을 명민히 하며, 셋째 허다한 도덕적 요소에 의하여 덕성을 길러서 타인에 대한 동정심, 의협심을 풍부케 하고, 또는 종종(種種)의 초자연, 초인류적 요소를 포함한 동화에 의하여 종교적 신앙의 기초를 세울 수 있다고 하였다.[115] 그는 동화가 가져야 할 요건으로 세 가지를 제시하였다. 첫째, 아동들이 잘 알 수 있는 것이라야 한다. 둘째, 아동에게 유열(愉悅)을 주어야 한다. 동화의 생명은 아동의 마음에 기쁨과 유쾌한 흥을 주는 것이다. 셋째, 교육적 의미를 가져야 한다. 교육적 의미를 가졌어도 흥미가 없다면 그것은 동화가 아니고 이언(俚諺)에 불과한 것이다.[116] 그러나 그는 흥미가 있다고 해도 어린이에게 좋지 못한 영향을 끼칠 수 있는 것에 대해서는 경계하였다. "탐정 소설은 퍽 재미있고 좋은 것입니다. 그러나 어른들과 달라서 어린 사람들에게는 자칫하면 해롭기 쉬운 위험이 있는 것입니다. 그것은 마치 나쁜 활동 사진을 보고 나쁜 버릇이 생겨져서 위험한 것과 똑같이 자칫하면 탐정 소설이 잘못되어 그것을 읽은 어린 사람의 머리가 거칠고 나빠지기 쉬운 까닭입니다."[117] 재미있고 좋다고 해서 무조건 어린이에게 좋은 것만은 아닐 수 있다는 것이다.

동화의 중요성을 인식했던 방정환은 「4월 그믐날 밤」, 「만년 샤쓰」, 「금시계」 등을 비롯한 수많은 동화를 창작했고, 외국 동화들도 많이 번안하였다. 그는 사라져 가고 있는 전래 동화를 수집하는 것에도 큰 관심을 기울이고 있었다. 전래 동화의 발굴을 외국 동화의 수입보다도 더 중요하고 긴요한 것으로 판단하고 있었던 그는 1922년 말부터 『개벽』을 통해 전래 동화를 모집하는 운동을 전개하였다.[118] 『어린이』 창간호와 그 다음 호에 실려 있는 「노래 주머니」는 우리 옛이야기를 동화극(童話劇)으로 각색한 작품이며, 「양초 귀신」(『어린이』3권 8호, 1925)은 전래 동화의 짜임과 묘미를 잘 살려낸 작품으로 알려져 있다.

방정환은 어린이에게 글쓰기를 적극 장려하였다. 『어린이』는 창간호부터 감상문, 원족기(遠足記), 편지글, 일기문, 동요를 비롯한 각종 글을 현상 공모하였으며, 때로는 특정한 주제를 주고 글을 모집하여 좋은 글에 대해서는 상품을 주었다. 상품을 준 것은 글쓰기를 장려하기 위한 것이었다. 『어린이』의 기자는 글을 잘 쓰는 요령으로 다섯 가지를 제시하였다. 첫째 자기의 느낌과 뜻과 생각을 그대로 써야 하며, 둘째 자기의 정신을 쏟아 넣어야 하며, 셋째 잘 쓰여진 남의 글을 많이 읽어야 하며, 넷째 많이 읽는 동시에 많이 써 보고 쓴 글에 대해 남의 비평을 들어야 하며, 다섯째 평시에 모든 물건과 모든 일에 대해 자상하고 치밀한 관찰을 하여야 한다는 것이다.[119]

방정환은 동화 못지않게 동요 보급에도 적지 않은 관심을 기울였다. 「어린이 찬미」에서 말한 바와 같이 그는 어린이가 선천적으로 시인이며, 본 것 느낀 것을 그대로 노래하는 시인이라고 보았다. 그는 『어린이』 창간호에 갑오농민운동을 주동했던 녹두장군 전봉준의 실패를 한탄하고 민중의 실망을 표현한 노래였던 「파랑새」를 실었다. 창간호에는 「봄이 오면」이라는 동요도 실려 있다.

『어린이』는 창간호부터 동요를 모집하는 운동을 시작하였다. 『어린이』는 거의 매호마다 2~3편 이상의 동요를 실었으며, 1923년 9월호부터는 악보도 함께 실었다. 『어린이』에는 수시로 공모를 통해 모집된 동요 입상작들이 발표되었으며, 창작 동요를 적극 권장하기 위해 「동요지으려는 분께」(1924년 2월호), 「동요 짓는 법」(1924년 4월호) 등의 글을 게재하였다. 동요를 보급하려는 이러한 노력에 의해 『어린이』를 통해 수많은 창작 동요들이 발표되었고, 창작 동요는 전국으로 확산되었다. 『어린이』를 통해서 보급된 동요 형식은 전통적인 4·4조의 변조인 7·5조나 8·5조의 창가 형식이 많았다. 동요의 내용은 민족 고유의 풍속, 일제하 민족의 비애, 그리고 동심을 노래한 것의 셋으로 나눌 수 있다.[120] 방정환은 1928년 10월 전래 동요를 살리려는 뜻에서 재래 동요 모집 운동도 전개하였다.[121] 유교 문화와 식민지 치하에서 차고, 어둡고, 쓸쓸하고, 가난하고, 억눌리던 어린이에게 웃을 줄 알고, 울 줄 알게 하기 위해 동요를 강조하였던 방정환의 동요 보급 운동은 조선총독부가 창가 교육을 통해 민족 동요를 강압하려는 일제의 무단통치 정책에 반대하는 의미를 갖고 있었다.[122]

방정환은 미술에도 큰 관심을 갖고 있었다. 조선총독부는 1911년 제1차 조선교육령(1911-1921)에 의거한 「보통학교규칙」을 발포하였는데 도화(圖畵) 교육에 대해 제2장 제15조에 다음과 같이 그 시행 규칙을 명시하였다. "도화는 보통의 형체를 파악하여 정확히 이를 그리게 하는 기능을 습득하게 하며, 겸하여 미감을 양성함을 요지로 함. 도화는 아무쪼록 아동의 일상 목격하는 물체 및 다른 교과목에서 배운 물체들에 있어 자재화(自在畵)를 교수함이 옳고, 또 간단한 기하서(幾何書)를 교수함에 있음. 도화를 교수함에는 임화(臨畵), 사생화, 고안화 등을 적절하게 서로 배울 수 있도록 함이 옳음." 1922년에 개정된 제2차 조선교육령(1922-1940)에서도 도화 교육의 근본 취지는 바뀌지 않았다. 즉 있는 그대로를 정확하게 묘사하는 것을 요지로 하고 있었으며, 사생에 대한 관찰력 배양, 색채의 배합, 조화 등에 대한 미감을 양성하는 데에 주안점을 두었다.[123]

이 시기 미술 교육이 특별히 이데올로기적 성격을 띠고 있지는 않았지만 방정환은 조선총독부와는 다른 미술을 추구하였다. 방정환은 「어린이 찬미」를 통해 어린이는 그림을 좋아하고, 그리기를 좋아한다고 하면서 기교가 없는 솔직하고 순진한 예술을 낳는다고 한 바 있었다. 솔직하고 순진한 예술이란 여섯 살 된 어린이가 천도교당같이 크고 넓은 집을 네모 반듯한 사각(四角) 하나로 큼직하게 그리는 그림이다.[124] 또한 5~6세의 어린이가 그린 사람 그림이 얼굴을 그린 후 목, 가슴, 배를 다 빼 버리고 얼굴 밑에 두 다리와 두 팔을 그리고 손가락을 정성스럽게 그려 놓은 그림이다. 이는 잠들기 전에는 단 1~2분도 바스럭대지 않고는 못 견디는 어린이들이 팔과 다리를, 그중에서도 쉴 새 없이 움직이는 손가락을 정성스럽게 그리기 때문이다.[125]

방정환은 『어린이』 1924년 1월호를 통해 자유화를 모집하겠다고 공고하였다. 자유화 현상 공모는 이후에도 계속되었으며, 1924년 4월호에서는 자유화를 포함하여 좋은 작문, 동요, 동화 등에 대해 상패를 수여하겠다고 공고하였다. 방정환이 말하는 자유화란 남의 것을 보고 그리면 안 되고, 어떤 것을 그리더라도 자기 마음대로, 자기가 본대로 그린 그림이다. 한 마디로 말해 자유화란 그림을 손끝으로만 그리는 것이 아니라 머릿속에 생각한 대로 대담하게 붓과 손을 움직여 그리는 그림이다.[126]

그림은 소년들의 보드라운 감정을 유발하고, 일면으로 미적 생활의 요소를 길러 줄 수 있다는 점에서 소년 운동에서 중요한 의미를 가지고 있었다.[127] 방정환이 특히 중시하였던 자유화는 일본에서 1919년을 전후하여 확산되기 시작한 것이다. 자유화에 대한 강조는 기존의 회화 교육을 비판하는 의미를 갖고 있었다. 즉 종래 소학교에서 행해진 아동 회화 교육은 대체로 임화(臨畵)와 사생 두 가지 방법이었으나 자유화는 사생, 기억, 상상 등을 포함하는 것으로 임본(臨本)에 의하지 않고 아동의 직접적 표현을 지도하는 것이었다.[128] 자유화란 인간을 둘러싸고 있는 풍부한 자연을 직각적으로, 종각적(綜覺的)으로 혹은 환상적으로 자유로이 묘사하는 것이다.[129] 자유화 운동가들은 첫째 전람회 및 강연회 개최, 둘째 자유화 중 우수한 작품 모집, 셋째 교사용 도서를 작성함에 있어서 실험적인 자료 준비 등을 적극적으로 추진하였다.[130]

이 운동에서 전람회가 중요했던 것은 예술을 감상하기 위해서는 예술품을 감상할 수 있는 감각 또는 감수성을 지녀야 하며, 인간의 미의식에 의해 만들어진 미술품에 친숙하게 되면 마음과 마음을 통하고, 생명과 생명을 통하게 하는 길이 될 수 있기 때문이었다.[131] 자유화가 각자의 자유를 풍부하게 하는 것에 있다는 점에서[132] 자유화 운동은 대정 시대의 자유 교육과 긴밀한 관계를 갖고 있었다. 자유 교육은 자연을 근저로 놓는 교육으로 아동이 있는 그대로 아동의 본연을 손상함이 없도록 인도하는 것이기 때문이다. 아동은 실로 자연으로부터 깨끗이 발현해 나온 작고 올바른 마음이기 때문에 자연을 설명할 필요가 없다는 것이다.[133]

당시 일본에서 유행하던 자유화 운동을 적극적으로 수용했던 방정환은 1928년 10월 세계아동예술전람회를 개최하기도 하였다. 이 전람회는 원래 1925년 5월에 열 계획이었으나 해외 작품 수집 등의 어려움으로 인하여 연기된 것이었다. 그가 이 전람회를 개최한 것은 수신과 산술만 갖고는 '좋은 사람'이 될 수 없으며, 예술이라는 좋은 반찬을 먹어야 완전한 좋은 사람이 될 수 있다는 인식에 바탕을 두고 있었다. 그는 이 전람회를 통해 조선의 아동 예술 활동에 크게 도움이 되게 하고, 아동 예술을 모르는 부형들에게 아동 예술이 필요하다는 것을 알리려고 하였다.[134]

V. 방정환 소년 운동의 의의

방정환은 식민 체제의 극복과 고통 속에서 신음하는 조선의 소년을 구원하기 위해 천도교 신파의 전폭적인 지원 아래 평생 소년 운동에 헌신하였다. 그의 소년 운동이 갖고 있는 의의는 다음과 같이 정리할 수 있을 것이다.

첫째, 그의 소년 운동은 한글 보급과 문맹 타파를 통해 일제 식민 교육을 비판하는 민족 교육적 성격을 갖고 있었다. 일제 식민지 시기는 동화주의 교육을 통해 한국인을 일본인으로 만들려는 시도가 체계적으로 이루어졌으며, 보통학교가 그 핵심적 역할을 담당하고 있었다.[135] 1910년대부터 보통학교에서는 일본어가 가장 큰 비중을 차지하고, 그 다음이 산술과 '조선어 및 한문'이었다. 교과서와 교수 용어로 일본어가 사용된 것을 보면 조선어가 정식 교과였던 것은 서당과 사립학교를 선호하는 조선인을 보통학교로 끌어들이려는 유인책에 불과한 것으로 보인다.[136] 제2차 조선교육령 이후에는 조선어의 비중이 줄어드는 반면 일본어의 비중이 증가하며, 일본사와 일본 지리가 정규 과목으로 편성되었다. 뿐만 아니라 보통학교에 취학할 수 있는 학생도 극히 제한되어 있었다. 이러한 현실에서 한글로 간행된 『어린이』는 취학 여부에 관계없이 어린이들에게 한글을 보급하는 중요한 역할을 할 수 있었으며, 이런 점에서 일본의 식민지 교육 정책을 비판하는 민족 교육적 의의를 갖고 있었다. 그는 학교가 부족하고 가르치고 배우기를 마음대로 못하는 곳에서 자신이 주도해 만드는 잡지들이 갖는 중요성을 잘 알고 있었다.[137] 1930년 당시 문맹에 관한 조사를 보면 일본어 및 한글을 읽고 쓸 수 있는 자 6.8%, 한글만을 읽고 쓸 수 있는 자 15.4%, 일본어만 읽고 쓸 수 있는 자는 0.03%였고, 문맹률은 77.7%였다.[138] 그가 학생들에게 방학 기간을 이용하여 전국에서 한글을 보급한다면 20만 명 이상의 사람들이 한글을 깨우칠 수 있다고 역설한 것은 문맹률이 매우 높았던 현실에서 문맹을 타파해야 민중 전체가 호흡을 같이 하고, 힘을 합치는 것이 가능하다고 판단하였기 때문이었다.[139]

둘째, 어린이의 자연스런 성장과 발달을 중시하였다는 점이다. 방정환은 어린이의 자연스런 성장과 발달의 중요성을 잘 알고 있었다. 그는 어린 사람의 성장에 제일 필요한 것은 '기쁨'이라고 규정하면서 어린 사람이 기뻐할 때 몸이 크고 생각이 크고 기운이 커진다고 생각하였다. 즉 그는 어린 사람이 방해 없이 자유롭게 활동할 수 있을 때 기쁨을 얻을 뿐 아니라 몸과 정신도 자연스럽게 성장한다고 보았다.[140] 그는 성인이 옳다고 판단하는 것을 어린이에게 무리하게 강요해서는 안 된다고 하면서 어린이들이 요구하는 것을 주고 어린이에게 싹트는 것을 북돋아 주고 보호하는 것이 필요하다고 강조하였다.[141] 그에게 있어 어린이의 성장을 위해 중요한 것은 어른들이 중시하는 교훈이나 수양담이 아니라 어린이들이 잘 알고 있는 것, 어린이들이 흥미를 느낄 수 있는 것이었다. 그가 동화, 동요, 미술 등 예술을 강조하였던 것도 어린이의 성장을 위한 것이었다. 그는 장난감의 중요성도 알고 있었다. 장난감은 어린 사람의 활동을 도와주어 더욱 부지런히 움직이게 하여 더욱 부지런히 자라나게 하기 위해 필요한 것이었다. 실제적인 생각과 지식, 그리고 훈련까지 제공하는 소년회 역시 어린이의 성장과 발달을 위해 매우 중요하였다.[142] 그는 유치원의 중요성도 잘 알고 있었다. 어린 사람은 유치원에서 자유로운 심신의 활동을 도모할 수 있었다.[143] 식민지 교육 통제는 유치원에 대해 매우 느슨한 편이었다. 유치원은 보통학교에 비해 월사금이 싸고, 또 가까운 교회당 안에 개설할 수 있었기 때문에 1920년대 매우 빠른 속도로 늘어나고 있었다. 1921년 조선총독부에 집계된 유치원 수는 39개에 불과하였지만 1930년에는 미인가 유치원까지 포함하여 근 400여 개 정도에 이르렀다.[144] 조선총독부는 유치원에 대해서는 교육 내용을 간섭하지 않았기 때문에 유치원은 우리말 지키기와 보급하기, 동요 운동을 가장 확실하게 실천할 수 있었다.[145] 방정환은 유치원의 요구가 있을 경우 구연동화를 해 주었으며, 유치원 역시 그의 소년 운동을 적극 지원하였다.

셋째, 인습을 타파하고 새로운 도덕관을 제시하였다는 점이다. 어린이를 앞세우는 그의 소년 운동은 장유유서라는 전통적 가치관을 타파하고 새로운 도덕관을 제시하는 의미를 갖고 있었다. 그는 지금까지 부모들이 어린이를 지도하는 데 무지한 사랑을 가졌을 뿐이며, 친권만 휘두르는 권위만으로 자기 의사에 맞는 그릇된 인형을 제조하였다고 비판하였다.[146] 그는 어린이는 앞으로 나아가는 사람인 반면 아버지는 뒤로 밀리는 사람이지만 이제까지 조선 사회는 늙은이가 새 사람을 끌고 뒤로만 갔었다고 비판하면서 호주와 터주를 어린이로 바꾸어야 한다는 파격적인 주장을 내놓기도 하였다. 그에 의하면 어른은 어린이의 성장에 장해가 되지 말아야 하고, 어린이의 심부름꾼이 되어야 한다는 것이었다.[147] 그는 이 때문에 특별한 경우를 제외하고는 교훈담이나 수양담 같은 것을 『어린이』에 싣지 않았다. 인습 타파와 전통적 윤리관에 관한 비판은 앞에서 살펴본 김기전이 기초했다고 하는 「제1회 어린이날 선전문」에 명확하게 나타난다. 그는 결혼에 대해서도 진정한 의미의 자유 결혼은 자유 교제가 있는 곳에서만 가능하다고 하여 남녀 교제를 결혼 상대의 선택에 반드시 필요하다고 보았으며,[148] 이혼에 대해서도 서로가 싫으면 이혼하는 것이 마땅하며, 이혼해도 여자들이 스스로 살 수 있음을 강조하였다.[149] 남녀 교제와 결혼, 이혼에 관한 그의 생각은 전통적 인습과 윤리관에 대한 통렬한 비판이었다.

넷째, 학교 교육을 비판하고 새로운 교육 내용을 제시하였다는 점이다. 앞에서 보았듯이 그가 강조했던 예술 교육은 일제의 예술 교육과는 성격을 달리하는 것이었고, 이는 학교 교육을 비판하는 의미를 갖고 있었다. 방정환은 구체적으로 당시의 학교 교육을 기성된 사회와의 일정한 약속하에서 사회 어느 구석에 필요한 어떤 인물, 이른바 입신출세자의 주문을 받아 그대로 자꾸 판에 찍어 내놓는 교육이라고 신랄하게 비판하였다.[150] 그는 출세를 지향하는 교육마저도 실패하는 경우가 많다고 보았다. 즉 학교에서 교사의 말을 잘 듣고 공부를 잘 하였던 우등생이 사회에서 실패하는 반면 성적 불량 학생들은 성공하는 경우가 많다는 것이었다.[151] 그는 심지어 여자고등보통학교는 전문학교, 대학교에 들어갈 준비밖에는 아무것도 하지 않는다고 하면서 심한 경우 이 학교를 우등으로 졸업하고도 신문 한 장을 보지 못하는 경우도 있다고 신랄하게 비판하였다.[152] 그는 이러한 현상이 발생하는 원인을 학교 교육이 실제 사회 생활과 괴리된 데에서 찾았다. 그는 학생들에게 실생활에 대한 지식을 항상 염두에 두고 부지런히 공부할 것을 권고하였다.[153]

그는 남녀 고등보통학교, 공업 또는 상업학교 외에 사회 공민의 일원으로 필요한 일반 상식만을 주는 학교가 필요하다고 하였다. 이런 학교는 실사회와 자주 접촉하는 학교이기도 하다. 그는 이 학교가 설립되면 많은 학생들이 입학해야 한다고 생각하였다.[154] 그는 실사회와 접촉할 수 있는 방안으로 신문과 잡지를 제시하였다. 신문과 잡지는 인생에 직접 관련된 문자만 골라 모은 것으로 이것만 갖고 공부하면 인생에 필요한 모든 학과를 골고루 공부할 수 있으며, 또한 각 학과 중에서 직접 필요한 것만 추리고 뽑아서 배울 수 있는 장점이 있다는 것이었다.[155] 학교 교육을 비판하고 있다는 점에서 그가 『어린이』 1927년 1월호부터 1930년 12월호까지 게재한 「어린이 독본」 1~20과는 학교 교육을 대신할 수 있는 교육 내용을 제시한 것이라고 할 수 있다. 「어린이 독본」은 일종의 수신 교과서이며, 국어 교과서였다. 「어린이 독본」은 체제 면에서 교과서 형식으로 엮었으며, 활자도 다른 글보다 크게 했으며, 한자는 옆에 한글로 음을 적어 놓았으며, 어려운 낱말은 그 줄 바로 위에 따로 풀이를 해 놓았다. 「어린이 독본」이 연재된 후 일선 학교의 교사들이 이를 교재 또는 부교재로 채택하는 경우도 많았다고 한다.[156]

VI. 방정환 소년 운동의 한계

위에서 살펴본 바와 같이 방정환의 소년 운동은 여러 가지 교육적 의의를 갖고 있지만 반면 문제가 없지는 않았다. 방정환의 소년 운동은 독립보다는 문화적·도덕적 차원에서 민족의 생존과 발전을 도모하려고 했던 범인간적 민족주의와 맥락을 같이 하고 있었다. 이것이 천도교 신파가 방정환의 소년 운동을 적극적으로 지지하고 후원했던 근본적인 이유였을 것이다. 방정환 은 천도교 신파가 그러했듯이 독립이 당장 가능하다고 생각하지 않았으며, 독립을 위한 준비가 필요하다고 인식하고 있었다. "부흥 민족의 모든 새 건 설 노력 중에 있는 우리 조선에 있어서, 아무것보다도 간절한 일로, 우리는 이 말씀을 간절히 고합니다. … 다만 한 가지 희망을 살리는 도리는 내일 호 주, 내일의 조선의 일꾼 소년 소녀들을 잘 키우는 것밖에 없습니다. 당신의 한 가정을 살리는 데도 그렇고 조선 전체를 살리는 데도 그렇고, 이것만이 확실한 우리의 활로입니다." [157] 이 말은 소년을 잘 키워야 한다는 것을 강조 한 것이지만 현 상태로는 독립이 불가능하다는 인식이 바탕에 깔려 있다.

그가 소년 운동의 내용으로 선택한 예술 교육도 독립을 위한 민족 운동으 로 보기 어려운 측면이 있다. 그는 솔직하고 순진한 예술을 강조했으며, 무 엇보다도 소년의 흥미를 중시하였다. 그가 강조했던 예술은 짓밟히고 학대 받고 쓸쓸하게 자라나는 소년들의 아픈 상처를 위로하였을 것이며, 또한 그 가 추진했던 사라지고 있는 전래 동화와 동요를 발굴하는 노력을 통해 조선 문화를 복구하는 데 기여할 수 있었다. 이러한 의의가 없는 것은 아니지만 그의 예술 교육은 독립과는 적지 않은 거리가 있었다. 그의 작품 가운데 불 의와 부정에 저항해 지혜롭고 의로운 소년들이 지혜를 짜내어 극복하는 과 정을 그린 「칠칠단의 비밀」, 「소년삼태성」, 「소년사천왕」과 같은 탐정 소설 들도 있었지만 그의 작품 주인공은 대부분 순수하고 착하고 연약하고 고민 하는 소년이었다. 이러한 그의 성향을 반영하듯이 『어린이』에도 불쌍하고 가련한 어린이가 많이 등장하였다. 불쌍하고 가련한 어린이는 천도교 소년 회의 캐치프레이즈이며, 1924년부터 『어린이』의 맨 뒷장에 항상 게재되었 던 '씩씩하고 참된 소년이 됩시다. 그리고 늘 서로 사랑하며 살아갑시다.'

는 내용과 적지 않은 차이가 있었다. 이 때문에 『어린이』 창간에 큰 역할을 하였고, 또 주요 필자였던 색동회 회원들 간에도 슬픈 이야기와 애처로운 내용을 줄여야 한다는 의견이 제기되었다. 마해송은 "꽃과 벌과 천사와 공주의 꿈같이 아름다운 이야기와 눈물을 줄줄 흘리게 되는 애화(哀話)만이 아동의 정서를 보육함이 아니요, 아동 교육의 근본 의(義)가 아니다. … 우리는 '세상에 일명(一命)을 타고났으니, 세상을 행복하게 할 의무와 그 행복을 받을 권리를 위해서는 물불을 가리지 않을 용감한 사람이 되게 지도할 것이요, 그러기 위하여 우리는 현실을 가장 정확하고(즉 과학적) 똑똑한 눈으로 본 현실을 가장 교묘한 방법과 기교로서 가르치며, 또한 정확히 볼 수 있도록' 지도할 것이다. 이것이 우리의 주장이다."라고 하여 방정환의 『어린이』 편집 방침과 아동 지도 방침을 분명하게 반대하였다. 색동회 회원들 간에는 『어린이』를 대신할 새로운 기관지 발행을 계획하기도 하였다.[158]

방정환의 작품이나 『어린이』에 불쌍하고 가련한 소년들이 빈번하게 등장하였던 것은 방정환이 「어린이 찬미」 등에서 예찬했던 동심이나 순수한 아동성이 현실적이라기보다는 이념적이고 추상적인 것에 가까웠다는 것을 말해 주는 것이다. 그가 목격한 현실의 어린이는 슬프고 약한 존재였고, 이러한 존재로는 현실의 역경을 극복할 수 없었다. 때문에 그는 계몽의 대상이 될 수 없는 완벽한 존재인 어린이를 계몽의 대상으로 설정할 수밖에 없었다. 계몽의 대상으로서의 어린이는 장래 조선의 일꾼이 될 수 있었다. 그에게 계몽의 대상은 사실 어린이가 아니라 나이가 든 소년이었다. 그가 어린이와 소년을 혼용했던 이유가 여기에 있다.[159] 그럼에도 불구하고 그는 어린이의 순진무구함을 계속 예찬하였다. 이런 점에서 방정환의 내부에서 충돌하는 천사적 아동관과 현실의 아동에 대한 계몽적 세계관은 어떤 면에서는 '동심주의'라는 동전의 양면이었다고 할 수 있다.[160]

민족 독립과 일정한 거리가 있는 방정환의 사상은 「어린이 독본」에서도 나타난다. 낙질과 일제의 검열 삭제, 중복으로 인해 현재 17과가 남아 있는 「어린이 독본」 중에서 민족 의식을 고취하는 것은 스파르타의 상무 정신을 강조하는 1과 「한 자 앞서라」, 조선인을 무시하고 경멸하는 일본인을 혼내는 3과 「두 가지 마음성」, 불의로 역경에 처한 현실을 극복하기 위해 동지와 조선인들의 단결을 강조한 13과 「적은 힘도 합치면」, 15과 「눈물의 모자값」 등 4개 이다. 나머지는 정직, 동정, 관용, 신의, 형제 간의 우애, 우정, 절욕(節慾) 등이다. 그 외의 주제는 일기 쓰기 권장과 시간의 소중함, 그리고 세계 일가주의이다. 세계 일가주의는 특이한 내용으로 이는 범인간적 민족주의 사상에서 나온 것으로 보인다. 민족 의식을 고취하는 4개의 글을 제외하면 사실 방정환이 강조했던 내용들은 1920년대 일본에서 사용되고 있던 초등학교 『수신』 교과서와 큰 차이가 없다.

> "우리들이 시정촌의 공민으로서 그 의무를 다하는 것은 역시 충군 애국의 길을 실행하는 것입니다. 부모께 효행을 다하여 부모의 마음을 평안하게 하고 형제는 사이좋게 서로 도우며 주부는 집안을 잘 다스리고 아이들을 가르쳐 기르지 않으면 안 됩니다. 사람을 사귈 때는 신의를 중시하고 도량을 크게 가지며 특히 친구에 대한 교제를 돈독히 하고 다른 사람들에게 받은 은혜를 잊지 않으며, 세상에 나와서는 산업을 일으키고 공익을 널리 퍼뜨리며 예의를 중시하고 위생의 준수 사항을 지키며, 널리 사람을 사랑하고 모두에게 친절하지 않으면 안 됩니다. 항상 성실을 으뜸으로 하여 진취적 기상을 기르며 자기를 신뢰하고 용기를 북돋우고 잘 인내하며 근로를 중시하고 검약을 지키지 않으면 안 됩니다. 또한 신체의 건강을 증진하여 학문에 힘쓰며 덕행을 닦도록 하는 것이 중요합니다."[161]

이 인용문은 이 시기 일본에서 사용되었던 초등학교 5학년 『수신』의 마지막 과인 「좋은 일본인」의 일부 내용이다. 「어린이 독본」에서 강조된 민족 의식 고취가 『수신』에서 충군 애국으로 나타난 것 외에는 사실상 차이가 거의 없다. 효행 강조에 대해서 의문을 가졌을지도 모르겠지만 공민으로서의 의무를 다해야 한다는 것에 대해서는 방정환은 대체로 동의했을 것이다.

「어린이 독본」에서 제시하는 도덕은 방정환이 제기한 '좋은 인물'을 만들자는 것과 연결된다. 그는 '조선의 소년 소녀 단 한 사람이라도 빼놓지 말고 한결같이 좋은 인물이 되게 하자'는 구호를 제기하였으며,[162] 1928년 세계아동예술전람회를 개최할 때도 예술이라는 좋은 반찬을 먹어야 좋은 사람이 될 수 있다고 하였다. 그는 좋은 사람을 위해 이성 훈련보다는 정서 교육에 치중하였으며, 「어린이 독본」에 제시된 것과 같은 도덕을 강조하였다. 좋은 사람은 당대 일본 『수신』 교과서의 주제이기도 했으며, 현재도 사회와 학교에서 권장하는 원만한 인격을 가진 사회적 개체이다. 그러나 식민 지배 체제하에 놓인 현실을 고려한다면 소년 운동에서 추구하는 이상적 인간상은 원만한 인격을 가진 존재와는 달라야 했다. 소년이 독립을 위한 존재로 양성되기 위해서는 현실의 모순을 직시하고 그 극복을 위해 투쟁할 수 있는 존재여야 했다. 좋은 사람은 모순 극복보다는 현실의 도덕을 수용한다는 점에서 식민 지배 극복보다는 신민화의 논리에 동화될 위험이 없지 않았다.[163] 방정환의 평생 동지였던 마해송이 방정환의 소년관에 의문을 제기하고, 사회주의 진영의 소년 운동에서 방정환이 순진무구하다고 인식했던 동심을 현실적 사회 정세의 반영이라고 보았던 이유가 여기에 있다. 이러한 소년관의 차이는 방정환과 사회주의 진영의 소년 운동이 화합하지 못하고 계속 갈등을 야기하는 중요한 원인으로 작용하였다.

VII. 결론

방정환은 1920년대 천도교 교권을 장악하고 있었던 신파의 핵심 인물이었다. 그는 천도교단의 전폭적인 지지와 후원 아래 소년 운동을 추진하였다. 따라서 그의 사상과 활동은 대체로 천도교 신파의 입장과 일치하였다.

천도교는 제1차 세계대전의 참상과 개조 사상 유입을 계기로 본격적인 사회참여 활동을 전개하였다. 천도교의 변화는 3·1운동에 적극적으로 참여한 것이나 3·1운동 후 천도교 청년회를 중심으로 문화 운동을 주도하는 것으로 나타났다. 천도교는 문화 운동을 주도하기 위해 서구와 일본의 각종 사상들을 적극적으로 수용하여 인내천주의를 새롭게 해석하였다. 사람성주의는 이러한 노력의 산물이었다. 사람성주의는 시대의 정신을 체현하여 사람의 의의를 철저하게 하는 것이었다. 그러나 천도교에서 기대했던 사회개조는 불가능하다는 것이 드러났다. 정치적·경제적 힘이 없는 상태에서 문화 운동으로 실력을 양성할 수 없었던 것이다. 문화 운동이 약화된 상황에서 천도교는 천도교 청년당을 만들어 정치 운동을 본격화하였다. 청년당의 정치 사상은 사람성주의에 바탕을 둔 범인간적 민족주의였다. 범인간적 민족주의는 이기적인 폐단을 갖고 있는 기존의 민족주의를 개조하여 인류주의와 영합할 수 있는 포용성을 길러야 한다고 주장하였다. 이 사상은 식민 지배에 부정적이었지만 식민 지배를 거부하지는 않았다. 이러한 입장에 따라 천도교는 일제와 공존하는 상태에서 조선 민족의 권익·문화를 향상시키는 정치적 전략인 자치를 추구하였다.

방정환이 평생 전념했던 소년 운동은 민족 부흥과 비참한 현실 속에서 살아가는 어린이들을 구원하려는 목적을 가지고 있었다. 그는 이를 위해 천도교 소년회의 기관지인 『어린이』를 간행하고, 동화·동요·그림을 중심으로 하는 예술 교육 운동을 전개하였다. 그가 예술 교육을 중시한 것은 예술이 어린이의 본성에 합치된다고 보았기 때문이었다. 어린이의 본성에 합치되는 예술 교육은 일제가 추진하는 교육정책과 상당한 차이가 있었다. 그의 소년 운동은 한글 보급과 문맹 타파를 통해 식민 교육을 비판하고, 어린이의 자연스런 성장과 발달을 중시하고, 인습을 타파하고 새로운 도덕관을 제시하는 등의 의미를 갖고 있었다.

그는 소년 운동으로 인해 일제로부터 적지 않은 탄압을 받았다. 그의 강연이 중단되고, 일시적으로 구속되기도 하였으며, 『어린이』가 검열로 인해 기사가 삭제되고 발간이 지연되는 사례들도 많이 있었다. 그러나 그의 소년 운동으로는 그가 염원했던 민족 독립을 달성하기는 어려웠다. 소년 운동이란 어떤 면에서는 현재로서는 독립이 불가능하므로 독립을 대비한 준비를 하자는 것이었으며, 독립을 미래로 미룬 상태에서 소년을 계몽하려는 소년 운동은 '합법적인 운동'의 수준에서 이루어질 수밖에 없었다. 그는 여러 차례 좋은 사람에 대해 말하였지만 좋은 사람이 준수할 도덕은 사실상 기성 사회의 도덕과 별다른 차이가 없었다. 그의 소년 운동이 독립과 거리가 있었던 것은 어린이관에서도 보인다. 그는 순수하고 고결한 동심을 가진 존재로서 어린이를 예찬하였지만 이는 현실과 거리가 멀었을 뿐만 아니라 이러한 존재로서는 독립을 달성하기 어렵다. 그의 소년 운동은 천도교 신파가 일제와 대화·타협하는 가운데 합법적 정치 운동을 전개했던 것과 비슷한 한계를 갖고 있다.

방정환의 소년 운동은 일제와 직접적인 충돌을 피하면서 문화적·도덕적 차원에서 민족의 생존과 발전을 도모하는 데 일차적 관심을 두었던 천도교 신파의 적극적인 지지와 후원 아래 이루어졌다. 방정환의 작품을 통해서는 천도교 교단 분열이나 당시 중요한 사회적 쟁점이었던 자치 운동, 신간회 등에 대한 견해를 찾아보기 어렵다. 그러나 이에 대한 의견 표명이 없었다는 것은 천도교 신파의 입장을 따른 것으로 해석될 수 있다.

이 연구를 마치면서 식민 지배 체제하에서 독립을 위한 소년 운동은 어떠해야 하는가에 대해서 논의하지 못한 것이 아쉬움으로 남는다. 이 문제는 이 시기 방정환의 소년 운동과 소통하면서도 대립적인 자세를 견지하고 있었던 사회주의의 소년 운동을 고찰해야 실마리가 풀릴 것으로 생각한다.

4부

일본 근대 민중 교육의 논리와 공민교육

Japanese Modernization and Modern Times of Choson : Conversion of Thought and Education

01 | 근대적 민중의 등장과 민중 교육*

I. 근대적 민중의 등장

1. 막말 유신기의 사회 변화와 민중의식

메이지유신(明治維新) 이전을 흔히 에도막부(江戶幕府) 시대라 부른다. 장군으로 임명된 도쿠가와 이에야스(德川家康)가 에도에 막부를 세운 1603년부터 제15대 장군 도쿠가와 요시노부(德川慶喜)가 정권을 메이지 천황에게 인계한 1867년까지, 265년간의 무인 집권 통치 시대를 말한다. 이 시기에는 천황(天皇)과 장군(將軍)과 대명(大名) 간의 세력 균형을 바탕으로 정치적 질서가 유지되고 있었다. 중앙 권력의 중심에 막부의 장군이 있어 치안 유지와 민생 안정을 담당했고, 조정의 천황은 상징적 존재로서 제사와 학술을 관장하였다. 그러나 막부 최고의 책임자인 장군을 천황이 임명한다는 형식적 한계도 가지고 있어 천황과 장군은 상호 공생의 관계에 있었다고 보아야 할 것이다. 이러한 공생 관계는 막부와 번(藩), 즉 장군과 대명의 관계에도 그대로 적용

---

* 「메이지 초기 일본의 미션스쿨」(『교육사학연구』19-1, 교육사학회, 2009)
　「메이지 시기 일본의 부락차별에 관한 고찰」(『한국교육사학』33-1, 한국교육사학회, 2011)

되었다. 에도시대의 정체(政體)를 막번체제(幕藩體制)라고 부르는 것은 장군의 정부인 막부와, 장군과 주종 관계를 맺은 대명의 정부인 번이 권력을 장악하는 구조를 띠고 있었기 때문이었다. 장군은 대명에게 영지(領地)의 소유권을 인정하는 주인장(朱印狀)을 주어 그 토지의 지배권(知行)을 보장하였고, 이를 통해 대명은 그 범위 안에서 독자적 통치를 행하는 권한을 가지고 있었다.

에도막부 초기의 이러한 안정적 체제는 후기로 갈수록 불안정한 모습을 드러냈는데, 상품경제의 진전에 따라 그 양상은 더욱 심화되는 경향을 보였다. 이러한 체제 내적 모순을 해소하기 위해 막부는 여러 차례의 개혁을 단행[1]하였지만 큰 효과를 거두지는 못하였고, 지배층과 상업 자본의 민중 수탈은 한층 더 가혹한 방향으로 전개되었다. 이처럼 궁핍해진 민중들의 생활과 황폐화된 촌락의 개선을 막번 권력이나 상업자본에 기대하기 어려운 상황 아래서 자신의 행보를 스스로 헤쳐 나가는 존재로서의 역할이 민중들에게 요구되었고, 민중 스스로도 이러한 어려운 상황을 타개하기 위해, 혹은 회피하기 위해 다양한 경로를 모색하고 있었다. 그렇다면 민중들은 자신의 상황을 변화시키기 위해 어떤 노력을 전개했을까.[2]

먼저, 자연이나 사회를 개량함으로써 부를 축적하는 방향으로 자신의 상황을 변화시키려는 움직임을 보였다. 당시 민중들이 처해 있던 궁핍한 상황을 벗어나기 위한 방안이 권력을 가진 지배층이나 상업자본에게서 나올 것이라는 기대를 할 수 없는 상황하에서, 문제 해결의 추진은 촌락의 유지였던 호농층(豪農層)을 중심으로 이루어질 수밖에 없었다. 왜냐하면 민중의 궁핍은 그들이 사는 촌락의 황폐화와 연동되어 있었고, 따라서 촌락 궁핍화 해소의 문제는 공동체가 해결해야 할 문제로 간주되었기 때문이다.

그런데 호농층은 촌락 공동의 이익을 대변해야 하는 존재이기도 했지만 지배층으로서의 성격도 지니고 있었다는 점에 유의할 필요가 있다. 이는 호농층이 한편으로는 민중의 요구를 들어주거나 촌락의 방위 혹은 촌락의 부를 축적하는 등의 공동체적 질서 유지를 주도적으로 추진해가야 하는 주체이면서, 다른 한편으로는 자신의 이익 추구를 위해 노력하는 존재라는 위상도 더불어 가지고 있었음을 의미했다. 이처럼 모순된 것으로 보이는 호농층의 위상은 적극적으로 민중의 이익을 대변하면서 기존 질서에 대해 비판하고 부정하기보다는, 체제 내적 개량을 통해 문제를 해결하려는 양상을 만들어 내었다. 따라서 민중들의 적극적인 자기주장은 억제되었고, 농사 개량이나 근검절약 등을 통해 생활을 안정시키고 부를 축적하는 방법이 선호되었던 것이다.

이러한 호농층의 문제 해결 방식은 자신들의 기득권을 포기하지 않겠다는 의지의 표명이기도 했지만, 한편으로는 그동안 수동적 존재로서 멸시되었던 민중에게 다소간의 능동적이고 적극적인 행동을 촉구한다는 의미도 내포하고 있었다. 그러나 문제의 본질에는 적극적인 조치를 취하지 않은 채 방치하면서, 겉으로 드러난 상처만을 치료하는 방식의 개선책은 상황의 변화에 전혀 도움을 주지 못하는 것이었다. 민중의 궁핍이나 촌락의 황폐화 문제를 민중의 금욕적이고 자기 규율적인 생활 태도로 극복하겠다는 것은 결국 사회·정치적 구조로 인해 나타나는 문제를 민중의 책임으로 전가하자는 것이었으며, 이로 인해 민중의 형편은 더욱 악화되는 경향을 보였다. 이러한 논리는 막말기에 유행한 국학(國學)이나 심학(心學)의 영향으로 더욱 급속히 수용되었고, '통속 도덕의 주체화'라는 방식으로 민중에게 보급되어 갔다.

한편, 민중들은 현실의 궁핍을 종교나 민간신앙을 통해 마음을 위로받고 궁핍의 위기를 해소하려는 움직임을 보이기도 하였다. 이 시기에 출현한 다양한 기능신(機能神)과 민간신앙은 대부분이 선조 숭배라는 특징을 가지기도 하지만, 민중들은 이들에게 재화와 행복을 기대하며 경제적 파탄으로 인한 생활의 궁핍과 천재·기근·염병으로 인한 사회적 긴장을 해소하려 하였다.

막말 후기 상품경제의 침투가 격화된 도시 주변의 농촌에서 막말의 3대 신흥종교라고 일컬어지는 흑주교(黑住敎)·천리교(天理敎)·금광교(金光敎)가 생겨났고, 이들이 점차 일신교(一神敎)로서의 위상을 갖게 되어 독자적인 세계관을 만들어 갈 수 있었던 것은 민중들의 지지와 호응이 있었기 때문이라고 보아야 할 것이다. 이들은 세속적 권위에 눌려있던 민중의 정신을 해방하는 방향으로 나아갔는데, 인간 평등·휴머니즘을 주장하거나 선조 숭배를 배척하면서 새로운 세상을 예언하기도 하였다. 이는 경제적 궁핍함에 지친 민중의 마음을 달래는 차원을 넘어 세상에 대한 변혁을 기대하는 민중의 요구를 대변하는 것이기도 했다.

이러한 사회적 분위기 속에서 당시 지배층의 착취에 적극적으로 자신의 주장을 호소하는 움직임이 나타났다. 폭동이나 소요[3] 등의 무력적 저항운동은 민중의 자기주장을 가장 적극적으로 표현하는 하나의 방식이었다. 이는 민중에게 강요되었던 극도의 근면과 검약, 그리고 인내와 복종이 한계점에 다다른 지점에서 폭발한 것이었다고 볼 수 있다. 민중은 폭동이나 소요를 통해 봉건 권력이나 상업 자본에 대해 연공감면(年貢減免)을 요구했으며, 촌락 관리의 공선(公選)을 주장했고, 매매(賣買)의 자유 등 상품경제를 민중 주도로 돌리려는 움직임도 보였다. 이러한 투쟁은 막부를 무너뜨리고 메이지 유신을 단행하도록 만든 가장 근본적인 에너지가 되었다고 말해도 좋을 것이다. 그럼에도 불구하고 이들 폭동이나 소요가 기존의 권력을 부정하거나 비판하는 데까지는 이르지 못했다는 것 또한 사실이다. 즉 이들의 요구는 촌락 내의 민주화를 요구하는 정도에 머물렀으며, 이들이 기대하는 세상을 구현하기 위한 실천적 움직임은 전혀 구상되지 않았다.

이처럼 민중들은 당시의 사회 변화에 때로는 소극적으로, 때로는 적극적으로 자신들의 상황을 극복하기 위한 움직임을 보였다. 이는 그때까지의 민중이 체제의 요구를 수용하면서 수탈과 착취를 그대로 감내했던 것에 비하면 민중의식의 커다란 전환을 의미하는 것이었다고 볼 수 있다.

2. 막말 유신기 민중 저항의 양상

막말 유신기[4]를 통해 민중들의 폭동과 소요는 전국 각지에서 빈번하게 일어나고 있었다. 에도막부나 번(藩)의 재정 악화를 조세로 충당하려 했던 정책은 민중의 생활을 곤궁에 빠져들게 했다. 1866년 5월 1일 니시노미야(西宮)에서 일어난 미곡상에 대한 주부들의 항의 행동은 오사카(大阪) 시내로 파급되었다. 에도 주변에서도 쌀값 폭등에 불만을 품은 사람들이 폭동을 일으켰는데, 막부에 의해 진압되기까지 7일간 마을 200여 곳과 상점 520여 곳, 그리고 미국 공사가 습격을 받았다. 또 1868년 나가오카번(長岡藩)에서는 쌀의 불하와 인부 징용에 반대하는 소요가 일어났는데, 한꺼번에 7천여 명이 모이는 대규모 시위로 확대되었다.[5]

〈표 1〉은 연호별 농민반란·도시 폭동의 발생 건수를 표시한 것이다.[6] 여기서 게이오(慶應) 연간의 발생건 수가 급격히 증가한 것을 알 수 있는데. 이는 막말의 정치 격변에 따라 사회적 혼란이 극심해지고 있음을 단적으로 말해 주는 한가지 사례라고 보아야 할 것이다.

이처럼 에도막부 말기에 각 지역에서 일어난 폭동과 소요는 메이지 신정

〈표 1〉 연호별 농민반란 · 도시 폭동의 발생 건수

연호	연평균 발생 건수
가에이(嘉永, 1848-1853)	45.3
안세이(安政, 1854-1859)	54.5
만엔(万延, 1960)	90.0
분큐(文久, 1861-1863)	48.3
겐지(元治, 1864)	50.0
게이오(慶應, 1865-67)	113.7

부의 형성을 촉진하는 계기로 작용하였다. 그렇다고 메이지유신 이후의 신정부에 대한 폭동이나 소요가 멈춘 것은 아니었다. 메이지 정부가 적극적으로 추진했던 문명개화 정책[7]은 민중의 적극적 지지를 필수불가결의 요소로 하고 있었지만, 민중의 생활을 전혀 고려하지 않고 추진된 근대화 정책은 민중들의 저항과 마주칠 수밖에 없었다. 메이지유신을 전후로 일본 민중의 생활은 더욱 어려워졌으며, 이에 대해 민중들은 실력 행사로 대처하였다.

1873년 미마사카(美作) 지방에서는 '징병령 반대, 학교입비 반대, 천민호칭 폐지 반대'를 내걸고 관원이나 호장(戶長)·부호장의 집, 도적과 같은 행위를 한 집, 소학교·피차별 부락민의 집 등을 파괴하는 사건이 일어났다. 사건 진압 이후에 유죄를 받은 사람은 26,916명에 이르렀고 사형에 처해진 사람도 15명이나 되었다.[8] 같은 해 돗도리현(鳥取縣)에서는 '징병령 반대, 태양력·소학교 폐지' 등의 구호를 내건 일명 '죽창소요'가 일어났다. 발단은 양복을 입은 소학교 교원이 마을 순회 중에 '피를 뽑는 사람'[9]으로 오해받아 습격당한 것이었는데, 각 지역의 호장 집과 소학교가 피해를 입는 사건으로 확대되었다. 진압 후에 처분된 사람은 11,907명이었고, 이 가운데 1명이 종신형을 받았으며, 벌금 총액도 24,817원에 달했다.[10] 이러한 사태는 정부의 정책에 불만을 품은 다수의 민중들이 존재했었음을 의미하는 것이며, 이에 대한 정부의 태도가 진압과 감금이라는 방법을 동원한 통제로 일관했음을 보여준다.[11]

이처럼 메이지 시기에 일어난 민중의 폭동이나 소요는 에도막부 말기의 그것과 비교해 서로 다른 발생 배경을 가지고 있었다. 에도막부 시기의 소요 및 폭동이 쌀의 수출이나 물가 상승 등으로 인한 생존의 위기와 직결된 것이었다면, 메이지 시기의 그것은 정부의 근대화 정책에 대한 반발이 큰 이유가 되었다. 특히 생활 풍속과 관련된 포고(布告)는 기존의 신분 규제의 틀을 깨는 해방적 성격의 것으로, 이로 인해 기득권을 빼앗긴다고 생각한

계층은 불안과 반감을 갖지 않을 수 없었다. 예를 들면 산발령(散髪令)[12]은 상하 신분 모두에게 불만을 일으켰고, 폐도자유령(廢刀自由令)[13]은 사족층(士族層)의 반발을 샀으며, 히닌(非人)[14] 호칭의 폐지는 오랫동안 차별 감정이 당연한 것이라고 여겨온 평민 계층의 반감을 샀다. 이처럼 급속한 풍속 개량의 요구는 일상적 삶과 밀접히 관련된 것으로 변화에 대한 체감지수는 어떤 것보다 높았다고 볼 수 있다. 그렇다고 다른 분야의 변화가 긍정적으로 수용되었다고 보기는 어렵다.

메이지 초기에 일어난 교육 관련의 소요 및 폭동은 새로운 것에 대한 불안과 반감이라는 수준을 넘어, 사회·경제적 상황을 전혀 고려하지 않은 지배층의 '계획'이었다는 점에서 그 특징을 찾을 수 있다. 당시 민중은 사회·경제적으로 '교육비 자비 부담'을 원칙으로 하는 강제적 의무교육을 받아들이기 어려운 형편에 놓여 있었다.

> 니가타현(新潟縣)의 다카다니시(高田西) 마을은……약 150호지만 그 가운데 실제 지방세를 납입할 수 있는 집이 50호 정도이고……지금까지 면세를 받을 정도여서 소학교 자본에 관해서도 협의비가 모아지지 않고, 마을 회의에서도 올바른 결의가 조금도 행해지지 않아 우리를 위해 호장과 학무위원들이 급료 대부분을 학교 비용으로 충당해 그 유지를 위해 아무리 노력해도 영구히 전망도 없고…….[15]

이처럼 열악한 지역의 상황을 고려하지 않은 교육정책의 시행은 민중의 생활 기반을 더욱 피폐하게 만들었고, 교육 보급에도 커다란 영향을 미쳤다.[16] 효고현(兵庫縣) 이보군(揖保郡)의 고시베무라젠죠(越部村仙正) 지구의 지역 주민은 경제적 곤란으로 당국에 학비 부담 면제를 호소하고 있다.

6천평(二町步) 내외의 토지에 약 95호가 거주하고, 그 가운데 8·9할은 택지조차 없는 자들이다. 경지도 마을 사람 가운데 약 1할 정도만이 소유하고, 4할은 동분서주하여 겨우 생활을 이어가고, 남은 5할 내외의 사람들이 유지의 원조를 받고 있는 상태로 아주 어려운 마을이다. 따라서 95호 가운데 50호는 호별 비율로 학비 90전 9리를 면제하길 바란다.[17]

이러한 상황 속에서 민중은 자신의 입장을 폭동이나 소요라는 방식을 통해 드러내려 하였다. 학제에 반대해 일어난 소요를 정리하면 〈표 2〉와 같다.[18]

〈표 2〉 메이지 초기 학제 반대 소요 일람표

소학교 비용 지출 반대	교토(京都, 1873), 시마네(島根, 1874)
소학교 폐지	돗토리(鳥取, 1873)
학교 인도	미야자키(宮崎, 1873)
교육 내용 반대	후쿠이 쓰루가(福井 敦賀, 1873)
학교 파괴	사이타마, 돗토리, 후쿠오카(埼玉, 鳥取, 福岡, 1873)
	미에, 기후(三重, 岐阜, 1876)
학교 신축 증액 반대	이바라키(茨城, 1886)
학교 부과금 반대	야마나시(山梨, 1886)

1873년에 교토부(京都府) 이카루가군(何鹿郡)에서 일어난 소요는 9개 마을 200명의 농민이 참여했는데, 학제 발포에 따른 소학교의 설립과 유지를 민중 부담으로 했던 것, 즉 학교입출금 방식에 반대해 일어난 것이었다. 1874년의 시마네현(島根縣)의 소요는 학교의 입출금 반대를 명확히 제시하지 않았지만, 학교 설립을 위한 조사 경비를 민중에게 분담토록 함으로써 민중의 부담금이 평년보다 2배가까이 오른 것에 대한 민심이반(民心離叛)의 결과로 일어났다.[19] 1873년 오카야마현(岡山縣)에 속하는 호죠현(北條縣)에서 일어난 소요는 소학교 폐지를 요구로 내걸었는데, 이에 관해 '본 현은 학제 반포 이래 교화 진보로 이름나 있지만, 1873년 인민의 소요와 마주해 관내 46교의

소학교 대부분이 파괴·소실되었고 그 후 아직 재건되지 못했다.'[20]는 기록을 남기고 있다.

메이지 초기에 일어난 이러한 폭동이나 소요[21]는 정부에 의해 추진된 중앙 수준의 근대적 개혁 의도가 민중의 수준까지 그대로 전달되지 않았음을 의미했다. 위로부터의 근대화는 정부의 주도하에 착착 진행되고 있는 것처럼 보였지만, 실제 민중의 사회·경제적 상황은 궁핍의 극에 달해 교육은 물론, 생계조차 어려운 형편이었다. 따라서 민중들은 위로부터의 근대화 요구에 부응할 수 없었고, 자신들의 요구를 적극적으로 호소하는 방법을 통해 스스로의 의식을 형성해 갔던 것이다.

3. 메이지 전기 계몽 지식인의 민중관

막말 유신기 민중의식의 성장과 민중의 힘에 대한 자각은 메이지 정부가 내세운 부국강병·식산흥업의 목표를 실현시키는 데 중요한 배경이 되었다. 왜냐하면 서구식 근대화를 달성해야 할 목표로 설정한 메이지 정부에게 문명개화 정책은 민중의 자발성이 담보될 때에 가장 큰 효과를 낼 수 있는 것이었기 때문이다. 그렇다고 민중의 주체성이나 자발성을 무제한적으로 허용할 수도 없었다. 여기에 메이지 정부의 고민이 있었다.

막번 체제하에서 민중은 우매하고 수동적 존재였고, 지배층은 민중을 보호하고 다스려야 할 대상으로 간주하였다. 막말 유신기를 거치면서 민중의 자발성이나 주체적 의식의 각성이 강조되었고, 민중들은 폭동이나 소요를 통해 자신들의 주장을 표출하기도 했지만, 그것이 사회나 체제의 변혁으로까지 발전하지는 못했다. 따라서 민중은 여전히 계몽되고 지도되어야 할 존재였고, 민중에 대한 이러한 인식은 메이지 시기를 통해서도 일관된 흐름을 보이며 전개되었다.

왕정복고를 통해 체제 변혁이 이루어졌고 중앙집권적 정부가 만들어지기는 했지만, 메이지유신은 막부의 지배층 가운데 개혁 세력에 의해 주도적으로 단행되었다는 점에서 민중의 위상에 변화를 주는 요소가 되지는 못했다. 이들 개혁 세력은 서구식 근대화를 추진하는데 선도적 역할을 담당했고 서구의 사상이나 문화를 수용하는 데 긍정적 태도를 보였지만, 민중을 우매하고 수동적 존재로 간주하는 태도에는 변함이 없었다. 따라서 일본의 근대화는 민중의 권리나 자유를 고양시키는 시책보다는 민중의 주체적이고 자발적 에너지를 국가 아래 흡수하는 방향으로 추진되었다.

메이지 정부의 근대화 정책은 1873년 메이로쿠샤(明六社)에 가담한 양학자(洋學者)[22]를 중심으로 추진되었다. 이들 대부분은 메이지 정부의 관료가 되었으며 민중 계몽에 지도적 역할을 담당하였다.[23] 이들은 저술이나 번역, 그리고 잡지 등을 통해 민중의 권리와 완전한 양심의 자유를 설파했고, 인간의 중요한 가치로 '건강·지식·부유함' 등을 제시했으며, 합리적 정신의 중요성을 강조했다. 특히 '하늘은 사람위에 사람을 두지 않고 사람 아래 사람을 두지 않는다' 는 천부인권적 사상의 보급은 전통적 사상의 변화를 초래했으며, 민중의 의식을 계몽하는 견인차 역할을 하기도 하였다.[24]

그러나 민중의 무학과 노예근성 타파를 통해 자립적 인간이 되어야 할 것을 강조한 계몽사상의 이면에는 민중의 우매성과 서구 사상의 우월성이라는 논리가 숨겨져 있었다. 현재의 몽매함과 노예근성이 계몽을 통해 타파되어야 하는 대상이라는 점이 강조되기는 했지만, 이를 위한 경제적·정치적 제 조건의 변혁에 대해서는 언급하지 않았다. 오히려 천황제 정부의 정책을 긍정하거나 개인의 선택과 자유보다는 집단의 목표가 강조되기도 하였다.[25] 개인의 자유·독립·관용, 개성 신장을 통한 국가의 독립이라는 구호보다는 근면·견인불발·의무 등이 강조되었고, 이를 바탕으로 천황 중심의 국권 신장이나 팽창에 자발적으로 봉사하는 국민의 육성[26]이 계몽의 목표로 설정되었다.

II. 근대 민중교육의 전개

1. 메이지 정부의 교육정책

1867년 문호를 개방한 메이지 정부는 1872년 학제 반포(頒布)를 시작으로 서양식 근대 교육제도 형성에 박차를 가했다.[27] 양학파(洋學派) 인재를 적극적으로 기용하여 새로운 시대에 필요한 교육행정과 교육정책을 조사·입안토록 하였고, 이를 바탕으로 일본 근대 교육의 이념과 기본 원칙을 제시하였다.

> 사람이 스스로 몸을 세우고 재산을 다스리고 생업을 키워 일생의 성취를 이루기 위해서는 몸을 닦고 지혜를 열고 재예(才藝)를 훌륭히 하는 것인데 이는 배우지 않으면 안되는 것으로, 학교를 세워야 하는 이유가 되니 …… 애육(愛育)의 정을 두텁게 하여 그 자제가 반드시 배움에 종사토록 해야……[28]

이는 교육을 통해 입신과 출세가 가능하다는 점을 제도적으로 공표한 것임과 동시에 국가 발전을 위해서는 교육의 보급이 전제되어야 함을 강조한 것이기도 했다. 학제의 총칙에는 "반드시 읍에 불학(不學)의 집 없고, 가정에 불학의 자 없도록 할 것"이라는 국민개학(國民皆學)의 정신과 더불어 실학주의와 교육비 수혜자 부담의 원칙이 제시되었다. 이를 위해 프랑스의 중앙집권적 제도를 모방해 전국을 8개의 대학구로 나누고, 다시 중학구·소학구로 세분하는 학구제를 채용해 단일 학교 계통을 마련한 것은 그 구체적 실천이었다.

당시 메이지 정부가 교육정책 가운데 무엇보다 치중했던 것은 지도자 육성을 위한 고등교육과 국민의 지적 수준을 높이기 위한 초등교육의 보급이었다. 특히, 초등교육의 경우는 학제를 통해 국민개학(國民皆學)의 원칙을 제시해 빈부·남녀·신분의 구별 없이 교육의 기회가 평등하게 부여되어야 함을 강조했다. 그러나 교육비를 수혜자 부담으로 함으로써 교육 기회를 차단하는 결과가 초래되었다. 1873년 현재 전국에 12,558교의 초등학교가 설치되었으나 취학률은 약 28.1%에 머물러 있었다.[29] 의무교육 제도는 민중의 현실적 생활 형편을 고려하지 않고 무리하게 시행된 것으로, 민중들이 감당하기 어려운 측면을 포함하고 있었다. 이로 인해 취학률이 50%를 넘지 못하는 상황이 오래 지속되었고, 후쿠오카현(福岡縣)에서는 1873년 학제의 시행에 반대하는 소동(筑前竹槍一揆)이 일어나기도 하였다.

이처럼 당시의 실정에 맞지 않는 전국적·획일적·중앙집권적인 학제를 대신하여 지방분권적인 교육제도를 지향하며 공포된 것이 1879년의 교육령(敎育令)이었다. 이 제정 과정에서 개명파와 복고파의 논쟁이 일어났고, 결국 메이지 정부의 교육정책은 과학기술이나 지식을 중시하는 서구 중심 모델과 도덕과 규범을 중시하는 유교 중심 모델이라는 대립 구도를 갖게 되었다. 여기서 교육령은 미국의 지방분권적 교육제도를 모방해 소학교의 설치 및 취학 의무를 완화하고 지방의 자주성을 존중한다는 점을 강조했는데, 이는 당시 전국적으로 고조되었던 자유민권운동의 반영이었다고 볼 수 있다.

그러나 이 교육령은 복고파의 비판을 받아 1880년 12월 개정되었다. 개정 교육령에서는 학교의 설치, 취학 의무 등이 다시 엄격히 규제되었고 문부경(文部卿)과 부지사(府知事) 현령(縣令)의 권한이 강화되었다. 교육정책의 이러한 보수화 배경에는 서구화에 대한 우려로 나타난 덕육논쟁(德育論爭)과 이를 바탕으로 하는 유교주의적 교육정책의 강화, 천황 중심의 부국강병에 의한 강력한 메이지 국가의 확립이라는 정책 의도가 담겨있었다.[30] 이후 이루어지는 일련의 교육정책—1881년 교원심득과 학교교원품행 검정규정, 1886년 학교령, 1890년 교육칙어, 1892년 소학교축일 대제일 규정 등—은 복고파의 의도가 관철되는 형태로 진전되었으며 천황제 절대주의 교육체제를 확립하는 방향으로 나아갔다.

이와 같이 메이지 시기의 교육정책은 시기에 따라 개명과 복고, 혹은 진보와 보수라는 정책적 변동이 있기는 했지만, 결국 지배층의 민중의식을 그대로 대변하는 방향으로 전개되어 갔다. 국민개학의 이념은 부국강병과 식산흥업이라는 목표를 달성하기 위한 수단적 성격을 지닌 것이었으며, 이 과정에서 민중에게는 국가의 발전에 자발적으로 봉사하는 역할만이 인정되었다.

2. 불취학 아동의 존재

일본의 근대화를 최우선의 과제로 설정한 메이지 정부는 전 국민의 교육수준 향상을 위해 교육 체제 정비에 많은 노력을 기울였다. 이런 의미에서 취학률은 일본 근대화의 성패를 가늠하는 중요한 기준이 되었다고 볼 수 있다. 1872년 8월에 발포된 학제에 따르면 전국에 53,760개의 소학교를 건설하는 것이 정부의 목표였다. 그러나 소학교의 건설과 운영 경비를 시정촌(市町村)의 재정이나 수업료에서 조달하고자 했던 정부의 계획은 실효성이 떨어지는 것이었다. 교육정책의 추진 과정에서 필요한 재원은 민중의 부담으로 돌려졌고, 민중의 실정에 맞지 않는 전국적이고 획일적인 교육행정 시스템은 민중의 불만을 초래했다. 1873년 현재 소학교는 전국적으로 12,588개교에 그쳤고, 취학률도 낮아서 남자가 39.9%, 여자가 15% 정도에 머물러 있었다. 이러한 상황에 직면한 메이지 정부는 취학률 상승을 위해 1879년에는 교육령을 제정[31]하였고, 1880년과 1885년에는 두 차례에 걸친 교육령 개정을, 1886년에는 소학교령을 발포하는 등의 조치를 취하였다. 여기에는 의무교육 기간을 단축함으로써 민중의 취학 부담을 줄

<표 3> 메이지 시기 취학률(%)

년도	합계	남	여
1875	35.4	50.8	18.7
1880	41.1	58.7	21.9
1885	49.6	65.8	32.1
1886	46.3	62.0	29.0
1887	45.0	60.3	28.3
1890	48.9	65.1	31.1
1895	61.1	76.2	43.9
1900	81.6	90.3	72.0
1905	95.6	97.7	93.3
1910	98.1	98.8	97.4

여 취학률 상승을 꾀하자는 정부의 의도가 담겨있었다. 〈표 3〉에서 보는 바와 같이 1886년의 취학률은 50%에도 미치지 못하는 상태였다.[32]

취학률 상승이 정부의 계획대로 진행되지 못한 것은 일반 민중의 생활수준을 고려하지 않은 수업료 자비부담이 커다란 요인으로 작용하고 있었다. 민중에게 커다란 부담으로 작용했던 수업료는 1900년에 폐지되었고, 이후의 취학률은 눈에 띠게 상승되었다.[33] 이에 대해 메이지 정부는 메이지 말기의 취학률이 98%에 달해 완전 취학에 가깝게 도달했다는 긍정적 측면을 부각시켰다.

그러나 그 결과에 이르기까지의 과정이나 실상이 그리 단순했다고 보기는 어렵다. 왜냐하면 공식적 취학률만으로는 당시의 실제 취학 상황을 제대로 파악할 수 없기 때문이다. 즉 메이지 시기 학생들의 실제 취학 상황을 제대로 파악하기 위해서는 출석률과 중도 탈락률에 주목할 필요가 있다.

야스카와는 1881년의 재적 학생 약 269만 명의 평균 취학률이 64.7%였음을 지적한다.[34] 이는 약 28만 명의 학생이 등교하지 않는 유령학생으로 존재하고 있음을 말해주는 것이다. 메이지 시기 전국의 평균 출석률을 산출해

보면 1870년대가 60%정도, 1880년대가 70%정도, 1890년대가 80%정도였고, 1900년 이후가 돼서야 90%를 넘어선 것으로 보고되고 있다.[35] 즉 메이지 말기에 이르러 완전 취학에 이르렀다는 메이지 정부의 계산은 현실을 있는 그대로 보여준 것이라고 말하기 어렵다는 것이다. 더불어 중도 퇴학생의 문제도 간과할 수 없는 사안인데, 예를 들어 공식적 취학률이 92%였던 1902년에 심상소학교 1년생에 입학한 전국 학생의 진급 상황을 추적해 보면 약 126만 명에서 107만 명으로, 99만 명으로, 91만 명으로 감소하는 것으로 나타나고 있다. 이는 심상과 4년을 졸업하기까지 입학생의 1/4 이상에 해당하는 약 35만 명의 학생이 학교에서 모습을 감춰버렸음을 의미한다.[36] 따라서 메이지 시기의 민중교육 실태를 정확히 판단하기 위해서는 출석률과 중도 퇴학 비율을 고려한 실질 취학률에 대한 파악이 선행되어야 할 것이다.[37]

메이지 시기를 거쳐 진행된 취학률과 출석률의 상승은 시대적 변화에 따른 아래로부터의 교육적 요구가 표면적으로 드러난 결과라고 볼 수 있지만, 강제적 의무교육 정책과 관련된 반강제적 취학이나 출석 독촉으로 나타난 측면이 있다는 점도 염두에 두어야 할 것이다.

3. 민중교육의 실태 : 부락학교를 중심으로

1871년 10월 천민호칭폐지령이 공포되고 1872년 학제가 제정됨으로써 부녀자를 포함한 일반 민중들은 교육받을 수 있는 법적 기반을 갖게 되었다. 그렇지만 법적 조치로 인해 실제적 교육 현실이 일거에 변화되지는 않았다. 메이지 시기를 통해 직업과 계층 · 인종이나 남녀에 따른 차별적 교육은 계속 존재했고, 이 가운데 특히 부락의 학교와 아동은 교육의 기회를 박탈당하는 민중의 최저변에 놓여 있었다.

남자 3명, 여자 1명의 1학년생 부락아동만 따로 좌석이 배치되어 있다. 교원이 불량 학생에게 벌을 줄 때 '여학생과 같은 책상에 앉히는 것' 이상의 혹독한 벌로 간주했던 것이 부락아동과 나란히 앉히는 것이었다. 그것은 낙제보다도 '공포스러운' '회귀한 벌'이었다. 그 즈음 부락 자제는 눈물이 날 정도로 유순했다. 부락의 학생을 악동 3명이서 윽박지르고, 차고, 밟고, 때리고, 마지막에는 3척(약 90센티) 정도의 복도 위에서 아래로 밀어 떨어트리기도 했다. 엄마가 목숨을 걸고 항의하자, 교원은 거꾸로 모친에게 사죄를 시키고, 악동 3명은 아무런 질책도 받지 않았다. 심상 4년이 끝나고 졸업식 후에 촌장도 와서 기념 촬영을 하는데 중심이 되는 졸업생은 한명도 오지 않았다. 학교에서는 몹시 당황하여 … 아이들은 오고 싶지만 부모가 허락하지 않는다. 천민 아이들과 함께 사진을 찍을 수 없다. … 기념촬영은 중지되었다.[38]

여기서 부락민에 대한 일반 민중의 인식과 더불어 학교 현장에서 부락아동이 처해 있던 상황이 잘 드러난다. 부락아동이 교육을 받기 위해 다니던 학교는 차별적 사회의식을 그대로 반영하는 장소였고, 교사나 행정 관료의 인식과 태도는 부락아동이 교육에 접근할 수 있는 기회를 차단시키는 결과를 가져왔다. 이는 일반 아동과 분리된 부락학교가 설치되는 배경이 되기도 하였다. 예를 들면 나라시(奈良市) 쓰자카(鼓阪) 소학교는 '본교와의 거리가 불과 3정(町: 거리, 면적을 타나내는 단위로, 町은 약 109미터. 여기서 3町은 약 327미터.) 남짓이었지만 원래 에타(穢多)라고 칭했던 마을과 풍속이나 습관이 달라', 즉 '구평민은 신평민[39]을 멸시하고, 또 함께하는 것을 바라지 않으며', '아이들이 한 책상에 앉아 수업하는 것을 거려해' 별도의 부락학교로 설치되었다.[40] 이에 대해 교원 및 행정 관료는 정부의 국민개학 원칙을 고수하면서 일반인들을 설득하고 독려하기보다는 '이러한 문제가 해당 마을 하나의 문제가 아니라 일반 민중의 정서이며 일반인의 취학 확보가 더 긴급한 사안'이라고 하면서 본교 이외에 다른 집을 하나 더 빌려 교원이 통근하는 방법으로 부락 분교 설립을 추진하였다.[41]

이처럼 천민호칭폐지령이 발포된 이후에도 부락의 아동들은 소위 구평민과 같은 장소에서 공부하는 것이 거의 불가능한 상황이었다. 따라서 전국 각지에서는 부락아동을 대상으로 하는 부락학교가 다양한 명칭으로 설립되었다. 오사카부(大阪府)가 신도무라(新堂村)에 교수(教授)출장소(1872)를 설치했을 때 부락 이외의 아동은 광성사(光盛寺)에서, 부락아동은 원광사(円光寺)에서 별도의 교육이 이루어졌다. 야오시(八尾市)의 니시고오리(西郡)소학교는 선념사(宣念寺)에 별도의 교장(教場, 1874)을 설치하였고, 도요나카시(豊中市)의 신행사(信行寺)에 설치된 소학교(1874)와 가이즈카시(貝塚市)의 시마무라(島村)에 설치한 학교(1875)는 모두 별도로 설치된 부락학교였다. 이밖에도 교토부(京都府) 렌다이노무라(蓮台野村)小學校(1873)와 야나기하라(柳原)小學校(1873), 시모교(下京)의 야학교(1878), 우지군(宇治郡) 다이고무라다츠미(醍醐村辰巳)와 가와다무라(川田村)의 분교(연대 미상), 단고(丹後) 지방의 정선사(淨善寺) 학교(1877), 요사군(与謝郡)의 가야쵸(加悅町)와 미야즈쵸스기노마츠(宮津町杉ノ松)에 설치되었던 분교장(연대미상) 등도 모두 부락아동을 대상으로 설치된 부락학교였다.[42] 이처럼 부락학교를 지칭하는 이름은 다양했지만, 이들 학교가 구평민들과 함께 공부할 수 없는 상황 속에서 별도로 만들어졌다는 점에서 공통된 측면을 가지고 있었다.

이렇게 설치된 부락학교의 시설은 일반 소학교에 비해 아주 열악했다. 고시베무라센죠(越部村仙井) 지방을 포함한 잇토군(揖東郡)의 경우, 1875년 현재 소학교는 일반학교 34교, 부락학교 4교였는데, 일반학교의 31.4%가 신축 교사인 데 비해 부락에는 새로운 학교가 신설되지 않았다. 1876년 모리오카시카마(森岡飾磨) 현령(縣令)에 의한 '학구역 개정'에서는 일반소학교 34

교가 18교로 통합되었음에 비해, 부락학교의 경우는 신설된 1교를 포함해 5교가 있었지만 통폐합으로 인한 변동은 없었다. 부락민을 위한 학교가 오히려 증가했다는 것은 일반인과의 격리가 더 심화되었다는 점을 말해준다. 일반학교의 경우에 평균 7.1곳의 마을에 1교가 설치되었고, 학생은 1교당 평균 176.4명, 교원은 5.2명이었음에 비해, 부락의 경우는 여전히 한 마을에 1교로, 평균 학생 수는 27.8명, 교원 1명의 소규모 학교였다.[43]

부락학교는 일반학교와 비교해 취학률에서 큰 차이를 보이고 있었다는 점에도 주목할 필요가 있다. 교토부(京都府) 기이군(紀伊郡) 야나기하라쵸(柳原町)의 부락아동 취학률 상황을 보면 〈표 4〉와 같다.[44]

〈표 4〉는 1884년의 교토부 전체

〈표 4〉 야나기하라쵸 부락 아동 취학률(%)

	취학률	부(府) 평균
1884년	25%이하	58.8%
1889년	27.5% 이하	50.6%
1898년	40%	77.1%
1899년	45.7%	80.5%
1903년	56.5%	96%
1915년	40.8%	

취학률 평균이 58.8%였음에 비해 부락아동의 취학률은 25%이하였음을 보여준다. 이러한 비율은 1900년 이후가 되어도 거의 변함없이 유지되고 있다. 이 시기 전국의 공식적 취학률이 80%를 기록하고 있었다는 점을 생각한다면 부락아동이 얼마나 교육의 기회에서 배제되어 있었는가를 단적으로 짐작할 수 있다.

부락아동은 일반아동과의 취학률 격차뿐 아니라 남녀별 취학률에서도 커다란 차이를 보였다. 1912년의 미에현(三重縣) 슈쇼군(周桑郡) 후카타니무라(深谷村)의 남녀별 부락아동의 출석률을 바탕으로 실질 취학률을 산출해 보면 〈표 5〉와 같다.[45]

〈표 5〉를 보면 부락아동이 취학률과 출석률에서 모두 낮은 수치를 나타내고 있다. 일반아동의 취학률을 100으로 환산한다면 부락아동의 표면적 취학률은 남자의 경우 65.4%, 여자의 경우 40.4%가 되는데, 실질 취학률은

<표 5> 일반·부락아동의 남녀별 실질 취학률

	표면적 취학률		출석률		실질 취학률	
	남	여	남	여	남	여
일반 아동	96.4	83.7	92.1	78.9	88.8	66.0
부락 아동	63.0	33.7	58.8	30.8	37.0	10.4
양자 대비	65.4	40.4			41.7	15.8

남자 41.7%, 여자 15.8%로 더욱 낮아진다. 이러한 취학률은 후카타니무라의 부락아동이 일반아동에 비해 교육받을 권리로서의 학습권을 제대로 인정받고 있지 못했으며, 특히 여자아동의 경우는 교육의 기회에서 중층적으로 배제되는 처지였음을 잘 보여준다. 이러한 사례는 후카타니무라에만 한정된다고 말하기는 어렵고, 당시 부락에 속해 있던 아동들이 겪고 있던 차별의 실태라고 보아야 할 것이다.[46]

그런데 메이지유신 이후 천민호칭폐지령과 학제 발포 등으로 평등에 관한 인식이 널리 유포되었음에도 불구하고 부락아동 및 부락학교에 대한 차별이 그대로 유지되었던 이유는 무엇일까.[47]

먼저 부락 차별의 인식이 성립할 수밖에 없었던 배경에는 메이지유신을 통해 일본 민중들이 근대적 국민으로 해방되지 못했다는 점을 들 수 있다. 천민호칭폐지령이 공포된 후 3년간 오카야마현(岡山縣)·고치현(高知縣)에서는 천민호칭폐지령에 반대하는 농민 소요가 11건이나 발생했고, 부락을 습격하는 사태가 반복되었다. 여기에는 유신 이전에 천민보다 우월하다고 생각했던 민중들이 천민호칭폐지령으로 천민들은 신분이 해방되었는데 자신들은 그대로이므로 '그 법령에 의해 자기 품위가 실추되었다'는 의식이 작용했다는 배경이 존재한다. 더불어 에도시기의 지배층이 해체되면서 사족(士族)에게는 공채를 발행해 경제적 뒷받침을 해 주었음에 반해, 천민호칭폐지령이 발포된 이후에는 일반 민중이나 부락이 누구에게도 경제적 보장이 이루어지지 않았다는 점도 부락에 대한 차별을 심화시키는 요인으로 작용하였다. 이러한 사고방식으로 일반 민중들은 천민호칭폐지령을 거부하였고, '신평민'들이 자신들과 함께 행동하는 것도 인정하지 않았다.

다음으로 국가를 위해 존재하는 교육행정이 민중의 생활현실과 모순·대립하면서 차별적인 부락학교를 만들어냈다는 점이다. 강제의무교육은 민중의 생활현실에 맞지 않는 것이었고 결과적으로 위로부터의 취학독촉과 아래로부터의 거부라는 사태에 직면하게 된다.

> 농부…수확은 어느 정도 되지만 그 3~4할을 세금으로 내고, 그 1~2할을 공비로 제공하며, 또 그 2-3할을 지주에게 납부해야하며 …이들의 자제는 …그 직분에 맞게 가사 노동이나 아동 노동에 종사할 수밖에 없었다. …(따라서) 취학을 독촉을 하는데 많은 어려움이 있으며, 이에 대해 혐오감을 갖도록 하고 사람의 마음을 멀리하게 만든다.[48]

의무교육이 국가적 정책이라는 위상을 가지고 시행되었음에도 불구하고 새로운 것에 대한 민중들의 불안과 불만, 그리고 자신들의 사회·경제적 기반을 고려하지 않은 위로부터의 근대화 정책은 다수의 불취학 아동을 만들어 내는 결과를 가져왔다.[49] 그렇지 않아도 아이들을 학교에 보내기 싫어하는 부모들에게 민중의식의 성장 없이 전개된 천민 호칭의 폐지와 부락민과의 공학 실현은 이들에게 학교를 그만 둘, 혹은 정부의 시책에 저항할 절호의 구실을 제공하는 것이기도 했다. 이처럼 부락아동만을 수용하는 부락학교의 설치나 이들에 대한 교육적 차별이 성숙하지 못한 민중의식의 반영이었다고 위안하는 것은 가능할지도 모른다. 그러나 차별 철폐를 적극적으로 추진해 가야 할 책임이 있는 교사나 교육 관료들조차도 뒤떨어진 민중의식에 공모·가담하면서 차별 정책을 가속화시키는데 일조했다는 사실은 당시 국가적 정책의 의도가 지방의 관료들에게까지 그대로 관철되고 있지 않음을 보여주는 한 가지 사례라 할 수 있다.

일본은 메이지유신을 통해 서구를 뒤따라 가기 위한 근대적 개혁을 추진하려 했지만, 사민평등의 슬로건은 일본의 천황제 체제와 양립할 수 없는 것이었다. 메이지 정부의 신흥 세력들은 영국이나 프랑스처럼 스스로의 힘으로 봉건적 권력을 타도하고 구지배계급의 특권학교를 계승할 만큼의 사회적 세력을 가지지 못했으며, 일반 민중들은 정국의 불안정과 경제적 곤궁 속에서 과거에 천민이었던 집단의 지위가 자신과 같아진다는 것에 대해 불안을 느끼고 있었다. 이처럼 근대적 인권 의식을 가진 주체로 성장하지 못했던 신흥 세력과 민중들, 그리고 천민호칭폐지령의 이념에 반대하는 교육행정 관계자가 교육적 차별을 허용하는데 가담함으로써, 메이지 시기 일본의 근대화는 지배층 중심으로 전개될 수밖에 없었다. 이는 일본의 근대교육 혹은 근대 민중교육의 성격을 규정하는 하나의 특징이었다.

III. 근대 민중교육의 논리

막말 유신기를 통해 민중의 자의식이나 민중의 힘에 대한 지배층의 인식은 변화되고 있었다. 민중들은 자신의 궁핍한 처지를 벗어나기 위해 다양한 경로를 모색하고 있었고, 지배층도 촌락을 비롯한 공동체의 부를 축적하거나 체제의 안정화를 꾀하기 위해서는 민중의 힘을 활용해야 한다는 점을 자각하고 있었다. 그러나 민중의 힘을 주체적이고 자발적으로 형성하려는 세력은 드물었다. 막부 말기의 권력층이 체제내적 모순을 해소하기 위해 제안한 각종 개혁 정책은 민중에 대한 착취와 수탈을 한층 더 가혹하게 만드는 것이었고, 촌락의 호농층은 공동체의 질서 유지를 위해 민중과 연대해야 하는 입장에 있으면서도 지역의 지배층이라는 기득권을 유지하는 한도 내에서의 개선책만을 제시하였다. 민중에 대한 이러한 인식은 메이지유신 이후에도 그대로 지속되었고, 이는 그대로 민중교육 정책에 반영되었다.

근대 이후 일본에서 전개된 민중교육은 크게 두 가지 방향으로 전개되었다고 볼 수 있다. 하나는 민중의 힘을 인정하면서도 그들의 능동적이고 자발적인 주체 형성은 뒤로한 채, 부국강병과 식산흥업이라는 목표 달성에 봉사할 수 있는 '국민'을 육성하기 위해 추진된 것이었다. 이는 위로부터의 근대화라는 방식으로 전개되었고 근대적 교육제도를 구축해 감으로써 메이지 말기의 완전 취학률이라는 표면적 성과로 나타나기도 하였다. 다른 하나는 민중 스스로가 자신의 힘을 믿고 스스로의 학습 의욕을 신장시키는 방향으로 전개한 것이었다. 이는 자유민권운동기 교사와 학생이 자발적으로 참여하는 학습 결사의 조직을 통해 나타났으며, 전국 각지에서 학습운동과 문화운동으로 발전하였다. 그러나 후자의 민중교육이 민중의 자발성과 능동성을 인정하면서 그들의 주체 형성에 진력했음에도 불구하고, 이들의 노력이 제도교육의 성격을 변화시키고, 체재 변혁을 꾀하는 데까지 영향을 주지는 못하였다. 민중 차원의 교육운동은 메이지 정부가 통제해야 할 대상이었고, 오히려 제도교육의 성격을 더욱 보수화시키는 데 영향을 주는 요인으로 작용하였다. 따라서 근대 일본의 민중교육은 제도교육의 범주 안에서 위로부터의 교육정책이 어떻게 민중을 체제내로 흡수해 갔는가라는 측면에서 고찰되어야 할 필요가 있다.

이 시기 민중 교육의 사상은 서구식 근대화를 주장했던 계몽적 지식인들의 활동을 통해 전파되었다. 이들은 사상적으로 민중의 인권과 교육받을 권리를 주장했지만, 현실적으로는 부국강병과 식산흥업이라는 목표를 달성하기 위해, 민중의 교육 수준 향상을 교육의 제1목표로 설정하였고, 다양한 제도 개혁을 단행하였다. 국민개학과 교육비 수혜자 부담이라는 원칙 아래 의무교육 제도가 시행되었고, 메이지 시기를 통해 교육정책은 취학률을 올리기 위한 방향으로 거듭 변화하였다. 그러나 민중의 입장에서 의무교육 제도는 자신들의 상황을 전혀 고려하지 않은 것으로 비쳐졌고, 이들의 불만과 비판은 적극적인 폭동이나 소요 혹은 취학 거부라는 행동으로 나타나기도 하였다.[50] 따라서 취학률 상승은 정부의 계획대로 추진되지 못하였고 불취학 아동의 존재는 또 다른 정책 수립 – 예를 들면 수업연한의 감소나 수업료 경감 및 노동법 개정 등– 이 필요하다는 점을 말해주는 것이기도 했다.

이와 같이 전개된 민중교육 사상의 배경에는 지배층들의 엘리트적 사고와 우월감이 자리잡고 있었으며, 근대적 '국민' 이라는 범주에서 제외되지 않으려는 민중들의 집단의식이 존재하고 있었다. 즉, 위로부터의 근대화라는 흐름 속에 추진된 민중교육은 우매하고 미개한 민중을 국가에 자발적으로 봉사하도록 계몽하는 것이었고, 이에 부응하지 않는 집단은 철저히 배제시키는 결과로 나타났다. 메이지 시기를 통해 전개된 지배층과 민중 간의, 그리고 민중들 사이에 내재한 차별 의식의 존재는 학제에 제시된 '사민평등' 의 이념이 얼마나 허구적이었는가를 잘 드러내 준다.

여기서 우리는 민중교육의 논리 속에 포함된 이중성이 지역과 세대를 넘어 배제와 차별의 양상을 지속적으로 재생산한다는 점에 주의해야 한다. 예를 들면, 일본의 근대화 과정에서 나타났던 부락학교 및 부락아동에 대한 차별 의식은 세대를 거쳐 현재까지 지속성을 가지고 사람들의 의식 속에 남아 있다. 1945년 일본이 패망한 이후에도 부락학교는 여전히 존재하고 있고, 이들 학교에서 실시되는 차별교육과 왜곡된 교육구조로 인해 학생들은 교육 현장에서 떠날 수밖에 없는 상황으로 내몰리고 있다. 예를 들면 1977년 4월 오사카 지역에서 조사한 부락아동의 고등학교 진학률이나 고교생 중퇴 혹은 유급의 비율에서 일반 고교생과 큰 격차를 보이고 있다는 점이 문제로 보고되었다. 즉 1976년 3월에 졸업한 부락학생의 고교 진학률은 82.6%로 부락 이외 아동의 91.5%보다 10%정도 밑돌고 있다는 점과 부락학생의 고교 진학률이 매년 낮아지고 있다는 점이 문제로 제기되었다. 고교생의 중퇴 및 유급 상황에서도 오사카 지역 공립학교 고교생의 평균 중퇴율이 3% 전후임에 비해, 부락의 고교 입학자 가운데 12.6%가 중퇴하고 있다는 결과는 부락학교의 실태를 잘 말해주고 있다.[51] 이러한 실태는 현재에도 취직이나 결혼, 교육, 매스컴 등의 분야에서 다양한 차별 사건으로 이어지고 있다.

이러한 사태의 심각성은 부락학교의 존재가 '부락'의 문제에만 국한되지 않는다는 점에 있다. 자신의 불안과 공포를 다른 곳으로 돌리기 위해 타도해야 할 대상을 만들어 내부와 외부를 구분하고, 이들 간의 차이를 고착화시켜 지배의 논리를 강화시키는 방식은 메이지 시기 마이너리티 집단으로서 부락민이 처해 있던 상황일 뿐만 아니라, 일제강점기의 식민지 교육정책, 현재의 아이누·오키나와인과 더불어 재일 조선인·장애인·외국인 노동자·여성 등이 겪고 있는 차별적 상황과도 맥을 같이 한다. 이러한 측면에서 지역과 시대를 넘어 존재하는 차별적인 민중교육의 논리가 어떤 방식으로 유지되고 관철되고 있는지를 파악하는 것은 과거의 문제가 아니라 현재진행형의 과제라는 점에 유의할 필요가 있다. 이는 우리 사회에서도 이러한 구조가 의식적·무의식적으로 재생산되고 양산되고 있는 것은 아닌지, 그렇다면 교육을 통해 이러한 구조를 어떻게 극복해 나갈 수 있는지를 고찰해 볼 수 있는 반성적 자세가 필요한 이유이기도 하다.

02 | 근대 일본 공민교육의 서구적 뿌리[52]

··· education ··· makes a man eagerly pursue the ideal perfection of citizenship, and teaches him how rightly to rule and how to obey.

교육은 ··· 한 사람으로 하여금 시민으로서의 자질을 이상적으로 완성하기 위해 열성적으로 추구하도록 만들며, 어떻게 올바르게 지배를 하고 어떻게 지배받는지를 가르치는 것이다.[53]

The citizens of a state should always be educated to suit the constitution of a state.

한 국가의 시민들은 그 국가의 정체에 적합하도록 항상 교육받아야만 한다.[54]

I. 서론

우리의 학교에서 가르치는 많은 과목이 (민주)시민을 기르는 것과 관련이 있겠지만, '일반 사회'라는 과목은 특별히 (민주)시민을 기르는데 초점을 두고 가르치는 과목이라고 할 수 있다. 미군정기부터 한동안 '공민'이라는 명칭으로 불리었던 과목이 일반 사회의 전신이라고 할 수 있다. 그런데 이 공민이라는 과목의 역사는 해방 이전 일제강점기까지 거슬러 올라간다. 일제가 조선에서 행했던 교육 중에 '공민교육(公民敎育)'이라고 불리는 것이 있었다. 일제는 조선을 지배하기 위해 여러 통제 정책을 내세웠는데 공민교육을 시행한 것은 그중의 하나라고 할 수 있다. 농촌진흥 정책과 관련되어 진행이 되었던 이 교육은 사상 통제를 위한 정신교육의 성격을 가졌다. 일제가 일본 내에서도 행했던 이 공민교육은 그 뿌리가 서양에 있다. 하지만 과연 일제가 시도했던 공민교육이 당시 서구에서 논의된 혹은 행해진 국가의 구성원들에게 제공했던 교육에 상당하는 것들과 얼마나 유사한 교육이었는지는 의문의 여지가 있다. 여러 가지 이름으로 불렸던 이 국가의 구성원들에 대한 교육을 검토해 보는 것이 본 장과 다음 장의 연구과제이다.

이에 본 연구는 공민교육의 모습을 다루기 전에 우선 '공민,' '공민교육' 그리고 이들과 유사한 개념들에 대해 알아볼 것이다. 둘째, 근대 미국과 독일에서 행해졌던 시민교육과 국민교육, 그것들을 모방했던 일본의 공민교육 그리고 그 영향하에서 일제강점기 조선에서 행해졌던 공민교육 등이 어떻게 전개되었는가를 살펴볼 것이다.[55] 셋째, 근대인을 기르기 위해 제공되었던 공민/시민/국민교육과 관련해서 중요시되는 문제들에 대해서 논의하며 공민교육의 본질에 대해 생각해 볼 것이다. 넷째, 앞의 논의들을 행복한 삶과 관련시켜 고려해볼 것이다.

II. 도시민, 국민, 시민, 공민, 공민 사회

내가 죽으면 누군가 내 대신 사망신고를 해 줄 것이다. 내가 태어났을 때도 출생신고를 대신해 주었다. 이 출생신고와 사망신고 사이의 나의 모습은 이렇다. 학교에 다니고, 배우자를 만나 결혼 신고를 한다. 아이가 생기면 출생신고를 하고, 학교에 보낸다. 그리고 그 아이는 나와 비슷한 모습으로 살아간다. 나는 열심히 일을 하고, 국가에 세금을 내며, 선거를 통해 지도자를 뽑는 일에 참여하며 살아간다. 내가 남자라면 군대를 다녀오고, 국가가 위기에 처해 있을 때 전쟁에 참여해서 필요한 경우 목숨도 바쳐야 한다. 제대후에는 예비군 훈련을 받는다. 배우자와 같이 사는 것이 너무 힘이 들면 이혼 신고를 하고 헤어진다. 이렇게 사망신고가 끝나기 전까지 나는 여러모로 자유롭지 못하다.

현대의 대한민국이라는 자유국가에서 태어나 살고 있는 소위 자유민이라고 하는데 의외로 나의 자유는 제한되어 있다. 나의 이런 제한적인 상황들은 태어날 때 나의 출생 배경에 의해 정해진 나의 조국과 나 사이의 관계에서 비롯된 것들이다. 내가 태어나든, 살든, 죽든 필리핀에서는 전혀 관심이 없다. 내가 세금을 덜 내거나 안 냈다고 해서 일본의 국세청이 관심을 갖지 않는다. 대한민국만이 나에게 각종 혜택을 주고, 간섭을 하고, 통제를 하고, 각종 신고를 비롯한 성가신 일들을 하도록 만든다.

다시 말하면 이 국가와의 관계 때문에 나에게는 참정권과 같은 권리가 있고, 납세, 병역과 같은 의무가 주어진다. 내가 선택한 나라는 아니지만 이 나라가 나에게 좋은 삶을 제공할 수 있다고 믿고 살아갈 수밖에 없다. 이런 나를 대한민국은 국민이라고 부른다. 그리고 내가 좋은 삶을 살아갈 수 있도록 준비를 시키기 위해 국민으로서의 교육을 시킨다. 나뿐만 아니라 많은 사람들이 이런 국가 구성원의 자질을 기르기 위한 교육을 받았었고, 앞으로도 계속해서 많은 사람들이 그런 교육을 받을 것이다. 국가의 구성원들은 시민, 국민 혹은 공민 등으로 불리었다. 이 용어들은 서로 다른 것인지, 다르다면 어떤 측면에서 다른 것인지를 우선 살펴보려고 한다.

1. 도시민, 시민, 국민, 공민

'공민(公民)' 이라는 단어는 우리나라의 경우 현재 일상생활에서 잘 사용되지 않는 단어이다. 오래전의 책이나 글들을 보면 공민 혹은 공민교육이라는 표현이 여기저기 보인다. 우리나라의 교육에 관한 법조항들에서도 한때 '공민' 이 사용되었지만 시간이 흐르면서 '민주 시민' 이라는 표현으로 대체된 것이 보인다.

일본으로부터 해방되고 정부가 수립된 뒤 1949년 12월 31일 11장 173개 조로 된 '교육법(법률 제86호)' 이 공포되었다. 교육법 1조에서는 "교육은 홍익인간의 이념 아래 모든 국민으로 하여금 인격을 완성하고 자주적 생활 능력과 공민으로서의 자질을 구유하게 하여 민주국가 발전에 봉사하며 인류 공영의 이상 실현에 기여하게 함을 목적으로 한다."라고 되어 있다. 이런 교육법은 22차례의 일부 개정을 거쳐 1997년 12월 13일 '교육기본법(법률 제5437호)' 에 의해 대체가 된다.[56] 새로운 교육기본법 제2조에서는 "교육은 홍익인간의 이념 아래 모든 국민으로 하여금 인격을 도야하고 자주적 생활 능력과 민주 시민으로서 필요한 자질을 갖추게 하며, 인간다운 삶을 영위하게 하고 민주국가의 발전과 인류 공영의 이상을 실현하는 데 이바지하게 함을 목적으로 한다."라고 명시되어 있다. 우리나라 교육의 목적이 제시된 교육법과 교육기본법의 이 조항들은 그 내용에 있어 대체로 유사하다. 여기에서 눈에 띄는 것은 교육법에서 '공민으로서의 자질' 이라고 했던 표현이 '민주 시민으로서 필요한 자질' 이라고 바뀐 것이다. 어떤 이유로 용어를 대체했는지 추정해 보면 '국민학교' 의 '국민' 이 '황국신민' 의 약자라고 해서 뒤늦게 일본의 잔재를 없앤다는 뜻으로 국민학교라는 명칭을 초등학교로 바꾼 것처럼, '공민' 이라는 단어가 일제강점부터 특별히 일본에서 많이 사용되는 용어이기 때문에 '민주 시민' 으로 바꾸었을 수도 있겠다. 또는 앞에서 언급한 것처럼 '공민'이라는 단어가 일상생활에서 흔히 사용되지 않는다는 사실이 반영된 것이거나 단순히 우리나라가 민주국가임을 강조하기 위해서 바꾼 것일 수도 있겠다. 정확한 이유는 알 수 없지만, 교육관련법에서의 용어의 변경은, 공민과 시민이라는 두 용어에 차이가 있는지, 있다면 무엇인지에 대한 궁금증을 불러일으킨다.

흥미롭게도 사회학자 조혜인은 우리나라의 경우 '시민' 보다 '공민' 이더 적절한 표현이라고 주장한다. 그는 우리나라에서 '시민 사회' 라는 부적절한 번역어를 사용하고 있다고 주장한다. 그러면서 그는 '시민' 이라는 용어 대신 '공민' 을, '시민 사회' 대신 '공민 사회' 를 사용할 것을 제안한다. 그에 따르면, 시민이라는 용어는 도시와 관련되어서 사용되었던 용어이지만 이제 그 관련이 사라진 마당에서 '시민' 을 사용하면 혼돈을 준다는 것이다. 특히 한자어 '시민' 에서의 '시(市)' 는 너무나 도시의 의미를 강하게 갖고 있기 때문에 '국가' 의 뜻을 갖고 있을 때 '시' 를 사용하는 것은 피해야한다는 것이다. 다른 나라에서는 citizen이라는 단어가 사용되었을 때 그것이 대체로 국민을 뜻하는 것으로 사람들이 받아들이지만 우리의 경우 그렇지 못하니 '시민' 대신 '공민' 을 사용해야 한다는 것이다.[57] 미국 시민이라는 표현은 이상하게 들리지 않는데, 대한민국 시민이라는 표현은 이상하게 들리는 한 조혜인의 주장에는 의미가 있다고 볼 수 있다.

조혜인은 우리나라에서 '시민' 대신 '공민' 을 사용해야 한다는 주장을 하고는 있지만, 그에게 있어 공민과 시민은 어감상의 차이이지 의미에 있어서는 큰 차이가 있는 개념이 아닌 것 같다. 그는 자율성과 관련시켜 공민을 설명하고 있다. 그의 관점에서 고대 그리스의 공민은 도시의 자율적인 시민계급에 속한 사람을 의미한다. 근대사회에서의 공민은 국가라는 개념이 추가되어 국가로부터 자율적인 국민을 의미하게 된다. 직접민주주의였던 아테네에서는 내가 내 자신을 통치하는 것이니 나는 자동적으로 자율적인 국

민이 되는 것이다. 나로부터 자유로울 수는 없는 것이 아닌가. 이렇게 조혜
인은 도시민이나 국민의 자율을 해치는 것이 있느냐 없느냐에 따라 공민인
지 아닌지를 구분하였다. 아리스토텔레스가 이상적인 도시국가에서의 시
민의 수를 아주 낮게 제시한 것도 이 자율성의 확보를 중시하였기 때문이라
고 볼 수도 있겠다. 그에 있어 시민은 도시국가의 "순서대로 돌아가며 지배
하고, 지배받는 시민 생활을 공유하는 모든 사람들(all who share in civic life of
ruling and being ruled in turn)"이다. 직접 혹은 최소한 돌아가며 직책을 맡는 방법
을 통해 모든 사람이 도시국가의 정치와 배심원 역할을 포함한 법률을 시행
하는 일에 참여해야 했다. 더불어 140개에 달하는 demes라고 불리는 지방
정부에서도 정치 활동을 해야 했다. 이렇게 누구나 언젠가는 공적인 직책을
수행해야 했다. 배심원 역할 외에는 보수도 없는 이러한 일들을 하기 위해
서는 한 도시국가의 전체 인구의 수가 많은 것은 이상적이 아니었다. 물론
30살 이상의 남성들이 이런 일들에 전념할 수 있도록 여자들은 가사를, 노
예들은 노동을 담당했지만 이러한 정치체제가 잘 유지되기 위해서는 그 인
구수가 적당히 적어야 했다. 아테네의 경우 시민의 수는 30,000명에서
50,000명 정도로 전성기에도 50,000명[58]을 넘지 않았다고 한다.[59] 시민계급
이면 누구나 국정에 참여했고, 자율성을 갖고 있었으니 아테네의 경우 시민
은 동시에 공민이었다.

　　조선 시대에 살았던 사람에게 시민이라는 표현을 사용하는 것은 좀 어색
해 보인다. 조선 시대에는 사환권(仕宦權)이라고 하는 것이 있었다. 그것은
관인이 될 수 있는 자격을 말한다. 다시 말하면 국정 참여의 자격이다. 유승
원은 양인을 사환권을 가진 공민권 보유자, 노비는 사환권이 없는 공민권
상실자라고 표현하고 있다.[60] 한영우도 "국역은 양인이 공민으로서 국가에
대하여 부담하는 의무인 동시에, 공민으로서 국정에 참여할 수 있는 권리의
대가"[61]라는 표현을 사용하고 있다. 이 두 예에서 등장하는 '공민'을 '시

민'으로 대체해 사용하면 어색해 보인다. 이렇게 볼 때 '공민'과 '시민'은 항상 상호 교체가 가능한 것 같지 않다. 물론 공민이라는 단어가 조선 시대에 사용되었다는 것을 가정하고 하는 이야기이다. 공민이라는 단어가 우리나라에서 정확히 언제부터 사용되었는지 알 수 없으니 의미가 없는 지적이될 수 있다. 위의 두 저자들도 조선 시대를 설명하며 공민이라는 용어를 빌려 쓴 것일 수 있겠다.

여기에서 아래 논의의 편의를 위해 국어사전들에서 제공하는 공민의 정의를 살펴보기로 하자. 공민은 "한 나라의 국적을 가지고 있고 그 나라 법에 규정된 권리와 의무를 가진 사람"[62]이나 "국가 사회의 일원으로서 그 나라 헌법에 의한 모든 권리와 의무를 가지는 자유민"[63]으로 정의되고 있다. 또 다른 사전적 의미로 "지방자치단체의 주민 가운데 일정한 자격 요건을 구비하고 그 자치단체의 공무(公務)에 참여할 권리와 의무를 가진 사람"[64]이 있다.

윤정로가 제공하는 공민과 시민을 구분하는 틀은 흥미롭다. 그는 '시민'을 단순한 권리주체라고 본다. 이에 반해 '공민'이라는 개념에는 "개인의 이해관계를 초월하는 상호부조의 정신을 발휘하여 사회 공공의 충실한 발전과 완성을 도모하는 사회 구성원으로서의 자질이 강력히 함축되어 있다."고 주장한다.[65] 이렇게 볼 때 윤정로의 '시민'은 위의 사전적 의미에서 첫 번째와 두 번째 정의에만 해당되고, 공민은 이 두 의미 외에 세 번째 의미도 포함한다고 볼 수 있겠다. 김종식도 세 번째 의미와 비슷한 정의를 내리고 있다. 그에 의하면 공민은 지역자치제의 주민이며 자기가 살고 있는 지역을 중심으로 구체적인 생활을 영위하면서 국가와 관계를 설정하는 사람이다.[66]

시민운동 대신 국민운동이나 공민 운동, 시민혁명 대신 국민혁명이나 공민 혁명, 시민 단체 대신 국민 단체나 공민단체라는 표현을 사용하면 어딘지 어색하며, 시민운동, 시민혁명, 시민 단체 등이 갖고 있는 본래의 의미를 전달하지 못하는 것을 느끼게 된다. 이렇게 볼 때 시민과 국민은 항상 상호교체가 가능한 개념들은 아닌 것이다. 마찬가지로 '시민'과 '공민'도 항상 상호교체가 가능한 것 같지 않다.

시민이나 공민이 무엇이냐에 상관없이 그 개념들의 출발점은 고대 그리스의 도시에 있다. '도시'에 해당하는 라틴어는 civitas이다. 그런데 이 civitas는 우리가 생각하는 도시와는 다르다. 오히려 현재 영국과 미국에 존재하는 군(郡; county)에 가깝다고 할 수 있다. 중심이 되는 도시와 그 주변을 둘러싼 농지들, 위성 마을들을 다 포함하는 지역이 civitas이다.[67] 현재의 파리나 런던과 같은 대도시 속에도 폴리스라고 할 수 있는 예전의 작은 도시들이 포함되어 있다. 원래 이 소도시들에 사는 사람들의 수효는 많지 않았다. 자급자족하기에 적합한 수의 주민들이 모여 살았다. 그들이 사는 집들의 집합이 소도시, 즉 폴리스인 것이다. 그들은 폴리스에 자기들끼리 모여 살며 스스로 자기 자신들을 다스렸다. 이렇게 스스로를 다스리는 주민들이 점하는 지역이 폴리스인 것이다. 이 폴리스의 일부를 이루며, 권리를 가진 사람이 바로 도시민(라틴어 civis)이다.[68]

고대 그리스의 폴리스는 여러 면에서 독특한 사회정치적 공동사회였다. 우선 모든 시민들이 정치적 활동에 순서를 바꿔가며 평등하게 참여를 했다. 이렇게 되니 통치를 받는 사람과 통치를 하는 사람이 같았다. 모두가 다 통치자이며 동시에 모두가 다 통치를 받는 사람이다 보니 누구나 법 앞에서 평등한 것은 너무나 당연한 것이었다.

여기서 한 가지 확실히 해 둘 필요가 있다. 흔히 아테네의 정치적 상황은 이상적인 민주주의로 그려진다. 하지만 덜 알려진 이야기가 있다. 아리스토텔레스가 이야기한 화합(concord)이라는 이상은 결코 실제의 아테네의 모습이었다고 할 수 없다. 집회(Assembly)나 의회(Council)에서는 명문 출신이나 부유층들이 더 주도적이었다. 계급들 사이의, 그리고 파벌들 사이의 긴장감도 지속적으로 유지되었다. 서로 간의 의견 차이는 격렬하고, 사적인 모습을 띠었다. 이 의견의 차이는 결국 추방을 통해 적을 물리적으로 제거하거나, 심지어 반역죄로 몰아 처형하는 일로 이어지는 경우까지 있었다.[69] 이렇게 우리의 생각만큼 이상적인 모습은 아니었지만 한 가지 분명한 것은 아테네에서는 시민들이 실제로 스스로를 지배했다는 사실이다.

왜 고대 그리스 사람들은 함께 모여 스스로를 지배하며 살았는가? 특히 아테네 사람들은 집회, 의회 등을 통해 모든 사람들이 같이 공공 문제를 해결하며 살았는가? 전체로부터 개인의 자유를 강조하며 살아가는 현대인들이 던질 수밖에 없는 질문들이다. 현대 영어에서 '개인'에 해당하는 단어인 individual은 그리스어로 idiotes라고 한다. 이 idiotes를 어원으로 파생된 단어가 바보, 천치에 해당되는 현대 영어의 idiot이다. 이러한 사실은 '한 개인으로서 존재함'이 고대 그리스에서 어떤 의미를 가졌는가를 잘 보여준다.[70] 고대 그리스 사람들에게 있어서, '개인이 고립해서 산다'는 것은 바보, 천치와 같은 생각이라는 것을 말해 준다. 여기서 '한 개인으로서 존재함'이라는 것은 폴리스 밖에서 홀로 존재한다는 것을 의미한다고 할 수 있겠다. 그런데 아리스토텔레스에 의하면 폴리스 밖에서 홀로 존재한다는 것은 야수(beast) 혹은 신으로서 존재하는 것이지 인간으로서 존재하는 것이 아니다. 여기에서 야수는 법으로부터 벗어나서, 법을 무시하며 살아가는 존재이다. 한편 전혀 부족한 바가 없는, 더 이상 보탤 것이 없는, 그래서 스스로 자급자족할 수 있는(self-sufficient) 존재가 신인 것이다. 자급자족이 가능한 신은 법도 필요 없는 존재이다. 이렇게 법으로부터 벗어나 법을 무시하고 제멋대로 살아가는 야수 같은 존재도, 스스로 충분한 신과 같은 존재도 아닌 신과 야수의 중간에 위치한 존재가 바로 우리 인간이라고 아리스토텔레스는 보는 것이다. 이렇게 혼자 고립되어서는 자급자족이 불가능한 부분에 불과한 개인들은 전체에 의존하게 되는 것이다. 전체에의 의존이 필요하므로 그들은 자연스럽게 모여 정치적 결사체(political association)를 이루는 것이다. 이렇게 인간들은 정치적인 전체(political whole)의 일부가 되려는 성향을 갖고 있다. 이것을 아리스토텔레스는 모든 사람 속에는 이런 결사체로 향하려 하는 내적인 충동이 있다고 표현하고 있다.[71] 인간들이 함께 모여 공공 문제를 논의하고 해결하며 아테네와 같은 사회를 구성하며 살았던 것은 바로 내적인 충동들이 발산된 모습이었던 것이다.

서양에서 시민이라는 개념은 시민 개념의 발상지인 고대 그리스, 로마의 멸망과 함께 오랫동안 사라졌었다. 게르만족의 대이동에 의해 서로마제국이 멸망하며 시작된 서구는 커다란 영토를 보유한 왕국들로 이루어졌다. 그런데 이 왕국들은 전통적인 원시 부족사회의 연대 의식을 갖고 소규모적으로 생활하고 있는 부락민 공동체들로 구성되어 있었다. 왕국들에는 크지 않은 규모의 영지를 갖고, 부락민들 사이에서 세습적 지배자 역할을 하는 사람들이 있었다. 그들이 영주이다. 각 왕국에는 왕이라 불리는 사람들이 있었지만 그들은 많은 영주들 중의 한 명에 지나지 않았다. 이런 왕은 왕국 전체에 대한 통치권을 갖고 있지 못했다. 통치할 만한 정부 조직도 갖고 있지 않았다. 전체 왕국의 구성원들, 즉 영주, 기사, 농노들을 다스리는 힘은 이런 봉건제 아래에서는 존재하지 않았다.[72] 이렇게 되니 중세에는 왕국들에 소속되는 구성원들은 있었지만 그들은 왕에 의해서 지배를 받는 것이 아니었다. 물론 고대 그리스, 로마에서의 시민들이 가졌던 권리나 의무도 없었다. 시민이 아닌 단지 거주민들에 불과하였다고 해도 과언이 아닌 셈이다. 다시 이야기하면 다원적인 신분제만 존재하고 '국민'이라는 포괄적인 개념이 없었다.

물론 소위 시민계급이 형성된 이후에 시민으로 살고 있다고 해도 위에서 언급한 '거주민'의 수준을 넘지 못한 상태로 살아가는 사람들도 있었다. 이들은 '거주민'에 불과하며 '명예시민'과 큰 차이가 없는 존재, 어떤 의미에서 명예시민보다 덜 시민적인 모습을 갖는 존재라고 할 수 있다. 어떤 나라들은 아주 두드러진 기여를 한 사람들에게 명예시민권을 부여하는 제도를 갖고 있다. 넬슨 만델라와 달리 라마는 캐나다의 명예시민이다. 우리나라의 경우도 두 명에게 명예 시민권을 주었다.[73] 아일랜드의 경우는 명예시민이 되면 아이랜드에 살 수 있을 뿐만 아니라, 선거를 할 수 있는 권리까지도 주어진다고 한다.[74] 이렇게 되니 명예시민도 마음만 먹으면 참정권과 같은 자신의 권리를 행사하지 않는 일반 시민보다 오히려 더 진정한 시민이 될 수 있는 것이다. 누구나 다 참여를 했던 아테네에서는 시민이 곧 공민이었으나 근대 이후에는 참여하는, 자율성을 향유하는 시민만이 공민이라고 불릴 수 있겠다.

일본은 우리나라와 달리 '공민'이라는 표현을 지금까지 계속해서 사용하고 있다. 일본에서 이 용어가 어떻게 사용되어 오고 있는지 간략하게 살펴보는 것이 뒤에서 할 일본에서의 공민교육 논의에 도움이 될 것 같다. 누가 처음 작성한 것인지를 알 수 없는, 인터넷에서 찾을 수 있는 한 정의에 따르면, 공민은 "일본의 다이쇼 시대(1912-1926년) 이후 자유민주주의가 주장되던 시절, 외형상으로 시민의 자발성과 정치 참여를 허용하는 듯한 모습을 취하면서 실제로는 지배계급에 대한 적극적 복종을 유도하려는 교화 목적의 용어"[75]이다. 왜 시민들을 자발성과 정치 참여보다 적극적 복종으로 이끌었는지에 대한 설명은 우마이 마사유키(馬居 政幸)에게서 찾을 수 있다. 그는 일본이 전통적으로 사(私)보다 공(公)을 더 우선시하며, 공과 사의 관계를 무한 확대시키는 경향이 있다고 지적한다. 이런 경향이 제2차 세계대전 전에 일본에서 인간을 국가에 종속시키는 문화적 배경을 낳았다고 주장한다.[76] 구보 다카오도 유사한 점을 지적하고 있다. 그에 의하면 1945년까지 일본은 '권리와 요구'를 주장할 수 있는 사회가 아니었다. 일본에 있어서 근대적 의미의 시민은 1945년까지 존재하지 않았다는 것이다. 일본 국민은 천황, 즉 국가에 대한 무조건적인 충성을 의무로 받아들이며 언론, 출판, 집회의 자유 같은 기본적 인권을 박탈당한 채 살았다. 그들의 사회는 '의무와 인내의 사회'였다. 그리고 국민들은 단지 그러한 사회의 주민에 불과했다.[77] 이러한 평가들을 일본에서 얼마나 많은 사람들이 받아들일 수 있는 것인지는 모르겠지만, 특히 다음 장에서 살펴보게 될 일제하 조선에서 행해진 소위 공민교육의 모습에 비추어 볼 때 적절한 비판들이라고 볼 수 있겠다.

지금까지 살펴본 것처럼 시민이 곧 공민이었던 아테네와 달리 근대 이후 새로이 등장한 시민이라는 개념은 더 이상 공민과 상호 교환이 가능한 개념이 아니라고 할 수 있다. 엄격히 말하면 정치 참여, 자율성 등의 정도에 따라 한 국가의 시민은 공민이라고 불릴 수 있을 것 같다.

2. 시민 사회, 공민 사회

전통적인 국가[78]와 근대국가의 차이점을 설명하면서 피어슨은 지배하는 것(rule)과 통치하는 것(govern)을 구분하고 있다. 전통적인 국가는 특정 영토에 대해 지배력을 어느 정도 행사를 할 수 있었을지는 몰라도 "백성들을 일상적으로 통제하고 감독할 수 있는 능력", 즉 통치력은 갖고 있지 못했다. 이에 근대국가와 연결되는 개념들이라고 할 수 있는 주권, 독점적 권위, 국민성, 입헌성 등을 갖추지 못했다. 특히 스스로를 여러 국가들 중 하나로 보는 자의식이라는 근대국가의 특징을 갖고 있지 못했다.[79]

교회로부터 그리고 절대왕정 시대에는 전제군주의 정부로부터 압제를 받던 국민들이 교회와 정부로부터 자율적인 '시민 혹은 공민의 사회'를 만들게 되었다. 이런 '시민 사회'라는 개념은 영국에서 처음 만들어졌다. 이런 사회를 이론적으로 뒷받침해 준 사람이 로크이다. 그는 생명, 자유, 재산과 같은 개인의 권리를 보호하기 위해 시민들이 결합한 것이 시민 사회라고 했다. 이 시민 사회에서 왕이나 정부는 시민 사회로부터 권한을 위탁받은 통치자이거나 행정부에 불과했다. 이렇게 국왕이나 정부로부터 간섭을 받지 않는 시민 사회의 질서가 탄생한 것이다. 헤겔은 로크와 퍼거슨 등의 뒤를 이어 근대적 시민 사회의 개념을 정립했다. 그의 개념은 서구에서 사용되는 시민 사회 개념의 원형으로 취급된다.[80] 헤겔의 시민 사회는 국가에 직접적으로 의존하거나 종속되지 않는 사회이다. 오직 시민법의 규제만 받는 사적 시장경제, 기업, 복지 기구들을 말하는 것이다. 헤겔에 있어 시민 사회는 "자유의 기반 위에서 일차적으로 사익을 추구하면서 공익으로 수렴해 나가는 영역"이다. 한편 국가는 "종국적으로 공익을 실현하고 수호하는 영역"이다. 헤겔은 시민 사회와 국가가 서로 나누어지는 것으로 그치지 않고 결국은 공익을 위한 통합을 이루게 되는 관계라고 말한다.[81]

시민 사회가 도래하면서 국왕은 법위에 서서 군림하는 국왕이 아닌 법속의 국왕이 되었다. 법속의 국왕을 가진 나라들은 여전히 군주정이기는 하지만 더 이상 전제군주정은 아니었다. 국왕이 아니라 헌법에 의해 국가가 통치되는 제도가 생긴 것이다. 새로운 형식의 민주적 정부가 생겨나게 되었다. 이제 군주정도 민주적 정부가 될 수 있게 된 것이다. 이를 우리는 입헌군주정이라고 부른다. 법 앞에서 누구나 평등한 국가, 아무에게도 예외가 없는 법치가 이루어지는 국가가 등장한 것이고, 조혜인이 말하는 공민 사회가 형성된 것이다.[82]

헤겔은 군주가 군림하되 통치를 하지 않는 영국식 입헌군주정보다 군주가 비록 법 앞에서는 평등하지만 최종 결정권을 갖고 있었던 독일의 입헌군주정의 우위성에 대해 이야기했다. 그러면서 이런 공민 사회가 중국에는 존재하지 않는다고 하며, 그의 『역사철학 강의』에서 '동방 전제론'을 펼치고 있다. 중국을 비롯한 아시아 국가들에서는 독일을 비롯한 서구의 국가들과 달리 공민 사회에로의 역사적 발전이 이루어지지 않았다고 강조한다. 동방 전제론에 따르면, 중국에서는 "그 혼자만이 진정한 자유인인 군주가 자의 적인 명령을 내리면 그것을 집행하는 수족으로서의 국가의 압제하에 모든 백성이 꼼짝없이 구속되어 있다."[83] 이렇게 헤겔은 중국이 전제 국가라는 편견을 갖고, 중국에서는 황제가 항상 위로부터 개시하여 아래로 내려가는 식으로 정치가 이루어지고 있다고 주장했다. 이것은 사실과 다르다고 조혜 인은 말한다. 그에 의하면, 중국에서는 사회의 다양한 계층들로부터 나오는 정책적 요구와 제안들을 청취하는 기구가 있었다. 이 기구에서는 요구와 제 안들을 객관적인 절차를 거쳐 검토한 후 정책들을 만들어 황제에게 올렸다. 황제는 그 채택된 정책들을 최종적으로 비준하는 역할을 맡았을 뿐이다. 이 것이 황제가 갖고 있는 유일한 실권이었다. 황제는 국민으로부터 시작해 정 부를 거치며 자율적으로 결정되는 과정의 끝에 위치한 존재에 불과했다. 그 는 정부를 이끌고 가는 존재가 아니었다. 자의적으로 정부를 이끌어 가는 존재는 더더구나 아니었다.[84]

조혜인은 중국 송나라의 사회가 공민 사회였다는 주장에 덧붙여서 조선 조의 사회도 공민 사회였다고 주장하고 있다. 그는 조선 사회가 비판을 받 을만한 부정적인 측면들을 많이 갖고 있었다는 것은 인정하지만, 조정에 '견제와 균형'이라는 기제가 있었다는 사실을 가지고 이 주장을 뒷받침하 고 있다. 조선조가 '국가권력의 견제와 균형 체계'라는 기제를 갖고 있었다 고 조혜인은 보는 것이다. 이 기제는 국가로부터 공민 사회의 자율성을 지 켜주는 아주 중요한 역할을 했다. 다시 말하면, 국가 즉 조정이 전제를 하는 것을 막을 수 있는 방어기제가 있었다는 것이다. 조혜인은 이것이 서양의 로크와 헤겔이 제시한 기제와 다를 바 없다고 본다. 로크의 경우 입법권과 행정권의 분리를 통해 공민사회의 자율성을 보장하려 했다. 한편, 헤겔은 입법권, 행정권, 군주권 삼권의 분립을 통해 국가에 대한 공민 사회의 자율성을 보장하려고 했다.[85] 그런데 조선의 경우 선비가 공론의 과정을 통해 아래로부터 이끌어 가던 사회였다. 선비, 특히 재야 사대부들은 서원, 향청, 향약 등에서 향촌 사회의 자치를 이끌었다. 여기에서 양성되는 선비 중 일부는 조정으로 진출해 정부 일을 담당하며 스승과 동문들로부터 시작된 공론에 따라 아래에서 위로 이어지는 정치 과정을 정부 내에서 이끌었다. 아래에서 선비들에 의해 시작된 결정 사항들을 재가하는 것이 조선의 국왕이었다. 또 조선 사회는 유교의 전통 속에서의 충성과 연결이 되는 지침이라고 할 수 있는 간언(諫言, remonstrance)이라는 일종의 왕에 대한 항의 제도가 있었다. 선비들은 자신들의 의견이 받아들여지지 않을 경우 때로는 스스로 목숨을 끊음으로서 왕에게 압력을 가하기도 했다. 이렇게 조선의 왕은 일종의 입헌적 국왕의 역할을 한 셈이다. 이런 식으로 사림의 사회는 정부에 대한 자율성을 향유한 것이다. 국가에 마주서서 상당한 정도의 자율성과 영향력을 향유할 수 있는 이러한 사회가 조혜인이 이야기하는 공민 사회이다.[86]

군주의 전제를 막는 장치를 갖춘 자율적인 사회가 조선 사회였다는 조혜인의 주장에는 일리가 있다. 자유가 군주 한 명에게만 주어지지 않고 다른 사람들에게도 주어진 자율성이 보장된 사회라고 이야기할 수 있다. 하지만 정부에 대해 완전한 자율성을 향유하는 사람들의 수가 한정된 사회인 것도 분명하다. 근대에 접어들며 자율성을 향유할 수 있는 기회가 모든 사람들에게 주어지기는 했지만 실제로 그 자율성을 향유하는 사람들의 숫자는 한정되어 있는 것이 사실이다. 근대 일본, 일제하의 조선, 그 밖에 전체주의국가들에서 자율성은 특히 한정되었다. 자유민주주의를 자처하는 국가들에 있어서도 자율성의 표출에는 한계가 있었다. 이렇게 볼 때 엄격한 의미에서의 공민 사회는 찾기가 쉽지 않다고도 할 수 있다.

III. 근대국가들의 교육: 국민교육, 시민교육, 공민교육

1. 시민교육, 공민교육

근대국가들에서의 시민/공민교육을 소개하기 전에 공민교육의 의미, 범위 등에 대해서 살펴보고자 한다. 프랑스의 프루키에가 제시하는 공민교육에 대한 생각을 만나보는 것이 도움이 될 것 같다. 그에 따르면, 프랑스어에는 도시민에 해당하는 라틴어 civis에서부터 파생된 두 개의 형용사가 있다. civil과 civique가 그들이다. civil은 도시에 관하여 사용되는 형용사이고 civique는 시민에 관하여 사용되는 형용사이다.[87]

도시에 머무는 것이 허용된 외국인들은 상품 매매를 할 수 있고, 결혼 계약도 맺을 수 있다. 시민이 아닌 이들에게도 적용되는 이런 시민법은 droit civique가 아니라 droit civil이라고 한다. 공민권(公民權)은 droits civiques이고, 도시의 주민들 중 시민의 신분을 가진 사람들만이 갖는 권리인 것이다. 공민권에는 특정 직업을 가질 수 있는 권리, 국가의 정부에 참여할 것이 허용되는 정치적 권리가 포함되는데 이것들은 시민들에게만 주어지는 것이다. 그런데 프랑스어에서 공민교육에 해당하는 표현은 education civique이다. 프랑스에서 공민교육은 시민의 신분을 갖고 있는 사람들만을 위한 교육이 되는 것이다. 자신이 성원으로 되어있는 사회에 유용한 일원으로 만드는 것이 공민을 교육하는 것이다. 도시의 성원들에게 성원으로서 필요한 지식을 가르치는 것이 공민교육인 것이다.

프루키에에 의하면, 공공 이익을 위해 자기 자신을 희생시키는 것을 배우는 것이 공민교육이다. 공공의 이익을 위해 자신의 안락을 희생한다는 것은 무엇이고, 왜 희생해야 하는지를 배우는 것이 공민교육이라는 것이다. 그는 공통의 이익을 위해 가장 도움이 되는 것들로 애국심, 연대감, 기성 질서의 존중 등을 들고 있다. 프리키에에게 공민교육의 목적은, 자신의 안락을 희생시키는 감정을 갖고, 특히 그런 습관을 몸에 배게 하는 것이라고 할 수 있다.[88] 프루키에의 생각을 받아들인다면 그가 제시하는 이러한 공민교육은 자유주의가 아닌 국가에서 행해지는 국가 성원들을 위한 교육도 포괄할 수 있을 것이다.

사전적인 정의에 따라 공민교육을 "공동사회의 구성원으로서 살아가는 데 필요한 능력을 기르기 위한 교육"[89]이라고 볼 때도 어떤 정치체제를 갖고 있느냐와 관계없이 모든 국가에서 이런 교육이 행해지는 것이 아닌가 생각할 수 있다. 여기서 우리는 조혜인이 말하는 공민 사회, 즉 "국민이 자율성을 향유하는" 공민 사회에서 행해지는 교육만이 시민/공민교육이라고 불릴 수 있는 것인가라는 질문을 던져볼 수 있다.

시민성(citizenship)에 대한 글을 많이 쓰고 있는 데릭 히터는 초점을 교육에 두고 시민성을 다루기도 한다. 시민성 교육을 다루는 글들에서 그는 아테네, 아리스토텔레스, 자유민주주의 국가들의 교육을 다루고 있다. 그런데 한 책[90]에서 그는 스파르타, 절대왕정, 소련, 나치 독일, 일본의 전체주의 등도 포함시켜 '시민교육'의 문제를 논의하고 있다. 소위 '민주시민교육'의 논의에 익숙해져 있는 사람들에게는 히터가 다루는 후자의 국가들과 시민교육이라는 표현은 서로 어울리지 않는 것처럼 보일 수도 있다.

히터는 아리스토텔레스를 끌어들이며 전체주의 국가들에서도 시민권이 존재한다고 이야기한다. 그는 시민권을 근대 자유주의적 의회 민주주의 (modern liberal parliamentary democracy)에서 이상적이라고 보는 특정한 행위로 보기 쉽다고 우선 지적한다.[91] 그런데 이런 식으로 시민권을 보면 자유민주주의하에서 행해지는 교육만이 시민교육으로 취급되게 된다고 이야기한다. 전체주의하에서 행해지는 교육들은 제외된다는 것이다. 전체주의 국가에서의 교육도 아리스토텔레스가 말했던 "한 국가의 체제에 적합한(to suit the constitution of a state) 국민들"을 기르려는 점에 있어서는 마찬가지인데 말이다. 공민교육이나 시민교육은 이러이러한 종류의 국가나 사회에서 이루어지는 교육이 아니고, 그 성원들이 속한 집단이 어떤 형태이냐에 상관없이 자신이 속한 집단의 구성원으로 살아갈 수 있는 사람을 길러내는 교육이라고 부르는 것이 어떨까? 이런 관점에서 여기에서는 전체주의 국가에서의 '시민' 교육도 함께 살펴볼 것이다. 즉, 왕의 전제로부터 벗어난 근대국가에서 행해진 시민교육을 모두 포함시켜 논의가 이루어질 것이다. 이렇게 여기에서는 시민교육의 범위를 넓게 보고, 일본의 공민교육 나아가 일제하 조선에서의 공민교육에 영향을 준 미국의 시민교육과 독일의 국민교육을 먼저 검토해볼 것이다. 그러고 나서 다음 장에서 일본과 일제하 조선에서의 공민교육에 대해서 살펴보려고 한다.

2. 근대 미국의 시민교육

1776년 영국으로부터 독립한 직후 미국에서의 교육의 모습은 보잘 것 없었다. 교육에 대한 공적인 지원금은 없었으며, 아무리 시작 단계라 하더라도 교육 체제라고 부를 만한 것이 없었다. 이런 상황하에서 정치이론가들은 교육에 있어서 우선적인 강조점을 시민성 훈련에 두었다.

독립 초기의 미국 교육에 큰 영향을 준 인물 중에 노아 웹스터가 있다. 우리에게 사전 편찬자로 잘 알려진 그는 교육을 '국가 정체성(national identity)' [92]을 형성하기 위한 도구라고 보았다. 그리고 이 정체성을 형성하기 위해 시민 양성을 위한 교육에 힘써야 한다고 주장했다. 이를 위해 그는 공통 미국어를 발전시키는 것이 중요하다고 생각해 맞춤법 검사책, 사전 등을 편찬했고 각종 교과서들을 애국자 양성에 초점을 맞추어 제작했다. 국가 정체성을 발전시킨다는 웹스터의 생각에 반대를 했던 인물이 토마스 제퍼슨이다. 웹스터와 달리, 제퍼슨은 교육을 개인의 권리를 보호하는, 특히 국가의 침범으로부터 보호하는 수단으로 보았다. 제퍼슨은 글을 읽고 쓸 줄 아는 능력 외에 시민으로서의 권리와 의무를 학교에서 가르칠 필요가 있다는 것에 주목했다. 무지와 자유는 어울리지 않는다고 주장하며 그는 공적으로 지원이 되는 국립학교 설립을 제안했다. 그의 민주적 교육의 중심에는 '자유 교과 (liberal arts)'가 있었다. 자유 교과가 인간을 폭군과 선동정치가의 손아귀로부터 구출해서 스스로를 지배할 수 있는 해방된 존재로 만들어준다고 보았다. 그런데 당시 대부분의 정치이론가들이 그랬던 것처럼 그는 시민성을 아주 좁게 정의했다. 투표권을 가진 사람들에게만 한정해서 시민성을 본 것이다. 그 당시 투표권을 갖고 있는 사람들은 백인 남성들 그중에서도 재산을 가지고 있는 사람들이었다. 교육의 초점도 이런 사람들에게만 있었다. 결국 제퍼슨은 백인 남성으로서 학비를 부담할 수 있는 사람들에게만 한정해서 시민성을 본 것이고 시민성 교육도 그들에 집중된 것이었다. 제퍼슨의 계획에 의하면 남녀 백인 아동들은 3년의 초등학교 교육을 받게 된다. 소녀들에게는 가정에서의 의무를 수행하는 데 있어 3년간의 교육으로 충분하다고 보았다. 재능이 떨어지는 낮은 계급 출신의 남자아이들에게 노동자가 되는 준비를 시키는 데도 3년은 충분한 시간이라고 보았다. 3년간의 교육을 받는 동안 학자로서의 소질이 보이는 아이들의 경우에는 계속적으로 공부할 수 있도록 국가에서 지원할 것이 제안되었다. 이들이 졸업 후 미래에 자신들의 직업에서 성공적이거나 정치 지도자로서 두각을 나타낼 것을 기대한 것이다.[93]

제퍼슨이 제안한 무상교육 혹은 국가가 지원하는 교육은 19세기 중엽 보통학교 운동(common school movement)에 참가한 사람들에 의해서 채택되었다. 그런데 그들은 미래의 시민으로서의 권리와 자유를 가르치는 것을 제퍼슨이 생각한 것보다 덜 중요하게 생각했다. 예를 들면 호레이스 만(Horace Mann)

은 모든 학생들에게 사회적 의무와 책임을 가르칠 필요가 있다고 강조했다. '보통학교(common school)' 라는 표현을 처음 만들었던 만은 보통교육이 일반 대중의 인격을 높이고, 노동 윤리를 심어주고, 경제적 증진으로 이끈다고 보았다.

투표권을 가진 사람들에 대한 교육이 여전히 보통학교 운동가들의 목적이었지만 그들은 이제 공교육에 의해 도움을 받을 대상을 넓혔다. 여성들과 재산이 없는 사람들도 함께 포함시키는 교육을 제안했다. 아이들의 배경, 종교 혹은 사회적 지위에 상관없이 모든 아이들을 함께 교육시키는 학교가 보통학교였다. 이제 시민교육이 보다 넓게 구상된 것이다. 남녀학생 그리고 모든 계급의 학생들에게 읽기, 쓰기, 셈하기, 미국 정부와 역사를 가르쳐야 한다고 보았다. 그런데 여기에는 추가적인 목표가 숨겨져 있었는데 "모든 아이들이 미국의 민주 체제 속에서 반드시 번성할 수 있도록" 하는 것이 바로 그것이었다. 또한 학생들의 시민교육은 교육과정 전체 속에 통합되어야 하는 것으로 보게 되었다. 교육목적 달성을 위한 교육과정은 분명하게 제시되었다. 좋은 시민과 좋은 사람들로 만들기 위해서는 정부의 기본 원리를 가르쳐야 하고, 미국과 미국의 민주적 이상에 대한 충성심으로 마음을 가득 채워야 한다고 했다. 구체적으로는 엄청난 양의 정치사, 군대 역사 그리고 지방, 주, 연방 정부 수준에서의 정부기관의 운용에 관한 정보를 무조건 암기하는 것이었다. 더불어 이야기도 중시되었는데 용기, 절약, 정직, 열심히 일하기, 자기희생 등의 예가 될 수 있는 이야기들을 아이들에게 제공함으로써 학교에서 그리고 미래의 삶에서 모방할 수 있도록 하는 것이 제안되었다. 선생님들도 아이들을 가르칠 때 이런 덕들을 모범으로 보일 것이 기대되었다. 또한 학교 안팎에서의 행위에 대한 특별한 규칙들에 응종하는 것도 포함되었다. 이런 종류의 시민교육을 통해 모든 아이들이 하나의 미국 시민으로 혼합될 수 있다고 보통학교 운동가들은 본 것이다. 하나의 미국 시민으로 아이들을 혼합시킨다는 생각은 이것을 지지한 사람들의 입장에서 볼 때 이방인들을 미국의 생활 방식에 동화시키는 것이었다. 하지만 비판자들은 이런 모습을 균질화, 표준화, 순응화 등으로 표현하며 부정적으로 생각했다. 한편 1880년에서 제1차 세계대전 사이에 미국으로 온 이민자 수가 900만 명이 넘다 보니 많은 이민 사회에서는 자신들의 언어와 문화에 대해 무관심한 기존 학교교육에 대해 저항하게 된다. 결과적으로 이런 저항의 하나로서 공공 학교 제도와 구별되는 종교 교육 체제, 즉 가톨릭 교육 체제가 등장하게 되었다.[94]

민주주의가 요구하는 국가 정체성을 공교육이 이끌어 내기를 웹스터와 만은 원했지만 그들 뒤에 등장하는 교육개혁가들은 다른 생각들을 갖고 있었다. 그들은 모든 학생들에게 동등한 기회를 제공하려는 보통학교라는 이념으로부터 벗어나 학생들의 차이점을 인정하는 쪽으로 방향을 바꾸어야 한다고 보았다. 개혁가들은 교양 교육 즉 학구적 교육을 제공해 민주주의에 동등하게 참여할 수 있도록 모든 학생들을 똑같이 교육시키는 것은 시간과 자원의 낭비라고 보았던 것이다. 그들은 학구적인 교육과정이 모든 학생들에게 적절한 것은 아니라고 주장했다. 특히 이민 자녀들과 흑인 자녀들의 경우 대수와 화학과 같은 과목을 공부하기에 충분한 지적 능력을 갖추지 못했다는 것이 그들이 이런 주장을 하는 이유 중 하나였다. 이런 개혁가들의 생각이 반영되어 공립학교의 교육 속에 산업교육과 직업교육이 포함되게 된다.[95]

듀이는 학생들을 능력에 따라 분화시키려는 앞의 개혁가들의 생각을 받아들일 수가 없었다. 민주주의를 하나의 삶의 방식(a way of life)이라고 보았던 그는 모든 학생들이 민주교육을 받을 만하고(deserved), 받아야만 한다고 믿었다. 모든 시민들이 다른 시민들과 관심사를 서로 공유할 때 인종, 계급, 민족성 등으로 구분하려는 생각이 약화되고, 나아가 그런 생각을 뛰어넘을 수도 있게 된다고 듀이는 생각했다.[96] 그런데 이것이 학교에서 이루어질 수 있다는 것이다. 예를 들어 듀이는, 노동 계층이 종속적인 위치에 계속 머무르지 않게 하려면 우선 노동자가 당대의 문제들과 그 해결 방안들에 접할 수 있도록 경제, 시민론, 정치학 등을 공부할 수 있게 해야 한다고 주장한다.[97] 이렇게 모든 사람을 대상으로 좋은 시민 자질을 함양하는 것이 민주사회가 계속되기 위해 학교가 해야 할 일이라는 것이 그의 입장이다. 듀이는 학습에 의해서 민주주의가 유지될 수 있다고 믿었다. 그런데 여기에서의 학습은 정치적 사실들이나 인물들에 대한 지식을 얻는 것을 의미하지 않았다. 듀이는 민주주의에서의 학습을 적극적인 과정이라고 보았다. 사회적 참여, 경험의 획득, 사고의 확장, 그리고 협동적으로, 지적으로 다른 사람들, 집단들과 상호작용하는 습관과 기술을 발전시키는 것 등이 이 과정에 포함된다. 학교는 이런 과정을 통해 학생들에게 민주적 습관을 형성시키는 장소가 된다. 자유 사회에서의 참여의 자유를 젊은이들에게 가르치는 장소인 것이다.

듀이가 상정하는 학교는 학생들의 관심사와 경험들이 기초가 되는 교육이 행해지는 장소이다. 그는 학생들 자신들의 공동사회(community)인 학교보다 정치적 혹은 민주적 행동을 위해 더 적절한 장소는 없다고 본다. 이에 "서로 주고받는 민주적 협력"[98]을 경험하는 장소가 학교가 되어야 하는 것이다. 듀이는 초등학교도 이 점에서 예외가 될 수 없다고 생각했다. 결국 듀이가 볼 때 읽기, 쓰기, 셈하기를 기계적으로 다루는 것은 초등교육의 핵심이 아니다.[99]

듀이는 학교 안에 민주적 문화를 만들게 되면 정치체제에 민주적 참여를 할 준비를 학생들에게 시키는 것이 용이해질 뿐만 아니라, 학생들이 어른들과 또 동료 학생들과 관계를 형성할 민주적 환경도 조성하게 된다고 보았다. 여기서 학생들에게 제공될 경험은 실제적인 문제들이어야 한다. 그는 학생들이 실제 관심을 갖는 것은 언제나 실질적인 문제들이라고 보고, 그들의 공동사회에서 부딪히는 중요한 문제들에 대해 능동적으로 탐구하고 주의 깊게 검토하는 일에 참여시킬 것을 강조한다. 듀이에 의하면, 전통적인 교육의 방법은 헛된 것이었고, 결실도 가져오지 못했다. 교과서 수업과 학급 토론과 같은 전통적인 방법은 학생들의 공동사회에 영향을 주는 문제들에 대해 결정하는 것과 연결되는 경우가 거의 없다는 것이다.[100]

듀이는 우리가 매일매일 살아가면서 만나는 것들이 우리들에게 자연적이고, 역동적인 '학습 상황'을 끊임없이 제공한다고 굳게 믿었다.[101] 그는 학교가 그러한 상황의 제공처들 중 하나이고 이런 점을 고려해 학교의 운영 자체를 교육과정의 일부로 할 필요가 있다고 이야기한다. 학교의 매일매일의 운영에 직접적인 영향을 주는 결정을 하는 것을, 혹은 결정에 도움을 주는 것을 학교 내 경험으로 이용하라는 것이 그의 제안이다. 학교를 교육과정의 일부로 만들라는 것이다. 학생들이 공동사회 생활의 일원으로서 자신들이 참여하고 있고, 기여를 하고 있다고 느낄 수 있는 기관이 학교라고 생각한 것이다. 학생들로 하여금 학교에서 자신들의 삶에 영향을 줄 결정을 내리는 경험을 하게 하라는 것이 듀이의 가르침이고 이것이 곧 그의 시민교육이다.[102]

1880년대와 1890년대 동안은 공교육이 중등교육으로까지 확대되었으며, '공민과(civics)'[103]라는 용어가 더욱 빈번히 사용되기 시작한 시기였다. 이때 공민과는 미국의 역사, 시민 정부, 헌법의 기초 등에 대한 교수를 가리키는 데 사용되는 용어였다.[104] 전례 없이 이민자들의 수가 늘어나는 시기가 되며 독립 학과목으로서의 공민과 속에 무엇이 포함되어야 하는가에 대한 질문이 생기게 되었다. 일부 사람들은 공민과 속에 미국 역사와 정부가 강조되어야 한다고 주장했지만, 또 다른 많은 사람들은 공립학교에 재학하는 아주 다양한 배경의 학생들에게 지배적인 문화가치, 사회적 예절과 태도 등을 가르침으로서 '사회적 동지감'을 배양할 수 있는 교육이 필요하다고 역설했다. 한편, 소수 입장에 있던 제인 아담스는 이민 가정의 아이들은 자신의 문화적 전통이 그 가치를 인정받고, 소개도 되는 교육과정을 배울 때 미국의 공적 생활에 보다 잘 통합될 수 있다고 주장했다.[105]

위와 같은 상황 속에서 전미교육협회(NEA)는 공립학교들에 있어서의 공민과 교육과정을 평가하기 위한 일련의 위원회들을 구성하였다. 그런데 이 것은 많은 기구들 내에서 논쟁을 야기했다. 이 논쟁들을 프랜조사는 다음과 같이 네 가지 질문으로 정리하고 있다. 첫째, 역사와 정부에 대한 사실을 가르칠 것인가, 사실에 대한 해석을 가르칠 것인가. 둘째, 교수의 매체는 교과서와 강의가 되어야 하는가, 집단 프로젝트와 현장 방문이 되어야 하는가. 셋째, 지역정부의 운영에 대해서 가르치는 것이 더 중요한가, 아니면 미국 법들과 헌법에 대해서 가르치는 것이 더 중요한가. 넷째, 초등과 중등학교에서 독립 과목으로서의 공민과가 필요한가. 프랜조사는 앞의 두 질문에 대한 뚜렷한 답이 나오지 않았다고 이야기하는 반면, 세 번째와 네 번째 질문에 대해서는 답이 나왔다고 본다. 1920년이 되면 대부분의 초등학교 고학년의 사회과와 역사 교과목 속에 공민이 포함되었는데 거기에서는 지역사회의 생활, 지방정부 등에 초점이 맞추어졌다. 중등학교 학생들에게는 미국 정부의 원리와 과정들을 가르치기 위해 마련된 과정을 배울 것이 요구되었다. 이제 공립학교에서 시민으로서의 책임과 가치들에 대해 가르쳐져야 한다는 것은 일반적으로 받아들여지게 되었다. 그러나 가르쳐야 하는 책임과 가치가 무엇인지에 대한 생각에 있어 많은 차이가 있었다. 이에 대한 논쟁은 그 이후에도 계속된다.[106]

듀이와 마찬가지로 학교가 민주주의와 공동체에 중요하다는 입장을 취했던 전미교육협회산하 중등교육재건위원회는 1916년 보고서인 「중등교육에서의 사회 교과」를 통해 '사회 교과(Social Studies)'라는 용어를 처음 소개했다.[107] 여기에서 사회 교과는 정부 기구에 대해서 배우는 기존의 시민론과는 다른 성격을 갖는 교과이다. 새로운 시민론은 인류의 삶을 개선하기 위한 사회적 노력의 방식들을 학습하는 것이다. 가르치는 방식도 개개인의 삶을 둘러싸고 있는 당면한 문제들을 이해하는 데 도움이 되는 방식을 취해야 한다. 방대한 사실과 자료를 제공하는 예전의 교육으로부터 벗어나 학생들이 스스로 해결할 문제들을 선정해 제시하는 것이 사회 교과의 수업 방식이 되어야 한다는 것이 보고서의 입장이다.[108]

위의 보고서의 저자는 위원회의 회장이었던 아서 던(Arthur W. Dunn)이다.[109] 그는 보고서를 발표하기 훨씬 전이었던 1907년에 새로운 방식의 교과서인 『공동체와 시민(The Community and the Citizen)』을 출간했다. 이전의 교과서들이 입헌주의를 딱딱하게 소개하고, 국가주의를 선동하는 방식으로 쓰여졌는데 이로부터 벗어날 필요가 있다는 입장에서 쓴 책이다. 이 책은 많은 교육자들로부터 환영을 받았다. 공민과(civics)라는 명칭은 1885년에 등장한 이래 일정한 형태로 유지되다가 1920년대에 새로운 모습으로 변환하게 된다. 이 새로운 모습을 신공민(new civics)이라고 부르는데 이 변환의 계기를 마련한 인물 중 하나가 던이라 할 수 있다. 구공민(old civics)은 백인 남성 아동들을 참정권을 가진 미래의 시민이라고 간주하고 미래에 그들이 맞이할 정치적 삶을 준비시키기 위해 미국의 헌법 체계, 정부 기구에 대한 지식들을 암기시키고, 미국에서 중요시 되는 가치들을 주입시키는 것에 초점을 맞추어 가르쳤던 것이다. 학생들의 실생활과 거리가 먼 이런 내용과 방법은 학생들에게 따분할 수밖에 없었다. 새로운 변화가 필요했고 19세기 후반 미국 사회의 변화는 이를 더욱 부채질했다. 산업화에 의해서 경제는 급속하게 발전했다. 도시화는 농촌으로부터 도시로 사회의 중심을 바꾸었다. 참정권은 널리 확대되었다. 이렇게 사회가 크게 변화하면서 새로운 사회문제들이 등장하게 된다. 이런 문제들에 대처해 나갈 수 있는 시민적 자질이 요구되었다. 이런 요구에 부응해서 등장한 것이 신공민이다. 급격한 변화 속에서 더 이상 공민교육의 범위를 정치적인 측면에 한정시킬 수 없게 되었다. 브라이스(James Bryce)는 1888년에 출간한 교과서 속에 정치적 주제 외에 철도, 여론, 대학, 교회, 인종차별 문제 등과 같은 다양한 사회문제를 포함시키는데 이것이 신공민이 등장하는 기초를 마련했다고 할 수 있다. 브라이스의 노력에 힘입어 던은 사회의 변화를 반영한 새로운 공민과인 공동체 공민(community civics)을 제안하게 된다. 새로운 사회에서는 시민의 범위가 확장되었고, 어린이도 '미래의 시민'이 아니라 '현재의 시민'으로 취급되었다. 투표를 잘하는 지적 능력을 갖추는 것, 법에 순종하는 성향이 과거의 공민교육에서의 시민의 자질이었다. 그런데 시민은 이제 더 이상 참정권을 행사하는 정치적인 활동만 하는 존재들로서만 볼 수 없다는 것이다. 시민의 생활은 사회의 구성원으로서 갖게 되는 다양한 경험들로 구성된다. 즉, 가정, 학교, 공장, 회사와 같은 공동체 구성원으로서 시민들이 살아가는 것이고, 신공민에서는 그러한 공동체에서의 활동에 필요한 자질들이 고려되었다. 던은 교수 - 학습 방법도 암기와 교화가 아니라 "행함을 통해 배움(learning by doing)"[110]이라는 믿음을 갖고 다양한 방법들이 사용되어야 한다고 주장했다. 또한 지역공동체에의 참여가 강조되었다. 지역공동체에의 참여는 지식과 기술을 배울 수 있는 좋은 기회이고 더불어 이를 기반으로 미래에 더 큰 공동체에서 시민으로서의 역할을 수행할 수 있게 된다는 것이었다.[111]

3. 근대 독일의 국민교육

일본의 공민교육 나아가 일제강점기 우리나라에서 행해진 공민교육에 영향을 준 서구의 시민교육은 국가주의(nationalism)와 민주주의하에서 등장한 것이었다. 그런데 브루바커에 의하면, 국가주의와 민주주의는 초기에 유사했다.[112] 브루바커의 이런 주장은 이상하게 들릴 수 있다. 하지만 프랑스

혁명 당시의 국가주의가 원래 "개인의 잠재 가능성을 해방시키려는 민주주의 운동"[113]으로 시작되었다는 점을 고려하면 이상할 것이 없다. 더불어 국가주의도 민주주의도 훨씬 더 많은 국민들이 확대된 정치의식과 충성심을 갖게 되고, 좀 더 많이 참여하기를 요구한 점에 있어서 유사했다고 볼 수 있다.[114]

근대 정치의 방향을 바꾸게 한 사건인 프랑스혁명은 프랑스 안팎에서 큰 변화를 가져왔다. 프랑스 안에서는 혁명 후 다른 나라들과 전쟁을 치루면서 프랑스 국민들이 애국심과 국민주의를 자각하게 되었다. 특권과 신분이 없는 사회, 기본적 인권이 보장되고, 법 앞에서의 평등이 보장되는 사회를 위해 같이 싸울 수 있는 사람들이 국가의 주인이라고 생각하게 된 것이다. 더 이상 '왕의 국가'가 아니라 '국민들의 국가'라고 부를 수 있는 곳에서 국가에 대한 새로운 애착을 느끼고 긍지를 갖고 살아가게 된 것이다.[115]

국민이 '나의 국가'로 느끼게 하는 것이 국가주의가 추구하는 바였다. 그것을 위해서는 군주가 갖고 있던 절대권을 없애거나 제한할 필요가 있었다. 국왕이 절대권을 갖고 있으니 국민의 권리라는 것은 존재하지 못했다. 국가주의는 국민의 권리를 신장함으로써만이 진정한 의미의 '나의 국가'라고 국민이 느낄 수가 있다고 깨달은 것이다. 이를 실현시키려는 노력은 앞에서 시민 사회를 논하면서 언급했듯이 17세기 영국에서 출발했고 프랑스혁명으로 이어지게 된다.

프랑스혁명을 시작으로 일반 대중들에게 자유 의식을 수용할 기회가 주어졌다. 그러나 이런 새로운 자유는 그들에게는 어색했다. 자유를 성취할 수 있는 가장 손쉬운 방법으로 사용된 것이 국민들을 위한 – 더 이상 상류 계층만을 위한 것이 아닌 – 초등교육이었다. 아이들은 새로운 자유를 어떻게 행사해야 하는지, 인간의 권리는 무엇인지, 더불어 그에 부합하는 정치적 의무는 무엇인지를 배워야만 했다. 한 예로, 미국의 경우 초등학교 교육

의 목적 중 하나로 지도자에 대한 무모한 의존으로부터의 해방이 포함되었다.[116]

근대 이후의 독일은 전체주의와 자유주의 정체가 계속 상호 교체되는 모습을 보인다. 이에 따라 시민성 교육의 모습도 양극을 왔다 갔다 하는 변화를 거치게 된다. 18세기 초반에서 19세기 초반 사이에 독일에서는 교육 사상이 크게 융성했는데 시민교육 사상도 이때 크게 발전했다. 프랑스혁명 이전인 1773년에 레제비츠(F. G. Resewitz)는 이미 『시민의 교육』이라는 제목의 책을 발간했다. 혁명 후에는 혁명에 영향을 받은 저작들이 많이 등장하는데 국가를 위한 교육, 시민 훈련을 위한 교육 등을 소재로 한 책들이 출간되었다. 1799년에 『국가를 위한 교육』이라는 책을 내놓은 포스(C. D. Voss)는 국가 수준에서의 시민교육의 필요성을 이야기했는데 모든 학교에 공민과를 담당하는 부서가 있어야 한다고 주장했다. 그는 국가의 개념과 목적, 시민의 권리와 의무, 권력 행사의 필요성과 가치, 애국심 등을 가르칠 필요가 있다고 보았다. 단순히 지리, 역사, 법률을 가르침으로써 간접적으로 시민교육을 할 것이 아니라 직접 공민과라는 독립 과목으로 가르칠 필요가 있다는 생각을 제시했던 것이다.[117]

19세기 초반에 관념론자들은 개인을 중시하지 않았다. 그들에게 있어 "개인의 존재는 오직 보다 높은 정신적 목적, 특히 국가의 목적에 종속됨으로써 실현될 수 있는 것"이었다. 이런 관점에서 이들에게 "학교교육을 통하여 시민을 길러내는 것"은 교육의 우연적 기능 또는 부산물이 아니라 바로 교육의 본질에 해당되는 것이었다.[118] 이런 관념론자들 중 한 사람이 피히테였다. 1806년 독일(프로이센)이 나폴레옹전쟁에서 무참하게 패배한 후 독일인들은 민족적 수치를 느꼈다. 이 경험이 교육을 통해 위대한 국가를 건설하려는 움직임을 낳았다.[119] 작은 제후국들에서의 애국주의가 독일 민족주의로 바뀌는 계기가 마련된 것이다.[120] 위대한 국가를 건설하려는 움직임에 앞장선 사람이 피히테이다. 그는 「독일 국민에게 고함」에서 교육을 통해 독일을 재창조해야 한다고 주장하게 된다. 그는 독일 민족이 존속하기 위해서는 교육체계가 전면적으로 바뀌어야 한다고 보고 시민 정신의 훈련에 초점을 맞춘 새로운 교육이 필요하다고 강조했다. 이를 위해 아이들은 부패한 사회로부터 완전히 격리되어 특별한 공동체 내에서 집단 전체의 이익을 위하여 전심전력으로 일하는 견습 시민으로 양육되어야 한다고 주장했다. 프로이센의 교육부 장관이었던 훔볼트는 고대 그리스 문명의 공부를 통해 프로이센을 쇄신할 필요가 있다고 했다. 바제도(J. B. Basedow)는 교실에서 학생들의 마음을 항상 쉽게 움직일 수 있는 것은 아니라는 사실을 잘 알고 있었다. 그래서 그는 학생들이 일 년 내내 축제들을 잘 기념할 수 있도록 신경을 쓰는 것이 좋다고 보았다. 그리고 "애국적인 희생의 위대한 예들, 국가의 시민적 연합이 가져오는 장점들, 조국에 대한 의무들"과 같은 주제들이 강화될 수 있도록 학교에서의 활동들을 마련할 것을 제안했다.[121] 여기에서 주목할 만한 사실은 이때 활동했던 교육 사상가들 중 많은 사람들이 시민권의 국가적 차원과 더불어 세계적인 차원도 고려하고 있고 이 차원이 미래에 중요하게 될 것이라는 것을 예견하고 있다는 것이다. 그들은 시민교육이 제대로 되면 조국에 봉사하는 법을 제대로 배움으로써 인류에 기여하는 법을 배울 수 있을 것이라고 생각했다. 피히테의 경우 독일 민족이 세계를 인도하여 더 높은 단계의 깨달음에 이르게 될 새 시대가 올 것이라고 전망했다.[122]

많은 교육 사상가들의 노력에도 불구하고 정부 차원에서는 1815년에서 1890년까지 정치적인 문제를 학교에서 가르치는 것에 대해서 적대적인 입장을 유지했다. 가르침이 혁명으로 이어질 가능성을 염려했던 것이다. 근대사와 입헌주의 체제를 가르치는 것도 금지를 시켰다. 사회민주당이 개혁에 대한 요구를 했는데 많은 교사들이 이것을 옹호하고 있다는 것이 정부의 생각이었다. 이런 상황에서 교실에서 시민론 수업이 허용되면 그 내용이 좌파의 주의 주장에 의해 크게 오염될 가능성이 있다는 것이 정부의 생각이었다. 이런 이유로 사회주의 교육의 해악을 학생들에게 가르쳐 사회주의 운동을 저지하는 역할을 학교가 할 수 있도록 1889년에는 칙령이 선포된다. 이 칙령을 통해 황제는 프로이센과 독일의 역사를 정성드려서 가르쳐 제국과 황제가(家)에 대한 충성심을 함양하려는 목적도 나타냈다.[123]

정부의 억압에 굴하지 않고 사상가들과 기업인들은 젊은이들이 공동체에서 능동적인 역할을 수행하는 데 시민교육이 반드시 필요하다는 입장을 고수했다. 특히 1901년 케르센슈타이너(Georg Kerschensteiner)가 논문을 출간[124]하면서 시민교육을 옹호하는 입장에 있는 사람들에게 큰 힘이 되었다. 그는 듀이의 아동 중심, 경험 중심, 생활 중심 교육 사상을 독일에 소개한 인물이며, 듀이식 교육 운동을 나름대로의 방식으로 독일에서 실천하고, 독일 교육 실제에 영향을 준 인물이기도 하다. 삶과 가까운 학습을 통해 아이들이 보다 자립적이고 스스로 행동할 수 있는 민주인으로 기르려는 듀이의 생각을 독일에 적용시킨 것이다. 미국의 시민교육을 살펴볼 때 다루었던 던이 주창한 공동체 시민교육의 관점도 케르센슈타이너는 익히 알고 있었다. 또한 그는 손으로 하는 작업과 관련된 부분을 단련하지 않으면 인간이 갖추어야 할 능력 중 중요한 부분을 놓치게 된다고 보았던 페스탈로치의 생각도 받아들였다. 이런 페스탈로치, 듀이, 던 등의 사상을 바탕으로 해서 그는 새로운 학교 형태인 작업 학교(노작학교; Arberitsschule)[125]와 보습(補習)학교(Fort-bildungsschule)[126]를 고안해 등장시켰다.

케르센슈타이너의 작업 학교에서는 초등학교 고학년 학생들을 위해 작업장, 부엌, 실험실, 학교 정원 등이 학교에 도입되었고, 일종의 프로젝트 방법이 개발되어 사용되기도 했다. 학생들의 학습 동기, 문제 해결력, 자기 존중감, 그리고 도덕성을 증진시키기 위한 시도였다고 할 수 있다. 보습학교는 8년간의 초등교육을 마치고 직업에 종사하고 있는 14세에서 17세 사이의 남녀 학생들을 위해 의무화한 시간제 학교였다. 학생들은 일주일에 8시간에서 10시간의 교육을 받았는데 직업훈련 이외에 학생 자신들의 직업과 밀접하게 관련시켜 종교, 작문, 수학, 공민 등의 과목을 가르쳤다. 이처럼 학교교육에서의 작업의 중요성을 강조했는데, 그가 이렇게 작업을 강조한 것은 학교와 직업적 생활 영역 사이의 거리를 좁히려는 노력이었다고 할 수 있다. 그는 일반(general)교육보다 직업(vocational)교육에 우선적인 초점이 주어져야 한다고 보았다. 노동을 통해 자신을 발전시키는 길을 거친 사람만이 진정한 문명인이 될 수 있다는 것이 그의 생각이었다.[127]

케르셴슈타이너는 시민권과 노동을 결부시켜 시민교육의 중요성을 이야기했다. 작업 학교와 보습학교의 주목적은 시민성 함양에 있었다. 유용하고, 목적의식을 가진 시민을 만드는 것이 두 학교의 과제였다. 이 과제를 성취하기 위해 우선 학생들을 각자에게 적합한 직업으로 안내하고, 각 직업은 나름대로 사회에 봉사하는 것이라는 생각을 학생들에게 심어주고, 직업을 통해 사회가 더 완벽한 공동사회로 발전하게 된다는 것을 가르쳤다. 다시 말하면, 학생들이 자신들의 경제사회적인 직업적 이해관계가 다른 시민들의 이해관계, 나아가서 국가의 이해관계에 달려있다는 것을 깨닫게 해야 한다는 것이었다. 성실, 근면, 인내, 책임감, 의지력, 부지런한 삶에 대한 헌신과 같은 덕목을 학교에서 함양시키는 것이 학생들 그리고 국가의 안녕에 중요하다는 것이 그의 입장이었던 것이다.

그런데 그에 있어서 국민은 국가가 갖고 있는 절대 권력에 자신을 내어주는 즉 권력에 추종하는 존재가 아니라 다른 국민들과 함께 책임을 지는 국민이었다. 책임을 지는 각 국민에게 자주적으로 일을 하여 성취할 수 있게 하는 교육이 그가 생각한 시민교육이었다. 그런데 여기서 교육의 목표는 자율적인 개인을 양성하는 데 있지 않았다. 자발적으로 책임의식을 가지고 참여하는 시민들이 함께 만들어 가는 도덕적이며 자유롭고 활기에 찬 공동체가 그가 염두에 둔 시민교육의 목표였다. 종래의 시민교육이 국가의 필요에 따라 어린이들을 훈련시키는 것에 머물렀다면, 그의 시민교육은 학생들을 스스로 무엇인가를 성취해 나아갈 수 있도록 이끌고 스스로의 책임하에 공동체에 기여하는 유용한 국민으로 기르려는 것이었다. 아이들에게 공동체의 과제를 거의 제공하지 않고 전체 사회와 멀리하게 하는 것은 학생개인을 위해서도 전체를 위해서도 위험하다고 그는 보았다.[128]

케르센슈타이너의 영향력은 결국 1911년에 중등학교에서 시민론을 가르친다는 프로이센 주 교육부의 훈령을 낳게 되었다. 이 훈령은 공공기관 및 집회에의 참관도 교육 내용에 포함시키고 있다. 그렇지만 권리보다는 의무, 탐구심 함양보다는 주권자에 대한 충성이 우선되고 있는 측면은 여전히 남아 있었다.

독일은 1918년부터 1933년까지 제국주의 체제에 대한 반향으로 그리고 제1차 세계대전 후의 혼란에 대한 반응으로 자유주의 정체인 바이마르 공화국 시절을 거치게 된다. 공화국도 시민적 충성심을 고취하려는 교육을 계속 진행하게 되는데 제국주의 시절보다 덜 국가주의적인 방식을 택했다. 공화국의 헌법에는 아주 특이하게도 직업교육을 시민교육과 함께 중시한다는 항목들이 들어있었다.[129] 이런 헌법의 의도가 실제로 실천되는 데는 정부를 전복하려 했던 시도, 외무장관의 암살과 같은 충격적인 사건들을 필요로 했다. 충격을 받은 정부는 1920년대 중반에 교사 양성 과정에서 시민론을 필수과목으로 만들게 되었고, 역사와 시민론을 교육과정에 포함시키게 되었다. 그런데 베르사이유 평화조약에 의해 독일이 식민지를 잃게 된 것에 대한 불만이 고조된 것이 교육과정에 반영된다. 교육과정 지침들 중에는 독일인종의 '정신'을 강조하는 역사를 가르쳐야 한다는 생각, 식민지 점령의 필요성을 이야기하는 내용들이 포함된다.[130] 이런 내용들이 뒤에 등장하는 전체주의 교육의 씨가 되었다고 할 수 있겠다.

제1차와 제2차 세계대전 사이에 전체주의라고 불리는 새로운 통치 형태가 몇 개의 국가에서 등장했다. 소위 제국주의 대국이라고 불리는 이 나라들에서는 교육에 있어 변화가 생기는 듯했다. 세계를 분할 지배하고 있던 이 나라들에 민주적 혁신 세력들이 등장하며 교육체제에 있어 새로운 변화를 요구하였다. 그때까지만 해도 교육은 일부 소수 지배계급의 이익을 위해 존재하는 것이었다. 그런데 민주적 혁신 세력들은 일부 소수가 아닌, 전체 민중을 위한 교육의 필요성을 이야기하게 된다. 이런 진보적인 생각을 구세력은 경계할 수밖에 없었다. 민주적 혁신 세력들로부터 영향을 받은 민중들이 구세력인 자신들에게 대항할 것이 예상되었기 때문이다. 이제 구세력은 이런 대항하는 힘의 방향이 자신들이 아닌 외국으로 향하게 하려고 했다. 민중들에게 조국애, 적개심, 우월감 등을 부추기는 것이 그 방법이었다. 국민의 의식을 개조하는 사업을 하게 된 것이다. 그리고 이 사업의 장소가 학교였다. 이 당시 독일, 이탈리아, 일본[131] 등의 파시즘 국가에서는 전 국민의 자녀가 거의 빠짐없이 소학교부터 대학교까지 취학하고 있었다.[132] 학교는 이런 학생들의 정치적 의식을 개조하는 선전 기관이 되는데 적격이었던 것이다.[133]

독일의 경우 20세기 초반부터 청소년 단체와 청소년 운동이 급격히 퍼졌는데 바이마르공화국 시절 이 단체와 운동을 통해 젊은이들이 일종의 시민 훈련과 시민 감정을 얻게 된다. 혁명기(1908-1909)의 격동, 선거권 연령이 25세로부터 21세로 낮춰짐 등이 이런 움직임을 촉진시켰다. 공화국 말기에는 단체들의 수 100개, 총회원 수 약 500만으로 크게 성장하게 된다. 이런 단체들은 일반적으로 나름대로의 국가에 대한 충성을 권장했다. 그들이 했던 특히 주목받았던 중요한 활동은 애국심을 자아내는 장소로 애국적인 노래를 부르며 도보 순례를 하는 것이었다. 정부가 경제문제를 처리하는 방식에 불만을 품었던 젊은이들은 공화국 정부를 버리고 공산당과 나치당에 동조하게 되고 공화국은 힘을 잃게 된다. 히틀러가 국가사회주의 청소년 연맹을 세운 것은 이런 분위기 속에 있었던 1922년이다. 이 연맹은 히틀러 소년단으로 이름을 바꾸며 1929년에 완전히 조직화된다.[134]

히틀러는 시민교육의 성격을 바꾸는 작업을 정치가들에게 명령한다. 바이마르공화국의 자유주의 정치형태에 대해서 가졌던 충성심으로부터 벗어나 어른들과 젊은이들이 전체주의 정치의 국가사회적인 형태에 대한 충성을 하게 하는 것이 히틀러의 우선적인 과제였다. 가정과 학교와 히틀러 소년단이 젊은이들의 태도를 조건화시키는 데 다 동참할 책임이 있다고 강조했다. 이런 생각을 교육에 실제로 실천하는 데 있어서도 단호하고 강력한 모습을 보이게 된다. 홍보물을 폭포와 같이 학교에 쏟아 붓고 국가사회주의 세계관을 강제로 학교에 밀어붙이며 몇 달이라는 짧은 시간 동안에 학교들의 성격을 완전히 바꾸어 버렸다. 학교는 정치적으로 의식화된 청소년을 만드는 장소로 사용되었다. 청소년들의 모든 생각과 행동은 민족을 위해 봉사하고 희생하는 것에 맞추어지도록 했다. 교사들은 시민의 종복으로서 나치당에 가입하도록 압력을 받았고, 교육과정은 전면 개정되었으며 하나의 출판사만을 허용함으로써 새로운 교과서들이 큰 문제없이 대량 제작된다. 교육과정과 교과서를 지배하는 주제들로서는 군사력의 중요성과 군사력에 대한 긍지, 히틀러에 대한 칭찬과 숭배, 종족의 중요성, 자신에 대해 우월감을 갖고 위협적인 존재인 타자들에 대해 증오심을 갖는 것 등이 있었다.[135]

나치의 청소년 운동은 청소년들을 교화하고, 군사화하겠다고 하는 확실한 목적을 갖고 강력히 추진된 운동이었다. 진정한 남자다움은 조국과 민족 그리고 히틀러를 위해 기꺼이 싸움에 임하는 것이라는 교의를 청소년들에게 주입시켰다. 히틀러 소년단에게 부과되었던 활동들에는 정치 교화, 신체 훈련, 훈련된 집단 동료애의 절대적인 필요성과 장점에 대한 끊임없는 강조, 그리고 무엇보다도 군사훈련 등이 있었다.[136]

나치의 교육은 자유주의국가들과 바이마르공화국에서 행했던 시민 교육과 민족주의적, 국가주의적 성향을 가졌다는 점에서 공통이다. 그러나 교육의 방식에 있어서는 차이가 있었다. 나치는 청년들에게 합리적인 설명을 통해 설득을 하는 방식을 사용하지 않고, 자신들의 입장을 밀어붙여서 청년들이 받아들이도록 하는 비합리적인 교화 방법을 사용했다. 이런 과정에서 청소년들은 사회, 정치적 문제들에 대해서 공부하고, 자유로운 판단을 행사할 수 있는 시민의 권리를 나치에 의해 거절당한 셈이다.[137] 이런 점에서 나치 교육에서 강조하는 민족주의적인 공동체 의식은 시민성과는 거리가 멀다고 보는 의견도 나올 수 있다. 한 독일의 교육자는 나치의 정책을 "시민권을 강탈하고 동료 의식을 부여하는 것(the taking away citizenship and the giving of comradeship)"[138]이라고 표현하기도 했다. 어떤 면에서 나치의 교육은 '비' 시민교육이라고 볼 수 있겠다.

독립 이후 미국에서의 공민교육은 자유민주적인 분위기에서 진행되었다. 이와 달리 독일에서의 공민교육은 자유로운 분위기와 억압적인 분위기를 같이 거치며 진행되어 특이한 모습을 보였다. 이 두 국가에서 학자들에 의해 논의된 그리고 실제로 행해진 공민교육들은 다음 장에서 다루게 될 근대일본과 조선에서 전개되었던 공민교육의 기초가 되었다.

03 | 근대 일본의
공민교육과 공민교육의 본질*

앞 장에서 제2차 세계대전이 끝나기 전까지 미국과 독일에서 행해진 근대 국민, 시민 혹은 공민교육의 모습을 살펴보았다. 일제하 조선에서 행해졌던 공민교육을 이해하기 위해 그것에 영향을 준 일본의 공민교육에 대한 이해가 필요하고, 일본의 공민교육에 대한 이해를 위해서는 거슬러 올라가서 그 교육에 영향을 준 독일과 미국의 교육에 대한 이해가 도움이 될 것이라는 생각 때문이었다. 이제 미국과 독일의 영향을 받았다고 하는 근대 일본의 공민교육을 다룰 차례이다.

I. 근대 일본과 일제하 조선의 공민교육

일본에서 '공민과'라는 이름의 과목은 다이쇼 시기인 1920년이 되어서야 등장한다. 이때부터 일본에서 공민교육이 시작된 것이라고 볼 수도 있겠지만, 거슬러 올라가서 1900년경 '법제와 경제'라는 과목이 각 학교에 소개

---

*앞 장과 본 장은 하나의 글을 책의 구성상 둘로 분리를 한 것이다. 본 장의 II, III, IV에서의 논의들은 두 장 모두와 관련된 것이다.

된 시기를 그 시작으로 잡을 수도 있다. 또 더 거슬러 올라가서 근대적 학제가 시작된 1872년이 출발점이라고 보는 입장도 있다. 여기서는 마지막 입장을 택해 논의를 진행한다. 일본이 근대화의 길을 걷기 시작한 것은 19세기 중반 이후이다. 이때부터 일본은 뒤늦게 서양의 흉내를 내려고 했다. 서양에서는 이미 시대에 뒤떨어진 것으로 간주되어 더 이상 행하지 않았던 일들을 진행하였다. 이웃 나라를 식민지로 만들고 급속한 공업화와 근대화를 꾀하려고 한 것 등이다.[139] 일본이 이런 근대화의 도구들 중 하나로 사용한 것이 교육이다. 일본은 근대화를 위해 서양의 학교 제도를 도입했다. 1868년 메이지유신 이후 20년 내에 일본은 서구 교육의 개념, 제도, 방법 등을 적용해 국가의 방향을 근본적으로 바꾸었다는 평가도 있을 만큼[140] 국가가 주동이 되어 교육을 통해 국가를 전적으로 변형시키는 일을 시행하였다. 메이지유신 이전의 일본에는 번(藩)을 중심으로 지방분권적 요소가 강하게 남아 있었다. 메이지유신은 이에 변화를 가져온다. 근대화 과정을 거치며 정치, 경제적으로 중앙집권제로 바뀌게 된 것이다. 한편 선각자들은 국가의 발전을 위해서는 인재 양성이 급선무이고, 교육이 가장 중요하다고 보았다.[141] 이런 배경하에 일본에서는 국민을 위한 교육을 진행하게 된다.

미국과 프랑스에서 근대시민을 위한 교육이 활발하게 진행되고 있었던 19세기 말 일본의 교육자들은 이 나라들의 교육에 관심을 갖게 되고 시민교육을 자신들의 교육에 끌어들이려고 했다. 1871년에 공교육을 담당할 문부성이 설립되었고, 다음 해에는 프랑스의 교육제도를 대체로 모방했다고 하는 학제가 공포되며 소학교가 신설된다. 지역사회 성원들의 도움과 지지에 의해 설립된 많은 소학교들은 지역사회의 심장이 되었다.

일본 근대 교육 초기에 커다란 영향을 끼친 인물들 중에는 후쿠자와 유키치가 있다. 메이지시대에 가장 유명한 교육 사상가인 후쿠자와는 교육과 정치의 관련성에 주목하고, 교육받은 대중의 의견이 중요함을 역설했다. 그는 정부에 대한 불만이 있다면 국민들은 자신들의 주장을 밝혀야 한다고 했다. 때로는 목숨을 걸고서라도 싸우는 것이 문명국가 시민들의 의무라고 했다. 그리고 나쁜 정부를 원치 않는다면 국민을 교육시켜야 한다고 하는 등 급진적인 생각들을 제시했다.[142] 그 후 등장한 인물이 일본 첫 내각의 초대 문부대신이었던 모리 아리노리이다. 그는 근대 일본의 국민교육 체제를 구축한 인물로 평가되는데 메이지 초기에 혼란된 교육 체제를 국가주의적 입장에서 제도적으로 확립한 인물이다. 그는 영국의 런던대학에서 유학 생활도 하고, 미국에 건너가 한 기독교 교단에 들어가 사회개량주의의 영향을 받았다고 한다. 유럽과 미국에서 받은 기독교의 영향으로 인해 그는 유교주의적 사회관을 부정했다. 또한 일본이 근대적 통일국가가 되어야 한다고 보았으며 그를 위해 국가주의 교육 체제를 확립해 많은 학교를 유지할 필요가 있다고 보았다. 이런 생각으로 4개의 학교령을 발표하며 국민교육 제도를 확립하려 한다.[143] 그의 국민교육 제도의 목적은 애국심 배양에 있었고, 군대식 체조와 학교 의식의 도입 등을 통해 그 목적을 이루려고 했다.[144] 이처럼 모리는 학교의 시민 양성 기능에 대해 신봉했다. "국민 개개인이 일본 신민으로서 각자의 의무를 충분히 이해하고 윤리를 실천하며 행복을 누릴 자격을 갖추도록 훈련시키는 것"이 학교교육의 목적이라고 모리는 주장했다. "무엇을 할 것인가는 학생의 이익이 아니라 나라의 이익을 위한 것"이라는 그의 경구는 유명했다고 한다. 그런데 그의 입장은 보수 세력들이 보았을 때 충분히 보수적이 아니었다. 결국 그는 전체주의적이고 극단주의적인 국수주의자들에 의해 암살된다. 그가 죽은 다음 해인 1890년에 공포된 제국교육칙령에 시민교육에 대한 그의 생각이 다음과 같이 어느 정도 드러나 있다. "공공선을 증진하고 공공의 이익을 진작하라. 항상 헌법을 존중하고 법률을 준수하라. 비상사태가 발생할 경우 용감하게 자신을 국가에 바치라. 그렇게 해서 천지신명과 더불어 우리의 제국이 번영하도록 지키고 유지하

라." [145]

　서구에서 수입된 시민교육은 일본에서는 공민교육이라고 불리었다. 우마이 마사유키는 일본에 있어서 공민교육의 발전에 대해 논의하는 논문의 영어제목 속에 '공민교육'에 해당하는 영어로 'citizenship education'을 사용하고 있다. 그럼에도 그는 일본의 공민교육과 citizenship education이 엄밀하게 보았을 때 같은 것이 아님을 지적한다. 'citizenship education'을 일본어로 번역할 때 통상 '시민성 교육'이 사용되기는 하지만, citizenship education은 서구 개인주의적 사회와 문화를 배경으로 생겨난 개념이고, 공민교육은 전통적으로 공보다 사를 훨씬 우선시하는 일본의 사회와 문화 속에서 만들어진 개념이라는 것이다. [146] 이처럼 일본에서는 변형된 형태의 시민교육이 행해지게 된다.

　공민과라는 독립 과목이 아직 확립되지는 않았지만 메이지유신 시기에는 공민교육과 관련된 내용들이 교육과정에 포함된 상태로 등장한다. 예를 들면 초·중등교육에서 '수신(修身)', 중등교육에서 '법제 또는 경제'와 같은 과목들의 여기저기에서 공민교육 관련 내용들이 등장했다. 메이지 초기에는 서구에서의 시민성을 다룬 교과서들이 가장 인기를 끌기도 했다. 그런데 당시 서구로부터 유입된 '계몽사상'은 새로운 정부에게 많은 문제점들을 제공했다. 정부의 입장에서는 서구 기술을 일본 내에 소개할 필요성은 느꼈으나 자유주의와 그리스도교 사상과 같은 이데올로기는 제외되었으면 했다. 그래서 있는 그대로 번역이 된 교과서들을 사용하는 것을 금지했고, 1880년에는 일본의 윤리에 적합하도록 몇 개의 교과서들을 각색했다. 시간이 흘러 계몽사상과 자유주의에 대한 열기가 식었을 때도, 여전히 서구 사상이라는 기초 없이, 자연법론을 소개하지 않은 채로 공민교육을 했다. 학생들은 질문 없이 도덕 교과서의 내용을 암기하고, 기억해 내는 식의 교육을 받았다. [147]

1873년이 되면 새로운 정부로서 가졌던 정치적 어려움도 이미 수그러들고, 프랑스식 자유주의자들도 제거된 상태가 된다. 하지만 일부 자유주의자들이 국회 설립을 요구하며 나섰고, 이들은 1870년대 말 사무라이 봉기들을 부추기는 역할을 했다. 이런 움직임들이 전국적으로 확대되면서 정부는 곧 상당한 압박을 받게 된다. 민주적 권리를 확보하려고 하는 이런 충동은 농촌 지역의 교육받은 농부들에게도 번지게 되어, 서구 정치제도를 연구하기 위한 모임들을 갖고 헌법의 초안들을 작성하는 시도도 농부들이 하게 된다. 이렇게 되자 정부는 반격에 나서게 되고 시민권을 제한하는 법을 만들어 집회, 언론, 출판의 자유를 모두 제한하기에 이른다. 그러나 정부는 결국 요구를 받아들일 수밖에 없어서 10년 내에 국회를 열겠다는 약속을 하게 된다. 프러시아의 입헌왕정에 영향을 받은 대일본제국헌법이 제정되며 일본의 입헌군주제가 시작된다. 이듬해인 1890년에는 첫 국회가 열린다. 시민의 권리가 헌법에 의해 표현된 다음 해인 1890년은 교육칙어가 반포된 해이기도 하다. 교육칙어를 통해 시민들의 윤리와 가치도 문서화된다. 이 교육칙어는 천황 통치하에서의 국민의 정신과 도덕을 통일시키려는 노력이었는데, 여기에는 국민에게 요구되는 구체적인 덕목들이 열거되어 있고 어떻게 시민교육이 행해지는지가 제시되어 있다. 헌법과 교육칙어를 통해 '천황과 국가에 대한 충성을 국민에게 요구하는 교육체제'가 확립되었다고 볼 수 있다.[148]

1901년이 되면 '법제와 경제' 과목이 재등장하는데 이제는 법과 경제체제의 소개에 그치지 않고 예전에 생략되었던 이론적인 배경도 같이 제시되었다. 그런데 황실 국가의 전통과 입헌제 국주의 사이의 갈등은 여전히 계속되었다. 때문에 좋은 국민성과 공공복지를 촉진시키기 위한 국가 과목 (national subject)이 필요했음에도 '법과 경제'의 내용은 짜임새가 없었다. 진정한 국가 과목이 되기 위해서는 황실 국가의 전통적인 윤리, 가치와 입헌 제국주의의 기초, 이론들을 통합한 하나의 시민교육 체제가 필요했다. 이런 통합의 모습을 띤 것이 '공민과(civics)'이다.[149] 이런 배경하에서 등장한 일본에서의 공민과는 일본이 모방하려고 했던 서구의 공민과와 다른 모습을 가질 수밖에 없었다.

　1910년과 1920년 사이에는 진보주의 교육 운동이 일본을 휩쓸게 되며 관련 교육 서적들이 많이 출간되고 진보주의 사상을 기초로 한 아동 중심의 도덕교육과 같은 실천적인 노력들이 행해진다. 이 시기에 일본에서 '공민과'가 성립되는데, 이에 영향을 준 인물로는 앞 장에서 다루었던 독일의 케르센슈타이너와 미국의 던이 있다.[150] 케르센슈타이너는 공민 관련 지식을 전달하는 것을 넘어서는 공민교육을 주창한 인물이다. 또한 공민교육의 범위를 경제 및 실업교육, 정치교육보다 더 넓게 보았다. 공민에게 필요한 지식을 가르치는 것이 아니라, 학생 모임, 노작 활동, 공동 작업 등을 통해 시민으로서의 덕성을 함양시키는 것이 그의 교육의 목표였다. 성실, 정직, 인내, 근면, 창조의 기쁨, 공동체에 대한 봉사, 의무, 자기희생 등이 이 교육을 통해 학생들에게 기대되는 것들이었다. 한편 1910년 5월에는 사회주의자들이 일본 황제를 암살하려고 했다는 대역 사건이 벌어지게 된다. 그런데 이것이 외부로부터의 유혹에 의해 생긴 일이라는 판단이 내려지며 국가 수준에서의 사상 교육이 필요하다는 생각이 나오게 되었다. 제1차 세계대전 이후 자본주의는 성숙하고, 제국주의 국가들 사이의 경쟁은 격화되고 있었다. 이런 세계적인 분위기 속에서 기술 노동자들이 많이 필요했고, 국가 이념과 공민 정신을 함양해야 한다는 것을 일본의 지배계급들도 느끼게 되었다.[151] 이런 배경 하에 1920년에는 독점자본주의와 제국주의하에서의 시민교육이라는 개념이 만들어진다.

　엄격한 의미에서의 공민교육의 시작이라고 할 수 있는 '공민과'의 탄생은 의외의 장소에서 이루어졌다. 실업 보습학교라고 불리는 곳이었다. 이

학교에서 1913년에 공민과가 과목으로서 확립이 되고 1920년에는 의무 교과가 된다. 앞에서 지적한 것처럼 일본의 근대화는 서양 근대화의 모방이기는 했지만 때로는 그 서양 것을 원래의 모습을 찾아볼 수 없을 만큼 변형시키기도 했다. 예를 들면 보습교육(補習教育) 속에 투입된 공민교육에도 그런 점이 보인다. 특이하게도 지방분권적인 방식의 정책하에서 보습교육은 등장했다. 지역사회학교의 모습을 띤 것이 실업 보습학교이었다. 지방자치체가 필요로 하는 자치적 주민을 양성하는 교육이 필요하다고 지적된 것이다. 원래 서양에서의 보습교육은 진학을 하지 못했거나, 학업을 중퇴한 또는 졸업은 했지만 계속해서 학습을 원하는 학생들을 대상으로 하는 교육이었다. 보통 수업료를 받지 않고 직업교육 위주로 일반교양 교육도 같이 시키는 교육이었다. 1870년 독일에서 처음으로 보습교육을 의무교육화 하려는 논의가 시작되었고 독일을 비롯한 영국, 미국 등에서 20세기 초에 실시가 되었다. 일본에서는 일찍이 1883년부터 이 교육이 실시되었는데 그 모습을 바꾸어 공민교육으로서의 역할을 한 것이다.[152]

독일의 실업 보습교육과 공민교육(國民教育)의 영향을 받아[153] 1911년에 일본 문부성에서는 실업 학무국장 진야문이(眞野文二)는 보습학교 교육을 이야기하며 '국민, 시정촌민(市町村民)의 소양'에 관한 교육 즉 공민교육의 필요성에 대해 다음과 같이 말했다:

지금까지 수신(修身) 과목 속에서 가르쳤지만 이것에서 한발 더 나아가 국민으로서의 의무라든가 시정촌민(市町村民)의 의무라든가 하는 법제(法制)의 대요(大要)를 가르치는 것이 필요하지 않을까, 즉, 시티즌쉽(citizenship)과 같은 의미의 적당한 단어가 없기에 국민 시정촌민의 소양이라고 했습니다. 해외의 실업 보습학교 등에서는 이 점에 힘을 쏟고 있기 때문에 국민의, 시민의, 정촌민의 소양이라는 것을 어릴 때부터 가르쳐 놓는 것이 필요할 것

입니다.[154]

　이러한 제안이 반영되어 결국 1920년에 실업 보습학교 규정이 개정되며 '공민교육'은 공식적으로 '실업교육'과 함께 실업 보습학교의 교육 목적으로 등장한다.

　실업 보습학교의 등장은 당시의 정치, 경제 상황과 관련이 있다. 1889년 대일본제국헌법이 발표된 이래 철도, 통신 등의 건설 사업이 늘어나며 일본의 경제가 활발해진다. 청일전쟁을 전후해서는 섬유산업이 크게 융성하고, 러일전쟁을 시점으로 해서는 중공업 부문까지도 급격하게 발전한다. 이런 공업 부문의 발전은 교통, 운수, 금융, 무역, 광산업의 발전도 촉진시켰다. 이러한 자본주의적인 발전은 여러 방면의 기업들에서 활동을 할 실업교육을 받은 인재들이 필요하게 되었고 이에 부응하여 실업교육을 진흥시키려는 정부 차원에서의 노력이 시작된다. 공업학교, 농업학교, 상업학교, 상선학교(商船學校) 등을 통해 실업에 종사하는 사람들에 대한 교육에 힘을 쏟게 된 것이다. 실업 보습학교는 처음에는 심상소학교 졸업생들을 대상으로 소학교 교육의 보충, 복습을 통해 장래에 종사할 생업에 좀 더 도움을 주기 위한 학교로서, 소학교의 하나로 분류되었다. 그러다가 실업교육령이 발표되며 위의 네 학교와 함께 5개의 실업학교 중의 하나로 그 성격이 바뀌게 된다. 이 실업 보습학교는 초기에 그 보급이 순조롭지 않았는데 지역 실정에 맞게 설치가 가능하게 규정이 완화되면서 널리 퍼지게 되었다. 각종 실업 분야와 관련된 학교였지만 농업 보습학교가 대다수였다.[155]

　원래 실업 보습학교들은 처음 설립될 때 농부의 자식들을 대상으로 한 것이었다. 그러다 보니 이 학교들에서 가르치는 공민과의 내용은 지역사회와 관련된 것들이 주를 이루었다. 즉 지역사회에서 필요한 자질을 교육하는 것이었다.[156] 러일전쟁 후인 메이지 말기는 정부의 지원을 받은 지방 개량 운동이 전국적으로 활발히 전개되었던 시기인데 이때 실업 보습학교는 그 운동의 거점으로서의 역할을 한다. 실업 보습학교는 미래를 위해 지역사회를 개선시키는 데 주역이 될 농민 자녀들을 위한 학교였던 것이다. 이 학교에서는 공민과가 학교와 지역사회와의 연계를 통해 지역사회 공민으로서의 자질을 기르는 데 도움을 주는 과목으로 사용된다. 이처럼 실업 보습학교는 직업교육을 중심으로 지방자치를 담당할 정촌공민을 육성하는 공민교육의 장이 된다. 시정촌의 유권자로서의 '공민'을 육성하는 기관이 된 것이다. 이렇게 지역사회의 입장에서 볼 때 공민과의 역할은 아이들을, 다니구치의 표현을 빌리면, '농촌의 간부후보생'으로서 기르는 데 있었다.[157]

유럽의 제1차 세계대전은 일본을 경제적으로 융성하게 만들었다. 그런데 이 시기에 농업생산력의 비중은 상대적으로 줄어들고, 이런 과정에서 자본주의자와 노동자, 도시와 농촌, 노동자와 농부 사이의 갈등이 생기게 된다. 더불어 민주주의라는 개념이 노동 계층에게도 익숙해지고, 보통선거, 소련 혁명 등이 자극이 되어 민주 운동이 활발해졌으며, 교육에 있어서도 자유주의 운동이 발전하게 된다. 정부 측에서는 이에 대한 대처를 통해 사회질서를 되찾으려고 했다. 이런 배경하에서 민주 운동에 대한 반격으로 공민과가 소개되었던 것이다. 1924년 공민과 교수요목법에 의해 공민과의 국가적 표준이 정해지는데, 이 교수요목법에는 민주주의, 사회주의, 공산주의, 노동자/농부 논쟁 등과 같은 개념들이 소개된다. 이런 개념들이 갖고 있는 부정적인 측면을 볼 수 있도록 학생들을 가르치고 국가 정신이라는 긍정적인 개념을 끌어들이려는 시도였다.

실업 보습학교의 경우 공민과는 지역사회 내에서 행해지는 공민교육을 의미했다. 그러나 학생 수가 1910년대에 급증하면서 정부는 모든 종류의 학교들의 역할에 대해서 점검하게 된다. 이러면서 공민과의 교수 요항들에 대한 표준들이 정해지게 된다. 표준을 정할 때는 절충적인 접근을 취했는데,

독일의 공민과와 미국의 신(新)공민과 사이에서의 절충이었다고 평가된다.[158] 독일의 케르셴슈타이너와 미국의 던의 영향이 어우러진 것이라고 볼 수 있겠다.

1925년 일본에서는 보통선거법이 등장하고 25세 이상의 남자들이 유권자가 되었다. 이들에 대한 유권자 교육이 필요하다는 의견들이 많아지며 1931년 중학교에서 '공민과'가 필수과목이 된다. 1년 후에는 고등여학교에서도 공민과를 가르치게 된다. 이런 공민과 교육의 내용은 독일의 국가교육 그리고 미국의 '공동체 공민과(community civics)'의 영향을 받았다고 한다. 서양에서 가르쳤던 시민 사회에서의 시민의 육성이라는 내용이 다루어지게 된 것이다. 1929년의 경제대공황은 농촌 지역의 경제에 특히 큰 피해를 주었고, 이에 따른 경제 위기는 지역사회를 해체 위기로 내몰았다. 국가 정부는 질서유지를 위해 지역연구에 대한 경제적인 지원을 하게 된다. 그런데 지역연구는 그 특성상 표준화시킬 수 없었기 때문에 이런 연구들을 맡았던 교사들은 자신들의 지역과 어린이들의 특유한 본성을 관련시켜서 연구 내용과 연구 활동을 자유롭게 계획할 수 있었다. 대부분의 교사들은 공민교육을 지방과 지역사회 수준에서 생각하기 시작했던 것이다.[159]

시민 사회에서의 시민의 육성이라는 서구적인 공민교육은 일본에서 시작과 동시에 사라지는 운명을 맞이한다. 1931년 만주사변이 일어나면서 일본은 서서히 국가주의와 군국주의의 경향을 띠며 국수주의로 바뀌게 된다. 1935년에는 실업 보습학교와 청년훈련소가 청년 학교로 통합되고 청년 학교에서는 군사와 기술 훈련을 가르쳤다. 젊은 노동자들과 농부들을 대상으로 해서 수신(修身)과 공민과를 통해 국가정신을 가르쳤다. 일반 중학교에서도 국가정신이 강조되었다.[160] 이제 '시민 사회에서의 시민'을 기르는 것에 관심을 둘 수 없었다. '공민' 교육은 '황민' 교육으로 변할 수밖에 없었다. 공민과는 국민과수신(國民科修身)으로 바뀌었고 1945년 패전할 때까지 이 상황은 계속되게 된다.[161] 더불어 패전까지 정부는 진보주의를 추종했던 교사들을 탄압하고, 새로운 이론들에 비추어 시민교육을 발전시키는 일, 학교 교육과정을 새로 검토하는 일들을 취소했다. 시민의 권리는 전쟁 기간 동안 보류되었다고 할 수 있다.[162]

한편 조선의 경우 개화 이전에는 유교 경전을 중심으로 전통적인 사회생활에 필요한 기본적인 지식, 규범이나 태도들을 강조하면서 공민적인 내용들을 가르쳤다고 볼 수 있다. 개화기에 들어와 근대적인 신식학교들이 설립되면서 근대적인 사회과학의 과목들인 정치, 경제, 법률 등이 교과목으로 소개되며 서양적인 공민교육의 내용들을 가르치기 시작했다.[163] 일본의 식민지가 되면서 일본을 통해 서양의 공민교육이 소개되는데, 식민지라는 특수한 상황 때문에 공민교육의 모습이 일본, 그리고 서구 국가들의 것과 달랐다. 서구의 근대국가들처럼 왕의 국가는 아니었지만 일본 황제의 국가가 조선이었다. 그런데 일본의 국회에서 활동할 중의원[164]을 뽑을 수 있는 권리가 조선인들에게는 주어지지 않았다. 서구와 일본의 경우 보통선거 제도의 실시가 시민교육 혹은 공민교육이 전개되는데 있어 영향을 주었다. 하지만 국가 수준의 참정권, 선거권이 없었던 조선인들은 민주적 공민이 아니라 일본 제국의 신민에 머물렀다. 실질적인 정치교육의 필요성도 그에 따라 제한될 수밖에 없었다. 입헌군주정치를 채택한 일본의 경우 사회적 요구에 의해 메이지시기부터 공민교육이 실시되었고, 미국에서 새로 등장한 공동체 공민교육의 교과인 '공민과'를 받아들이면서 중등학교에서 필수과목으로 만들었다. 형식상 동화정책을 폈던 일제는 조선의 중등교육에도 공민과를 도입하기는 했으나 공민이 아니라 신민에 머물렀던 조선인들에게 민주주의에 관한 내용을 가르치는 것은 의미가 없었다. 그래서 조선에서 행해진 공민교육은 민주주의에 관한 내용이 포함되지 않은 미국의 공동체 공민교육이었다고 할 수 있다. 민주주의를 바탕으로 한 공민교육이 아니라 공익을

강조하고 국민의 의무를 강조하는 공민교육이 일제가 조선에서 행한 공민교육이었던 것이다.[165]

국가적인 수준에서 민주주의를 강조하는 새로운 형태의 공민교육을 실시할 수 없었던 일제강점기하 조선의 경우는 지방자치제의 실시와 연관되어 공민교육이 행해지게 된다. 조선에서는 1920년부터 자문기관 중심의 지방자치가 실시되었고, 1930년에는 부회, 읍회, 면 협의회와 같은 의결기관들을 지방 제도에 포함시킨다는 법이 제정되며, 1934년에 이런 의결기관들의 의원들을 뽑는 첫 선거가 실시된다. 물론 자문기관 중심의 지방자치하에서는 자치민을 양성하는 공민교육은 의미가 없었다. 의결기관들이 지방자치에 도입된 후에도 사정은 크게 다를 바 없었다. 의결기관의 한정된 의원들만이 선거의 대상이었고, 유권자가 될 수 있는 조건도 매우 까다로워 조선인들의 경우 아주 소수만이 실제 선거권을 행사할 수 있었다. 결국은 실질적인 지방자치제가 행해졌다고 보기 힘들다. 이런 상황에서 자치민을 양성하기 위한 공민교육은 큰 의미가 없었다.[166]

특이하게도 조선에서의 공민교육은 실업 보습학교에서 시작되어, 실업학교, 일반학교 순으로 진행되었다. 일본 본토의 경우 실업 보습학교를 폐쇄하고 청년 학교 제도를 창설했는데 일본은 조선에서 실업 보습학교를 계속 유지시켰다. 1935년에 조선총독부는 조선만을 위한 실업 보습학교 규정을 새롭게 제정하였다. 이 규정에서는 종전의 교육 목적을 바꾸지 않았다. 일제는 실업 보습학교를 각 직업 집단에서 일할 젊은 지도자를 집중적으로 양성하는 기관으로 운영했다. 실업 보습학교 규정에는 교수상의 유의점들이 명시되어 있는데 첫 번째 것이 눈에 띈다. "국민다운 성격을 함양하고 순량한 인격의 양성을 도모하고, 특히 성실하여 신용을 중시하고 근엄하여 공익에 힘을 다하는 기풍을 기르며, 동포집목의 미풍을 양성하는 것에 모든 학과목을 교수함에 있어서 깊이 유의할 것"이라고 기술된 것에서 알 수 있듯이 국민다운 성격을 함양한다는 점을 강조하고 있다. 그런데 진정한 목적은 다른 데 있었던 것으로 보인다. 당시에는 농촌으로부터 벗어나 근대 부문으로 사회이동을 한다는 생각을 갖고 도시의 학교로 향했던 농민들의 자제들이 많았다. 그런데 농업에 기반을 둔 식민지 경제체제를 유지시키기 위해서는 농민의 자제들이 도시로 이동하는 것을 막고 농촌에 남겨야 했다. 그리고 이렇게 남겨진 그들을 일본의 식민지 지배에 순응하고 솔선하여 실천하도록 사상적 순화 교육을 시킨 것이다. 이런 목적을 갖고 있었기 때문에 이 교육은 제2차 세계대전이 끝날 때까지 계속되었다.[167]

실업 보습학교가 조선에 전국적으로 널리 퍼져 있었던 것은 아니었다. 실업 보습학교가 없는 지역도 많이 있었으며, 그런 지역을 위해서 일제가 조선에서 행했던 또 다른 형태의 교육이 '졸업생 지도'였다. 이는 조선에서만 존재했던 제도인데, 땅을 경작하는 것과 함께 사람의 두뇌를 경작할 필요가 있다는 것을 강조하며 진행되었다. 보통학교 졸업생들을 대상으로 한 이 교육은 농촌의 청년들을 농촌에 남게 하고, 농업을 기쁜 마음으로 하며, 향토를 개발하는 중견 청년의 육성을 목적으로 했다. 지도 방법으로 제시된 것 중의 하나를 보면, "근로제일주의에 의해 정신과 생활의 일체적 도야를 가하여 견실하고 유능한 공민을 육성하는 것"이다. 이렇게 여기에서도 유능한 공민의 육성이라고 명시되어 있지만 실제는 달랐다고 한다. 농지 시설에 노동력을 투입하여 농사 지도를 하고 양돈 등을 통해 근로소득과 영농 수익을 높이는 데 그 목적이 있었다.

국가의 구성원들에게 자율성을 부여하는 서구의 공민교육은 일본 황제의 신민들이었던 조선인들에게는 어울리지 않았다. 일제하 조선에서 행해진 공민교육은 결국 자연스럽지 못한, 왜곡된 형태의 공민교육이 될 수밖에 없었다.

II. 좋은 시민교육, 좋은 인간, 좋은 삶

오랫동안 유지되었던 교황 중심의 그리스도교에 의한 세계적인 통일도 무너지고, '세계는 하나' 라는 이상을 가지며 존재했던 신성로마제국도 멸망하며 서양에서 근세가 시작되게 된다. 이러면서 로마교황의 지배로부터 그리고 제국 황제의 지배로부터 벗어난 독립국가들이 등장된다. 그런데 이 독립국가들은 대부분 절대권을 가진 왕이 존재하는 절대 국가였다. 국민들의 입장에서 '우리들의 나라' 라고 받아들이기에는 어려운 국가였다. '왕의 나라' 였지 '국민들의 나라' 가 아니었다. 국민들이 '우리들의 국가' 라고 느끼며 살기 위해서는 또 다른 변화가 필요했다. 그 변화를 위해 '왕의 나라' 에서 왕이 가졌던 절대적인 권력을 배제시키거나 크게 제한하면서 등장한 것이 근대의 시민 사회라고 할 수 있다. 전혀 권력을 갖지 못했던 국민들에게 신민(臣民)으로서의 삶이 아니라 자율성을 향유하며, 권리를 갖는 시민으로서의 삶을 살 수 있는 기회가 주어진 것이다.

어렵게 획득한 '근대' 시민으로서의 새로운 삶의 기회를 제대로 누릴 수 있도록 준비시키려고 했던 것이 근대의 시민/공민교육이라고 할 수 있다. 이런 시민교육은 앞 장과 앞 절에서 살펴본 것처럼 각 나라에서 많은 변화를 거쳐 왔다. 그 과정에서 여러 문제점들도 드러났다. 그런데 이러한 문제점들은 몇몇의 주요 개념들과 관련이 있다. 그 개념들을 이 절에서 검토하며 시민교육의 본질에 대해 접근하고자 한다.

1. 충성

앞 장과 앞 절에서 살펴본 나라들의 근대 교육에는 국민을 통합하기 위한 국가주의적인 측면이 모두 들어있다고 할 수 있다. 엔트위슬에 의하면, 학교에서 행해지는 시민의식 훈련에 대한 연구들은 거의 대부분 '공민성'이나 충성심의 계발에 초점이 맞추어지고 있다. 그것은 제1차와 제2차 세계대전 사이에 9개국에서 행해진 시민교육에 관한 연구에서, 그리고 1963년에 유럽의 학교들에서 행해진 공민과 교육에 대한 연구에서도 드러나고 있다. 이런 분위기 속에서 공민성의 요체는 '국가에 대한 충성심'이나 '특정한 사회에 대해 갖는 공동체 의식'이 된다.[168] 이렇게 국가 이념의 주입을 통해 국가에 대한 충성심을 함양하려 하는 것은 현재의 학교교육에서도 마찬가지이다. 이처럼 어떤 종류의 시민교육을 하든 시민교육은 그 교육의 결과로서 학생들로부터 충성스러운 행위를 기대한다. 그런데 그 충성스러운 행위는 자발적인 것이어야 하고 마음속으로부터 우러난 것이어야 성공한 시민교육이라 할 수 있을 것이다. 여기에 시민교육의 어려움이 있다.

왜 충성을 해야 하는가? 근대 이후 우리는 같이 살아가는 사람들의 수가 아주 커진 국가라는 모임 속에서 살아가고 있다. 그런데 그 국가를 위해 충성해야 한다는 생각은 의심스러운 구석이 있다. 더불어 '시민으로 교육을 받는다'라는 표현 역시 의심스럽다. 국가에 대한 충성은 부모와 자식 간이나 부부간의 충성과는 다른 것 같다. 피로 연결되어 있거나 오랜 시간 가까이서 같이 사랑을 나누며 살아가는 사람들에 대한 충성은 비교적 자연스럽고, 자발적인 것처럼 보인다. 눈에 보이지 않는, 추상적인 '국가'에 충성한다는 것이나 시민으로 교육받는다는 것도 '내가 내 자신을 다스리는' 비교적 작은 규모의 아테네에 살았다면 의심의 여지가 없었을 것이다. 아테네에 대한 충성은 결국 나에 대한 충성이었고, 시민으로 교육받는 것도 진정으로 나를 위해 교육받는 것이었다.

엔트위슬이 지적한 것처럼 전제정치나 과두정치하에서 교육의 과제는 비교적 분명할 수밖에 없다. 정해진 소수가 통치를 하고, 국가가 그 교육을 통해 소수의 통치자들에게 요구하는 것은 분명하게 드러난다. 나치 교육을 비롯한 전체주의적 국가에서 행해진 시민교육은 차라리 내놓고 솔직히 전개된 교육이라고 할 수 있겠다. 오히려 문제는 민주적인 방식으로 운영되는 정치에 있다. 민주주의 사회는 개방되어 있고, 계속해서 변화하는 과정 속에 있다.[169] 이런 끊임없는 변화 속에 있는 사회에서 정치적 의사 결정을 내리며 살아갈 수 있도록 준비시키는 교육을 하는 것은 어려운 일이다. 진정으로 민주적인 방식으로 운영되는 국가에서는 교육의 과제가 어렵다는 것에서 그친다. 더 큰 문제는 민주적인 방식으로 운영된다고 주장만 하는 정치에 있다. 우리는 역사를 통해서 겉으로 보기에는 민주주의적 방식의 정치형태를 취해 입법부나 사법부를 갖추었으나 교묘한 방법으로 입법, 행정, 사법을 장악하여 나라를 자기 손에 쥐는 정치가들을 많이 보아왔다.[170] 어떻게 그들에게 교육을 맡길 수 있는가? 어떻게 그들이 통치하는 국가에 충성할 수 있는가?

시민교육이 국가 성원으로부터 바라는 충성심은 눈으로 볼 수도, 귀로 들을 수도, 코로 냄새 맡을 수도, 손으로 만질 수도 없는 것이다. 즉 어떤 사람이 어떤 대상이나 사람에 대해 진정으로 충성하는지 그렇지 않은지의 여부는 그 사람 외에는 아무도, 때로는 그 사람마저도 알 수가 없는 것이다. 이것은 마치 우리가 상대방이 나를 사랑하는지, 내가 상대방을 진정으로 사랑하는지 알 수 없는 것과 같다. 아무리 막강한 힘을 가진 독재자도 다른 사람에게 사랑을 요구할 수는 없다. 사랑을 강요할 수는 있겠지만 그 강요의 결과까지 조정할 수는 없다. 물론 사랑하는 사람으로부터 기대할 수 있는 행위들을 그 사람이 독재자에게 보여줄 수는 있다. 그렇지만 그가 독재자를 진실로 사랑하는지를 우리는 알 수 없다. 따라서 '나를 사랑해라' 라는 명령은 의미가 없는 명령인 것이다. 마찬가지로 정부가 국민들에게 '국가를 사랑해라' 라고 명령을 하는 것은 쓸데없는 일이 되는 것이다. 이렇게 충성할 준비가 되어 있지 않은 사람에게 충성을 요구할 수 없다. 오히려 그 요구가 역효과를 보일 수 있다. 우리는 1970년대 군사독재 정부하에서 유신 교육을 받은 세대들이 1980년대 학생운동의 주역이 되었다는 사실을 잘 알고 있다.

우리나라에서의 학벌의 문제도 그 중심에 '충성'이 있다고 할 수 있다. 학벌 없는 사회를 꿈꾸는 김상봉은 '나'가 '우리'가 되는 것과 관련해서 다음과 같은 이야기를 한다. 학벌이 학연에 의한 파벌이라는 정의를 받아들일 때 학벌은 같은 학교 출신이라는 학연 관계에서 비롯된다고 볼 수 있다. 한국의 대학생들은 대학에 입학하는 순간부터 우리학교라는 말을 입에 달고 다닌다. 같은 학교에서 공부하거나 공부했다는 학연이 자동적으로 '그들'을 '우리'로 만든다. 이렇게 같은 학연을 가진 사람들이 우리가 될 때 바로 그것이 학벌의 시작이다. 그런데 학연이 자동적으로 학벌을 낳지는 않는다고 김상봉은 본다. 예를 들어 독일의 대학생들은 같은 학교에서 공부했다 해서 우리가 되지는 않는다. 그래서 같은 학교 출신이라는 학연이 학연에 의한 파벌인 학벌로 탈바꿈하지 않는다. 결과적으로 독일 사회에서는 학연이 있을 뿐 학벌은 없는 것이다. 한국의 학벌 사회에서 생활했던, 그리고 다시 한국으로 귀국하면 자연스레 학벌 사회 속에 금방 융화될, 독일에서 공부하는 한국 유학생들의 경우도 마찬가지이다. 아무리 독일에서 오랫동안 유학을 해서 자기가 다닌 학교에 대해 정서적 애착을 느끼는 사람이라도 자기와 같은 학교에서 유학한 동료 유학생들에게 그런 정서적 애착을 느끼지는 않는다. 모교에 대한 애착은 자기의 과거에 대한 애착일 뿐 결코 자기와 같이 공부한 사람에 대한 애착으로 발생하지 않는다. 파벌을 만들려면 파벌을 구성할 사람들 사이에 정서적 애착이 생겨야 하는데, 그런 애착이 전혀 없으니 학벌이 생겨날 수 없다. 독일에서는 한국 유학생이든 독일 대학생이든 누구도 자기가 공부하는 학교를 우리 학교라고 부르지 않는다. 한국에서처럼 서로 다른 사람들이 같은 학교를 두고 우리 학교라고 부른다는 것은 그들이 그 학교를 매개로 하여 우리가 되었다는 것을 의미한다. 그런데 같은 학교에서 공부했다는 한 가지 이유 때문에 나와 저 사람이 '우리'가 되어야 하는가? 나와 저 사람이 우리가 되는 것이 어디 그렇게 쉬운 일인가? 김상봉은 이런 질문들을 던진다.[171] 우리나라의 경우는 예외적이지만 그는 충성심이 쉽게 생기는 것은 아니라는 주장을 하고 있는 것이다. 우리의 학벌 사회는 왜곡된 형태의 충성심이 반영된 것이라고 표현할 수도 있겠다.

충성심을 갖고 있느냐의 여부를 알기도 어렵고, 그것을 끌어내는 것이 쉬운 일이 아니라는 것을 이야기했지만 다른 한편으로는 그렇게 충성심을 끌어내려는 노력을 일부러 하지 않아도 충성심을 보이는 사람들도 많다. 월드컵 축구나 올림픽경기를 보면서 한데 뭉치며 열심히 응원하는 모습을 우리는 쉽게 목격한다. 따로 충성심을 북돋기 위한 시민교육이 필요할까 싶을 정도의 열성적인 모습을 같이 살아가는 국가 구성원들은 보이기도 하는 것이다. 김상봉이 '우리'가 되는 것이 쉽지 않다고 했을 때의 '우리'와 스포츠 경기를 보며 응원할 때의 '우리'가 과연 같은 것인가라는 질문을 해볼 필요가 있을 것 같다. 김상봉의 '우리'는 보다 진정한 의미의 '우리'라고 생각된다.

루소는 자신이 살던 당시에 존재했던 국민국가(nation-state) 중에서 진정으로 시민의 조국이라고 할 만한 국가는 없다고 말한다. 이런 거대한 국가들에서는 개성이 말살되고 누구나 동일한 틀에 억지로 맞추려고 한다는 것이다. 그는 최선의 교육이 이상적 국가에서만 가능하다고 보았다. 루소가 말하는 이상적 국가는 개인이 자신의 욕망과 사회적 의무 사이에서 끊임없이 갈등할 필요가 없는 국가이다. 이런 국가에서만이 시민은 국가가 자신의 삶의 전체라고 생각하게 된다는 것이다.[172] 나의 국가가 나의 삶의 전체라고 생각할 수 있을 때 그 국가에 대한 충성심은 자연스럽게 표출된다는 것이 루소의 생각이다. 그럴 때 부모에 대한, 자식에 대한, 배우자에 대한 사랑과 비슷한 모습의 충성을 개인들로부터 기대할 수 있다는 것이다. 여기에서 루소가 어린이들을 사회의 영향으로부터 멀리하면 멀리할수록 더 좋은 교육이라고 했던 것을 기억하는 사람들은 의아해 할지도 모르겠다. 그런데 루소가 사회의 영향(국가)으로부터 아이들을 보호해야 한다고 할 때의 영향은 나쁜 영향을 말한 것이다. 좋은 영향을 주는 국가는 그도 바라는 바였다고 볼 수 있다.

2. 권리와 의무, 개인과 국가

시민교육을 어렵게 만드는 것들 중에는 이분법적인 사고가 있다. 권리/의무, 개인/국가의 문제가 대표적인 예이다. 시민성에 대한 논의들을 보면 많은 경우 시민들이 갖는 권리(rights)를 둘러싸고 이루어지고 있다. 한편에서는 시민들이 공적 생활에 참여할 권리가 있을 뿐만 아니라, 정치적 참여보다 사적인 책임에 우선을 둘 권리가 있다고 본다. 이에 대해 다른 편에서는 권리를 지나치게 강조하는 것에 우려를 표하며 그들이 시민의 의무(civic duties)를 등한시한다고 지적한다. 이런 지적을 하는 사람들은 아리스토텔레스의 경우 시민들의 의무에 우선성을 두며 시민성을 이야기하고 있다는 점을 강조한다. 그가 시민들은 공적인 직책을 돌아가며 떠맡는 법적책임을 가졌고, 그를 위해 사적 생활을 희생해야 한다고 보았다는 것이다.[173] 이러한 그들의 해석에 일리가 없는 것은 아니다.

하지만 개인의 자유를 강조하는 현대에 사는 우리들로서는 이해하기 어려운 점이 있다. 우리들의 눈에는 공공 문제에 적극적으로 참여하면서 살아가는 것이 고대 그리스인들에게 의무였다고 생각되지만 그들은 기꺼이 한 일이다. 그들은 자신들의 폴리스에 대해서 강한 친밀감을 갖고 있었다. 자신의 운명과 공동체의 운명이 강하게 연결되어 있다고 믿었다. 우리에게 의무라고 보이는 것이 그들에게는 탁월한 사람이 될 수 있는 기회로 여겨졌다. 최소한 아리스토텔레스는 그렇게 주장한다. 권리에 초점을 맞출 것인가, 의무에 초점을 맞출 것인가는 현대인들의 관점에서 보았을 때 선택사항인 것이다. 아리스토텔레스에게 있어서 초점은 권리냐 의무냐에 있지 않았고 탁월한 사람 즉 좋은 사람으로 살아간다는 것이 무엇인가에 있었다는 것을 잊지 말아야 한다.

개인과 국가와의 관계는 전통적으로 많은 사상가들이 관심을 기울인 주제이다. 그들은 이런 질문들을 던져 왔다. 개인은 국가의 안정을 위해서 항상 종속되어야 하는가? 개인은 국가의 안정을 위해 교화되어야 하는가? 그런데 많은 학자들이 던지며, 심각하게 논의해 왔다고 해서 이것들이 중요한 질문이라고 생각할 필요는 없다. 흔히 사람들은 좋은 시민이 되기 위해서는 좋은 사람이 되는 것을 포기할 수밖에 없다고 생각한다. 많은 학자들이 이런 생각으로 '개인인가 아니면 국가인가?'라는 질문을 던져온 것이다. 그런데 아리스토텔레스는 최선의 정치체제에서는 좋은 시민의 탁월성과 좋은 사람의 탁월성은 같은 것이라고 우리에게 알려 준다. 개인을 위한 교육인가, 국가를 위한 교육인가라는 것은 선택의 문제가 될 필요가 없다고 이야기하는 셈이다.

앞 장에서 지방정부를 포함한 다양한 정치적, 법률적 결사체들을 통해서 정치 활동에 참여하는 아테네에서의 시민들의 활동을 소개했었다. 그런데 그들의 활동은 정치 활동이며 동시에 교육 활동이었다. 활동을 반복하며 그 정치 활동이 몸에 배고 나아가 그런 활동을 어려움 없이 하게 되는 시민교육이었다. 그리고 그렇게 그런 활동을 즐기며 할 수 있는 그런 종류의 사람으로 되는 것이었다. 이렇게 즐기며 시민 활동을 할 수 있는 종류의 사람이 좋은 시민이라고 할 수 있다. 아테네 시민들은 이런 정치 활동의 과정을 거쳐 좋은 시민이 되었고, 나아가 좋은 인간이 되어 행복한 삶을 살 수 있었던 것이다. 실제로 아테네에서 행해진 모습이 얼마나 이 그림과 가까운 것인지는 알 수 없다. 하지만 적어도 이것이 탁월성(virtue)을 갖고 있는 것이 아니라, 탁월성을 행사하는 것이 행복이라고 말했던 아리스토텔레스의 생각과 부합하는 삶을 살아가는 모습이라고 할 수 있겠다.

III. 좋은 시민을 위한 교육

크리텐던은 가장 일찍 행해진 시민교육 중의 하나를 고대 그리스의 아테네에서 찾고 있다. 그 교육의 모습을 그는 다음과 같이 묘사하고 있다. 아테네의 민주주의가 요구하는 것들 중의 하나는 법에 의해 지배되는 것이다. 누구도 법의 위에 있지 않고 모든 사람이 법 앞에 동등하다는 것을 이 법은 요구한다. 민주주의가 시작되기 전에 아테네는 법, 그것도 성문법을 갖고 있었다. 성문법이 없다면 권력을 가진 사람들이 마음대로 법을 선언했을 것이기 때문이었다. 그래서 아테네인들은 법 조항들을 나무나 대리석 판에 적어서 모든 사람들이 볼 수 있도록 공공 광장에 비치했다. 이렇게 되니 시민들은 그 법 조항들을 읽을 수 있어야 했고, 여기에서 사람들에게 읽기 능력을 가르치는 공교육의 필요성이 부각되었다. 바로 이것이 고대 그리스에서 제공된 최초의 시민교육의 한 형태라고 할 수 있다.[174] 문자 해독 능력이 없는 국가 성원들에게 그 능력을 갖추도록 하려는 시도는 유럽에서 이후에도 계속 등장했다. 종교개혁 때에는 루터를 중심으로 문자 해독 능력을 부여하는 것이 모든 국민들을 대상으로 필요하다는 주장이 등장했다. 그 뒤 절대주의 국가들에 의해서도 그런 시도가 있었다.

근대에 들어와서는 문자 해독 능력의 부여를 넘어서는 보다 체계적인 형태의 시민교육이 등장한다. 브루바커에 의하면, 시민교육과 관련된 중요한 문제를 교육과정에서 다루는 것에 관심을 갖게 된 것은 제1차 세계대전 이후이지만 근대서양에서 교육과정의 일부로 시민교육을 포함시키려는 노력은 그 역사가 더 길다. 앞 장에서 언급한 것처럼 1885년에 '공민과(civics)'라고 하는 용어가 처음 등장했다고 한다. 그런데 제1차 대전 이전의 시민교육의 교육과정은 모국의 법에 대한 숙지, 윤리와 도덕의 교수, 정부 구조의 분석 등에 머물렀다.[175] 신공민이 등장하면서 시민교육의 범위가 더 넓어지기는 했지만 시민교육의 본질을 우리에게 더 잘 알려주는 사람들은 고대 그리스에서 활동했던 플라톤과 아리스토텔레스이다.

플라톤은 시민교육이라는 소재를 처음 소개한 인물로 평가되기도 한다. 『국가』에서 그는 아테네의 젊은이들을 탁월한 공공 생활을 위해 준비시키는 모형으로서의 시민교육을 제시하고 있다.[176] 『국가』보다 훨씬 덜 이상적인 형태의 국가의 모습을 보여주는, 그의 최후 작품이라고 취급되는 『법률』에서도 시민교육에 대한 그의 생각은 나타난다. 『법률』에서 그는 훈련(training)과 교육을 구분하고 있다. 훈련에는 여러 가지가 있지만 진정으로 교육이라고 불릴 수 있는 것은 그들 중 하나뿐이라고 했다. 교육이라고 불릴 수 없다고 하는 다른 훈련들과 진정한 교육과의 차이는 목적에서의 차이이다. 플라톤은 부(wealth)를 얻기 위해서, 신체적 힘을 기르기 위해, 혹은 **지혜**(intelligence)**나 정의**(justice)**와 분리**된 단순한 영리함(cleverness)을 위해서 행해지는 것들은 훈련이지 교육이 아니라고 보는 것이다. 그의 입장에서 볼 때 진정한 교육은 어려서부터 탁월성을 기르는 교육이다. 이 교육은 어린이들로부터 완벽한 시민(a perfect citizen)이 되고자 하는 갈망을 끌어내려는 훈련이다. 더불어 어떻게 올바르게 지배하는가와 어떻게 지배받는가(how rightly to rule and how to obey)를 가르치는 교육이다.[177]

아리스토텔레스에게 있어서 정치는 좋은 삶을 사는 방법을 배우는 것에 관한 것이다. 그는 정치의 목적을 "사람들이 고유한 능력과 탁월성을 개발하게 만드는 것, 즉 공동선에 관해 고민하고, 실천적 판단력(practical judgment)

을 획득하며, 시민 자치(self-government)에 참여하고, 공동체 전체의 운명을 돌보는 것"이라고 했다.[178] 달리 말하면 우리의 본성을 표현하는 것, 우리가 갖고 있는 인간으로서의 능력을 펼쳐 보이는 기회를 갖는 것, 좋은 삶의 본질적인 측면이 정치이다.[179] 아리스토텔레스의 정치의 목적이 또한 정치교육의 목적이라고도 할 수 있고, 시민교육의 목적이라고도 할 수 있겠다.

이제 좋은 삶을 살아가기 위해서 필요한 것은 무엇일까에 대해서 살펴보자. 어떻게 하면 용기 있는 사람이 될까? 용기 있는 사람이 되기 위한 방법으로 여러 가지를 생각해볼 수 있겠다. 용기 있는 삶을 살아간 사람들의 전기를 읽거나 그들에 관한 영화를 볼 수 있겠다. 용기에 관한 좋은 책을 읽을 수도 있겠다. 목사님의 훌륭한 설교에 귀를 기울일 수도 있겠다. 그런데 이런 방법으로는 용기가 있는 사람이 될 수가 없거나 되는 데 한계가 있다. 아리스토텔레스에 의하면, 용기 있는 사람이 될 수 있는 방법은 용기 있는 행동을 계속해서 하는 것이다. 어릴 때부터 용기 있는 행동을 반복해서 하게 되면 용기 있는 행동을 하는 습관이 형성되고 이것이 몸에 배게 되면 제2의 천성이 되게 되고 나아가 용기 있는 행동을 항상 하는 종류의 사람으로 되는 것이다. 이렇게 어릴 적부터 좋은 행동의 반복을 통해서 행동이 습관화되고 나아가 그것이 그 사람의 좋은 품성을 이루게 되는 것이다. 성격적으로 탁월한 사람은 이렇게 형성되는 것이다. 이 형성된 품성으로부터 자연스럽게 흘러나오는 선택을 내리며 우리는 삶을 살아가게 되는 것이다. 아리스토텔레스는 이처럼 좋은 삶을 살기 위해서는 좋은 행동의 반복이 어릴 때 필요하다고 했다. 그런데 여기에서 중요한 것은 그가 이야기하는 반복이 단순한 기계적인 반복이 아니라는 사실이다. 이것은 실천적 판단력, 즉 실천적 지혜(practical wisdom)의 습득과 연결된 반복이다. 실천적 지혜는 좋은 목적을 달성하기 위한 수단이 무엇인지를 아는 것이다. 또한 이것은 상황을 판단하는 힘이다. 그런데 우리가 살면서 만나는 상황은 끊임없이 다양하고,

복잡하고, 새롭다. 이 독특한 상황에 접했을 때 그것을 보고, 평가를 내리는, 즉 간취(看取)하는 능력이 실천적 지혜이다. 좋은 목적을 염두에 두고 나 자신을 포함해 이웃, 나아가 국가와 인류 전체를 고려해서 판단을 내리는 능력이 아리스토텔레스가 이야기하는 실천적 지혜이다. 특정한 상황에서 내가 해야 할 행동을 결정하기 위한, 최선의 선택이 무엇인지를 알려주는 일종의 잣대라고 이야기할 수 있는 것이 실천적 지혜이다. 좋은 잣대를 갖기 위해서는 중요한 행동을 동료 시민들과 같이하고 공동체 전체의 운명을 책임지는 노력이 필요하다. 실제로 무대로 올라가 대안을 저울질하고, 우리 생각을 논의하고, 통치하고 통치받을 때만이, 한 마디로 시민이 될 때만이 심사숙고에 능숙해진다는 것이다.[180]

아리스토텔레스는 진정으로 선(goodness)을 장려하려는 목적을 갖고 국가 구성원들을 교육하는 국가만이 좋은 국가라고 이야기했다. 정치의 목적은 다른 것이 아니라 이 선을 장려하는 것이다. 도시국가가 선을 장려하는 목적에 힘쓰지 않으면 진정한 의미의 도시국가라고 할 수 없다. 즉 좋은 시민을 양성하는 일을 게을리할 때 도시국가는 정치적 연합(political association)이 아니라 단순한 동맹(alliance)에 머물게 된다. 또한 그런 도시국가에서의 법은 국가 구성원들을 선하고 정의롭게 만드는 삶의 규칙이 아니라 타인으로부터의 권리를 보장해 주는 단순한 계약(covenant)에 불과하게 된다는 것이다.[181] 단순한 동맹과 계약 관계를 넘어서는 사회에서 좋은 시민이면서 동시에 좋은 인간이 나올 수 있다는 것이 아리스토텔레스의 가르침이다. 보통 좋은 시민이 되는 것과 좋은 인간이 되는 것을 두 개의 구별되는 것이라고 생각하는 우리에게 시사하는 바가 크다 하겠다.

IV. 결론

근대 이후 시민의 자질을 기른다는 것은 교육의 꾸준한 목표가 되어왔다. 차경수는 사회과 교육에서의 전통적인 목표는 시민의 자질 혹은 시민성 (citizenship)을 기르는 데 있다고 정리한다. 그에 의하면, 시민이나 공민의 자격을 갖춘 사람은 개인으로서 행복한 생활을 할 뿐만 아니라 주민의 한 사람으로서 국가 발전에 기여할 수 있는 사람이다. 이런 사람은 정치, 경제, 사회, 문화, 역사 등에 관한 기본적인 지식을 갖추고 사회생활에서 부딪치는 문제들을 잘 해결할 수 있는 사람이다. 그는 자신의 책임과 의무를 다하고, 국가와 민족을 사랑하는 애국심이 넘쳐흐르고, 자신의 문화에 대해 깊은 이해를 갖고 있고, 타인들과 잘 협동하면서 사회생활을 하는 사람이다.[182] 현대의 사회과교육에서의 가장 중요한 목적은 이런 시민에 대한 교육이며, 이는 많은 학자들의 사회과 교육의 정의에서도 드러난다. "시민 생활에 필요한 지식, 기능, 태도, 가치관의 교수", "개인, 집단, 사회의 이해", "인간관계에 관한 지식과 경험의 통합" 등의 표현들이 그들이 사회과교육을 정의할 때 사용하는 것들이다.[183] 사회과교육에서 이야기하는 시민이나 공민의 자질을 갖춘 사람은 현대 사회교육의 목표일뿐만 아니라, 지나간 사회 혹은 미래의 어느 사회에서의 시민교육 혹은 공민교육에서의 이상이 될 수 있을 것 같다. 문제는 보통 이것이 글로, 혹은 말로 그친다는 점에 있다.

각 국가의 성원들을 시민 혹은 공민으로 기르기 위해 근대에 등장했던 교육들은 나름대로의 목적을 갖고 있었다. 겉으로는 그럴듯한 목적을 내세웠지만 실제로는 통치자 혹은 지배계급의 권력을 유지하려는 것이 목적인 경우도 있었다. 합리적이라고 할 수 없는 목표들을 제시하고 그것을 성취하기 위해 집요하게 몰아붙인 교육도 있었다. 유지되어 온 전통이 사라질까 봐 염려하며 조심스레 행해진 교육도 있었다. 이상적인 목적을 제시하기는 했지만 그냥 글로, 말로 그치는 교육도 있었다. 좋은 의도는 있었지만 과연 어린이들이 살게 될 인생 전체를 염두에 두고 행해진 교육이었는지를 의심하게 만드는 교육도 있었다.

가르치는 내용에서도 근대국가들마다 차이가 있었다. 자유사회는 결국 시민들에 의존해야만 하는 것이고, 교육을 통해서 시민들이 필요한 자질들을 갖출 수 있도록 해야 한다는 것을 근대국가들은 일찍 간파했다. 교육의 중요한 한 구성 요소로서의 시민교육은 시민들이 필요한 지식과 기술을 가지고 공적 삶에 참여하고, 권리를 행사하고, 의무를 이행할 수 있도록 기르는 데 초점을 맞추는 것이다. 국가 부처들의 기능, 선거의 목적과 절차, 통치와 정부 기관들의 역사, 시민의 권리와 책임, 법에 대한 복종, 타인의 권리 보호, 협동, 정직, 관용, 존경 등의 민주적 가치들 같은 것들이 시민/공민으로 살아가기 위한 준비에 필요하다고 생각해 강조되었던 것들이다. 그런데 아리스토텔레스가 이야기했듯이, 정체의 구조와 정책을 배우는 것이 중요한 것이 아니라 자신이 속한 사회의 정치 문화와 조화롭게 행동하며 사는 것이 중요하다. 물론 아리스토텔레스가 생각했던 것보다 덜 이상적인 국가에서 사는 사람들의 경우는 자신들의 정치 문화가 갖고 있는 문제에 대해서 논의하고, 비판하는 것도 공민교육의 일부이어야 할 것이다. 공민교육의 목적은 공민 사회의 움직임에 대해서 아는 것이 아니라 공민으로서 잘 살아가는 것이라는 아리스토텔레스의 가르침을 받아들인 인물이 듀이였다. 듀이는 근대의 미국과 독일뿐만 아니라 일본, 일제하 조선의 공민교육에도 폭넓게 영향을 주었다고 할 수 있다. 그러나 특수한 정치사회적인 상황 혹은 이런저런 문제 등으로 일본에서와 같이 겉으로는 시민의 자발성과 정치 참여를 허용하는 듯한 모습을 취하면서 실제로는 지배계급에 대한 적극적 복종을 유도하려는 교화가 근대에 행해졌던 많은 공민/시민교육의 모습이었다.

보수적인 입장에 있는 사람들은 국가의 응집력을 유지하기 위해서, 자신들의 권력을 유지하기 위한 방편으로서 공민교육을 본다. 진보적인 입장에 있는 사람들은 지배자들이 권력을 유지하기 위한 수단으로서 공민교육을 이용한다고 보고 지배 권력에 의해 제공되는 공민교육을 학생들이 비판적인 시각으로 볼 수 있는 '진정한' 공민교육을 추구한다. 이 두 입장들이 모두 공민교육에 대해서 놓치는 점이 있는 것 같다. 물론 국가 응집력의 유지, 비판적인 시각을 갖추는 것 등은 중요하다. 하지만 공민교육의 진정한, 궁극적인 목적은 안정된 사회를 유지하는 데에 있지도, 학생들이 비판 정신을 가지고 지배 집단에 이용당하지 않는 데에 있지도 않다. 그것은 결국 교육을 받은 학생들이 좋은 삶을 살아가는 데에 있다. 이것이 근대국가들에서의 공민교육이, 더 나아가 현재의 공민/민주 시민교육이 놓치고 있는 점이라고 할 수 있다.

한 사람이 이 세상에 태어나서 그 자신이 갖고 태어난 가능성을 활짝 꽃피우고 이 세상을 떠날 수 있기 위해 해야 할 것은 무엇인가? 그가 그렇게 활짝 꽃필 수 있도록 그가 몸담고 있는 사회나 국가는 어떤 도움을 주어야만 하는가? 시민교육이나 공민교육을 이야기할 때 이런 질문들, 좋은 삶에 관한 질문들이 보다 중요한 질문들이라고 생각한다. 이러한 질문들은 바로 행복에 관한 질문들이다. 보통 영어로 happiness, 한글로 행복으로 번역되는 고대 그리스어의 eudaimonia는 happiness나 행복이 나타내는 것보다 더 폭이 넓은 개념이다. 아리스토텔레스가 가르친 것처럼, eudaimonia는 자신의 욕망을 채우고 갖게 되는 한순간의 좋은 감정이 아니다. 자신이 좋아하는 생선 반찬을 어머니가 차려 준 저녁밥상에서 발견하는 순간 갖게 되는 따뜻한 느낌이 아리스토텔레스가 이야기한 행복은 아닌 것이다. 자신의 인생 전체를 염두에 두고 좋은 선택을 내리며 자신이 갖고 태어난 가능성을 활짝 꽃피우며 살아가는 것, 번성하는 삶을 살아가는 것이 행복이다.

근대 여러 국가의 시민교육에 영향을 준, 그리고 필자의 판단에 아리스토텔레스로부터 많은 점을 배운 듀이도 좋은 삶을 염두에 두고 시민교육을 이야기한다. 그에게 있어 좋은 시민은 사회 구성원으로 자신이 기여를 하는 것과, 타인들이 기여한 바를 누리는 데 균형을 잘 맞추면서 타인들과 더불어 잘 살아가는 사람이다. 즉 사회생활에 효과적으로 참여하는 사람이 좋은 시민이다. 이런 참여를 통해서 삶을 풍요롭게 하고, 질을 높일 수 있기를 기대하는 교육이 듀이의 민주 시민교육이다. 그의 시민교육이 목표로 하는 좋은 시민은 정부 기구에 대해서 잘 아는 사람, 애국심을 가진 사람 이상의 존재이다. 그는 타인들과 각자의 노력을 서로 주고받는 민주인이다. 동료 시민들과 같이 결정을 내리는 데 참여하며, 내려진 결정의 주인으로서 살아가는 시민을 듀이식 공민이라고 부를 수 있겠다. 이런 생각을 바탕으로 그는 추상적인 시민으로부터 생활하는 공민으로 우리들 관심의 초점을 바꾸었다. 구공민의 삶으로부터 신공민의 새로운 삶으로 우리를 이끌었다고 평가할 수 있다. 그런데 그가 안내하는 좋은 삶이 과연 학생의 입장에서 보았을 때 자신의 가능성을 활짝 꽃피우는 행복한 삶인지에 대해서는 의문이 간다.

　플라톤과 아리스토텔레스 둘 다 지적했듯이 좋은 삶을 살아가는 데 있어서 필수적인 요소들 중의 하나는 욕구의 양을 적절히 조절할 수 있는 것이다. 또 다른 요소는 적절한 양의 기개(분노)를 표현할 수 있는 것이다. 아리스토텔레스는 누구나 별 어려움 없이 먹고 마실 수 있고, 남에게 베풀 수 있고, 화를 낼 수 있다는 점을 지적한다. 하지만 이러한 일들을 "올바른 대상에게, 올바른 양으로, 올바른 시점에서, 올바른 목적을 위해, 그리고 올바른 방식으로(at the right person, in the right amount, at the right time, for the right end, and in the right way)" 하는 것[184]은 쉬운 일이 아니라는 가르침을 제공한다. 이들을 큰 어려움 없이 할 수 있는 사람이 욕구와 기개를 조절할 수 있는 사람이고, 아리스토텔레스가 말한 탁월한 사람, 좋은 사람이고, 좋은 삶을 살아가는 행복한 사람이다. 듀이식 신공민 교육을 성공적으로 받아 좋은 공민이라는 평가를 받음에도 정작 내가 꾸려가는 삶이 행복하지 않다면 나는 좋은 사람이 아니고, 내가 받은 공민교육은 제대로 된 교육이라고 할 수 없다. 행복을 염두에 두고, 시민교육은 무엇 때문에 하며, 좋아 보이는 것이 아니라 진정으로 좋은 시민교육은 무엇인가에 대해서 더 많은 생각을 할 필요가 있다.

5부

일제하
조선 근대 교육으로서
노동교육의 제도화와
농촌진흥 교육

Japanese Modernization and Modern Times of Choson : Conversion of Thought and Education

01 | 조선의 졸업생 지도학교와 청년 훈련 단체의 조직화*

I. 서론

일제가 실시한 졸업생 지도학교는 표면상 농촌진흥 운동의 중견 인물 양성 정책으로 규정하여 그 중요성을 부각시켰지만 이는 일제 군국 체제에 동조하고 순응하는 체제 친화적 중견 요원 양성이자 후방 병영 조직의 노동 확충 전략이라 할 것이다. 이는 군, 관, 경, 학, 각종 산업단체가 망라하여 협력하였던 거도일치의 정책으로서 조선 청년 훈련 조직의 거점이었다. 기존 연구는 졸업생 지도와 청년단을 별도의 기구로 접근하였기에 졸업생 지도학교의 실체를 비중 있게 다루지 못했다.[1]

일제가 통제와 훈련으로 조선 농촌 청년들을 교정시켜 나갔던 규율은 곧 훈련 권력으로서 결국 농촌 학교·청년 단체 등의 세부에 대한 일제의 장악력으로 작동하게 된다. 일본이 식민정책을 펴 나갈 때 식민지주의의 최초 실험장이 내국 식민지인 북해도였고 그중에서도 삿포로 농업학교였던 것처럼 조선 식민정책의 주된 거점 역시 농촌청년들이었다는 것은 많은 시사

*「일제하 졸업생지도학교와 청년훈련단체의 조직화(1927~1943)」(『한국교육사학』32-1, 한국교육사학회, 2010)

점을 준다. 식민정책학의 창시자 니토베 이나조(新渡戸稲造, 1862-1933)가 말한 바와 같이 '식민정책이란 본국에 이익을 영구히 하려는 정책으로 자국의 의사를 신영토에서 실행하는 것'이라 했을 때 식민지 조선에서의 주된 것은 농촌 청년들의 근로 생산과 훈련·통제를 통한 인적·물적 양면의 이익 창출이었다 할 것이다.

이에 본 연구는 일제하 자본 군국주의 교육으로써 농촌 청년에 대한 통제와 억압이 어떤 교육 담론과 제도적 실천의 작용을 통해서 구조화되는가, 또한 그 관계 속에서 구축되었던 이데올로기란 무엇인가라는 점을 졸업생 지도학교의 청년 훈련 단체 조직을 통해 규명해 보고자 한다. 더불어 졸업생 지도 방법 중의 하나가 청년단과 농사 개량 조합의 조직화였다는 점과 졸업생 지도가 일제 말기에 청년단으로 대체·해소된 것이 아니라 초기부터 청년단은 졸업생 지도학교 조직으로 출발하여 1941년 국민 총훈련의 연성적 훈련단체로 확대·개편되었음을 분석하고자 한다.[2]

II. 졸업생 지도학교의 교육 실태

1. 졸업생 지도의 목적과 성격

졸업생 지도학교란 졸업생 지도를 하고 있는 보통학교[3]를 명칭하는 것으로 이는 그 어디에서도 유례를 찾아볼 수 없는 조선만의 독특한 시설이었다. 졸업생 지도의 기존 연구는 졸업생 지도와 청년단 훈련 단체를 분리시켜 다뤄 왔고 청년 훈련 단체가 생겨나면서 졸업생 지도가 유명무실하게 된 것으로 보았지만 1929년 보통학교 졸업생 지도가 전국적으로 확산될 때부터 청년단 설립은 졸업생 지도의 한 방편이었다. 이기훈은 졸업생 지도의 시행과정을 ① 경기도에서 처음 시행되다가 전국에 확산되는 시기(1927-1930) ② 전국적인 중견 인물 양성 계획의 일환으로 시행되는 시기(1931-1934) ③ 재편과 정리기(1935-1940)의 세 시기로 구분하고 있다.[4] 그러나 세 번째의 시기 구분은 적절해 보이지 않는다. 일제는 1936년과 1941년 두 차례에 걸쳐서 졸업생 간접 지도 방법인 청년단을 개편하여 전 조선 청년의 관변 조직화를 강화해 갔고 1930년대 후반에 오히려 졸업생 지도학교가 장족의 발전을 보였기 때문이다.

일제는 1935년부터 농업 보습학교의 보급 확대, 그리고 1936년과 1941년 청년단 강화와 청년훈련소 및 청년특별연성소와의 일체화를 통해 졸업생 지도의 목적을 완결했다. 이러한 졸업생지도의 전개·개편 과정은 네 개의 시기로 구분할 수 있는데 ① 졸업생 직접 지도로서 경기도에서 처음 시작하여 전국에 확산되는 시기(1927-1930) ② 졸업생 지도의 거도일치와 청년단 및 농사 개량 조합의 간접 지도를 통한 청년단 조직화 시기(1930-1935) ③ 청년단 1차 개편으로서 조선연합청년단 결성 시기(1936-1940) ④ 청년단 2차 개편으로서 청년훈련소[5], 청년특별연성소[6]를 통합한 일체화 시기(1941~1943)이다.

졸업생 지도는 1927년 경기도에서부터 시작하여 1929년 전 조선으로 확대되었고[7] 1935년에는 보통학교의 61.6%가 졸업생 지도학교를 실시하게 되었다.[8] 지도생[9]은 12,982명에 달했으며 1인당 학생 수익은 61.65원, 실습에서 생긴 이익은 1,451,963원이었다.[10] 특히 강원도는 1937년 105개의 학교에 지도생이 약 1,000명[11]에 달하는 장족의 발전을 보였다. 1933년 학무국장 와타나베 토요히코(渡邊豊日子)는 졸업생 지도학교 목적이 농촌진흥의 중견 인물 양성에 있고 이들을 통한 통제야말로 만장의 기염을 토하는 일이라 하였다.

전 조선 440의 지도학교가 일제히 6100명의 지도생에 대하여 농가 경제 갱생 계획을 수립하고 보무당당 일사불란으로 굳세인 지도를 한다면 그 통제야말로 실로 반도 교육을 위하여 만장의 기염을 토하는 동시에 조선 농촌진흥상 획기적 활력과 성과를 주는 것이 되리라 생각한다.[12]

지도학교의 교육 사업은 단순한 경작법의 개선이나 수확의 증가만이 아니라 "땅을 경작함과 함께 인(人)의 두(頭)를 경작할 필요가 있는"[13] 사상 통제 교육이었다. 일제는 경제적으로 성공하는 것이 도덕적으로도 훌륭한 백성이 되는 것이라 하여 조선인을 '경제적 동물'로 밭갈이하고자 했다. 졸업생 지도의 명목상의 목적은 농촌진흥과 중견 인물 양성이었지만, 실제적 목적은 농업을 즐거워하고 근로에 주력하게 하여 위험 사상을 방지하고[14] 체제 친화적으로 순응시키며 농촌 경제를 살림으로써 사회 혼란을 막아 궁극적으로 군비 재정을 확충하고자 한 것에 있었다. 일제는 농촌진흥 정책을 폄에 있어서 처음부터 노골적으로 말하지는 않았지만 농촌진흥을 통한 생산 확충이 결국 군비 확충이었음을 후에 공공연히 밝히고 있다.

각 학교에서 매년 대략 10인 이내 적게는 5인씩 졸업생을 선정하여 貧家의 자제가 산업을 흥하고 家를 세우는 것이 조선의 농촌 현상에서 긴요한 것이다. …… 이는 농촌의 중견 인물이 될 수 있는 소질을 부여하고 그것을 의식하여 활동시키는 것이다. 이로써 위험 사상을 방지하는 대책을 마련하는 것이다. …… 경제와 도덕은 분리시킬 수 없다.[15]
소위 제1차 2차 3차 생산확충 계획은 경제 건설이라고 생각하지만 그것은 실제는 군비 확장의 5개년 계획이다.[16]

일제는 1911년 1차 조선교육령 때부터 조선인을 동화시키기 위한 거점으로 보통학교를 설정했고 점차 보통학교 졸업생 지도를 통해 농촌에 침투하여 사상 통제의 공민교육과 노동자 생산으로서의 직업교육에 전력하였다. 이는 일본에서 청년단의 군국주의적 관제화가 재향군인회를 통해 이루어 졌던 것과 달리 조선에서는 졸업생 지도라는 명분으로 청년단을 조직·지 도하여 인력의 핵심층인 청년층을 포섭·조직화한 것이고[17] 점차 청년단에 연성 훈련을 강화시켜 국민 총훈련을 목표로 청년단을 개편해 나간 것이었 다.[18]

2. 졸업생 지도와 거도일치(擧道一致)의 정책

일제의 졸업생 지도는 학교 차원만의 청년 훈련 사업이 아니라 군·관· 경이 협력하고 지방단체가 연계된 '거도일치(擧道一致)'적 성격을 지녔다. 학 무 당국은 물론 농무, 지방 산업 각 당국의 협력 참여를 이루고 다시 금융기 관, 경찰 당국, 지방 유지, 농가 등을 망라하여 협력을 조성해 갔던 것이 다.[19] 따라서 각 도지사나 각 부장들이 시찰 지도에 노력하는 것은 말할 것 도 없고 농촌 주재 순사들도 지도생과 일반 농민의 농업지도자가 되도록 하 는 임무를 담당하여 '권농순사(勸農巡査)'[20]라 불려졌다. 또한 농촌의 금융조 합의 이사(행원)들도 종일 부락에 출장 나가 권농순사와 같은 임무를 이행했 다. 졸업생 지도를 행함에 있어 농촌에 있는 금융조합, 농회, 축산 조합, 수 리조합 등과 밀접한 연계를 맺게 한 것은 자금 대부 상환을 통한 경제조직 화와 밀접한 것이었고, 특히 그중에서도 금융조합은 학교 실제 생활을 지도 하는 까닭에 금융조합원으로 하여금 졸업생들에게 훈련을 부여해 장래 조 합 정신을 체득하도록 함이었다.[21]

경상남도의 경우는 졸업생의 농업 실습 영농 지도로 1년간(1934) 204,241 원의 순이익을 올렸고[22] 같은 해 함경남도의 경우는 5만원의 수익을 산출했 다.[23] 경기도의 경우 거도일치 실행 지침은 지도 자금의 교부, 산업 장려 자

<표1> 경기도 거도일치의 졸업생 지도학교 실행 개요[24]

졸업생 지도 실행 지침	세부지침 내용
① 지도 자금의 교부	도 당국은 5년간 1개년씩 200원의 자금을 교부(단 비료와 입직대[25], 종자, 종계(種鷄), 소, 돼지 등의 구입 시 졸업생에게 확실한 반제 방법을 세워 그 자금을 대여할 것)[26].
② 산업 장려 자금의 대여	지도생이 자작농을 위해 토지나 소를 구입하려고 할 때 장기 대부를 행함.
③ 교원 증원	지도학교로서 오래된 학교는 정원 수 이외에 1명을 증원하여 교장의 담임 학급을 보좌하도록 함(예를 들어 보습학교인 농잠실수(農蠶實修)학교에 1명의 교원을 증원하여 그 부근 군의 지도학교를 순회하고 농사 기술상의 지도·원조를 행하게 할 것).
④ 농사강습회	지도학교의 교장은 물론 직원 및 기타 각 학교 직원 약 50~60명에 대해 매년 여름휴가 시 도립의 농업학교 등에서 '흙의 강습'을 실시(기간 약 30일, 강사는 주로 농업학교 직원).
⑤ 제반 회의와 사찰 등	각 군 지도학교장은 매년 1회 이상 모임을 갖고 지도학교 상호 간 연구회를 개최함. 도·군·면 당국과 기술원 등도 여러 가지 지도상의 연구 모임을 행하고 지도학교장 가운데 매년 10인을 선정하여 내지의 우량 마을, 보습학교, 청년단 등을 시찰시킴.
⑥ 지도 수료생의 강습	3개년간의 지도를 받은 자 가운데 성적이 우수한 자를 다시 도에서 선발하여 매기(每期) 약 20명을 3개월간 도립 농사 시험소에 입소시킴. 이 강습을 받고 각기의 부락에 돌아가 自家의 영농 방법을 고치고 일반 부락민 및 향당의 번영을 도모하는 것에 힘쓰게 함.

금의 대여, 농사 강습회, 제반 회의와 시찰, 우수자 선발과 강습회로서 구체적으로 보면 〈표 1〉과 같다.[24]

경기도는 도 차원에서 5년간 졸업생들에게 1,000원의 자금을 교부하고 지도학교 교원 증원과 농사 강습을 실습하게 하였다. 도·군·면 당국과 기술원 등도 참가하여 여러 가지 지도상의 연구 모임을 행하고 지도학교장 가운데 매년 10인을 선정하여 일본의 여러 부·현의 우량한 마을, 보습학교, 청년단 등을 시찰시켰다. 특히 도·군이 일체가 되어 산업 장려 자금을 설치하고 그 자금을 무이자로 지도생에게 융통하고 금융조합에서는 지도생에 한정하여 조합원, 또는 준조합원으로 취급하여 금융의 편의를 제공하도록 했다. 또한 농업 실습 강습회를 매년 1개월간 열고 양잠 지도 부락, 축산 지도 부락, 혹은 비료 지도 부락이라고 하는 다양한 지도 부락을 장려의 의미로 설치했다. 그리고 지도 부락을 졸업생 거주 부락과 하나로 하여 농가 지도를 졸업생 지도와 일치시켜 갔다.[27]

또한 사범학교 생도의 농촌 연구 실습도 졸업생 지도 실습을 비중 있게 다루어 실행되었다. 오늘날의 교생실습이라 할 그 실습 지침은 졸업생들로 하여금 매일의 근로 노작을 잘 수행했는가를 반성케 하는 것과 가정생활의 개선 및 가계 부채 상각(償却)의 지도였다.[28] 그리고 사회적 생활지도로서 부락의 조사 연구와 식산 조합의 조직 지도를 행하였다. 식산 조합의 조직과 지도는 졸업생으로 하여금 부락민과 함께 상호조합을 만들고 지도생 상호 간의 식산 조합을 만들어 상호금융을 소통하게 하는 데 목적이 있었다. 자금은 주로 지도생 각자의 월 저축금 및 공동 근로에 의한 수익에 의존하도록 했다. 그리고 무엇보다도 지도의 초점은 근로소득이 생기면 먼저 도 당국에게 차금(借金)을 반환하게 하고 차금을 반환하지 않고 이식(移植)을 하는 경우가 없도록 하는 데 있었다.[29] 각 도 당국의 다양한 졸업생 지도 특성을 요약하면 〈표 2〉와 같다.

〈표2〉 각 도 당국의 졸업생 지도 특성(1931)[30]

평안북도	1) 지도기간: 3년간 직접 지도. 그 후는 단체 설립을 통하여 자치적 향상발전에 노력 2) 지도 방법: 도 당국의 의주공립농업학교의 경제 농장 설치와 보조금 부여
평안남도	1) 본 도는 청년단 설립 이전에 종래 다수가 유행적으로 설립되어 그 강령 목적이 타당성을 결여하고 단체정신이 불명한 것이 있음 2) 조직 및 지도방침: 청년단을 중심으로 모범 분단을 조직하고 분단에 특별 지도 단원을 선정하여 중견 청년 양성에 노력함 3) 교육행정 금융권업 등 각종기관과 **상휴하여** 농촌진흥을 도모함. 지도 경비는 도 지방비로부터 한 청년단에 대해 90원 내외의 경비를 보조
황해도	1) 농사 개량 조합 설정, 여자 졸업생 지도 계획(가사, 재봉 지도), 중등학교 졸업생 지도 계획(농업학교 및 고등보통학교 졸업생에 대해 실무 종사, 직업 강습회 등을 개최, 고등여학교 졸업생에 대해서는 부인으로서 필요한 학과목의 연습을 도모) 2) 자금 융통: 토지 구입의 경우 구입 자금 등의 산업 장려 자금 대여의 제도를 설하고 혹은 금융조합 가입의 편법을 도모하여 저리 자금 융통의 길을 강구함

함경북도	1) 직접 지도 방법으로서 훈련회를 조직함
	2) 우량 부락의 신설: 지방의 우량 부락을 신설하여 학교, 지방, 산업의 각 지도 기관 및 금융조합이 일치 협력하여 농사 개량, 양우, 양돈, 양계, 퇴비 등의 증산 장려와 함께 도로 개수, 경지 정리, 소비 절약, 수양, 오락 등의 지도를 행함
함경남도	선생의 은혜를 잊고 사회의 악사상에 물들어 절각저축한 것도 사용하여 나쁜 사상단체에 경도되는 것에 우려가 큼
강원도	1) 후기 간접 지도로 자금 융통과 산업 공려 조합을 조직(공려 상호에 의해 농사 개량, 경제적 영농 시설, 소액 자금의 융통 저축의 장려, 풍기 개선 등 조합원의 이익 증진을 도모함과 함께 지방 산업 개발 민풍을 진작하는 데 공헌함)
	2) 산업 공려 조합의 간부가 되어 지부원을 통솔하고 조합 규약의 장려를 계획하고 목적 달성에 노력하여 부락 개선의 지도자가 됨
	3) 졸업생 지도의 구극은 부락 지도에 의한 부락 전체 개선을 계획하고 이를 전 학교에 미쳐 산업 개발, 민풍 작흥하여 문명의 혜택을 입고 皇恩을 구가함에 이르는 것
충청남도	1) 농사지도 방법: 매년 실습 작업 계획 설정. 농사 경영 지도 개발. 졸업생 개별 가정 실습 주력, 교원 임지 지도
	2) 정신적 방면지도: 농촌 청년의 신념 교양/ 사상 선도, 생활의 합리화, 사회봉사, 학력 보수, 시찰 및 견학
	3) 청년단 설립: 지방 교화 시설인 중견 청년 양성 기관과 제휴. 노동 작업을 가미한 청년단 설립에 노력함
전라북도	1) 졸업생 선정: 사상 견실하고 근로를 기피하지 않는 자, 부형은 자작농 또는 자작 겸 소작자로 함
	2) 지도 기간: 직접 지도 기간은 2개년~3개년으로 하고 그 후 규약에 의해 자치적으로 共勵할 것
	3) 공동 지도: 실업 청년단 조직
전라남도	1) 졸업생을 지방 향토에 안주케 함과 함께 사상 善化上 최고로 투철한 방책임
	2) 모든 보통학교에서 실시하는 것을 목표로 함
	3) 협력 기관: 거도일치의 정신으로써 도 당국의 관계 각과와 협력하여 지도·독려하고 보조금을 교부함
경상북도	1) 지도 선정: 赤貧하지 않을 것
	2) 실습지 설정: 향교 재산, 면유지 보통학교 실습지, 지방 유지의 원조 등에 의거, 소작료 저렴한 곳을 설정
	3) 금융조합의 이용: 지도생을 조합에 가입시켜 자금의 융통을 도모함
	4) 購牛, 경지 구입은 저이율의 자금으로 융통하고 보통 장기 융통 자금은 연1할 5리로 함(이 때 구입 가격의 약 3할 정도 手元金이 있으면 특히 편리함)
	5) 지도생의 공동 소작지 소작료는 특별한 경우 소작료 저감을 고려할 것
	6) 졸업생 지도 목표: 농촌 중견 청년 양성
	7) 직업지도: 농업상의 지식 기능, 농업 경영의 합리화, 가정경제 향상
	8) 지도 기관의 조직 대상: 보통학교 졸업생 중 매년 15인 내외를 인선
	9) 상애공려회의 공려 청년단 조직: 명칭은 (모교명)상애공려회(相愛共勵會)라 칭함.
	10) 기간: 전기(지도 경영기) 3년, 후기(자치 경영기) 2년
	11) 지도자: 주체-모교 직원(학교장, 주임 훈도(농업의 소양 있는 자를 배치), 직원(부락

담당 및 거주)/ 副體- 군 · 면 · 산업 단체 기술원

12) 중견 청년 양성 강습: 매년 적당한 시기에 2개월간 種苗場 및 각 농업 보습학교에서 개최하여 회원 중 성적 우량한 자를 선발하여 수강케 한다. 강습 비용은 강습회에서 본인의 근로소득으로써 한다.

13) 지도 요강: 산업 지도 기관과 제휴, 공민심득에서 그치지 않고 직업을 통해 공민적 자질 훈련을 기함. 근로소득은 전부 학교장이 보관하고 적당한 때에 활용함

14) 지도 경비(재원): 학교 모범 공동 실습지 수입, 학교비, 유지의 기부, (도 지정인 경우) 도 지방비 보조 한 학교당 연 250원 3년간, (특수사업에 대해서는) 금융조합 저리 자금 借用

15) 경비 용도: 사업 운영자금, 강습회 기타 지도 제 비용, 지도자 辨當料

특히 함경남도의 경우는 "선생의 은혜를 잊고 사회의 악사상에 물들어 절각저축한 것도 사용하여 나쁜 사상단체에 경도되는 것에 우려가 크다."고 할 정도로 졸업생 지도가 관철되지 못했고, 함경북도의 경우는 보습학교인 농업학교를 두어 여기에 경제 농장을 설치해서 지도했으며, 평안북도는 청년단 조직을 활성화하여 모범 분단과 특별 지도 분단을 조직해 집중적으로 자금을 보조하였다. 그리고 황해도는 농사 개량 조합을 설정하여 자금을 융통하였고, 함경북도는 직접 지도로서 훈련회를 조직하여 우량 부락을 신설했다. 또한 강원도는 후기 간접 지도로 자금 융통과 산업 공려 조합을 조직하여 지도했고, 충남과 전라도는 청년단을 통해, 그리고 경북은 상애공려회(相愛共勵會)라는 청년단을 조직하여 지도했음을 볼 수 있다.

이상과 같이 졸업생 지도학교와 간접 지도로서 청년단 조직은 도마다 형태가 다양했으며 청년단 대신 농사 개량 조합, 혹은 상애공려회 등으로 조직되기도 하였고 졸업생 지도학교 명칭도 일반적으로 보통학교나 소학교 이름을 따 ○○ 졸업생 지도학교라 부르는 것이었지만 졸업생 훈련회라 명명하는 곳도 있었다.[30] 그러나 각 도마다 모든 보통학교에 졸업생 지도학교[31]와 청년단을 모두 조직하도록 '방침'을 삼은 것은 분명하다.

III. 졸업생 지도 방법과 단체 조직

졸업생 지도 방법은 직접 지도와 간접 지도로 나누는데 직접 지도로는 개인 지도, 공동 지도, 기록 지도[32]가 있고 그 기간은 대개 3년이었다. 종료 후는 조합 조직이나 청년단 단체의 규약을 수행케 하여 간접 지도를 했다.

1929년 당시 졸업생 지도 협의회는 다음과 같은 협의안을 내놓았다. ① 졸업생 연령에 따른 직업지도 강구 대책, ② 지도생 중 우수한 자를 선발하여 단체를 조직하고 내지 우량 농촌을 시찰케 할 대책, ③ 지도생에게 저이자 금융을 융통할 대책, ④ 현행의 실업 보습학교[33]를 폐지하고 경비를 각 학교 졸업생 지도에 보조할 대책, ⑤ 보통학교 졸업생을 주체로 하는 청년단 설립에 관한 훈령 발포를 본부에 건의할 건이었다.[34] 여기서 보는 바와 같이 일제는 졸업생 중 우수한 자를 선발하여 단체를 조직하고 실업 보습학교를 폐지하여 졸업생 지도학교로 그 기능을 이전하며 청년단을 설립하고 훈령 발포를 기획한다는 졸업생 지도학교를 구상하였다.[35] 그리고 그 용도는 졸업생 지도를 통해 청년층을 포섭하는 것으로서 사상 통제, 농촌진흥의 생산 확충을 통한 군비 확충, 전시 후방 체제의 완비와 병사 보충이라 할 것이다.

1. 졸업생 간접 지도 방법으로서 청년단 조직

졸업생 지도가 1927년부터 3년간 직접 지도를 시작하여 전국적으로 확산되었으므로 대략 졸업생 직접 지도가 끝나는 1930년 전후로부터 청년단 조직사업이 본격화된다. 일제는 조선에서 청년단이 처음 발생한 것이 1919년 3·1운동 이후, 즉 1920년부터이지만 이는 극히 불순한 동기에서 일어난 것으로[36] 저지·단속대상이었음을 말한다.

3·1운동을 계기로 조선에서 청년층의 사회활동이 현저하여 청년단 조직이 각 지방에 발생하기에 이르렀다. … 이 청년단의 다수는 실제 활동에서 민족적 편견에 사로잡혀 궤도를 일탈하고 격렬한 언동을 하여 도리어 민심을 동요시키는 감이 있기 때문에 당국은 그 설립을 저지하고 엄중한 단속 방침으로 임하였다.[37]

일제는 이러한 자발적 단체에 맞서 사회 중견 인물을 양성하고 문화정치의 선구자가 되도록 한다는 명목하에 우선 도(道)사회과를 중심으로 각지 청년단 간부를 수백 명 회원으로 하여 지방 청년단을 꾸리고, 하계 강습회를 실시했다.[38] 이는 기존에 존재하는 조선인 청년회를 통제·통합하고자 청년단을 발회시킨 것이다.[39] 경북중견청년단[40]과 경남청년단의 경우는 도 지방 사업으로서 도내 각 청년단 가운데서 단원을 선발, 조직하여 내지에 시찰을 보내기도 했다.[41] 또한 평남 대동군에서도 지방 개선과 실천궁행을 명목으로 청년단을 각 면에 발회시켜 연합회를 구성하고 군수를 회장으로 추대하여 청년회를 설립했다.[42] 이 모두 자발적 청년회들을 통합하고자 청년단을 발회시킨 것으로 졸업생 지도의 청년단 조직과는 성격을 달리한다.

일제가 졸업생 지도를 통해 본격적으로 청년층을 장악하고자 한 청년단 조직은 1929년 충청북도에서 시작된다. 충북 예산 당국에서는 군내 각 공립 보통학교로 하여금 25세까지의 남자 졸업생을 중심으로 역행 청년단을 조직하게 하였고 보은에서도 보교 졸업생들로 중견 청년단을 조직하여 농촌의 지도 기관으로 삼고자 준비에 착수했다.[43] 전북 전주 삼례공립보교에서도 당국의 방침 아래 보교 졸업생 생도를 망라하여 실업 청년단을 조직했고 1930년에는 30개소가 설치되었다.[44]

평안남도의 경우 청년단 조직은 1930년 평안부에서 처음 기초를 초안하였는데 지방 농촌의 보통학교 졸업생 지도로서 각 학교에 '동창 청년단'이

조직되었다. 이는 청년단을 중심으로 각 학교 강습회 또는 야학 등을 개최하여 졸업생 보습교육을 시행하는 안이었다.[45] 동창 청년단 모범 분단 설정 요건은 ① 학교로부터 가까운 부락, ② 면의 중앙인 부락, ③ 순 농촌인 곳, ④ 단원 수가 많지도 적지도 않은 곳, ⑤ 후원자가 많은 부락, ⑥ 단원 빈부 차가 심각하지 않은 농촌이었다.[46]

총독부 사회과에서는 전 조선 모범 농촌 및 청년단 중 성적이 우량한 자를 표창하였고[47] 충남 공주, 아산, 당진에서는 도지방과 주최로 도내 각 군 공립 보교 졸업생으로 조직된 29개의 청년단을 대상으로 청년단원의 수양 강습 대회를 열었다.[48] 충남 대안군 보교 교장은 도 당국의 청년 지도 계획 방침에 준칙하여 동교 졸업생 76명을 중심으로 청년단을 조직하고 관공서원이 역원이 되어 훈련시켰다. 그리고 충남 각 리(里)마다 지부를 설치하였다.[49] 옥천군 각 면에서는 보교 출신으로 27세까지의 졸업생으로 하여금 문화 발달을 목표로 매진할 중견 인물로 농촌 청년단을 조직하여 지도하였다.[50] 또한 충남 공주군 당국에서는 군내 13개 보교 졸업생을 망라하여 산업 청년단을 조직하였고[51] 충남 도 차원에서는 지방 개량과 생활개선의 목적하에 각 리(里), 각 보통학교 중심의 졸업생 지도 기관으로 청년단을 조직하게 하였다. 그리고 각 리(里)의 진흥회와 제휴 병진하게 하였다.[52]

또한 계속하여 1931년 강화 하도면에 산업 청년단 조직, 1932년 위진군 명덕청년단 조직, 1932년 이천 중견 청년단 신설, 1933년 시흥군 남면의 농촌 청년단 창설, 진천군 내 55단체 연합 청년단 창설 등 지속적으로 청년단이 조직되고 연합되었음을 볼 수 있다. 1934년 함북도 관내의 중견 청년단은 남녀 총계 26단체에 이르렀다. 일제는 청년단의 조직 결과 정치사상 단체는 줄고 중견 청년 단체가 점증한다고 그 실효를 평가했다.[53]

1934년 충북 명덕공립보교의 경우 졸업생 20여 명은 교장 선생의 지도로 명덕(明德) 청년단 지부의 발회식을 거행하고 다음의 5항을 실행하였다.

① 매일 아침 조기회(10월까지)

② 비료 만들기, 조기회 종료 후 1시간(9월 말까지)

③ 공지 이용 실행(파, 시금치 재배)

④ 도로 수선(부락 도로)

⑤ 평예(坪刈)[54](陸羽132호) 기록 제작

(그리고 금후 향토 공동 사업을 실행할 계획이며 내년도에 답(畓)을 크게 공동경작하여 소작할 예정으로 이를 위한 비료를 준비하고 있다.)[55]

위에서 보는 바와 같이 명덕 청년단의 주된 활동은 조기회, 비료 만들기, 공지 이용으로서 파, 시금치 재배, 부락 도로 수선, 작황 기록 제작, 공동 경작 계획 등이었다. 주된 활동은 농업 생산을 목표로 한 것이었음을 알 수 있다.

충남 논산 광석면의 경우는 1936년에 광석면 진흥 청년단을 조직해 광석 보통학교 실습답에서 집단 농사를 짓고 농업학교 졸업생들의 지도를 받게 했다. 청년단 단장은 학교 교장이 하게 되어 있고 청년단원의 양복과 모자는 무료로 배부되었다. 그리고 단원들은 1년에 한 번씩 연합 청년단이라고 해서 군청 소재지에서 단체 군대 훈련을 받았다. 또한 1년에 한두 번 일본 시범 농촌 시찰도 하였다.[56] 그리고 중일전쟁 발발 후 일제는 청년단을 훈련시켜 지원병으로 보냈다. 청년단은 일반적으로 면 단위마다 하나씩 조직되어 '○○면 청년단'이라 명칭 지어졌고 반관반민의 압력단체이자 징병 인력으로 이용되었다.[57]

평안남도의 경우는 청년단 설립을 통해 이전에 설립된 사상단체들을 지도하고 사상이 온건한 농촌 보통학교 졸업생들에게 파고들어 지방 개발의 선구자가 되도록 하였다. 청년단 조직 지도 방법은 교통 수리 경제 상황 등 가장 적당한 '모범분단' 15개를 지정, 조직하여 '특별 지도 분단'으로 하고 분단에 특별 지도 단원을 선정하는 것이었다.[58] 이는 모범 분단원을 중심으로 단원이 거주하는 부락의 지도 개선에 전력하고 다른 분단은 통신 소집 등의 지도 방법에 의하여 모범 분단을 모방하도록 하여 분단을 상호 경쟁시키는 방법이었다.

2. 졸업생 간접 지도로서 농사 개량 조합

졸업생 간접 지도는 농사 개량 조합을 통해서도 이루어졌는데, 그 대표적인 사례가 충북 제천 공립 보통 졸업생 지도학교이다. 이 학교의 야마모리(山守) 교장은 농사 개량 조합 규약을 발표하여 공립 보통학교 내에 조합을 설치하였다. 규약에 의하면 농사 개량 조합 설립을 통한 졸업생 지도는 농사의 개량 진보를 도모하여 졸업생 중 가입 희망자로서 교장이 추천한 자로 조합원 자격을 제한하였고 농사 및 부업 외의 직업에 마음을 두지 않고 자진하여 노동에 종사할 것을 규정하고 있다. 이는 청소년들로 하여금 농사에 전념케 하고 지방에 토착케 하여 근로, 납세, 시간 존중의 미풍을 구현하는 중견 지도자로 주형해 간 것이라 할 것이다. 특히 일제는 이들에게 소작지 주선, 돼지·닭을 사육할 수 있는 편의 제공 및 알선 등 여러 가지 특전을 주고 모범적 이미지를 부과하여 부락민의 선망이 되게 하였으며 지도생 명부는 조선총독부까지 올려 보냈다.[59] 그리고 대신 졸업생들은 모든 행사 때마다 동원됐고 각종 선전에 전위대 역할을 했음을 볼 수 있다.[60]

황해도의 경우도 졸업생 간접 지도에 농사 개량 조합을 설치하고, 토지 구입시 산업 장려 자금을 대여하거나 금융조합 가입의 편법을 도모하여 저이자 자금 융통의 길을 강구하도록 하였다.[61] 또한 강원도의 경우는 간접 지도로서 산업 공려 조합을 조직하여 자금을 융통하도록 조치했다. 이는 학교장 지도하에 지도원 및 전후기 지도생을 중견으로 하고 일반 졸업생 및

제1조 명칭	제천 공립보통학교 졸업생 농사개량조합이라 칭함
제2조 조직	본 조합은 제천 공립보통학교 졸업생으로서 가입 희망자 중 학교장의 추천한 자로써 조직함
제3조 목적	1. 농사의 개량진보를 도모하고 지방개발에 노력할 일. 2. 근검역행하여 家를 齊할 일. 3. 상호심신의 수양을 할일.
제4조 의무	1. 지정실습(실습전답 1斗洛 이상)을 정하여 특히 지도를 받을 일. 2. 월 1회 연구회에 출석할 일. 3. 조합원 실습지 입찰을 삼갈 일 4. 기타 지도원으로부터 지시된 사항을 행할 일.
제5조 특전	1. 소작지의 주선 2. 생산품의 공동구매, 농구 종자, 가축 등의 공동 구입 3. 농사개량 수양사항에 관한 인쇄물의 무료배포. 4. 매월 1회 이상의 臨地지도
제6조 준수사항	1. 농사 및 그 부업 외의 직업에 마음을 두지 말고 자진하여 노동에 종사할일. 2. 자급자족을 본체로 하고 허식을 배척할 일. 3. 쓸데없이 지출하지 말고 저금할 일. 4. 납세 기타 책임을 지킬 일. 5. 시간을 존중 힘쓸 일. 6. 평소 지덕의 수행을 게을리 하지 않고 동시에 미풍유지 조장에 힘쓸 일. 7. 본 조합원인 것을 자각하고 지방 중견의 氣를 부를 일.
제7조 소재	본 조합은 사무소를 제천 공립보통학교내에 설치하고 동학교장이 그 사무를 장리함.

기타 유지를 포함시켜 조직한 것이었다. 이외에도 졸업생 지도는 '강습회'와 '연구회', '지도협의회' 등을 통해서도 이루어졌다.[62] 강습회 강사는 주로 공보 교장이 담당했으며 강습 내용은 국어, 수신(공민심득), 농사법 등에 관한 것이었고 충청남도의 경우 학무 당국이 수원고 농교 핫타(八田) 교수, 경기도 농무과장 등이 지도 강화와 함께 보교 졸업생 지도 연구회를 개최하여 농가 산업 증식을 도모하였다.[63] 또한 충남 예산에서는 보교 졸업생 '지도협의회'를 개최하여 졸업생 1인에 전담 1반보(反步)씩 대여키로 하고 자금은 금융조합이 후원하도록 하여 졸업생 지도 기관인 각 학교 청년단을 철저히

지도하기로 하였다.[64]

끝으로 지역 특성에 따라 간접 지도가 아닌 직접 지도로서 단체 지도적 성격을 지니는 훈련회가 조직된 곳도 있다. 함경북도는 사회주의적 세가 강하여 직접 지도로서 연성 훈련적 지도 방법을 가했다. 도 당국은 1929년 6월 졸업생 훈련회 강령 및 훈련회 준칙을 정하고 도내 보통학교에 '○○ 보통학교 졸업생 훈련회'라 명칭 짓는 훈련회를 조직하여 4년제 보통학교에 있어서는 졸업 후 5개년, 그리고 6년제 보통학교에 있어서는 졸업 후 3년간 직접 훈련 지도를 했다. 그리고 수료 후는 각종 산업조합원 및 실업 청년단에 편성시켜 간접 지도를 행하였다.[65]

3. 졸업생 지도학교와 실업 보습학교

실업 보습학교는 1차 대전 후 서구 각국이 산업자본 국가를 건설함에 있어서 직업·공민교육의 역할을 중시함에 따라 생겨난 것이다. 영국은 1차 세계대전 후 피셔 법안을 통해 국가가 다액의 보조금을 내어 민중의 학교교육의 내용에 관여하고 감독을 가하며 실업교육을 통해 국가 발전을 이룬다는 실업교육 진흥 주의로서 보습교육 제도를 채택하였다. 영국뿐만 아니라 서구 각국 교육은 민중 교육으로서 실업 보습교육을 실행해 갔다. 일제가 실업 보습교육을 실시한 것도 서구의 사례를 모방한 것이다.

일제는 서구 유럽 각국이 민중에 대한 경제적 관념이 특히 강함을 인식했고 일본 본토에 실업 보습학교(직업학교)를 통해 자본 제국을 건설하여 갔지만, 조선의 경우는 별도의 학교 설립 없이 보통학교 내에 졸업생 지도학교를 두어 근로 교육을 시켜 나가고자 했다. 기존에 있던 소수의 실업 보습학교를 폐지하고 대신 대략 1~3년간의 농업 보습학교로 바꾸어 졸업생 지도를 행하기도 하였다. 결국 졸업생 지도학교는 조선의 노동자 양성을 위한 실질적인 중등교육 기관[66]이 되었다 할 것이다.

원래 조선의 실업 보습학교는 경기, 황해, 평남, 강원, 충남, 경북 등에 소수 존재하였다.[67] 경기도 장단(長湍) 공립농잠실수학교의 경우 생도 41명으로, 보통학교(수업 연한 6년) 졸업자를 2년간 교육하는 것으로 수전(水田) 4단보, 전(畑) 1정(町) 3단보를 경작하게 했다. 주로 농한기를 택하여 수업하였고 간이 잠실(蠶室)이나 간이 농구사와 같은 건물이 직원·생도의 노작에 의해 세워졌다.

하지만 이는 을종 실업학교(2년)에 해당하는 것으로 일본의 4년제 갑종 실업학교[68] 운영과는 격이 다른 것이었다. 일본의 보습교육은 소학교 졸업자 8할여가 진학하고 중등학교에 진학하지 않는 2할의 학생을 대상으로 하지만 조선은 반대로 1할 정도만이 중등교육을 받는 상태이고[69] 대다수가 중등교육을 받지 못하는 보교 졸업자로서 이들을 대상으로 다시 보습교육을 실시한다는 운영의 차이가 있다.

> 경기도에서는 졸업생 지도학교라고 하는 명칭으로 보통학교에 있어서 그 졸업자에게 가정실습을 과하고 이를 중심으로 수년에 걸쳐 졸업생 지도를 하고 있다. 이 시설에 의해 청년은 물론 부형까지 강화가 크다고 들었다. 그 방법은 보통학교에 있어서 이러한 종류의 시설교는 보습학교가 적은 조선에 있어서 가장 필요한 것이고 또한 특별한 의의가 있다.[70]

일제는 조선의 실업학교도 소수일뿐더러 더구나 노동을 천시하고 모두 문필의 직업을 바라는 현실에서 보습학교를 졸업해도 스스로 농업에 종사하고 농촌진흥을 위해 노력하는 정신을 기르는 것은 어렵다고 판단했다. 이에 일제는 실업 보습학교를 졸업생 지도로 대체하거나 기존의 것을 농업 보습학교로 전환하여 졸업생 지도학교의 성격으로 바꾸어 나갔다.

평안북도 의주의 경우가 대표적인 사례로 의주 공립 농업학교에 경제 농장을 설치하여 졸업생을 3년간 직접 지도 하였다.[71] 졸업생에게 농지를 주고 양축, 양잠, 양계 등의 부업을 가하여 농업을 경영하도록 하고, 졸업생 소작농에게는 보조금을 부여하여 모범적 농가 경영을 이루게 하였다고 보고하고 있다. 그러나 말이 공립 농업학교이지 실제는 졸업생 집단농장 근로 체제라 할 것이다.

① 경제 농장 설치: 1938년부터 졸업생 및 그 가족으로 하여금 畓 2정보, 田 5段步를 주고 여기에 양축, 양잠, 양계, 농산 제조 기타 모든 부업을 가하여 소위 다각형 농업 경영에 종사케 함. 1939년에는 농가 총수입 1510원 15전 2리, 差引 농가 잉여 235원 35전 5리의 성적을 보임.
② 졸업생 지도: 소작 농업에 종사하는 3인에게 보조금을 부여하여 모범적 농가 경영을 이루게 함.[72]

또한 평안남도의 경우는 1927년부터 중견 농민학교라는 실업학교 이름

〈표4〉 평안남도 중견 농민학교

학교명	江東中堅農民學校	中和中堅農民學校	龍岡中堅農民學校	江西中堅農民學校	順安中堅農民學校	价川中堅農民學校	德川中堅農民學校	兄山中堅農民校	順川中堅農民校	孟山中堅農民校	成川中堅農民學校
소재지	江東郡 江東面 阿達里	中和郡 中和面 草峴里	龍岡郡 龍岡面 玉桃里	江西郡 江西面 德興里	平原郡 順安面 蒲井里	价川郡 朝陽面 芧里	德川郡 德川面 邑北里	大同郡 南兄弟山 面孝南里	順川郡 順川面 舘下里	孟山郡 孟山面 堂浦里	成川郡 成川面 下部里
창립연월	1936.04	1935.04	1931.09	1927.06	1927.05	1937.03	1936.04	1929.07	1929.07	1937.03	1927.06
수업연한	2년	2년	2년	2년	2년	2년	2년	2년	2년	2년	2년
학급 수	1	1	1	1	1	1	1	1	1	1	1
직원 수	2 1(*)	2 1(*)	2 -	2 2	2 1(*)	2 1(*)	2 1(*)	2 1(*)	2 1(*)	2 1(*)	2 -
생도 수	33	24	35	36	15	15	30	29	32	15	35

(* 는 兼務를 표시함) - 1937년 5월말 기준

으로 졸업생 지도학교가 설립되는데 한 학급에 교사 1~2명, 수업연한은 2년, 생도 수는 20~30명 가량 되었다.[73]

한편 경기도의 경우는 실업 보습학교를 폐지하여 졸업생 지도에 주력하다가 이를 다시 부활시키는 대신 1935년 4월 실업 보습학교 규정을 개정하여 농업 보습학교로 바꾸고 기간도 1년제로 하여 졸업생들의 훈련장으로 삼았다.[74] 농업 보습학교는 1935년 63교에서 1939년 100교 이르렀다.[75] 그러나 가혹한 근로에 대하여 실업학교 및 간이학교 생도들의 반발도 일어났음을 볼 수 있다.[76]

〈표5〉 동맹 휴교 일람표(1939.7~12, 조선 헌병대 사령부 작성)

도별	황해도		충청북도	충청남도			전라남도	
월일	10. 10	10. 31	10. 31	7. 5	7. 15	7. 27	6. 14	7. 13
학교명	감정소학교부속 간이학교	공립연안농업학교	음성농업실수학교	사립예산간이학교	공립홍성농업실습학교	예산농업학교	공립송정리공협실습학교	공립광주농업실습학교
참가인원	19명	47명	30명	58명	81명	96명	53명	11명
맹휴일수	2일	6일	2일	1일	4일	3일	임시휴교7일	-
원인	실습작업 가혹/教師의 私用 및 반감	실습시간 단축/실습주임교유 배척	교육의 實科편중/내지인교유 배척	實科강제	상급생의 하급생에 대한 제재	상급생의 하급생 구타	불량학생 퇴교처분반대	실습지경 작기피

IV. 졸업생 지도와 청년 훈련 단체 조직의 일원화

1. 청년단 조직의 세부 지침

앞에서도 살펴본 바와 같이 일제가 조직한 졸업생 지도의 청년단 이전에 자발적 청년단 조직이 있었고, 일제는 이 중 조선 독립운동의 성격을 띠는 것은 저지하고 나머지는 통제해 나가는 방법을 취했다. 그러면서 한편 일제는 새롭게 관제 청년단을 신설·조직해나갔는데 일제 당국에 의해 조선 청년들이 본격적인 황국신민화 정책의 조선인 담당자로서 농촌진흥의 중견 인물로 훈련되는 것은 대략 1930년부터라 할 것이다. 그리고 일제는 졸업생을 중심으로 청년층을 조직해 나가면서 1932년 9월 관통첩을 시달하여 청년단의 목표와 임무 등의 표준을 제시하였고, 다시 1936년 5월에 새로운 통첩을 내놓아 청년단의 통제를 더욱 강화해 나갔다.[77] 1932년 9월 관통첩의 요점은 청년단이 난설된 시대에 있어 그 단체 목적을 분명히 하는 것으로 청년단이 수양 기관이지 사상운동에 참가하는 것이 아님을 규정한 것이었다.

청년단의 지도 통제 방식은 다양한데 경기도의 경우 농촌진흥회의 진전과 농가 갱생 계획 5개년의 급속한 확충 운동의 지방 중견 청년 육성을 급무로 하는 상황에서 1935년 8월 각 군수에게 통첩을 내렸다. 이는 '종래 실시해 온 보통학교 졸업생 지도 시설의 전면적 확충을 도모' 하여 여기에 일반 청년을 참가시켜 보통학교를 중심으로 하는 농촌 청년단을 조직하도록 한 것이다.[78] 그 지도 방침은 종래 졸업생 지도 방침에 준하면서도 근로 애호의 기풍, 애향의 정신을 함양하여 농촌 개발의 선구자로서 매진하도록 지도하는 것이었다.[79]

지금 도에서 권장하고 있는 청년단은 학교교육의 완성이라는 의미에서 학교를 중심으로 하여 학교의 지도생, 졸업생 등을 주체로 청년단을 결성하고 있으며 학교 졸업생 이외의 청년을 취급함에 있어서는 당분간 손을 뻗치지 않는다는 목적으로 청년단을 설치하고 있다.[80]

이는 지도생을 중심으로 지도생과 일반 졸업생을 결합시켜 조직해 나간 것으로 일제가 처음부터 졸업생 지도 실시를 한 목적 중 하나가 반일적 청년 단체를 분쇄, 장악하기 위한 것이었고 그 통제의 매개체인 지도생을 중심으로 일제 친화적 단체를 결성시키는 목적 수행임을 볼 수 있다.[81] 갓 졸업한, 비교적 순박한 청소년을 대상으로 이들을 포섭하여 조직 작업의 매개체로 삼는다는 목적이 이제 본격적으로 실행으로 옮겨지는 것이었다. 설치 구역은 학교 소재지 읍면을 일원으로 본단을 조직하고 부락 농촌진흥회에 분단을 설치하여 이를 실행 기관으로 하는 것이었다.[82]

〈표6〉 경기도 농촌청년단 조직 상황(1935년 기준)

결성기간	청년단수	분단 수	단원 수	지도생	일반졸업생	일반청년
1935,9~11	50단	653분단	14,354명	843명	3,951명	9,560명

또한 평안남도의 경우를 보면 1935년 9월 "청년은 국가 활력의 원천이자 일국(一國)의 원기를 이루는 중심으로 국운의 진전과 국민의 경복은 그 수양 분발에 있다. 지방 청년의 수양 기관인 청년 단체 조직을 완비하여 적절한 교양 훈련을 실시하고 건실한 발달을 도모하는 것은 극히 긴요한 임무에 속한다."고 훈령을 내렸다.[83] 그리고 졸업생 지도로서 동창 청년단을 조직한 이래 점차 그 실적이 나타났지만 단원이 보교 졸업생의 범위에 그쳐 일반 청년에까지 확대하지 못했음을 지적하여 일반 청년도 포괄한 청년단 조직으로 확대할 것을 지시하고 있다.

본도에 있어서는 소화 4년 공립 보통학교의 졸업생으로써 동창 청년단을 조직한 이래 이들을 지도·유도하여 노력한 결과 그 실적이 점차 나타나고 있지만 그 단원은 공립 보통학교 졸업생에 그쳐 그 범위 또한 일반 청년에 미치지 못한 아쉬움이 있다. … 종래에 실시해 오던 동창 청년단의 조직을 고쳐 그 범위를 확장하여 일반 청년도 포괄한 청년단을 조직함으로써 흡족한 청년 자질 향상에 노력하도록 할 것이다.[84]

1932년 「충청북도 훈령」도 청년 단체가 점증하여 건전한 발달을 이루고 있지만 아직 사상의 일탈이 있고 청년 단체의 발달은 지도 방법 여하에 있기에 청년단 규약의 준칙을 제시하는 것이라 하였다. 이는 청년단 조직 지도에 다시 청년단 지도 요항을 통첩함으로써 지도의 만전을 기하는 것[85]이었다. 특히 훈령 2장을 보면 단원 조직을 명예 단원, 특별 단원, 정 단원 셋으로 구분하고 있는데 명예 단원은 본 단원으로서 학식과 명망이 있고 본단에 공로가 있으며 본단으로부터 추천받은 자를 말하고, 특별 단원은 본단 및 타 청년단의 정 단원을 가리킨다. 그리고 정 단원은 본단 구역 내에 거주하는 남자로서 보통학교(小學校)를 졸업한 자 또는 이와 동 연령 이상자이다.[86] 본 단원이라는 말 자체가 기존에 선발된 졸업생 지도생을 의미하는 것이고 여기서 더 나아가 선발되지 않은 다른 일반 졸업생을 정 단원으로 하여 조직을 확대시켜나간 것이다. 이러한 조직 형태는 다른 지방에서도 유사하게 나타난다.

1933년 「함경북도 훈령」도 보면 위와 거의 유사한 내용의 청년단 준칙을 시달하고 있다. 함경북도는 훈령에 앞서 실업 청년회 준칙을 하달한 바 있다.[87] 그러나 그 성과가 적어 그 조직 내용에 개변을 요하여 실업 청년회 준칙을 폐지하고 이에 청년단 단칙의 준칙을 시달하여 새로운 청년단 조직을 장려하고 지도 훈련을 철저히 할 것이라 하였다.[88] 일제는 청년단을 중심으로 청년단의 통제 규율하에 지방 청년으로 하여 국가 관념 및 준법정신의 함양, 도덕 존중, 신체 단련, 근검역행 및 국가 사회의 일원으로서 항상 봉사적 정신의 수양에 청년단 설치 목적이 있음을 분명히 했다.

그리고 1936년 5월에 가서는 학무, 내무, 농림, 경무 각 국장들에 의한 연명통첩을 발하여 청년단 개편과 그 지도에 관한 지침을 내렸다. 이는 조직 방법에 있어서 세부 지침을 하달한 것으로[89] ① 청년 상호의 우정과 애향 정신을 기초로 공립 초등학교를 중심으로 그 졸업자 중 지조건실한 자를 단원 수용 범위로 하여 단의 기초 확립의 지도 방법을 정비한 후 타 졸업자도 수용할 것, ② 졸업자 이외의 청년으로서 특히 우수한 자가 있어 수용할 경우 단의 통제 및 지도상 장해가 없다고 인식될 경우에 한할 것, ③ 학교 산하 부락에 해당 학교의 우량한 졸업자가 상당수인 경우는 분단을 조직할 수 있도록 할 것, ④ 기설된 청년단으로 하여 기초를 확립하고 지도 방법을 정비하여 성적 우량한 것은 종래 조직에 지장이 없으면 점차 전 각 항목에 의거해 조직을 고쳐 나갈 것, ⑤ 지도 적임자 및 우량한 졸업자가 없는 경우에는 함부로 청년단을 설립하지 말 것, ⑥ 연합 청년단의 조직은 개개의 단체가 건실한 발달을 따라할 것이고 당분간 그 결성을 서두르지 말 것이었다. 그리고 단원 연령은 15세 이상 25세 이하를 상례로 하고 단장은 공사립 초등학교장이 맡도록 할 것이었다.[90] 이 연명통첩의 특색은 단장을 초등학교 학교장이 맡도록 한 것과 청년 연합단 결성에 있다.

2. 졸업생 청년단의 조직 개편과 청년대의 신설

조선의 졸업생 청년단은 앞에서도 서술한 것처럼 졸업생 간접 지도가 시작되면서 본격적으로 조직된 것인데 이는 1936년에 다시 개편되기 시작했다. 그 핵심은 첫째 공립 보교 교장이 단장을 맡도록 하여 관제화와 통제를 강화하는 것이고 둘째는 졸업생 지도 청년단을 중심으로 도(道) 및 부(部)·방(紡)·도(島) 연합 청년단을 결성 추진하는 것과 전 조선으로의 확대이다. 이 지방 청년단 연합 결성은 1936년부터 작업해 1938년 3월 거의 완료되었는데 일제는 완료하자마자 곧바로 같은 해 9월 조선연합청년단 발단식을 거행하였다.

조선연합청년단 발단식 단장은 시오하라 도키사부로(鹽原時三郎) 학무국장, 총재는 정무총감 오노로쿠 이치로(大野綠一郎)였다. 당시 오노로쿠의 발단식 식사를 보면 청년단의 임무를 수양 단련, 농어촌 진흥 지도, 산업 개발, 기타 일반 사회 공공(公共)에 두고 있고 내선일체와 황국신민된 열사봉공의 각오를 연합 결성의 취지로 선언하고 있다.[91] 그리고 조선연합청년단 단원 일동의 명으로 낭독된 선서에는 "조선연합청년단이 결성됨에서 우리 단원 은 상호 신애(信愛) 협력으로써 단의 향상 발전을 도모하고 인고 단련으로써 시난(時難)을 극복하여 군국(君國)에 보답할 것을 조선 신궁의 대전에 맹세한 다."고 되어 있다.[92]

〈표7〉 조선연합청년단 발대식 참가자

道名	경기 도	충청 북도	충청 남도	전라 북도	전라 남도	경상 북도	경상 남도	황해 도	평안 남도	평안 북도	강원 도	함경 남도	함경 북도	합계
도연합단역원	13	7	7	23	13	6	6	13	4	5	7	5	5	114
각청년단대표	1,003	273	236	401	288	301	313	234	169	225	246	276	187	4,152
합계	1,016	280	342	424	301	307	319	247	173	230	253	281	192	4,266
합동숙박	191	260	232	403	294	292	267	237	172	225	247	279	183	3,282

조선연합청년단은 전 조선에 걸친 연합 단체 238개, 소속 단체 2,851개, 단원 수 152,322명으로 결성된 것이었고 당국의 지도 통제하에 청년 상호 수양 기관으로서 황국, 황민의 자질 함양 및 군사 제 단체와 협력하여 총후 사상선도에 노력하는 것이 목적이었다. 또한 그 산하에 있는 개별 청년단으 로서 지방 청년단, 실업 청년단 등이 3,365개, 단원 수 161,552명 그리고 여 자 청년 단체 77개, 단원 수 3,378명에 이르렀다.[93]

일제는 지방 청년단을 규합하여 조선연합청년단을 결성하고 청년들의 황민 자질의 함양과 군사 제 단체와 협력하여 총후 사상 선도에 노력해 나 갔던 것이다. 그리고 다음 해에는 일본, 대만, 만주, 중국 등 각 청년단 대표 를 경성에 소집하여 제15회 대일본 청년단 대회 및 일(日)/만(滿)/지(支) 청년 교환회(靑年交驩會)(1939)를 개최하였다.[94] 이는 동북아시아를 지배하는 일본

제국의 힘을 과시하고 조직을 강화·확대하려하는 의도라 할 것이다.[95]

1941년에는 다시 고도의 국방 국가 체제 확립을 지표로 하여 국민 총훈련의 취지 아래 전 조선의 청년단 개조 단행을 이루어 정무총감 관통첩으로써 청년단의 조직 및 지도 요강을 명시하였다.[96] 조직 기준은 네 가지였다. ① 국민 총훈련의 취지에 준거해 전 청소년을 단원으로 할 것(단, 현재 학교교육을 받는 자는 제외), ② 학교에서의 훈련과 함께 국방 국가 체제의 종합적 효과를 획득하기 위해 남녀청소년의 일관된 훈련체제를 수립할 것, ③ 청년훈련소, 청년단의 불리일체성(不離一體性)을 확보할 것, ④ 조직에 대해서는 풍부한 호용성과 엄정한 규율 통제를 주안으로 할 것이었다. 이제 청년단은 졸업생뿐만 아니라 학교교육을 받지 않은 조선의 전 청소년을 망라하여 단원으로 조직하는 것이었고, 또한 국민정신총동원 체제를 배경으로 엄격한 규율 훈련체제를 수립하는 것이었으며 청년단과 청년훈련소를 일원화시킨 거대 조직이 된 것이었다.

즉 일제는 제①항에 기초하여 종래 보통학교졸업생 중심의 단원조직에 미취학·미재학 전(全)청소년을 망라하여 교육의 유무와 관계없이 그리고 조선 청소년 누구라도 빠짐없이 단원으로 삼아 개편한 것이다. 이는 국민총동원체제훈련의 취지에 기인한 것으로 재학생은 모두 학교의 훈련에 일임하고 기타 미재학생의 총훈련은 모두 청년단에서 청년훈련소와 결합하여 실시한다는 취지였다. 또한 제②항에 의해 종래의 소년단, 여자청년단, 청년단 등과 같이 각각 분리되어 있던 단체조직을 통합하고 청년단이라고 하는 하나의 범주 가운데 청년부, 여자부, 소년부의 3부를 설치하여 일체화된 훈련체제를 수립한 것이었다. 그리고 제③항에 따라서는 청년단의 청년부에 제1, 2, 3반 세 개의 반을 설치하여 제1반은 청년훈련소 생도들이 들어가고 제2반에는 청년훈련소 생도가 아닌 20세 이하의 자가 들어가며 제3반에는 20~30세의 자가 들어가도록 하여 청년훈련소와 청년단을 일원화하였다. 종래에는 청년훈련소와 청년단이 떨어졌으나 2차 개편으로 청년훈련소 생도를 청년부의 제1반으로 끌어들인 것이다. 1차 개편의 연합에서 2차 개편의 종합으로 나간 것은 보다 엄정한 규율통제가 필요하였기에 청년훈련 단체의 종합적 일체화로 전환을 도모한 것이었다. 끝으로 제④항에 기초해서는 10세 이상에서 30세까지 연령을 확대하여[97] 청년단원을 조직한다는 취지였다.[98]

따라서 종래의 부·군·도 연합 청년단, 조선연합청년단 등은 향후 연합 두 글자를 폐기하여 단지 ○○ 청년단이라 칭하고 최상위급인 조선청년단이 도 청년단을 직접 통제 지도하며 또한 도 청년단은 각 부·군·도청년단을, 각 부·군·도 청년단은 그 아래의 각 청년대를 직접통제·지도하는 상하일체적 계통으로 정리했다.[99]

〈표8〉 청년단의 통제 지도 계통과 청년 훈련 단체의 조직 구성

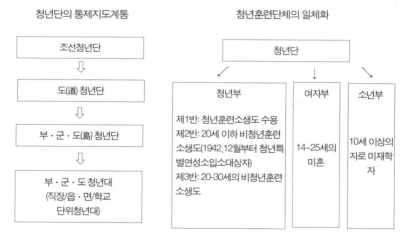

이로써 청년부 300만, 여자부 약 100만, 소년부가 남녀 합하여 약 200만, 합계 600만 인이라고 하는 전 조선 청소년들이 청년단원으로 조직되었다. 이는 전 조선 청년들을 전쟁 체제의 틀 속에 넣어 그들의 황민으로서 군국

주의에 동조하지 않을 수 없게 만든 전략이라 할 것이다.

특히 2차 개편으로 신설된 청년대는 청년단의 기저 조직이자 단위 단으로서 각 공립 소학교를 중심으로 설치된 것인데[100] 기저 단위 조직의 명칭을 청년대라고 한 것은 단위단이 부·읍·면 등에서 실제적으로 활동하는 것이므로 그 첨병적 역할에 상응하여 이름을 붙인 것이었다. 공립 소학교 중심의 청년대에는 그 명칭으로서 청년대 앞에 학교명을 썼다. 예컨대 남대문 소학교를 중심으로 하는 청년대는 '남대문 청년대'라고 칭했다.

또한 소학교 중심으로 설치한 청년대 외에 읍·면내에 각 청년대를 집적 통제·지도해야 할 읍청년대, 면청년대가 설치되었다. 그 명칭은 그 읍·면의 명칭을 썼다. 예를 들면 수원읍의 경우는 '수원읍청년대'라고 명칭 지었다. 이 읍·면 청년대의 설치는 읍·면 내에 공립 소학교가 2교 이상 있는 경우이다. 읍면에 공립 소학교가 1교만이 있을 경우는 소학교 청년대가 단위단이자 동시에 읍면 청년대가 된다.[101]

한편 일제는 공장, 광산, 상점 등에도 직장 단위의 청년대를 설치하도록 했다. 이 경우에는 부·군·도 단장의 인가를 요한다고 하였다. 물론 기존에 이미 공장, 광산 등에 청년 종업원을 대상으로 청년훈련소가 설치되어 교양 훈련을 하고 있는 곳이 상당했지만 1941년 청년단 개편은 청년훈련소와 불리일체의 관계에 서 있는 것이므로 청년훈련소가 설치되지 않은 곳에 청년대를 설치하여 단체에 의한 청년 종업원의 훈련을 목적한다는 취지였다. 그리고 직장 단위의 청년대는 읍·면 청년대와 함께 부·군·도 청년단의 통제 지도를 받도록 했다. 1930년대 초기 청년단 조직의 성격은 근로와 사상 통제였지만 1941년부터는 국민 총훈련을 위한 연성적 성격으로 개조시켜 나갔다 할 것이다.

이상과 같이 새로 개편된 청년단은 전부 학교 재학생을 제외하고 있다. 그러나 학교 재학생은 학교에서 청년단과 동일한 방향으로 지도되고 있기에 특별히 양자를 일체화할 필요가 없었고 만약 전 청년의 분기(奮起) 대운동의 필요가 있는 경우는 재학생을 학도청년단으로 일괄하여 청년단과 일체화시킬 수 있도록 하였다. 청년단 지도 기준은 ① 황국신민의 성격 연성 ② 내선일체 생활의 순치(馴致) ③ 국방 국가 체제 즉응의 심신 단련 ④ 단체적 규율 훈련의 철저 ⑤ 생산력 확충의 실천에 두었다.[102] 일제가 1941년 의무교육 제도 실시를 결정한 까닭도 1명에 명실공히 구비된 황국신민 연성을 기하기 위함이었고 황국신민 연성의 철저와 생산확충은 징병제 실시의 절대적 기초 요건이 되었다.[103]

끝으로 청년단과 국민정신총동원연맹의 관계도 생각해 보아야 할 것이다. 일제는 청년단 조직과 더불어 국민정신총동원연맹을 조직해 전 조선에 약 40만의 애국반을 조직하였다. 10호를 모아 1반으로 만들고 각 호주가 그 가족을 대표하므로 호(戸)를 대표하는 반원은 4백만이 된다. 그리고 반원은 약 남녀 2천만 이상이 되므로 이는 조선 인구 전부를 조직했다는 의미이다.[104] 청년단이 청년대를 기저 단위로 삼았다면 국민정신총동원연맹은 연맹 추진대에 의해 지도를 강화해 나갔다. 그러나 연맹 추진대 대원 자격의 대부분이 청년훈련소를 수료한 자, 도(道)경영의 농촌청년도장 또는 동일 취지의 강습소에서 3개월 이상 실천 훈련을 거친 자, 1개년 이상 청년단 간부로 하여 활동하고 상당 실적 있는 자, 1개년 이상 애국반장의 직에 있고 상당 실천한 자였다. 이 모두 청년 훈련 단체 조직을 토대로 일제가 국민정신총동원연맹대도 구축해 갔음을 볼 수 있다.[105] 이는 일제가 청년단을 근로보국대로 조직하거나[106] 청년단원들을 국민정신총동원 운동의 보급·강화에 동원하기 위해 설치한 국민정신총동원 보급부를 보아도 그 성격을 파악할 수 있다.

3. 청년훈련소와 청년특별연성소의 청년단 통합

일본의 경우 청년훈련소는 1차 세계대전 가운데 발흥한 서구의 청년교육 운동에 영향 받은 것으로 이는 국민훈련을 목적한 것이었다. 1926년 청년훈련소령을 발포하고[107] 1935년에는 청년학교령을 발포하여 실업보습학교와 청년훈련소를 통합했고 직업교육, 단련교육, 공민교육을 일체화하여 국민훈련을 실행해 나갔다. 그리고 1939년에는 청년 학교 입학의 의무제를 실시했다.[108] 일본에서 청년훈련소[109]는 16세부터 20세에 이르는 청년단원을 국가가 의무적으로 훈련시킨다는 수양 기관의 성격을 띠었다.[110]

또한 일본의 경우 청년단은 재향군인회와 연계되어 조직되었고 청년회원의 반이 재향군인회에 소속되는 동시에 청년단 훈련 지도의 중견 인물이기도 하였다. 특히 재향군인회가 청년단과 연계를 지은 것은 지방 기초단위의 존립 기반으로서 청년단을 관제화시키고자 하는 목적이 있었기 때문이다.[111] 근대 일본의 청년단은 재향군인회와 함께 천황제 국가 건설과 직결되는 가장 커다란 사회집단이었다. 전국의 각 지역 청년들은 좋든 싫든 관제청년단 조직망 안에 있었고 이들 집단을 일체적으로 편성·파악하여 전시체제 인력으로 동원하였다.[112] 이러한 청년단과 청년훈련소의 일체적 조직화는 조선에서도 실행되어 내용적으로는 직업교육과 공민교육, 그리고 교련 교육을 통합하고 졸업생 지도의 청년단을 청년훈련소와 점차 통합시켜나가는 형태를 취했다.

조선에서 청년훈련소는 원래 재조 일본인 청년에게 군사훈련을 시키기 위한 것으로,[113] 1927년 일본인 퇴역 군인 단체인 재향군인회에서 일본 국내의 제도를 본떠 설치한 것이 그 시초이다.[114] 그 이후 조선인을 포함시킨 연합 청년훈련소가 생겨났는데, 동래(東萊)에 조선인이 17명, 내지인 13명이 연합한 청년훈련소 설립이 그것이다.[115] 그리고 점차 평양, 대구, 경성, 수

원, 개성, 금천, 김제, 충주, 대전, 나주, 경주, 포항, 진남포, 등에도 생겨났다.[116]

1929년 조선총독부는 「청년훈련소 규정」을 정식 발표하여[117] 그동안 재향군인회에서 자의로 설치한 청년훈련소를 공공 기관으로 설치하도록 하는 한편 대규모 공장이나 상점 등에서도 사립 청년훈련소를 설치하였다. 그러나 이때 재향군인의 역할이 배제된 것은 아니었다. 오히려 청년훈련소의 성격이 지원병 제도의 뒷받침이기에 그들의 역할이 요구되었다고 볼 수 있다. 1937년 기준으로 평안남도 청년훈련소 설립 상황을 보면 〈표9〉와 같다.

또한 일제로서는 조선인의 근로정신을 양성함에 있어 청년훈련소가 졸

〈표9〉 평안남도 청년훈련소 설립 상황(1937년 4월 말 기준)

명칭			平壤公立靑年訓練所	平壤公立靑年訓練所平川里分所	鎭南浦公立靑年訓練所	安州公立靑年訓練所	私立平壤三中井靑年訓練所
소재지			平壤府山手町	平壤府平川里	鎭南浦府龍井町	安州郡安州邑北門里	平壤府本町
설립연월일			1928.11.30	1934.02.17	1928.11.30	1935.06.07	1933.06.26
직원 수	학교교원		3	2	12	4	3
	재향군인		4	1	-	2	3
	計		7	3	12	6	6
생도 수	1년차	조선인	34	17	6	19	-
		일본인	32	7	9	-	6
	2년차	조선인	22	1	13	7	1
		일본인	10	2	7	-	3
	3년차	조선인	3	3	7	3	-
		일본인	6	7	6	1	1
	4년차	조선인	1	-	-	-	-
		일본인	7	8	3	-	5
	계	조선인	69	21	29	29	1
		일본인	55	24	22	1	15
수료생			90	14	7	-	6
1936년도 경비			2,809	456	2,431	400	351

업생 지도학교나 실업 보습학교보다 간이할 뿐만 아니라 훨씬 효과 있는 방법으로 인식되었다. 즉 노동시간 이외의 시간에 교육할 수 있는 청년훈련소가 더 구미에 맞았다 할 것이다. 게다가 청년훈련소는 별도의 시설이 필요한 것이 아니라 기존의 보통학교를 이용한 것이었으므로 예산도 훨씬 적게 들었다. 공립 청년훈련소는 예외 없이 보통학교 내에 위치하였고 청년단과 마찬가지로 보통학교를 중심으로 전개되었다.

청년훈련소는 공민, 수신 혹은 보통학과와 직업과 등을 부여했지만 그 중 근로주의의 교육·교련이 중시되었고 특히 교련은 군대적 교육 방법으로서 제반 도덕을 함양하는 것에 그 목적이 있었다.[118] 그래서 일제는 교련을 군 6대 교육의 연장, 혹은 예비교육으로서 곤고·결핍을 인내·극복하는 교육의 최대 요건이라 하였다.[119]

한편 시오하라(鹽原) 학무국장이 "1~3차 농촌 생산 확충 계획은 경제 건설을 목표로 하지만 실제로는 군비확장의 5개년 계획"이라고 말한 것처럼 훈련단체의 증설은 군비 확장 계획안의 일환이었다. 조선교육령을 개정하여 보통교육을 의무교육화하고 졸업생 지도의 청년단, 청년훈련소, 청년특별연성소 등을 통해 청년 단련을 강화하는 것은 이러한 맥락에서 이해될 수 있다.

> 소위 제1차 2차 3차 생산 확충 계획은 경제 건설이라고 생각하지만 그것은 실제는 군비 확장의 5개년 계획이다. 조선에 있어 교육령을 개정하여 학교 규정을 모두 개정하고 여기에 교학쇄신을 말하는 것은 근본 동기가 있다. 이 사상은 동시에 황국신민의 서사를 제정하여 全鮮에 이를 창도하는 동기가 있다. 또한 금일 청년훈련소를 전면적으로 또한 비약적으로 확대하여 금년도 명년도에 빠짐없이 이를 설치하여 청년을 단련하고자 하는 것이다.[120]

일제는 지원병 제도가 외형적으로 성공함에 따라 그 예비교육기관이라고 할 수 있는 청년훈련소를 1940년부터 대대적으로 국민학교에 증설해 청년훈련소가 급증하기 시작했다.[121] 경기도 임진(臨津), 점동(占東), 연천(連川), 경성(京城), 경동(京東), 서정리(西井里)의 6개 청년훈련소에서는 도 지정 청년훈련소 교육 연구회를 개최·시찰하여 도내 청년교육에 주력하였다. 청년훈련소 교육의 목적과 임무를 보면 〈표 10〉과 같다.[122]

〈표10〉 청년훈련소 교육의 목적과 임무(1941년)

교육목적	① 국가공민교육 · 심신단련교육 · 직업교육과 실무청년 교육(청년훈련소규정 제1조에 명시) ② 조선교육의 3대강령 구현철저 ③ 충군애국의 志念 연성과 실천
교육의 중요성	① 청년은 국가활력의 원천임 ② 청년교육의 振否는 국력의 진부임 ③ 청년은 국민총력발휘의 중심임 ④ 병참기지반도청년의 임무 극히 중대함
교육의 특질	① 초등교육 종료후 상급학교에 입학하지 못한 청소년에 대한 국가교육 ② 실무에 종사시켜 교양단련을 이루는 교육 ③ 직업과 敎授 · 훈련이 밀접히 결합하는 교육 ④ 실행실천을 강조하는 교육 ⑤ 단련을 중시하는 교육 ⑥ 파괴유혹의 위험으로부터 구하는 청년(반공교육)
교육내용 및 시설	① 향토조사: 일반조사, 청년조사, 산업조사, 생도조사 ② 풍기진작 ③ 음악지도 ④ 교실의 정비 ⑤ 의식행사 ⑥ 교수훈련 시작의 수양시설 ⑦ 교수훈련의 태도통일 ⑧ 자학자습태도의 양성 ⑨ 우등생중심의 지도를 하지 않을 것 ⑩ 표창 및 共勵시설 ⑪ 사회봉사시설: 신사, 청소, 도로수선, 출정병사 환송, 근로봉사, 애호, 보국의 정신을 기름 ⑫ 청년단 졸업생지도의 통합: 각 청년교육시설을 통합하여 강력한 지도 체제를 이룰 것

청년훈련소의 교육 목적은 초등교육 종료 후 상급 학교에 입학하지 못한 청년에 대한 '국가교육'으로서 국가 공민교육·교련 교육·직업교육과 실무 청년교육에 있었다. 이는 국민총력발휘의 중심이자 병참기지 반도의 큰

임무를 지니는 것으로서 직업교육과 훈련을 밀접히 결합시킨 단련교육이었다. 특히 청년훈련소는 반공 교육을 중시하였고 졸업생 지도의 1941년, 1월 제2차 청년단 개편으로 청년단과 통합하여 강력한 지도 체제를 이루어 나갔던 제도라 할 것이다. 또한 일제는 1942년 청년단을 대상으로 연성회를 개최하는데 이를 보면 국민 총훈련의 연성 훈련으로서 청년단 조직 개편의 의미를 파악할 수 있다.

> 국민 총훈련이라는 힘찬 기발 아래서 군국 청년 남녀의 감격을 느끼면서 여러 가지로 훈련을 쌓고 있는 3백만 남녀 청년단원들은 한층 적극적으로 훈련하고자 총독부에서는 전선 청년단원에게 전장운동을 철저히 보급시키기로 되었다. 그래서 우선 5월 17일부터는… 청년단 전장 운동 지도자 연성회를 열고 각 청년대 지도자들을 훈련하기로 되었다. 그 취지는 청년단원들이 직접 전쟁에 나가는 경우를 당하더라도 맡은 일을 훌륭히 실행해 나갈 수 있을 만큼 훈련하려는 것인데 이 강습회가 끝나면 또다시 전선 각지에서도 이 같은 연성회를 열어 가지고 전 단원에게 이 운동을 보급시키려는 것이다. 전장 운동은 일종 국방 운동이라고도 볼 수 있는 것으로 종래에는 국방 경기를 주로 하여 이 운동을 실시했던 것이다. 청년단원들은 평소 생산 확충 등 여러 가지 운동에 힘써 봉공하고 있는 터이다. 그런데 결전의 해를 맞이하여 청년단원들은 총후 국토 수호는 말할 것도 없고 일선에 나서더라도 그 맡은 임무를 다할 수 있을 만한 훈련을 해둘 필요가 있다. 그러자면 무엇보다도 몸과 마음을 단련시켜야 할 일이다. 이 같은 취지에서 이번 경성에서 연성회를 열기로 된 것이다.[123]

일제는 황국신민 연성의 철저와 생산 확충은 징병제 실시의 절대적 기초 요건이 되었기에 청년특별훈련을 강화하고 이들을 청년단과 통합해 나가는 정책이 필요했다. 이에 일제는 1942년 11월 「조선청년특별연성령」을 공포하여 청년특별연성소를 설치하였다. 조선청년을 징병하기 위해서는 초등학교 졸업자들을 대상으로 하는 청년훈련소만으로는 한계가 있을 수밖에 없었다. 따라서 청년단 청년부 2반의 청년들[124], 즉 초등학교를 제대로 다니지 못한 청년들에 대한 별도 교육 시설의 설치를 추진한 것이 연성소의 출현이다.[125]

연성소 역시 졸업생 지도학교처럼 조선에서만 실시한 제도로서 이는 1942년 10월 1일 제령 제33호로서 탄생되었다. 1942년 12월 1일을 기해 전 조선에 공립 715개, 사립 26개가 개설되었고 1943년에는 1,922개소의 공립 연성소가 증설되었다.[126] 연성소의 대상은 조선 내 거주하는 17세 이상, 21세 미만의 남자였다. 그러나 이 가운데 ① 육군병 지원자 훈련소의 생도 및 그 수료자, ② 육해군의 군속, ③ 법령에 의한 구금자, ④ 청년훈련소의 생도 및 졸업자, ⑤ 국민학교 초등과 수료 정도를 입학 자격으로 하는 수업연한 5년 이상의 학교 재학자 및 졸업자, ⑥ 국민학교 고등과 수료 정도를 입학 자격으로 하는 수업연한 3년 이상의 학교 재학자 및 졸업자, ⑦ 지원에 의해 연성을 수료한 자는 제외되었다. 그리고 제외된 나머지 가운데 조선총독의 할당에 기초해 도지사가 선정하고 입소 명령서를 교부받은 자가 연성 의무자가 되었다. 연성 기간은 1년으로 입소는 매년 4월로 정했다.

연성소가 모집 대상으로 하는 청년은 원래 청년단원이고 입소 중에도 역시 단원이었다. 이는 초등교육조차 받지 않은 미취학의 청년을 대상으로 한 것으로 연성소 입소 전 청년단원으로서 기초 훈련을 받고 연성소에서 연성 수료한 후 다시 청년단에서 그 임무가 주어지도록 한 것이었다. 이는 개인과 청년단을 강화시킨다는 취지에서 실행되었고 따라서 연성소와 청년단 역시 밀접 불리(不離)의 관계로서 연성소 역시 청년훈련소처럼 청년단과 하나로 통합된 것이었다.[127] 이로써 일제는 졸업생 지도의 청년단, 청년훈련소, 청년특별연성소의 유기적 연관 속에 징병, 혹은 징용 예비군 양성을 전국적으로 전 조선 청년을 대상으로 확대해 나갈 수 있게 된 것이다. 청년훈련소나 연성소는 청년단의 확대 선상에서 그동안 조직 대상에서 제외되었던 미재학자까지 포함시켰던 의미가 크고 이를 통해 일체화된 청년단 조직체를 만들어 조선 청년층을 전장 운동 훈련 단체로 강화시켜 나간 것이었다.[128]

IV. 결론

일제가 조선의 농촌진흥과 중견 인물을 양성하기 위해 펼쳐간 졸업생 지도학교는 결국 저항적인 청년 단체를 포섭하고 새롭게 자라나는 농촌 청년들을 대상으로 사상 통제와, 근로, 연성 훈련을 가해 군비확충을 도모해 갔던 제도였다 할 것이다. 일제는 조선인이 중등교육을 받기 보다는 농업 방면의 노동자 양성이 중요했고, 진학하지 못하는 대다수의 학생들을 졸업생 지도와 청년단으로 엮어내어 인적·물적 이익을 창출하고자 했다. 이는 농촌 지배의 기둥이 될 수 있으면서도 쉽게 침투할 수 있다고 판단되는 농촌 청년들을 졸업생 지도의 청년단 조직으로 묶어 무의식적인 정신 구조까지 세뇌·개조시키는 것이었고 이를 통해 파시즘 체제로 끌어들여가는 과정이기도 했다. 일제는 보통학교 졸업생 지도학교를 거도일치적으로 확대해 나가면서 청년단을 간접 지도로 조직화해 나갔고 여기에 점차 청년훈련소, 청년특별연성소 등을 일원적으로 통합하여 전(全) 조선 청년을 국가 통제의 틀 속에 귀속시켰다. 특히 1927년 경기도에서 시작된 졸업생 직접 지도가 끝나는 대략 1930년 전후로 청년단이 지도생 간접 지도로서 조직되었고 이를 중심으로 다른 일반 졸업생과 일반 청년까지 포섭해 청년 단체를 조직화해 갔다. 그리고 일제는 전(全) 조선의 청년들을 모두 조직화한다는 방침하에서 1936년과 1941년 두 차례에 걸쳐 개편을 진행했다. 1936년의 1차 개편의 특색은 조직 강화로서 지도 지침 시달과 보교 교장을 단장으로 한 것과 연합 청년단을 도군별로 결성하여 1938년 조선연합청년단 발단식을 끌어낸 것에 있다. 또한 1941년 2차 개편은 청년 훈련 단체 조직의 일체화로서 청년단 안에 청년훈련소와 청년특별연성소를 통합시켜 연성 훈련을 가한 것이 그 핵심이라 할 것이다.

기존 연구는 졸업생 지도와 청년단 훈련 단체를 분리시켜 보아 왔고 청년 훈련 단체가 생겨나면서 졸업생 지도가 유명무실하게 된 것으로 보아 왔다. 그러나 1929년 보통학교 졸업생 지도가 전국적으로 확산될 때부터 조합조직과 청년단 설립은 졸업생 지도의 한 방편이었다. 한편 졸업생 지도는 지역마다 다양한 특성을 나타내는데 함경북도와 같이 간접 지도가 아닌 직접 지도로서 훈련회와 같은 훈련 단체가 조직된 곳도 있고 함경남도의 경우는 사회주의 사상단체가 거세 성과가 미약한 지역도 있었다.

군국주의적 청년 양성 체계하에서 식민지 조선의 대다수 청년들은 근로주의, 경제주의, 반공주의로 의식적·무의식적으로 길들여졌고 이는 특히 해방 이후 국가건설과정에서 음으로 양으로 작용하였다. 해방 공간의 우익 관제 청년단, 새마을운동 등이 그러하다. 익히 알려진 바와 같이 새마을운동은 일제가 추진한 농촌진흥 운동에 기원을 두고 있다. 식민지 권력의 농촌마을에 대한 지배력 강화는 식민지 시기에는 식민정책의 효율성을 보장하는 토대가 되었으며 해방 이후에는 대한민국 정부의 농촌 사회에 대한 효율적인 지배의 기반으로 기능했던 것이다. 일제가 졸업생 지도를 통해 농촌을 지배하고 반공과 경제주의의 이데올로기로 조선 청년들을 통제해 갔던 유산은 해방 이후를 거쳐 오늘에도 살아있다 할 것이다. 이에 대한 후속 연구는 다음 과제로 남겨둔다.

02 식민지 시기 조선 거주 일본인들의
조선 농촌진흥 교육*
- 실천 사례를 중심으로

I. 서론

1945년 일본 패전 당시 조선에는 70만 명이 넘는 일본인이 거주하고 있었다. 개국 이후 일본은 해방(海防)을 넘어 침략으로 방향키를 잡고 영토 확장과 획득한 영토에 대한 경제적 이득 및 식민(植民)이라는 방향을 추구해왔다. 그 과정에서 자국민의 이주를 통한 본국의 사회·경제문제 해결은 당연한 수순이었다. 일본이 점령하거나 병합한 모든 지역에는 일본인의 이주가 적극적으로 이루어졌고, 일본인 사회는 현지 사회의 상층을 형성하면서 본국과 지향성을 유지한 채 정착해 나갔다. 일본의 제국에 거주하던 일본인들은 아시아 태평양 전쟁이 끝난 이후 대부분 귀환했으나, 이후 사회 적응과정에서 어려움을 겪기도 했다.

그러나 수백만에 달했던 외지 거주 일본인들에 대한 일본 학계의 관심은 그다지 높지 않은 편이다. 이는 식민지와 점령지의 획득 과정의 차이 및 그

* 「식민지 시기 조선 거주 일본인들의 조선농촌진흥교육 - 특수사례를 중심으로」(『한국민족운동사연구』67, 한국민족운동사학회, 2011)

로 인한 식민 사회 건설의 특성 차이, 정치적 현실(북방 영토 문제)과 연관된 점 등도 있으나 전시체제에 대한 경험이 일본과 달랐다는 사회적 인식도 한 요 인을 이루고 있다고 생각된다.[129]

일본인 사회가 형성된 여러 지역 가운데 식민지 조선에 거주한 일본인 관 련 연구는 비록 학계의 관심은 유지되어 왔으나 연구 성과는 미미하고 시기 나 주제도 편향된 편이다. 개항 직후부터 1900년대까지 조선에 거주한 일본 인에 대한 사회사적 연구를 정리한 기무라 겐이치(木村健二)의 연구가 대표적 이다. 국내에서는 일본인 지주에 관한 경제사 연구를 비롯해 경성을 비롯한 대도시별로 일본인 사회의 형성과 경제적 영향력을 규명한 경제사·사회 사 연구가 중심을 이루고 있고, 최근에 귀환 관련 연구가 발표되기도 했다. 녹기연맹과 귀환 관련 연구를 제외하면, 대부분 연구 대상 시기가 1920년대 에 집중되고 있다.[130]

조선에 거주하던 일본인들의 조선 인식을 규명하는 작업은 방대하면서 도 다양한 시각에서 분석이 필요한 주제이다. 그런 연구의 하나가 녹기연맹 연구(박성진, 이승엽, 정혜경)이다.[131] 종교 수양 단체·사회교화 단체를 표방한 조선 거주 일본인의 대표적인 국가주의 사상단체로써, 1920년대부터 활동 하기 시작한 녹기연맹은 일관되게 일본 국체 보급을 위해 활동했고, 방대한 출간물을 남겼다. 그간 국내 학계의 관심은 전혀 없었으나 이 연구를 통해 학계에 관심을 불러일으켰다.

이 연구를 바탕으로 구체적으로 당국의 정책과 일본인 사회의 관련성을 살펴보는 사례 연구가 다각적으로 진행될 필요가 있다. 그 가운데 하나가 조선의 농촌문제이다. 당국의 입장에서 볼 때, 조선의 농촌문제는 전시체제 기 운영과 관련해 중요한 현안이었다. 이미 농촌진흥은 1930년대 일본의 중 심 정책이자 조선총독부의 주요한 정책으로써, 조선총독부는 심전 개발 운 동과 농촌진흥 운동을 대대적으로 전개했다. 일본 정부와 조선총독부가 이 문제에 비중을 둔 까닭은 농촌의 부흥이 체제의 안정을 포함해 전시체제기 전쟁물자 동원과 밀접한 관련을 맺기 때문이다. 또한 외지에 안정적인 일본인 사회를 구축하여 일본 본토를 위요(圍繞)하고자 했던 우익들의 활동 방향에도 조선과 만주의 농촌은 적합한 대상이었다.

이들 우익 사상에 따라 조선에서 극소수의 일본인들이 농장과 농촌이라는 현장에서 실천한 특수한 사례를 찾을 수 있다. 이러한 사례는 비록 특수하면서도 손꼽힐 정도로 희소하지만 이를 대상으로 한 연구는 전시체제기 당국의 정책과 일본 우익 활동 방향의 연관성을 살펴보는데 필요한 연구 주제이다. 또한 당시 조선 거주 일본인들이 식민지 조선에 대해 갖고 있던 인식의 정도를 알 수 있는 주제이기도 하다. 그러나 현재 이에 관한 연구는 찾을 수 없다. 그 이유에는 조선 거주 일본인에 대한 학계의 무관심 및 조선과 만주의 농촌을 대상으로 했던 일본 우익들의 활동에 대한 학계의 평가가 자리하고 있다. 당국과 우익들의 의도 자체가 조선과 만주의 농민이 아닌 일본 제국의 정책(국책)의 틀 안에 놓여있다는 점이 명확하다는 학계의 공통된 인식은 이 분야의 연구 관심을 불러일으키기 어렵기 때문이다.

이 논문은 전시체제기 조선사 회의 다양성과 실상을 이해하는 작업의 하나로 1930년대 조선 농촌진흥 교육의 사례(농장과 양계사업)를 살펴보고자 하는 글이다. 이 글에서 살펴볼 사례는 '국책'이라는 미명 아래 조선에서 활동했던 소수 일본인들의 특수한 사례로서, 이들의 활동과 당국 정책 방향의 관련성을 주목하고자 한다. 이를 위해 공문서를 포함해 발간물, 구술 기록, 신문 자료, 회고록 등을 분석대상으로 삼았다.[132]

II. 식민지 조선에 형성된 일본인 사회

막부 시기 일본은 쇄국정책을 표방하면서도 섬나라의 한계를 극복할 방안으로 해외 진출을 고려했다. 막부 말기부터 몇몇 지식인들이 관심을 기울이기 시작한 이후 서양 제국의 식민정책사 연구를 거쳐 영토 확장이라는 정부 차원의 대외 정책에 반영되었다. 1869년부터 아이누모시리(蝦夷)와 류큐(琉球, 1872) 정복에서 시작된 영토 확장은 러시아영토였던 쿠릴열도(千島, 1875)를 차지한 후, 러일전쟁을 통해 남부 사할린(樺太 1905) 지역까지 확대되었다. 타이완(臺灣)과 조선을 식민지로 삼은 이후, 제1차 세계대전에 참전한 결과 남양군도를 위임통치하게 되었다. 이로써 19세기 후반부터 일본 본토에서 확장해 나간 일본 '제국'의 영역은 1920년대 초에 일단락되었다. 그러나 이후에도 한반도를 거쳐 중국 동북부와 관내 지역으로, 타이완과 남양군도를 통해 남방으로, 사할린을 통해 북방으로 이어지는 일본 '제국'의 확장 과정은 아시아 태평양 전쟁으로 이어졌다.

이와 같은 일본의 영토 확장에는 반드시 일본인의 이주가 뒤따랐다. 철도와 항로, 통신 등 인프라 구축과 일본인의 이주(植民, 殖民)는 군대를 파견하고 행정 체계를 완비하는 일만큼 중요했다. 일반적으로 제국 경영에서 식민이란 영토와 물산을 지배·장악하며, 식민지를 적극적으로 지배하고 영속적으로 유지하는 데 필수적인 요소이다. 본국에서 군과 행정 관료를 파견해 점령 지역 통치에 필요한 기본적인 인적 자원을 확보하는 작업이 '창업' 단계라면, 식민은 점령지역에서 경제적 이득을 얻고, 항구적인 지배를 얻는 '수성(守城)'의 단계이다. 또한 식민 본국에서 팽창하는 인구를 배출하고, 경제적으로나 사회적으로 소외되고 열악한 계층에게 활로를 제공하는 방법이기도 했다.

식민지에 대한 본국민의 이주는 조선에서도 실시되었다. 조선에서 일본인 사회 형성의 역사는 조일수호조규(朝日修好條規)[133]가 체결된 1876년부터 시작한다. 일본 당국은 조선 개항 직후부터 자국민의 이주를 적극적으로 도모했다. 개항장에 거류지를 두어 상인들에게 안전과 생산 활동을 보장해 주고, 영리를 증대시키기 위해 노력했다. 그 후 1882년에 일본인의 육지 행상이 허용되면서 거류지에 묶여 있던 상인들의 활동 영역이 확대되자 일본인의 수는 더욱 늘어났다.[134]

관련 통계에 의하면 1876년에 54명이었던 일본인의 수는 1880년에 835명, 그리고 1895년에 12,303명으로 급증했다. 강제 병합 이후에 더욱 급증하여 1910년에 171,543명, 1920년에 347,850명(94,514호), 1930년에 527,016명(126,312호), 1940년에 707,742명(165,900호), 1944년 5월에 712,583명이 되었다.[135] 특히 초기에는 이주에 의한 인구수 증가가 일반적이었으나 1920년대 중반 이후에는 출생으로 인한 자연증가율이 일정한 비중을 차지했다. 1920년대 중반에 자연증가율은 본국에 비해 낮았으나 1938년 이후에는 능가했다.[136]

조선에 거주한 일본인들의 본적지 현황(1942년말 기준)을 보면, 규슈(九州)가 34.7%로 으뜸이고, 현 아래 행정구역별로도, 야마구치(山口) 7.8%, 후쿠오카(福岡) 7.2%, 구마모토(熊本) 6.6%, 나가사키(長崎) 5.6%, 히로시마(廣島) 5.3%, 가고시마(鹿兒島) 4.8% 등 특정 지역에 집중되었음을 알 수 있다.[137] 1944년 5월 현재 일본인 거주자가 조선 전체 인구에서 차지하는 비율은 2.8%에 달한다. 이들의 도별 인구 분포 현황을 보면, 경성을 포함한 경기도가 197,929명(일본인 인구 대비 27.8%. 조선 전체 인구 대비 6.4%)으로 가장 높다. 부산 등 상업지역이 있는 경남이 13.7%로 뒤를 이었다.[138]

조선총독부는 1910년대 이전부터 이미 각종 농업 관계 회사와 동양척식주식회사를 통해 일본인들의 경작지를 마련하고, 관세를 통제해 경제적 이득을 강화시켰다. 승지(勝地)와 학교 부지를 마련해 일본인의 교육에 도움을 주었고, 지방 제도 정비를 통해 '정(町)'이라는 일본인 거주지를 형성했다. 특히 통감부시절 학교 조합령을 제정해 전 조선 각지에 공공법인 지방단체로서 설립하도록 한 학교 조합은 1909년부터 지속적으로 설립되어 1944년에는 506개소에 달했다. 학교 조합령에 교육 사무 외에 부대사업으로 위생 사무를 처리할 수 있도록 규정하여 도축장 운영을 통한 재정 확보가 가능하도록 하는 등 학교 조합은 거류민 자녀의 교육 문제를 해결함과 동시에 장기적인 식민 계획을 운영하는 데 기여했다.[139] 1914년에 거류민단이 해산되자 상공회의소를 설립 운영하여 경제권을 장악하도록 했다. 일본인 거주지에는 학교는 물론이고, 도로와 전기, 수도 등 인프라가 마련되었으며, 일본 물산을 판매하는 상가가 형성되어 생활에 어려움이 없었다.[140]

그 결과, 대도시에서 일본인 거주지와 조선인 거주지는 모든 방면에서 현격한 차별성을 나타냈다.[141] 특히 위생(상하수도, 우물, 변소 등 개설과 개천 준설 등 환경위생 시설)과 사회 시설의 차이가 두드러졌다. 위생시설 가운데 상수도 개설 현황을 보면, 한반도에 상수도 시설이 등장한 것은 개항기인데, 개항장인 부산의 일본인 거주 지역이 시초이다. 상수도 시설 공사의 투자와 경영도 일본인 거류민단이 공동으로 참여했다. 서울에도 1903년에 설치되었는데, 역시 일본인 거주 지역인 진고개를 중심으로 오늘날 을지로2·3가, 퇴계로2·3가, 남산동·필동 일대에 해당하는 지역이었다. 인천과 평양, 목포 등도 상수도 시설의 부설은 거류민단의 발의·제창에 의해 이루어졌다.[142] 취학율도 높아 1930년대 일본인 학령아동의 취학율은 90% 이상이었다.[143]

일본이 새로이 점령(지배)한 지역에 이주한 본국민들은 점령(식민) 지역의 가장 노른자위 땅을 차지하고 그곳에 상류사회 high society를 형성하며, 식민자로써 군림했다. 지배 당국은 무력(군인)과 행정 시스템을 통해 이들을 보호하면서 그 지역에서 각종 이득을 취할 수 있게 해 주었다. 이러한 권력과 일본인 이주자 간의 이해가 맞아 떨어져 일본인 사회는 형성될 수 있었다. 이같이 일본인 사회는 치열한 경쟁 속에서 만들어 나간 것이 아니라 식민통치 권력과 깊은 관련 속에서 형성된 사회였고 그 결과 통치 권력과 유착 관계도 강했다.[144]

당시 조선에 거주하던 일본인들은 조선 사회와 조선 민중에 대해 어떤 인식을 가지고 있었는가. 사회 시설의 민족별 거주 지역 간 차이만큼이나 일본인들의 인식은 조선 사회, 조선인과 매우 동떨어져 있었다. 조선에 거주하던 일본인의 살림살이는 대체로 넉넉했고 문명의 혜택을 누리고 있었다. 그 반대로 일본인들은 식민지를 늘 가난한 땅으로, 피식민자인 조선인을 불결한 존재로 인식했다. 이들은 조선에 상륙했을 때 벌써 그러한 것들(불결한 조선인이 처한 상황)이 거기에 있었다고 생각하고, 지배를 계속하는 동안에 빈곤이나 비참함을 발견해도 그러한 것들이 식민지 지배로 인한 것일 수 있다는 의문을 단 한 번도 갖지 않았다.[145]

조선에서 출생한 일본인들의 인식에 조선 사회나 조선인이 자리하고 있지 않음과 동시에 '내지인' 으로서의 인식도 강하지 않았다. 1920년대 중반에 경성에서 태어나 학창 시절을 보낸 여성 두 명의 기록에서도 확인할 수 있다. 마리코(吉岡万里子)는 1925년 경성에서 태어났다. 그녀의 할아버지는 규슈 하카다(博多)에서 양품점을 경영하다가 빚보증으로 파산하자 1908년에 '신천지를 찾아 조선에 온', 이 무렵에 조선을 찾은 보통의 일본인이었다. 그래서 마리코는 제일고녀(경성제일고등공립여학교. 경기여고의 전신) 시절에 교사로부터 "너희들은 내지에서 실패한 끝에 신천지를 찾아온 방랑자들의 아이들이니까" 라는 이야기를 듣기도 했다. 그러나 부친이 조선총독부의 관리가 되면서 일본에서는 상상할 수도 없는 윤택한 삶을 누리게 된다.

조선에서 태어나 패전을 맞을 때 까지 단 한 번도 일본에 간 적이 없었던 마리코는 조선인 하녀가 있었음에도 조선 음식이나 조선의 풍습은 전혀 접하지 않고 살았다. 마리코가 조선에 사는 동안 그녀에게 조선은 존재하지 않았다. 그저 '풍경' 일 뿐이었다. "리에짱, 왜냐하면 내가 태어났을 때 그곳은 일본이었단다. 의문을 갖기는커녕 그곳이 식민지였다는 것도 보통 사람들은 의식한 적이 없었어." 전쟁 가해국 일본인으로 조선에서 살았던 엄마에 대한 딸의 비판에 항변하는 마리코의 이야기는 당시 조선에 거주하던 일본인의 인식을 단적으로 보여준다.[146]

1925년 경성에서 태어나 제일고녀에 다니다가 폐병으로 전쟁 기간 중에 학업을 중단하고 야마구치현으로 돌아온 A는 팔순이 넘은 지금도 "게이죠(경성)에 살았다면 달랐을" 자신의 인생에 대한 회한이 강하게 남아 있다. 마리코와 같은 동급생이지만 1938년 여름, 1학년 재학 중에 떠난 일본 요양은 경성, 그리고 친구들과 이별 길이었다. 전후 공산당원으로, 남녀별성(男女別姓)의 실천자로, 작가로, 보기 드문 사회 활동의 주인공이면서도, "계속 경성에 살았다면, 더 크게 성공하며 자신의 뜻대로 살 수 있었을 것"이라는 점에 대한 아쉬움이 컸다.

그녀들에게 전시체제기 경성은 여전히 평온한 곳이었다. 여학교에 입학하기 전에 이미 중일전쟁이 일어났고, "전쟁이 시작되었다. 일본은 져서는 안 된"다는 훈시에도 건성이어서, 교사들에게 "전쟁 시기인데 너희들은 바보 같다."고 지적받을 정도였다. 야마모토 이소로쿠(山本五十六) 제독의 전사 소식에 와카(花歌)를 짓기도 했으나 '다만 슬펐기 때문이지, 군국적으로 각성' 한 것은 아니었다. 학교에서는 장대 연습이나 중량 운반 경쟁을 시키고, 군인들에게 보낼 위문 봉투를 만들게 했으나 그저 정오묵도(正午默禱)가 귀찮았을 뿐이다.[147]

이와 같이 조선의 일본인 사회는 그들만의 세계였다. 조선인과 구별된 거주 구역에서 철저히 다른 세계의 삶을 향유할 뿐, 조선 사회와 공존하고자 하는 노력이나 의도는 찾아볼 수 없다. 그러나 식민지 조선은 속지주의에 의해 본국의 참정권을 잃은 일본인들에게 정체성의 혼란을 가져다주는 곳이기도 했다. 조선의 생활은 화려한 식민자의 삶을 보장해 주었으나 대신 본국과 유리되는 과정은 피할 수 없었다.[148] 관료들에게 본국으로 돌아가는 기회는 줄어들었고, 상인들에게도 본국은 당시까지 누리던 부를 유지할 수 있는 땅이 아니었다. 시기가 지나면서 일본의 경제는 더욱 어려워지고 있었고, 조선에서와 같은 수준의 생활을 유지할 수 없었기 때문이다. 돌아가더라도 내지인과 같이 일본 국민으로서 사회적인 인정을 받을 수 있다는 보장도 희박했다. 일본인들이 뿌리를 내려야 할 곳이 조선임이 분명해지면서 조선에 마련된 자신들의 영역에 대한 집착은 물론 조선에 대한 경제적 착취와 차별 또한 강화되었다.

조선에 거주하는 일본인들에게 조선 민중은 교화와 계몽의 대상이었다. 이들은 자신들이 거주하는 곳을 '미개한' 조선 사회로 설정하고 거리 두기를 통해 '근대문명인'으로서 자부심을 유지하고자 했다. 조선 사회와 조선인들의 모든 생활관습과 풍습을 부정하고 '미개'와 '야만'의 증좌로 평가 절하했다.[149] 조선총독부 기관지 매일신보 생활면을 장식하는 대부분의 내용이 조선의 의식주 생활 방식을 일본식으로 교정해야 한다는 기사라는 것이 그 대표적인 사례이다. 이러한 가운데 극히 소수의 일본인들은 '국책'의 사명감 속에서 '미개한 조선인들'을 계몽의 대상으로 설정했다. 조선과 타이완, 만주는, 일본이 새로이 식민지화했거나 점령한 외지에까지 '황화(皇化)'가 미치게 해야 한다는 신조를 가진 우익과, 그들의 신념에 따라 양성된 일본인들이 각기 파견된 지역이기도 했다.

III. 조선 거주 일본인들의 조선 농촌진흥 교육 인식

통치 논리에서 자유로울 수 없었던 일본 당국의 농업정책을 비롯한 식민지 조선에 대한 경제정책은 세계적인 경제공황과 함께 조선에 경제 위기를 가져왔다. 특히 농촌 사회의 위기는 더욱 심각해서 농민들의 강력한 저항에 부딪쳤다. 1920년대 지주와 소작 인간 사회 갈등으로 분열된 조선 농촌은 1920년대 후반 농업공황을 거치면서 농촌 사회의 피폐화를 가져왔다. 수많은 소작인 파업(쟁의)과 농촌 단체 결성 통계가 이를 증명한다. 당국은 이를 완화하기 위해 소작입법과 함께 농촌진흥 운동을 병행 실시했다. 농촌진흥 운동은 기존의 농촌 사회질서와 지배구조를 근본적으로 바꾸고자 정신적 갱생을 강조하며, 관이 농촌문제에 직접 개입하여 새로운 농촌 질서를 확립하고자 했으므로 젊은 농촌 청년들을 대상으로 한 중견 인물 양성이나 교육을 통한 운동의 확산에 노력했다. 여기에는 1920년대부터 기치를 내건 사회교화 정책이 일정한 역할을 담당했다.[150]

이러한 배경 아래 1932년 9월 30일, '조선총독부 농촌진흥위원회규정'과 정무통감 통첩 '농산어촌 진흥에 관한 건'(10.8)이 공포됨으로써 농촌진흥 운동은 시작되었다.[151] 물론 유사한 운동(농산어촌 경제 갱생 계획)은 같은 시기 일본에서도 전개되었다. 1932년 63회 제국의회에서 '농산어촌 경제 갱생 계획 시설'의 중요성을 인정한 후 10월 6일자 농림대신훈령으로 공시된 '농촌 경제 갱생 계획 독려'에 의해 각종 시설과 단체가 설립되었다.[152]

농촌진흥 운동은 정신적 측면과 통치 논리가 강하게 작용한 정책이었으므로 통제의 효과를 거두는 데 급급했다. 정신적 3지표의 실천을 위해 각종 훈련기관(농민 훈련소, 농업 강습소 등)을 통한 중견인물 양성과 정신교육 강조에 정책 방향을 두었다. 우가키(宇垣)총독의 시정방침인 '농산어촌 진흥과 자력 갱생 운동'은 "생활향상의 자각이 결핍되고 늘 구습에 물들어 극히 저급한 생활에 빠져" "근면, 절약, 저축 등 기분을 상실한" '조선 농민의 구제'를 위해 자력갱생과 진흥 대책의 두 가지를 설정했다. 그러나 해결 방안은 역시 "농가 자신의 분투 노력"과 이를 돕기 위한 "자극 지도"가 중핵이었

다.[153]

 그나마 단기처방(토목공사)과 '농가 갱생 계획'도 재정난으로 제대로 추진
되기 어려워 농민들에게 실질적인 도움은 되지 못했다. 더구나 농촌진흥 운
동을 표방한 농촌 사회의 관제화가 강화되면서 농민의 관심이 더욱 멀어지
자 이를 개선하기 위해 내세운 방법이 심전 개발 운동이다.[154] 그러나 이미
당시 농촌 상황은 정신교육으로 감당할 수 있을 상황이 아니었다. 중일전쟁
이후 총동원 체제를 운용하기 위한 동원 체제가 가동되는 시기였으므로 더
욱 적극적인 관제 운동이 필요했다. 1938년 국민정신총동원조선연맹의 조
직화에 따라 농촌을 포함한 전 조선민중의 조직망을 갖추게 되면서 부락 연
맹이 농촌진흥회와 병설되거나 대신하다가 1940년 10월 16일 국민총력조
선연맹의 발족에 따라 농촌진흥 운동은 소멸되었다.

 이러한 과정을 통해 진행된 조선 농촌진흥 운동에 관한 식민지 관료들의
회고는 '헌신과 진심'이다. 식산국장을 지낸 호즈미(穗積眞六郎)는 '조선 농
가의 항산(恒產)을 이루기 위해 고심을 거듭'하던 우가키 총독의 식견을 높
이 평가했다. 우가키는 '아마 30년이 걸릴 운동'이라는 와타나베 농림국장
의 회의론에도 "1호 1호를 대상으로 삼아 추진해 나간다는 게 매우 힘들고
어려운 일임을 알고 있지만" "하나하나 붙잡고 해나갈 수밖에 없다."는 지
론을 견지하며 "조선민족의 경제 상태와 생활을 확실하게 확립"하기 위해
노력했다고 한다.[155] 진심과 헌신'은 농림국과 식산국 등 농촌을 대상으로
하는 정책으로 수행된 것이 아니라 '졸업생 지도'를 비롯해 학교를 통해 확
산하는 방법이 활용되었다.

 "우가키 씨가 농산어촌 진흥이다 남면북양(南綿北羊)이다 해서, 난 25세에
 공무원이 되었는데 지방에 나가면 각반을 두르고 농가를 하나하나 돌며
 가정생활, 경제생활, 그리고 농산물 증산에 협력하라는 일을 했어요. '자

네는 학무과장이지만 산업과장이고 농업과장이고 임업과장이기 때문에 농가에 가서 1인 1인의 농가 재산이 크게 번창해서 그래서 그 자제가 훌륭한 교육을 받을 수 있도록 그런 방향으로 지도하라.' 고 해서 학무과장이 농가를 하루 종일 돌았죠."(1929년 전남 학무과장을 비롯 농림국과 재무국에서 과장을 지낸 山名酒喜男 발언)[156]

조선에서 중학 시절을 보내며 황폐하고 열악한 조선 농촌의 실정을 목도하며 '내선일체라는 이상적인 생활을 이루어야겠다는 사명감'으로 충만했던 야마나는 '학무만 하겠다는 생각을 버리고 농민과 학생 하나하나를 상대하라.'는 전남지사의 당부에 감동을 받고 '생산력을 크게 확충하여 빚도 청산하고 훌륭한 생활을 하고 싶다는 의욕이 솟구치도록 만들고자' 실천에 나선 경험을 남겼다. 학교 농사 시험장에서 좋은 품종의 쌀과 면(綿)을 받아와 학교 실습지에서 경작해 아이들에게 보여줌과 동시에 부모에게도 보러 오게 하는 방법이다. 모내기 철에는 직접 논에 나가 정조식(正條植. 못줄에 맞추어 심는 방법)을 권장하고, 생도들을 동원해 농가를 일일이 방문 지도하는 등 가정·사회교육으로 확대하는 것을 당연시했다.[157]

이같이 당시 농촌진흥 교육은 학교에서 이루어지는 것이 아니라 가정과 사회에서 진행되었고, 구체적인 실천을 통해 이루어졌다. 그러므로 이 장에서는 농장과 양계사업을 통한 실천 사례를 중심으로 농촌진흥 교육의 구체화 과정을 살펴보기로 하겠다.

1. 조선 거주 일본인의 조선 농촌진흥 인식 : 『조선과 만주』를 중심으로

당대 최고의 엘리트를 배출한 제일고녀에 다닌 일본인 여성 두 명의 구술 기록에서 학창 시절에 조선 농촌진흥에 대한 교육은 찾을 수 없었다. 공립

게재일시	제목(번역)	필자 및 소속	주요 내용	호수
1930.4.	독일의 근로학교를 보다	西崎鶴司(경기도재무부장)	해외사례	269
1930.6.	조선에서 본 비료문제와 농촌의 진흥	尾崎史郎(식산국기사)		271
1930.6.	1930년도 토지개량에 대해	有賀光豊(조선식산은행頭取)		271
1930.9.	인도농촌생활의 개선(번역문)	兒玉純─(조선식산은행)	해외사례	274
1930.12.	조선과 그 飼養法	吉田雄次郎(식산국축무과)		277
1931.1.	산업으로서 면양	吉田雄次郎(식산국축산과)		278
1931.2.	미국에서 농업구제문제	兒玉純─(조선식산은행)	해외사례	279
1931.4.	田園家塾에서 노작교육의 一형태	松月秀雄(경성제대교수)	교육 : 노작	281
1931.5.	충남호남의 봄을 찾아	釋尾旭邦	시찰기	282
1931.6.	도시와 농촌	前田多門(동경시정조사회이사)		283
1931.10.	수리사업의 현재와 장래	中村寅之助(총독부토지개량과장)		287
1932.9.	농촌구제의 응급책과 근본책	小出光政(경제학박사)		298
1932.9.	조선에서 금융조합의 신설과 조합구역에 관한 문제	車田篤(경성법학전문학교수)		298
1932.10.	조선에서 금융조합의 신설과 조합구역에 관한 제문제	車田篤(경성법학전문학교수)		299
1932.11.	자력갱생의 민력진흥책	山崎延吉(총독부촉탁)	『농촌진흥』목차	300
1933.3.	조선에서 농촌진흥의 一형태	松月秀雄(경성제대교수)		304
1933.3.	조선에서 농촌진흥근본책	田淵勳(동척이사)		304
1933.3.	금융조합과 농촌의 자력갱생	山根譓(조선금융조합상무이사)		304
1933.3.	宇垣총독과 시국을 말하다	기자		304
1933.5.	북선개척사업과 화전	海老原(총독부산림과사무관)		306
1933.10	조선의 면양장려에 대해	吉田雄次郎(총독부농림국)		311
1933.11.	조선에서 농업부업으로서 미술품	佐藤九二男(洋畵家)		312
1934.5.	조선의 면화증산계획에 대해	본지기자		318
1934.6.	조선에서 면양장려와 생산량	본지기자		319
1934.9.	원시적 농업문제의 전망	木梨靖彦(조선사편찬회)		322
1935.3.	농촌교육에 대한 一관견	中山岩光(경성제대 교육연구실 문학사)	교육	328
1935.4.	농촌교육에 대한 一관견	中山岩光	교육	329
1935.8.	심전개척 지상좌담회			333
1935.8.	조선 농촌공업화의 필요	三島正二(총독부상공과)		333
1935.8.	소위 심전개척에 대해	栗田惠成(남산本願寺輪番),江田俊雄(博文寺집사)		333
1935.9.	심전개발의 실행촉진안	金黙熙(博文寺常在鮮人 포교사)		334
1935.11.	조선의 장래를 말하다(1) - 모든 것이 농촌문제의 해결에 달렸다	江上征史(총독부촉탁)		336
1936.1.	농촌인 一段의 긴장을 요한다	矢鍋永三郎(조선금융조합연합회장)		338
1937.2.	내일의 조선농업 진로	朝倉昇(평양지방전매국장)		351
1938.8.	全鮮학생 · 생도의 근로보국작업	본지기자	노작	369
1939.5.	동아농업에서 조선농업의 지위	森谷克己(경성제대 법문학부조교수)		378
1939.10.	산미증식과 조선농업의 사명	藤田文吉(조선식산은행조사부)		383

학교의 과목에 '농업초보'(1911년 경성고등보통학교, 경성여자고등보통학교 과목 등)[158] 등 농업관련 과목은 있었으나 조선 농촌진흥 교육과 관련성이 있다고 보기는 어렵다. 조선 농촌진흥 교육은 특정 과목이 아닌 교육철학에 반영되어야 하는데 당시 일본인 사회의 조선 사회에 대한 인식을 볼 때, 학교교육 현장에 조선 농촌진흥 교육이 반영될 여지는 없다. 그러므로 조선 농촌진흥에 관한 일본인들의 인식은 신문이나 잡지, 방송 속에서 형성될 수 있다. 이들에게 영향을 미친 언론 매체를 보면,[159] 당시 신문은 조선총독부 기관지 「경성일보」(일문)이고, 잡지는 『조선공론(朝鮮公論)』(1913.4~1944.11)과 『조선(朝鮮)』 및 그 후신인 『조선과 만주(朝鮮及滿洲)』(1912.1~1941.1)이다. 당시 일본인 사회에서는 『조선과 만주』를 선호한 것으로 평가되므로 이를 대상으로 삼고자 한다.[160] 1930년대 농촌진흥 운동과 관련된 기사는 37건 정도이다.

필진 구성을 살펴보면 다음과 같다. 37건 가운데 6건을 제외한 31건(32명)의 필진은 사찰 관계자 3명, 서양화가 1명, 경제학 박사1명을 제외하면, 조선식산은행, 금융조합, 경성제국대학, 조선사편수회, 동양척식회사, 동경시정조사회, 조선총독부 등 모두 관과 연계된 인물이다. 이는 잡지의 성격과도 관련된다. 이 잡지는 '통속적인 부드러운 기사를 일반인까지 구독할 수 있게 한다'는 취지를 표방했으나 제목에서 알 수 있는 바와 같이 대륙 팽창의 제국주의적 지향성을 그대로 반영했다.

물론 편집자의 편집 방향도 이와 차이를 보이지 않는다. 샤쿠오는 1911년 10월 만주 시찰을 다녀온 후 '만주 경영과 지나(支那) 연구의 급선무'를 절감하고 잡지명을 『조선과 만주』로 변경했으며 폐간사에서도 '선만 개척과 대륙 진출의 급선봉'이라는 점을 밝힐 정도였다. 물론 조선총독부의 정책을 비판하는 경우도 있었으나 조선 거주 일본인 사회의 이익을 대변하는 입장에 국한한 비판으로 때로는 지배당사자들보다 훨씬 더 제국주의적인 강경론을 주장했다. 그러므로 민간언론이었으나 논지는 일본 제국주의의 방향과 일치했고, 대륙 침략을 뒷받침했던 대표적 언론이었다.[164] 그러므로 조선 농촌진흥과 관련한 기사는 큰 틀에서 식민 지배 당사자들의 통치 방향과 일치한다.

37건의 기사를 분석하면 다음과 같다. 먼저 시기별로 보면, 1930년 4월부터 1931년 10월까지의 기사는 일관된 특징을 찾기 어렵다. 비료, 토지개량, 면양, 사양법, 수리 사업 등 농업 전반에 관한 기사가 산발적으로 게재되었다. 인도와 미국의 사례도 원론적인 범위를 벗어나지는 않는다. 근로 교육과 노작교육 기사에서 덴마크나 독일 등 유럽의 청년을 대상으로 하는 농업교육을 상세히 소개한 점이 특징이다. 그러나 1932년 9월 이후에는 '응급책', '근본책' 이라는 용어가 등장하면서 '자력갱생', '민력 진흥', '농촌진흥' 이 특징을 이룬다. 특히 금융조합과 농촌교육에 대한 강조는 당시 농촌진흥운동의 정책 방향과 일치한다. 이러한 흐름은 1935년 '심전 개척', '심전 개발' 기사로 이어지며 필진도 심전 개발이라는 주제와 어울리게 불교계 인사들이 담당했다. 1938년 국민정신총동원조선연맹이 발족한 이후에는 농촌진흥의 단어는 찾을 수 없다. 다만 학생들의 근로 보국 작업을 강조하면서 근로 보국 운동의 전개와 연계하거나 식량 공출을 뒷받침하는 산미증식 기사가 두드러진다. 이같이 시기별 기사의 특징은 농촌진흥 운동의 전개 방향과 차이를 보이지 않는다.

위 기사 가운데 농촌교육과 관련한 기사(328호, 329호)를 살펴보자. 필자는 '농촌 구제를 목적으로 농촌교육 전반의 혁신을 주장' 한다. 이를 위해 '농민의 단점' 을 지적하고 '교정' 의 필요성을 강조한다. 그러나 방법은 모호하다. '진정한 농촌인의 완성' 이 지칭하는 농촌인은 '건전한 농촌인' 이자 '국민정신을 의식하고 농민 정신을 구유(具有)하며 실제적으로 농촌 사회에서 활동할 수 있는 사람' 이다. '농민 정신과 농민혼' 으로 충만한 농촌인이다. '농촌을 농촌인 자신의 손으로 구제' 하고, '농촌을 영구적으로 구제할

자' 이다. 이를 위한 구체적인 방법은 교육이지만 이것도 여전히 탁상공론이다. '농촌인으로서 정신'을 함양하고 향토 체험과 농촌 이해를 도모하는 초등학교교육, '농업 실제의 개인적 지도, 농촌 공민교육, 농민 정신을 철저한 도야' 하는 보습학교 교육, 호주와 주부를 대상으로 하는 교육으로서, 역시 '농민 정신'과 '애향심'을 함양하며, 단체 활동과 부업을 통해 실천하도록 하는 농촌 사회 교육 등 세 가지 방법을 통한 교육이다. 이러한 방법으로 농촌이 얻을 수 있는 성과는 어느 누구도 기대하기 어렵다. 이같이 농촌진흥 운동과 관련한 『조선과 만주』의 기사는 당국의 정책 방향과 조응하며, 조선 농민의 농민혼 함양과 자력갱생 의지를 강조하는 공염불을 반복하고 있다.

2. 조선 농촌진흥 운동의 사례 : 시게마쓰 마사나오의 양계(養鷄)사업

조선 농촌진흥 운동과 관련하여 총독부 당국이, 그리고 『조선과 만주』 기사에서 제시하는 실천 방법의 하나는 금융조합 활동이다. 자력갱생과 중견 인물 양성을 통한 조선 농촌진흥 운동의 추진이라는 슬로건에 적합한 사례는 최초로 한반도에 양계 사업을 보급한 강동금융조합 이사 시게마쓰이다. 스스로 『조선 농촌 이야기(朝鮮農村物語)』를 남겼고, 최근 발간된 다나카 히데오(田中秀雄)의 책(『朝鮮で聖者と呼ばれた日本人』)을 통해 상세한 내용이 알려졌다. 이 책에 근거하여 연도별로 시게마쓰 마사나오의 활동 내용을 살펴보자.

> 1891.4.23. 아이치현(愛媛縣) 마쓰야마시(松山市)에서 유복한 지주의 차남으로 출생./ 1905.4. 구리이(栗井)소학교 졸업/ 1911.3. 마쓰야마(松山)중학교 졸업. 형(요시후루)이 러일전쟁에서 전승을 세워 고향의 영웅이 되자, 이에 영향을 받음

1912.4. 1년간 병역을 마친 후, 동양협회전문학교(척식대학 전신. 당시 학교장은 桂太郎) 조선어과 입학.[165] 입학식에서 '선교사와 같은 마음가짐으로 해외에 나가야 한다.'는 가쓰라 교장의 훈시와 입학식에 궁성을 배관(拜觀)하는 영광을 경험하며 감격스러워 함/ 1913.여름. 친구들과 조선여행(경성, 평양, 원산 등 주요 도시)/ 1914. 1년간 조선어과 학생 40명과 경성의 분교(교사: 총독부 관리)에서 학업을 마친 후 졸업

1915. 토지조사국에 발령을 받고 제주도 부임. 조난당한 일본 선박 소속 선원의 식량 조달 과정에서 양계 사업의 필요성 인식

1917. 가을. 토지조사국 퇴직. 평북 신의주 지방 금융조합 견습이사를 거쳐 12.31. 평남 양덕 지방 금융조합 이사로 부임[166]

1919.3.5. 3 · 1운동의 과정에서 습격을 받아 중상을 입고 우측 다리 불구 [167]/ 1921.10. 평남금융조합연합회 부이사로 전근(평양)

1925.7.22. 강동금융조합 이사 발령. 서기 3명. 일본인 28호 거주 지역 1923년 현재 조합원 921명으로 경영상 문제가 없었던 지역[168]/ 1925.9. 조선총독부 내무국 사회과에서 실시한 조선의 농가 경제 관련 조사 결과 발표를 통해 쇠망한 농촌 실정을 인식. 농촌 부업을 위해 자산을 털어 양계사업 개시. 조합회의에서 달걀의 협동 판매와 판매 대금의 저금을 제안하고 직접 실천. 평양의 종금장(種禽場)에서 사육 방법을 배운 후 레그호온과 나고야종 15마리 구입하여 사택에서 부부가 양계 시작. 양계 선전가(5절 가사)를 만들어 보급. 조선인 호응자가 생기기 시작

1926.4.1. 강동금융조합 양계 모범 부락 규칙(총 14개조)과 운영을 위해 위원회 구성. 규칙 내용 - '농촌 경제의 발달을 도모하고 협동일치근검저축의 미풍을 양성'하기 위해 종래 재래종을 처분하고 백색 레그호온을 사육하며(종란은 시게마쓰가 제공), 생산란은 협동 판매하고 닭과 달걀은 교환매각이 가능. 양계 강습회와 품평회 개최. 달걀 매각 대금의 10% 이상은 조합에

저금을 하고 30엔이 되면 희망에 따라 소를 구입한다는 내용. 그러나 규정과 달리 실제로는 달걀 대금 전액을 강제로 저축하도록 함. 지방민의 호응이 늘어 종란 배부 수를 1인당 10개로 제한. 금융조합의 정신인 '협동일치 근검저축의 미풍'을 확산하기 위해 보통학교를 통한 '학동(學童) 양계' 실시. 이를 통해 학비 해결이 가능하도록 하여 학부형들의 호응을 이끌어냄. 1927.5.13일자 『평양매일신문』기사(사재 1천엔 이상을 희생한 내용). 당시 경성일보 구독료가 매달 1엔이었고, 최고급 외제차인 포드세단의 가격이 2,670엔

1928. 양계 사업이 주변 금융조합으로 확산됨. '학동양계'를 통해 "양계부업의 훌륭한 소년 전사"를 양성한 성과 홍보/ 1928.6.21. 계란품평회 개최(조합 사무실). 5일간 입장객 1,285명.[169] 우량품출품자 포상./ 10. 아이치현(愛知縣) 碧海郡 安城町 출장 시찰. 양계로 황무지를 극복하고 안성(安城)고등농림학교(초대 교장 山崎延吉)를 창설한 상징 지역./ 1928.12. '닭이 소를 낳았다!' 조선인 여성 조합원이 달걀 판매 저금 30엔으로 소를 구입하면서 부락 전체로 확산되기 시작

1929.10. 경성에서 열린 조선 박람회에 달걀 출품하여 동메달 획득

1930.4.26. 조합원 윤(尹. 소주회사 경영)의 수송차 제공과 수송방법 개선으로 달걀판매처 확대. 평양 제77연대 공급 계약/ 1930. '달걀에서 의학생으로!' 30대 중반의 소작인이 달걀 판매 저금으로 평양 의생 강습소에 입학하고, 의사가 되면서 홍보 효과 극대화. 경성일보 1930.7.17일자, 1931.7.3일자 기사 '달걀에서 의생, 인내력의 성과' - 농촌 피폐의 해결 방안은 근검절약, 노력이라는 점 강조./ 5. 강동 농민이 달걀을 팔아 구입한 소는 50마리에 이르러 '달걀로 구입한 소 품평회' 개최. 77연대로 달걀 수송 성공/ 11. 대일본농회로부터 농사 공로자 표창

1931.2. 기원절에 평남지사로부터 강동의 지리(芝里)와 하리(下里)가 우량 부

락으로 표창을 받음. 평양 교외의 산양 목장에서 산양을 구해 사육./ 4. 금융조합이 주최하는 단편영화 각본 모집에 응모하여 3등에 입선./ 8. 경성에서 이사 견습자 대상 강연.『금융조합』10월호와 11월호에 강연록 게재

1934. 1. 농산어촌 공로자로 표창을 받음(高松宮家. 大正 천황의 3자)./ 9. 면양강습회 참석(함흥). 면양 3두를 구입 사육하여 1936년에는 12두가 됨./ 가을. 양계 사업의 확산으로 감별사 필요성 제기. 감별협회에 조합원 1명(농민 윤중섭)을 감별사로 추천하여 나고야에서 강습을 받도록 함(12. 윤중섭은 갑종감별사 합격하여 고향에서 사무원으로 채용됨)

1936. 4. 5. 지리 주민이 시게마쓰의 송덕비 건립. 지역민으로부터 성자로 불림/ 10. 일본 오카야마(岡山)에서 열린 제15회 전국축산대회에 출석하여 축산공로자 표창을 받음. 그동안 경험을 담은 『금융조합의 부업 양계』, 『유용(乳用) 산양의 사육 방법』, 『카키캄벨 사육 방법』등을 만들어 보급

1937. 4. 14. 라디오방송(경성중앙방송국, 제15회 부업 강좌 - 양계로 갱생을 한 농촌의 실례)에 출연하여 농촌 갱생에 성공한 경험을 방송./ 8. 『금융조합』8월호부터 연재하다가 1938년 5월 전근으로 중단

1938. 6. 경성금융조합연합회본부 교육부 교수과장으로 영전. 각지의 양계 사업을 독려./ 1939. 9. 6. 조선금융조합연합회 황해도지부장 임명./ 1940. 11. 황기2600년 식전에 참석(東京)하고 '영광과 감격스럽게' 1시간 30분 동안 다카마쓰노미야(高松宮)를 배알-접견

1941. 11. 소설가(島木健作)의 권유로 그동안 시게마쓰가 발표한 책과 『금융조합』에 연재한 내용(「나의 족적」, 「그로부터 12년」)을 모아 『조선농촌이야기(朝鮮農村物語)』 발간(중앙공론사. 일본)

1942. 2. 금융조합 교육부장으로 영전. 금융조합을 그만두고 국민총력연맹에서 일을 해달라는 요청을 받았으나 거절./ 1943. 국민총력연맹 연성부 연성위원 명단./ 11. 총력연맹이사인 실천부장과 금융조합 이사직을 겸직/

1944.12. 총력연맹 사직

1945.3. 『속 조선 농촌이야기』 발간(홍아문화출판. 경성)/ 10. 금융조합 잔무 정
리 중 경기도경찰서에 '공공단체의 경비 지출 혐의'로 구금되어 서대문형
무소 수감.[170] 47일만에 석방되어 11월에 귀국. 이후 향리에서 농촌 부흥
활동을 하다가 1975년 사망

이 책은 평전의 형식을 갖추고 있다. 저자는 우연히 고서점에서 통신판
매로 입수한 『조선 농촌 이야기』를 읽고 "일본의 조선 통치 시대에 일본인
과 조선인 사이에 이토록 아름답고 감동적인 일이 있었음"에 놀라 유가족
(양녀)을 방문하여 각종 관련 자료를 찾아 책을 완성했다고 한다. 저자가 근
간으로 삼은 자료는 시게마쓰가 『금융조합』에 연재한 내용(「나의 족적」, 「그로부
터 12년」)이다. 강동 부임 시기부터 연재한 시게마쓰의 글(『금융조합』 107호.
1937.8)은, 다나카 히데오가 받은 감동만큼이나 스스로 감동과 희열로 충만
해 있다. 그 내용을 살펴보면 다음과 같다.

부임 직후(첫 직원회의)부터 농가의 부업을 고민하고, 이 토지에 적합한 부
업으로 양계를 제안한 이후(108호, 185~186쪽), 친구인 N에게 "내 자신이 먼저
양계를 하고 스스로 체험을 통해 장려할 계획"과 "자신의 귀중한 체험을 기
초로 조합원의 자각을 촉구하고 강력한 분기(奮起)를 촉구할 생각"임을 밝혔
다(109호, 197쪽). 또한 양반이라는 봉건적 인습과 허세, 배타적 사상. 관공서
의 지도를 싫어하는 부락(下里)을 도리어 유쾌하게 생각하고, "이런 부락이
야말로 각성의 필요가 있고, 각성시킬 사명감을 통감"하며 "열정이 전신을
감싸는 충만한 투지, 전신에 피가 약동"하는 가운데, "왜놈이 왔다!"는 작은
소리에 여성들은 문을 닫고, 노인은 도망가고, 청년들은 조소의 눈빛, 아이
들은 "절름발이(跛足) 이사!"라고 소리치며 걸음걸이를 흉내 내고, 뒤를 쫓아
다니며 놀리고 도망가는 등, 각종 수모를 겪으면서도 마을 장로들을 만나

"부락의 갱생을 도모하기 위해 양계 부락의 효용성을 상세히 설명했다. 그 이유는 "그 중에는 훌륭한 양반답게 사는 사람도, 세상의 생존경쟁을 모르는 사람도, 완고한 얼굴을 한 사람도, 체념한 얼굴을 한 사람도 있었고, 배타적인 얼굴을 한 사람도, 생활에 찌든 사람도 있었다. 그러나 이 부락 사람들의 마음속에 있는 무엇인가 채워지지 않는 무엇, 말할 수 없는 슬픔이. 지금은 그 무엇을 주는 일이 초미의 문제이고, 나는 그 무엇을 줄 사명감을 통감"(110호, 185~188쪽)했기 때문이다.

노력한 결과, '농가 갱생의 성과'는 서서히 나타나기 시작했다. "하리(下里) 마을에서 양계를 통한 갱생 운동을 일으킨 지 5년만에 사랑은 참는 것이라는 신념을 바탕으로(116호, 149쪽) 한 노력이 빛을 발해, 부락의 갱생을 서약한 윤민섭(평양 광성고보 졸업생)과 나(시게마쓰)의 갱생 운동은 드디어 잠자고 있던 부락민의 혼을 요동시켜 '달걀 돼지'와 '달걀 소'를 낳았고, 수년간의 부채로부터 해방시켰으며 인생이 밝아졌다고 기뻐하는 자까지 생겼다."(116호, 149쪽) 그는 "이 일에 자극을 받아 앞다투어 이 운동에 참가하도록, 부디 널리 학동들에게도 부업 양계가 얼마나 농촌의 경제 갱생에 중요한 역할을 하는가 하는 점에 대해 인식을 깊게 하도록" 마음을 다잡았다.(114호, 191쪽)

이러한 노력은 전국적으로 알려져, 1931.7.3일자 경성일보는 소작인 출신으로 35세 윤경섭이 의생 면허를 취득한 것과 관련하여 '달걀에서 의생, 인내 노력의 성과'라는 사설을 실었다. 사설은 "달걀 성금(成金)이란 내지에도 많고 조선의 강동에도 적지 않지만, 소년 시대에 근근이 서당에서 배운 정도의 박약한 기초 지식으로 마침내 조선총독부 면허라는 훌륭한 의생이 된 윤군과 같은 사례는 내선(內鮮)을 통해 전무할 정도로 희소한 것", "윤군의 사례는 농촌 구제의 여지가 충분히 있음과 농촌을 구제하는 것은 농촌 자신임을 증명", "농촌 문제 해결을 위해 당국이 여러 고려를 하고 비용을 들이는 것은 당연한 사실이지만 농촌 자신이 스스로 나아가 눈앞의 파도를 넘는다는 결의를 보이지 않는다면 어느 누구도 도울 수 없다."는 진리를 확인하면서 끝났다(117호, 123~124쪽).

윤군이 양계를 통해 의생의 목표를 세우고 꿈을 이룬 것은 부정할 수 없다. 그러나 경성일보가 평가절하한 서당의 교육은 결코 '근근하고 박약한 기초 지식'이 아니었고, 오히려 이 교육 경험은 윤군이 이후 의생이 되는 데 큰 밑받침이 되었다. 그럼에도 경성일보는 '당국도 구제하지 못하는 농촌의 피폐상을 스스로 극복한 인간 승리의 사례'로 선전했다.

다나카가 놀란 '이토록 아름답고 감동적인 일'은 바로 일본의 한 청년이 당국의 정책을 온몸으로 실천한 모범 사례 그 자체였다. 시게마쓰는 금융조합 설립 취지에 따라 수학하고 조선에 부임해 금융조합의 이념에 따라 생활했다. 요청에 따라 총력연맹에도 잠시 몸담았지만 겸직할 정도로 금융조합에 충실했다. 이러한 삶의 방식은 전후에도 달라지지 않아 고향에서도 동일한 삶을 살다 사망했다. 이러한 사례는 매우 특이했으므로 당시 신문과 방송에도 소개되었고, 표창이 끊이지 않았다. 이로 인해 홍보는 물론, 교육 효과도 매우 높았다.

시게마쓰 개인의 삶을 보면, '희생과 헌신'이라는 단어가 떠오른다. 그러나 중요한 것은 왜 시게마쓰가 그런 삶을 살았는가 하는 점과 이러한 삶의 궤적이 당시 당국의 의도와 어떠한 관련성을 보이는가 하는 점이다. 평생 조선에서 양계 부업을 위해 노력한 시게마쓰의 생각은 당국의 의도 및 경성일보 사설 내용과 다르지 않다. '자력갱생'의 의지가 없다면 아무리 당국이 노력을 한다 해도 할 수 없지만, 의지만 있다면, 무엇이든 안 되는 일이 없다는 논리이다. 이 논리는 '물심양면의 갱생'이라는 농촌진흥 운동의 목표 및 실천 방법과 일치한다. 「양계로 갱생한 농촌의 실례」(4.14일자 제15회 부업 강좌 라디오방송. 『금융조합』 105호, 1937.6.1 발행)에 의하면, 자신의 양계 부업이 전국적으로 번성하게 된 원인으로 '농촌진흥 운동의 제창'을 들었다. 또한 '오직 조선농촌 독특한 농촌부업양계의 건설'은 "자가(自家)의 확실한 갱생을 도모함과 동시에 부락의 진흥을 도모"하는 길이자 "경제생활 외에 자유의 생활이자 흙의 생활이며 닭이라는 작은 생명을 창작하여 만족하고 이를 즐기는 오락"이라고 주장했다.(65~66쪽) 그리고 시게마쓰가 남긴 글은 양계부업을 통해 '완고하고 인습에 젖은 농민들이 중견 인물의 지도와 헌신에 의해 어떻게 갱생의 길을 걷는가' 하는 과정을 보여 준다. 당국이 내세운 농촌진흥운동의 목적과 방법이 그대로 녹아든 소신과 감상이다.

이들 중견 인물은 보통학교나 고등보통학교를 나와 일정하게 경제력을 갖춘 인물들로서, '시게마쓰의 헌신'에 감동 감화를 받아 스스로 실천한 사람들로 그려졌다. 이들은 마을의 노인을 설득해 자비를 털어 마을 회당을 만들고, 여성야학을 운영한다.[171] '왜놈에 절름발이'라고 시게마쓰를 놀리던 아이들은 오히려 양계 부업의 전사로 성장하고 학동 양계를 통해 일본 유학까지 다녀와 입신출세할 정도이다. 그 모든 것이 사회교육과 학교교육을 통한 갱생의 성과이자 성공 사례이다. 그의 당초 목표는 교육을 통한 농촌진흥 운동의 확산이 아니라 부업을 통한 농가 갱생이었다. 그러나 기대 이상의 교육적 효과를 가져왔다.

이러한 시게마쓰의 '헌신과 희생'은 학교 및 사회교육의 효과였다. "소학교 시절, 러일전쟁이 일어나자 국방헌금이나 황군 위문금으로 총후의 국민으로서 적성(赤誠)을 충만하게 하여, 학교에서도 매일 밤 열심히 가마니를 짜서 국방헌금이나 위문금으로 내며 순진한 소국민으로서 정성을 바쳤"고(109호. 202쪽), 러일전쟁에서 전승을 세워 고향의 영웅이 된 형에게 영향을 받고, 1912년 동양협회전문학교에 입학해 평생을' 선교사와 같은 마음가짐으로 해외에 나가' 고자 다짐한 경험 등이 바로 그것이다. 이러한 점은 녹기 농생숙장이었던 야나기사와 시치로(柳澤七郎)와 크게 다르지 않다.

3. 조선 농촌진흥 교육의 사례

: 야나기사와 시치로(柳澤七郞)의 미즈호(瑞穗) 농생숙(農生塾)[172]

미즈호 농생숙은 1939년 녹기농장 농생숙으로 문을 열었다. 농생숙은 1939년에 농촌 교화 사업의 일환으로 오류동에 설치되었다.[173] 숙장인 야나기사와(柳澤七郞, 1908~1976)는 나가노(長野)현 출생으로 1932년 강원도로 이주했고, 1937년에 조선총독부가 운영하는 평택군 소재 군립농민훈련소에 근무했다.[174] 그가 녹기동인회 시절에 회원들과 친분 관계를 가졌던 것으로 미루어 녹기농장은 농민 훈련소에서 영향을 받은 것으로 추정된다. 오류동에 설치한 농생숙은 1942년에 금교(金郊)로 이전하였다. 야나기사와는 전후 귀국하여 다치바나(橘)학원 여자 고교에서 교유(敎諭)를 역임했고, 조선에서 활동을 소설화한 『조선 땅에 살다(韓野に生きて)』(1967)를 남겼다.

녹기연맹[175]은 1933년 발족 당시부터 사회 교화 운동을 첫 번째 목적으로 내걸고, 일반 사회 교화를 위해 사상을 연구하며 중견 인물을 양성하고 발간물을 통해 보급하는 활동을 전개했다. 이를 위해 다른 단체와 함께 조선총독부가 중심이 된 운동을 지원하고, 독자적인 운동을 설정해 전개하는 두 가지 방향으로 활동했다. 전자의 대표적인 예가 국민정신 작흥 운동이나 심전 개발 운동이고, 후자가 '녹(綠)의 생활 운동'이다. 녹기연맹의 중심 운동으로 정착한 '녹의 생활 운동'은 사상적인 면에서 조선총독부가 주도한 국민정신작흥운동이나 심전 개발 운동에 일정한 영향을 미쳤다.[176] 녹기연맹은 1939년 5월에 열린 총회에서 농촌 교화를 1939년도 목표로 정하고 조선의 농촌을 대상으로 한 교화 운동을 전개했다.[177] 1933년의 목표가 일본인들의 수양을 강조하는 큰 틀의 사회 교화라면, 1939년에는 조선 농촌의 교화로 바뀐 것이다. 이러한 목표의 구체적인 활동은 바로 농생숙 설치로 이어졌다.[178] 야나기사와는 녹기연맹의 일원으로써, 이전에 이미 일본에서 농촌 교화에 대한 사회 교육을 받은 인물이다. 그러므로 이러한 교육의 경험이 축적되어 녹기연맹의 농생숙에서 자신의 이상과 포부를 펼칠 수 있었다.

야나기사와의 책은 소설의 형식을 갖추고 있으나 논픽션이다. 범례에 의하면, 이 책은 저자가 일본으로 돌아갈 당시 간신히 몸에 지니고 나온 평소 기록(노트)을 기초로 전전(戰前) 시기에 저자의 기고문 및 스승과 지인들과 주고받은 서간 등을 참고해 정리한 기록이다. 서문에 나타난 바와 같이 야나기사와는 '농촌진흥에 노력한 인물'이므로 이 책은 필자의 조선 농촌 및 농촌진흥 교육에 대한 인식을 엿볼 수 있는 자료이다. 이 책의 내용을 통해 살펴보자.[179]

야나기사와는 일본 나가노(長野)현 신슈(信州)의 야마토농민숙(大和農民塾)에서 다년간 법화경 및 신도(神道) 연구를 통한 개척의 사명을 수행하고, 이바라키(茨城)현 일본국민고등학교에서 강습을 통해 수년간 '진충보국, 국토적 개척 정신, 황국 정신, 대화 혼'을 철저히 몸에 익혔다. 야나기사와가 책에서 일본국민고등학교 교장이자 만몽 청년 의용대원을 파견하기 위한 우치하라(內原)훈련소를 설립하여 소장을 지낸 인물로 묘사한 가와도(河戶)교장은 만주무장이민의 지도자 가토 간지(加藤完治, 1884~1967)를 의미한다. 가토는 '농민은 한 마음으로 땅을 일굼으로써 천황에 귀일할 수 있다'는 『고신도대의(古神道大義)』에 영향을 받아 일본 농본주의를 수립했다. 가토는 1915년에 설립한 일본국민고등학교협회 이사를 맡았고, 1927년 이바라키현 도모베쵸(友部町)에 농업경영인재를 양성하기 위한 학교로 일본국민고등학교를 설립했으며, 1935년에 우치하라쵸(內原町)로 이전했다. 이 학교는 일본고등공민학교(1950), 일본농업실천대학교(1980), 일본농업실천학원(1991)으로 개칭돼 현재에 이르고 있다. 가토는 1932년 관동군 사령부 소속 만주국 육군군사교관 도미야 가네오(東宮鐵男. 張作霖 폭살 사건 주모자) 및 이시하라 간지(石原完爾. 만주사변 주모자)와 협의를 거쳐 일본인만주이민사업을 주관했고, 만몽 청

년의용대원의 파견을 위한 우치하라훈련소를 설립운영했다.[180]

야나기사와가 대화숙(大和塾)에 들어간 것은 중학 3학년 시절에 당시 동경 제국대학 학생이었던 아이다(會田. 大和塾長)를 만나면서부터 이다. 교사로 부임한 아이다에게 감동 감화를 받은 야나기사와는 그가 이끌던 일련(日蓮)주의 신앙 청년 단체에 이끌려 1929년 마쓰모토(松本)시 근교에 개소한 대화숙의 최초 제자가 되었다.[181] 그는 대화숙 재학 당시(1930.1) 숙장 및 급우들과 조선과 만주를 답사하고 '조선이주의 결의' 를 다졌다. 그 후 대화숙의 대표로 강원도 신흥리 농장(일본국민고등학교장이 주관한 조선개발협회 소속 일본인 입식지)에서 3년간 생활했다. 신흥리 농장은 강원도가 국유지 636헥타르를 매수하여 설치한 종우육성장(種牛育成場)인데, 일본국민고등학교장이 강원도와 협의하여 이곳에 일본인 입식지를 마련하고 우선 일부 인원을 시험 이민하도록 한 곳이다.[182]

신흥리 농장 시절은 황량한 조선 농촌의 산하와 농민의 피폐상, '거의 원시적이라 할 정도의 농민 생활' 을 목도하고, 농장 책임자(일본인 입식자)와 견해 차이로 고민한 시기였다. 조선 농민들은 안중에도 없이 토지를 수용하고 소작료를 징수하는 등, 일본인 입식자 위주의 방침을 고수하는 농장 책임자로부터 '이상론자' 라는 비웃음을 사면서도 '내선융화' 와 '대화혼' 을 주장한 야나기사와는 숙장의 지시를 어기고 3년만(1935)에 일본으로 돌아가 심한 질책을 받았다. 그가 내선융화를 강조한 이유는 '2천만 명이라는 조선인이 반도에서 살고 있다는 현실' 을 인정했기 때문이다.[183]

그는 '조선인과 피를 결합한다는 생각' 아래 '내선일체의 진의' 를 더욱 되새겼다. 이러한 진의는, 1936년 형의 스승이자 C대학 교수의 소개를 받아 현해탄을 건너 녹인사(綠人社. 녹기연맹을 의미)에서 경성제국대학 교수인 쓰야마(津山. 실명은 津田榮)를 만나면서 더욱 확실해졌다. 야나기사와의 '조선과 조선 농촌에 대한 진정(眞情)을 통찰' 한 쓰다는 이듬해(1937) 경기도 농촌진흥과

장에게 평택군 군립농민훈련소 보도(輔導)로 추천했다. 1936년 개소 이후 스트라이크가 일어나는 등 성적이 부진한 농민훈련소를 개선하기 위해, 야나기사와 기사는 문묘 명륜당에 마련한 기숙사에서 '나태함과 노동에 대한 거부감에서 벗어나지 못한' 훈련생 30명과 동고동락하면서 '농민에 대한 뜨거운 애정'으로 '농촌갱생운동과 농촌중견청년교육의 성과'를 내기 시작했다.[184] 특히 '일상생활의 규율'을 통해 '사회적 악업'을 일소하고 '책임감을 육성'하는 등 갱생의 길을 걷도록 했다. 이러한 노력의 결과 '훈련생들의 성장은 눈부시게 되어' 국방헌금 마련을 위한 절미(節米) 운동은 물론, '전선봉공(戰線奉公), 즉 조선인 입영을 소망'하고 수료 이후에도 자비로 연수를 더 연장할 정도에 이르렀다.[185]

그러나 귀에 이상이 생기자 사직하고 일본으로 돌아가 스승의 중매로 '2년간 수행을 한' 여성과 결혼한 후 조선에 돌아와 녹기연맹이 새로이 추진한 농촌 교화 부문에 매진했다. 오류동에 마련한 농장은 '녹기연맹이 창도하는 내선일체의 이념'에 따라 '조선인이 토지를 제공하고 조선인의 손으로 건축'하고, 2명의 신입숙생(일본인)과 3명의 평택 훈련소 제자(조선인)로 문을 열었다. '내선 간 차별 없이' 동방요배와 메이지(明治) 천황 어제봉송(御製拜誦), 목검 훈련으로 시작하는 하루는 낮 동안의 농장일과 저녁에 보덕사 창시자인 니노미야(二宮) 이론 강의와 야간 자습으로 하루를 마무리했다.[186]

야나기사와 기사는 농생숙을 '장래 농민이 될 생각은 전혀 없이' 단지 또 하나의 교육기관으로 생각하는 일본인 숙생을 계몽하며 녹기연맹이 운영하는 또 다른 여성 교육기관인 청화(淸和)여숙생의 도움을 받아 성심껏 농장을 운영했으나 엄청난 가뭄과 연이은 수해로 피해를 입게 되자, 그 원인을 당국의 농촌 정책이 아닌 '나무 없는 조선의 산'에서 찾았다. 물론 치수나 토목, 식림 등 당국의 대응에 대한 의구심도 있었으나 전시 중에 이를 표현할 수 없었다. 아울러 조선인에 대한 동정심이 더욱 깊어져서 더욱 이들의 자력을

도와야겠다는 의지를 더욱 다졌다고 한다.[187]

그는 농생숙을 수료한 '우수한 청년'들이 농촌으로 돌아가고 싶어도 갈 수 없는 상황을 해결하기 위해 농생숙을 이전하게 된다. 이들에게는 토지가 없었으므로 고향으로 돌아간다 해도 점원이나 노동판의 일을 해야 하는 실정임을 알게 된 그는 개척과 임업, 축산을 주체로 하는 농민 도장을 건설하고 장래 농생숙을 졸업한 조선 농촌 청년들에게 토지를 제공하여 자작농의 모범 농촌을 건설하고자하는 의지로 녹기연맹 간부들과 이사회를 설득해 금교(경기도 금천면 용인리)로 이전했다. 경지와 산야는 군청으로부터 제공받았는데, 그는 이 장소를 일본의 신슈에 있는 농생숙이나 우치하라훈련소와 같은 곳으로 키우고자 했다. 그러므로 건축 양식도 우치하라훈련소의 양식을 본떠 원형 건물로 지었다.[188]

위에서 살펴본 바에 의하면, 야나기사와는 조선인과 피를 결합한다는 생각 아래 내선일체의 진의를 되새기며, 조선농민을 위해 헌신한 구도자의 모습이었다. 그렇다면, 그가 조선에 와서 신흥리 농장과 군립농민훈련소, 녹기연맹 농생숙 등지에서 농촌 교화에 매진한 이유는 무엇인가? 조선 농민에 대한 무한한 애정과 사명감 때문인가, 아니면 그가 책에서 강조한 것과 같이 '내선일체의 이념에 따라 조선 농촌 청년들에게 자작농의 모범농촌을 건설하게 하고자' 한 사명감이었는가. 스승인 가토를 통해 추정해 보자.

가토가 일본국민고등학교를 설립하고, 조선과 만주로 농업 인재를 파견한 배경에는 무토지 일본 농민 문제 해결이라는 현실적 이유가 자리하고 있었다. 천황 중심주의의 정신적 농민 교육을 견지했던 가토는 1922년 말 야마가타(山形)현에서 열린 자치 강습소 졸업식에서 '농민혼의 단련도야를 통해 일본농민으로서 본분을 다하고 싶어도 농사지을 토지가 없어서 할 수 없다.'는 제자들의 호소를 듣고 덴마크와 미국을 방문해 대규모 농업 현장을 견문한 후 일본 농민의 해외 이주를 적극 추진했다. 첫 번째 대상 지역이 조

선이었고, 다음이 만주였다.[189]

즉 가토의 우선적인 관심은 무토지 일본 농민을 외지에 보내 일본농민의 경제적 안정과 일본의 제국 운영을 돕는 일이었다.[190] 물론 이러한 목표가 이후 상황의 변화와 관동군 및 이시하라 간지와 입장 차이를 통해 수정되기도 했다. 가토는 재향군인 500명을 만주로 보내기 위해 예산을 확보하고 일본국민고등학교 및 이와테(岩手)현과 야마가타현의 도장에서 시험이민후보 463명을 한달간 교육한 후 1932년 10월 출발했다.[191] 그 후 농업과 군사의 목적을 달성하기 위한 둔전병적인 이민을 수행하기 위해 우치하라훈련소를 만들었다. 조선에서도 평강과 군산에서 일본 농민의 이주 사업에 관심을 기울였고, 이주가 원활해진 후에 비로소 조선 농민을 교육 대상으로 삼았다. 만주에서도 일본인의 입식이 성공할 때까지 조선인의 입식은 허용되지 않았다. 조선인의 입만(入滿)은 일본인 이주 정책이 실패한 이후에 가능했다.[192]

스승 가토가 농업이민을 추진했던 현실적인 이유는 이후 야나기사와가 내세운 녹기농생숙을 금교로 이전하면서 내세운 이유와 동일하다. 그런데 그가 운영했던 녹기연맹의 농장 훈련생은 소수인데다가 절반 가까이는 일본인들이었다. 녹기연맹 자체가 일본인의 국체 의식 함양과 내선일체의 실천을 목적으로 하고 있었고, 교화 대상도 일본인이었기 때문이다. 자작농의 모범 농촌을 건설하게 할 대상을 조선 농촌 청년이 아닌 일본 청년에게 찾았던 것은 무엇을 의미하는가. 이는 그가 구현하고자 한 조선의 농촌 교화 사업 자체가 무엇을 위한 활동이었는지 의문을 갖게 해준다.

이상에서 소개한 두 사람의 활동상에서는 두 가지 공통점이 보인다. 첫째는 일본에서 받은 교육(학교 및 사회교육)의 영향이다. 이들 모두 일본 국책에 의거한 교육과정을 거쳤고, 조선에서 펼치고자 했다. 이 교육과정을 통해 이들은 당국의 정책을 실천하는 길에 투신했다. 평소 보덕사의 이론과 법화경으로 수양을 거듭한 야나기사와는 물론, 시게마쓰도 '선교사와 같은 마음가짐으로' 조선을 선택했고, 보덕사 이론의 영향을 받아 설립한 금융조합을 평생 활동의 터전으로 여겼다. 농촌진흥 운동 정책에 대한 대응도 매우 적극적이었다. 당시에 농촌진흥 운동의 정책을 성공적으로 수행하기 위해 노력했고, 전후에도 달라지지 않았다. 야나기사와는 '이 운동을 통해 조선 농촌은 괄목할만한 성장을 이루었다.' 고 생각하고, 관련 통계를 제시[193]했다.

둘째는 개인적인 헌신과 희생을 수반한 구도자의 모습을 보였다는 점이다. 두 사람은 모두 조선에서 다리와 귀라는 신체적 장애를 얻었다. 특히 시게마쓰는 3·1운동 당시 조선인의 총상으로 불구가 되었으나 떠나지 않고 조선에서 패전을 맞았다.

양자 간 차이점이라고 한다면 첫째, 실천 방향이다. 시게마쓰는 허세와 인습으로 가득 찬 양반 사회를 갱생하고자 하는 의지가 강했다 그가 부임한 지역은 조선의 전반적인 상황에서 보면 경제적으로 낙후된 지역이라고 보기 어려웠고, 주민들의 학력도 높은 편이었다. 부족한 것은 새로운 시대를 인정하고 받아들이려 하지 않는 완고함이었다. 물론 시게마쓰가 부업 양계를 일으키게 된 배경에는 심각한 조선 농촌의 곤경이 있었기 때문이었다.[194] 그러나 강동군이 갖는 특성으로 인해 양반 사회 갱생이라는 방향을 설정한 것이다. 이에 비해 야나기사와는 조선인과 조선 사회의 피폐상에 자극을 받고 '조선 민족이 짊어진 업병(業病)과 같은 비운' '청년이 짊어진 부담' 을 생각하고 더욱 이들의 자력을 도와야겠다는 의지[195]를 활동의 바탕으로 삼았다. 그리고 그 해결 방법은 농생숙(농촌훈련소)을 통한 교육에서 찾았다.

두 번째, 실천 방법의 차이이다. 시게마쓰는 교육을 통한 농촌진흥 운동 확산을 도모한 것이 아니라 부업을 통한 농가 갱생을 목표로 했다. 다만 실천하는 과정에서 교육적 효과를 거두었다. 그의 활동상은 조선과 일본에 널리 알려져 선전 효과를 높였다. 이에 비해 야나기사와는 교육에서 찾았고 스스로 교육의 성과가 크다고 인식했다. 이는 금융조합 이사와 농민훈련소 보도라는 각자의 경험 및 현실에 기반을 둔 차이이기도 했다.

IV. 결론

조선에는 개항 직후부터 일본인 식민자들이 터전을 잡기 시작해 일본 패전 당시에는 70만 명을 넘었다. 이들은 대부분 본국에서의 경제적 어려움을 해결하거나 입신양명을 위해 조선 땅을 밟았다. 이들에게 조선은 경제적인 성공이나 관료로서 안정된 생활을 제공하는 기회의 땅이었다. 일본인들은 조선 땅에서 안락한 삶을 구가하면서, 근대 문명인으로서 타자인식도 견지했다.

근대 문명인의 입장을 취한 일본인들에게 조선은 '미개와 야만'의 땅이기도 했다. 비록 조선은 일본에서 경험할 수 없는 안락하고 안정된 삶을 제공하는 곳이지만, 조선 민중과 조선 사회는 풍경일 뿐이었다. 이들은 '근대 문명론'에 입각해 외지 거주민을 경멸했고, 조선인들의 고유한 관습과 생활풍습은 미신과 무지몽매한 사례로 부정의 대상이었다. 자신들의 생활상 편이를 위해 수도 시설과 공동묘지를 설치하면서도 '우매하고 위생 관념이 부족한' 조선 사회 탓으로 돌리고, 경찰행정력을 통해 일상생활을 감시하며 처벌 체계를 확립했다.

조선총독부 당국과 일본인들이 이런 인식을 공유하고 있었으므로 조선 농촌의 진흥 문제는 관심 밖이었다. 특히 경성 등 도시 거주자에게는 상상할 수 없는 문제였다. 그들에게 경성은 '노동과 농사가 조선인의 몫'임을 의심한 적 없는 곳이었다. 조선이란 오직 일본의 국책 수행을 위해, 전쟁 물자 동원을 위해 필요한 정책의 수행 대상지였다. 그러므로 조선 농촌진흥이란, 정책 목표를 수행해야 하는 정책 담당자나 특정한 교육을 받고 남다른 소신을 가진 소수 구도자에게만 해당되는 문제였다.

이들(소수 구도자나 정책담당자)은 '황폐하고 열악한 조선 농촌의 실정을 목도'하며 '내선일체라는 이상적인 생활을 이루어야겠다는 사명감으로 충만(야마나)'하여 '선교사와 같은 마음가짐으로(시게마쓰)' 생활했다고 술회했다. 그래서 같은 일본인들(신흥리 농장 운영자)에게 비웃음을 사고 빈손으로 농장을 떠난 적도 있었으나(야나기사와), 조선인들에게는 성자의 칭호와 송덕비(시게마쓰)를 얻었다고 자평했다. 그러나 이들의 조선 농촌진흥 해결방안은 식민지 경제구조의 모순을 해결하는 것이 아니라 농민 스스로 갱생으로써 "농가 자신의 분투 노력"을 대안으로 제시한 당국의 의도와 일치했다. 이 점은 『조선과 만주』의 기사에서도 동일했다. 당국의 정책 방향과 조응해 조선 농민의 농민혼 함양과 자력갱생 의지를 강조하는 공염불을 반복할 뿐이었다.

그렇다면 '구도자' 들은 무엇 때문에 활동했는가. 그들은 조선농촌의 갱생을 위해서라고 주장했으나 활동의 근간은 충실한 국책의 수행이었다. 이들은 "한반도에 사는 2천만 조선인이라는 현실(야나기사와)"을 직시하고 "일본인과 조선 인간 동포 상애(相愛. 시게마쓰)"라는 국책을 타인에 비해 헌신적으로 준수했고, "조국의 고통과 함께"하며 국책의 이상을 실현하기 위해 "가시밭길(야나기사와)"을 걸었다.[196]

이들이 준수했던 국책은 일본 우익 사상의 하나인 농본주의에 토대를 두고 있으며, 벼농사와 불가분의 관계에 있는 존재이자 사직(社稷)의 상징인 천황제를 굳건히 하기 위해 '땅을 일굼으로써 일본 민족의 심성 깊은 곳에 있는 천황을 발굴'하고자 하는 사상이었다.[197] 그리고 토지가 없어 경제적으로 곤궁했던 일본 농민들에게 조선과 만주에 삶의 터전을 마련해 줌으로써 일본 제국을 안정시키고, 농업과 군사의 두 가지 목적을 관철하는 방안을 실천하는 사상이었다.

이들에게 조선은 식민 통치 및 국책의 대상일 뿐이었다. 조선인에 대한 동정심과 안타까움은 있었으나 이러한 감정은 '야만과 미개'로 상징되는 식민지민을 교화해야 한다는 식민 본국민의 근대 문명론적 입장에서 크게 벗어날 수 없었다. 이러한 인식이 농촌진흥을 통해 조선 사회를 안정시키고 이를 통해 전쟁 수행을 원활히 하고자 하는 당국의 정책 방향과 약간의 온도 차이는 있다. 그러나 정책 방향이라는 큰 틀을 강화시키는 역할을 했을 뿐, 결코 벗어나려 하지 않았다. 그러한 점에서 이들의 조선 인식과 조선 거주 일본인의 대부분이 가지고 있는 인식(무관심, 지배의 대상)의 차별성은 찾기 어렵다.

앞에서 소개한 농촌진흥 운동에 적극적인 일본인 실천자들은 매우 특이하고 드문 사례이다. 이들은 당국의 정책 방향 및 내용을 학교가 아닌 농촌 부업과 농장이라는 장에서 펼쳤는데 당국의 기대 이상이었다. 그들 스스로 농가 갱생과 중견 인물 양성에 대한 교육적 효과를 자평하고 있으며, 그들의 글에 나타난 조선인들(농촌 젊은이들과 훈련생)은 '성공적 사례'였다. 그러므로 당국의 정책 홍보 효과 극대화에 기여했다.

그렇다면 실제 교육적 효과는 어떻게 평가할 수 있을까? 이 사례는 시정(施政)의 성과로 의미가 있을 뿐이다. 물론 강동군에서 학동 양계의 수혜 농가 소년들과 성공한 농민도 늘었으며, 1932년에 강동군의 평판이 널리 알려져 전국에서 양계 붐이 일기 시작했다. 이러한 성공의 여파가 전 조선적으로 미쳤다면, 조선 농촌문제는 모두 해결되었을 것이다. 그러나 현실은 그렇지 못했다. 조선에서 소비할 수 있는 달걀의 양은 제한적이었고, 양계는 쉽지 않은 농촌 부업의 하나로서 매우 특별한 사례일 뿐이다.

야나기사와 농장의 농민 교육도 마찬가지이다. 매년 30명의 농민 훈련생 가운데 당국의 의도가 성공한 인물은 소수이고, 녹기연맹의 농장 훈련생은 더욱 소수인데다가 절반은 일본인들이었다. 이들 몇몇 조선인 훈련생들이 갱생에 성공을 했다 해도, 다른 조선 청년들에게 미치는 영향은 대단히 제한적이었다. 더욱이 녹기연맹은 지나친 내선일체와 국체 의식 강요로 인해 조선총독부에서도 버거워 할 정도였으므로 조선인은 물론이고 일반 조선 거주 일본인들에게도 영향력을 미치지 못했다.

이미 전쟁이 종반에 접어든 시기에 광폭한 인력 공출(供出) 속에서 '갱생해야 할 조선 청년'을 찾는 것은 더 이상 의미가 없었다. 시게마쓰의 송덕비가 자리했던 강동군에서도 관내 11개 광산에 동원된 조선인들의 곡괭이 소리가 밤낮을 가리지 않는 시기였다. 무시무시한 오노다 시멘트 회사에서 학도병을 거부한 이유로 끌려온 계훈제와 조선의 인텔리들이 '응징 학도'라는 팻말 아래 고통스럽게 마른기침을 해대던 곳도 강동군이었다.[198] 중견 인물이나 농촌 갱생은 고상한 말장난으로 흘리던 시절이었다. 조선총독부 당국이 농촌진흥 운동을 총동원 체제에 소멸시킨 1940년 이후에 야나기사와가 두세 명의 조선 청년을 상대로 외치는 농가 갱생의 구호는 국책을 충실히 수행하고 있다는 자기 만족감에 불과했다.

참고문헌

1부 일본의 양학 수용과 문명개화론

『明治文化全集』18, 雜誌篇, 日本評論社, 1928.

家永三郎, 『日本近代思想史研究』, 東京大學出版會, 1958.

市古貞次 編, 『日本文化綜合年表』, 岩波書店, 1990.

今井淳・小澤富夫), 『日本思想論爭史』, ぺりかん社, 1982.

大久保利謙, 『明六社』, 講談社, 2007.

木下法也 編, 『教育の歷史』, 學文社, 1987.

熊澤惠里子, 『幕末維新期における教育の近代化に關する研究 : 近代學校教育の生成過
　　　　程』, 風間書房, 2007.

倉澤剛, 『幕末教育史研究』, 吉川弘文館, 1983.

下中彌三郎 編, 『日本史料集成』, 平凡社, 1957.

杉本つとむ, 『日本英語文化史の研究』杉本つとむ著作選集8, 八坂書房, 1999.

東京大学百年史編集委員会 編(1984), 『東京大学百年史 通史1』, 東京大學出版會, 1984.

日蘭學會 編, 『洋學史事典』, 雄松堂出版, 1984.

日本近代教育史事典編輯委員會 編, 『日本近代教育史事典』, 平凡社, 1971.

日本歷史學會 編, 『明治維新人名辭典』, 吉川弘文館, 1981.

松本三之介, 『近代日本の知的狀況』, 中央公論社, 1974.

松本三之介・山室信一, 『學問と知識人』, 岩波書店, 1988.

丸山真男・加藤周一, 『翻訳と日本の近代』, 岩波書店, 1998.

源了円, 『近世初期実学思想の研究』, 創文社, 2004.

宮崎ふみ子, 「幕末における幕府の洋學振興政策」 『講座 日本教育史』2, 第一法規, 1984.

山住正己, 『日本教育小史』, 岩波書店, 1987.

山室信一, 「日本學問の持續と轉回」, 『學問と知識人』日本近代思想大系10, 岩波書店,
　　　　1988.

山室信一・中野目徹 校注, 『明六雜誌(上・中)』, 岩波文庫, 2008・2009.

강명희, 「明六社시기 西周의 계몽사상」, 『서울대동양사학과논문집』14, 1990.

고사카 시로 저, 야규 마코토 역, 『근대라는 아포리아』, 이학사, 2008.

고야스 노부쿠니 저, 김석근 역, 『후쿠자와 유키치의 『문명론의 개략』을 정밀하게 읽는
　　　　다』, 역사비평사, 2007.

김용덕, 「명치 초기의 보수와 진보—明六社」, 『일본근대사를 보는 눈』, 지식산업사, 1991.

김용덕, 「명치초기 일본의 지식인운동 : 明六社의 사회계몽활동을 중심으로」, 『지역연구』 2-1, 서울대학교 지역종합연구소, 1993.

김용덕, 「明六社員의 정치관과 그 성격」, 『일본역사연구』2, 1995.

마리우스B.잰슨 저, 장화경 역, 『일본과 세계의 만남』, 소화, 1999.

박양신, 「근대초기 일본의 문명개념 수용과 그 세속화」, 『개념과 소통』2, 2008.

백영서 외, 『동아시아 근대이행의 세 갈래』, 창비, 2009.

이건상, 「日本의 近代化에 影響을 끼친 飜譯文化」, 『日本學報』58, 韓國日本學會, 2004.

_____, 「반쇼시라베쇼(蕃書調所)의 번역과 교육」, 『日本學報』71, 韓国日本學會, 2007.

_____, 「가이세이조(開成所)의 개혁과 제학제술」, 『日語教育』44, 韓国日本語教育學會, 2008.

_____, 「일본의 근대화 전개배경에 대한 일고찰」, 『日語日文學』43, 大韓日語日文學會, 2009.

이희복, 「일본적 유학의 창출—근세일본사상사의 선행연구를 통해서—」, 『日本學報』64, 韓国日本學會, 2005.

임종원, 「후쿠자와 유키치와 明六社 小考」, 『한양일본학』13, 2004.

정병철, 「明治初期 加藤弘之의 활동과 사상 : 明六社시기를 중심으로」, 『용봉논총』26, 전남대학교 인문과학연구소, 1997.

후쿠자와 유키치 저, 남상영・사사가와 고이치 역, 『학문의 권장』, 小花, 2003.

2부 일본을 통한 조선의 서구근대문명 수용과 국민계몽교육

『開闢』, 『新人間』, 『學海』

『관보』, 『대한매일신보』, 『대한민보』, 『대한자강회월보』, 『대한흥학보』, 『동광』,

『국민보』, 『국민수지』, 『대한매일신보』, 『대한민국임시정부자료집』2, 『만세보』,

『대한협회보』, 『독립신문』, 『법학협회잡지』, 『育英公院謄錄』, 『한성순보』,

『황성신문』, 『신한국보』, 『유년필독』, 『유년필독석의』, 『초등교서』,

『헌정연구회취지서』(서강대학교도서관소장)

가노 마사나오, 김석근 역, 『근대 일본사상 길잡이』, 서울:소화, 2004.

강내희, 「임시정부가 꿈꾼 교육・문화 정책과 그 굴절」, 『사회와 역사』88, 2010.

고건호, 「한말 신종교의 문명론 : 동학・천도교를 중심으로」, 서울대학교 박사학위논문, 2002.

고야스 노부쿠니, 김석근 역, 『후쿠자와 유키치의 「문명론의 개략」을 정밀하게 읽는다』,

역사비평사, 2007.

고정휴, 「3·1운동과 천도교단의 임시정부수립 구상」, 『한국사시보』3·4집, 1998.

김경미, 『한국근대교육의 형성』, 혜안, 2009.

김도형, 「대한제국 초기 문명개화론의 발전」, 『한국사연구』121, 2003.

_____, 『大韓帝國期의 政治思想研究』, 지식산업사, 1994.

김병철, 『한국근대번역문학사연구』, 서울:을유문화사, 1975.

김숙자, 한국근대민권운동에 관한 연구, 박사학위논문, 경희대학교, 1988.

김욱동, 『번역과 한국의 근대』, 서울:소명출판, 2010.

김정현, 「니체사상의 한국적 수용:1920년대를 중심으로」, 『니체연구』12, 한국니체학회, 2007.

김진성, 입헌세계, 『대한흥학보』4, 21-24, 1909.

김효전, 「근대한국에 있어서 일본헌법이론의 영향」, 『동아법학』38, 2006.

_____, 「근대한국의 헌법사상」, 『동아법학』 14, 1990.

_____, 「이준과 헌정연구회」, 『동아법학』 5, 1987.

_____, 「한국에 있어서 일본 헌법이론의 초기수용」, 『공법연구』31-1, 2002.

_____, 『서양헌법이론의 초기수용』, 철학과현실사, 1996.

_____, 근대 한국의 법제와 법학30: 만세보 연재, 국가학(1), 『인권과정의』329, 166-184쪽, 2004.

_____, 번역 국가학, 『동아법학』7, 229-380쪽, 1988.

_____, 이준과 헌정연구회, 『동아법학』5, 381-411쪽, 1987.

_____, 한말 사법권의 개혁과 붕괴과정, 『동아논총』37, 103-130쪽, 2000.

김효전, 나진·김상연 역술, 『국가학』연구, 성균관법학10, 227-267쪽, 1999.

노영택, 『한말 국민국가건설운동과 국민교육』, 신서원, 2000.

다지리 히로유끼, 『이인직 연구』, 국학자료원, 2006.

데릭 히커, 김해성 역, 『시민교육의 역사』, 서울:한울아카데미, 2007.

東海大學外國語教育センター異文化交流研究會, 『日本の近代化と知識人』, 東海大出版會, 2000.

東海大學外國語教育センター異文化交流研究會, 『日本の近代化と知識人』, 東海大出版會, 2000.

루이스 메넌드, 정주연 역, 『메타피지컬 클럽』, 민음사, 2006.

마루야마 마사오, 김석근 역, 『문명론의 개략을 읽는다』, 문학동네, 2007.

박양신, 「근대초기 일본의 문명개화수용과 그 세속화」, 『개념과 소통』2, 2008.

박찬승, 『한국근대정치사상사연구』, 역사비평사, 1992 .

방광석, 『근대일본의 국가체제 확립과정: 이토 히로부미와 제국헌법체제』, 혜안, 2005.

白河次郎・國府種德,『支那文明史』, 東京: 博文館, 1900.

변영만, 세계삼괴물,『변영만전집』하권(2006), 서울:성균관대학교출판부, 1908.

福澤諭吉,『文明之槪略』, 東京:岩波書店, 1988.

부산예술문화대학 동학연구소,『해월 최시형과 동학사상』, 예문서원, 1999.

山折哲雄・司馬遼太郎,『日本とは何かということ』, 東京:NHK出版, 1977.

船山信一,『船山信一著作集』7(大正哲學史硏究), こぶし書房, 1999.

송병기,「돌아오지 않는 밀사, 이준」,『한국의 인간상』6, 신구문화사, 1972.

松本三之介・山室信一,『學問と知識人』(日本近代思想大系10), 東京:岩波書店, 1988.

역사문제연구소 편,『한국적 근대성은 어떻게 형성되었는가』, 역사비평사, 2001.

유영렬,「한국에 있어서 근대적 정체론의 변화과정」,『국사관논총』103, 2003.

有賀長雄,『國家學』, 東京: 牧野書房, 1889.

윤효정 지음, 박광희 편역,『대한제국아 망해라: 백성들의 눈으로 쓴 살아 있는 망국사』,
　　　　다산북스, 2010.

_____, 전제국민은 무애국사상론,『대한자강회월보』5. 19-21, 1906.

律田眞道,「開化ヲ進ル方法ヲ論ズ」, 松本三之介・山室信一,『學問と知識人』, 岩波書店
　　　　刊行,

의암손병희선생기념사업회,『의암손병희선생전기』, 서울:의암손병희선생기념사업회,
　　　　1967.

이건상・정혜정,「明治維新期の明六社の結成と文明開化論の性格」,『日本學硏究』33, 단
　　　　국대학교 일본학연구소, 2011.

이광순,『의암 손병희』, 태극출판사, 1975.

이돈화,「인내천과 내세」,『學海』, 학해사, 1937.

_____,「天道敎經典釋義(完)」,『아세아연구』7-4, 고려대학교 아세아문제연구소, 1964.

_____,『새말』, 천도교중앙종리원신도관, 1934.

_____,『신인철학』, 천도교중앙종리원신도관, 1931.

_____, 宗敎科, 천도교청년당편,『자수대학강의』(1933), 서울:경인문화, 1947.

이종수, 조선신문사,『동광』28, 70-74, 1931.

이현종,「대한협회에 대하여」,『아세아연구』8-3, 1-40쪽, 1970.

이화여대 한국문화연구원,『근대계몽기 지식개념의 수용과 그 변용』, 소명출판, 2004.

_____,『근대계몽기 지식의 굴절과 현실적 심화』, 소명출판, 2007.

井上哲次郎,『哲學と宗敎』, 東京: 弘道館, 1915.

정혜정,「개화기 계몽교과서에 나타난 근대국가수립론:『국민수지(國民須知)』를 중심으
　　　　로」,『한국교육사학』33-1, 2011.

_____,「개화기 만세보에 나타난 국민교육론 연구」,『한국교육사학』32-2, 한국교육사학

회, 2010.

_____, 「개화기 서구 입헌국가학의 수용과 국민교육: 천도교 기관지 萬歲報를 중심으로」, 『교육철학』49, 교육철학회, 2010.

_____, 「전통사유의 연맥을 통해 본 동학의 개체성 이해: 인물성동이론에서 동학의 '일리만수 (一理萬殊)'까지」, 『동학학보』17, 2009.

_____, 『동학・천도교 교육사상과 실천』, 혜안: 2001.

_____, 갑진혁신운동의 사상적 의의, 『동학학보』4, 39-74쪽, 2002.

조항래 편저, 『1900년대의 애국계몽운동연구』, 서울:아세아문화사, 1993.

조항래, 『1900년대의 애국계몽운동연구』, 아세아문화사, 1993.

최기영, 「국민수지 연구」, 『한국근대계몽운동연구』, 일조각, 1997.

_____, 「헌정연구회취지서 해제」, 『한국근현대사연구』5, 1996.

_____, 『한국근대계몽운동연구』, 일조각, 1997.

크리스토퍼 피어슨, 박형신・이택면 옮김, 『근대국가의 이해』, 일신사, 1998.

한시준, 「대한민국임시정부의 강령」, 『백범회보』9, 2005.

한흥수, 「정치사적 측면에서 본 근대 민족의식의 성장」, 『인문과학연구』1, 성신여대 인문과학연구소, 1981.

海後宗臣, 『日本近代學校史』, 東京:成美堂版, 2001.

허수, 「1905~1924년 천도교 종교사상의 형성과정:이돈화의 인내천 논증을 중심으로」, 『역사문제연구』12, 역사비평사, 2004.

____, 「1920년 전후 이돈화의 현실인식과 근대철학 수용」, 『역사문제연구』9, 역사비평사, 2002.

____, 「1920년대 전반 이돈화의 개조사상 수용과 사람성주의」, 『동방학지』125, 연세대국학연구소, 2004 .

____, 「러셀 사상의 수용과 개벽의 사회개조론 형성」, 『역사문제연구』21, 2009.

허수열, 『개발없는 개발』, 은행나무, 2005.

현채, 『幼年必讀釋義』(영인본), 아세아문화사, 1977.

황선희, 『동학・천도교 역사의 재조명』, 모시는사람들, 2009.

후쿠자와 유키치, 정명환역, 『문명론의 개략』, 광일문화사, 1989.

黑岩周六, 『天人論』, 朝報社, 1903.

3부 소파 방정환과 일본의 근대

국립국어원 표준국어대사전(http://stdweb2.korean.go.kr/main.jsp)

한국방정환재단(http://korsofa.org)

『개벽』, 『동아일보』, 『별건곤』, 『신여성』, 『신인간』, 『어린이』, 『조선일보』, 『천도교회월보』, 『학생』, 『藝術自由教育』

Ariès, P., L'enfant et la vie familiale sous l'ancien réime par, Éitions du Seuil, 1973; 문지영 역, 『아동의 탄생』, 새물결, 2003,

古川宣子, 「일제시대 보통교육체제의 형성」, 서울대 박사학위논문, 1995.

김기전, 「개벽운동과 합치되는 조선의 소년운동」, 『개벽』 35호, 1923.

김대용, 「방정환의 '어린이'와 '소년' 개념에 대한 논의」, 『한국교육사학』 32권 2호, 2010.

김수경, 「최남선의 '소년'과 방정환의 '어린이' 사이의 거리」, 『한국문화연구』 16집, 2005.

김순전 외 6인 공역, 『일본 초등학교 수신서(1918)』, 제이앤씨, 2006.

김용휘, 「한말 동학의 천도교 개편과 인내천 교리의 성격」, 『한국사상사학』 25집, 2005.

김정의, 「『개벽』지상의 소년운동론 논의」, 『실학사상연구』 30집, 2006.

_____, 「현대 소년운동의 다양화」, 『문명연지』 5권 2호, 2004.

김정인, 「『개벽』을 낳은 현실」, 『개벽』에 담긴 희망, 『『개벽』에 비친 식민지 조선의 얼굴』, 모시는사람들, 2007.

_____, 「1920년대 전반기 천도교단의 노선갈등과 분화」, 『동학학보』 5집, 2003,

_____, 「천도교의 친일 논객 이돈화」, 『민족문제연구』 13집, 1996,

김종헌, 「한국 근대 아동문학 형성기 동심의 구성방식」, 『현대문학이론연구』 33집, 2008.

김진균 · 정근식 · 강이수, 「일제하 보통학교와 규율」, 김진균 · 정근식 편저, 『근대주체와 식민지 규율권력』, 문화과학사, 1997.

김혜경, 『식민지하 근대가족의 형성과 젠더』, 창작과 비평사, 2006.

박지영, 「방정환의 '천사동심주의'의 본질-잡지 『어린이』를 중심으로-」, 『대동문화연구』 51집, 2005.

박진동, 「일제강점하(1920년대) 조선인의 보통교육 요구와 학교 설립」, 『역사교육』 68집, 1998.

박찬승, 『한국근대 정치사상사연구』, 역사비평사, 1992,

박현수, 「문학에 대한 열망과 소년 운동에의 관심」, 『민족문학사연구』 28집, 2005.

방정환 편, 『어린이 찬미(외)』, 이재철 책임 · 편집, 범우, 2006.

柄谷行人, 『日本近代文學の起源』, 講談社, 1980; 박유하 역, 『일본근대문학의 기원』, 민음사, 1997.

福田豊吉, 『私の圖畵教育』, 京城: 大海堂, 1927.

소래섭, 「『少年』지에 나타난 '소년'의 의미와 아동'의 발견」, 『한국학보』 28권 4호, 2002.

新井溶之助, 『圖畵教育の新思潮と其批判』, 東京: 大同館書店, 1922.

심영옥, 「한국 근대 교육령 변천에 의한 초등미술교육 시행규칙 분석-1895년부터 1945년까지를 중심으로-」, 『교육발전연구』 21권 1호, 2005.

안경식, 「소파 방정환의 아동교육운동에 있어 근대와 전통」, 『교육사상연구』 18집, 2006.

_____, 『소파 방정환의 아동교육 운동과 사상』, 학지사, 1994.

야마우치 후미타카, 「일제대중문화 수용의 사회사-일제강점기 창가와 유행가를 중심으로-」, 『낭만음악』 13권 1호, 2000.

염희경, 「소파 방정환 연구」, 인하대학교 대학원 박사학위논문, 2007.

오성철, 『식민지 초등교육의 형성』, 교육과학사, 2000.

윤덕영, 「연정회 부활에 대한 재해석」, 『동방학지』 152집, 2010.

윤석산, 「천도교의 가르침과 어린이 교육」, 『동학학보』 9권 2호, 2005.

윤해동, 「한말 일제하 김기전의 근대 수용과 민족주의」, 『역사문제연구』 1집, 1996.

이기문, 「어원 탐구1-어린이」, 『새국어생활』 7권 2호, 1997.

이기훈, 「청년, 근대의 표상 - 1920년대 '청년' 담론의 형성과 변화」, 『문화과학』 37집, 2004.

이돈화, 「신조선의 건설과 아동문제」, 『개벽』 18호, 1921.

이상금, 「초기 어린이운동의 성립과 교육적 의의」, 『논총』 59권 3호, 1991.

_____, 『사랑의 선물: 소파 방정환의 생애』, 한림출판사, 2005.

_____, 『소파 방정환의 생애: 사랑의 선물』, 한림출판사, 2005.

이승렬, 「일제하 천도교 계열의 자본주의 인식의 변화와 인간관」, 『한국민족운동사연구』 46집, 2006.

이윤미, 「근대와 '아동': 소파 방정환 교육론을 중심으로」, 『한국의 근대와 교육: 서구적 근대성을 넘어』, 문음사, 2006.

이정현, 「방정환의 동화론 "새로 개척되는 동화에 관하야"에 대한 고찰-일본 타이쇼 시대 동화 이론과의 영향 관계」, 『아동청소년문학연구』 3호, 2008.

전혜진, 「『별건곤』에서 드러난 도시 부르주아 문화와 휴양지 표상」, 『한국언어문화』 41집, 2010.

정용서, 「일제하 천도교청년당의 운동노선과 정치사상」, 『『개벽』에 비친 식민지 조선의 얼굴』, 모시는 사람들, 2007.

정태헌, 「1910년대 일제의 식민지 자본주의 체제 구축 과정」, 『아시아문화』 15호, 2000.

정혜정, 「방정환의 종교 교육 사상」, 『종교교육학연구』 18호, 2004.

_____, 「소파 방정환의 종교교육사상」, 『종교교육학연구』 18집, 2004.

_____, 「이돈화의 인내천주의와 서구 근대 철학의 수용」, 『동학학보』 19호, 2010.

_____, 「일제하 천도교의 소년교육운동과 소파 방정환」, 『한국교육사학』 24권 1호, 2002.

조규태, 「『개벽』을 이끈 사람들」, 『『개벽』에 비친 식민지 조선의 얼굴』, 모시는사람들,

　　　　2007.

조은숙,『한국 아동문학의 형성: 아동의 발견, 그 이후의 문학』, 소명출판, 2009.

천정환,『근대의 책읽기: 독자의 탄생과 한국 근대문학』, 푸른 역사, 2003.

최명표,「문화 운동과 식민 담론의 상관 관계」,『한국언어문학』 52집, 2004.

河原和枝,『子どもの近代-『赤い鳥』と'童心'の理想』, 中央公論社, 1998; 양미화 역,『어린
　　　　이관의 근대:『빨간 새』와 동심의 이상』, 소명출판, 2007.

한기형,「『개벽』의 종교적 이상주의와 근대문학의 사상화」,『『개벽』에 비친 식민지 조선
　　　　의 얼굴』, 모시는사람들, 2007.

허수,「1905~1924년 천도교 종교사상의 형성과정-이돈화의 '인내천 논증'을 중심으로-」,
　　　　『역사문제연구』 12집, 2004.

____,「1920년대『개벽』의 정치사상- '범인간적 민족주의'를 중심으로-」,『정신문화연구』
　　　　31권 3호, 2008.

____,「1920년대 전반 이돈화의 개조사상 수용과 '사람성性주의'」,『『개벽』에 비친 식민
　　　　지 조선의 얼굴』, 모시는사람들, 2007.

4부 일본의 근대 민중 교육의 논리와 공민교육

講座日本敎育史編集委員會 編,『講座日本敎育史2』, 第一法規, 1984.

講座日本敎育史編集委員會 編,『講座日本敎育史3』, 第一法規, 1984.

古賀誠三郎,「東京水平社と皮革産業勞動者」,『東京の部落解放運動 2 東京の水平社運動
　　　　と皮革勞動者』, 東京部落解放硏究會, 1977.

國立敎育硏究所 編,『日本近代敎育百年史』, 敎育硏究振興會, 1974.

奈良市立鼓阪小學校 編,『鼓阪: 創立100年記念誌.』, 奈良市立鼓阪小學校創立百年記念事
　　　　業推進委員會, 1973.

大阪市敎育硏究所 編,『部落解放と敎育の歷史』, 部落解放硏究所, 1973.

東京都同和敎育硏究協議會 編,『東京の被差別部落 - 歷史と解放運動』, 東京都同和敎育
　　　　硏究協議會, 1978.

東上高志,『同化敎育入門』, 汐文社, 1964.

藤原彰・今井淸一・大江志乃夫編,『近代日本史の基礎知識』, 有斐閣ブックス, 1983.

藤井學,『縣史33 岡山縣の歷史』, 山川出版社, 2000.

兵庫縣同和敎育史硏究委員會編,『同和敎育史兵庫縣關係史料 第二卷』, 1977.

部落問題硏究所編,『京都の部落問題』(全5卷), 部落問題硏究所出版部, 1985~1987.

部落問題硏究所編,『近代日本の社會史的分析 - 天皇制下の部落問題』, 部落問題硏究所出
　　　　版部, 1989.

部落問題研究所編,『部落問題の教育史的研究』,部落問題研究所, 1978.

部落問題研究所編,『部落史の研究 - 近代編』,部落問題研究所出版部, 1984.

部落問題研究所編,『部落の歴史と解放運動 近代編』,部落問題研究所出版部, 1987.

部落解放同盟大阪府連合會・大阪府同和事業促進協議會編,『部落の子どもの教育実体 - 1977年大阪府連教育実体調査報告書』, 1978.

北原博幸,『縣史37 香川縣の歴史』,山川出版社, 1987.

桑村寛,『近代の教育と夜學校』,明石書店, 1983.

西谷敬,「日本の近代化のエートスの限界:啓蒙主義の挫折」,奈良女子大学文学部教育文化情報學講座年報 2 , 1997.

石島庸男,「京都番組小学校創出の郷學的意義」,『講座日本教育史 2』,第一法規, 1984.

石井孝,『明治維新と自由民權』,有隣堂, 1993.

成澤榮壽,『関東地方の水平運動』,部落問題研究 第32輯, 1972.

安達五男,「被差別身分の形成論ノート」,『兵庫の部落解放史』,兵庫の部落解放研究所, 1976.

安達五男編,『近代の教育と部落問題』,明石書店, 1983.

安川壽之輔編,『日本近代教育と差別』,明石書店, 1998.

愛媛縣近代史料,『愛媛縣 '学制' 時代教育関係史料』,第一輯, 1964.

日本部落解放研究所, 최종길 역,『일본 부락의 역사』,어문학사, 2010.

全國解放教育研究會編,『部落解放教育資料集成 第一卷』,部落問題研究所出版部, 1985.

竹永三男,『近代日本の地域社會と部落問題』,部落問題研究所出版部, 1998.

天野卓郎,『近代日本の教育と部落問題 - 広廣島地方を中心として』,部落問題研究所出版部, 1986.

湯本豪一,『일본 근대의 풍경』,그린비, 2004.

花井信,『近代日本地域教育の展開』,梓出版社, 1986.

清川郁子,『近代公教育の成立と社會構造』,世織書房, 2007.

青木孝壽,『近代部落史の研究 - 長野縣の具体像』,部落問題研究所出版部, 1978.

ひろた まさき,『文明開化と民衆意識』,青木書店, 1980.

http://www.mext.go.jp/b_menu/hakusho(文部省,『學制百年史 資料編』)에서 2013년 3월 8일 인출.

http://blhrri.org/nyumon/yougo/nyumon_yougo_09.htm(部落解放・人權研究所,『部落問題人權事典』)에서 2013년 3월 8일 인출.

馬居 政幸, 夫 伯 (1995). "日本における公民教育の成立と展開: 日韓社會科教育比較考

(その 2) The Development of Citizenship Education in Japan: A Comparative Thought of Social Studies in Japan and Corea(2)". 靜岡大學教育學部研究報告, 27, pp.11-32.

日本近代教育史事典編纂委員會 (1971). "公民教育", 日本近代教育史事典. 平凡社, 327-329.

Annas, Julia (2003). Plato: A Very Short Introduction. Oxford: Oxford University Press.

Aristotle (1999). Nicomachean Ethics, Second Edition, tran. Terence Irwin. Indianapolis, IN: Hackett Publishing Company, Inc.

_____ (1946). The Politics of Aristotle, ed. and trans. Ernest Barker Oxford: Oxford University Press.

Barnes, Jonathan (2000). Aristotle: A Very Short Introduction. Oxford: Oxford University Press.

Bellamy, Richard (2008). Citizenship: A Very Short Introduction. Oxford: Oxford University Press.

Brubacher, John S. (1966). A History of the Problems of Education. 2d ed. New York: McGraw-Hill, Inc.

Callan, Eamonn (1997). Creating Citizens: Political Education and Liberal Democracy. Oxford: Oxford University Press.

Chambliss, J. J. (1996). Philosophy of Education: An Encyclopedia. New York: Garland Publishing, Inc.

"Citizenship", Wikipedia, the free encyclopedia.
    http://en.wikipedia.org/wiki/Citizenship

"Citizenship education", Wikipedia, the free encyclopedia.
    http://en.wikipedia.org/wiki/Citizenship_education

Crick, Bernard (2002). Democracy: A Very Short Introduction. Oxford: Oxford University Press.

Crittenden, Jack (2007). "Civic Education", Stanford Encyclopedia of Philosophy.

Curren, Randall R. (2000). Aristotle on the Necessity of Public Education. Oxford: Rowman & Litlefield Publishers, Inc.

Dewey, John (1916). Democracy and Education. New York: The MacMillan Company.

Franzosa, Susan Douglas (1996). "Civic Education", ed. J. J. Chambliss. Philosophy of Education: An Encyclopedia. New York: Garland Publishing, Inc.

Green, Thomas F. (1984). The Formation of Conscience in an Age of Technology.

(The John Dewey Lecture 1984). Syracuse, N.Y.: Syracuse University The John Dewey Society.

Heater, Derek (2006). Citizenship in Britain: A History. Edinburgh: Edinburgh University Press.

_____ (2004a). A Brief History of Citizenship. New York: New York University Press.

_____ (2004b). A History of Education for Citizenship. London: RoutledgeFalmer.

_____ (2004c). Citizenship: The Civic Ideal in World History, Politics and Education, Third Edition. Manchester, UK: Manchester University Press.

_____ (2002). World Citizenship: Cosmopolitan Thinking and Its opponents. London: Continuum.

Honderich, Ted, ed. (1995). The Oxford Companion to Philosophy. Oxford: Oxford University Press.

Knoll, Michael (2012). "Georg Kerschensteiner (1854-1932)"

http://education.stateuniversity.com/pages/2146/Kerschensteiner-Georg-1854-1932. html.

Kymlicka, Will (1995). "Citizenship", ed. Ted Honderich. The Oxford Companion to Philosophy. Oxford: Oxford University Press.

Marshall, Byron K. (1994). Learning to be Modern: Japanese Political Discourse on Education. Boulder, Colorado: Westview Press, Inc.

Plato (2010). Laws, trans. Benjamin Jowett. Timeless Classic Books.

Sandel, Michael J. (2010). Justice: What's the Right Thing to Do? New York: Farrar, Straus and Giroux.

Shafir, Gershon, ed. (1998). Citizenship Debates. Minneapolis, MN: The University o f Minnesota Press.

Taniguchi, Kazuya (2011). "The History of the Idea of Citizenship and its Teaching in Japan before World War II", ed. Norio Ikeno. Citizenship Education in Japan. London: Continuum.

Von Heyking, Amy (2006). Creating Citizens. Calgary, Canada: University of Calgary Press.

Walzer, Michael (1989). "Citizenship", ed. Terence Ball, et al. Political Innovation and Conceptual Change. Cambridge: Cambridge University Press.

기타기리 요시오 외, 이건상 옮김, 『일본교육의 역사: 사회사적 시각에서』, 서울: 논형, 2011.

김상봉,『학벌사회』, 파주: (주)도서출판 한길사, 2004.

김원경,『특수교육법 해설』, 서울: 교육과학사, 2010.

김윤태,『교양인을 위한 세계사』, 서울: 책과 함께, 2007.

김종식,「근대 일본 공민교육의 성립과 청년정책 -1910년 전후 靜岡縣 安倍郡을 중심으로-」,『역사교육』, 96, 2005.12, 195-224쪽.

_____, "미래의「국민」과「공민」사이 -1915년 청년단체 훈령의 청년상-", 日本歷史硏究, 20, 123-148쪽, 2004.

_____, "露日戰爭後의 靑年政策 -文部省을 中心으로-", 日本學報, 55-2, 2003.6, 431-445쪽, 2003.

남궁용권,『교육사신론 - 교육철학적 접근-』, 서울: 교학연구사, 1990.

레블레, 알베르트,『서양교육사』정영근 외 역, 서울: 문음사(원저 1999년 출간), 2002

보이드, 윌리암,『서양교육사』, 개정 증보판, 이홍우 외 역, 서울: 교육과학사. (원저 제6판 1964년 출간), 2008.

브루바커, 죤 S,『교육문제사』, 이원호 옮김, 서울: 문음사(원저 2판 1966년 출간), 1999.

송영철,『현장에서 바라본 일본의 지방자치』, 서울: 도서출판 지샘, 2001.

엔트위슬 · 해롤드,『민주주의와 정치교육』, 이해성 역, 대전: 목원대학교 출판부(원저 1971년 출간), 1993.

우메네 사토루,『세계교육사』, 김정환 · 심성보 옮김. 서울: 풀빛, 1990.

윤정로,「일본의 사회교육과 공민관: 천기시 시민관을 중심으로」,『지역연구4』(4), 1995년 겨울, 183-202쪽, 1995.

조혜인,『공민사회의 동과 서: 개념의 뿌리』, 서울: 나남, 2009.

차경수,『제7차 교육과정과 수행평가 대비 現代의 社會科 敎育』, 서울: 학문사, 1996.

차조일,『사회과 교육과 공민교육』, 파주: 한국학술정보(주), 2012.

최배근,「시민사회(론)의 불완전성과 '공민'의 역사적 성격」,『경제와 사회』, 19, 59-77쪽, 1993.

카니베즈 · 파트리스,『시민교육』, 박주원 옮김, 서울: 동문선, 2002.

크리스챤 아카데미 한국사회교육원 엮음,『일본 시민운동과 지방자치』, 서울: 도서출판 한울, 1996.

피어슨, 크리스토퍼,『근대국가의 이해』, 박형신 · 이택면 역, 서울: 일신사. (원저 1996년 출간), 1997.

푸르키에, P,『公民의 倫理 (上)』, 김철수 역, 서울: 삼성미술문화재단, 1980.

학벌없는 사회,『'학교'를 버리고 시장을 떠나라』, 서울: 메이데이, 2010.

한용진,『근대 이후 일본의 교육』, 서울: 도서출판 문, 2010.

황병주,「식민지 시기 '공' 개념의 확산과 재구성」,『사회와 역사』, 73, 5-44쪽, 2007.

히터, 데릭, 『시민교육의 역사』, 김해성 옮김, 파주: 도서출판 한울(원저 2004년 출간), 2007.

5부 일제하 조선 근대 교육으로서 노동교육의 제도화와 농촌진흥 교육

『매일신보』, 『文教の朝鮮』, 『조선중앙일보』, 『조선총독부통계연보』
「지방을 살다: 지방행정, 1930년대에서 1950년대까지」, 구술사료선집3, (구술자: 김영한·박호배·윤병진), 국사편찬위원회, 2006.
김동노 편, 『일제 식민지 시기의 통치체제 형성』, 혜안, 2006.
김영희, 『일제시대 농촌통제정책연구』, 경인문화사, 2003.
김종식, 「근대일본 공민교육의 성립과 청년정책:1910년 전후 靜岡縣 安倍郡을 중심으로」, 『역사교육』96, 2005.
문종철, 「일제농촌진흥운동하의 교육활동연구」, 중앙대학교 교육학과 박사학위논문, 1995.
문종철, 「1930년대 농촌교화와 간이학교의 교육」, 『논문집』26, 충청대학교, 2004.
방기중 편, 『일제 파시즘기 한국사회 자료집』4, 선인, 2005.
오성철, 『식민지 초등교육의 형성』, 교육과학사, 2000.
최원규 엮음, 『일제말기 파시즘과 한국사회』, 청아출판사, 1988.
한국역사연구회 근현대청년운동사연구반, 『한국근현대청년운동사』, 풀빛, 1995.
허수열, 『개발없는 개발』, 도서출판 은행나무, 2005.
教育史學會 編, 『教育史研究の最前線』, 東京: 日本圖書センター, 2007.
宮嶋博史 李成市 等編, 『植民地近代の視座: 朝鮮と日本』, 東京: 岩波書店, 2004.
渡部學·阿部洋 編, 『日本植民地教育政策史料集成』30, 東京: 龍溪書舍, 1989.
新田和幸, 「1910年代における公民教育に關する實證的研究」, 『北海道教育大學紀要第1部C教育科學編』30-1, 1979.
田渕久美子, 「大正期公民教育論における外國情報の受容:1920年の實業補習學校規程改訂をめぐって」, 『日本の教育史學(教育史學紀要)』33, 1990.
田渕久美子, 「地域における公民教育の實踐形態: 廣島縣沼　郡青年會を中心にして」, 『廣島大學教育學部紀要(第1部)』40, 1991.
齊藤利彦, 「地方改良運動と公民教育の成立」, 『東京大學教育學部紀要』22, 1982.
朝鮮總督府, 『簡易學校 國語讀本』, 京城: 朝鮮書籍印刷株式會社, 1936.
池田林儀, 『朝鮮と簡易學校』, 京城: 活文社, 1935.

『文教の朝鮮』, 『매일신보』, 『조선』, 『조선일보』, 『조선중앙일보』

『조선사회교육요람』,『관보』,『思想彙報』

강상중, 이경덕 · 임성모 역,『오리엔탈리즘을 넘어서』, 이산, 1997.

국사편찬위원회,『지방을 살다: 지방행정, 1930년대에서 1950년대까지』, 구술사료선집3, (구술자: 김영한 · 박호배 · 윤병진), 국사편찬위원회, 2006.

권태억,「근대화 · 동화 · 식민지유산」, 한국사연구108, 115-140쪽.

근현대청년운동사연구반,『한국근현대청년운동사』, 풀빛, 1995.

김민철,「조선총독부의 농촌 중견인물정책연구」,『한국민족운동사연구』41, 2004.

김영미,『그들의 새마을운동』, 푸른역사, 2009.

문종철,「일제농촌진흥운동하의 교육활동연구」, 중앙대 박사학위논문, 1995.

신주백 편,『일제하지배정책자료집』10, 고려서림, 1992.

이기훈,「일제하 농촌보통학교의 졸업생 지도」,『역사문제연구』4, 2000.

이만규,『조선교육사』 II, 거름, 1991.

일본외무성편,『일본의 한국침략사료총서』31, 서울: 한국출판문화원, 1988.

조선연합청년단,『조선연합청년발단식기념사진첩』, 조선연합청년단, 1938.

조성운,「일제하 청년훈련소의 설치와 운영: 수원지역의 사례를 중심으로」,『수원학연구』2, 수원학연구소, 2005.

최원규 엮음,『일제말기 파시즘과 한국사회』, 청아출판사, 1988.

최원영,「일제말기(1937-45)의 청년동원정책: 청년단과 청년훈련소를 중심으로」,『한국민족운동사연구』21, 한국민족운동사연구회, 1999.

최유리,『일제말기 식민지 지배정책연구』, 국학자료원, 1997.

크루프스카야,『국민교육론』, 서울: 돌베개, 1989.

허수,「전시체제기 청년단의 조직과 활동」,『국사관논총』88, 국사편찬위원회, 2000.

八束周吉,『卒業生 指導の精神と方法』, 京城: 朝鮮公民教育會, 1930.

管原龜五郎,『青年訓練の實踐』, 東京: 北海出版社, 1934.

朝鮮總督府警務局,『最近朝鮮に於ける治安狀況』, 1936.

平安南道教育會,『平安南道の教育と宗教』, 平安南道教育會, 1937.

朝鮮總督府學務局社會教育科,『青年指導講演錄』, 朝鮮總督府, 1938.

尹昌業,『實踐上から見た青年團組織と經營』, 青年團社, 1939.

李明實, 日本強占期社會教育史基礎的研究, 筑波大學博士學位論文, 1999.

日本近代教育史事典編纂委員會,『日本近代教育史事典』, 平凡社, 1971.

度部學 · 阿部洋 編,『日本植民地教育政策史料集成』35, 東京: 龍溪書舍, 1990.

富田晶子,「農村振興運動下の中堅人物養成」,『朝鮮史研究會論文集』18, 1981.

現代史の會共同研究班,「綜合研究 在鄉軍人會史論」,『季刊 現代史』9, 東京: 現代史の會,

1978.

국가 통계 포털 수록 자료(http://www.kosis.kr)
구술 기록(일시 : 2010.2.26. 장소 : 일본 가와사키시 소재 吉岡万里子 자택. 면담자 : 정혜
　　　경, 이대화, 김혜숙. 통역 : 양대륭)
조선총독부 고시 제302호, 조선총독부관보 호외(1911.10.20자)
『綠旗』(녹기연맹 기관지),『朝鮮社會事業』,『金融組合』,《京城日報》,《매일신보》
農林省經濟更生部,『經濟更生計劃資料 第17號 - 農山漁村經濟更生計劃施設槪要』,
　　　1933.11(北海道大學 도서관 소장 자료)
社團法人農村更生協會,『社團法人農村更生協會趣意書』, 1935.2(北海道大學 도서관 소장
　　　자료)
조선총독부 학무국 사회교육과,『朝鮮社會敎化要覽』, 1937.
朝鮮總督府,『朝鮮に於ける農村振興運動-實施槪況とその實績』, 1940.
朝鮮總督府,『施政30年史』, 1941.
森田芳夫,『朝鮮終戰の記錄』, 巖南堂書店, 1964.
柳澤七郎,『韓野に生きて』, いづみ苑, 1967.
木村健二,『在朝日本人の社會史』, 未來社, 1989.
사와이 리에 지음, 김행원 옮김,『엄마의 게이죠, 나의 서울』, 신서원, 2000.
미야타세츠코 해설·감수, 정재정 번역,『조선총독부 고위관리의 육성증언 - 식민통치의
　　　허상과 실상』, 혜안, 2002.
김영희,『일제시대 농촌통제정책연구』, 경인문화사, 2003.
岡部牧夫 지음, 최혜주 옮김,『만주국의 탄생과 유산 - 제국 일본의 교두보』, 어문학사,
　　　2009.
田中秀雄,『朝鮮で聖者と呼ばれた日本人』, 草思社, 2010.
정혜경,『조선청년이여 황국신민이 되어라』, 서해문집, 2010.

윤건차 지음, 정도영 옮김,「식민지 일본인의 정신구조」,『현대 일본의 역사의식』, 한길
　　　사, 1990.
정혜경·이승엽,「일제하 녹기연맹의 활동」,『한국근현대사연구』10, 1999.
박성진,「일제말기 녹기연맹의 내선일체론」,『한국근현대사연구』10, 1999.
이승엽,「녹기연맹의 내선일체연구 - 조선인 참가자의 활동과 논리를 중심으로」, 한국정
　　　신문화연구원 한국학대학원 석사학위논문, 1999.
정혜경,「매일신보에 비친 1910년대 재조일본인」,『식민지조선과 매일신보 - 1910년대』,
　　　신서원, 2002.

조미은, 「일제 강점기 일본인 학교조합 설립 규모」, 『사림』 22, 2004.

정혜경·김혜숙, 「1910년대 식민지 조선에 구현된 위생정책」, 『일제의 식민지지배정책과 매일신보 - 1910년대』, 두리미디어, 2005.

최혜주, 「한말 일제하 샤쿠오(釋尾旭邦)의 내한활동과 조선인식」, 『한국민족운동사연구』 45, 2005.

임성모, 「월간 조선과 만주 해제」, 임성모 편, 『조선과만주 총목차·인명색인』, 어문학사, 2007.

김윤미, 「일제의 '만주개척' 정책과 조선인 동원」, 『한일민족문제연구』 17, 2009.

1부 일본의 양학 수용과 문명개화론

1 松本三之介, 『近代日本の知的狀況』(中央公論社, 1974), 源了円, 『近世初期實學思想の 研究』(創文社, 2004) 등.

2 이는 외래문화의 수용과 일본화 과정에 나타난 일본 사회의 전통적 문화 인식 풍토와 통하는 측면이 있다.

3 신분 계층을 중시하는 사회 풍조와 불교라는 국민적 종교생활을 체계화한 에도막부의 사회구조 안에서 정통 주자학은 유지될 수 없었으며 여기에 대응하는 새로운 유학으로서 일본적 유학인 고학파가 등장한 것이다. 즉 막번 체제라는 특수성에 의해 외래 사상인 주자학은 결국 좌절하였으며 특수한 일본 사회에 적합한 일본적 유학이 창출되었다.

4 쇄국은 서구의 자본주의 시장 개척의 동향이 일본에 밀려왔을 때, 그것으로부터 막부의 지배 체제를 지키기 위해 만들어진 개념으로, 막부는 기독교 세계를 침략 세력으로 간주하여 이에 대항하는 대외 질서로서 쇄국의 길을 선택한 것이다.

5 물론 일부 계층이라 할지라도 그것이 막부 및 번의 위정자 또는 영향력 있는 자들이라면 그것은 갖는 의미는 크다고 할 수 있으며, 실제로 이로 인해 1811년 막부 내에 공적 기관 반쇼와게고요 설립으로 인해 난학은 공학의 위치에 서게 되었다.

6 당시 난학은 한학과 별개의 이른바 독립 학문의 성격은 아니었다. 예를 들면 나가사키의 난학자는 대부분의 한학자(주로 주자학파) 출신으로, 이들에게는 한학이라는 기초 학문이 있었다. 번역어도 모두 원어의 의미를 한자화한 것으로, 이를 위해서는 당연히 한학의 지식이 필요했다. 이같이 한학의 토대 위에서 난학이 육성·발전된 것으로 보는 것이 가능하다.

7 당시 일본에는 막부의 관학(官學)으로서 유학이 학문의 주류로서 존재하였으며, 지식인들은 유학의 교양을 지니고 있었다. 아울러 유학이 에도시대 학문의 중심이었던 것은 사실이나, 난학이라는 새로운 문화와 학문에 대한 지적 호기심은 일본 사회에 자극을 주었으며, 이후 다원화된 문화관·학문관을 갖게 해준 것 또한 사실이다.

8 초기 난학은 전문학이라기보다 전문기술을 배우기 위한 기초로서의 어학이 중심이었다.

9 한편 메이지 시대 문명개화의 사상은 계몽주의였는데, 계몽주의는 전통문화의 정당성을 거부하고 서구 문명을 중심으로 새로운 문화 질서 수립을 지향하면서 일본 사회 내에서 서구문명 중심의 새로운 문명 의식으로 자리잡게 되었다. 그리고 이러한 근대적 문명 의식은 막부 말기 양학자들 사이에서 서양 과학 기술 문명의 우수성을 인정하는

입장이 나타나면서 그 초보적 형태가 생겨났다고 볼 수 있다. 막부 말기에 주창된 화혼 양재론(和魂洋才論)이 바로 이 입장을 대변하는 사상인데, 서양 과학 문명에 대한 이 같은 태도는 이후 메이지 시대에도 계승되어 서양 과학기술 도입의 사상적 기반이 되었다.

10 막부 말기와 메이지 초기에 활약한 일본의 사상가 니시 아마네(西周)의 주자학 수행 (修行), 이후 소라이학(徂徠學)으로 전향, 다시 양학에 전심(轉心)하는 학문적 성향 변화 역시 눈여겨볼 현상이다.

11 『후생신편』은 프랑스인 쇼메르가 쓴 '가정백과사전'의 네덜란드어 번역본을 당대의 난학자들이 번역 작업에 참여한 에도 막부 최대의 번역 사업(1811~1845년)이었다.

12 막부는 1854년 3월 미국과 미일화친조약(日米和親條約), 8월 영국과 영일화친조약(日英和親條約), 12월 러시아와 러일화친조약(日露和親條約), 그리고 1855년 12월 네덜란드와 일란화친조약(日蘭和親條約)을 각각 맺었다.

13 일본은 1854년 이후 서양 제국과 조약 체결과 더불어 각종 외교 관계를 맺게 되는데, 더불어 관련된 통상 활동도 증가일로를 걷게 된다. 즉 네덜란드어 못지 않게 영어와 프랑스어 그리고 독일어, 러시아어가 필요하게 되어, 난학은 양학으로 발전하게 된다. 즉 당대의 서양 관련 전문가인 난학자들이 중심이 되어 이들 나라의 언어를 학습하게 되었으며, 다시 그 언어를 통해 직접 상대국의 문화와 학술을 연구하게 된 것이다.

14 한편 말기에 접어들면서 국내외 정세의 변화에 따라 서양 학문에 대한 막부의 정책은 식산흥업(殖産興業)보다도 점차 군사・과학적인 방향으로 바뀌게 되었으며, 예를 들면 막부 말기의 대표적인 난학자이자 교육자인 오가타 고안(緒方洪庵)이 세운 데키주쿠(適塾)에서도 이에 내용에 대한 수업(修業)이 이루어졌다. 또 이 같은 서양 학문의 교육과 학습은 학문 발전의 원동력으로 작용하였으며, 이후 이곳 출신자들은 메이지 신정부에서 활약을 하게 되었다.

15 막부에 의해 추진된 막 정개혁・군제개 혁은 메이지 정부의 등장으로 주춤하였으나, 일부에 있어서는 후신인 시즈오카 번으로 계승되었다. 사관 교육을 위한 학교 설립이라는 과제가 누마즈병학교의 형태로 시즈오카번에 만들어진 것은 막부 군제 개혁의 연장선상에서 생겨난 결과로 볼 수 있다.

16 이후 일본은 적극적인 개국 정책을 펴게 되며, 그 목표는 서구 열강의 반열에 들어가는 것이었다. 이를 위해 문명 개화와 부국강병의 정책을 추진하였다.

17 또한 막부는 1860년 미국과의 통상조약 비준서 교환을 위해 일본 최초의 사절단 77명을 미국에 파견하였으며, 이후 1862년 38명의 두 번째 사절단을 추가로 파견하였다. 두 번째 사절단에는 통역과 전문가로 참가한 후쿠자와 유키치・미쓰쿠리 슈헤이・후쿠치 겐이치로 등의 난학자와 서양에 정통한 자들도 포함되어 있었는데, 이들은 1870년대 문명 개화 운동의 지도자로 활약하였다. 이후에도 막부의 해외 사절단 파견은

제6차 사절단까지 이어졌다.

18 막부의 입장에서 보면 나가사키 통사의 힘을 빌리지 않고 막부의 기관을 통해 독자적으로 그것도 단시일 내에 번역이 가능한 태세를 갖추게 된 것이다. 1862년 이후에는 막부의 반쇼시라베쇼에서 네덜란드 정부의 기관지를 번역·발행(官版バタビヤ Batavia新聞, 후에 官版海外新聞)하게 되었다.

19 이같은 사실이 메이지유신 반세기 이전에 있었다는 점 또한 시사하는 바가 크다고 할 수 있다.

20 아울러 이들 연구는 단순히 서양의 사회과학과 인문과학의 소개에 그치지 않고, 당시의 일본의 정세에 대해 장래 바람직한 정치형태를 모색하려는 하나의 시도로서 이루어졌다는 점에 그 특징이 있다.

21 이는 일본에 있어서 근대 저널리즘의 효시라 할 수 있다.

22 예를 들면, 일찍이 한학과 난학의 영향을 받은 니시 아마네와 쓰다 마미치는 막부의 네덜란드 파견 전습생으로 네덜란드 유학을 경험하게 되는데, 이들은 귀국 후 가이세이조의 교수 부임과 더불어 후학 양성, 그리고 네덜란드에서 직접 배운 자연법, 국제공법, 국제법, 경제학, 통계학에 대한 번역 작업에 착수하게 된다. 즉 이같은 성과가 이후 근대 학술의 발전과 메이지 신정부의 근대화에 큰 디딤돌이 되었던 것이다.

23 반쇼시라베쇼는 1862년 요쇼시라베쇼(洋書調所)라고 그 명칭이 변경되는데, 여기서는 이를 포함하여 반쇼시라베쇼라고 부르도록 한다. 따라서 여기서 다루는 기간은 1857년 1월부터 1862년 7월까지의 약 6년이 됨.

24 막부는 1854년 3월 미국과 日米和親條約, 8월 영국과 日英和親條約, 12월 러시아와 日露和親條約, 그리고 1855년 12월 네덜란드와 日蘭和親條約을 각각 맺음.

25 기획단계에서는 '洋學所'라고 불렀다.

26 東京大學史料編纂所 藏蕃書調書立合御用留』

27 하지만 「반쇼시라베쇼(蕃書調所)」라는 명칭은 '서양문헌의 조사 기관'으로 해석이 되므로, 널리 학문 기술을 개발한다는 당시의 취지와는 차이가 있다고 할 수 있다.

28 미즈쿠리 겐포(箕作阮甫)는 페리 내항시 미국대통령의 국서를 번역하였으며, 대 러시아교섭단의 일원으로 활약하기도 하였다. 반쇼시라베쇼의 수석 교수로서, 일본 최초의 의학잡지 『泰西名医彙講』을 비롯하여 『外科必讀』, 『産科簡明』, 『和蘭文典』, 『八紘通誌』, 『水蒸船說略』, 『西征紀行』 등 그의 약술서(譯述書)는 99부 160책이 넘었으며, 그 분야 역시 의학·어학·서양사·병학·종교학과 같이 광범위했다.

29 막부는 1641년 가톨릭 금지라는 쇄국정책을 선언하였는데, 실제로는 나가사키 데지마(出島)의 네덜란드 상관을 통한 네덜란드와의 교류를 통해 서양의 양질의 문화는 지속적으로 받아들였다. 또 宗 집안과 朝鮮, 그리고 琉球를 중개로 한 薩摩藩의 藩主인 島津 집안의 중국 무역은 지속적으로 묵인하였다. 따라서 선별적 쇄국정책이 적절한 표현이라고 할 수 있다.

30 이 사전은 1854년 개국 이후의 영학(英學) 연구의 열기에 부응하기 위해 반쇼시라베쇼의 교수진이 서둘러 편역(編譯)한 성격을 지니고 있는데, 이후 영학 초기의 발전에 큰 기여를 하게 된다.

31 1814년 나가사키 네덜란드 상관의 프롬호프의 지도하에 네덜란드 통사들이 만든 『안게리아고린타이세이(諳厄利亞語林大成)』라는 문헌이 있는데, 이는 사본(寫本)의 형태로 공간(公刊)이 되지 않아 일부에서만 활용되었다. 수록어 수도 6,000어에 지나지 않아 사전이라기보다 단어집의 성격이 강했다. 따라서 공간된 본격적인 영일사전으로는 『英和對譯袖珍辭書』가 최초라고 할 수 있다.

32 이로 인해 반쇼시라베쇼의 후신(後身)인 가이세이조(開成所)는 호리코시 가메노스케(堀越龜之助)를 주임으로 하고 야나가와 슌산(柳河春三), 다나카 요시오(田中芳男)의 협력을 통해 초판을 정정증보(訂正增補)하여 『改正增補 英和對譯袖珍辭書』이라 명칭으로 1867년 간행하였다. 이때는 1,000부를 인쇄하였으며, 일반에서는 기관명을 따서 가이세이조사전(開成所辭書)이라고 불리기도 했다.

33 전15권 5책으로, 완간(完刊)은 그가 반쇼시라베쇼에 들어 온 이후인 1858년에 이루어짐.

34 제2집은 역시 그가 반쇼시라베쇼에 들어온 이후인 1859년 출판됨.

35 『기카이칸란코기(氣海觀瀾廣義)』는 일본에서 처음으로 출판된 물리학서로, 그 사료적 가치가 높다고 할 수 있다. 『엔세이키키주쓰(遠西奇器述)』를 통해서는 서양의 증기기관의 구조와 원리를 소개하였고, 이를 응용한 것이 증기선으로, 페리의 흑선(黑船)도 이같은 원리에 의해 만들어졌다고 밝혔다. 아울러 육지에서도 증기차를 만들어 사용할 수 있다고도 하여, 당시 큰 주목을 끌었다.

36 이상과 같은 번역서는 가와모토 고민 자신의 이후 연구에 기초적 사료를 제공하였다는 의미에서 중요하다고 할 수 있다. 즉 이후 가와모토 고민의 화학 관련 대표 문헌 『化學通』(1871, 1876), 『化學讀本』(1875)에 적잖은 영향을 끼쳤다.

37 그밖에 그는 화학의 지식을 활용하여 습판(濕板) 사진·성냥·맥주·전신기(電信機)·은판(銀板)과 같은 이른바 근대화의 산물을 일본에서 처음으로 만드는 등 실험적 업적을 남겼다.

38 와타베 이치로는 후에 누마즈(沼津) 병학교(兵學校)의 영학 주임(英學主任) 그리고 수석 교수로 임명되어, 이 분야의 활동을 이어나갔다.

39 검열은 같은 반쇼시라베쇼의 야나가와 슌산(柳河春三)이 담당하였다.

40 막부 말기의 서점 및 출판업자(1818~1894). 『地球說略』(1860), 『万國公法』 등 주로 서양서적의 한역본(漢譯本) 번각(飜刻)을 취급하였으며, 가이세이조(開成所)의 번역서도 발행하였다.

41 반쇼시라베쇼는 이와 같이 번역서의 인쇄도 담당하였다.

42 수시 간행물로서 23권까지 간행되었다. 1862년부터는 「官板海外新聞」이라는 명칭으

로 간행되었으며, 발행소·발행인은 모두 「官板バタビヤ新聞」과 동일하였다.

43 일본은 당시 기독교가 엄금(嚴禁)인 상태여서 번각(飜刻)의 경우 기독교 관련 부분은 삭제되었다.

44 이후 일본인에 의한 최초의 신문은 1868년 2월 24일 반쇼시라베쇼 교수 출신 야나가와 슌산(柳川春三)이 창간한 『中外新聞』이다. 이 신문은 외국신문의 번역과 일본 국내의 기사를 게재하였다.

45 한편 생도들에게는 입학의 필수 조건으로 유학의 소양이 요구되었다. 그 이유로는 생도들이 기독교와 서양의 문화에 빠지는 것에 대한 우려 등을 들 수 있다.

46 『ガランマチカ』와 『セインタキス』는 1842년 미쓰쿠리 겐포 등에 의해 일본에서 완역(完譯)된 최초의 네덜란드 문전으로, 당시 데키주쿠(適塾) 등에서 네덜란드어 초학용 학습서로 널리 사용되었다. 이는 『Grammatica of Neederduitsche Spraakkuunst』라는 네덜란드어 문법서를 『和蘭文典 前編』이란 제목으로, 그리고 후편 『Syntaxis of Woordvoeging der Nederduitsche Taal』을 『和蘭文典 後編 成句法』이란 제목으로 각각 번각한 것이다.

47 반쇼시라베쇼의 교육은 개교 이래 3년간은 네덜란드어의 교육에 집중되었는데, 이는 설립 취지에 미치지 못하는 것이었다. 하지만 당시 일본에서 서양어가 가능한 인적자원이 난학자에 한정되었기 때문에, 출발이 이러했던 것은 당연한 결과로 볼 수 있다. 기타 언어, 즉 영어·프랑스어·독일어에 대한 학과 설치 및 교육은 1860년 이후 추진된다.

48 학문과 무예 등을 가르친 에도시대의 민간 교육기관.

49 당시 구독 교수가 3명이었는데, 이들 3명이 오전 8시부터 오후 4시까지의 수업 시간 중에 생도들을 1시간씩 지도하였다고 가정한다면(1시간 휴식 가정), 문자 교육은 하루에 20명 내외의 생도에게 실시하였다고 볼 수 있다.

50 한편 후쿠자와 유키치(福澤諭吉)의 자서전(『福澤諭吉全集』7)에 1859년 후쿠자와가 반쇼시라베쇼에 입교하게 된 배경과 과정에 대한 언급이 있는데, 여기에 따르면 번사(藩士)가 반쇼시라베쇼에 입교하려면 입학원서에 에도에 나와 있는 번(藩)의 루스이(留守居)의 허락과 직인(職印)이 필요하며, 이를 갖추면 바로 입교가 가능하다고 나온다.

51 이듬해에 7명의 기숙생 증원이 허용되었다.

52 막부는 1858년에만 6월 미국과 日米通商條約, 7월 네덜란드와 日蘭通商條約, 7월 영국과 日英通商條約, 9월 프랑스와 日佛通商條約을 각각 맺음.

53 즉 각국의 학문과 기술에 대한 문헌을 널리 번역하고 개발한다는 설립 당초의 취지에 대한 실천은 1858년 서양 국가와의 통상조약(通商條約)이 맺어진 이후 구체적으로 나타남.

54 정련학은 화학(化學)을 가리킴.

55 언어학은 회화(會話)와 통역(通譯)을 가리키며, 화학(畫學)은 미술(美術)이 아니라 측량학(測量學)·물리학(物理學)·조선학(造船學)의 보조 과목의 성격을 지닌 분야임. 아울러 물산학은 동식물(動植物)과 광물(鑛物)에 관한 학문을 가리킴.

56 크게 五語學(和蘭學·英學·仏蘭西學·獨逸學·러시아學)·八學術(天文學·地理學·數學·物産學·精練學·器械學·畫學·活字術)로 분류할 수 있음.

57 예를 들면 1873년 만들어진 일본 최초의 학술단체 '메이로쿠샤(明六社)'의 구성원을 보더라도 니시 아마네·쓰다 마미치·가토 히로유키 등과 같이 대부분 막부의 양학 기관에서 근무한 경력이 있으며, 막신으로서 양학의 연구와 교육, 그리고 번역에 힘쓴 학자들이다. 막부의 인재 양성 정책이 이후 일본의 근대화에 큰 역할을 담당했다고 할 수 있다.

58 1857년에 수업을 개시한 반쇼시라베쇼(蕃書調所)는 1862년 요쇼시라베쇼(洋書調所), 1863년 가이세이조(開成所)로 각각 그 명칭이 변경되는데, 여기서는 표기의 편의상 그 명칭을 가이세이조(開成所)로 통일하도록 한다.

59 당시의 양학은 엄밀하게는 전문학(專門學)이라기 보다 전문 기술을 배우기 위한 기초로서의 어학이 중심이었다고 볼 수 있다.

60 물론 외교문서의 번역과 같은 기존의 업무가 없어진 것은 아니다. 결국은 막부의 행정기관의 하나인 관계로 외교문서의 번역과 같은 행정 업무도 취급하였다. 특히 1867년 육해군부교나미(奉行幷)의 관리에서 외국부교(奉行)로 그 관리 주체가 바뀌게 되는데, 이후 외교문서의 번역 업무가 중대되었다.

61 1863년부터는 외교문서의 공식 언어로 서양 각국의 언어 사용이 약속된 것이다.

62 다이가쿠노가미(大學頭)는 유학자 하야시(林) 집안의 당주(当主)가 대대로 계승해온 칭호로, 막부 최고의 교육관(教育官)을 일컫는 명칭이기도 하였다.

63 막부는 그 밖에 1862년 요코하마(横浜) 運上所 앞에 英學所를 창설하였으며, 1863년에는 長崎語學所(후에 濟美館이라 개칭)를 설립하여 영어·불어·네덜란드어·러시아어·중국어 5개 국어를 가르쳤다. 또 1867년에는 요코하마에 語學所를 개설하고, 영어와 프랑스어를 학습시키는 등 서양 언어 교육 분야에 대한 제도적 지원을 꾸준히 실시하였다. 그리고 서양학 연구와 교육의 중심에 가이세이조가 존재하였다고 볼 수 있다.

64 그밖에 직참 출신 초학자들에게 양학 관련 교육을 실시하여 그 수준이 일정 수준 이상인 자들 중에서 교관을 선발하기도 하였다. 이로 인해 가이세이조 교관 중 직참이 차지하는 비율은 점차 늘게 되었다.

65 가이세이(開成)라는 말은 『易経』 繫辞伝에 나오는 「開物成務」라는 어구에서 따온 말로, 널리 물리(物理)를 연구하고 기계를 제조하고 실기실용(實技實用)을 지향한다는 의미로 해석할 수 있다.

66 막부는 1862년 가이세이조의 니시 아마네 등을 네덜란드에 유학생으로 파견하였는데,

이들은 막부에서 파견된 최초의 유학생이기도 하다. 이후 막부는 1866년 10월 영국에 유학생 10인을 파견하는 등 이 사이 총 5차례에 걸쳐 유학생을 서양 각국에 파견하여, 서양의 언어와 제반 사정에 능통한 인재의 양성을 막부 차원에서 추진하였다.

67 한편 이들은 모두 학문적으로 한학(漢學), 유학적 소양을 갖춘 양학자이기도 하였다.

68 아울러 이들 연구는 단순한 서양의 사회과학과 인문과학의 소개에 그치지 않고, 당시의 일본의 정세에 대해 장래 바람직한 정치형태를 모색하는 하나의 시도로서 이루어진 점에 그 특징이 있다.

69 이는 일본에 있어서 근대 저널리즘의 효시라 할 수 있다.

70 1858년 일미수호통상조약(日米修好通商條約) 체결시 海防掛를 폐지하고 설치하였는데, 주된 업무는 대외 교섭과 같은 실무적인 것이었다.

71 이들은 모두 신설 서양식 군대의 통솔자로, 이로 인해 가이세이조는 군제(軍制) 개혁의 영향을 강하게 받게 되었다.

72 이는 육군의 확장과 더불어 육군부교나미(奉行並)의 지배 경향이 병술의 기본으로서 영어와 프랑스어학을 지망하였고, 다수가 가이세이조에 입학했기 때문이다. 이로 인해 생도 중에 이들이 차지하는 비중이 커졌으며, 다시 병서(兵書)의 번역과 병술(兵術) 연구에 대한 요구가 커지게 되었다.

73 군제 개혁은 페리 내항 이래 막부의 주요 정책과제로 지속적으로 추진되었으며, 주로 군비(軍備)의 근대화와 확장이 주요 내용이다.

74 이로 인해 교관의 수가 증가하였다. 즉 어학 교관 수의 경우 1856년 말 9인, 1860년 2월 22인, 1866년 12월 39인, 1867년 말 54인과 같이 증가하였다. 과학기술 부문에 대한 정황한 통계는 없지만 1867년 말에 30인 전후가 있었던 것으로 추측되고 있다. 즉 1867년에 이르러 가이세이조의 전임 교관 수가 학문소보다 많았으며, 이는 당시 막부 직할학교 중 최대 규모였다.

75 막부는 서양식 군대의 정비와 확충을 당면 과제로 삼고 있었으며, 그 일환으로 이에 대한 전문적 지식과 기술을 익힌 군사 관료의 대량 양성이 필요하였다. 특히 프랑스 육군 교사와 영국 해군 교사를 통한 본격적 군사기술 습득을 예정하여, 그 전제로 영어와 프랑스어, 그리고 수학 등에 대한 기초적 교육을 실시할 필요가 있었다.

76 그 밖에 요코하마(橫浜) 프랑스어학전습소(仏蘭西語学伝習所)에서 프랑스어 학습을 받기도 하였으나, 이곳은 규모가 작았다.

77 그러나 1867년 말이 되면 전체 교관의 약 60% 정도가 영학 또는 불학을 담당하였으며, 그밖에 과학기술 관련 학과의 교관은 약 20% 정도였던 것으로 알려져 있다.

78 오메미에(御目見)는 에도시대에 다이묘(大名)와 하타모토(旗本)가 장군을 직접 알현하는 것이나 그 자격을 가리킨다. 즉 당시의 무사는 이 같은 자격을 가진 자(上士)와 그렇지 않은 자(下士) 두 종류가 있었으며, 막부는 이를 하타모토(旗本), 고케닌(御家人)이라 불렀다.

79 이전까지의 선례(先例) 등에 의해 규제되었으나, 이때부터는 새로운 원칙에 따라 교육 체계의 정비와 확충을 추진할 수 있게 되었다. 아울러 내용 중 一等, 二等, 三等이라는 교관의 호칭은 적절치 못하다고 판단하여 각각 敎授方出役, 敎授手伝出役, 敎授手並伝出役이라 부르며, 三等敎官에 대한 근무수당은 5人扶持, 금 2兩으로 한다는 수정이 가해졌다.

80 구체적으로는 1866년 12월 영학 · 불학부터 실시되었으며, 1867년 3월 수학의 분야에까지 이르게 되었다.

81 그 배경에는 각 번의 배신을 막부의 가이세이조의 교관으로서 고용하는 것을 당시 막부와 번의 관계가 불안정한 시기였던 만큼 이를 피하기 위해 막부는 배신 중에서 꼭 필요한 인재는 직참으로서 받아들이는 방법을 썼으며, 초학자들의 교육은 양학의 수준이 어느 정도 올라간 직참 중에서 선발하여 이에 대응케 했다. 따라서 가이세이조 교관 중에서 직참이 차지하는 비율은 점차 늘게 되었다.

82 유시마성당의 일강은 매일 정해진 시각에 강석(講席)을 열고 수 명의 강사가 교대로 사서(四書)와 같은 유학의 경전에 대해 강석(講釋)을 하였으며, 신분에 관계없이 모든 이에게 개방한 특징이 있다.

83 특히 당시 요직에 있던 자들 중에 양학에 관심을 가진 자가 많아 막부는 일강의 개최를 인정하였으며, 실제로 1866년 12월 29일 이에 대한 정보를 각 기관에 내려 보내기도 하였다(『續德川實記』 5卷).

84 이 책(총100권)은 위원(魏源)에 의해 만들어진 것으로, 세계 각국의 지리 · 역사 · 기후 · 산물 · 교통 · 무역 · 문화 등이 기술되어 있으며, 그림 자료도 풍부하여 당시 중국에서 널리 활용된 세계 지리서이다. 또 이 책은 청나라에 파견된 조선사신단의 역관을 통해 조선에도 소개되어 조선의 개화사상가들에게 많은 영향을 끼치기도 하였다.

85 기록에 의하면 1868년 1월 형정과에서 천문 · 지리 · 산술 · 물산과 같이 양학과 밀접한 관련을 가진 여러 과의 개설이 예정된 것으로 알려져 있다(「學問所修業次第」). 아울러 이같은 「洋譯之科」 개설과 운영의 배경에 가이세이조의 교관이 깊이 관여되어 있는 것으로 알려져 있다(『西周全集』 3卷, 664).

86 특히 도바(鳥羽) · 후시미(伏見) 전투의 패전과 이로 인한 영향이 당시 정국에 큰 영향을 끼쳤다.

87 최종적으로 표결로 정해진 회의의 결과는 주전론(主戰論)이 우세하였다.

88 龜掛川博正「旧幕府公議所について」『政治經濟史學』146.

89 1868년 4월 11일 토막군(討幕軍)이 에도(江戶)에 입성하였으며, 요시노부(慶喜)는 미토(水戶)로 퇴각하였다.

90 후쿠자와 유키치(福澤諭吉)에 대한 평가만 해도 연구자들의 의견이 엇갈리고, 후쿠자와 유키치 스스로 시기별로 입장을 조금씩 달리 하고 있어 쉽게 성격을 규정하기 어렵

다. 마루야마 마사오(丸山眞男)는 후쿠자와의 정치관을 가리켜 전형적인 시민적 자유주의로 규정함으로써 그를 긍정적으로 평가하였고 이와 대조적으로 핫토리 시소(服部之總)는 후쿠자와 유키치의 정치관을 절대주의 이데올로그, 즉 계몽전제주의로 보아 부정적인 평가를 내리고 있다. 또한 후쿠자와 유키치를 자본가의 대변자 혹은 부르주아의 대변자로서 특히 1880~1881년의 자유 민권운동의 절정기에는 오히려 일본 정부 및 정부와 유착한 상공인 및 부호들의 대변자로 변모해 갔다고 보는 시각도 널리 퍼져 있다.(임종원, 「후쿠자와 유키치와 明六社 小考」, 『한양일본학』13, 2004, 116-117쪽, 참고).

91 현재 국내에서 연구된 메이로쿠샤(明六社) 관련 연구로는 "강명희, 「明六社시기 西周의 계몽사상」, 『서울대동양사학과논문집』14, 1990 ; 이근명, 「문명개화기 대외 관계에 대한 지식인의 태도」, 『서울대동양사학과논집』16, 1992 ; 김용덕, 「명치 초기 일본의 지식인운동 : 明六社의 사회 계몽 활동을 중심으로」, 『지역연구』2-1, 서울대학교 지역종합연구소, 1993 ; 김용덕, 「明六社員의 정치관과 그 성격」, 『일본역사연구』2, 일본역사연구회, 1995 ; 정병철, 「明治初期 加藤弘之의 활동과 사상 : 明六社시기를 중심으로」, 『용봉논총』26, 전남대학교 인문과학연구소, 1997 ; 임종원, 「후쿠자와 유키치와 明六社 小考」, 『한양일본학』13, 2004 ; 박양신, 「근대초기 일본의 문명개념 수용과 그 세속화」, 『개념과 소통』2, 2008"이 있다.

92 메이로쿠샤(明六社)에 대한 선행연구 성과를 검토해 보면 다음과 같다. 김용덕(1993)의 연구는 메이로쿠샤의 사회 계몽 활동을 우민관에 입각한 비정치적인 것으로서 특징지어 과학지식의 강조와 여성의 개화, 그리고 개화를 이루는 데 있어서 종교의 효용성을 분석하였고 1995년 연구에서는 明六社員의 정치관을 분석하여 그들의 政體論과 민선의원 논쟁을 기술하였다. 정병철(1997)은 가토 히로유키의 明六社 활동을 중심으로 학자직분론과 민선의원 설립, 그리고 국권과 인권에 대한 가토의 입장이 무엇인지를 분석하였고 임종원(2004)은 후쿠자와 유키치를 중심으로 메이로쿠샤의 성격을 자유주의, 내셔널리즘, 국권주의 등으로 특징지었다. 또한 박양신은 후쿠자와 등을 중심으로 문명론의 개념을 집중 분석하였다. 본 연구는 이러한 선행 연구의 성과를 참고하면서도 기존 연구가 주목하지 않은 사료와 정치, 교육, 종교의 총체적 접근을 통해서 메이로쿠샤가 전개시킨 문명화의 논리와 방법을 정치하게 고찰해 보고자 하였다. 특히 민선의원을 둘러싼 明六社員들의 다양한 입장을 분석하고 선행 연구에서 다루어지지 못한 것으로서 민권에 대한 그들의 입장이 무엇이었으며 그들의 인민관을 단순한 우민관으로 규정짓기가 어려운 다양한 스펙트럼을 살펴보고자 하였다. 또한 선행연구에서 말하는 문명화에 있어서 종교의 효용성도 논쟁들을 검토해 정교분리 혹은 통제적 관점도 드러내보고자 하였다.

93 메이로쿠샤는 메이지(明治) 6년(1873)에 결성되었기 때문에 메이로쿠샤(明六社)라는 이름을 붙였는데 그 창립 회원으로 森有橋 西村茂樹, 津田眞道, 西周, 中村正直, 加藤

弘之, 箕作秋坪, 箕作麟祥, 杉亨二, 福澤諭吉 등이 그 주축을 이루었다. 메이로쿠샤 설립과정에 대해서는 모리 아리노리의 회고에 상세히 소개되어 있다.(森有礼,「明六社第一年回役員改選二付演說」,『明六雜誌』30, 1875.2(『明治文化全集』18, 雜誌篇, 日本評論社, 1928, 198頁) ; 大久保利謙,『明六社』, 講談社, 2007 ; 김용덕,「명치 초기의보수와 진보—明六社」,『일본근대사를 보는 눈』, 지식산업사, 1991, 82-86쪽 참고)

94 下中彌三郎 編,『日本史料集成』, 平凡社, 1957, 499쪽.

95 大久保利謙,『明六社』, 講談社, 2007, 316쪽.

96 今井淳・小澤富夫,『日本思想論爭史』, ぺりかん社, 1982, 314쪽.

97 가토 히로유키(加藤弘之)의『國体新論』은 천부인권설에 입각한 그의 초기 정치사상의 집대성이라 할 수 있다. 그의 관심은 국가기구의 정비, 국가와 인민, 인민과 인민 상호 간의 법제 제도화 문제에 집중되고 있음을 알 수 있다. 이는 현존의 중앙정부를 전제로 하여 정부가 인민의 권리를 보장하는 측면을 강조하는 것을 의미하였다. 그러나 明六社 시기 그의 입장은 민권이 지나치게 확장되면 국권이 쇠약하게 되고 국가의 독립도 위태롭게 된다는 보수적 입장에 서게 된다(정병철,「明治初期 加藤弘之의 활동과 사상 : 明六社시기를 중심으로」,『용봉논총』26, 전남대학교 인문과학연구소, 1997.12, 186-188쪽).

98 森有礼,「開化第一話」,『明六雜誌』3, 99쪽.

99 森有礼,「開化第一話」,『明六雜誌』3, 100쪽.

100 津田眞道,「運送論」,『明六雜誌』9, 301쪽.

101 西周,「學問は淵源を探るするに在るの論」, 앞의 책(『學問と知識人』, 32쪽)

102 학문의 연원을 찾는다는 것은 개별 학문의 심원한 이치를 깊이 연구하여 밝히고 이치를 종합해 일관된 원리로 돌아가는 것을 말한다. 천문가가 되어 천문학을 연구하고 본초가(本草家)가 의료에 쓰이는 식물・약물을 연구하고 곤충학으로 물벌레를 연구하고 고생물학으로 옛날 짐승과 벌레, 물고기를 연구하는 것과 같이 물리상의 제반 학술에서 그 정밀함과 상세함을 다할 것을 말한다.

103 福澤諭吉,「局外窺見」,『時事新報』, 1882. 7.(松本三之介・山室信一,『學問と知識人』, 岩波書店, 1988, 40쪽. 이 책은 막부 말기에서 제국 헌법 발포 시기까지를 대상으로 당시 지식인들의 논문과 사료를 6개 항목으로 나누어 편성한 1차 자료집이다— 이하『學問と知識人』으로 표기)

104 福澤諭吉,「局外窺見」,『時事新報』, 1882. 7.(『學問と知識人』, 42쪽)

105 福澤諭吉,「局外窺見」,『時事新報』, 1882.7.26.(『學問と知識人』, 48쪽)

106 福澤諭吉,「局外窺見」,『時事新報』, 위의 책, 49쪽.

107 家永三郎,『日本近代思想史硏究』, 東京大學出版會, 1956, 133-134쪽.

108 예를 들어 후쿠자와 유키치는 일본 국민이 유교적 옛 전통에 혹닉(惑溺)하여 무자각한 동조를 보이고 문명을 배척하는 상황에서 스스로의 주체성과 이설(異說)에 대한

관용을 촉구했다(福澤諭吉, 「人の說を咎む可らざるの論」, 『民間雜誌』3, 1874.6(『學問と知識人』, 136쪽)).

109 中村正直, 「洋學論」, 敬宇文庫二, 靜嘉堂文庫藏(『學問と知識人』, 3-4쪽).

110 고야스 노부쿠니 지음, 김석근 역, 『후쿠자와 유키치의 「문명론의 개략」을 정밀하게 읽는다』, 역사비평사, 2007, 52쪽 참고.

111 開成所에 대한 연구로는 熊澤惠里子, 『幕末維新期における敎育の近代化に關する研究：近代學校敎育の生成過程』, 風間書房, 2007; 이건상, 「가이세이조(開成所)의 개혁(改革)과 제학제술(諸學諸術): 교육적 개혁의 실시와 이에 대한 의미를 중심으로」, 『일어교육』44, 한국일본어교육학회, 2008, 261-277쪽 참고.

112 西周, 「五科口訣紀略」, 國立國會圖書館憲政資料室藏西周文庫」(『學問と知識人』, 15쪽)

113 西周, 「五科口訣紀略」, 위의 책, (『學問と知識人』, 17쪽)

114 西周, 「煉火石造の說」, 『明六雜誌』4, 161-162쪽.

115 津田眞道, 「出版自由ならんことを望む論」, 『明六雜誌』6, 205쪽.

116 津田眞道, 「出版自由ならんことを望む論」, 위의 책, 205-208쪽.

117 津田眞道, 「本は一つにあらざる論」, 『明六雜誌』8, 296쪽.

118 福澤諭吉, 『文明論之槪略』, 第2章(고야스 노부쿠니, 김석근 역, 『후쿠자와 유키치의 『문명론의 개략』을 정밀하게 읽는다』, 앞의 책, 80쪽 재인용)

119 中村正直, 「西學一斑」, 『明六雜誌』12, 398쪽.

120 「民撰議院設立建白書」의 주된 내용을 간략히 소개하면 다음과 같다. "지금의 정권이 돌아가는 곳을 살피니 위의 帝室에 있지 않고 또한 아래 인민에 있지 않고 오직 고위 관료들에게 돌아가고 있다. … 천하의 공의를 베푸는 것은 오직 민찬의원을 세우는 것이다. 인민이 정부에 대해 조세를 지불할 의무가 있는 것은 곧 그 정부의 일을 더불어 알고 가부(可否)할 수 있는 권리를 가지는 것이다. 이는 천하의 통론이다. … 지금 민찬의원을 세우는 계획을 거절하는 자는 말하기를 우리 인민은 불학무지(不學無知)하고 또한 개명에 나가지 못했으며 따라서 금일 민찬의원을 세우는 것은 시급하지 않다고 한다. 그러나 오히려 시급히 개명으로 나가는 길은 곧 민찬의원 설립에 있다. 즉 금일 우리 인민으로 하여금 智·벡의 개명으로 나가게 하는 것은 우선 그 통의권리(人權)를 보호하고 이로써 천하 우락(憂樂)을 함께 하는 기상을 일으키지 않으면 안 된다. 천하 우락을 함께 하는 기상을 일으키는 것, 이는 천하의 일에 참여하는 것이다. … 의원 설립은 천하 공론을 신장하고 인민의 통의(권리)를 세워 천하의 원기를 고무하고 상하친근, 군신상애(君臣相愛), 제국을 유지·흥기하며 행복안전을 보호하는 것이 된다(『日新眞事誌』206, 1874.1.18).

121 森有礼, 「民撰議院設立建言書之評」, 『明六雜誌』3, 105쪽.

122 森有礼, 「民撰議院設立建言書之評」, 위의 책, 105-108쪽.

123 西周,「駁旧相公議一題」,『明六雜誌』3, 122쪽.

124 西周,「駁旧相公議一題」, 위의 책, 125쪽.

125 箕作麟祥,「リボルチ一の說」,『明六雜誌』9, 306쪽.

126 箕作麟祥,「リボルチ一の說」, 위의 책, 309쪽.

127 1881년(明治14) 10월 이타가키 다이스케(板坦退助)를 총리로 하는 자유당이 결성되고 다음 해 3월 오오쿠마 시게노부(大隈重信)를 총리로 하는 입헌개진당이 결성되는 등 자유민권운동이 확산될 때 후쿠자와 유키치는 『時事新報』를 창간, 不偏不信의 입장을 드러냈다(福澤諭吉,「局外窺見」,『時事新報』, 1882. 7.19-7.29.). 그는 어느 정당・정파에 편향되지 않는 제삼자적 위치에 있음을 명시하고 혈기왕성한 장년이나 무지한 노인 등의 양 극단을 모두 비판하면서 둘 중의 어느 하나를 취할 것이 아니라 양 극단 사이의 다양한 행로를 보고 서로 다른 의론을 포용・용납하는 주의를 강조하였다(福澤諭吉,「局外窺見」,『時事新報』, 1882. 7.19). 그가 메이지유신 초기 민선의원 설립안에 대해 찬성을 보인 것과는 달리 관민 조화와 동・서 조화의 포용・절충을 주장한 것은 초기와는 사뭇 다른 입장으로 이해된다.

128 김용덕,「明六社員의 정치관과 그 성격」, 앞의 책, 80쪽.

129 津田眞道,「政論の三」,『明六雜誌』12, 389쪽.

130 津田眞道,「政論の三」, 위의 글, 392-393쪽.

131 阪谷素,「質疑一則」,『明六雜誌』11, 374-378쪽.

132 阪谷素,「民選議員を立るには先政体を定むべきの疑問」,『明六雜誌』13, 421쪽.

133 私立이란 私立爲業으로서 학자가 민간으로서 혹은 재야의 입장에서 국가독립을 위해 사업을 행해야 한다는 주장을 말한다(森有禮,「學者職分論の評」,『明六雜誌』2, 1874.3, p.69, 참고).

134 福澤諭吉,「學者ノ職分ヲ論ズ」(『學問と知識人』, 117쪽).

135 안노(雁奴)란 기러기가 무리지어 잘 때 자지 않고 경계하거나 또는 무리들이 먹이를 집을 때 한 마리는 반드시 고개를 처들고 사방의 모습을 살펴 만약에 있을 難을 경계하는 기러기를 가리킨다.

136 福澤諭吉,「人の說を咎む可らざるの論」,『民間雜誌』3, 1874.6.

137 후쿠자와 유키치 지음, 남상영・사사가와 고이치 역,『학문의 권장』, 小花, 2003, 60쪽(이하『학문의 권장』으로 표기).

138 『학문의 권장』, 60-61쪽.

139 『학문의 권장』, 65쪽.

140 『학문의 권장』, 67쪽.

141 가토 히로유키는 당시 宮內省 四等出仕, 左院 議官 등의 직위에 있었고, 이타가키 다이스케 등의 民選議員設立建白에 대해 시기상조론을 주장하여 오오이 겐타로(大井憲太郎)의 반박을 받은 바 있다.

142 加藤弘之,「福澤先生の論に答う」,『明六雜誌』2, 1873.3, 66-68쪽.

143 森有礼,「學者職分論の評」,『明六雜誌』2, 1874.3, 69-72쪽.

144 森有礼,「學者職分論の評」, 위의 책, 71쪽.

145 津田眞道,「學者職分論の評」,『明六雜誌』2, 1874.3, 73쪽.

146 津田眞道,「學者職分論の評」, 위의 책, 73-75쪽.

147 西周,「非學者職分論」,『明六雜誌』2, 81쪽.

148 鈴木博雄 編,『原典・解說日本敎育史』, 1985, 日本図書文化協會, 139쪽.

149 津田眞道,「開化?進ル方法?論ズ」, 11 7-118쪽.

150 津田眞道, 위의 책, 118쪽.

151 津田眞道, 위의 책, 121쪽.

152 西周,「敎門論」,『明六雜誌』4, 155쪽.

153 西周,「敎門論二」,『明六雜誌』5, 176쪽.

154 西周,「敎門論二」,『明六雜誌』5, 180-181쪽.

155 西周,「敎門論三」,『明六雜誌』6, 209쪽.

156 西周,「敎門論三」,『明六雜誌』6, 210쪽.

157 西周,「敎門論」,『明六雜誌』8, 288쪽.

158 加藤弘之 譯,「米國政敎」,『明六雜誌』13, 409쪽.

159 그는 "일본 전통 속에 존속되어 온 천직(天職)은 중국 반개화의 代神정치에 적합한 것으로 현재의 문화개명론에 반하는 것"이라 하여 제정일치를 비판하였다(西周,「敎門論」三,『明六雜誌』6, 212쪽).

160 시바타 쇼키치(柴田昌吉)의 경우도 영국 국제법 학자 필리모어(R. J. Phillimore)의 『國際法注釋』제8부 제2장과 제4부 제1장을 초역하여 국가의 종교에 대한 일반 원리 및 정부가 종교에 대해 대내적, 대외적으로 가지는 간섭 권한 등을 논하였다(柴田昌吉 譯,「ヒリモア万國公法の內宗敎お論ずる章」,『明六雜誌』6, 230쪽).

162 森有礼,「宗敎」,『明六雜誌』6, 220쪽.

2부 일본을 통한 조선의 서구근대문명 수용과 국민계몽교육

1 당시 입헌정체 연구 단체로서 헌정연구회(1905)와 후신인 대한자강회(1906)나 대한협회의 참여자들을 보면 대다수의 법학자 내지 법조계 인사가 포함되어 있음을 볼 수 있는데 이들이 출판한 책들을 일부 소개하면 다음과 같다(김효전,『서양헌법이론의 초기 수용』, 서울: 철학과 현실사, 1996, 6장 참조).

저자	번역 · 번안서 제목	저본
김찬	『인권신설(人權新說)』(1908)	가토 히로유키(加藤弘之)의 『人權新說』(1882)
김상연 · 나진	『국가학』(1906)	다카다 사나에(高田早苗)의 『國家學原理』(1905) 저본
김상연	『헌법』(1908)	소에지마 기이치(副島義一)의 『日本帝國憲法論』(1905)
장도	『신구형사법규대전(상 · 하)』(1907)/『형법총론』(1908)	오카다 아사타로(岡田朝太郎)의 저술을 저본으로 함
조성구	『헌법』(1907)	일본 헌법책을 근거로 서술
박정동	『국제공법지(國際公法志)』(1907)	미상
정인호	『헌법요의』(1908) 역술	다카다 사나에(高田早苗)의 『憲法要義』(1902)
안국선	『정치원론』(1907)	이치지마 겐기치(市島謙吉)의 『政治原論』(1889)
유성준	『법학통론』(1905)	미상
유치형	『헌법』(1908)	호즈미 야쓰카(穗積八束)의 『憲法大意』(1896)

2 東海大學外國語敎育センター異文化交流硏究會編, 『日本の近代化と知識人』, 東海大出版會, 2000, 7頁.

3 1873년, 즉 명치 6년에 설립되었다 해서 이름붙인 메이로쿠샤(明六社)는 후쿠자와 유키치(福澤諭吉)를 비롯해 니시무라 시게키(西村茂樹), 가토 히로유키(加藤弘之), 니시 아마네(西周), 쓰다 마미치(津田眞道), 나카무라 마사나오(中村正直) 등 당대의 내노라 하는 양학 지식인들이 대거 참여하였다.

4 松本三之介 · 山室信一, 『學問と知識人』(日本近代思想大系10), 東京:岩波書店., 1988, 457-458頁.

5 가노 마사나오, 김석근 역, 『근대 일본사상 길잡이』, 소화, 2004, 115頁(여기서 미토가쿠란 미토한(水戶藩)에서 일어난 국가주의 사상을 지칭한다. 대표적 인물은 후지타 유코쿠(藤田幽谷 : 1774~1826)와 제자 아이자와 야스시(會澤安 : 1782~1863)인데 아이자와의 대표적 저술은 1825년 정치 쇄신과 군비(軍備) 확충을 위한 방책을 제시한 『新論』이다. 이 책은 단순히 기술적인 의미에서 군비 확충이 아니라 국민의 의지를 통합해 자발적으로 국가목적에 협력하게 하는 것이야말로 정치의 기본이라고 주장하고 그 방법으로서 존왕과 양이(攘夷)의 2가지 방책을 들고 있다. 존왕과 양이 양자를 결합시켜 논리 정연한 국가주의 사상 체계로 정리하는 동시에 일본 국가 체제의 전통을 표현하는 '고쿠타이(國體)'라는 개념을 사용한 것은 아이자와가 처음이었다. 미토가쿠는 근대 일본의 국가주의 사상의 주요한 원류가 되었다고 평가할 수 있으며 실제로 요시다 쇼인(吉田松陰:1830~1859) 등을 통해 메이지 정부 지도자들에게 계승되었고 요시다의 제자인 이토 히로부미는 천황제국건설의 주역이 되었다.)

6 일본이 국체 관념으로 천황주의를 만들어 나간 요인을 몇 가지 꼽으면 다음과 같다. 첫째는 서구침략의 위기의식 속에서 힘의 결집을 도모하고자 천황 주의를 택한 것. 둘째는 서양 함대의 무력으로 개국을 한 일본 상황에서 재차 그리스도교화 되는 것을 막고자 신도(神道)를 국교로 하고 그 정점에 천황을 두어 '一神敎'화 한 것.(東海大學外國語敎育センター異文化交流硏究會編, 앞의 책, 152頁; 山折哲雄 · 司馬遼太郎, 『日本とは

何かということ』. 東京:NHK出版, 1997, 27-28頁). 셋째는 서구 자본주의 발달이 개신교에 근거하고 있음을 파악하여 기독교 대체로서 천황주의를 종교로 채택한 것이다.

7 다나카 후지마로는 1871년부터 1873년까지 문부이사관으로서 이와쿠라(岩倉)대사 일행에 참가하여 구미 제국을 순방했다. 이때 주로 각국의 교육 사정을 조사해야 할 책무를 맡았는데, 그는 수십 개국의 학교를 시찰하고 그 제도를 파악한 후 돌아와 보고서로서 『理事功程』(1873년, 문부성 출판)을 간행하였다. 여기서 그는 근대학교의 모델로서 미국을 선택했다. 1876년부터 1877년에 걸쳐 재차 미국에 건너가 다시 각 주의 학교 상황을 세밀히 답사하여 미국 각 주의 교육 법규를 번역하였고 1878년(明治11)에는 『米國學校法』을 문부성에서 책으로 출판하였다. 그리고 1879년 일본 교육령을 입안하기에 이르렀던 것이다(海後宗臣, 『日本近代學校史』, 東京:成美堂版, 2001, 95-96頁).

8 海後宗臣, 위의 책, 77-82頁.

9 김욱동, 『번역과 한국의 근대』, 소명출판, 2010, 96쪽.

10 1906년 당시 관공립 학교 수는 전국에 23개교이었고 예산도 2%에 불과했다. 반면 사립학교는 1908년 기준 2,016개교에 이르렀다(허수열, 『개발없는 개발』, 은행나무, 2005, 238쪽; 김경미, 『한국근대교육의 형성』, 혜안, 2009, 150쪽, 참고).

11 양정의숙과 보성전문학교는 처음에 법률 전문학교로 출발했지만(『만세보』, 1906.11.10) 나중에 상과(경제학)를 포함시켰고(『황성신문』, 1910.3.29) 광신상업학교는 처음부터 상과에 주력하면서(법률 교육을 실시한 학교로 이들 모두 국민교육의 성격을 담아냈다 할 수 있다.(특히 보성전문학교 출신의 학생들 다수는 당시 변호사로 취직하여 전공을 살리기도 했다.

12 노영택, 『한말 국민국가건설운동과 국민교육』, 신서원, 2000, 15-19쪽.

13 『한성순보』, 1883.11.10.

14 『황성신문』, 1906.5.10.

15 『황성신문』, 1905.5.16.

16 『황성신문』, 1905.8.24.

17 당시 변영만은 국민의 권리적 정신과 국민의 법률적 정신은 곧 異名同體라 했다(변영만, 「세계삼괴물(1908)」, 『변영만전집』하권, 성균관대학교출판부, 2006, 11-12쪽).

18 1909년 7월 일본 통감부는 한국 정부를 압박하여 사법권과 감옥사무를 일본에 위임하도록 했다. 1909년 10월에는 통감부 사법청을 개설하고 사법청 장관에 법부 차관 倉富勇三郎을 임명하여 통감부 재판소 및 감옥을 설치하였다(김효전, 한말 사법권의 개혁과 붕괴과정. 『동아논총』37, 2000, 118-119쪽).

19 『대한민보』, 1909.9.2(대한민보는 대한협회의 기관지로 천도교 오세창이 주간했다. 당시 정부를 공격하고 의분을 토했으나 한국이 합병될 때에 폐간되었다).

20 『관보』, 1906.9.22.

21 『대한매일신보』, 1908.2.26.

22 『황성신문』, 1899.3.21, 1899.5.12, 1900.2.6, 1900.2.14, 1900.5.3, 1905.1.16, 1905.9.14, , 1906.12.25, 1909.5.2, 1908.9.10, 참고.

23 법관양성소 초기에는 헌법이나 국제법과 같은 교과과목은 처음부터 의도적으로 누락시켜 소송기술적인 과목에만 치중하였다. 일본인의 영향 아래 만들어진 탓으로 국가나 주권 등과 같이 국가사상이나 민권을 고취하는 과목은 아예 배재한 것이다.(김효전, 「한국에 있어서 일본 헌법이론의 초기수용」, 『공법연구』31-1, 2002, 87쪽) 개화기 법률교육의 활성화는 한국의 주체적인 활동이 컸지만 일본의 통제가 가해지는 가운데 제한되었다.

24 보성전문학교에서는 1907년부터 법률·경제에 관한 衆說을 망라·편찬하여 월간 잡지 『法政學界』를 발행하기도 했다. (『만세보』, 1907.5.4)

25 김상연은 1899년 동경전문학교 정치과에 입학하여 1902년 졸업했는데 천도교 장효근과 함께 제국신문 필화 사건으로(1904년 3월 21일자) 경무청에 구속된 바 있다. 1906년 법관양성소 교관으로 임명되었고 같은 해 9월까지 근무하였다. 1908년 3월 보성전문학교의 정치 담당 강사가 되어 국가학을 강의하였으며 장도, 유승겸, 석진형 등과 함께 법률 전문학교인 양정의숙의 교사로 출강, 저녁에는 광신상업학교 교사로 근무하였다(『만세보』, 1906.11.27).

26 이에 대한 연구는 김효전(1999)의 연구를 참고할 수 있음.

27 1904년 갑진년에 문명개화 운동을 선언하였기에 이를 갑진개화운동, 갑진혁신운동이라 명칭하기도 한다(정혜정, 「갑진혁신운동의 사상적 의의」, 『동학학보』4. 2002, 39-74쪽) .

28 이에 대한 연구로는 김효전(1987), 조항래(1993), 이현종(1970)의 연구를 참고할 수 있음.

29 동학에 대한 탄압을 피하고자 1905년 12월 동학의 3대 교주 손병희에 의해 동학이 천도교로 명칭이 바뀌었다.

30 김욱동, 앞의 책, 130쪽.

31 의암손병희선생기념사업회, 『의암손병희선생전기』. 서울:의암손병희선생기념사업회, 1967, 160쪽.

32 의암손병희선생기념사업회, 위의 책, 183-192쪽.

33 『천도교종령집』, 19쪽.

34 김병철, 『한국근대번역문학사연구』, 을유문화사, 1975, 154쪽.

35 『만세보』, 1906.7.3.

36 『만세보』, 1907.5.23.

37 『만세보』, 1906.12.9.

38 聖化라는 말은 동학혁명 당시 무장포고문 말미에 등장하는 말이고 천도교 초기 聖化會는 侍日式의 의미로 쓰였다. 오늘날도 천도교에서는 기도실을 성화실이라 명칭하

지만 그 외는 거의 쓰이지 않는다.

39 『만세보』, 1906.11.25.

40 『만세보』, 1906.11.28.

41 『만세보』, 1906.12.25.

42 『만세보』, 1906.12.22.

43 『만세보』, 1907.5.9.

44 『만세보』, 1907.6.5.

45 『만세보』, 1906.12.8.

46 『만세보』, 1907.6.11.

47 『만세보』, 1906.9.18.

48 『만세보』는 국가학의 연재에 앞서 의암 손병희의 「준비시대」를 게재하여 서구 입헌정체를 당시의 이상적 국가 모델로 삼아 한국이 인민주권의 근대국민국가로 나아가야 함을 촉구하였다. "저들은 공정한 성문의 법률이 있어 인민 권리를 보호하고 생명 재산의 안전과 언론, 집회, 종교의 자유, 주거의 자유, 저술·출판, 작업 등 모든 인류 활동과 관련한 일이 국법의 한정에 어긋남이 없다."(『만세보』, 1906.8.18, 1면, 준비시대)는 것이다.

49 『만세보』, 1906.9.18.

50 천도교에서는 당시 '아국 제일의 학문가'를 양한묵(梁漢默)으로 보고 있었다.

51 『만세보』, 1906.9.18.

52 김효전, 번역 국가학, 『동아법학』 7, 1988, 231쪽.

53 김효전, 「근대 한국의 법제와 법학30: 만세보 연재, 국가학(1)」, 『인권과정의』 329, 2004, 166-167쪽(김효전은 다음과 같이 만세보의 연재 국가학의 원저자가 양계초가 아님을 밝히고 있다. "원본은 일본의 정치학 문헌을 한문으로 번역·소개한 양계초의 저술이 아닌가 하여 그의 저작 목록을 살펴보았으나 1906년 이전에 발표된 국가학에 관한 작품은 발견되지 않는다. … 양계초는 1898년 일본 요코하마에서 『청의보(淸議報)』를 창간하고 여기에 국가론, 각국헌법이동론(各國憲法異同論), 입헌법의(立憲法議), 국가사상변천이동론(國家思想變遷異同論) 등을 발표하였다. 그러나 여기에 번역한 것과는 내용이 다르다").

54 아리가 나가오(1860-1921)는 동경대학 문학부를 나와 독일에 유학하여 슈타인에게 국법학을 배우고 귀국하여 추밀원(樞密院), 내각, 농상무성 등에서 근무했다. 1881-1884년에 걸쳐 일본 최초의 체계적인 사회학 저술이라 할 『사회학』 3권을 출간했다. 이는 스펜서의 사회진화론적 견지에서 일본사회의 특징을 강조한 것이다. 1898년 이후 동경제대, 와세다대학 등에서 사회학을 가르쳤고 만세보의 주필 이인직이 동경정치학교에 유학할 당시 강사였다. 동경정치학교는 일본 헌정당(憲政黨)과 밀접한 관계를 지닌 학교였다.

55 有賀長雄, 『國家學』, 東京: 牧野書房, 1889, 1쪽.

56 有賀長雄, 앞의 책, 1쪽.

57 『만세보』, 1906.6.19.

58 1900년 초반에 간행된 『국민수지(國民須知)』는 서구 근대 입헌국가 政體의 근간을 소개하고 한국 인민들로 하여금 인권과 국가 관념을 갖도록 고취하기 위한 국민 교과서였다. 이는 원래 헌정연구회에서 국민 계몽을 목적으로 저술하였던 『헌정요의(憲政要義)』를 1906년 4월에 김우식이 『국민수지』라는 이름으로 간행했는데 이후 국민교육회와 각종 신문 등에서 지속적으로 발간·연재되었다. 이는 책 제목처럼 "국민이 반드시 알아야 할 지식"으로서 한국 인민들이 서구 국가학과 정치학을 수용하도록 했던 대표적인 매개체였다 할 것이다. 이에 관한 연구로는 최기영의 글(1997:22-43)을 참고할 수 있다.

59 『만세보』, 1906.9.26.

60 『만세보』, 1906.9.26.

61 『만세보』, 1906.9.26.

62 후쿠자와 유키치, 정명환 역, 『문명론의 개략』, 광일문화사, 1989, 117쪽.

63 후쿠자와가 聖王의 덕치주의 정치를 비판하는 것은 아무리 군주가 훌륭하게 백성을 통치하더라도 여기에는 인민에 의한 정치라는 민주주의적 개념이 결여되었기 때문이다(고야스 노부쿠니, 김석근 역, 『후쿠자와 유키치의 「문명론의 개략」을 정밀하게 읽는다』, 역사비평사, 2007, 218-225쪽 참고).

64 후쿠자와 유키치, 정명환역, 앞의 책, 222-223쪽.

65 위의 책, 224쪽.

66 한편 당시 일본 내부에서는 이러한 서구 문명화를 비판하여 "서양 사회라는 것은 그야말로 짐승들의 사회다. 양학자 등은 서양과 싸우기 위해 서양의 좋은 점을 배우면 좋다고 하지만 그것은 개와 싸우기 위해서는 우리도 개에게 무는 법을 배워야 한다고 하는 것과 같다."고 말한 지식인도 있었다(大橋訥庵, 『闢私小言』- 마루야마 마사오, 김석근 역, 『문명론의 개략을 읽는다』, 문학동네, 2007, 742쪽 재인용). 그러나 후쿠자와 등 대다수가 택한 서구 문명화는 전쟁을 불사해서라도 얻어야 할 이익에 목표를 둔 것이었고 이는 21세기 오늘날 대부분의 강대국가에서도 여전히 사라지지 않는 지향점이라 할 것이다.

67 방광석, 『근대일본의 국가체제 확립과정:이토 히로부미와 제국헌법체제』, 혜안, 2005, 13-15쪽.

68 여기서 말하는 도덕은 삼강오륜의 전통적인 유가적 도덕을 말하는 것이 아니라 인민들로 하여금 인권의 정법(定法)에 입각하여 행동하고 인간의 품위와 자유·평등의 정치공동체를 이루는 새로운 도덕적 문화를 의미한다.

69 이는 대한민국임시정부의 지향점과도 상통한다고 볼 수 있는데 특히 김구는 우리나라

가 아름다운 나라가 되기 위해서는 富力과 强力에 제한을 두면서 인권, 자유, 문화력
은 한없이 키워야 할 가치로 파악하였다(강내희, 「임시정부가 꿈꾼 교육·문화 정책
과 그 굴절」, 『사회와 역사』 88, 2010, 215-216쪽 참고).

70 헤이그 밀사 사건으로 잘 알려져 있는 이준(1859-1907)은 1895년 법관양성소를 졸업
하여 평리원 및 겸임 특별법원 검사를 지낸 법률가였고 윤효정(1858-1939)은 독립협
회 간부를 지내다 고종 양위 음모 사건과 관련되어 일본에 망명했다가 귀국하여 헌정
연구회, 대한자강회, 대한협회 조직에 참여하였다. 심의성은 윤효정의 사촌 조카이고
장기렴은 전 시위대 대대장으로 육군 참령이었다. 장기렴은 양한묵과 함께 천도교에
서 활동하였다.

71 『헌정연구회취지서』(서강대학교도서관소장본); 최기영, 「헌정연구회취지서 해제」,
『한국근현대사연구』 5, 1996, 271-282쪽, 참고.

72 윤효정은 그의 저술 『풍운한말비사(風雲韓末秘史)』에서 대한제국은 단순히 일제의
침략에 의해 망한 것이 아니라 지배층의 부패로 인해 일본 제국주의의 희생양이 될 수
밖에 없었음을 말하고 있다(윤효정 지음, 박광희 편역, 『대한제국아 망해라 : 백성들의
눈으로 쓴 살아 있는 망국사』, 다산북스, 2010, 참고).

73 『헌정연구회취지서』, 위의 글.

74 『대한매일신보』, 1910.3.19.

75 김진성, 「입헌세계」, 『대한흥학보』 4, 1909, 21-24쪽.

76 『황성신문』, 1905.11.2, 「회장 출석-헌정연구회 임시회」.

77 3·1운동을 주도했던 손병희와 천도교단도 임시정부 수립에 대한 구체적 기획을 구상
한 바 있다(고정휴, 「3·1운동과 천도교단의 임시정부 수립 구상」, 『한국사시보』 3·4
집, 1998, 참고).

78 「대한민국임시헌장」에 "대한민국은 구황실을 우대함"이라는 조항이 삽입되어 있는데
여기서 황실이란 정치 공동체의 통일성과 지속성을 상징하는 것으로서 대한제국의
변혁적 계승을 의미한다고 볼 수 있다(『대한민국임시정부자료집』 2, 국사편찬위원회,
2005, 19쪽, 참고).

79 1931년 「대한민국임시정부선언」에서는 균등 제도에 기초한 민주적 독립국가를 건설
한다는 것을 전제로 하여 특권계급이 존재하지 않는 균등 사회 실현을 위한 보통선거
제, 국유제, 공비 교육제를 명시했다. 이는 정치·경제·교육의 균등을 통해 "개인과
개인 간의 균등을 실현하고 이를 토대로 민족과 민족, 국가와 국가와의 균등을 이루며
나아가 세계일가를 추구한다"는 삼균 주의에 기초한 것이다. 국민의 기본권리로는 참
정권, 선거권, 남녀평등권, 노동권, 휴식권, 피보험권, 면비 수학권 등을 들고 있다(한
시준, 「대한민국임시정부의 강령」, 『백범회보』 9, 2005 참고).

80 헌정연구회나 대한자강회 등 근대국가 수립을 주장했던 이들은 현실적인 제약으로 인
해 입헌군주제를 표방했지만 민주공화제가 국민국가 건설에 이상적인 정치체제라고

여겼다(유영렬,「한국에 있어서 근대적 정체론의 변화과정」,『국사관논총』103, 2003, 18-19쪽, 참고). 대한민국임시정부가 수립되면서 비로소 민주공화제를 표방한 것은 헌정연구회나 대한자강회 등의 민권 사상을 계승하고 3·1운동에서 나타난 민족 역량을 고려하여 민주공화제를 채택하게 된 것이라고 볼 수 있다.

81 일본의 경우 가토 유이치(加藤祐一)의『文明開化』(1873)에서 머리를 잘라야 하는 이치, 옷은 일하기 편하게 지어야 하는 이치, 모자와 구두는 반드시 쓰고 신어야 하는 이치, 다다미 대신 의자 생활을 해야 하는 이유 등을 전통과 관련시켜 국민들을 설득하였다. 그 설득했던 논리로서 예를 들면 첫째는 복고의 논리로서 머리를 단발하는 것은 외국인을 흉내 내는 것이 아니라 300년 전 산발했던 일본의 과거로 되돌아가는 것이라는 식의 주장, 둘째는 편리성, 기능성을 강조하여 통 좁은 옷이 편하고 의자 생활이 편리하듯이 문명개화는 편리한 것이라는 인식을 확산시키는 것, 셋째는 타자의 시선에 대한 창피의 논리로서 소매가 넓은 전통 옷은 외국인에 대해 창피하고 머리에 아무것도 쓰지 않는 것도 창피한 일이며 농민들의 누추한 가옥 또한 외국에 대해 창피한 것이라 계몽하였다(박양신,「근대초기 일본의 문명개화수용과 그 세속화」,『개념과 소통』2, 2008, 61-62쪽).

82 이광순,『의암 손병희』, 태극출판사, 1975, 176쪽, 재인용.

83 이광순, 앞의 책, 1975, 176쪽, 재인용.

84 『만세보』, 1906.12.26, 3면, 잡보, 보교학도 斷髮樂從.

85 『만세보』, 1906.07.08. 4면.

86 『만세보』, 1907.06.09.

87 『만세보』, 1907.06.09.

88 『만세보』, 1907.03.24. 2면.

89 『만세보』, 1907.03.24. 2면, 모자 개량.

90 여성들이 장옷(長衣)으로 얼굴을 가리는 것을 禮服이라 하여 쓰개를 출입시에 쓰지 아니하면 이를 천한 여자로 대우하는 풍습이 500년래 지속되었다. 여자가 남자와 평등한 권리를 회복하여 문명국 부인과 같이 사회상 교제를 통행하고자 하면 "의제를 개량하고 장의인지 몽두인지를 폐기하고", "얼굴을 내놓는 것이 고금예속을 互通行함"이라 하였다(『만세보』, 1906.11.23. 2면, 논설, 의제개량(속) 女子衣制二.).

91 『만세보』, 1906.11.09, 2면, 논설(婦人會).

92 『만세보』, 1906.11.11, 2면, 잡보(女子敎育會況).

93 본래 개항 이후 복식의 최초 변화는 1884년 5월 갑신 의제 개혁에서 비롯된다. 그 내용은 단령(團領, 깃을 둥글게 만든 관복)을 검정색으로 통일하고 넓은 소매를 좁게 하여 실제적인 편의를 도모하여 간소화시킨 것이다. 1891년 주의(周衣)를 관민이 다 같이 검은 색으로 통일시켜 통상복으로 입게 한 것은 편리함과 검소함을 강조한 조치였다. 개화기에는 마고자와 조끼가 새로 등장하였고 대원군은 의관 간소화시 책을 펴

양태가 넓은 큰 갓으로부터 모가 얕고 양태가 좁은 소립으로 개량되었다. 1895년에는 고종이 백정들에게 면천을 허락하고 칠립을 쓸 수 있도록 하였다. 개화기 이후에는 도포를 제외한 넓은 소매의 포는 모두 사라지고 두루마기만 남게 되었는데 남녀평등 사상의 영향으로 여자들이 남자 두루마기를 방한복으로 착용한 이후 두루마기는 귀천의 구별없이 남녀노소 모두 착용하는 한복의 대표적인 예복이 되었다. 이는 동학의 영향으로 동학도인들은 1893년 광화문 복합상소 때부터 주의를 착용하였고 동학혁명 당시 삽화를 보면 동학지도자들은 양산을 쓰고 양복을 입었고 칼을 찬 모습으로 묘사되거나 머리띠를 메고 폭이 좁은 바지, 저고리를 입은 동학당원으로 그려졌다(김용문, 「개화기 동학 복식에 관한 연구」, 부산예술문화대학 동학연구소, 『해월 최시형과 동학사상』, 예문서원, 1999, 268쪽).

94 『만세보』, 1906.11.22, 2면, 논설, 衣制改良(女子衣制一).

95 『만세보』, 1906.11.07, 2면, 논설.

96 『만세보』, 1906.11.22, 2면, 논설, 衣制改良(女子衣制一).

97 『만세보』, 1906.11.23, 2면, 논설, 의제개량(속) 女子衣制二.

98 『만세보』, 1906.11.24, 2면, 논설, 의복개량(속) 男子衣制三.

99 『만세보』, 1906.11.24, 2면, 논설, 의복개량(속) 남자의제3.

100 『만세보』, 1906.11.24, 2면, 논설, 의복개량(속) 남자의제3.

101 『만세보』, 1906.11.27, 2면, 논설, 의복개량(속)/ 남자의제五.

102 바지나 고의를 입을 때 정강이에 감아 무릎 아래 매는 물건. 반듯한 헝겊으로 소맷부리처럼 만들고 위쪽에 끈을 두 개 달아서 돌라매게 되어 있다.

103 한복 저고리의 깃이 만나는 곳.

104 관례(冠禮) 때에 입는 예복(禮服)의 한 가지.

105 『만세보』, 1906.11.27, 2면, 논설, 의복개량(속)/ 남자의제五.

106 『만세보』, 1906.11.27, 2면, 논설, 의복개량(속)/ 남자의제五.

107 『만세보』, 1906.11.22, 2면, 논설(의제개량-여자의제一).

108 『만세보』, 1907.05.28, 2면, 논설, 婚喪祭禮議改良.

109 『만세보』, 1907.05.28, 2면, 논설, 婚喪祭禮議改良.

110 『만세보』, 1907.05.30, 2면, 논설, 婚喪祭禮議改良(속).

111 이 시기의 계몽 교육은 서구 기술 문명이나 보통학을 학습하는 차원을 넘어서 근대 국민국가 체제와 결부된 국민교육의 과제를 떠안은 것이었다. 개화기 근대교육은 세 가지 유형으로 구분될 수 있다. 첫째 유형은 서세동점의 위기 속에서 서구 문물을 도입하여 배워야 한다는 인식이 확산되면서 설립되었으나, 동문학이나 육영공원과 같이 유교 경전을 먼저 가르치고 그 다음에 서양 지식을 학습하는 등 우선권이 전통 교육에 주어진 교육이다. 두 번째 유형은 갑오개혁 이후 실시된 관립학교 교육을 들 수 있는데 이는 새로운 보통 교과의 신설로서 근대 보통교육을 열었다 할 수 있다. 그러

나 일본공사 이노우에 코와시(井上毅) 등이 주도한 교육개혁으로서 조선 정부의 각 부에 일본인 고문관을 배치하여 간섭을 받도록 했고, 일본의 이익에 반하는 것은 배제해 나갔던 점에서(김경미, 『한국근대교육의 형성』, 혜안, 2009, 참고) 비국민교육이라 할 것이다. 끝으로 세 번째 유형은 입헌정체의 구현을 촉구하는 맥락에서 국민 주권과 민지 계발의 문명 진보, 그리고 국민 보통 의무교육 실시를 기획한 국민 형성의 근대 교육이라 할 것이다. 이는 사립학교 설립과 야학 및 언론 · 출판 · 강연 운동의 형태를 띤 것인데, 국가 체제의 수용과 애국심 및 국가 의식 형성에 중점을 둔 계몽 교육이라 할 것이다.

112 이 당시 일본에서 가장 널리 유포된 문명론 계몽서로서는 후쿠자와의 『서양사정』, 『문명론의 개략』, 『학문의 권장』 외에도 나카무라 게이우(中村敬宇)의 『西國立志編』, 가토 유이치(加藤祐一)의 『文明開化』(1873), 오가와 다메지(小川爲治)의 『開花問答』(1874) 등을 꼽을 수 있다.

113 의제 개량 등의 풍속 개량 역시 근대국가 건설을 위한 한 방편이자 문명국가가 갖추어야 할 생활 개혁으로서 추진되었다. 당시 만세보에는 단발과 의제 및 모자와 신발에 이르기까지 광범위하게 풍속 개량의 필요를 제기했다. 이는 일본의 영향도 적지 않다고 보는데 일본의 경우 가토 유이치(加藤祐一)의 『文明開化』(1873)에서는 머리를 잘라야 하는 이치, 옷은 일하기 편하게 지어야 하는 이치, 모자와 구두는 반드시 쓰고 신어야 하는 이치, 다다미 대신 의자 생활을 해야 하는 이유 등을 전통과 관련시켜 국민들을 설득하고 있다(박양신, 「근대초기 일본의 문명개화수용과 그 세속화」, 『개념과 소통』 2, 2008, 61-62쪽).

114 『유년필독』은 1907년 5월 발행된 백당 현채의 저술로 초등학교용 국어과 교과서로 편찬된 최초의 검인정교과서이다. 학부의 검정 도서라 하지만 일종의 국민 교양 독본도 아우른 책으로서 유년필독은 나중에 국민독본으로 개칭되어 출판되기도 하였다(1909년 재미한인소년서회에서는 국민독본으로 이름을 바꿔 보급했다.). 집필 취지는 '한국인이 구습에 함닉되어 애국성이 어둡기에 국가사상의 환기를 위하고자 함'에 있었고 비록 이 책이 유년 교과서이지만 비록 노인일지라도 읽지 않으면 안 되는 책으로 국민 모두가 국가와 인민의 관계를 알도록 하는 데 목적이 있다 하였다(현채, 『유년필독』, 1907; 한국문헌연구소편, 『한국개화기교과서총서』 2, 아세아문화사, 1977, 5쪽).

115 『초등교서』는 1907년 보문관에서 발행된 오상준의 저술로 블룬칠리(J. C. Bluntschli, 1808~1881)의 저서 한 권이 영국의 정치 개혁을 이루고 부강케 한 것처럼 초등교서 역시 조선 정부를 개혁할 역할을 기대하면서 집필된 것이다. 오상준은 국민수지를 황성신문에 소개했던 양한묵과 함께 이완용 자살(刺殺) 미수사건(1909)과 연루되어 함께 체포되었던 인물이자 대한자강회 회원으로 두 사람 모두 천도교의 대표적인 개화 지식인이다.

116 『국민수지』에 관한 기존 연구로는 "최기영, 『한국근대계몽운동연구』, 서울: 일조각, 1997"과 "김동택, 「국민수지를 통해 본 근대 국민」, 이화여대 한국문화연구원, 『근대 계몽기 지식개념의 수용과 그 변용』, 소명출판, 2004" 두 편에 불과하고 교육사에서 접근한 연구는 전무하다. 김동택은 국민수지 내용을 분석하여 '국민 없는 국민'으로서 국민을 선동하기 위한 책에 불과한 것으로 평가하고 있다. 국민수지를 처음 언급한 연구자는 김효전인데 김효전과 최기영은 국민수지를 의미있게 평가하고 있지만 내용 분석은 가하지 않았다. 본 연구는 교육사적 접근에서 국민수지가 근대국민교육의 흐름 안에서(각주 37 참고) 높은 비중을 차지한다는 것과 "국가의 국민"이 아닌 "국민의 국가" 의식의 고취로서 인권교육을 핵심으로 했다는 것, 그리고 그 정신이 3·1운동과 임시정부 수립 및 대한민국의 법통으로 이어지고 있다는 점에서 그 의의를 탐색하고자 하였다.

117 당시 졸업 상품으로 수여된 대표적인 책으로는 『헌법요의』, 『국가사상학』, 『민족경쟁론』 등을 꼽을 수 있다(『황성신문』, 1909.1.5, 잡보).

118 개화기 국가 의식을 고취하기 위한 교재로서 국가학은 대부분의 전문학교 교과목 속에 들어 있었고 국가학은 법률 교과안에 내포되었다. 따라서 국가학 교수는 법률 교육과 결합되었고 법률 교육의 요구가 확산되면서 '고등보통학교' 정규 교과목에도 법제(法制, 법률) 교과가 들어가게 되었다(『만세보』, 1906. 9. 22, 관보초록).

119 김홍일(1898-1980)은 평북 용천군 용암포의 한 초등학교에서 이를 교과서로 사용하였다고 증언하고 있다(김효전, 「한국에 있어서 일본 헌법이론의 초기수용」, 『공법연구』31-1, 2002, 251쪽 참고). 또한 관립한성한어학교 작문시간에 國權을 주제로 쓴 내용을 보면 국민수지의 내용 가운데 외용주권(外用主權)과 내용주권(內用主權)에 대한 부분이 동일한 내용으로 언급되고 있음을 확인할 수 있다(『만세보』, 1906.11.15, 2면, 논설, 贊勉漢語學校生).

120 1906년 4월에 김우식은 『헌정요의(憲政要義)』를 『국민수지』라는 이름으로 바꾸어 간행했다. 김우식은 헌정연구회 회원이자 군수를 지낸 사람으로 국민 계발에 주의를 기울이는 자로 당시 정평이 나 있었다. 그는 언론 활동과 문명에 관한 출판 활동도 한 인물로서 당시 신문은 그가 "국민수지를 印刊하여 각 사회와 유지인사에게 無代金으로 多類 頒與하여 급진 문명함을 권면하였다"고 보도하였다(『황성신문』, 1906.04.25, 국민수지).

121 이종일이 창간하고 최강(崔岡)이 사장으로 있었던 제국신문은 장효근·정운복·이인직·이해조 등이 제작에 참여했는데 이종일, 장효근, 최강 등의 천도교인들이 포함되고 있음을 볼 수 있다.

122 『신한국보』1910.3.15, 4면.(일제가 압수한 51종의 책명을 보면 다음과 같다. 1. 초등대한역사 2.보통교과동국역사 3.신정동국역사 4.대동역사략 5. 대한신지지 6. 대한지지 7.최신고등대한지지 8. 문답대한지지 9. 최신초등대한지지 10. 최신초등소학

11. 고등소학독본 12. 국문과본 13. 초등소학 14. 국민소학독본 15. 여자독본 16. 부유독습 17. 고등소학수신서 18. 고등윤리학교과서 19. 독습일어정측 20. 정선일어대회 21. 실지응용작문법 22. 음빙실문집 23. 국가사상학 24. 민족경쟁론 25. 국가학강령 26. 음빙실자유서 27. 준비시대 28. 국민수지 29. 국민자유진보론 30. 세계삼괴물 31. 二十세기 32. 지대참극 33.제국주의 34. 강자의 권리경쟁 35. 대가논집 36. 청년입지편 37. 편편기담경세가 38. 소아교육 39. 애국정신 40. 애국정신담 41. 몽견제갈량 42. 을지문덕(국한문) 43. 이태리 건국 44. 三걸전 45. 갈소사전 46. 워싱턴전 47. 파란 말년 전사 48. 미국독립사 49. 애급근세사 50. 소학한문독본 51. 남녀평권론)

123 최기영, 앞의 책, 1997, 42쪽.

124 김동택 역시 유길준을 주목하고 있지만 그 근거는 구체적으로 밝히고 있지 않다.

125 「國民須知」, 현채, 『幼年必讀釋義』(영인본), 아세아문화사, 1977, 79쪽.

126 지강(芝江) 양한묵(1862~1919)은 전라남도 해남출생으로 1894년 탁지부주사(度支部主事)가 되어 능주세무관(綾州稅務官)으로 근무하다가 1897년 사직한 뒤 북경(北京) 등지를 유람하고 이듬해 일본에 건너가 일본의 국정과 세계 대세를 살폈다. 1902년 일본에서 망명 중인 손병희(孫秉熙)·권동진(權東鎭)·오세창(吳世昌) 등의 권유로 동학(東學)에 입교하였다. 귀국 이후 보안회(保安會)와 공진회(共進會)에 가입 활동하였으며, 1905년 2월 공진회가 정부의 탄압으로 해산된 후 같은 해 5월 이준, 윤효정 등과 함께 헌정연구회(憲政研究會)를 조직하였다. 또한 윤효정·장지연(張志淵) 등과 헌정연구회의 후신인 대한자강회(大韓自强會)를 조직하여 일진회와 적극 투쟁하였고 특히 그는 국가학과 정치학의 기본적인 문제를 다룬 『헌정요의』를 황성신문에 연재하였다. 이후 호남학회 임시회장과 평의원으로 선임된 바 있고 보성전문학교(普成專門學校)·보성중학교·동덕여학교(同德女學校) 등의 경영에 참여하였다. 1919년 3·1운동 민족대표 33인의 한 사람으로 「독립선언서」에 서명하고 붙잡혀 서대문 감옥에서 옥사하였다.

127 지금까지 이준은 와세다대학 졸업생으로 알려져 왔으나 김효전은 그가 와세다 졸업생이 아님을 주장하고 있다(김효전, 「이준과 헌정연구회(1)」, 앞의 책, 165쪽).

128 『만세보』는 1906년 9월 19일부터 11월 22일까지 아리가 나가오의 국가학을 선별 번역하여 연재하였다. '국민정신을 개도환발(開導喚發)하기 위해 신학문 중 가장 중요한 학문으로서 국가학을 연재한다.'고 그 목적을 밝히고 있는데 이에 대한 자세한 언급은 정혜정, 「개화기 서구 입헌국가학의 수용과 국민교육: 천도교 기관지 萬歲報를 중심으로」, 앞의 글, 169-174쪽, 참고.

129 『만세보』, 1906.8.14, 1면, 準備時代.

130 「國民須知」(영인본), 아세아문화사, 1977, 앞의 책, 37-38쪽.

131 서구 근대국가의 특징은 크리스토퍼 피어슨에 따르면 ① 폭력 수단의 독점적 통제, ② 영토권, ③ 주권, ④ 입헌성, ⑤ 비인격적 권력, ⑥ 공공 관료제, ⑦ 권위/정당성,

⑧ 시민권, ⑨ 징세를 들 수 있다. 본 연구는 크리스토퍼 피어슨의 책을 참고로 하여 비교 준거점을 마련했다(크리스토퍼 피어슨, 박형신·이택면 옮김, 『근대국가의 이해』, 일신사, 1998, 23쪽 참고).

132 네 번의 출판이란 헌정연구회(1906)와 국민교육회(1907) 출판, 그리고 현채의 『유년필독석의』(1907)에 포함되어 출판된 것과 박상만의 광학서포 발행(1907)을 말하고 다섯 번의 게재란 황성신문, 대한자강회월보, 제국신문, 신한민보, 대한교육회월보를 말한다.

133 김효전, 「근대한국에 있어서 일본헌법이론의 영향」, 『동아법학』 38, 2006, 15쪽.

134 최기영, 「한말 교과서 유년필독에 관한 일고찰」, 『季刊書誌學報』 9, 1993, 113쪽.

135 김동택은 국민수지가 군주주권적 입헌군주제를 주장하고 국가주의 성격을 띠는 것으로 비판하였다(김동택, 「국민수지를 통해 본 근대 국민」, 앞의 책, 2004, 219쪽). 그러나 당시 국민수지는 '전제정치에 제한을 두어 민권을 넓히는 것'에 초점을 두고 있었고 국민수지가 애국을 부르짖은 것은 국권 위기 의식과 결부된 것이었으며 근대국가수립은 국가주의의 맥락에서보다 오히려 개인의 자유·권리를 지키기 위한 전제에서 비롯되었다고 할 수 있다.

136 社稷은 토지신(土地神)과 곡식신(穀食神)이라는 뜻으로서, 임금이 국가의 무사 안녕을 기원하기 위하여 사직단(社稷壇)에서 토지의 신과 곡식의 신에게 제사를 지냈던 풍습이 있다. 이로부터 사직은 국토 또는 국가라는 뜻으로 통용된다.

137 김동택, 「국민수지를 통해 본 근대 국민」, 2004, 앞의 책, 208쪽.

138 권동진, 「정부의 책임」, 『대한협회보』 11, 1909.2, 56쪽.

139 「國民須知」(영인본), 아세아문화사, 1977, 앞의 책, 34쪽.

140 권동진, 앞의 책, 『대한협회보』 11, 1909.2, 56쪽.

141 김동택, 「국민수지를 통해 본 근대 국민」, 2004, 앞의 책, 212쪽.

142 위의 책, 211쪽.

143 「國民須知」(영인본), 아세아문화사, 1977, 앞의 책, 38쪽.

144 메이지유신기 쓰다 마미치(津田眞道)는 천문, 격물, 화학, 의학, 경제, 철학 등 실학의 학문이 각 인민의 도리로 통달하는 것에 문명사회가 있음을 말하면서 이 경지에 도달시키는 것이 곧 종교라 주장했다. 국민을 계도하는 방법으로서 학문과 종교가 있고 실학이 보급된 구미와 같은 문명상태에 이르지 못한 일본의 현상에는 종교로서 '기독교 일파를 선택·도입할 것'을 권하였다(이건상/정혜정, 「明治維新期の明六社の結成と文明開化論の性格」, 『日本學研究』 33, 단국대학교 일본학연구소, 2011 참고).

145 이는 만세보 기사에서도 보여지는 내용인데 초등교서는 만세보 논설이나 순독강연회 등에서 제기되었던 국가사상을 오상준이 자신의 사상과 더불어 편집한 것일 수 있다.

146 현재 이 분야의 연구로는 다음의 연구 성과가 있다. 허수, 「1920년 전후 이돈화의 현실인식과 근대철학 수용」, 『역사문제연구』9, 역사비평사, 2002; 「1920년대 전반 이돈화의 개조사상 수용과 사람성주의」, 『동방학지』125, 연세대국학연구소, 2004; 「1905~1924년 천도교 종교사상의 형성과정:이돈화의 인내천 논증을 중심으로」, 『역사문제연구』12, 역사비평사, 2004; 「러셀 사상의 수용과 개벽의 사회개조론 형성」, 『역사문제연구』21, 2009; 황선희, 『동학 · 천도교 역사의 재조명』, 모시는사람들, 2009, 97-124쪽; 김정현, 「니체사상의 한국적 수용:1920년대를 중심으로」, 『니체연구』12, 한국니체학회, 2007, 참고 바람.

147 김정현, 「니체사상의 한국적 수용:1920년대를 중심으로」, 위의 글, 50-51쪽.

148 소춘, 「역만능주의의 급선봉」, 『개벽』창간호, 1920.6.; 묘향산인, 「신-人生標의 수립자 푸리드리휘 니체 선생을 소개함」, 『개벽』2, 1920.7.

149 묘향산인, 「사상계의 거성 뻐츄랜드 러쎌氏를 소개함」, 『개벽』11, 1921.5.

150 묘향산인, 「근대주의의 第一人 루소선생」, 『개벽』5, 1920.11.

151 묘향산인, 「근세철학계의 혁명아쩨임스선생」, 『개벽』6, 1920.11.

152 묘향산인, 「에드와드 카펜타-」, 『개벽』14, 1921. 8(박사직도 김기전에 앞서 개벽지에 카펜터를 소개한 바 있다. - 박사직, 「개조계의 一人 에드와드 카펜타아를 소개함」, 『개벽』12-13, 1921.6-7.).

153 정혜정, 『동학 · 천도교 교육사상과 실천』, 혜안: 2001, 338-352쪽 참고.

154 소춘, 「역만능주의의 급선봉」, 『개벽』창간호, 1920.6.

155 김정현, 「니체사상의 한국적 수용:1920년대를 중심으로」, 앞의 글, 48-49쪽.

156 묘향산인, 「新-人生標의 樹立者 푸리드리휘 니체 선생을 소개함」, 『개벽』2, 1920.7, 74-77쪽(본 인용은 원문 그대로 표기하지 않고 현대 맞춤법에 맞게 고쳐 쓴 것임. 이하 같음).

157 묘향산인, 「에드와드 카펜타」, 앞의 글, 55쪽.

158 묘향산인, 「근세철학계의 혁명아 쩨임스선생」, 앞의 글, 51쪽.

159 김기전, 「맹종으로부터 타협에, 타협으로부터 자주에」, 『개벽』13, 1921.6, 20쪽.

160 이돈화, 『새말』, 천도교중앙종리원신도관, 1934, 凡例(이하 『새말』로 표기).

161 창해거사, 「大食主義를 論하노라(其一), 『개벽』7, 1921.1, 9-10쪽.

162 滄海居士, 「외래사상의 흡수와 소화력의 여하」, 『개벽』5, 1920.11, 11쪽.

163 창해거사, 위의 글, 9쪽.

164 이돈화, 「생활상으로 觀한 경제관념의 기초」, 『개벽』11, 1921.5, 12-15쪽.

165 이돈화, 위의 글, 12-15쪽.

166 이돈화, 위의 글, 12-15쪽.

167 야뢰, 「인내천의 연구」, 『개벽』2, 1920.7, 68쪽.

168 야뢰, 「인내천의 연구(續)」, 『개벽』3, 1920.8, 74쪽.

169 같은 글.

170 야뢰, 「인내천의 연구(續)」, 『개벽』 4, 1920.9, 46쪽.

171 박찬승, 『한국근대정치사상사연구』, 역사비평사, 1992, 179-181쪽; 허수, 「1920년 전후 이돈화의 현실인식과 근대철학 수용」, 『역사문제연구』 9, 역사비평사, 2002, 203쪽.

172 허수, 위의 글, 203쪽.

173 허수, 위의 글. 204쪽.

174 船山信一, 『船山信一著作集』 7(大正哲學史研究), こぶし書房, 1999, 35쪽.

175 船山信一, 위의 책, 51쪽.

176 백두산인, 「문화주의와 인격상평등」, 『개벽』 6호, 1920.12, 10쪽

177 백두산인, 위의 글, 12쪽.

178 백두산인, 「문화주의와 인격상평등」, 위의 글, 12쪽.

179 이돈화, 『신인철학』, 천도교중앙종리원신도관, 1931, 94-95쪽. (이하 『신인철학』으로 표기)

180 이돈화는 인내천 주의의 지기일원론이 실재론에 가깝다 하였다(『신인철학』, 33쪽). 근대에 유물론, 유심론 즉, 물심양종의 이론뿐만 아니라 그 외에 실재론이라는 별종의 이론이 생겨났는데 여기서 실재론을 정신과 물질의 두 현상을 제3의 원리에 의하여 통일하고자하는 철학으로 이돈화는 설명하였다(『신인철학』, 31-32쪽). 이는 허수도 지적한 바 있듯이 이노우에 테쓰지로(井上哲次郎)의 현상즉실재론을 인용한 것으로 이노우에는 '실재론이란 동양철학에도 있었던 것이고 특히 불교에도 있었던 것으로 종류가 여러 가지이지만 그 최후 완전한 것을 원융실재론 혹은 현상즉실재론'이라 일컫는다 하였다(井上哲次郎, 『哲學と宗教』, 東京: 弘道館, 1915, 82쪽).

181 루돌프 오이켄(1846-1926)은 독일생의 철학자로 추상적 주지주의와 체계 철학에 염증을 느껴 철학의 초점을 인간의 실제경험에 맞추었다. 그는 인간이야말로 자연과 정신이 만나는 장소이며 정신생활을 지향하는 끊임없는 적극적 노력을 통해 비정신적 성격을 극복하는 것이 인간의 의무이자 특권이라고 주장했다.

182 『신인철학』, 101쪽.

183 『신인철학』, 103쪽.

184 백두산인, 「문화주의와 인격상평등」, 앞의 글, 12쪽.

185 백두산인, 위의 글, 13쪽.

186 허수는 이돈화가 천도교의 종교 사상을 확장시키기 위해 근대 철학, 그 가운데서도 특히 일본의 이노우에 테쓰지로(井上哲次郎) 철학을 수용했고 이노우에를 통해 신칸트학파의 完己說을 인내천 주의에 포섭해 나갔음을 부각시키고 있다(허수, 「1920년 전후 이돈화의 현실인식과 근대철학 수용」, 『역사문제연구』 9, 역사비평사, 2002, 187쪽). 또한 그는 이돈화가 일본의 칸트철학자인 쿠와키 겐요쿠(桑木嚴翼)의 『文化主

義と社會問題』(東京:至善堂書店, 1920)를 집중적으로 소개하고 있고 이돈화의 문화주의가 그의 칸트철학에 영향받았음을 강조하고 있다(허수, 「1920년대 전반 이돈화의 개조사상 수용과 사람성주의」, 『동방학지』1215, 연세대국학연구소, 2004.4, 130쪽). 이는 의미있는 연구 성과라 할 것이다. 그러나 이돈화가 말한 사람 무궁성을 쿠와키 문화주의 철학의 문화 개념이 가진 향상에 향상을 거듭한다'는 의미와 유사하다고 보거나 사람성 자연주의를 쿠와키 영향으로만 기술하는 것은(허수, 위의 글, 139쪽) 인내천 주의가 갖는 무궁성과 자연성의 의미를 축소시키는 듯하다. 이돈화가 주장하는 사람 무궁성에는 단지 향상성만이 아니라 베르그송, 부트루의 생명성도 수용되어 있고 인내천 주의의 전일성을 결합한 것이며 칸트처럼 정해진 목적성이나 법칙성이 아니다. 자연성 역시 쿠와키 겐요쿠뿐만 아니라 루소의 자연과 베이콘의 우상으로부터의 자유도 변용시켜 나갔기에 보다 치밀한 분석이 요구된다 할 것이다.

187 백두산인, 「문화주의와 인격상평등」, 앞의 글, 13쪽.

188 1930년대 초반 『신인철학』이나 『새말』이 발간된 당시 이돈화의 생각이 1920년대 초반 개벽지에 나타난 이돈화의 생각과 비교했을 때 크게 달라진 것은 없다고 본다. 단지 이전보다 입장이 다소 정리되고 안정된 것으로 보여진다.

189 『신인철학』, 63-64쪽.

190 『신인철학』, 65-66쪽.

191 이돈화, 「最近社會의 新現狀을 보고 道德心의 樹立을 切望함」, 『개벽』14, 1921.8, 11쪽.

192 이돈화, 위의 글, 11-12쪽.

193 창해거사, 「大食主義를 論하노라(其一)」, 앞의 글, 11-13쪽.

194 『새말』, 157쪽.

195 『신인철학』, 262, 268쪽.

196 이돈화, 「조선인의 민족성을 논하노라」, 『개벽』5, 1920.11, 8쪽.

197 이돈화, 「最近社會의 新現狀을 보고 道德心의 樹立을 切望함」, 『개벽』14, 1921.8, 12쪽.

198 창해거사, 「大食主義를 論하노라(其一)」, 앞의 글, 11-13쪽.

199 이돈화, 「시대정신에 합일된 사람性主義」, 앞의 글, 6쪽.

200 『신인철학』, 1-4쪽.

201 이돈화, 「시대정신에 합일된 사람性主義」, 『개벽』17, 1921.11, 2쪽.

202 이돈화, 위의 글, 2쪽.

203 이돈화, 「시대정신에 합일된 사람性主義」, 위의 글, 5쪽.

204 이돈화, 위의 글, 5쪽.

205 이돈화, 위의 글, 5-6쪽.

206 이돈화, 위의 글, 6쪽.

207 이돈화, 위의 글, 6쪽.

208 허수, 「1920년 전후 이돈화의 현실인식과 근대철학 수용」, 앞의 글, 187쪽.

209 井上哲次郎, 『哲學と宗教』, 앞의 책, 77쪽.

210 이돈화, 「시대정신에 합일된 사람性主義」, 위의 글, 6쪽.

211 『신인철학』, 149쪽.

212 이돈화, 「시대정신에 합일된 사람性主義」, 앞의 글, 8쪽.

213 이돈화, 위의 글, 8쪽.

214 이돈화, 위의 글, 9쪽.

215 이돈화, 위의 글, 9-10쪽.

216 이돈화, 「시대정신에 합일된 사람性主義」, 앞의 글, 10쪽.

217 이돈화, 위의 글, 10-11쪽.

218 특히 이돈화는 인격상 자유에 다음과 같은 종교 다원주의를 수반시키고 있다. ① 어떠한 教를 믿든지 그 믿음 자체는 옳으며 믿음을 견고히 할 것. ② 자기가 信하는 종교로써 타인이 信하는 종교를 질투시하며 또는 증오시 함은 결코 현대신앙의 본위가 아님. 각 教가 함께 아량과 덕성으로 상호 존경의 기풍을 기를 것. ③ 神을 信하던지 佛을 信하던지 내세를 위한다 하여 현세를 죄악시하며 악마시하는 폐를 제거할 것. ④ 자기의 믿음을 현대 혁신적 생활 조건과 모순이 없이 할 것이며 나아가 자기 신앙의 힘으로써 현재의 생활을 보다 이상으로 향상케 할 힘을 양성할 것. ⑤ 자기의 신앙하는 교리의 내부에 항상 자유비판을 가하여 그 교리를 시대적으로 해석하며 시대적으로 引導하기를 힘쓸 것. ⑥ 신앙을 철두철미 자아 중심주의의 기초에 세워 신앙의 힘으로써 자아의 인격을 향상케 하도록 노력할 것. ⑦ 천국 혹은 극락이라 하는 이상향 건설을 현세 위에 引下하도록 할 것. 즉 천상의 이상을 지상의 사실로 化케 할 것이다(이돈화, 「最近社會의 新現狀을 보고 道德心의 樹立을 切望함」, 『개벽』14, 1921.8, 9쪽.).

219 이돈화, 「시대정신에 합일된 사람性主義」, 앞의 글, 11-12쪽.

220 이돈화, 위의 글, 12-13쪽.

221 야뢰, 「인내천의 연구(續)」, 『개벽』4, 1920.9, 48쪽.

222 야뢰, 「인내천의 연구」, 『개벽』2, 1920.7, 68쪽.

223 야뢰, 「인내천의 연구(續)」, 『개벽』4, 앞의 글, 48쪽.

224 야뢰, 「인내천의 연구(續)」, 위의 글, 48쪽.

225 이돈화, 宗教科, 천도교청년당편, 『자수대학강의』(1933), 서울:경인문화, 1947, 7쪽 (이하 『자수대학강의』라 표기).

226 『신인철학』, 98쪽.

227 『신인철학』, 98쪽.

228 『신인철학』, 98-100쪽.

229 야뢰, 「인내천의 연구(續)」, 『개벽』5, 1920.10, 48쪽.

230 야뢰, 위의 글, 51쪽(천지만물은 한울의 표현이라 한 이돈화의 말은 쿠로이와의 말을 적용한 것이라고도 볼 수 있다.).

231 야뢰, 위의 글, 52쪽.

232 黑岩周六, 『天人論』, 朝報社, 1903, 50, 159쪽.

233 黑岩周六, 위의 책, 50, 52쪽.

234 이돈화에 의하면 범신론적 인내천은 해석상 수천년 전에 이미 있었다. 불교의 '천지만물이 皆備吾身'이라 한 말이나 '三界唯心', '만물이 皆有佛性'이라 한 불교 사상도 어떤 의미에서는 다같이 인내천 주의로 볼 수 있다는 것이다. 그러나 불교는 高踏遊遠하여 세인들이 알아보기 어려워 그 주의를 받지 못했다는 점에서 인내천 神論의 동학과 차별성을 둔다(야뢰, 「의문자에게 답함(인내천의 연구 其八)」, 『개벽』8, 1921.1, 54쪽.).

235 『자수대학강의』, 15쪽.

236 야뢰, 「의문자에게 답함(인내천의 연구 其八)」, 『개벽』8, 1921.1, 55-56쪽.

237 야뢰, 위의 글, 56쪽.

238 『신인철학』, 57쪽.

239 조선 전통 사유에서 전체와 개체의 다양성 문제는 이일과 분수(理一分殊)의 관계 규명을 통해서 전개되는데 동학에 오면 일리만수로 귀착된다(정혜정, 「전통사유의 연맥을 통해 본 동학의 개체성 이해: 인물성동이론에서 동학의 '일리만수(一理萬殊)'까지」, 『동학학보』17, 2009.6, 참고).

240 야뢰, 「의문자에게 답함(인내천의 연구 其八)」, 앞의 글, 56쪽.

241 黑岩周六, 『天人論』, 앞의 책, 1쪽.

242 黑岩周六, 『天人論』, 앞의 책, 76, 95, 100쪽.

243 야뢰, 「인내천의 연구(續)」, 『개벽』6, 앞의 글, 48쪽.

244 야뢰, 위의 글, 47-48쪽.

245 같은 글.

246 이돈화는 인간 무궁성에 입각하여 내세도 거론하였는데 이는 마치 파도가 앞의 것이 높았다가 없어지고 뒤의 것이 일어남과 같은 것이라 하였다. 즉 앞의 것이 없어져 보인다고 뒤의 것은 다른 것이냐 하면 그렇지 않고 뒤의 것이나 앞의 것이나 모두 다 같은 물결로 다만 높았다 낮았다 하는 생멸일 따름이라는 것이다. 사람이 났다가 사라지고 사라졌다가 또 다음의 사람으로 재출현하는 것으로 생사를 보았다(이돈화, 「인내천과 내세」, 『學海』, 학해사, 1937, 23쪽).

247 『새말』, 92-93쪽.

248 야뢰, 「인내천의 연구(續)」, 『개벽』4, 앞의 글, 48쪽.

249 정혜정, 앞의 책, 366-372쪽, 참고.

250 『신인철학』, 5쪽.

251 『신인철학』, 6쪽.

252 『신인철학』, 49쪽.

253 『신인철학』, 6쪽.

254 『신인철학』, 6쪽.

255 『신인철학』, 13쪽.

256 『신인철학』, 14-15쪽.

257 『신인철학』, 47쪽.

258 『신인철학』, 11-13쪽.

259 『신인철학』, 47쪽.

260 『신인철학』, 13쪽.

261 이돈화, 「天道敎經典釋義(完)」, 『아세아연구』 7-4, 고려대학교 아세아문제연구소, 1964, 236쪽.

262 『신인철학』, 36-37쪽.

263 『신인철학』, 67쪽.

3부 소파 방정환과 일본의 근대

1 방정환, 「세의 신사 제현과 자제를 둔 부형에게 고함」, 『개벽』 33호, 1923. 창간된 『어린이』를 홍보하는 성격의 이 글은 쪽수 없이 목차 뒤에 실려 있다.

2 국립국어원 표준국어대사전(http://stdweb2.korean.go.kr/main.jsp)

3 이기문, 「어원 탐구1 - 어린이」, 『새국어생활』 7권 2호, 1997, 109쪽과 112-113쪽.

4 소래섭, 「『少年』지에 나타난 '소년'의 의미와 '아동'의 발견」, 『한국학보』 28권 4호, 2002, 109쪽.

5 조은숙, 『한국 아동문학의 형성: 아동의 발견, 그 이후의 문학』, 소명출판, 2009, 39쪽 이기문, 앞의 글.

6 같은 책, 54쪽.

7 소래섭, 앞의 글, 2002, 105쪽.

8 이기훈, 「청년, 근대의 표상 - 1920년대 '청년' 담론의 형성과 변화」, 『문화과학』 37집, 2004, 214쪽. 그러나 1920년대 초 청년은 연령으로 정의하기 어렵다. 청년은 사회의 동적 방면 진보 세력을 대표하며, 노년은 정적 방면 보수 세력을 대표한다는 정의가 있었던 데에서 나타나듯이 청년을 나이로 제한하는 것은 쉽지 않다. 많은 청년회의 경우 40세 또는 45세를 회원 자격으로 규정하고 있었다. 이것은 이 시기 청년이 현실의 반영이 아니라 계몽적 주체의 상징이었기 때문이다. 같은 글, 223쪽.

9 조은숙, 앞의 책, 70쪽.

10 방정환, 「어린이 노래 - 불 켜는 이」, 『개벽』 3호, 1920, 88-89쪽.

11 방정환, 「7주년 기념을 맞으면서」, 『어린이』 8권 3호, 1930. 『어린이』 원문은 거의 전부 한국방정환재단 홈페이지(http://korsofa.org)에서 볼 수 있기 때문에 쪽수를 생략하였다.

12 이광수, 「7주년을 맞는 『어린이』 잡지에의 선물」, 『어린이』 8권 3호, 1930.

13 조은숙, 앞의 책, 75쪽.

14 세 조항으로 이루어진 이 선언문의 둘째 조항은 어린이를 재래의 경제적 압박으로부터 해방하여 만 14세 이하의 그들에게 대한 무상 또는 유상의 노동을 폐하라는 것이었으며, 셋째 조항은 어린이들이 고요히 배우고 즐거이 놀기에 족할 각양의 가정 또는 사회적 시설을 행하게 하라는 것이었다. 김기전, 「개벽운동과 합치되는 조선의 소년운동」, 『개벽』 35호, 20쪽.

15 조은숙, 앞의 책, 92쪽.

16 김종헌, 「한국 근대 아동문학 형성기 동심의 구성방식」, 『현대문학이론연구』 33집, 2008. 61쪽.

17 방정환, 「어린이 찬미」, 『신여성』 2권 6호, 1924, 67쪽.

18 같은 글, 68쪽.

19 "동화는 그 소년·아동의 정신생활의 중요한 일부 면이고, 최긴(最緊)한 식물(食物)이다." 방정환, 「새로 개척되는 동화에 관하여」, 『개벽』 31호, 1923년, 19쪽.

20 방정환, 「천도교와 유소년 문제」, 『신인간』 1928년 1월호.

21 천정환, 『근대의 책읽기: 독자의 탄생과 한국 근대문학』, 푸른 역사, 2003, 216쪽.

22 이상금도 방정환이 어린이 운동을 전개하면서 대상으로 삼은 어린이는 꽃과 같고 나비와 같은 시기를 지난 좀더 나이든 어린이였다고 말하였다. 이상금, 『소파 방정환의 생애: 사랑의 선물』, 한림출판사, 2005, 314쪽.

23 방정환, 「수만 명 신진 역군의 총동원-일은 맨 끝에 돌아가 시작하자」, 『개벽』 49호, 1924, 62-64쪽.

24 정혜정, 「방정환의 종교 교육 사상」, 『종교교육학연구』 18호, 2004, 34쪽.

25 윤석산, 「천도교의 가르침과 어린이 교육」, 『동학학보』 9권 2호, 2005, 383쪽.

26 방정환, 「어린이 찬미」, 『신여성』 2권 6호, 1924, 67쪽.

27 방정환, 「동화를 쓰기 전에 어린애를 기르는 부형과 교사에게」, 『천도교회월보』 126호, 1921. 안경식, 『소파 방정환의 아동교육 운동과 사상』, 학지사, 1994, 부록 〈자료 3〉 154쪽에서 인용.

28 「처음에」, 『어린이』 창간호, 1923.

29 방정환, 「어린이 동무들께」, 『어린이』 2권 12호, 1924년.

30 김혜경, 『식민지하 근대가족의 형성과 젠더』, 창작과 비평사, 2006, 331쪽.

31 1905년 동학을 천도교로 개명한 이후 천도교는 교리의 근대화에 착수하였다. 손병희

가 1914년 인내천을 종지로 선포한 이후에도 인내천을 근대화하려는 작업은 꾸준히 계속되었다. 예컨대 김기전의 인내천관의 특색은 사람의 완전성을 강조하고, 특히 개벽의 시대를 만나서 그것을 실현하기 위한 실천의 중요성을 강조하였다. 그는 사람의 완전성을 강조하기 위해 신의 부재를 내세웠다. 즉 신은 가조품(假造品)이며, 완전의 상징이자 아호이며, 나아가 전설의 권화일 뿐이라고 주장하였다. 김기전은 인내천관을 보완하기 위해 생철학자로 알려진 니체와 카펜타를 비롯해 실용주의 철학자인 제임스, 그리고 신실재론자로 알려진 러셀 등 서구의 수많은 사상가를 편의적으로 수용하였다. 김기전이 중심이 되어 도입한 서구의 근대사조는 근대적 이성과 합리주의를 기반으로 한 것이 아니라 단지 인내천 교리의 인간화, 즉 초월적 인격신의 부정에 기여할 수 있는 사조였다. 윤해동, 「한말 일제하 김기전의 근대 수용과 민족주의」, 『역사문제연구』 1집, 1996, 236-239쪽. 정혜정도 천도교의 대표적인 이론가인 이돈화가 일정한 정도 거리를 두긴 하였지만 서구의 범신론, 문화주의, 실재론, 다윈의 진화론을 접점으로 인내천주의를 전개하였다고 보았다. 정혜정, 「이돈화의 인내천주의와 서구 근대 철학의 수용」, 『동학학보』 19호, 2010.

32 방정환은 1920년 9월 『개벽』의 동경특파원 자격으로 일본에 갔다. 그는 1921년 초에는 동경 천도교 청년회를 조직하기도 하였다. 그는 1921년 4월부터 1922년 3월까지 1년간 동양대학 전문학부 문화학과에 청강생으로 등록하였다. 그는 동양대학에서 아동 문학과 심리학 등을 공부한 것으로 알려져 있으나 그것은 사실이 아니다. 당시 동양대학의 교육과정에는 아동 문학, 아동 심리 등에 관한 강좌가 없었다. 이상금, 앞 책, 2005, 256-266쪽. 일본에서의 방정환의 행적에 대해서는 박현수, 「문학에 대한 열망과 소년 운동에의 관심」, 『민족문학사연구』 28집, 2005, 262-271쪽 참조.

33 이상금, 앞 책, 293쪽.

34 현재 어린이와 같은 의미로 '아동'이라는 용어가 널리 사용되고 있지만 아동은 일제 용어이다. 일제는 자국의 소통 체계를 확장하기 위해 용어의 공식화를 기도한 결과 아동과 같은 일제 용어를 확산시켰다. 최명표, 「문화 운동과 식민 담론의 상관 관계」, 『한국언어문학』 52집, 2004, 551쪽.

35 이 장에서 일본 아동문학 설명은 대부분 가와하라 카즈에(河原和枝)의 책을 인용하였다. 이 장에서 각주를 붙이지 않은 것은 이 책을 인용한 것이다. 河原和枝, 『子どもの近代 -『赤い鳥』と'童心'の理想』, 中央公論社, 1998; 양미화 역, 『어린이관의 근대: 『빨간 새』와 동심의 이상』, 소명출판, 2007.

36 이정현, 「방정환의 동화론 "새로 개척되는 동화에 관하야"에 대한 고찰 - 일본 타이쇼 시대 동화 이론과의 영향 관계」, 『아동청소년문학연구』 3호, 2008.

37 이상금, 앞의 책, 716쪽.

38 같은 책, 728쪽.

39 다음의 인용문은 이러한 이미지가 잘 나타나 있는 대표적인 글이다. "이 세상의 고요

하다는 고요한 것은 모두 이 얼굴에서 우러나는 것 같고, 이 세상의 평화라는 평화는 모두 이 얼굴에서 우러나는 듯싶게 어린이의 잠자는 얼굴은 고요하고 평화롭다. …… 죄 많은 세상에 나서 죄를 모르고, 더러운 세상에 나서 더러움을 모르고, 부처보다도 예수보다도 한울 뜻 그대로의 산 한우가 아니고 무엇이랴! …… 더할 수 없는 참됨(眞)과 더할 수 없는 착함과 더할 수 없는 아름다움을 갖추고, 그 위에 게다가 위대한 창조의 힘까지 갖추어 가진, 어린 한우님이 편안하게도 고요한 잠을 잔다. 옆에서 보는 사람의 마음 속까지 생각이 다른 번루한 것에 미칠 틈을 주지 않고 고결하게 고결하게 순화시켜 준다. …… 자유와 평등과 박애와 환희와 행복과 이 세상 모든 아름다운 것만 한없이 많이 가지고 사는 이가 어린이다. 어린이의 살림 그것 그대로가 한울의 뜻이다. 우리에게 주는 하늘의 계시다. 어린이의 살림에 친근할 수 있는 사람, 어린이 살림을 자주 들여다 볼 수 있는 사람- 배울 수 있는 사람- 은 그만큼한 행복을 더 얻을 것이다. …… 기쁨으로 살고, 기쁨으로 놀고 기쁨으로 커 간다. 뻗어 나가는 힘 뛰노는 생명의 힘 그것이 어린이다. 온 인류의 진화와 향상도 여기 있는 것이다." 방정환, 「어린이 찬미」, 『신여성』 2권 6호, 1924, 66-68쪽.

40 이상금, 앞의 책, 393-394쪽.

41 김수경, 「최남선의 '소년'과 방정환의 '어린이' 사이의 거리」, 『한국문화연구』 16집, 2005, 70쪽.

42 박진동, 「일제강점하(1920년대) 조선인의 보통교육 요구와 학교 설립」, 『역사교육』 68집, 1998, 61쪽.

43 1919년까지만 해도 서당은 교육기관의 95%, 학생 수는 71%를 차지하고 있었으며, 그 중에서도 90% 이상이 개량 서당이 아닌 전통 서당이었다. 古川宣子, 「일제시대 보통교육체제의 형성」, 서울대 박사학위논문, 1995, 134쪽. 그러나 1920년대 이후 보통학교 입학 희망자가 급증하고 있었다. 그것은 학교교육에 대한 인식이 바뀌고 있었기 때문이었다. 당시 학령 아동의 부형들은 학교교육을 사회적인 출세를 위한 수단으로 인식하기 시작하였다. 실력 양성론자들은 여전히 그들이 지향하는 근대국가를 건설하는 방안의 하나로 교육을 중시하였으며, 심지어는 교육 만능론을 주장하고 있었다. 이렇듯이 교육에 대한 인식의 확대는 공립 보통학교 입원 지원자가 늘어나는 원인으로 작용하였다. 박진동, 앞의 글, 71-75쪽.

44 방정환, 「어린이 독본」, 『어린이』 5권 1호-8권 10호, 1927-1930.

45 가와하라 카즈에, 앞의 책, 164-166쪽.

46 柄谷行人, 『日本近代文學の起源』, 講談社, 1980; 박유하 역, 『일본근대문학의 기원』, 민음사, 1997, 35쪽.

47 같은 책, 76쪽.

48 같은 책, 83쪽.

49 필립 아리에스(Philippe. Aries)에 의하면 서구에서도 근대 이전에는 어린이를 귀여워

하기는 했지만 애완 동물처럼 취급하고 있었다. 프랑스에서는 17세기 말부터 결정적으로 중요하고도 괄목할 관습상의 변화가 일어났다고 한다. 그것은 학교가 견습 수업을 대체하면서 어린이가 어른들과 분리되었고 세상에 풀어놓기 전에 격리되었다는 것이다. 이 시기에는 가정도 부부 사이, 부모와 자식 사이에 필수적인 애정의 공간이 되었으며, 이후 가족은 아이를 중심으로 조직되기 시작했을 뿐만 아니라 어린이는 큰 중요성을 부여받게 되었다. P. Ariès, L'enfant et la vie familiale sous l'ancien réime par, Éitions du Seuil, 1973; 문지영 역, 『아동의 탄생』, 새물결, 2003, 36-37쪽.

50 정태헌, 「1910년대 일제의 식민지 자본주의 체제 구축 과정」, 『아시아문화』 15호, 2000, 9쪽.

51 전혜진, 「『별건곤』에서 드러난 도시 부르주아 문화와 휴양지 표상」, 『한국언어문화』 41집, 2010, 7쪽.

52 김혜경, 앞의 책, 322-333쪽 참고.

53 방정환, 「소년의 지도에 관하여- 잡지 『어린이』 창간에 제하여 경성 조정호형께」, 『천도교회월보』 150호, 1923. 안정식, 앞의 책, 부록 〈자료 7〉 178쪽에서 인용.

54 방정환, 「동화 작법 - 동화 짓는 이에게」, 『동아일보』 1925년 1월 1일, 3면.

55 박지영, 「방정환의 '천사동심주의'의 본질-잡지 『어린이』를 중심으로」, 『대동문화연구』 51집, 2005, 174-175쪽.

56 염희경, 「소파 방정환 연구」, 인하대학교 대학원 박사학위논문, 2007, 241쪽.

57 같은 글, 227쪽.

58 방정환, 「사랑하는 동무 어린이 독자 여러분께」, 『어린이』 3권 9호, 1925.

59 박지영, 앞의 글, 176-177쪽.

60 방정환, 「조선 학생의 기질은 무엇인가」, 『학생』 1권 3호, 1929년, 3-5쪽.

61 방정환, 「스크린의 위안」, 『별건곤』 23호, 1929, 40쪽.

62 이기훈, 「1920년대 '어린이'의 형성과 동화」, 『역사문제연구』 8집, 2002, 20-21쪽.

63 이 연구에서는 어린이 또는 어린이 운동 대신 소년과 소년 운동이라는 용어를 사용하였다. 다만 방정환이 어린이 또는 아동 등으로 표현한 경우에는 그대로 따랐다. 방정환이 어린이라는 용어를 확산시킨 것은 사실이지만 그는 소년과 어린이를 혼용하였으며, 어린이와 소년을 함께 아우른 소년운동을 전개하였다. 방정환의 어린이와 소년 개념에 대해서는 다음의 글을 참고하라. 김대용, 「방정환의 '어린이'와 '소년' 개념에 대한 논의」, 『한국교육사학』 32권 2호, 2010.

64 이상금, 「초기 어린이운동의 성립과 교육적 의의」, 『논총』 59권 3호, 1991.

65 이상금, 『사랑의 선물: 소파 방정환의 생애』, 한림출판사, 2005.

66 안경식, 『소파 방정환의 아동교육운동과 사상』, 학지사, 1994.

67 안경식, 「소파 방정환의 아동교육운동에 있어 근대와 전통」, 『교육사상연구』 18집, 2006, 43-44쪽.

68 이윤미, 「근대와 '아동': 소파 방정환 교육론을 중심으로」, 『한국의 근대와 교육: 서구적 근대성을 넘어』, 문음사, 2006.

69 정혜정, 「일제하 천도교의 소년교육운동과 소파 방정환」, 『한국교육사학』 24권 1호, 2002; 정혜정, 「소파 방정환의 종교교육사상」, 『종교교육학연구』 18집, 2004.

70 1920년대 전반기 천도교 노선 분열과 그 노선 간의 천도교 교리와 조직 정비, 민족운동 시각의 차이에 대해서는 다음 글을 참고하라. 김정인, 「1920년대 전반기 천도교단의 노선갈등과 분화」, 『동학학보』 5집, 2003.

71 한기형, 「『개벽』의 종교적 이상주의와 근대문학의 사상화」, 『『개벽』에 비친 식민지 조선의 얼굴』, 모시는사람들, 2007, 408쪽.

72 조규태, 「『개벽』을 이끈 사람들」, 『『개벽』에 비친 식민지 조선의 얼굴』, 모시는사람들, 2007, 98-100쪽.

73 김정인, 2003, 앞글, 225-226쪽.

74 손병희는 갑오농민전쟁의 실패로 동학이 처한 등전등화의 위기 속에서 선진 문명을 수용하고 세계정세를 파악하는 것이 동학 재건과 보국안민을 위한 길이라고 생각하였다. 그에게 있어 서구와 일본의 근대 문명은 따라가야 할 목표였다. 이러한 구상 속에서 그는 1901년 3월 일본 외유를 떠났다. 일본 체류 중 문명개화파 영입, 1902년과 1904년 유학생 파견, 1906년 『만세보』 발간 등은 문명개화에 대한 그의 관심을 잘 보여주고 있다. 그는 일본과 러시아의 충돌이라는 국제적 계기 속에서 일본의 승리를 예상하고, 일본과 함께 공동 출병을 하여 전승국의 지위를 얻으려고 하였다. 일본군의 지원을 받는 일진회와의 조직적 결합, 일본군의 군수품 수송이나 군용철도 부설을 위한 동학교도들의 노무동원 그리고 일본 정부에 1만 원 기부 행위 등은 이러한 맥락에서 이루어진 것이다. 이 시기 그는 물질의 힘은 정의의 원천이라는 진화론적 세계관을 갖고 있었다. 이승렬, 「일제하 천도교 계열의 자본주의 인식의 변화와 인간관」, 『한국민족운동사연구』 46집, 2006, 129-131쪽. 그러나 이러한 동학의 활동은 동학 전체가 친일 세력으로 매도되는 사태를 불러왔다. 이러한 위기 속에서 그는 일진회를 출교하고, 1905년 12월 동학을 천도교로 개칭하였으며, 인내천을 종지로 하는 근대적 교리를 정립하였다. 김용휘, 「한말 동학의 천도교 개편과 인내천 교리의 성격」, 『한국사상사학』 25집, 2005, 216쪽.

75 허수, 「1905~1924년 천도교 종교사상의 형성과정-이돈화의 '인내천 논증'을 중심으로-」, 『역사문제연구』 12집, 2004, 202-203쪽.

76 이승렬, 같은 책, 135쪽.

77 허수, 같은 책, 211쪽.

78 김정인, 같은 책, 2003, 227쪽.

79 정용서, 「일제하 천도교청년당의 운동노선과 정치사상」, 『『개벽』에 비친 식민지 조선의 얼굴』, 모시는사람들, 2007, 130-131쪽.

80 『개벽』은 엄혹한 일제 강점 하에서 6년간(1920년 6월~1926년 8월) 결호 없이 평균 8천 부의 판매 부수와 최대 1만 부를 발행하던 대중적 종합지였다. 김정인, 「『개벽』을 낳은 현실」, 『개벽』에 담긴 희망」, 『『개벽』에 비친 식민지 조선의 얼굴』, 모시는 사람들, 2007, 235쪽.

81 김정인, 2003, 228쪽.

82 허수, 「1920년대 전반 이돈화의 개조사상 수용과 '사람성性주의'」, 『개벽』에 비친 식민지 조선의 얼굴』, 모시는 사람들, 2007, 184쪽.

83 김정인, 2007, 239쪽.

84 허수, 「1920년대 『개벽』의 정치사상-'범인간적 민족주의'를 중심으로-」, 『정신문화연구』 31권 3호, 2008, 310쪽.

85 김정인, 같은 책, 2007, 252-253쪽.

86 허수, 같은 책, 2007, 221-222쪽.

87 윗글, 206쪽.

88 이승렬, 같은 책, 134-135쪽.

89 정용서, 같은 책, 135-138쪽.

90 허수, 같은 책, 320쪽.

91 정용서, 같은 책, 153-154쪽.

92 허수, 같은 책, 326-327쪽.

93 정용서, 같은 책, 156-157쪽.

94 박찬승, 『한국근대 정치사상사연구』, 역사비평사, 1992, 307-308쪽.

95 같은 책, 326쪽.

96 중일전쟁 발발 후 인내천주의 이념을 정립하는데 크게 기여했던 이돈화 뿐 아니라 최린, 정광조 등 천도교의 핵심 세력들은 각종 친일단체의 간부로 활약하였다. 이에 대해서는 김정인, 「천도교의 친일 논객 이돈화」, 『민족문제연구』 13집, 1996년을 참고하라.

97 윤덕영, 「연정회 부활에 대한 재해석」, 『동방학지』 152집, 2010, 254쪽.

98 천도교 신파는 자본주의 근대문명을 신랄하게 비판하였다는 점에서 1921년에 현대의 사회제도와 문명은 자본주의이며, 현대의 정치적 중심은 유산계급, 즉 자본가에게 있음을 공개적으로 선언한 동아일보 계열과는 이념적으로 큰 차이가 있었다. 이승렬, 2006, 137-139쪽; 150쪽.

99 천도교청년회는 소년운동을 매우 중시하였다. 창간호부터 1926년 8월 강제 폐간될 때까지 『개벽』은 37번에 걸쳐 소년문제를 다루었다. 김정의, 「『개벽』지상의 소년운동론 논의」, 『실학사상연구』 30집, 2006, 170쪽.

100 이 시기 결성된 소년회와 이것이 천도교 소년회 결성에 영향을 준 것에 대해서는 김정의, 2006을 참고하라.

101 김정의, 2006, 161쪽.

102 김정의, 「현대 소년운동의 다양화」, 『문명연지』 5권 2호, 2004, 9쪽.

103 이상금, 앞의 책, 272-275쪽.

104 『어린이』 1호부터 3호까지 첫 쪽에는 천도교소년회 역사가 실렸으며, 매호 전국 각지의 소년회 창립 소식과 행사가 소개되었다. 이와 함께 「새 소식」과 「남은 잉크」에도 소년회 관련 내용이 담겨 있었다. 특히 창간호의 「여러분」은 소년회 결성과 가입을 촉구하고 있다. 『어린이』 1권 1호, 1923, 5쪽.

105 이돈화, 「신조선의 건설과 아동문제」, 『개벽』 18호, 1921, 19쪽.

106 김기전, 「개벽운동과 합치되는 조선의 소년운동」, 『개벽』 35호, 1923, 25쪽.

107 선언문은 「소년운동의 기초 조항」이라고 제목을 붙였으나 본문에서는 어린이라는 용어를 사용하였다. 세 조항으로 이루어진 이 선언문의 둘째 조항은 어린이를 재래의 경제적 압박으로부터 해방하여 만14세 이하의 어린이들에게 무상 또는 유상의 노동을 폐하라는 것이었으며, 셋째 조항은 어린이들이 고요히 배우고 즐거이 놀기에 족할 각양의 가정 또는 사회적 시설을 행하게 하라는 것이었다. 「메이데이'와 '어린이 날'」, 『동아일보』 1923년 5월 1일, 1면.

108 방정환, 「7주년 기념을 맞으면서」, 『어린이』 8권 3호, 1930, 2-3쪽.

109 이상금, 앞의 책, 346쪽.

110 방정환, 「세의 신사 제현과 자제를 둔 부형에게 고함-잡지『어린이』 창간호 선전문」, 『개벽』 33호, 1923.

111 박정환, 「어린이 동무들께」, 『어린이』 2권 12호, 1924, 39쪽.

112 『동아일보』 1922년 1월 6일, 1면.

113 방정환은 강연회 등 외부 행사에 매우 적극적으로 참여하였다. 그는 1929년에는 79곳, 1930년에는 84곳을 강연을 위해 방문하였다. 방정환, 「연단(演壇) 진화(珍話)」, 『별건곤』 33호, 1930, 116쪽.

114 박정환, 「어린이 찬미」, 『신여성』 2권 6호, 1924, 69-71쪽.

115 방정환, 「새로 개척되는 '동화'에 관하여-특히 소년 이외의 일반 큰이에게」, 『개벽』 31호, 1923, 19쪽.

116 방정환, 「동화 작법 -동화 짓는 이에게」, 『동아일보』 1925년 1월 1일, 3면.

117 방정환, 「신탐정소설-소년사천왕」, 『어린이』 7권 7호, 1929, 34쪽.

118 방정환, 「새로 개척되는 동화에 관하여」, 『개벽』 31호, 1923, 23쪽.

119 일기자, 「이렇게 하면 글을 잘 짓게 됩니다」, 『어린이』 2권 12호, 1924, 33-37쪽.

120 안경식, 앞의 책, 59쪽.

121 『어린이』 6권 6호, 1928, 36쪽.

122 조선총독부는 1914년 보통학교 교과서로 사용되었던 『신편창가집』을 펴냈다. 여기에는 우리말로 된 창가 3곡과 일본어로 된 39곡이 실려 있었다. 일본 음악은 주로 일

본 국가와 일본 축제일의 노래, 군가 등 의식가요(儀式唱歌)였다. 야마우치 후미타카, 「일제대중문화 수용의 사회사-일제강점기 창가와 유행가를 중심으로-」, 『낭만음악』 13권 1호, 2000, 90쪽. 이 교과서는 1925년까지 사용되었으며, 여기에 실려 있었던 의식창가는 일본에서 1890년에 반포된 「교육칙어」의 정신을 충실하게 반영한 것으로서 국민 교화의 수단으로 특별히 중시되었다. 같은 글, 47-48쪽.

123 심영옥, 「한국 근대 교육령 변천에 의한 초등미술교육 시행규칙 분석-1895년부터 1945년까지를 중심으로-」, 『교육발전연구』 21권 1호, 2005, 225-229쪽.

124 박정환, 「어린이 찬미」, 『신여성』 2권 6호, 1924, 71쪽.

125 방정환, 「천도교와 유소년 문제」, 『신인간』 1928년 1월호. 방정환 편, 538-539쪽에서 재인용.

126 안석주, 「자유화-그림의 생명과 그 가치」, 『어린이』 6권 6호, 1928, 19쪽.

127 방정환, 「소년의 지도에 관하여- 잡지 『어린이』 창간에 제하여-」, 『천도교회월보』 통권 150호, 1923. 방정환 편, 523쪽에서 재인용.

128 記者, 「日本に於ける自由畵敎育運動の經過」, 『藝術自由敎育』 創刊號, 1921, 118쪽.

129 新井溶之助, 『圖畵敎育の新思潮と其批判』, 東京: 大同館書店, 1922, 8쪽.

130 記者, 「日本に於ける自由畵敎育運動の經過(二)」, 『藝術自由敎育』 2집, 1921, 89쪽.

131 福田豊吉, 『私の圖畵敎育』, 京城:: 大海堂, 1927, 15쪽.

132 新井溶之助, 47쪽.

133 畑耕一, 「自由敎育-美的敎育」, 『藝術自由敎育』 創刊號, 1921, 38쪽.

134 방정환, 「세계아동예술전람회를 열면서」, 『어린이』, 6권 6호, 1928, 2쪽.

135 김진균 · 정근식 · 강이수, 「일제하 보통학교와 규율」, 김진균 · 정근식 편저, 『근대주체와 식민지 규율권력』, 문화과학사, 1997, 77쪽.

136 오성철, 『식민지 초등교육의 형성』, 교육과학사, 2000, 23쪽.

137 방정환, 「10년 고난의 산물」, 『어린이』 8권 6호, 1930, 1쪽.

138 김진균 · 정근식 · 강이수, 앞의 글, 82쪽.

139 방정환, 「수만명 신진역군의 총동원-일은 맨 밑에 돌아가 시작하자-」, 『개벽』 49호, 1924, 62-63쪽.

140 방정환, 「아동문제강연자료」, 『학생』 2권 7호, 1930, 12쪽.

141 방정환, 「소년의 지도에 관하여」, 『천도교회월보』 1923년 3월 15일. 방정환 편, 521-522쪽에서 재인용.

142 방정환, 「아동문제강연자료」, 『학생』 2권 7호, 1930, 12-13쪽.

143 위의 글, 13쪽.

144 이상금, 앞의 책, 401쪽.

145 위의 책, 410쪽.

146 방정환, 「소년의 지도에 관하여」, 『천도교회월보』 1923년 3월 15일, 방정환 편, 521쪽

에서 재인용.

147 방정환, 「아동문제강연자료」, 『학생』 2권 7호, 1930, 9-10쪽.

148 방정환, 「미혼의 젊은 남녀들에게- 당신들은 이렇게 배우(配偶)를 고르라」, 『신여성』 5호, 1924, 7쪽.

149 방정환, 「이혼 문제의 가부- 찬성과 반대는 근본 해석부터 틀린 까닭」, 『동아일보』 1923년 1월 8일, 2면.

150 방정환, 「소년의 지도에 관하여」, 『천도교회월보』 1923년 3월 15일. 방정환 편, 521 쪽에서 재인용.

151 방정환, 「졸업한 이·신입한 이와 또 재학 중인 남녀 학생들에게」, 『학생』 1권 2호, 1929, 21쪽.

152 방정환, 「여학교 교육개혁을 제창함-딸 있어도 학교에 안 보내겠소-」, 『별건곤』 38호, 1931, 10쪽.

153 방정환, 「졸업한 이·신입한 이와 또 재학 중인 남녀 학생들에게」, 『학생』 1권 2호, 1929, 22쪽.

154 방정환, 「진급 또는 신입하는 학생들께」, 『학생』 2권 3호, 1930, 16쪽.

155 방정환, 「여학교 교육개혁을 제창함-딸 있어도 학교에 안 보내겠소」, 『별건곤』 38호, 1931, 11쪽.

156 안경식, 앞의 책, 293쪽.

157 방정환, 「세의 신사 제현과 자제를 둔 부형에게 고함」, 『개벽』 33호, 1923.

158 마해송, 『아름다운 새벽』, 1974. 이상금, 앞의 책, 394-395쪽에서 재인용.

159 김대용, 14쪽.

160 박지영, 「방정환의 '천사동심주의'의 본질-잡지 『어린이』를 중심으로-」, 『대동문화연구』 51집, 2005, 174쪽.

161 김순전 외 6인 공역, 『일본 초등학교 수신서』 (1918), 제이앤씨, 2006, 185쪽.

162 방정환, 「사랑하는 동무 어린이 독자여러분께」, 『어린이』 3권 9호, 1925, 62쪽.

163 박지영, 176-167쪽.

4부 일본의 근대 민중 교육의 논리와 공민교육

1 에도시대 막부의 3대 개혁으로 享保改革, 寬政改革, 天保改革이 있다. '享保改革' (1716~1745)은 8대 장군 德川吉宗이 주도한 것으로 쌀값 안정과 더불어 인재 선발 제도의 정비, 도시 정책, 서양 지식 금지 완화 등의 정책을 추진했다. 이로 인해 막부 재정이 건전해지고 에도시대를 통해 최고의 세금을 거둘 수 있었지만, 세율 변경과 철저한 검약 정책으로 백성들의 불만이 높아져 소동과 폭동이 일어나기도 했다. '寬政改革' (1787~1793)은 11대 장군 家齊를 보좌했던 老中 松平定信이 주도했으며, 당시의 인플

레이션을 진정시키기 위해 절약·근검의 분위기를 확산시키는 강경한 긴축재정이 시행되었다. 그러나 재정은 회복 불능의 상태로 빠지고 결국 실패로 끝났다. 이외에도 蘭學·출판·풍속을 통제하면서 주자학을 공식 학문으로 인정하고, 창평판학문소(昌平坂学文所)를 관립으로 정하였으며, 러시아와의 무역 거절 등 보수적 경향을 강하게 드러냈다. '天保改革'(1841~1843년)은 12대 장군 家慶과 노중(老中) 水野忠邦이 주도했으며, 소비 억제와 도시 주민의 농촌 귀환, 외국선 추방령(無二念打拂令) 개정 등과 더불어 서양 포술 도입을 통한 국방력 강화에 힘썼다. 그러나 막부의 재정은 건전해지지 않았고, 철저한 검약 강화로 인한 백성의 불만은 높아져 개혁의 추진력은 힘을 잃었다.

2 이에 관해서는 ひろたまさき의『文明開化と民衆意識』, 青木書店, 1980, 4-29쪽 참조.

3 폭동(打ちこわし)이나 소요(一揆)는 생활개선 요구나 과중한 세금, 징병 등에 반대하는 것이 대부분이었고, 사상이나 정치적 배경은 미약했던 것으로 보인다. 민중들의 이러한 행동은 막부나 번 혹은 메이지 정부에 의해 진압되었으나, 지배층의 의도를 그대로 관철시킬 수 없게 만드는 요인이 되기도 하였다.

4 1868년 메이지유신을 전후한 시기를 말한다.

5 石井孝,『明治維新と自由民權』, 有隣堂, 1993.

6 井上光貞편,『日本歷史大系 4』, 山川出版社, 1987, 231쪽(함동주,『천황제 근대국가의 탄생』, 창비, 2009, 89쪽 재인용)

7 메이지 초기 식산흥업과 부국강병이라는 국가적 과제 해결을 위해 메이지 정부가 추진한 서구화 정책을 말한다. 학제·징병령의 공포와 지조개정을 비롯해 산발(散髮)·폐도(廢刀)의 허가, 화사족(華士族)과 평민간의 혼인 허가, 직업의 자유선택, 화사족의 농공상 종사의 허가 등이 시행되었다.

8 日本部落解放硏究所(최종길 역),『일본 부락의 역사』, 어문학사, 2010, 192쪽.

9 이 시기 소요를 '血稅一揆'라고 하는데, 이는 1872년 11월에 발포된 徵兵告諭 1절에 "사람은 무릇 마음을 다해 나라에 보답해야 한다. 서양인은 이를 혈세(血稅)라고 부른다. 피로서 나라에 보답하는 이치이다"에서 나온 것이다. 여기 나오는 '혈세'를 '서양 사람들이 살아있는 사람의 피를 뽑아 일본정부를 손에 넣으려고 한다'는 소문이 돌아 소요가 일어나기도 하였다. "징병검사는 무서워… 어린 아이를 데려다 생피를 뽑는다"는 노래가 있을 정도로, 신정부의 개혁은 백성들의 불신을 받았다.

10 日本部落解放硏究所(최종길 역), 앞의 책, 210쪽.

11 참고로 나가사키현에서 발생한 소동의 처벌자 상황을 보면, 민중의 대다수를 차지하는 농민의 소요 참여 및 처벌 수위가 모두 높은 상태임을 알 수 있다. 이는 그만큼 농민의 상황이 열악했음을 나타내는 한 사례라 볼 수 있다.

처별 종류 계층	참수형	징역					
		10년	7년	3년	100일	90일	70일
시족	-	-	2	-	-	-	-
농민	1	5	3	3	1	1	9
상인	1	1	-	-	1	1	4
대장장이	-	-	-	1	-	-	-
잡업	-	1	-	-	-	-	1
계	2	7	5	4	2	2	14

12 일본 남자들의 전통적 머리모양(좀마게, 丁髷)을 단발로 할 수 있도록 한 법령이다.

13 1876년 대례복 착용자, 군인, 경찰관 이외에는 칼을 차고 다닐 수 없음을 명시하는 포고를 말하는데, 사족층에게는 이미 1871년부터 시행되었다.

14 일본의 에도시대에 에타(穢多)와 함께 천민신분을 가리켰던 호칭 가운데 하나이다.

15 全國解放敎育硏究會編, 『部落解放敎育資料集成 第一卷』, 部落問題硏究所出版部, 1985, 129쪽.

16 경제 파국이 심각해지고, 농촌 위기와 농민층 분해가 진행됨에 따라 '일본 경지 총 면적의 1/8'이 불과 3년 사이(1884-1886)에 빚쟁이에게로 돌아갔다(安川壽之輔編, 앞의 책, 111-112쪽 참조).

17 安達五男編, 『近代の敎育と部落問題』, 明石書店, 1983, 357쪽.

18 講座日本敎育史編集委員會編, 『講座日本敎育史2』, 第一法規, 1984, 318쪽.

19 앞의 책, 318쪽.

20 藤原彰·今井淸一·大江志乃夫編, 『近代日本史の基礎知識』, 有斐閣ブックス, 1983, 55쪽.

21 〈표 2〉의 이바라키나 야마나시 사례는 1886년에 일어난 소요로 메이지 초기라고 하기는 어렵지만, 학교 신축을 위한 부과금 반대 소요가 1880년대에 들어서도 지속되었음을 보여준다.

22 여기에 니시무라 시게키(西村茂樹)·쓰다 마미치(津田眞道)·니시 아마네(西周)·나카무라 마사나오(中村正直)·가토 히로유키(加藤弘之)·미쓰쿠리 슈헤이(箕作秋坪)·후쿠자와 유키치(福沢諭吉)·스기 코지(杉亨二)·미쓰쿠리 린쇼(箕作麟祥)·모리 아리노리(森有礼) 등이 포함된다.

23 이들 계몽사상가들 중에는 막부 말기의 하급 무사 출신으로, 막부가 무너지기 직전까지 막부가 주도하는 정책을 위해 목숨을 걸었던 인물이 다수 있었다는 점에 유의할 필요가 있다. 일본 최초의 입헌정체를 소개한 加藤弘之는 자서전에서 막부개혁에 동의했다고 했지만, 막부타도를 주장하지는 않았다. 두 번에 걸쳐 서구를 경험했던 福澤諭吉는 막부와 대립했던 長州의 재정벌을 열렬히 지지했고, 2년간의 네덜란드 유학에서 돌아온 西周나 津田眞道도 막부가 주도하는 列藩會議의 틀에서 완전히 자유롭지

는 못했다.

24 이러한 사상은 일본 최초의 학술 단체인 메이로쿠샤(明六社)를 중심으로 보급되었고, 이를 통해 자유, 평등 행복, 권리, 과학 등의 근대적 관념이 민중에게 침투되었다. 福澤諭吉는 「學問のすすめ」와 「文明論之槪略」을 썼으며, 中村正直는 「西國立志論」과 「自由之理」를 통해 공리주의, 자유주의를 소개했다. 森有橋는 일부일처제를 제창했고, 西周는 서양철학 수용에 노력했으며, 加藤弘之는 입헌정치 제도를 소개했다. 이들이 메이지 6년(1873)에 결성했다고 해서 이런 이름이 붙여졌다.

25 예를 들면, 加藤弘之는 1882년에 이전에 저술한 책이 절판되자 『人權新說』(1883년)에서 우승열패설을 전개했고, 福澤諭吉도 같은 시기에 '正道를 버리고 權道에 따른다'고 선언하고 있다. 이들은 이전에 자신들이 주장한 천부인권과 만국공법(인간평등과 국가평등)은 허망한 것이고, 민권운동을 공격하면서 서구 열강과 더불어 아시아 침략을 꾀하기 위한 '탈아'를 주장하기도 했다. (ひろた まさき, 『文明開化と民衆意識』, 靑木書店, 1979, 16-21쪽 참조).

26 西谷敬, 「日本の近代化のエートスの限界 : 啓蒙主義の挫折」, 奈良女子大學文學部敎育文化情報學講座年報 2 , 1997, 참조.

27 학제 이전에도 민중의 사상 통합을 위한 학교 설립 운동이 전개되었다는 논의에 관해서는 石島庸男의 「京都番組小學校創出の鄕學的意義」(『講座日本敎育史 2 』第一法規, 1984)를 참조.

28 1872년 7월 학제 총칙(http://www.mext.go.jp/b_menu/hakusho, 『學制百年史資料編』, 2009.3.25 인출)

29 메이지 초기 일본 정부가 설립한 학교 수와 학생 수의 추이를 보면 다음과 같다.

	소학교		중학교		고등여학교		고등학교		전문학교		대학	
	학교	학생	학교	학생	학교	학생	학교	학생	학교	학생	학교	학생
1873	12,558	1,145,802	20	1,763					26	4,146		
1876	24,947	2,067,801	201	11,570					103	7,591		
1879	28,025	2,315,070	784	40,029					108	5,373	1	1,841
1882	29,081	3,004,137	173	13,088	5	286			71	6,922	1	1,675
1885	28,283	3,097,235	106	14,084	9	616	1	964	75	8,820	2	1,720
1888	25,953	2,927,868	49	10,441	19	2,599	7	3,939	43	9,282	1	738

http://www.mext.go.jp/b_menu/hakusho(『学制百年史資料編』 2009년 3월 25일 인출)

30 鈴木博雄 編, 『原典解設 日本敎育史』, 図書文化, 1985, 144쪽 참조.

31 1879년의 교육령은 중앙집권적 교육정책을 표방했던 1872의 학제가 지방 민중에게 경제적 부담을 가중시켰고, 교육 내용이 민중 생활과 분리되었다는 등의 문제를 시정하기 위한 의도로 공포되었다. 기본적으로 교육의 국가 관리를 유지하기는 했으나, 미국의 지방분권주의를 참고로 지방의 실정을 존중한다는 기조를 표방했다. 47개의 조항으로 구성된 교육령은 소학교 교육만을 규정하고 있는데, 수업연한과 관련해 기

존의 8년을 4년으로 단축했으며 취학의무가 '16개월 이상 4년 이내'로 완화되었다. 그러나 1년만인 1880년에 교육령은 개정되었고, 교육방침은 다시 국가 관리를 강화하는 방향으로 전환되었다.

32 메이지 시기의 취학률은 http://www.mext.go.jp/b_menu/hakusho(『學制百年史 資料編』2011년 3월 18일 인출)의 '학령아동 수'와 '취학아동 수'를 참조하여 산정함(취학률=취학아동 수/학령아동 수×100).

33 湯本豪一, 『일본 근대의 풍경』, 그린비, 2004, 405쪽.

34 安川壽之輔 編, 『日本 近代 敎育と差別』, 明石書店, 1998, 119-120쪽 참조.

35 1914년 효고현의 공식 취학률은 98.3%로 보고되고 있는데, 이는 '출석률이 좋다는 점을 자랑하기 위해 매일 5분간 출석을 명령'함으로써 나타난 결과였다. 이에 대해 교육회 기관지는 '강제 통학중인 자는 전국 각지의 시정촌(市町村)에까지 이른다……전국적으로 50만 명의 숨겨진 불취학아동(不就學兒童)의 존재를 추측할 수 있다'고 기록하고 있다(安川壽之輔編, 앞의 책, 121쪽).

36 위의 책, 121쪽.

37 공식 취학률에서 남녀 간의 격차도 당시의 실질 취학률을 파악할 때 반드시 고려해야 할 점이다. 학제에서 여성에게도 교육의 기회가 균등하게 주어졌지만, '여자에게 학문은……긴요하지 않은 것'이라는 봉건적 의식이 여전히 뿌리 깊게 남아 있었고, 1870년대 남녀 취학률의 격차는 2배 또는 그 이상의 간격을 나타내고 있었다. 이에 관해花井信은 1879년 深見학교(豊田郡深見村)에서 배워야 할 학령아동의 상황을 다음과 같이 제시한다.

(단위: 명)

	취학			불취학			학령아동수		
	전체	남	여	전체	남	여	전체	남	여
A마을	71명	41명	30명	27	7	20	98	48	50
B마을	11	9	2	4	1	3	15	10	5
C마을	13	9	4	22	5	17	35	14	21
D마을	22	18	14	20	6	14	42	24	18
E마을	18	16	2	20	3	17	38	19	19
계	135 (59.2%)	93 (68.9%)	42 (31.1%)	93 (40.8%)	22 (23.7%)	71 (76.3%)	228	115	113

전체적으로 학령아동 228명 가운데 40% 이상이 불취학의 상황에 처해있었으며, 남녀아동의 불취학 비율은 남아가 23.7%임에 비해 여아는 76.3%로 3배 이상의 차이를 보였다(花井信, 『近代日本地域敎育の展開』, 梓出版社, 1986, 53쪽 참조). 이러한 차이는 1905년 이후가 돼서야 겨우 해소된다. 그러나 메이지 말기(1910년 전후)에 이르면 소학교 고등과에서 다시 새로운 남녀 간의 격차가 형성된다는 점에 유의할 필요가 있다.

38 全國解放敎育硏究會編, 『部落解放敎育資料集成 第一卷』, 部落問題硏究所出版部, 1985, 앞의 책, 565-569쪽.

39 구평민은 천민호칭이 폐지되기 이전부터 계속 평민이었던 자를 말하며, 신평민은 천민에 속했다가 천민호칭 폐지령으로 인해 평민의 호칭을 얻은 자를 말한다. 이런 구분은 신분제가 철폐되었음에도 불구하고, 관습적으로 신분 차별이 지속되고 있었음을 단적으로 나타내는 징표이다.

40 安川壽之輔編, 앞의 책, 84쪽.

41 全國解放敎育硏究會編, 앞의 책, 106-127쪽 참조.

42 安川壽之輔編. 앞의 책, 84쪽.

43 安達五男編, 앞의 책, 94쪽.

44 安川壽之輔編, 앞의 책, 148쪽.

45 위의 책, 148쪽.

46 이러한 부락 차별에 대해 비판적 입장이 없던 것은 아니었다. 의식 있는 교원과 행정 관료는 신분폐지에 따른 통합교육의 필요성을 강조하기도 했고 공학을 주장하기도 했다. 부락민 자신들도 미미하기는 했지만 투쟁도 전개했다. 그러나 당시의 전반적 사회 인식은 차별을 공고히 하는 방향으로 전개되었고, 부락 해방과 저항의 움직임은 1920년대 이후 수평사 운동으로 이어지며 더욱 활성화되는 경향을 보인다.

47 이에 관한 내용에 관해서는 東京都同和敎育協議會編의 앞의 책(98쪽)과 安川壽之輔編의 앞의 책(97-104쪽)을 참조.

48 安川壽之輔編, 앞의 책, 100-101쪽.

49 1900년 당시 히로시마현(廣島縣)에 존재했던 불취학 아동 31,146명(남 9,130명, 여 22,016명)이 학교에 가지 못한 이유를 조사해 본 결과, 질병 때문인 경우가 4,151명(남 1,509명, 여 2,642명)이었음에 반해 빈곤 때문인 경우는 26,715명(남 7,512명, 여 19,203명, 전체 불취학 아동의 85.7%)이었다. 특히 빈곤한 가정의 여자가 교육의 기회에서 배제될 가능성은 남자의 두배 이상이었음에도 주목할 필요가 있다(天野卓郎, 『近代日本の敎育と部落問題 - 広島地方を中心として』, 部落問題硏究所出版部, 1986, 41쪽 참조).

50 이러한 민중들의 행위는 논리적으로 지배층에 대응할 수 없었던 민중들이 지배층의 부조리에 대항하기 위한 자기표현의 방법이었으나, 이러한 태도는 즉시 진압의 대상이 되었고, 더불어 민중을 통제해야 할 대상으로 삼아야 한다는 구실을 지배층에게 제공하기도 하였다.

51 部落解放同盟大阪府連合・大阪府同和事業促進協議會編의 『部落の子どもの敎育実体- 1977年大阪府連敎育實體調査報告書』(1978)를 참조.

52 이 책의 다른 장들에 비해서 필자의 글의 분량이 많아서 글을 둘로 잘라 이 장과, 다음 장 두 개의 장으로 만들었다. 다른 장들과의 균형을 어느 정도 맞출 필요가 있다고 보

왔기 때문이다.

53 Plato, 『Laws』, trans. Benjamin Jowett, New York: Cosimo Classics, 2008, I 643, 26쪽.

54 Aristotle, 『The Politics』, ed. and trans. Ernest Barker, Oxford: Oxford University Press, 1946, 332쪽.

55 본 글의 제목에서는 근대의 교육을 다루는 것으로 되어 있다. 세계역사학회에서 정한 시대 구분에 의하면 세계 제1차 세계대전이 끝난 1918년까지가 근대이다. 하지만 우리 역사의 구분에서는 보통 1945년 해방까지가 근대로 간주가 되니 제1차 대전 이후도 다루도록 한다.

56 김원경, 『특수교육법 해설』, 서울: 교육과학사, 2010, 11쪽. 22차례의 부분 수정이 있었다는 사실은 김원경의 보고에 따랐다. '공민'이 '민주 시민'으로 처음 대체된 것이 부분수정이 이루어지는 동안이었는지 1997년 교육기본법이 처음 등장하면서인지 확인하지 못했다.

57 조혜인, 『공민사회의 동과 서: 개념의 뿌리』, 서울: 나남, 2009, 5, 22-23쪽.

58 가족들까지 포함한 수치라는 주장도 있다.

59 Richard Bellamy, 『Citizenship: A Very Short Introduction』, Oxford: Oxford University Press, 2008, 31-32쪽.

60 최배근, 「시민사회(론)의 불완전성과 '공민'의 역사적 성격」, 『경제와 사회』 19, 1993, 67쪽.

61 위의 글, 73쪽에서 재인용.

62 연세대학교 언어정보개발연구원 편, 『연세 한국어 사전』, 서울: 두산동아, 1998.

63 국립국어원, 『표준국어 대사전』.

64 위의 사전.

65 윤정로, 「일본의 사회교육과 공민관: 천기시 시민관을 중심으로」, 『지역연구』 4(4) (1995년 겨울), 186쪽.

66 김종식, 「미래의 〈국민〉과 〈공민〉사이-1915년 청년단체 훈령의 청년상-」, 『日本歷史 研究』, 20 (2004), 124쪽.

67 Derek Heater, 『A Brief History of Citizenship』, New York: New York University Press, 2004, 43쪽.

68 P. 푸르키에, 김철수 역, 『公民의 倫理 (上)』, 서울: 삼성미술문화재단, 1980, 28쪽.

69 Richard Bellamy, 『Citizenship: A Very Short Introduction』, Oxford: Oxford University Press, 2008, 34쪽.

70 Thomas F. Green, 『The Formation of Conscience in an Age of Technology: The John Dewey Lecture 1984)』, Syracuse, N.Y.: Syracuse University The John Dewey Society, 1984, 8쪽.

71 Aristotle, 『The Politics of Aristotle』, ed. and trans. Ernest Barker, Oxford: Oxford

University Press, 1946, 6-7쪽 (1253a14-16). '자급자족(self-sufficient)'에 대한 설명은 Aristotle, Nicomachean Ethics, Second Edition, tran. Terence Irwin. Indianapolis, IN: Hackett Publishing Company, Inc., 1999, I 7 1097b15 참조.

72 조혜인,『공민사회의 동과 서: 개념의 뿌리』서울: 나남, 2009, 26-27쪽.

73 2002년 월드컵 축구 대회에서 우리 대표팀을 기대 이상으로 4강까지 이끌었던 공을 인정받아 네덜란드의 시민인 히딩크 감독이 명예시민이 되었다. 미국시민으로 미국 프로 미식축구의 선수인 하인즈 워드가 또 다른 명예시민이다. 어머니가 한국인인 혼혈아인 그는 한국에 있어 혼혈아들에 대한 차별을 축소시키는 데 들인 노력을 인정받아 2006년에 명예 시민권을 부여받았다.

74 "Citizenship", http://en.wikipedia.org/wiki/Citizenship.

75 http://kr.blog.yahoo.com/jskim2015/37

76 馬居政幸, 夫 伯,「日本における公民敎育の成立と展開: 日韓社會科敎育比較考(その 2) The Development of Citizenship Education in Japan: A Comparative Thought of Social Studies in Japan and Corea(2)」,『靜岡大學敎育學部硏究報告』, 27 (1995), 31쪽.

77 구보 다카오,「일본 시민운동의 발전과 지방자치」,『일본 시민운동과 지방자치』, 크리스챤 아카데미 한국사회교육원 엮음, 10쪽.

78 아이젠스타트는 도시국가, 봉건체제, 가산제적(patrimonial) 제국, 유목제국 혹은 정복제국, '중앙집권화된 역사적 관료제국' 등을 전통적 국가형태로 분류한다. 크리스토퍼 피어슨,『근대국가의 이해』(박형신, 이택면 역). 서울: 일신사, 1997, 65쪽 참조.

79 그리스토퍼 피어슨, 위의 책, 66쪽.

80 조혜인, 앞의 책, 58쪽.

81 위의 책, 57쪽.

82 위의 책, 37쪽.

83 위의 책, 6쪽.

84 위의 책, 156-157쪽.

85 위의 책, 145-146쪽.

86 위의 책, 141; Cho, 29쪽, 38쪽.

87 프루키에, 28-29쪽.

88 위의 책, 32-34쪽.

89 인터넷 네이버 국어사전의 정의(http:// krdic.naver.com)

90 Derek Heater,『A History of Education for Citizenship』, London: RoutledgeFalmer, 2004.

91 위의 책, 154쪽.

92 '국민의 일체감'이라고 번역하는 것이 더 적절할 수도 있겠다.

93 Jack Crittenden,「Civic Education」,『Stanford Encyclopedia of Philosophy』, (Dec. 27,

2007). ; Susan Douglas Franzosa, 『Civic Education』, ed. J. J. Chambliss, 『Philosophy of Education: An Encyclopedia』. New York: Garland Publishing, Inc., 1996; Derek Heater, 위의 책, 60-62쪽.

94 Crittenden, 위의 글; Franzosa, 위의 글.

95 Crittenden, 위의 글.

96 위의 글.

97 John Dewey, 『Democracy and Education』, New York: The MacMillan Company, 1916, 372쪽.

98 데릭 히터, 김해성 옮김, 『시민교육의 역사』, 파주: 도서출판 한울, 2007, 234쪽.

99 John Dewey, 앞의 책, 226쪽.

100 Derek Heater, 앞의 책, 115쪽.

101 위의 책.

102 Crittenden, 앞의 글.

103 차조일의 보고에 따르면 'civics'라는 용어는 미국에서 1885년에 처음 사용되었다. 차조일, 『사회과 교육과 공민교육』, 파주: (주)한국학술정보, 2012, 16쪽 참조.

104 최초의 공민교육이라 불릴 수 있는 것은 공민과라는 명칭이 생기기 한참 전인 1825년 보스턴의 한 고등학교에서 미국 헌법과 관련된 과목을 개설한 것이다. 차조일, 위의 책, 18쪽 참조.

105 Franzosa, 앞의 글.

106 위의 글.

107 같은 해에 듀이의 『민주주의와 교육』이 출판되었다.

108 데릭 히터, 앞의 책, 230-231쪽.

109 던은 듀이가 시카고 대학의 교수로 있을 당시 그 대학의 학생이었으며 중등학교 교사로서 재직도 했고 후에 대학 교수로서 활동도 했던 인물이다.

110 듀이 사상의 핵심 개념들 중의 하나이며, 아리스토텔레스가 강조한 점이다. 듀이는 도덕적 덕(성격적 탁월성)이 덕 있는 행동을 반복함으로써 형성될 수 있다는 아리스토텔레스의 가르침을 수용했다.

111 차조일, 위의 책, 36쪽, 38-39쪽, 66-67쪽.

112 존 S. 브루바커, 이원호 옮김, 『교육문제사』, 서울: 문음사, 1999, 67쪽.

113 위의 책, 69쪽.

114 데릭 히터, 앞의 책, 135쪽.

115 김윤태, 『교양인을 위한 세계사』, 서울: 책과 함께, 2007, 46쪽.

116 존 S. 브루바커, 352-353쪽.

117 데릭 히터, 앞의 책, 104쪽

118 윌리엄 보이드, 이홍우 외 역, 『서양교육사』, 개정 증보판, 서울: 교육과학사, 2008,

425쪽.

119 위의 책, 407쪽.

120 브루바커의 애국주의(patriotism)와 국가주의에 대한 구분은 유용해 보인다. 애국주의는 같은 조상의 피를 물려받은 사람들에 대한 사랑 혹은 조상과 자신이 태어난 땅에 대한 사랑과 관련이 있다. 이에 비해 더 폭넓은 사랑의 범위를 갖고 있는 국가주의는 같은 지역, 인종, 언어, 역사, 문화, 전통 등이 사랑의 대상이 될 수 있다. 브루바커, 앞의 책, 61-62쪽.

121 Derek Heater, 앞의 책, 48쪽.

122 데릭 히터, 앞의 책, 106쪽.

123 Derek Heater, 앞의 책, 173-174쪽.

124 「초등학교 졸업 후 군 입대 전까지의 기간 동안 청소년들이 시민 자질을 갖추도록 교육할 최상의 방법은 무엇일까?」라는 제목으로 발표되어 수상을 하였다.

125 영어 번역은 activity school이다.

126 영어로는 continuation school이라고 한다.

127 Michael Knoll, 「Georg Kerschensteiner」 (1854-1932)
http://education.stateuniversity.com/pages/2146/Kerschensteiner-Georg-1854-1932.html (2012).

128 알베르트 레블레, 정영근 외 역, 『서양교육사』. 서울: 문음사, 2002, 376-383쪽; 데릭 히터, 앞의 책, 344-345쪽; 차조일, 앞의 책, 65쪽; Michael Knoll, 위의 글.

129 케르센슈타이너의 영향력이 반영된 것은 아닌지 모르겠다.

130 Derek Heater, 앞의 책, 175-176쪽.

131 일본의 경우 히로히토 천황 시절 그중에서도 1941년에서부터 1944년까지 도조 장군이 재임했던 시기를 파시스트 국가로 규정한다. 데릭 히터, 앞의 책, 312쪽.

132 대학교까지 전 국민의 자녀가 거의 빠짐없이 취학했다는 것은 번역의 실수가 아닌가 짐작한다.

133 우메네 사토르, 김정환 · 심성보 옮김, 『세계교육사』, 서울: 풀빛, 529-531쪽.

134 Derek Heater, 앞의 책 176-177쪽.

135 위의 책, 177-178쪽.

136 위의 책, 179쪽.

137 위의 책, 181쪽.

138 위의 책, 180쪽에서 재인용.

139 무토 이치오, 「일본의 사회운동과 시민운동」, 크리스챤 아카데미 한국사회교육원 엮음, 『일본 시민운동과 지방자치』, 서울: 도서출판 한울, 1996, 66쪽.

140 윌리암 보이드, 이홍우 외 역, 『서양교육사』, 개정 증보판, 서울: 교육과학사, 2008, 464쪽.

141 송영철,『현장에서 바라본 일본의 지방자치』, 서울: 도서출판 지샘, 2001, 178, 267쪽.

142 데릭 히터, 앞의 책, 370쪽.

143 한용진,『근대 이후 일본의 교육』, 서울: 도서출판 문, 2010, 12-13쪽.

144 가타기리 요시오 외, 이건상 옮김,『일본교육의 역사: 사회사적 시각에서』, 서울: 논형, 2011, 114-115쪽.

145 데릭 히터, 앞의 책, 369-371쪽.

146 馬居 政幸, 夫 伯,「日本における公民教育の成立と展開: 日韓社會科教育比較考(その 2) The Development of Citizenship Education in Japan: A Comparative Thought of Social Studies in Japan and Corea(2)」,『靜岡大學教育學部研究報告』, 27, 1995, 31쪽.

147 Taniguchi Kazuya,「The History of the Idea of Citizenship and its Teaching in Japan before World War II」, ed. Norio Ikeno,『Citizenship Education in Japan』, London: Continuum, 2011, 5쪽.

148 Taniguchi Kazuya, 위의 글, 6쪽; 가타기리 요시오 외, 앞의 책, 136, 139쪽.

149 Taniguchi Kazuya, 위의 글, 7쪽.

150 일본 공민교육에 영향을 준 두 인물은 차조일(2012)의 견해에 따랐다.

151 우메네 사토루, 김정환·심성보 옮김,『세계교육사』, 서울: 풀빛, 1990, 501쪽.

152 박철희,「실업보습학교규정」,
http://contents.archives.go.kr/next/content/listSubjectDescription.do?id=008067,
2007.

153 김종식,「근대 일본 공민교육의 성립과 청년정책 -1910년 전후 靜岡縣 安倍郡을 중심으로-」,『역사교육』, 96, 2005.12, 197쪽.

154 김종식,「露日戰爭後의 靑年政策 -文部省을 中心으로-」,『日本學報』, 55-2, 2003.6, 441-442쪽에서 재인용.

155 가타기리 요시오 외, 앞의 책, 147-149쪽.

156 Taniguchi Kazuya, 앞의 글, 9쪽.

157 위의 글, 8쪽.

158 위의 글, 9-10쪽.

159 위의 글, 10쪽.

160 위의 글, 11쪽.

161 馬居 政幸, 夫 伯, 앞의 글, 13-14쪽.

162 Taniguchi Kazuya, 앞의 글, 11쪽.

163 차경수,『제7차 교육과정과 수행평가 대비 現代의 社會科 敎育』, 서울: 학문사, 1996, 34-35쪽.

164 일본의 국회는 상원에 해당하는 참의원과 하원에 해당하는 중의원으로 구성된다. 참의원은 1949년에 시작되었으니 일제 강점기에는 중의원만 있었던 것이다.

165 차조일, 『사회과 교육과 공민교육』, 파주: 한국학술정보(주), 2012, 154-155쪽.

166 위의 책, 97-98, 101-105.

167 박철희, 앞의 글.

168 해롤드 엔트위슬, 이해성 역, 『민주주의와 정치교육』, 대전: 목원대학교 출판부, 1993, 9-10쪽.

169 위의 책, 11-12쪽.

170 여기에서 이야기하는 국가는 입법부, 사법부, 행정부의 모음으로 보면 된다.

171 김상봉, 『학벌사회』, 파주: (주)도서출판 한길사, 2004, 139-143쪽.

172 윌리암 보이드, 위의 책, 364쪽.

173 Will Kymlicka, 「Citizenship」, ed. Ted Honderich. 『The Oxford Companion to Philosophy』, Oxford: Oxford University Press, 1995.

174 Jack Crittenden, 「Civic Education」, 『Stanford Encyclopedia of Philosophy』, 2007.

175 데릭 히터, 앞의 책, 228쪽; 존 S. 브루바커, 『교육문제사』, 서울: 문음사, 1999, 254쪽.

176 Susan Douglas Franzosa, 「Civic Education」, ed. J. J. Chambliss. 『Philosophy of Education: An Encyclopedia』, New York: Garland Publishing, Inc., 1996, 79쪽.

177 Plato, 『Laws』, trans. Benjamin Jowett. Timeless Classic Books, 2010, 125쪽. 『법률』 은 플라톤의 대화편 중 소크라테스가 등장하지 않는 유일한 작품이라고 알려져 있는 데, 두 명의 가상 인물과 '아테네인(Athenian)'이라는 이름을 가진 사람이 등장한다. 여기에서 플라톤은 교육과 훈련에 대해 '아테네인'의 입을 빌어 자신의 생각을 제시하 고 있다고 볼 수 있다. 『법률』에서는 그의 『국가』에서 논의된 최선의 국가인 이상 국 가가 아니라 실현가능성이 있는 차선의 국가를 제시하고 있다. 이 차선의 국가는 법 에 따른 국가이다.

178 Michael J. Sandel, 『Justice: What's the Right Thing to Do?』, New York: Farrar, Straus and Giroux, 2010, 194쪽.

179 위의 책, 200쪽.

180 위의 책, 199쪽.

181 Aristotle, 『The Politics』, ed. and trans. Ernest Barker, Oxford: Oxford University Press. 1946, Book III, chap. ix[1280b], 119쪽.

182 차경수, 앞의 책, 47-48쪽.

183 위의 책, 20-21쪽.

184 Aristotle, 『Nicomachean Ethics』, Second Edition, tran. Terence Irwin, Indianapolis, IN: Hackett Publishing Company, Inc., 1999, 29쪽.

1 졸업생 지도에 관한 기존 연구로는 富田晶子, 「農村振興運動下の中堅人物養成」, 『朝鮮史研究會論文集』18, 1981(최원규 엮음, 『일제말기 파시즘과 한국사회』, 청아출판사, 1988에 수록); 문종철, 「일제농촌진흥운동하의 교육활동연구」, 중앙대 박사학위논문, 1995; 이기훈, 「일제하 농촌보통학교의 졸업생 지도」, 『역사문제연구』 4, 2000; 김민철, 「조선총독부의 농촌 중견인물정책연구」, 『한국민족운동사연구』 41, 2004 등이 있다. 이들 연구는 농촌진흥 운동의 민간측 협조자 양성이라는 맥락에서 중견 인물 양성에 주목하면서 분석의 초점을 보통학교를 중심으로 실시한 졸업생지도에 맞추고 있다. 그러나 농진 운동과의 관련성에만 집중하여 그 전체 맥락은 소홀히 한 측면이 있다. 富田晶子나 이기훈 등은 졸업생 지도가 해소되고 청년단이나 청년훈련소로 대체된 것으로 파악하거나 졸업생 지도와 청년단, 양자를 처음부터 별도의 기구로 파악하고 있다(富田晶子, 위의 책, 222~223쪽; 이기훈, 위의 글, 284쪽; 김민철, 위의 글, 217쪽). 한편 졸업생 지도와 별개로서 일제의 청년 동원 정책으로 접근하여 청년단과 청년훈련소를 다룬 논문으로는 '최원영, 「일제말기(1937-45)의 청년동원정책: 청년단과 청년훈련소를 중심으로」, 『한국민족운동사연구』 21, 한국민족운동사연구회, 1999; 허수, 「전시체제기 청년단의 조직과 활동」, 『국사관논총』 88, 국사편찬위원회, 2000'이 있다. 최원영의 논문은 청년단이 일제로부터 '정예'라고 불린 만큼 無學이나 보통학교 졸업 정도의 청년들이 준군사 조직 체계에 묶여가는 과정을 드러내고 있고 허수 논문은 이 연구를 계승하면서 1940년대 청년단의 변화상에 주력하고 있다.

2 본 연구에서 활용된 사료는 일제하 간행되었던 『文敎の朝鮮』, 『조선』, 『每日申報』, 『조선일보』, 『조선중앙일보』 등의 잡지와 신문, 그리고 『조선사회교육요람』, 『관보』, 『思想彙報』 및 당시 발행되었던 단행본들과 현대에 간행된 사료집성 등이다.

3 일제하 농촌의 보통학교는 공간이 학교에 제한되는 것이 아니라 그 동리의 입구가 교문이 되고 모든 주민이 교육 대상물이었다(高橋濱吉, 「농촌진흥과 보통학교졸업생지도」, 『조선』 16-1, 1932.1, 조선총독부, 36쪽).

4 이기훈, 앞의 글, 275쪽.

5 「청년훈련소규정」, (『관보』, 1929.10.1, 조선총독부령 제89호) 참고.

6 「청년특별연성령」, (『관보』, 1942.10.1, 제령 제33호) 참고.

7 「보교졸업생지도기관 전선보급을 계획」, 『매일신보』, 1929.05.11, 1면.

8 2,274개의 보통학교에 1,403개의 지도 학교가 설립되었다.

9 이 당시 보통학교졸업생지도생도를 '지도생'이라 불렀다(「평북도의 지도생」, 『매일신보』, 1931.12.5, 3면).

10 이만규, 『조선교육사』 II, 거름, 1991, 209쪽.

11 「강원도 내 각초등교 졸업생지도철저」, 『매일신보』, 1937.04.25, 3면.

12 「농촌진흥운동과 졸업생지도」, 『매일신보』, 1933.12.24, 6면.

13 高橋濱吉, 위의 글, 40쪽.

14 1930년대 전반기는 농민층의 몰락과 농민 생존권의 심각한 위기 속에서 전개되었던 적색농조, 적색노조, 적색교원비사 등 사회주의 운동 단체가 활발하게 활동하던 시기였다. 1931년 한 해 동안 생존권 투쟁에 참가한 농민의 수는 42,800명, 검거 농민은 1,838명이었다(김영미, 『그들의 새마을운동』, 푸른역사, 2009, 231-232쪽, 참고). 일본의 치안유지법이 만들어진 것도 사회주의자들에 대한 취체와 처벌을 위해서였고 1925년 조선에서 치안유지법이 만들어진 것도 역시 사회주의자를 겨냥한 것이었다. 일제는 조선 사회주의자들에 대한 탄압·고문·엄벌·가혹한 수형생활을 통해 회유·전향을 강요했고 졸업생 지도를 통한 농촌진흥 운동이 성과를 거둔 것 또한 사회주의자의 전향을 만들어 내는 요인 중 하나가 되었다.(朝鮮總督府警務局, 『最近朝鮮に於ける治安狀況』, 1936, 12쪽; 「時局對應全鮮思想報國聯盟の活動狀況」, 『思想彙報』 20, 1939.9, 213쪽).

15 學務課長 八尋生男氏 外 多數, 「卒業生指導座談會」, 『文敎の朝鮮』 69, 1931. 5, 63-65쪽.

16 학무국장 鹽原時三郎, 「國民總訓練に就いて」, 『文敎の朝鮮』 180, 1940. 8쪽.

17 「국민총훈련을 목표, 청년단 대개조 단행」, 『매일신보』, 1941.3.12, 8면.

18 졸업생 지도생들의 가정적 물적 기반은 중농 이상의 위치를 차지하고 있고 전북 지방의 경우 자작과 자소작의 집안이 60%정도를 차지하고 있다(福田晶子, 앞의 책, 213쪽). 그리고 졸업생 지도생들은 체제 친화적 집단이자 농촌진흥 운동 과정의 특혜자였다(이기훈, 앞의 글, 306쪽).

19 「보고졸업생지도는 농촌진흥에 긴요」, 『매일신보』, 1934.01.29, 4면.

20 八束周吉, 『卒業生 指導の精神と方法』, 京城: 朝鮮公民敎育會, 1930, 185쪽.

21 八尋生男, 「農村に於ける卒業生指導に關する所見」, 『文敎の朝鮮』 65, 1931. 1, 8-14쪽.

22 『조선일보』, 1934.07.02, 3면.

23 「공보졸업생지도 생산액 약오만원」, 『조선중앙일보』, 1934.11.14.

24 八束周吉, 위의 책, 180-184쪽.

27 京畿道 農務課長 八尋生男, 「農家指導上より見たる普通學校卒業生の指導」, 『文敎の朝鮮』 68호, 1931. 4, 52-70쪽.

28 八束周吉, 위의 책, 186쪽.

29 평남 용천군 부라면(府羅面)의 경우 1929년 농가 총수입 1474원 93전(보조금 포함), 총지출 1416원 73전(자금반환 포함), 차액 58원 20전이었다.

30 「卒業生指導に關する各道施設報告槪要」, 『文敎の朝鮮』 68, 1931.4, 75-156쪽.

31 여자의 경우 졸업생 지도가 처음 실시된 것은 1933년 대전제2보교에서였다. 여자 졸업생지도의 중점은 여성의 실지 자각, 학력 보충, 적절한 內職 수여, 가정수입 증진,

시세에 순응하는 가정부인 양성에 두었다. 이는 주로 농한기에 졸업생 10명 이내를 선정하여 3년간 공민과, 국어, 직물, 염색, 양재, 재봉, 가사, 가계부의 기입 등 실제 생활을 지도한 것인데 처음 2년은 소집 지도 통신 지도를 하고(매주 1회씩) 1년은 주로 통신지도를 했다(「대전제이보교에서 여자졸업생지도」, 『매일신보』, 1933. 04. 18, 7면). 또한 대구고녀와 같이 여자고등보통학교에서도 졸업생 지도를 실시한 사례가 있다. 이는 이 학교 교장의 창안으로 행해졌는데 하기휴가 동안 강습회를 열어 주로 가정생활 개선에 대한 지도를 하였다(「대구여자고보교 졸업생지도강습」, 『매일신보』, 1934.07.1, 5면).

32 개인지도란 각 가정 및 개인의 정황을 상세히 관찰하여 그 사정에 맞는 농사 작업을 하도록 지도하는 것이고 공동 지도는 학교 또는 부락에 졸업생들을 소집하여 공동적으로 지도를 행하는 것이다. 기록 지도란 작물·작업 등에 대해 계획을 작성케 하고 영농 연차 계획서를 만들어 계획적 농사 경영을 하도록 하는 것을 말한다. 실습 일지를 기재하여 작업의 과정, 일가 경제의 상태, 영농상 생기는 의문 등을 기록케 하여 지도상의 편리를 도모하는 것도 기록 지도에 포함되었다(졸업생 직접 지도에 대해서는 각주1 富田晶子 등의 선행 연구를 참고바람).

33 조선에서 실업 보습학교는 일본과는 달리 정규교육이 아니었기 때문에 체계적으로 발전되지 못하였다. 당시 학무과와 농무과는 보통학교 졸업생 중 농업에 종사하고 있는 자 가운데서 보습학교생도를 선발·입학시킨다고 하는 취지하에 공동적 지도·원조를 강조해 왔다(『文敎の朝鮮』44, 1929. 4, 43쪽).

34 「普通學校卒業生指導協議會 協議案」, 『文敎の朝鮮』48, 1929. 8.

35 청년 훈련 제도는 일본에서도 1927년 7월 전국에서 거국적으로 실시한 신교육 시설이었다. 이는 국민정신 작흥의 조서에 의해 청년 일반의 심신을 단련하기 위한 교육 시설로 학교에 재학하는 청년과 재학하지 않는 일반 청년을 포함하여 그들에게 교련 및 수신 훈련을 실시하는 청년 훈련이다. 이 훈련의 특징은 첫째 재향군인으로부터 육군교련을 받게 하는 훈련이고, 둘째는 근로 가치를 중시하는 교련이며, 셋째는 규율 존중, 윗사람 공경, 명령 복종의 품성을 도야하는 국민교육이었다(福士末之助, 「靑年訓練の本旨に就て」, 『文敎の朝鮮』35, 1928. 7, 1-45쪽).

36 朝鮮總督府學務局社會敎育科, 『靑年指導講演錄』, 朝鮮總督府, 1938, 92쪽(불순한 동기에 해당하는 청년단이란 구체적으로 대한독립청년단, 신한청년단, 대한부인청년단, 대한독립군비단, 애국청년단, 광복청년단, 군자금 모집을 목적했던 의주청년단, 맹산청년단, 형제청년단, 공산청년단, 그 밖의 청년회, 청년당 등의 명칭으로 조선 독립운동을 도모하던 자발적 단체를 일컫는 것이라 할 것이다).

37 조선총독부 학무국 사회교육과, 『조선사회교육요람』, 1941.

38 「각 청년단 간부의 하계강습회 개최」, 『매일신보』, 1924.7.8, 3면.

39 「내선인 청년회를 통합코자 청년단 발회준비」, 『매일신보』, 1925.5.1, 2면.

40 「경북중견청년단 내지시찰」, 『매일신보』, 1927.4.4, 3면.

41 경남청년단의 내지시찰에 참가한 단원의 소속 단체명은, 부산대신정 청년단, 위산청년회, 마산실업청년단, 진주초전청년회, 함안동우회, 밀양삼랑진청년회, 위산청양청년회, 동래농촌청년회, 김해통영청년단, 김해낙동청년단, 창원남해청년회, 고성청년보성회, 사주청년회, 남해청년단, 산청청년회, 함양화산리실업청년회, 계명청년회, 협천청년회 등이었다.(「경남청년단 내지시찰」, 『매일신보』, 1928.2.13, 4면).

42 「대동군 각면에 신조직의 청년단」, 『매일신보』, 1927. 4. 9, 3면;「평남 대동군에 청년단 연합회」, 『매일신보』, 1927. 4. 5, 3면.

43 「청년단」, 『매일신보』, 1929. 8. 4, 3면;「중견청년단조직」, 『매일신보』, 1929. 9. 13, 3면;「역행청년단 발회식」, 『매일신보』, 1929.10.27, 3면.

44 「졸업생으로 청년단 조직」, 『매일신보』, 1929.10.15, 3면;「보교졸업생으로 실업청년단 조직」, 『매일신보』, 1930. 1. 17, 3면.

45 「청년단을 조직하여 보교졸업생지도」, 『매일신보』, 1930.02.26, 3면.

46 鮮于文壽峰, 「卒業生指導」, 『文敎の朝鮮』85, 1932.9, 83-92쪽.

47 「우량청년단 모범농촌 표창」, 『매일신보』, 1930.2.26, 3면.

48 「충남청년단의 수양강습대회」, 『매일신보』, 1930.6.28, 6면.

49 「자치정신을 함양코자 농촌청년단조직」, 『매일신보』, 1930.10.18, 3면.

50 「옥천군 각면에서 농촌청년단조직」, 『매일신보』, 1930.12.24, 3면.

51 「보교졸업생 산업청년단 조직」, 『매일신보』, 1931.3.22, 3면.

52 「충남의 중견청년단」, 『매일신보』, 1931.8.9, 3면.

53 「정치사상단체는 줄고 중견청년단체 점증」, 『매일신보』, 1934.11.20, 7면.

54 坪刈(つぼがり)란 농작물의 작황을 검사할 때 평균적으로 경작된 곳의 한 평의 쌀을 수확하여 이를 기초로 전체의 수확량을 산출하는 방법을 말한다.

55 「簡易學校開校後一ヶ月記錄」, 『文敎の朝鮮』111, 1934. 11, 173쪽.

56 경남 구포공보의 한 졸업생의 경우 天日육영자금으로 일본 愛知縣 碧海郡 키무라 농장에 실습·파견 나갔다 와서 자신의 각오를 다음과 같이 기술하고 있다. ① 근로 제일주의로서 솔선하여 부락민에게 모범을 보일 것 ② 집약적인 다각농법을 운영 농업경영의 능률 증진에 노력할 것 ③ 항상 은사 木村씨와 연락을 취해 연구 노력할 것 ④ 모교·면사무소의 방문을 잊지 말것 ⑤ 기록하여 계획·반성에 자료로 삼을 것(慶尙南道龜浦公立普通學校卒業生 愛知縣碧海郡 木村農場實習生 權永坤, 「天日育英資金 內地派遣農業實習 感想及將來の覺悟計劃」, 『文敎の朝鮮』114, 1935.2).

57 『지방을 살다: 지방행정, 1930년대에서 1950년대까지』, 구술사료선집3, (구술자: 김영한·박호배·윤병진), 국사편찬위원회, 2006, 26-27쪽.

58 「卒業生指導に關する 各道施設報告槪要」, 『文敎の朝鮮』68, 1931. 4, ?쪽.

59 『지방을 살다: 지방행정, 1930년대에서 1950년대까지』, 앞의 책, 23쪽.

60 「보교졸업생지도 농사개조창립-제천공보교에서」, 『매일신보』, 1929.08.28, 3면.

61 「卒業生指導に關する 各道施設報告概要」, 『文教の朝鮮』68, 1931. 4, 122-125쪽.

62 「남해각보교졸업생 지도강습회개최」, 『매일신보』, 1931.05.18, 3면.(참고로 1931년에 개최된 경남 남해 각 보교졸업생 지도강습회 일정을 보면 다음과 같다. ① 기간: 1931 .5. 21일부터 11일간 ② 과목(正科): 수신, 국어, 농업, 학과 실습과 外 改正 지방제도, 위생, 기타 ③ 강사(正科): 남해 昌善공보교장 ④ 정원: 30명, 자격: 동 군내 공보교 졸업생男).

63 「보교졸업생지도 연구회 개최」, 『매일신보』, 1931.12.05, 3면.

64 「예산보교졸업생지도협의회 개최」, 『 매일신보』, 1932.01.25, 3면.

65 함경북도 졸업생 훈련회 강령과 준칙을 보면 다음과 같다. 졸업생 훈련 강령: ① 실생활에 필수적인 지식 기능을 받아 근로자영의 습관을 양성할 것 ② 체력을 연마하고 기민 쾌활의 동작, 실질강건의 기상을 작흥하여 청년의 본령을 발휘할 것 ③ 건전한 식견, 고상한 취미의 함양에 노력하여 품성 향상을 도모할 것 ④ 협동공공의 정신을 진작하여 지방 개선, 복지 증진에 공헌할 것 / 훈련회 준칙 제1조 본회는 함경북도 보통학교 졸업생 훈련회 강령을 체로 졸업생을 우량한 청년으로 훈련하고 겸하여 상호 친목을 도모함을 목적한다. 제2조: 본회는 무엇 무엇 보통학교 졸업생 훈련회라 칭한다. 제3조: 본회는 會期를 구비한다.(「卒業生指導に關する 各道施設報告概要」, 『文教の朝鮮』68, 1931. 4, 150-153쪽).

66 鮮于文壽峰, 「卒業生指導」, 『文教の朝鮮』85, 1932. 9, 83쪽. 일제는 1943년 중등학교 제도를 개정하여 그 교육의 본지가 중등학교령 제1조 "중등학교는 황국의 도에 법칙하여 고등보통교육 또는 실업교육을 실시하여 국민의 연성을 위함을 목적"함에 있고 중등학교 교육은 그 종류를 막론하고 똑같이 중견유위의 국민을 연성하는 것이 구극의 목적으로서 중학교 또는 고등여학교로부터 실업학교에, 실업학교로부터 중학교 또는 고등여학교에 상호 전학할 수 있는 제도를 인정하였다. 이는 산업 정신을 체득하고 직업 보국의 실천력을 가질 것에 중점 두는 것이었다(朝鮮總督府敎學官中島信一, 「改正中等學校制度の指導精神」, 『文教の朝鮮』210, 1943. 4, 15-16쪽). 따라서 크게 보면 중학교나 졸업생 지도 학교나 교육 목적은 공통적인 것이었다.

67 吉原雄四郎, 「大都市に於ける實業補習敎育の現狀」, 『文教の朝鮮』54, 1930. 2.

68 1896년 일본 고베시에 창설된 실업 보습학교 본과의 경우를 보면 전기·후기로 나누어 각각 2년의 4년 과정이다. 전기에는 보통 과목의 보습과 간이한 실업 과목을 부과하고 후기에는 중등 정도의 실업 과목을 부여했다.

69 1932년 당시 보통학교 졸업생의 상급학교 진학 비율은 약 1할이었다. 일제는 미진학자들이 월급을 목표로 삼아 사방팔방 수험행각을 업으로 하고 취직 운동을 부업으로 동분서주할 것이 아니라 조상 전래의 천직인 농사를 답습하고 근로 애호 정신을 갖기를 강요했다.

70 菊地良樹,「朝鮮の實業補習教育」,『文教の朝鮮』, 1929. 9, 38-44쪽.

71 「卒業生指導に關する 各道施設報告概要」,『文教の朝鮮』68, 1931. 4, 136쪽.

72 같은 글.

73 平安南道教育會,『平安南道の教育と宗教』, 平安南道教育會, 1937, 96-97쪽.

74 경기도,『第四會京畿道會會議錄』, 1936, 192-193쪽.(김민철, 앞의 글, 218쪽 참고).

75 이만규,『조선교육사』II, 거름, 1991, 213-214쪽.

76 「昭和14年後半期朝鮮思想運動概況」, 일본외무성육해군성편,『일본의 한국침략사료
총서』31, 한국출판문화원, 1990, 538-547쪽.

77 朝鮮總督府學務局社會教育科,『青年指導講演錄』, 朝鮮總督府, 1938, 92-96쪽.

78 「昭和十一年 京畿道の教育と宗教」, 度部學・阿部洋 編,『日本植民地教育政策史料集
成』35, 東京: 龍溪書舍, 1990, 70쪽.

79 「昭和十一年 京畿道の教育と宗教」, 度部學・阿部洋 編, 같은 책.

80 신주백 편,『일제하지배정책자료집』10, 앞의 책, 293쪽.

81 「昭和十一年 京畿道の教育と宗教」, 앞의 책, 77쪽.

82 「昭和十一年 京畿道の教育と宗教」, 같은 책.

83 「朝鮮總督府平安南道訓令第二十一號」(『官報』제2604호, 1935, 121쪽)

84 「朝鮮總督府平安南道訓令第二十一號」, 같은 책.

85 「朝鮮總督府忠清北道訓令乙第十四號」(『官報』제1724호, 1932, 28쪽)

86 「朝鮮總督府忠清北道訓令乙第十四號」, 같은 책.

87 함경북도에는 반일적 청년단을 분쇄하고 청년을 길들이고자 일제가 만든 실업 청년회
가 있었다(「朝鮮總督府咸鏡北道訓令第三十三號(實業青年會準則)」,『官報』제3397호,
1923, 84-85쪽). 하지만 이는 1930년대 일제가 주도한 졸업생 지도 청년단과 구별된
다.

88 「朝鮮總督府咸鏡北道訓令第十五號」(『官報』제2007호, 1933, 146-147쪽)

89 「青年ノ教化指導ニ關スル件」,『관보』, 관통첩 제34호, 1932. 9. 9, 87쪽. 앞에서도 살
펴본 바와 같이 일제는 조선청년단의 시발을 1919년 3・1운동에서 기점을 잡고 있다.
조선인을 선동하여 민족사상의 결사단체를 만들고 각 지방에 빈번히 무슨 무슨 청년
회, 무슨 무슨 친목회라고 하는 미명하에 비밀결사가 1919년 소요 사건 전후까지 계
속된 것이지만 1931년 만주 사변을 계기로 조선인의 민심이 급격히 변화했다고 보아
1932년 관통첩에 의해 청년단을 통일시키고자 하였다(尹昌業,『實踐上から見た青年
團組織と經營』, 青年團社, 1939, 14-15쪽). 일제는 1930년부터 청년단을 신설해 통제
해 갔지만 이는 충분히 완비된 청년단이라고는 볼 수 없고 여기에 보다 적절한 훈련이
필요하다고 판단했다.

90 「青年團ノ普及玆ニ指導ニ關スル件」, 社第77호, 1936. 5. 4(尹昌業,『實踐上から見た
青年團組織と經營』, 위의 책, 44-45쪽.)

91 『조선연합청년발단식기념사진첩』, 조선연합청년단, 1938, 3-4쪽.

92 『조선연합청년발단식기념사진첩』, 위의 책, 6쪽(발단식의 진행은 ① 먼저 조선신궁에 들러 결단 봉고 및 청년단기 入魂式을 거행 ② 각도 연합청년단 식장 입장으로 시작해 정열 ③ 오노로쿠 총재의 슴旨 봉독 ④ 시오하라 단장의 式辭 ⑤ 미나미 총독이 단장에게 조선연합청년단 단기를 수여 ⑥ 시오하라 단장이 단기를 기수에게 교부 ⑦ 미나미 총독의 훈유 ⑧ 분열식 ⑨ 황국신민 체조 ⑩ 시가행진 ⑪ 단원 일동 조선신궁 참배 ⑫ 신전에서 단원 선서 ⑬ 조선신궁 경내에서 점심 ⑭ 오후 강연 경청 ⑮ 숙사에서 저녁 식사 ⑯ 합숙 ⑰ 군대 견학의 순이었다).

93 「昭和14年後半期朝鮮思想運動概況」, 일본외무성육해군성편, 『일본의 한국침략사료총서』 31, 한국출판문화원, 1990, 535쪽.

94 「昭和14年後半期朝鮮思想運動概況」, 일본외무성 육해군성 편, 위의 책, 535-536쪽.

95 朝鮮總督府學務局, 「青年團の新體制解說」, 『文敎の朝鮮』 188, 1941. 4.

96 「青年團ノ組織竝ニ指導ニ關スル件」(『官報』 제4193호, 1941. 1. 16, 85쪽, 「官通牒弟三號」)

97 종래 청년단원의 연령은 25세까지였다. 2차 개편에서 남자는 30세까지, 그리고 여자부는 25세까지의 미혼자로 연장하여 조직을 확대한 것은 청년단의 사회적 추진력으로서의 역할을 더욱 크게 하는 취지라 하였다.

98 朝鮮總督府學務局, 「青年團の新體制解說」, 앞의 글.

99 조선청년단과 道 청년단에는 본부장이 배치되고 본부를 통합하는 것과 함께 단장을 보좌하는 전문위원도 위탁하여 전문 사항에 관해 조사·지도를 담당케 하였다. 최고 수뇌인 단장은 단과 밀접한 관계에서 관청의 장관이 이를 통섭하고 관의 장악력 하에 단을 통솔케 하였다.

100 단 府에 있어서는 공립 소학교를 중심으로 하는 약간 수의 청년대를 설할 것으로 되어 있고 읍면에 있어서는 토지의 정황에 따라 청년대를 설치하지 않을 수 있다고 되어 있다. 府와 같은 도회지는 재조 일본인 소학교와 조선인 소학교가 근접하여 있는 것을 고려하여 府에 있어서는 약간 수의 청년대로 한 것이고 읍면에 있어서도 소학교가 근접하여 있는 경우 혹은 일본인 소학교와 같은 소규모인 경우는 반드시 각 소학교마다 일률적으로 청년대를 설하지 않아도 좋다고 하는 취지였다. 불설치를 결정하는 것은 府의 경우는 부단장, 읍면의 경우는 군도단장에게 결정권이 있었다.

101 읍면의 청년대 대장 역시 공립 소학교장이 맡았고 만약 읍면의 공립 소학교장이 단위단인 청년대의 대장이 되지 못할 경우에는(예를 들면 소규모의 내지인 소학교의 교장인 경우) 그 공립 소학교장은 읍면 청년대의 차장으로서 읍면 청년교육에 관계하도록 했다. 경찰서장, 읍면장, 읍면주재의 경찰관, 국민총력연맹역원, 재향군인, 종교가, 기타 명망 있는 자 등에게는 고문, 혹은 참여를 위탁하여 청년단을 위해 진력하도록 하였다.

102 朝鮮總督府學務局, 「靑年團の新體制解說」, 앞의 글.

103 學務局學務課, 「時局卽應の學校態勢整備强化要項」, 『文敎の朝鮮』209, 1943. 2.

104 學務局, 「國民精神總動員に就いて」, 『文敎の朝鮮』176, 1940.4.

105 최원영, 앞의 글, 264, 292쪽.

106 일제는 1938년 강원도 평창명덕청년단으로 청년 근로 보국대를 조직했고 같은 해 충북의 경우 청년단으로 충북청년단 근로봉사단을 조직했다.(김윤미, 「근로보국대제도의 수립과 운용(1938~1941)」, 부경대학교 사학과 석사논문, 2007, 36-38쪽). 또한 전국 각도로부터 청년대원 31명씩 합계 403명을 선발하여 조선농업보국청년대를 조직하기도 했다(「朝鮮農業報國靑年隊員の感想」, 『文敎の朝鮮』211, 1943. 6, 74쪽).

107 管原龜五郎, 『靑年訓練の實踐』, 東京: 北海出版社, 1934, 1-6쪽.

108 鹿兒島縣에 있어서는 여자청년학교도 의무제를 실시했다.

109 일본의 경우 청년훈련소의 훈련 기간은 4년간으로 16~20세까지의 청년을 대상으로 하였다. 그리고 이 제도에 의해 전국 소년단도 시행되었다. 사범학교의 교육실습도 학교장이 정한 보통학교 또는 청년훈련소에서 2주간씩 받도록 제도화했다(學務局長, 「師範敎育制度改善實施に關する通牒」, 『文敎の朝鮮』211, 1943. 4).

110 管原龜五郎, 앞의 책, 6쪽.

111 「綜合硏究 在鄕軍人會史論」, 『季刊 現代史』9, 現代史の會共同硏究班, 東京: 現代史の會, 1978, 149-151쪽.

112 芳井硏一, 「日本ファシズムと官製靑年團運動の展開」, 『季刊 現代史』9, 위의 책, 342-346쪽.

113 제1회 경성청년훈련소 종료식이 1928년 12월 24일 日の出 小學校에서 거행되었다. 야마나시(山梨) 총독의 열병이 있은 후 강당에서 종료자 9명에 대해 종료 증서와 精勤 증서를 수여했다. 내빈은 총독을 위시해서 경기도 지사, 본부 학무과장 기타 십수 명이고 단기간 훈련이지만 정연한 생도의 태도에 일동 감탄했다고 육군중좌였던 南雲親一郎은 기술하고 있다.

114 『조선사회교육요람』, 1941. 12, 39쪽.

115 南雲親一郎, 「靑年訓練所を査閱して」, 『文敎の朝鮮』41, 1929.1, 54-61쪽.

116 청년훈련소에 대한 구체적인 지역사례연구로서 "조성운, 「일제하 청년훈련소의 설치와 운영: 수원지역의 사례를 중심으로」, 『수원학연구』2, 수원학연구소, 2005"을 참고할 것.

117 청년훈련소의 훈련 시수는 4년에 걸려 수신 및 공민과 100시간, 교련 400시간, 보통학 200시간, 직업학 100시간으로 교련 교육의 비중이 컸다(「청년훈련소규정」, 『관보』, 1929. 10. 1, 조선총독부령 제89호).

118 『平安南道の敎育と宗敎』, 앞의 책, 112쪽.

119 第二十師團査閱官報, 「靑年訓練美談」, 『文敎の朝鮮』57, 1930. 5.

120 鹽原時三郎(學務局長),「國民總訓練に就いて」,『文教の朝鮮』180, 1940. 8.

121 일제는 1940년부터 6년제 이상의 초등학교에는 모두 공립 청년훈련소를 설치하도록 규정하였다.

122 有田新(京畿道視學),「靑年訓鍊所敎育硏究」,『文敎の朝鮮』187, 1941. 3.

123 「청년단 철화의 훈련, -내 5월 戰場운동지도자연성회」,『매일신보』, 1942. 2. 23, 3면.

124 청년단 1반은 기존 청년단에 청년훈련소생을 수용한 것이고 청년단 2반은 20세 이하의 비청년훈련소 생도로서 미취학·미재학자들을 수용했다. 그리고 바로 이 2반이 청년특별연성소 훈련 대상자들이다.

125 朝鮮總督府學務局鍊成課,「徵兵制の實施と朝鮮靑年の特別鍊成」,『文敎の朝鮮』209, 1943. 2, 28-32쪽.

126 최유리,『일제말기 식민지 지배정책연구』, 국학자료원, 1997, 203-205쪽.

127 朝鮮總督府學務局鍊成課, 위의 글.

128 허수는 1943년을 전후로 하여 청년단 활동을 보여주는 신문 기사가 청년특별연성소나 청년훈련소의 확충 기사와 반비례하고 직접적인 勞兵 동원이 본격화되던 시기에 청년단과 같이 방만하고 교화, 수양적 성격을 태생부터 가지고 있는 단체의 효용성은 이전 시기보다 주목받지 못했다고 평가하고 있다(허수, 앞의 글, 204쪽). 그러나 이는 청년단의 본질과 중추적 기능을 간과한 것이고 아울러 특별연성소나 청년훈련소를 졸업생 지도 청년단과 별개로 본 것이다. 또한 매일신보만 해도 청년단 기사가 550여 건에 이르고 1940년부터 1943년 까지 청년단 기사가 97건에 이름을 볼 때 청년단의 위상을 알 수 있다.

129 현재 일본사에서 일본 제국 시기의 일본인 이주에 대해 연구가 활발한 지역은 '남양군도'와 만주이다. 특히 이들 지역의 이주민들이 일본에서도 특정한 지역 출신이라는 점으로 인해 일본 지역사의 일환으로 연구되기 시작했다. 남양군도는 오키나와인의 이주가 활발했던 지역이어서 일본의 오키나와 연구자들에게 주목받는 연구 주제이다.

130 일본 지역에서 발표된 연구는 樋口雄一,「日淸戰爭下朝鮮における日本人の活動」,『海峽』8, 1978; 木村健二,『在朝日本人の社會史』, 未來社, 1989; 木村健二,「在外居留民の社會活動」,『近代日本と植民地』5, 岩波書店, 1993; 李昇燁,「朝鮮人內鮮一體論者の轉向と同化の論理」,『20世紀硏究』2, 2001; 高崎宗司,『植民地朝鮮の日本人』, 岩波書店, 2002. 이규수 번역,『식민지 조선의 일본인들』, 역사비평사, 2006 등을 들 수 있다.

131 정혜경·이승엽,「일제하 녹기연맹의 활동」,『한국근현대사연구』10, 1999; 박성진,「일제말기 녹기연맹의 내선일체론」,『한국근현대사연구』10, 1999; 이승엽,「녹기연맹의 내선일체연구 - 조선인 참가자의 활동과 논리를 중심으로」, 한국정신문화연구원 한국학대학원 석사학위논문, 1999.

132 이들의 농촌진흥 활동은 보덕사 운동을 비롯해 일본 정부 주도의 농촌 갱생 운동 등 일본 농촌 사회 교육 운동에 큰 영향을 받아 전개되었다. 그러므로 이 논문에서도 일본 농촌 사회 교육 운동에 대한 연구가 포함되어야 한다. 그러나 연구 주제가 방대하고 별도의 연구가 필요하므로 반영하지 않았다. 인천대학교 일본문화연구소가 수행 중인 한국연구재단 2009년도 기초연구 과제 지원(인문사회 분야. '일본의 근대화와 조선의 근대 - 근대사상의 전개와 근대교육제도 성립을 중심으로') 연구 계획에 포함되어 있으므로 향후 연구를 기대해 본다.

133 이 조약으로 일본은 한반도에 거류지를 갖게 되었고, 아울러 영사 재판권, 일본 화폐 유통권, 無관세권 등 거류지에 대한 3대 특권도 획득하게 되었다. 그 이후 한반도 내 개항장에 대한 일본인들의 진출은 확대되었다.

134 木村健二, 『在朝日本人の社會史』, 未來社, 1989, 11쪽.

135 森田芳夫, 『朝鮮終戰の記錄』, 巖南堂書店, 1964, 2쪽.

136 1925년에 조선에 거주하던 일본인의 자연증가율은 7.6%이고, 본국의 자연증가율은 15.6%이었으나 1938년에는 조선의 일본인 자연증가율이 11.5%이고, 본국의 자연증가율이 9.4%이고, 1940년에는 조선이 16.1%인데 비해 본국은 12.7%가 되었다. 森田芳夫, 『朝鮮終戰の記錄』, 4쪽, 〈표2〉.

137 규슈 다음으로 中國 지역이 20.6%, 中部 지역이 12.6%, 近畿 지역이 9.5%, 四國 지역이 8.3%, 關東 지역이 6.8%, 東北 지역이 6.3%이다. 森田芳夫, 『朝鮮終戰の記錄』, 6쪽, 〈표4〉.

138 森田芳夫, 『朝鮮終戰の記錄』, 7~10쪽, 〈표5〉, 〈표6〉.

139 조미은, 「일제 강점기 일본인 학교조합 설립 규모」, 『사림』22, 2004, 44~53쪽.

140 1910년대 일본인 사회에 대해서는 정혜경, 「매일신보에 비친 1910년대 재조일본인」, 『식민지조선과 매일신보 - 1910년대』, 신서원, 2002 참조.

141 두 지역 간 불균형성은 동아일보나 조선일보는 물론, 조선총독부 기관지인 매일신보 기사에서도 지적할 정도였다. 1921년 6월 10일자 「시사편언(時事片言)」에서 기자는 "경성 남부지역의 일본인 마을에는 좁은 골목까지 공설 전등이 가설되어 대낮같이 밝아 야간 통행에 전혀 지장이 없는데, 서북 지역과 동부의 조선인 거주지에는 공설 전등 수가 몇 개나 있는가."를 지적하고, "또한 있기는 한데, 교통이 번잡한 몇 군데에만 있는 실정"이라고 꼬집으며 "이는 당연한 물질적인 차별이니 철폐해야 한다."고 주장했다.

142 상수도 및 위생 시설 설치, 일본인 거주 지역과 상수도 개설의 관계는 정혜경·김혜숙, 「1910년대 식민지 조선에 구현된 위생정책」(『일제의 식민지지배정책과 매일신보 - 1910년대』, 두리미디어, 2005) 참조.

143 취학하지 않은 경우에도 빈궁이나 개인 사정 보다는 '취학 시기 미달', '학교가 설치되지 않은 곳', '질병'등 제반 조건이 원인이었다. 국가 통계 포털 수록 자료.

(http://www.kosis.kr)

144 물론 일본이 점령지와 식민지에 형성한 일본인 거주지의 모습은 조선에서만 볼 수 있었던 특수한 현상이 아니었다. 타이완은 물론이고 이후 점령 지역인 남양군도(중부 태평양)와 만주 등 모든 점령지와 식민지에는 별도 지역을 선정하여 일본인 이주자들에게 제공하고 각종 혜택을 부여했다. 남양군도에서도 선주민을 외곽으로 이전시키고 침탈한 토지에 일본인 거류지를 만들었다.

145 村松武司, 『朝鮮植民者』, 三省堂, 1972, 2쪽(윤건차 지음, 정도영 옮김, 「식민지 일본인의 정신구조」, 『현대 일본의 역사의식』, 한길사, 1990, 26쪽, 재인용).

146 그녀가 조선과 조선인을 떠올리게 된 것은, 패전으로 내지로 돌아와 항구에서 짐을 지는 짐꾼이나 농사를 짓는 사람이 모두 일본인이었다는 것'을 보고 받은 문화 충격 이후였다. 이후부터 마리코는 내지에 적응하지 못하고 본국인들을 내지 사람'이라 부르며 외지였던 경성의 생활을 그리워하는 귀환자 특유의 어려움을 겪게 된다. 마리코에게 경성은 대부분의 다른 일본인 아이들과 같이 풍요로움을 누리는 곳이었다. 새로 나온 레코드판을 틀어 놓고 춤을 추고 반도호텔 프랑스 레스토랑에서 가족 식사를 하며 일상의 한가로움을 만끽하고, 일본인 타운에서 쇼핑을 즐기던 제일고녀 시절의 여유를 내지인 히로시마에서는 찾을 수 없었다.

147 사와이 리에 지음, 김행원 옮김, 『엄마의 게이죠, 나의 서울』, 신서원, 2000; 구술기록 (일시 : 2010.2.26. 장소 : 가와사키시 소재 吉岡万里子 자택. 면담자 : 정혜경, 이대화, 김혜숙. 통역 : 양대룡)

148 조선을 비롯한 외지에 거주하는 일본인은 식민지의 지배 민족으로서 군림하는 존재이자 아울러 본국으로부터 소외된 존재이기도 했다. 이들은 호적법상 분명한 내지 인'이었지만, 屬地주의에 의거해 외지에 거주하고 있다는 이유만으로 제국 헌법의 직접 적용을 받지 못한, 제국 의회에 참정권이 없는 존재였다. 조선에서 태어난 2세들에게 본국에서는 우려와 경멸, 선입관을 감추지 못했으므로 본국으로 돌아간 일본인이 소외감을 갖는 것은 당연했다. 또한 조선에서 근무한 관리는 일본으로 轉勤이 거의 불가능했다. 1927년에서 1943년간 고등문관시험 행정과 합격자 가운데 재조 일본인의 89.8%가 조선으로 부임하고 있었다. '일본인, 조선인을 막론하고 조선에 연고가 있는 사람은 원칙적으로 조선에 근무지를 발령한다'는 관행적 원칙에 따른 것이다. 이승엽, 「녹기연맹의 내선일체운동 연구 - 조선인 참가자의 활동과 논리를 중심으로」, 앞의 논문, 10쪽.

149 이에 대해서는 정혜경·김혜숙, 「1910년대 식민지 조선에 구현된 위생정책」에서 상세히 언급하였다.

150 사회 교화는 1921년에 조선총독부 내무국에 사회과가 설치된 이후 사회과가 가장 중요하게 생각한 업무였다. 당시 사회과는 '사회사업'과 '사회 교화'라는 두 가지 사무를 취급했는데, 전자가 주로 빈민·부랑자 구제, 의료 시설에 관한 것이라면 사회 교화

는 조선인을 식민 통치에 적극 협조하게 하고 완전한 일본 국민으로 만들기 위한 활동이었다. 사회과가 1932년에 학무국으로 개편되면서 총독부는 사회 교화비라는 명칭의 예산을 처음으로 만들어 업무의 중요성을 부각시키고 적극적인 활동에 나서게 되었다. 조선총독부 학무국 사회교육과, 『朝鮮社會教化要覽』, 1937, 19쪽 ; 「社會教化と教化の施設」,『朝鮮社會事業』, 1934년 7월.

151 이 운동은 물심양면의 갱생을 목표로 '갱생 3대 요점'으로 '부족 식량의 충실' '부채근절' '현금 수지 균형'을 정하고 '정신적 3지표(근로호애, 자주자립, 보은감사)'를 강조했다. 朝鮮總督府,『朝鮮に於ける農村振興運動-實施概況とその實績』, 1940, 2쪽. 농촌 진흥 운동에 대한 연구는 다수인데 농촌 통제와 관련한 실증적인 연구로 김영희,『일제시대 농촌통제정책연구』(경인문화사, 2003)가 있다.

152 農林省經濟更生部,『經濟更生計劃資料 第17號 - 農山漁村經濟更生計劃施設槪要』, 1933.11; 社團法人農村更生協會,『社團法人農村更生協會趣意書』, 1935.2(北海道大學 도서관 소장 자료). 물론 보덕주의와 근로를 강조하는 내용은 동일하지만 의도와 방향에서 조선에 대한 정책과 동일하다고 볼 수 없다.

153 朝鮮總督府,『施政30年史』, 1941, 287, 303쪽.

154 朝鮮總督府 學務局 社會課, 「民心作興施設實行綱目」(김영희, 앞의 책, 157쪽 재인용)

155 미야타세츠코 해설·감수, 정재정 번역,『조선총독부 고위관리의 육성증언 - 식민통치의 허상과 실상』, 혜안, 2002, 249쪽.

156 『조선총독부 고위관리의 육성증언 - 식민통치의 허상과 실상』, 237쪽.

157 『조선총독부 고위관리의 육성증언 - 식민통치의 허상과 실상』, 268~269쪽.

158 조선총독부 고시 제302호, 조선총독부관보 호외(1911.10.20자).

159 대중 매체 가운데 라디오방송은 방송 내용을 확인할 수 없으므로 내용 분석은 불가능하다. 또한 신문을 분석하는 작업은 매우 방대하므로 별고에서 다루고 이 논문에서는 잡지 분석에 한한다.

160 「해제」, 한일비교문화연구센터 편,『조선공론 총목차·인명색인』, 어문학사, 2007;「월간 조선과 만주 해제」, 임성모 편,『조선과만주 총목차·인명색인』, 어문학사, 2007.

164 「월간 조선과 만주 해제」, 임성모 편,『조선과 만주 총목차·인명색인』.

165 田中秀雄,『朝鮮で聖者と呼ばれた日本人』, 草思社, 2010, 10~11쪽. 동양협회전문학교의 모체인 臺灣協會學校(1900)의 설립취지는 '신영토 경영에 요하는 인재육성'인데, 1904년 臺灣協會專門學校로 개칭되었다가 1907년에 동양협회전문학교로 개칭했으며 1907년에 이토 히로부미가 경성에 분교를 개교했다.

166 조선금융조합은 1907년에 目賀田種太郎이 二宮報德의 보덕사 운동과 독일의 산업조합을 모델로 한 일본의 농촌 금융기관에 영향을 받아 이토 히로부미의 찬동을 얻어 조선에 지방금융조합을 설립한 후 이사를 동양협회전문학교 졸업생으로 채용했다.

167 다나카 히데오는 이 책에서 '일한병합은 일본측의 일방적 강제가 아니라 일진회라는 단체가 중심이 된 일'을 비롯해 저자의 잘못된 시대 인식으로 일관했다. 田中秀雄, 『朝鮮で聖者と呼ばれた日本人』, 57쪽.

168 金大羽(이후 총독부 사회과장과 경북지사를 역임한 인물) 부친이 설립 당시부터 조합장을 지낸 지역이다. 田中秀雄, 『朝鮮で聖者と呼ばれた日本人』, 83쪽.

169 이 행사에는 평남 내무부장, 군수와 참여관, 도평의원, 경찰서장, 우편소장, 보통학교장, 심상소학교장, 교원 등 당국자들이 참석했다. 특히 일본인 소학교 생도와 조선인 보통학교 생도 390명이 입장했는데, 이러한 단체 학생 견학을 통해 교육적 효과를 노렸다.

170 당시 담당검사가 양계 저금으로 진학을 해 와세다대학에서 유학하고 검사가 된 강동 출신 김동순이었던 일화. 田中秀雄, 『朝鮮で聖者と呼ばれた日本人』, 270~272쪽.

171 회당 건설 운동은 '야학을 개설해 여성에게 한글 교육을 하고, 협동 작업장으로 사용하며 강동의 장래를 위해 토론을 할 수 있는 곳을 만들고자' 1930년에 청년위원 尹이 주관했다. 평소 빈민 구제 사업에 힘쓰던 중 시게마쓰와 만난 후 결국 농촌문제의 해결 방법은 '근로와 절약'임을 확신한 尹이 門契 자금과 자비를 보태 부지를 구입하고, 부락민의 공동 노작으로 회당을 건설했다. 田中秀雄, 『朝鮮で聖者と呼ばれた日本人』, 166쪽.

172 미즈호(瑞穗)는 벼농사와 관련된 의미를 지닌 지명이다. '싱싱한 벼가 풍부'하다는 의미를 가지고 있으며, 벼 수확이 많다는 의미로 '瑞穗國'은 일본의 美稱으로 사용되기도 했다. 그러므로 일본의 여러 지역과 가라후토(樺太. 현 남사할린)에도 있었던 지명이며, 사할린에 조성된 미즈호 마을(현 포자르스코예)은 사할린 농업 식민정책과 일본인 이민 과정에서 1916년 이후 성립되었다가 1945.8.26. 재향군인회와 청년단 등 일본인 주민들에 의한 조선인 집단 학살이 일어난 지역이기도 하다. 일제강점하 강제동원 피해진상규명위원회 진상조사보고서, 『사할린 미즈호 조선인 학살사건 진상조사』(연구자 방일권), 2008. 미즈호라는 지명은 일본이 만주 빈강성 綏稜현에 입식한 집단 농촌 마을에서도 찾을 수 있다. 그러므로 조선에 미즈호농생숙이라는 이름을 붙인 것은 단순한 작명이라 보기 어렵다.

173 「綠旗敎報」, 『綠旗』 4-6, 1939, 67쪽.

174 柳澤七郎, 『韓野に生きて』, いづみ苑, 1967, 97~99쪽.

175 녹기연맹은 대표적인 조선 거주 일본인 사상단체이자 국가주의 단체이다. 경성제국대학 예과 교수인 쓰다 사카에(津田榮)는 동경제국대학 학생시절부터 日蓮宗에 깊이 심취하여 신도 중심의 교단인 國柱會에 관여하고, 1925년 1월 예과 입정회 조직, 2월 경성천업청년단 부흥식, 1928년 4월 '妙觀同人의 모임' 및 일요회(여성), 明治청소년회, 1931년 녹기동인회를 거쳐 1933년 녹기연맹(녹기동인회, 녹기연구소, 공제부, 전선녹화연맹, 전선국제주의학생연맹을 통합)이 탄생했다. 구체적인 결성 과정에 대해

서는 정혜경・이승엽, 앞의 글; 이승엽, 석사논문 15~16쪽 참조.

176 '녹의 생활운동'에서 주장하는 생활의 본뜻에 대해 津田 榮은 단순한 정신 개조 운동
이나 생활개선 운동이 아니라 일본의 국체 정신을 바탕으로 세계를 지도할 일본인으
로써 갖추어야 하는 정신 자세와 여러 생활 태도를 예비하는 운동이라고 밝혔다. 「綠
旗聯盟の運動を語る」,『綠旗』5-10, 1941. 10月號, 119~120쪽. 또한 그는 '녹의 생활
운동'이 바로 대동아공영권과 내선일체론의 근거임을 주장하였다. 「第六會綠旗聯盟
總會」,『綠旗』3-7, 1938, 36~37쪽.

177 총회에서 녹기연맹이 정한 1939년도 네 가지 목표는 '1. 내선일체 실시, 2. 농촌 교화
실시, 3. 시국에 대응하는 생활 의식 쇄신, 4. 국민 보건 및 체격 향상 공헌'이다. 이
가운데 제2항 농촌 교화 실시를 실행하기 위해 녹기 농생숙을 설치했다. 이상 네 가
지 목표는 당시 조선총독부가 정력적으로 추진하던 국민정신 총동원 운동의 방향과
도 일치했다. 정혜경・이승엽, 앞의 글.

178 조선의 농촌 및 생활문제에 대한 녹기연맹의 관심은 그 이후에도 이어져, 1944년에
는 녹기연맹 회원인 미키(三木弘)가『흙 이야기(土のことば)』(興亞文化出版株式會
社)를 발간하기도 했다. 이 책은 조선의 농촌 및 생활문제를 소재로 한 글 모음으로
일종의 '조선풍토기'인데, 애초에는『朝鮮と神祀生活』이라는 제목으로 예고되었다.

179 이 책에 나온 인명과 지명은 실제와 일치하지 않는 점이 있는데, 자신을 제외한 대부
분의 인명은 가명을 사용했다.

180 松本健一 지음, 요시카와 나기 번역,『일본 우익사상의 기원과 종언』, 문학과 지성사,
2009, 71, 177쪽.

181 야나기사와에 따르면, 大和塾은 당시 일본에서 일어난 새로운 교육 운동의 하나인
국민고등학교 운동의 일환으로 이바라키현의 일본국민고등학교를 비롯해 전국 30여
개소에 문을 연 道場 가운데 하나로서 불교 정신에 기반을 두었다. 柳澤七郎,『韓野
に生きて』, 61~69쪽.

182 柳澤七郎,『韓野に生きて』, 53쪽. 실제로 가토는 조선의 평강과 군산에 일본인 자유
이민을 보내기도 했다. 松本健一 지음, 요시카와 나기 번역,『일본 우익사상의 기원
과 종언』, 194쪽.

183 柳澤七郎,『韓野に生きて』, 3~4쪽, 48~52쪽.

184 문묘를 기숙사로 사용할 수 있게 된 것은 전통유교사상에 대한 야나기사와 인식의
산물이자 행정 기구로부터 협조를 얻어 확보할 수 있는 공간 가운데 양호한 장소였
기 때문이다. 필자는 당초 문묘의 사용을 '전통 유교 사상에 대한 당국과 야나기사와
인식의 산물'로만 이해하였으나 인천대학교 일본문화연구소 학술세미나(2010.4.16.
'일본의 근대화와 조선의 근대') 석상에서 토론자(이대화 박사)가 귀중한 지적을 해주
었다. 지면을 통해 사의를 전한다.

185 柳澤七郎,『韓野に生きて』, 57~58, 64, 96~124, 132~139쪽.

186 柳澤七郞, 『韓野に生きて』, 140~147쪽.

187 柳澤七郞, 『韓野に生きて』, 160~164쪽, 192쪽.

188 柳澤七郞, 『韓野に生きて』, 204~209쪽.

189 岡部牧夫 지음, 최혜주 옮김, 『만주국의 탄생과 유산 - 제국 일본의 교두보』, 어문학사, 2009, 224쪽.

190 이는 관동군의 입장과도 일치한다. 관동군은 일본인 입식에 앞서 마련한 일본인 이민인 요강설명서(1932.2.)에서 '邦人의 만몽 이식이 필요한 이유는 만몽에서 제국의 권익을 신장하고 만몽 개발상 장래 제국국방의 제일선을 확보하기 위함'임을 명기하고 있다. 岡部牧夫 지음, 최혜주 옮김, 『만주국의 탄생과 유산 - 제국 일본의 교두보』, 228~229쪽.

191 松本建一 지음, 요시카와 나기 번역, 『일본 우익사상의 기원과 종언』, 194쪽.

192 김윤미, 「일제의 '만주개척' 정책과 조선인 동원」, 『한일민족문제연구』 17, 2009, 8~12쪽

193 柳澤七郞, 『韓野に生きて』, 177~181쪽.

194 田中秀雄, 『朝鮮で聖者と呼ばれた日本人』, 177쪽.

195 柳澤七郞, 『韓野に生きて』, 201~203쪽.

196 야나기사와는 "농생숙이 가야할 길은 가시밭길이지만 조국인 일본이 고생하며 겨우 당도한 준엄한 길임을 생각할 때, 조국의 고통과 함께 한다는 것은 위대한 기쁨"으로 받아들였다. 柳澤七郞, 『韓野に生きて』, 199쪽. 시게마쓰도 '갱생의 길에 魂을 불러 일으키는 방법"이라는 확신을 가졌으므로 추진할 수 있었고, '영광과 감격스러운' 각종 표창과 격려는 그가 '몰이해와 조소'를 극복하고 더욱 용기를 가지는 데 도움이 되었다.

197 야나기사와의 스승인 가토 간지는 국책에 편승한 인물이 아니라 농업이민이라는 일본 제국주의의 국책을 만들어 낸 사람으로 평가받는다. 松本建一 지음, 요시카와 나기 번역, 『일본 우익사상의 기원과 종언』, 64, 71, 193쪽.

198 강제동원에 대해서는 정혜경, 『조선청년이여 황국신민이 되어라』(서해문집, 2010) 참조. 필자가 조사한 바에 의하면, 강동군 관내 11개 광산 가운데, 8개소는 三菱, 三井, 일본제철 등 당대 최고의 기업이 운영하던 작업장이었으며, 조선총독부로부터 군수공장으로 지정을 받아 공출 품목을 산출하던 곳이었다.

일본의 근대화와 조선의 근대

등 록 1994.7.1 제1-1071
1쇄 발행 2013년 6월 30일

지은이 이건상 김대용 이명실 정혜경 정혜정 조진
펴낸이 박길수
편집인 소경희
편 집 김문선
디자인 이주향
펴낸곳 도서출판 모시는사람들
       110-775 서울시 종로구 경운동 88번지 수운회관 1207호
전 화 02-735-7173, 02-737-7173 / 팩스 02-730-7173

인 쇄 ㈜상지사P&B(031-955-3636)
배 본 문화유통북스(031-937-6100)
홈페이지 http://blog.daum.net/donghak21

값은 뒤표지에 있습니다.
ISBN 978-89-97472-45-1 93150

이 도서의 국립중앙도서관 출판시도서목록(CIP)은 e-CIP 홈페이지
(http://www.nl.go.kr/ecip)에서 이용하실 수 있습니다.
(CIP제어번호: 2013008420)